W0366744

Einaudi Tascabili. Classici
171

Dello stesso autore nel catalogo Einaudi

Enrico IV
Sei personaggi in cerca d'autore
Il fu Mattia Pascal
Uno, nessuno e centomila
L'esclusa

Luigi Pirandello
Novelle

A cura di Lucio Lugnani

Einaudi

© 1994 Giulio Einaudi editore s. p. a., Torino

ISBN 88-06-12967-8

Indice

Novelle

Introduzione

Pirandello non ha mai smesso di scrivere racconti dal 1890 all'anno della sua morte, il 1936: anche a voler considerare preistorico il bozzetto siciliano *Capannetta*, apparso nel 1884, *La ricca* fu pubblicata su «La Tavola Rotonda» nel novembre del 1892 ed *Effetti d'un sogno interrotto* uscí a stampa sul «Corriere della Sera» il giorno prima del suo decesso. È noto che il primo proposito letterario dichiarato, e piú volte ribadito, di Pirandello, fu quello poetico. Né si può negare che egli lo abbia anche perseguito con prolungata tenacia. E tuttavia, mentre ancora vi era impegnato e poneva a se stesso delle scadenze pressanti nell'intento di assolverlo, non seppe non distrarsene e non metter mano ai primi racconti e alla scrittura narrativa in prosa. Sarà anche stato il fascino, almeno in parte domestico, di Capuana, presto conosciuto dopo il trasferimento a Roma nell'estate del 1891, a invogliarlo: e però è inevitabile pensare che la maieutica capuaniana non abbia avuto bisogno di ricorrere a pratiche troppo ardue se, entro il 1895, l'aspirante poeta aveva già scritto due romanzi (*L'esclusa* e *Il turno*) e una quindicina di novelle[1].

Molto piú difficile è immaginare quale ruolo e quale posto Pirandello abbia fra sé e sé assegnato alla sua produzione novellistica, via via che essa gli cresceva fra le mani e costantemente affiancava le piú impegnative prove romanzesche e

[1] A distanza di vent'anni, nel breve scritto che va sotto il titolo di *Lettera autobiografica* (si veda L. Pirandello, *Saggi, poesie e scritti varii*, a cura di M. Lo Vecchio - Musti, Mondadori, Milano 1960, pp. 1245-48), Pirandello ricorderà cosí quell'epoca e quell'esperienza: «Fino a tutto il 1892 non mi pareva possibile che io potessi scrivere altrimenti, che in versi. Devo a Luigi Capuana la spinta a provarmi nell'arte narrativa in prosa». Non c'è ragione di non prestargli fede, ma la sua memoria non era puntualissima se ben prima che il 1892 spirasse una sua novella era già stampata.

il lavorio fitto – ma meno documentato e documentabile – intorno ai molti progetti teatrali[2]. Nel complicato processo che, fra i troppi e inutili allarmi destati da una loro paventata estinzione, ha determinato nel Novecento europeo una vera e propria trasfigurazione dei generi, Pirandello era pienamente e consapevolmente implicato; ed è dunque assai probabile che non operasse distinzioni se non formali fra i registri che adoperava e i generi che praticava. Il senso vivo dell'interscambiabilità fra modi e atteggiamenti discorsivi che nutre, senza ombra di narcisismo, la consuetudine pirandelliana dell'autocitazione e che fa sí che tutta la sua opera somigli a un vasto sistema di vasi comunicanti, suffraga la congettura che, deposta l'ambizione poetica, egli non abbia piú puntato a essere romanziere piuttosto che drammaturgo, o novellista piuttosto che saggista, ma abbia considerato tutti i suoi testi, e i generi cui erano ascrivibili, come limitrofi e aperti sui generi e sui testi circonvicini. Forse non si tratta, dunque, di capire quale sia il luogo della novellistica nella mappa della testualità pirandelliana, ma piuttosto di intendere come, nell'*imago mundi* che l'opera di Pirandello nel suo complesso costituisce, le novelle siano adibite a tracciare e colorare quelle parti che la forma novella è la piú adatta a disegnare; quelle porzioni rispetto alle quali l'affresco romanzesco è smisurato e disadatte sono sia la condensazione degli eventi che l'espansione interlocutiva del teatro, quelle porzioni d'altronde che la ferma argomentazione saggistica non potrebbe da sola illuminare interamente senza il soccorso di adeguati *exempla*, di micronovelle, dunque. Non contrastano a questa congettura, ma anzi la confermano, cosí le novelle-saggio e le novelle-requisitoria come, per altro verso, quelle che sono quasi azione teatrale, ma tanto concentrata e fulminea che, a drammatizzarla, un atto unico sarebbe misura già debordante.

Per una decina d'anni, Pirandello scrisse e pubblicò ad una ad una le sue novelle[3]. Nel 1902 ha inizio la lunga vicen-

[2] L'edizione recente delle *Maschere nude*, che Alessandro D'Amico viene curando per «I Meridiani» e della quale ha al momento visto la luce solo il primo volume (L. Pirandello, *Maschere nude*, a cura di A. D'Amico, Mondadori, Milano 1986), reca testimonianza di una vera incandescenza di intenzioni teatrali nei primissimi anni '90, ma è pressoché tutta una storia per tracce, faticosamente ricostruita, in assenza di reperti, sulla scorta esclusiva dei documenti epistolari.

[3] L'unica precoce eccezione è rappresentata da un volumetto stampato a Roma nel 1894 e che era costituito da tre racconti inediti. Questa minuscola proto-raccolta non ebbe alcun futuro e fu dall'autore stesso in qualche modo

da delle raccolte, ossia di quella delicata seconda fase compositiva che può generare, per aggregazione, dei veri e propri libri oppure produrre dei florilegi d'autore. L'editore torinese Streglio stampa in quell'anno *Quand'ero matto* (che riunisce quattordici racconti e fornisce il *terminus a quo* dell'abitudine pirandelliana che vent'anni piú tardi caratterizzerà le *Novelle per un anno*, quella di dare al volume il titolo della novella che lo inaugura) mentre, a Firenze, Francesco Lumachi pubblica sei novelle sotto il titolo di *Beffe della morte e della vita*, cui fa seguire nel 1903, intitolata come la precedente, una «seconda serie» di cinque novelle [4]. Allogate cosí venticinque della sessantina di novelle già scritte, Pirandello continuerà a scriverne, a pubblicarle su quotidiani o settimanali o riviste, e a procurare di raccoglierle via via in volume. Manchiamo quasi sempre della possibilità di datare con buona precisione le stesure pirandelliane, e l'unica cronologia certa è quella delle prime stampe, ma i testi novellistici vengono succedendosi a un ritmo cosí serrato che (salvo poche eccezioni) non ci si espone a errori gravi se si omologa il licenziamento per la stampa al momento terminale della vicenda compositiva.

Le raccolte che seguirono negli anni a quelle due prime furono: *Bianche e nere*, Streglio, Torino 1904; *Erma bifronte*, Treves, Milano 1906; *La vita nuda*, ivi 1910; *Terzetti*, ivi 1912; *Le due maschere*, Quattrini, Firenze 1914; *La trappola*, Treves, Milano 1915; *Erba del nostro orto*, Studio Editoriale Lombardo, Milano 1915; *E domani, lunedí...*, Treves, Milano

ripudiata: nessuna delle tre novelle fu in seguito recuperata nell'ambito delle *Novelle per un anno*, e già nella citata *Lettera autobiografica*, che precede di dieci anni il progetto della grande silloge, Pirandello dichiara la propria disaffezione verso quelle tre storie: «La prima raccolta di novelle stampata fu *Amori senza amore*: tre lunghe novelle intitolate *L'onda*, *La Signorina*, *L'amica delle mogli*, aride, rigide, d'indole psicologica e nel fondo, amarissime. A me non piacciono piú, quantunque dall'ultima, *L'amica delle mogli*, ci sarebbe da trarre una gustosa e originale commedia» (L. Pirandello, *Saggi, poesie e scritti varii* cit., p. 1247). Una commedia ne fu effettivamente tratta da Pirandello, molto piú tardi e in un momento di ispirazione non fervidissima, e andò in scena nel 1927.

[4] Vale forse la pena di segnalare i testi che componevano la prima serie (*Notizie del mondo*, *Se...*, *Sole e ombra*, *Il giardinetto lassú*, *Le tre carissime*, *La paura del sonno*) e la seconda (*La disdetta di Pitagora*, *Visitare gl'infermi*, *Il vitalizio*, *La Signora Speranza*, *Il marito di mia moglie*), dal momento che Pirandello, lamentando a dieci anni di distanza il fatto che quelle novelle siano rimaste «per insipienza dell'editore quasi a tutti sconosciute», dirà: «Eppure in queste due serie vi sono 4 o 5 delle mie migliori novelle, come *Notizie del mondo*, *Se...*, *Il giardinetto lassú*, *Il marito di mia moglie*» (*Ibidem*).

1917; *Un cavallo nella luna*, ivi 1918; *Berecche e la guerra*, Facchi, Milano 1919; *Il carnevale dei morti*, Battistelli, Firenze 1919. A questo punto, Pirandello si trova ad aver escluso dalle raccolte non piú di una trentina delle circa duecento novelle scritte. Già *Un cavallo nella luna* e *Il carnevale dei morti* cominciano a ricomprendere (due la prima raccolta, cinque la seconda) testi inclusi in precedenti volumi; e le due ultime sillogi che precedono l'impresa delle *Novelle per un anno*, ossia *Quand'ero matto* (Treves, Milano 1919) e *Tu ridi* (ivi 1920), sono ormai delle riedizioni: l'una riproduce otto delle quattordici novelle della raccolta omonima del 1902 e due le recupera dalla seconda serie delle *Beffe* e da *Bianche e nere*, l'altra ristampa sedici dei diciotto racconti de *Le due maschere*.

Nel 1922, dopo un trentennio di attività letteraria in prosa, Pirandello avvia l'impresa di riordino della sua produzione novellistica che non giungerà a portare a termine. A quest'impresa volle dare il nome di *Novelle per un anno*, e niente può spiegare cosa intendesse essere meglio dell'avvertenza che l'autore premise, via via che uscivano a stampa presso l'editore fiorentino Bemporad, a ciascuno dei tredici volumi che ricompose e licenziò:

> Raccolgo in un sol corpo tutte le novelle pubblicate finora in parecchi volumi e tant'altre ancora inedite, sotto il titolo *Novelle per un anno* che può sembrar modesto e, al contrario, è forse troppo ambizioso, se si pensa che per antica tradizione dalle *notti* o dalle *giornate* s'intitolarono spesso altre raccolte del genere alcune delle quali famosissime.
>
> Secondo l'intenzione che mi ha suggerito questo titolo, avrei desiderato che tutt'intera la raccolta fosse contenuta in un volume solo, di quei monumentali che da gran tempo ormai per opere di letteratura non usano piú. L'Editore (e chi legge ne intenderà facilmente le ragioni) non ha voluto seguirmi in questo desiderio, e m'ha anzi consigliato di dividere la raccolta non in dodici volumi, di trenta e piú novelle ciascuno, come almeno m'ero rassegnato a chiedergli, ma in ventiquattro. Il che potrebbe suggerire, a chi ne avesse voglia, qualche non inutile considerazione sull'indole e le necessità del tempo nostro.
>
> M'affretto ad avvertire che le novelle di questi ventiquattro volumi non vogliono essere singolarmente né delle stagioni, né dei mesi, né di ciascun giorno dell'anno. Una novella al giorno, per tutt'un anno, senza che dai giorni, dai mesi o dalle stagioni nessuna abbia tratto la sua qualità.
>
> Ogni volume ne conterrà non poche nuove, e di quelle già edite alcune sono state rifatte da cima a fondo, altre rifuse e ritocca-

te qua e là, e tutte insomma rielaborate con lunga e amorosa cura.

In grazia almeno di questa cura, l'autore delle *Novelle per un anno* spera che i lettori vorranno usargli venia, se dalla concezione ch'egli ebbe del mondo e della vita troppa amarezza e scarsa gioja avranno e vedranno in questi tanti piccoli specchi che la riflettono intera.

A volerlo rilevare, c'è un singolare *escamotage* in questa puntigliosa dichiarazione d'intenti pirandelliana: quello per cui, nel 1922, Pirandello asserisce che avrebbe desiderato stampare in un unico volume (presumibilmente, dunque, sotto il titolo unico e solo di *Novelle per un anno*) 365 novelle. Ma ne aveva scritte circa 210, di cui solo 185 volle incluse nel corpus; e ne avrebbe d'altronde scritte altre venticinque, non piú, da lí alla sua morte. Curiosa, e un po' patetica, millanteria in un uomo come lui, cosí alieno dalle vere millanterie. Con la quale vorrebbe farci credere che le ragioni dell'editore e quelle mercantili e utilitaristiche esigenze ch'egli chiama «l'indole e le necessità del tempo nostro», abbiano fatto respingere l'offerta delle trecentosessantacinque novelle da stampare in un unico tomo monumentale, mentre vero è che Pirandello e il suo benevolo editore hanno fatto esistere anzitempo e fantasmaticamente le novelle per un anno che, nel rispetto rigoroso dei desideri pirandelliani, non avrebbero viceversa mai visto la luce. Pirandello finge che al suo primo desiderio sia stato opposto un ponderato diniego, e che persino la sua accomodante volontà di suddividere il tutto in un numero di volumi pari a quello dei mesi dell'anno sia stata per pratiche ragioni respinta. Finge d'essere stato conculcato mentre è stato favorito e aiutato, tanto che il generoso editore gli consente di scrivere quell'avvertenza che addossa a lui ogni responsabilità per la stampa non conforme alle volontà dell'autore. Non è vile né gretto pensare che alle ragioni pratiche dell'editore si accompagnassero e accordassero ragioni altrettanto pratiche, e forse piú cogenti, dalla parte dell'autore; e il lamento che Pirandello esprime nella sua nota non è piú che una licenza, un vezzo d'autore che ha già peraltro acceduto alle non punitive ragioni editoriali.

Un piccolo problema resta tuttavia aperto, quello della discrepanza fra le raccolte che valgono a comporre e ordinare il corpo incompiuto delle novelle per un anno e l'intenzione pirandelliana dichiarata nel terzultimo capoverso dell'avvertenza. La misura delle precedenti raccolte pirandelliane era da molto tempo (almeno da *Erma bifronte* del 1906) assai prossima alla misura-standard dei volumi bemporadiani: poco piú, poco meno, una quindicina di novelle ciascuna. Nessun sensibile scarto viene dunque a turbare le consuetudini pirandelliane consolidatesi nel rapporto con gli editori milanesi Treves e conservatesi in quello coi fiorentini Quattrini e Battistelli. Pochissimo e forse nessun credito è dunque da attribuire alla preferenza espressa in quest'avvertenza per una ripartizione in «dodici volumi, di trenta e piú novelle ciascuno». La questione piú delicata è un'altra, quella sollevata da Pirandello non piú per l'ipotetico grande almanacco novellistico e neppure per gli eventuali dodici volumi surrogatori, ma proprio per i previsti ventiquattro volumetti di *novelle per quindici giorni*: «le novelle di questi ventiquattro volumi non vogliono essere singolarmente né delle stagioni, né dei mesi, né di ciascun giorno dell'anno. Una novella al giorno, per tutt'un anno, senza che dai giorni, dai mesi o dalle stagioni nessuna abbia tratto la sua qualità». Come accordare il *continuum* narrativo prefigurato con la formula «una novella al giorno, per tutt'un anno» con la fisionomia ben riconoscibile di volumi-raccolta stretti sotto la connotazione paratestuale cumulativa d'un titolo?

Riferita a Pirandello, la domanda ha un senso preciso. A parte il caso a sé di *Berecche e la guerra*, l'ultimo volume licenziato dall'autore nel 1934 e che comprende il lungo racconto titolare e sette novelle tarde (stampate tra il 1931 e il medesimo 1934), i tredici volumi usciti da Bemporad hanno una identità di raccolta fermissima e indiscutibile: *La vita nuda* (che proviene per intero dal volume omonimo del 1910), *La rallegrata* e *Dal naso al cielo* (che derivano entrambe per undici quindicesimi rispettivamente da *La trappola* del 1915 e da *Le due maschere* del 1914, quest'ultima riversata nel 1920 in *Tu ridi*), *Donna Mimma* (erede, per dieci tredicesimi, di *Un cavallo nella luna* del 1918), *Il vecchio dio* (per dieci dodicesimi tributaria delle due stampe, 1902 e 1919, di *Quand'ero matto*), *Candelora* (riproduzione appena decurtata di *E domani, lunedí...* del 1917). Debiti consistenti, ma minori e meno esclusivi, legano inoltre *Scialle nero* a *Bianche e nere*, *L'uomo solo* a *La trappola*, *In silenzio* a *Erma bifronte*, *La giara* e *Il viaggio* a *Terzetti*. Ebbene, con l'operazione *novelle per un anno*, Pirandello ha davvero inteso sciogliere ciò che aveva legato e rimescolare cosí profondamente le sue carte da impedire che il vecchio ordine almeno in parte riaffiorasse?

Davvero voleva che le *Novelle per un anno* fossero una serie ordinata di novelle e non una serie di raccolte? È chiaro che ha voluto cancellare d'un solo colpo tutti i titoli a chiave delle raccolte vecchie come di quelle recenti (*Il carnevale dei morti*, ad esempio, era stato stampato solo tre anni prima, nel 1919, e avrebbe tuttavia visto le sue 15 novelle ridistribuite in ben cinque dei nuovi volumetti), ma avrebbe davvero voluto che la prima quindicina delle novelle per un anno, sottointitolata *Scialle nero*, potesse non apparire piú, pur cosí legata col filo rosso di quel titolo, una raccolta? Che «dai giorni, dai mesi o dalle stagioni» nessuna novella e nessuna raccolta «abbia tratto la sua qualità», è una cosa; che nessun particolare vincolo intertestuale leghi fra loro le novelle di *Scialle nero* o quelle di *Candelora*, è tutt'altro discorso. Ed è un discorso non da chiudere, ma da proporre interrogativamente senz'altro, poiché consegna alla critica e all'interpretazione un problema che Pirandello, come autore, aveva il diritto di porsi o non porsi e di risolvere a modo suo, liberamente, e che la critica è invece tenuta a porsi: se cioè fra la microunità della singola novella e la macrounità del corpus, continui a sussistere e ad affiorare, anche contro la (dubitevole) volontà autorale dichiarata nell'avvertenza del 1922, una unità intermedia significativa, quella delle raccolte forti e coese. Mi guarderò bene dal tacere che personalmente non nutro molti dubbi al proposito, e che la palese contraddittorietà fra intenzioni e prassi pirandelliane (una novella per ogni giorno, diceva, ma per poi reintitolare e aggiustare le vecchie e consolidate raccolte senza smembrarle) mi indurrebbe semmai a non averne alcuno.

La mappa del mondo novellistico di Pirandello è stata in ogni caso tracciata in quel 1922 e negli anni a seguire, via via che le cosiddette *Novelle per un anno* rivedevano la luce nel nuovo ordinamento. E in questa forma *ne varietur* ci è stata consegnata dalla connivenza dell'autore e del suo editore, in vita di Pirandello, e dal rispetto riproduttivo (in qualche caso persino eccessivo) dei successivi editori, in morte di lui. Progressivamente crescendo di dimensioni, il corpus delle novelle pirandelliane ha subito ragguardevoli modifiche, nel tempo, fino a configurarsi come diviso in quindici parti che corrispondono ai tredici (dei preventivati ventiquattro) volumi dell'edizione Bemporad e ai due mondadoriani, l'ultimo dei quali, *Una giornata*, assemblato, sia pur con materiali assolutamente autentici, da altra mano, e congetturalmente, nel 1937. Ne restano escluse una trentina di novelle che l'autore non riordinò, non restaurò e lasciò decadere: un'appendice periferica e abbandonata nella quale pur si respira l'aria medesima del centro.

Il difficile comincia da qui, vale a dire dal punto in cui bisognerebbe invogliare i lettori a metter senz'altro piede nel mondo delle novelle pirandelliane motivando l'invito non con uno specimen accattivante ricavato dall'una o dall'altra fra le piú affascinanti, ma con qualche utile istruzione che valga, almeno un po', per tutte. Penso di poterne dare due o tre al massimo, vademecum minimo e certamente inadeguato.

La prima riguarda ciò che un lettore, che per caso (un caso non particolarmente fortuito, quando si parla di Pirandello) abbia avvicinato l'opera pirandelliana per il tramite d'un romanzo, poniamo *Il fu Mattia Pascal*, o d'un'opera di teatro (*Cosí è (se vi pare)* o *Sei personaggi in cerca d'autore*), può attendersi da un tragitto anche parziale attraverso la composita pluralità delle novelle; dal momento che da questo è in primo luogo caratterizzata l'esperienza di lettura che un corpo novellistico propone e che va riproposta ai lettori: dalla pluralità dei testi che si offrono all'attenzione e all'elaborazione della memoria di lettura. La singolarità testuale d'una novella non differisce da quella d'un romanzo o d'un dramma o d'un saggio, laddove una raccolta di novelle o il ritaglio antologico d'una fabbrica novellistica cospicua chiedono all'attenzione di lettura di atteggiarsi convenientemente e alla memoria un diverso esercizio, poiché la lettura seriale, componendo progressivamente le specificità dei singoli testi in una globalità crescente, configura con particolare naturalezza uno spazio sovratestuale e intertestuale, un vero e proprio intertesto come luogo delle relazioni fra un testo e un altro, punto d'incontro fra un testo letto prima e uno letto successivamente, luogo fluido che non corrisponde né all'uno né all'altro e che potrebbe però virtualmente generare un terzo testo. Leggere un corpo novellistico è questo, e perciò la differenza tra la lettura d'una novella e quella d'una serie di novelle non è quantitativa ma qualitativa. In fondo al percorso di lettura, e in sede di riconsiderazione critica e interpretativa, non si apre la possibilità astratta di ricondurre la pluralità a unità, ma quella di detenere una visione plurale e relazionale. Si potrebbe obiettare che una tale esperienza non è poi molto diversa da quella che compie chi ha la pazienza o la necessità di leggere per intero l'opera d'un autore o quelle di piú autori. Ed è vero, in generale. La peculiarità cui ho accennato consiste proprio nella monoautoralità del corpus per un verso, e per l'altro verso nella unità forte di genere.

Torniamo a Pirandello e alla sua lunghissima e ininterrotta attività di novellatore, e consideriamo con la dovuta attenzione il fatto che questo fecondo e innovativo drammaturgo, questo notevole romanziere e sperimentatore di forme romanzesche, non ha di fatto mai lasciato la novella per il romanzo o il teatro ed ha invece sempre affiancato la scrittura novellistica a quelle attività creative che la storia ha inappellabilmente contrassegnate come maggiori. A voler essere fino in fondo meticolosi, si può tutt'al piú constatare un certo rallentamento della sua produzione di novellista a partire all'incirca dal 1918, ma allora bisogna anche sottolineare che nella contenuta ma pregiata produzione novellistica stanno le invenzioni maggiori degli anni estremi della sua attività, quando il romanziere tace (o quasi) e il teatro, che già tanti debiti aveva del resto accumulati verso la novellistica, manifesta, salvo pochissime splendide eccezioni, una stanchezza innegabile.

Quale conseguenza trarre da questi fatti? Una, fondamentalmente, e cioè che le tante partiture novellistiche, e il lavorio di correzioni, rielaborazioni, rifacimenti che le interessa quasi senza sosta, hanno senza dubbio costituito il massimo cimento dell'invenzione pirandelliana. Sotto questo profilo, il tomo monumentale che Pirandello vagheggiava nel 1922 pur non avendolo scritto per intero, sarebbe stato innanzitutto un monumento alla sua invenzione narrativa e all'estro armonico che non ha mai smesso di agitarla. Le vene tematiche profonde e costanti, che non sono molte in Pirandello e non possono essere mai molte in nessun autore, affiorano con pari e talora anche maggiore evidenza, forse, in due o tre dei romanzi e in qualche opera teatrale straordinariamente intensa; ma la sepolta persistenza e l'urgenza talora quasi ossessiva dei nuclei tematici piú densi e caldi hanno bisogno, se è di drammaturgia e di narrativa che si parla, di attualizzarsi e incarnarsi nella dinamica dei motivi, delle sequenze, delle situazioni. Ebbene, le situazioni, le sequenze, i motivi dinamici che animano i romanzi e le opere teatrali maggiori di Pirandello, sono soltanto una parte di quelli che la sua novellistica ha inventati, sperimentati, combinati, messi alla prova. Non c'è grande motivo che non compaia nel corpo delle novelle in forme diversificate che corrispondono ad altrettante variazioni, non c'è tono che non vi sia piegato via via a modulazioni numerose e ardite. Non sempre questa ricerca va a buon fine, non sempre trova sviluppi e soluzioni soddisfacenti, ma è essa a costituire l'incomparabile ricchezza del lascito novellistico.

Con buona pace degli estimatori del romanziere e del drammaturgo, che non a caso sono spesso fautori d'un'opinabile preminenza della forma romanzo oppure cultori di teatro e storia del teatro, non sto affatto sostenendo capziosamente una qualitativa e artistica superiorità delle novelle. Sto, questo sí, esplicitamente sostenendo che la mole novellistica costituisce il piú ricco guardaroba dell'eloquenza narrativa pirandelliana e l'archivio massimo della sua inventività. Due o tre dei romanzi e alcune delle opere teatrali maggiori dicono probabilmente tutto della *dispositio* e dell'*elocutio* pirandelliane, ma senza il corpus delle novelle poco si capirebbe della sua *inventio*. Nessun dubbio sulla innovatività de *Il fu Mattia Pascal* o di *Uno, nessuno e centomila*, né sulla modernità dei *Sei personaggi* e di *Enrico IV* o di *Questa sera si recita a soggetto*, ma queste sono considerazioni d'altro ordine, che investono il romanzo europeo del nostro secolo e il teatro del Novecento. Se guardiamo a Luigi Pirandello, resta invece vero che quei vertici sono preparati dal travaglio di ricerca tenace e prezioso della novellistica, mentre non è ugualmente vero il contrario: nonostante la pratica pirandelliana ininterrotta della ripresa variata, della riscrittura e dell'autocitazione, il *feed back* dal teatro e dai romanzi verso le novelle è scarso e insignificante.

Questo, dunque, può intanto cercare e trovare un lettore nella novellistica: il luogo dove ogni testo ne interpreta, in certo modo, un altro; il luogo dove è piú denso e ridondante il reticolo di determinazioni reciproche e solidali che valgono a costituire, al di là della semantica d'un singolo testo, la tenuta della semantica intertestuale dell'opera pirandelliana.

La seconda istruzione che mi sento di dare al lettore delle novelle, e che alla prima è, sia pure a un diverso livello, connessa, riguarda due idee-forza dell'opera di Pirandello: la contraddizione e la relazione.

La contraddizione è la stella doppia che presiede all'universo narrato pirandelliano e che sprigiona l'energia che lo muove. Quel mondo è attraversato da conflitti polari non risolubili, da istanze contrarie non conciliabili, da valori contrapposti che simultaneamente vigono e guidano le azioni dei protagonisti. È perciò un mondo fobico e chiuso, nel quale i personaggi sono tutti reclusi che cercano una via di scampo e di fuga, ora vanamente tentando di sfuggire a un corno della contraddizione col correre ciecamente incontro all'altro polo, ora sottraendosi alla coazione ripetitiva e alla costrizione per la via del nulla e con la morte, ora implacabilmente imponendosi un'autodisciplina di immobilità che li tiene bloccati e sospesi fra le due istanze irriducibilmente contraddittorie. La vita e la morte, del resto, la loro definizione e la loro marca assiologica, sono la piú profonda e sommersa, la piú fondante delle contraddizioni. Il corpus oscilla tra un inno alla vita e un complementare elogio della morte, tra un desiderio e una paura della vita la cui intensità e ricorrenza è pari al desiderio e alla paura della morte. La vita è ora bene supremo, anelito primario, forza sacra e inesauribile, ora il peggiore e il primo dei mali, anzi il male per antonomasia, rapina irrefrenabile, voglia matta e bestiale, condanna antropologica senza risarcimento né fine. Complementarmente, la morte è ora termine insensato della vita, orrore del vuoto, immobilità fredda, pesante, insensibile, ora è leggerezza, liberazione, emancipazione, evasione, sogno di rinascita e di ricongiungimento all'unità indivisa e indistinta del cosmo. Da questi valori ancipiti della vita e della morte discendono altre coppie di contrari che la riproducono e infinitamente la replicano nell'ordine del reale e del soggettivo: l'anima e il corpo, l'imperturbabilità e la passione, l'illusione e la realtà, la sincerità e la finzione, l'io e i suoi doppi, la follia e la saggezza. Anche il livello antropomorfo dei personaggi riproduce a suo modo questa duplicità ineliminabile e insuperabile, con la enigmatica separazione e contrapposizione dei due sessi: l'uomo e la donna, prosopopea incarnata della contraddizione. La popolazione novellistica combatte e si dibatte in questa tagliola che la fa gemere e urlare oppure la fa ostinatamente, disperatamente ragionare; e sogna mondi mitici che ne siano liberi e immuni, sogna, cioè, contraddittoriamente, di non essere quella che è.

La contraddizione è di per sé relazione; rappresenta anzi la piú indissolubile delle relazioni: quella fra un termine e il suo contrario. Ma Pirandello, narrando, incarna in un intrico di rapporti e di vincoli relazionali questa relazione tutelare. La soggettività dei suoi innumerevoli protagonisti non è piú fondata su un solido pacchetto di attributi né su un robusto assetto dell'essere, essendo l'io plastico, friabile e divisibile, ma piuttosto su un fascio variabile di relazioni. Tizio non è piú cosí e cosí, ma è cosí in rapporto a Caio e cosí in rapporto a Sempronio, e cambia col cambiare di quei rapporti. Non solo la vita è fatta di relazioni, ma l'essere sta nelle relazioni che intrattiene con gli altri e con la realtà, ed è preso nella contraddizione nella misura in cui contraddittorie sono le relazioni che lo vincolano. Il rimbaudiano «Je est un autre» può voler dire anche questo. L'io è continuamente minacciato di diventare altro nella trappola delle relazioni, e nel loro groviglio rischia di continuo di perdersi in tanti altri, di smarrirsi del tutto. Questa alterabilità e alienabilità dell'io trova qua e là nel corpus pirandelliano formulazioni quasi filosofiche, che sono quelle che si sono guadagnate la piú larga fama e la maggiore memorabilità, ma la sostanza piú viva e stimolante giace nella folta riproposizione narrativa della scistosità dell'io nel rapporto con se stesso e della forbice mutazione-persistenza che la natura relazionale dell'io apre.

L'ultima istruzione che credo doveroso dare al lettore riguarda non casualmente un'altra fondamentale relazione, quella fra mondo narrato e modo della narrazione. Chi si sobbarcasse la fatica di raccogliere e denominare gli elementi piú spesso ricorrenti nella novellistica di Pirandello (trame narrative, snodi dinamici, sequenze similari, moventi evenemenziali, eventi del grande *come se* mimetico che soggiace ad ogni racconto non fiabesco e non magico-meraviglioso), e si provasse poi a catalogarli e a ordinarli, potrebbe avere facilmente l'impressione di trovarsi dinanzi a un immenso cantiere del *realistico*, ossia a materiali e a componenti tipici del periodo e del modo di narrare che vanno sotto questo nome. Alludo, ad esempio, ai tanti amori mancati o repressi e infelici, ai matrimoni celebrati e falliti, ai tradimenti, ai traumi e ai drammi che ne seguono; alla folla di abbandonati, di vedovi, di orfani; ai tanti casi in cui l'angustia economica determina la sorte dei protagonisti. Ciascuna di queste sceneggiature narrative può trovare facilmente il nome piú conveniente nel patrimonio dei narrabili realistici, ossia nel patrimonio in cui Pirandello, tramite e auspice primo Luigi Capuana, pescò estesamente. Eccettuati gli ultimi racconti (quelli, in concreto, degli anni '30), pressoché tutta la novellistica pirandelliana può senza sforzo essere nominata per mezzo di etichette, raccolta in fascicoli e raggruppata in faldoni di modello realistico. Né si tratta, in prima istanza, di un'impressione ingannevole: i possibili narrativi sono quelli, nella stragrande maggioranza. Non è su questo piano che la mano di Pirandello interviene a cambiare subito le cose, anche a non voler prescindere (ed è giusto non farlo piú di quanto si sia fatto) dalla vivacità degli stimoli che il talento dell'allievo era ben in grado di avvertire nello sperimentalismo di Capuana e nel suo *verismo*, tutt'altro che privo di umori ironico-parodici, di bagliori grotteschi e di fertili pieghe analitiche. Oscurato dalla grande arte verghiana piú che dalla genialità di De Roberto, Capuana non ha avuto, se non tardi e da parte di pochi, giustizia intera. Pirandello, rispettoso della grandezza di Verga ma da lui sempre assai lontano, rese giustizia a Capuana nei fatti, imparando tutto ciò che dal suo magistero e dalla sua inesausta curiosità si poteva imparare. Per lunghi anni, i narrabili capuaniani furono i suoi.

Lo scarto avviene a un altro livello, a quello della narrazione. E avviene presto, ben prima che col saggio del 1908, *L'umorismo*, Pirandello gli conferisca anche sanzione teorica. La scrittura umoristica non è una semplice scelta di stile e neppure, a ben guardare, soltanto uno sbalzo di registro: è un altro modo di raccontare il mondo. Il *quod narrandum* può benissimo restare il medesimo, ed è anzi quando resta il medesimo che la differenza è piú percepibile: è il *modus narrandi* che svuota dal di dentro i vecchi narrabili realistici, che determina una sorta di fissione del realistico lasciandolo apparentemente intatto. Un adulterio borghese, narrato umoristicamente, resta un adulterio e nel contempo, deformato, rimpicciolito ad accidente minimo o iperbolizzato a catastrofe, diventa irriconoscibile come sequenza d'una storia borghese. Predicato umoristicamente, il mondo non è piú lo stesso.

Pirandello ha parlato del «sentimento del contrario» che pervade le opere umoristiche e del ruolo specialissimo che vi svolge la riflessione, dicendo con ciò a modo suo e con il linguaggio critico dei suoi anni alcune cose assai importanti nella direzione della non facile definizione dell'umorismo. Ha detto cioè che una istanza narrante forte sta alla base della gestione umoristica d'un racconto, uno sguardo, un'ottica riflessiva (dunque virtualmente metanarrativa) che svolge in qualche modo un ruolo di controdeterminazione rispetto al pacifico svolgimento degli eventi narrati, un ruolo in forza del quale una situazione buffa scopre i propri risvolti patetici e viceversa. E ha detto che la parola umoristica, a differenza di quella realistica, non aderisce alla realtà narrata, ma la osserva e la distanzia narrandola. L'umorismo può dunque sprigionare ironia e autoironia, sarcasmo e comicità, ma non è propriamente nessuna di queste cose; è invece sempre parola non impersonale che accarezza o striglia la realtà di contropelo. Questa duplicità, questa diplopia dell'ottica umoristica si pone come il veicolo narrazionale ideale rispetto a un mondo come quello della narrativa e della drammaturgia pirandelliane. Il *principio di contraddizione* è quello che pervade e regola quell'universo. E, perfettamente adeguato ad esso, il suo umorismo è in buona sostanza anche il vero e proprio protocollo discorsivo della contraddizione, il linguaggio capace di predicarla senza mistificarla e senza forzarne una improbabile risoluzione. È sotto questo taglio di luce radente e tagliente che tante delle vecchie storie, che Pirandello sembra rinarrare, vanno lette.

Nell'istante stesso in cui accettavo di operare e curare una scelta di novelle pirandelliane, sapevo che mi sarei reso colpevole di un molteplice tradimento: avrei tradito il corpus novellistico escludendone la maggior parte, avrei tradito le *Novelle per un anno* rimescolando a mia volta le carte che l'autore aveva voluto riordinare in un certo modo, avrei tradito tutte le singole raccolte, e ciascuna di esse, non riproducendone alcuna nella sua interezza. Chiunque si renda responsabile, in una volta sola, di tanti misfatti, ha poche giustificazioni da proporre e deve confessare che, in linea di principio e di metodo, non c'è attenuante possibile per un gesto cosí devastante. Qualsiasi richiesta di comprensione e di clemenza non può che seguire a questa franca confessione.

Nessun antologista può del resto rimuovere del tutto la coscienza della propria colpevolezza e del doppio torto di cui essa si compone: quello fatto ai testi accolti, recidendoli e asportandoli dai macrocontesti originari, e quello fatto ai testi esclusi, dunque all'apparenza negletti, scartati, rifiutati. Non posso che farmene carico, confortato un poco dal pensiero di venir ultimo nel lungo elenco di coloro che si sono macchiati del mio medesimo crimine. E non so quanto mi potrà essere perdonato in forza del molto amore dedicato ai testi pirandelliani prima di quest'atto di antologica violenza.

LUCIO LUGNANI

Dal momento che trentadue novelle pirandelliane (queste che offro alla lettura come altre trentadue qualsiasi) non potrebbero in nessun caso rappresentare né le auspicate «novelle per un anno» né, in forza della sola quantità, due raccolte d'autore, e poiché dunque i tanti arbitrî della chirurgia antologistica rendono ardua qualunque sutura elegante, ad essi ho aggiunto una ulteriore contravvenzione usando a vista un filo che Pirandello aveva invece scelto di occultare: quello cronologico. Le novelle si susseguono pertanto nell'ordine quasi naturale (ma artificiale rispetto alla volontà autorale) fissato dalle date delle loro prime stampe, il meno discosto da quello di composizione. Spero che quest'ordinamento consenta al lettore che sceglierà di leggerle rispettandolo, di avvertire, nonostante l'enormità delle lacune, almeno alcuni fenomeni evolutivi della lingua e della scrittura narrativa pirandelliane e di cogliere, nell'arco del quarantennio che la privilegiata trentina di testi deliberatamente copre, quantomeno la traccia del sorgere e del tramontare di alcuni grandi motivi.

Cronologia.

1867 Nasce a Girgenti (ora Agrigento) in una famiglia benestante (il padre Stefano, ex garibaldino, era proprietario di alcune zolfare).

1886 Conclude gli studi classici a Palermo e si iscrive all'università, frequentando contemporaneamente i corsi di legge e di lettere nell'Ateneo palermitano.
Si fidanza con una cugina, Paolina Pirandello, cui resterà legato fino al 1889.

1887-91 Optando per l'indirizzo letterario si trasferisce a Roma, dove segue le lezioni di Ernesto Monaci. In seguito a uno screzio col professore di latino abbandona la capitale e si trasferisce a Bonn, dove si laurea nel 1891 con una tesi sul dialetto agrigentino.
Risalgono a questi anni il volume di versi *Mal giocondo* (1889), fortemente influenzato da Carducci e da Arturo Graf, il poemetto *Pasqua di Gea* (1891) e le *Elegie renane* (1895), raccolta ispirata, fin dal titolo, alle *Elegie romane* di Goethe (che, peraltro, intanto si era accinto a tradurre).

1892-94 Tornato a Roma stringe amicizia con Luigi Capuana che l'incoraggia «a provarsi nell'arte narrativa in prosa»: nel 1893 scrive il romanzo *L'esclusa* (1901) e nel 1894 le prime novelle.
Nel 1894 sposa Marta Antonietta Portulano, che gli darà tre figli (Stefano, Lietta e Fausto).

1895 Scrive il romanzo *Il turno* (1902).

1897-1902 Nel 1897 accetta la cattedra di stilistica alla facoltà di Magistero, dove insegnerà per venticinque anni. Intanto fonda con Ugo Flores la rivista «Ariel» e inizia la collaborazione al «Marzocco» e alla «Nuova Antologia».

1903 In seguito a un dissesto finanziario (aveva subito un allagamento la zolfara in cui Stefano Pirandello aveva investito insieme a tutti i suoi averi anche la dote di Maria Antonietta) si trova improvvisamente costretto a vivere del solo stipendio d'insegnante; contemporaneamente la moglie manifesta i primi segni di squilibrio mentale (costretta all'immobilità per sei mesi da una paresi alle gambe rimarrà minata per sempre da una grave forma di paranoia).

1904 Esce a puntate sulla «Nuova Antologia» *Il fu Mattia Pascal.*

1908 Escono i saggi *L'umorismo* e *Arte e scienza*, che segnano tra l'altro l'inizio d'una vivace polemica tra lui e Croce.

1909 Esce sulla «Rassegna contemporanea» il romanzo *I vecchi e i giovani.*
Inizia la collaborazione al «Corriere della Sera», che si protrarrà fino alla sua morte.

1910 Su incitamento dell'amico commediografo Nino Martoglio riduce ad atti unici le novelle *Lumíe di Sicilia* e *La morsa*: è la prima esperienza teatrale.

1911-15 Escono il romanzo *Suo marito* (1911), la raccolta di poesie *Fuori di chiave* (1912) e il romanzo *Si gira...* (1915), poi ribattezzato *Quaderni di Serafino Gubbio operatore*.

1915-18 Gli anni della guerra sono segnati dall'inasprirsi delle preoccupazioni familiari: il figlio Stefano viene fatto prigioniero, la madre muore e la malattia della moglie si aggrava.
Inizia ad affermarsi come autore drammatico: tra il 1916 e il 1918 scrive per il teatro, in parte in lingua e in parte in dialetto, *Pensaci, Giacomino!*, *Liolà*, *Il berretto a sonagli*, *La giara*, *Cosí è (se vi pare)*, *Il piacere dell'onestà*, *Il giuoco delle parti*, *Ma non è una cosa seria*, *La patente* (i lavori teatrali usciranno in una prima raccolta organica con il titolo *Maschere nude* tra il 1918 e il 1921).

1919 Su consiglio dei medici fa internare la moglie (che nel suo delirio è arrivata ad accusarlo di provare per la figlia Lietta una passione incestuosa) in una casa di cura sulla via Nomentana.

1921-22 Con i *Sei personaggi in cerca d'autore* e l'*Enrico IV*, rappresentati in Italia e all'estero, consolida la sua fama internazionale di drammaturgo. *Vestire gli ignudi* ottiene un successo trionfale al Teatro Quirino.
Intanto Bemporad inizia la pubblicazione delle *Novelle per un anno* in cui confluiranno le raccolte edite negli anni precedenti.

1924 Subito dopo il delitto Matteotti aderisce, con un gesto che suscitò scalpore, al Partito fascista.

1925 Pubblica a puntate sulla «Fiera letteraria» *Uno, nessuno e centomila*, il romanzo a cui ha lavorato per oltre quindici anni.
Assume la direzione artistica del «Teatro d'Arte» di Roma: per tre anni sarà regista della compagnia in cui avrà un ruolo di tutto spicco l'attrice Marta Abba, interprete privilegiata e anche ispiratrice di molti suoi lavori teatrali (tra gli altri *Diana e la Tuda* e *L'amica delle mogli*).

1929 È nominato Accademico d'Italia.
Scrive *Questa sera si recita a soggetto*.

1930 Scrive *Come tu mi vuoi*.

1934 Riceve il premio Nobel per la letteratura.

1936 Muore mentre sta ancora lavorando al dramma *I giganti della montagna*. Esprime nel testamento il suo ultimo desiderio: che le sue ceneri, dopo una cerimonia semplice, vengano disperse nella campagna di Agrigento.

Bibliografia essenziale.

BIBLIOGRAFIA GENERALE E STORIA DELLA CRITICA.

A. Barbina, *Bibliografia della critica pirandelliana (1889-1961)*, Le Monnier, Firenze 1967; G. Ferroni, *Luigi Pirandello*, in aa.vv., *I classici italiani nella storia della critica*, a cura di W. Binni, La Nuova Italia, Firenze 1977, vol. III, pp. 57-129; S. Costa, *Luigi Pirandello*, ivi 1978, pp. 96-143; A. Illiano, *Introduzione alla critica pirandelliana*, Fiorini, Verona 1977; S. Blazina, *Rassegna di studi pirandelliani: i romanzi (1961-83)*, in «Lettere italiane», XXXVI (1984); C. Donati, *Bibliografia della critica pirandelliana (1962-1981)*, C. E. La Ginestra, Firenze 1986; M. Costanzo, *Bibliografia*, in L. Pirandello, *Novelle per un anno*, Mondadori («I Meridiani»), Milano 1990, vol. III, tomo II, pp. 1493-504; M. Ermilli, *Rassegna di studi su L. Pirandello (1978-1991)*, in «Lettere italiane», XLIV (1992); F. Angelini, *Il punto su Pirandello*, Laterza, Bari 1992; G. Pulce, *Bibliografia*, in L. Pirandello, *Opere*, Garzanti, Milano 1993.

BIOGRAFIE.

F. V. Nardelli, *L'uomo segreto / Vita e croci di Luigi Pirandello*, Mondadori, Milano 1932 (terza e ultima edizione, Bompiani, Milano 1986); G. Giudice, *Luigi Pirandello*, Utet, Torino 1963; E. Lauretta, *Luigi Pirandello. Storia di un personaggio fuori di chiave*, Mursia, Milano 1980; A. d'Amico e A. Tinterri, *Pirandello capocomico*, Sellerio, Palermo 1987; M. L. Aguirre d'Amico, *Vivere con Pirandello*, Mondadori, Milano 1989.

MONOGRAFIE E SAGGI CRITICI RECENTI.

C. Salinari, *La coscienza della crisi*, in *Miti e coscienza del decadentismo italiano*, Feltrinelli, Milano 1960; L. Sciascia, *Pirandello e la Sicilia*, S. Sciascia ed., Caltanissetta-Roma 1961; A. Leone De Castris, *Storia di Pirandello*, Laterza, Bari 1962 (1991[8]); F. Rauhut, *Der Junge Pirandello*, C. H. Beck, München 1964; R. Barilli, *La poetica di Pirandello*, in *La barriera del naturalismo*, Mursia, Milano 1964; M. Guglielminetti, *Il soliloquio di Pirandello*, in *Struttura e sintassi del romanzo italiano del primo Novecento*, Silva, Genova-Milano 1964 (poi in edizione riveduta e ampliata in *Il romanzo del Novecento italiano / Strutture e sintassi*, Editori Riuniti, Roma 1986); G. Andersson, *Arte e teoria / Studi sulla poetica del giovane Pirandello*, Almqvist & Wiksell, Stockholm 1966; aa.vv., *Atti del Congresso internazionale di Studi pirandelliani* (Firenze, ottobre 1961), Le Monnier, Firenze 1967; P. Raffa, *La crisi del linguaggio naturalista (Pirandello)*, in *Avanguardia e realismo*, Rizzoli, Milano 1967; G. Piroué, *Pirandello*, Denoël, Paris 1967 (trad. it., Sellerio, Palermo 1975); G. Genot, *Pirandello*, Seghers, Paris 1970; L. Lugnani, *Pirandello / Letteratura e teatro*, La Nuova Italia, Firenze 1970; L. Sciascia, *Note pirandelliane*, in *La corda pazza. Scrittori e cose della Sicilia*, Einaudi, Torino 1970; C. Vicentini, *L'estetica di Luigi Pirandello*, Mursia, Milano 1970; G. Debenedetti, *Il romanzo italiano del Novecento*, Garzanti, Milano 1971; R. Alonge, *Pirandello tra realismo e mistificazione*, Guida, Napoli 1972; R. Barilli, *La linea Svevo-Pirandello*, Mursia, Milano 1972; S. Battaglia, *Testimonianze del Novecento letterario*, Liguori, Napoli 1972; G. Macchia, *Saggio su Pirandello*, in *La caduta della luna*, Mondadori, Milano 1973; P. M. Sipala, *Capuana e Pirandello*, Bonanno, Catania 1974; A. Leone De Castris, *Del rigore di Pirandello*, in *Il decadentismo italiano / Svevo, Pirandello, D'Annunzio*, De Donato, Bari 1974; G. Guglielmi, *L'allegoria di Pirandello*, in *Ironia e negazione*, Einaudi, Torino 1974; aa.vv., *I miti di Pirandello*, Palumbo, Palermo 1975; aa.vv., *Il «romanzo» di Pirandello*, ivi 1976; E. Villa, *Dinamica narrativa di Pirandello*, Liviana, Padova 1976; J. M. Gardair, *Pirandello / Fantasmes et logiques du double* (1972), trad. it., a cura di G. Macchia e G. Ferroni, Abete, Roma 1977; aa.vv., *Il teatro nel teatro di Pirandello*, Centro Nazionale di Studi Pirandelliani ed., Agrigento 1977; aa.vv., *Pirandello e il cinema*, ivi, 1978; R. S. Dombroski, *Le totalità dell'artificio / Ideologia e forma nel romanzo di Pirandello*, Liviana, Padova 1978; P. Puppa, *Fantasmi contro giganti*, Pátron, Bologna 1978; E. Ferrario, *L'occhio di Mattia Pascal. Poetica e estetica in Pirandello*, Bulzoni, Roma 1978; aa.vv., *Lectures pirandelliennes*, Paillart, Paris 1978; aa.vv., *Gli atti unici di Pirandello*, Centro Nazionale di Studi Pirandelliani ed., Agrigento 1979; M. Ricciardi, *Creazione artistica e prodotto di consumo nel romanzo di Pirandello*, in *La rivincita della letteratura*, Ed. Stampatori, Torino 1979; G. Corsinovi, *Pirandello e l'Espressionismo*, Tilgher, Genova 1979; A. Barbina, *La biblioteca di Luigi Pirandello*, Bulzoni, Roma 1980; C. Donati, *La solitudine allo specchio*, Lucarini, Roma 1980; M. Pomilio, *La formazione critico-estetica di Pirandello*, M. Ferri ed., L'Aquila 1980; G. Macchia, *Pirandello o la stanza della tortura*, Mondadori, Milano 1981; A. Illiano, *Pirandello tra metafisica e letteratura*, Vallecchi, Firenze 1981; aa.vv., *Pirandello poeta*, ivi 1981, G. Luti (a cura di), *Ricerche sul Pirandello*, Gutenberg, Verona 1982; aa.vv., *Pirandello saggista*, Palumbo, Palermo 1982; aa.vv., *Pirandello dialettale*, ivi, 1983; N. Borsellino, *Ritratto di Pirandello*, Laterza, Bari 1983 (poi, con nuovi contributi, *Ritratto e immagini di Pirandello*, ivi 1991); G. Corsinovi, *Pirandello: tradizione e trasgressione*, Tilgher, Genova 1983; aa.vv., *Pirandello e il teatro del suo tempo*, Centro Nazionale di Studi Pirandelliani ed., Agrigento 1983; E. Gioanola, *Pirandello, la follia*, Il Melangolo, Genova 1983; aa.vv., *Il romanzo di Svevo e Pirandello*, Vallecchi, Firenze 1984; R. Jacobbi, *Luigi Pirandello*, in aa.vv., *L'avventura del Novecento*, a cura di A. Dolfi, Garzanti, Milano 1984; B. Alfonzetti, *Il trionfo dello specchio. Poetiche teatrali di Luigi Pirandello*, Cuecm, Catania 1984; C. Donati, *Saggi pirandelliani*, Ed. dell'Università, Urbino 1984; V. Masiello, *Radiografie pirandelliane*, in *I Miti e la Storia*, Liguori, Napoli 1984; F. Gioviale, *La poetica narrativa di Pirandello*, Pátron, Bologna 1984; aa.vv., *Pirandello e la Germania*, Palumbo, Palermo 1984; aa.vv., *Pirandello e la cultura del suo tempo*, Mursia, Milano 1984; aa.vv., *Pirandello e la drammaturgia tra le due guerre*, Centro Nazionale di Studi Pirandelliani ed., Agrigento 1985; aa.vv., *Pirandello e il teatro*, Palumbo, Palermo 1985; aa.vv., *Tutto Pirandello*, Centro Nazionale di Studi Pirandelliani ed., Agrigento 1986; G. Guglielmi, *Peri Bathous e Poetiche di romanzo in Pirandello*, in *La prosa italiana del Novecento*, Einaudi, Torino 1986, R. Barilli, *Pirandello. Una rivoluzione culturale*, Mursia, Milano 1986; G. Cappello, *Quando Pirandello cambia titolo: occasionalità o strategia?*, ivi; L. Lugnani, *L'infanzia felice e altri saggi su Pirandello*, Liguori, Napoli 1986; aa.vv., «Ariel»

(Quadrimestrale dell'Istituto di Studi Pirandelliani di Roma: numero speciale nel cinquantenario della morte di Pirandello), a. 1, n. 3, Bulzoni, Roma 1986; G. Mazzacurati, *Pirandello nel romanzo europeo*, il Mulino, Bologna 1987; aa.vv., *Luigi Pirandello: poetica e presenza* (Atti del Convegno di Lovanio e Anversa), Bulzoni, Roma 1987; aa.vv., *Pirandello 1986* (Atti del Simposio di Berkeley-California), ivi 1987; P. Puppa, *Dalle parti di Pirandello*, ivi 1987; L. Sciascia (a cura di), *Almanacco letterario Bompiani / Omaggio a Pirandello*, Bompiani, Milano 1987; R. Scrivano, *La vocazione contesa. Note su Pirandello e il teatro*, Bulzoni, Roma 1987; L. Sedita, *La maschera del nome. Tre saggi di onomastica pirandelliana*, Istituto dell'Enciclopedia Italiana, Roma 1988; W. Krysinski, *Il paradigma inquieto. Pirandello e lo spazio comparativo della modernità*, a cura di C. Donati, Esi, Napoli 1988; aa.vv., *Lo strappo nel cielo di carta*, Nuova Italia Scientifica, Roma 1988; aa.vv., *Nuvole e vento*, Centro Nazionale di Studi Pirandelliani ed., Agrigento 1989; L. Sciascia, *Alfabeto pirandelliano*, Adelphi, Milano 1989; Id., *La biblioteca di Mattia Pascal*, in *Fatti diversi di storia letteraria e civile*, Sellerio, Palermo 1989; U. Artioli, *L'officina segreta di Pirandello*, Laterza, Bari 1989; aa.vv., *Pirandello e D'Annunzio*, Palumba, Palermo 1989; D. Della Terza, *Luigi Pirandello e la distanza umoristica*, in *Letteratura e critica tra Otto e Novecento*, Edizioni di Periferia, Cosenza 1989; R. Luperini, *Tematiche del moderno e tramonto dell'«Erlebnis» in Pirandello romanziere*, in *L'allegoria del moderno*, Editori Riuniti, Roma 1990; G. Petronio, *Restauri letterari da Verga a Pirandello*, Laterza, Bari 1990; F. Angelini, *Serafino e la tigre. Pirandello tra scrittura, teatro e cinema*, Marsilio, Venezia 1990; M. Baratto, *Da Ruzante a Pirandello*, Liguori, Napoli 1990; aa.vv., *La «persona» nell'opera di Luigi Pirandello*, Mursia, Milano 1990; aa.vv., *Pirandello e l'«oltre»*, ivi 1991; aa.vv., *Pirandello e la politica*, ivi 1992; L. Martinelli, *Lo specchio magico. Immagini del femminile in Luigi Pirandello*, Dedalo, Bari 1992; R. Luperini, *Introduzione a Pirandello*, Laterza, Bari 1993.

STUDI PIÚ RECENTI SULLE NOVELLE.

R. Barilli, *Le novelle di Pirandello*, in *La barriera del naturalismo*, Mursia, Milano 1964; B. Terracini, *Novelle per un anno*, in *Analisi stilistica / Teoria, storia, problemi*, Feltrinelli, Milano 1966, pp. 283-395; E. Mirmina, *Pirandello novelliere*, Longo, Ravenna 1973; G. Guglielmi, *Mondo di carta*, in *Ironia e negazione*, Einaudi, Torino 1974; E. Licastro, *Luigi Pirandello dalle novelle alle commedie*, Fiorini, Verona 1974; M. Aste, *La narrativa di Pirandello dalle novelle al romanzo «Uno, nessuno e centomila»*, J. Porrúa Turanzas ed., Madrid 1979; aa.vv., *Le novelle di Pirandello*, Centro Nazionale di Studi Pirandelliani ed., Agrigento 1980; F. Zangrilli, *L'arte novellistica di Pirandello*, Longo, Ravenna 1983; J. Lorch, *L'uso della narrazione in prima persona nelle novelle di Pirandello*, in aa.vv., *Cultura meridionale e letteratura italiana*, a cura di P. Giannantonio, Loffredo, Napoli 1983; N. Mineo, *La dissoluzione dell'«ordinario» e il progetto nella prima novellistica pirandelliana*, in aa.vv., *Miscellanea di studi in onore di Vittore Branca*, V: *Indagini Otto-Novecentesche*, Olschki, Firenze 1983; S. Blazina, *L'epilogo e la novella: Verga, D'Annunzio, Pirandello*, in aa.vv., *Metamorfosi della novella*, Bastogi, Foggia 1985; A. M. Golfieri, *Religione e no nelle «Novelle per un anno» di Pirandello*, ivi 1985; P. Grossi, *L'iperbole e l'enfasi: note sulla novellistica di Pirandello*, ivi 1985; G. Macchia, *Premessa* a L. Pirandello, *Novelle per un anno*, a cura di M. Costanzo, Mondadori («I Meridiani»), Milano 1985, vol. I, tomo I; A. P. Mundula, *Pirandello e le violazioni del proibito. Studio sulla novellistica pirandelliana*, Lucarini, Roma 1986; E. Bonora, *Le «Novelle per un anno»*, in

«Cultura e scuola», n. 99, luglio-settembre 1986; Id., *«Novelle per un anno»*, in «Giornale storico della letteratura italiana», CLXIII (1986), n. 523; G. Bárberi Squarotti, *Il sogno della letteratura*, Angeli, Milano 1988; G. Macchia, *Introduzione* a L. Pirandello, *Amori senza amore. Tutti i racconti esclusi dalle «Novelle per un anno»*, a cura di G. Macchia, Mondadori, Milano 1989; D. Della Terza, *Pirandello dalla novella al teatro: tecniche del racconto e itinerario della rappresentazione scenica*, in «Rivista di studi pirandelliani», VII (1989), n. 2,; P. Milone, *Dire il silenzio. La bilogica delle «Novelle per un anno»*, ivi.

Abbreviazioni.

Per le edizioni pirandelliane di frequente e indispensabile consultazione, si adottano le seguenti abbreviazioni:

MN, MN^2
L. Pirandello, *Maschere nude*, voll. 2, Mondadori, Milano 1958.

MN^1
L. Pirandello, *Maschere nude*, a cura di Alessandro D'Amico, vol. I, ivi 1986.

SPSV
L. Pirandello, *Saggi, poesie e scritti varii*, a cura di Manlio Lo Vecchio - Musti, ivi 1960.

R^1, R^2
L. Pirandello, *Tutti i romanzi*, a cura di Giovanni Macchia, con la collaborazione di Mario Costanzo, voll. 2, ivi 1973.

NUA^1
L. Pirandello, *Novelle per un anno*, a cura di Mario Costanzo, vol. I, ivi 1985.

NUA^2
L. Pirandello, *Novelle per un anno*, a cura di Mario Costanzo, vol. II, ivi 1987.

NUA^3
L. Pirandello, *Novelle per un anno*, a cura di Mario Costanzo, vol. III, ivi 1990.

Novelle

Sole e ombra

1.

Tra i rami degli alberi che formavano quasi un portico verde e lieve al viale lunghissimo attorno alle mura della vecchia città, la luna, comparendo all'improvviso, di sorpresa, pareva dicesse a un uomo d'altissima statura che, in un'ora cosí insolita, s'avventurava solo a quel bujo mal sicuro:

«*Sí, ma io ti vedo*».

E come se veramente si vedesse scoperto, l'uomo si fermava e, spalmando le manacce sul petto, esclamava con intensa esasperazione:

– Io, già! io! Ciunna!

Via via, sul suo capo, tutte le foglie allora, frusciando infinitamente, pareva si confidassero quel nome: «*Ciunna... Ciunna...*» come se, conoscendolo da tanti anni, sapessero

Sole e ombra. Pubblicata per la prima volta il 1º novembre 1896 sulla «Rassegna settimanale universale». Ristampata nel 1902 nella raccolta *Beffe della morte e della vita* (Francesco Lumachi, Firenze) e inserita infine, nel 1922, nel terzo volume delle «Novelle per un anno», *La rallegrata* (Bemporad, Firenze). È oggi agevole controllare (cfr. NUA[1], pp. 1287-312) il considerevole e significativo processo di revisione cui il testo è stato sottoposto.

8. *spalmando*: posando a palma aperta.

10. *Ciunna*: poiché nella letteratura i nomi non sono né gratuiti né ininfluenti rispetto al destino dei personaggi, non sarà superfluo rammentare che, nella stampa del 1896 e anche nella successiva (1902), il protagonista si chiamava Liberto Ciunna. Non Libero e non Liberato, dunque: solo Liberto. Quel nome (caduto nella lezione del 1922) bastava a dire che egli, se anche aveva saputo affrancarsi dalla schiavitú combattendo per la libertà, non poteva aspirare alla condizione del nato libero.

12. *pareva si confidassero*: gli aspetti della natura (come qui le foglie) e gli oggetti sono spesso presenze interlocutive importanti per i personaggi; talora mute e inanimate, e qualche volta impassibili fino all'ostilità, altre volte eloquenti e quasi vive nella loro dimensione di cose, e dotate allora d'una loro anima e d'un'apparenza di vita autonoma: il *parere* o il *sembrare* sono in questi casi i veicoli semantici piú ovvii di questa congetturale antropomorfa soggettività degli oggetti-personaggio. Qui, sulla via notturna deserta di uomini, sono le foglie a sussurrare e mormorare alle spalle di Ciunna.

perché egli, a quell'ora, passeggiava cosí solo per il pauroso viale. E seguitavano a bisbigliar di lui con mistero e di quel che aveva fatto... *ssss*... Ciunna! Ciunna!

Lui allora si guardava dietro, nel bujo lungo il viale interrotto qua e là da tante fantasime di luna; chi sa qualcuno... *ssss*... Si guardava intorno e, imponendo silenzio a se stesso e alle foglie... *ssss*... si rimetteva a passeggiare, con le mani afferrate dietro la schiena.

Zitto zitto, duemila e settecento lire. Duemila e settecento lire sottratte alla cassa del magazzino generale dei tabacchi. Dunque reo... *ssss*... di peculato.

Domani sarebbe arrivato l'ispettore:

«– Ciunna, qui mancano duemila e settecento lire.

– Sissignore. Me le son prese io, signor Ispettore.

– Prese? Come?

– Con due dita, signor Ispettore.

– Ah sí? Bravo Ciunna! Prese come un pizzico di rapé? Le mie congratulazioni, da una parte; dall'altra, se non vi dispiace, favorite in prigione.

– Ah no, ah mi scusi, signor cavaliere. Mi dispiace anzi moltissimo. Tanto che, se lei permette, guardi: domani Ciunna se ne scenderà in carrozza giú alla Marina. Con le due medaglie del Sessanta sul petto e un bel ciondolo di dieci chili legato al collo come un abitino, si butterà a mare, signor Ispettore. La morte è brutta; ha le gambe secche; ma Ciunna, dopo sessantadue anni di vita intemerata, in prigione non ci va».

Da quindici giorni, questi strambi soliloquii dialogati, con accompagnamento di gesti vivacissimi. E, come tra i rami la luna, facevan capolino in questi soliloquii un po' tutti i suoi conoscenti, che eran soliti di pigliarselo a godere per la comica stranezza del carattere e il modo di parlare.

24. *peculato*: appropriazione indebita di denaro appartenente a una pubblica amministrazione ad opera d'un pubblico ufficiale che ne può disporre in ragione del suo ufficio.

30. *rapé*: tabacco da fiuto.

36. *medaglie del Sessanta*: Ciunna è il primo ex garibaldino del mondo narrativo pirandelliano. La sorte avvilente che tocca a lui come a tutti i suoi compagni di lotta, è amaramente emblematica del destino cui sono andati incontro, nell'Italia postunitaria, gli ideali del Risorgimento. Eponimo di questi eroi puri e orgogliosi, divenuti ingombranti e fastidiosi nel clima di compromissorio affarismo politico che caratterizza il paese, sarà in seguito Mauro Mortara, uno dei protagonisti de *I vecchi e i giovani*.

37. *abitino*: scapolare consistente in un'immagine sacra trattenuta da due pezzi di stoffa e portata al collo come segno di devozione.

«Per te, Niccolino! – seguitava infatti il Ciunna rivolgendosi mentalmente al figliuolo. – Per te ho rubato! Ma non credere che ne sia pentito. Quattro bambini, signore Iddio, quattro bambini in mezzo alla strada! E tua moglie, Niccolino, che fa? Niente, ride: incinta di nuovo. Quattro e uno, cinque. Benedetta! Prolifica, figliuolo mio, prolifica; popola di piccoli Ciunna il paese! Visto che la miseria non ti concede altra soddisfazione, prolifica, figliuolo! I pesci, che domani si mangeranno tuo papà, avranno poi l'obbligo di dar da mangiare a te e alla numerosa tua figliolanza. Paranze della Marina, un carico di pesci ogni giorno per i miei nipotini!»

Quest'obbligo dei pesci gli sovveniva adesso; perché, fino a pochi giorni addietro, s'era invece esortato cosí:

«Veleno! veleno! la meglio morte! Una pilloletta, e buona notte!»

E s'era procurato, per mezzo dell'inserviente dell'Istituto chimico, alcuni pezzetti cristallini d'anidride arseniosa. Con quei pezzetti in tasca, era anzi andato a confessarsi.

«Morire, sta bene; ma in grazia di Dio».

Col veleno intanto, no! – soggiungeva adesso. – Troppi spasimi. L'uomo è vile; grida ajuto; e se mi salvano? No no, lí, meglio: a mare. Le medaglie, sul petto; il ciondolino al collo e *patapúmfete*. Poi: tanto di pancia. Signori, un garibaldino galleggiante: cetaceo di nuova specie! Di' su, Ciunna, che c'è in mare? Pesciolini, Ciunna, che hanno fame, come i tuoi nipotini in terra, come gli uccellini in cielo.

Avrebbe fissato la vettura per il domani. Alle sette del mattino, col frescolino, in via; un'oretta per scendere alla Marina; e, alle otto e mezzo, addio Ciunna!

Intanto, proseguendo per il viale, formulava la lettera da lasciare. A chi indirizzarla? Alla moglie, povera vecchia, o al figliuolo, o a qualche amico? No: al largo gli amici! Chi lo aveva ajutato? Per dir la verità, non aveva chiesto ajuto a nessuno; ma perché sapeva in precedenza che nessuno avrebbe avuto pietà di lui. E la prova eccola qua: tutto il paese lo vedeva da quindici giorni andar per via come una mosca senza capo: ebbene, neppure un cane s'era fermato per domandargli: «Ciunna, che hai?».

82-83. *come una mosca senza capo*: senza guida né scopo, completamente disorientato. Nelle note, linguisticamente preziose, al poema eroicomico del secentista fiorentino Lorenzo Lippi, *Il Malmantile racquistato* (1676), si legge: «"Restati come mosche senza capo": cioè senza consiglio, direzione o guida,

II.

Svegliato, la mattina dopo, dalla serva alle sette in punto, si stupí d'aver dormito saporitissimamente tutta la notte.

– C'è già la carrozza?

– Sissignore, è giú che aspetta.

– Eccomi pronto! Ma, oh, le scarpe, Rosa! Aspetta: apro l'uscio.

Nello scendere dal letto per prendere le scarpe, altro stupore: aveva lasciato al solito, la sera avanti, le scarpe fuori dell'uscio, perché la serva le ripulisse. Come se gli avesse importato di andarsene all'altro mondo con le scarpe pulite.

Terzo stupore innanzi all'armadio, dal quale si recò per trarne l'abito, che era solito indossare nelle gite, per risparmiar l'altro, il *cittadino*, un po' piú nuovo, o meno vecchio.

«E per chi lo risparmio adesso?»

Insomma, tutto come se lui stesso in fondo non credesse ancora che tra poco si sarebbe ucciso. Il sonno... le scarpe... l'abito... Ed ecco qua, ora sta a lavarsi la faccia; e ora si fa davanti allo specchio, al solito, per annodarsi con cura la cravatta.

«Ma che scherzo?»

No. La lettera. Dove l'aveva messa? Qua, nel cassetto del comodino. Eccola!

Lesse l'intestazione: «Per Niccolino».

«Dove la metto?»

Pensò di metterla sul guanciale del letto, proprio nel posto in cui aveva posato la testa per l'ultima volta.

«Qua la vedranno meglio».

Sapeva che la moglie e la serva non entravano mai prima di mezzogiorno a rifar la camera.

«A mezzogiorno saran piú di tre ore...».

Non terminò la frase; volse in giro uno sguardo, come per salutar le cose che lasciava per sempre; scorse al capezzale il vecchio crocifisso d'avorio ingiallito, si tolse il cappello e piegò le gambe in atto d'inginocchiarsi.

Ma in fondo ancora non si sentiva neanche sveglio del tutto.

senza sapere che cosa avere a fare o risolvere, poiché questi insetti, scemi del capo, s'aggirano inutilmente, strascicando il restante del corpo senza saper dove» (Battaglia).

Aveva ancora nel naso e sugli occhi, pesante e saporito, il sonno.

– Dio mio... Dio mio... – disse alla fine, improvvisamente smarrito.

E si strinse forte la fronte con una mano.

Ma poi pensò che giú la carrozza aspettava, e uscí a precipizio.

– Addio, Rosa. Di' che torno prima di sera.

Traversando in carrozza, di trotto, il paese (quella bestia del vetturino aveva messo le sonagliere ai cavalli come per una festa in campagna) il Ciunna si sentí, all'aria fresca, risvegliar subito l'estro comico che era proprio della sua natura, e immaginò che i sonatori della banda municipale, coi pennacchi svolazzanti degli elmetti, gli corressero dietro, gridando e facendo cenni con le braccia perché si fermasse o andasse piú piano, ché gli volevano sonare la marcia funebre. Dietro, cosí a gambe levate, non potevano.

«Grazie tante! Addio, amici! Ne faccio a meno volentieri! Mi basta questo strepito dei vetri della carrozza, e quest'allegria qua dei sonaglioli!»

Oltrepassate le ultime case, allargò il petto alla vista della campagna che pareva allagata da un biondo mare di messi, su cui *sornuotavano* qua e là mandorli e olivi.

Vide alla sua destra sbucar da un carrubo una contadina con tre ragazzi; contemplò un tratto il grande albero nano, e pensò: «È come la chioccia che tien sotto i suoi pulcini». Lo salutò con la mano. Era in vena di salutare ogni cosa, per l'ultima volta, ma senz'alcuna afflizione; come se, con la gioja che in quel momento provava, si sentisse compensato di tutto.

La carrozza ora scendeva stentatamente per lo stradone polveroso, piú che mai ripido. Salivano e scendevano lunghe file di carretti. Non aveva mai fatto caso al caratteristico ab-

132. *estro comico*: vale la pena di richiamare il fatto che, come s'è visto, i conoscenti di Ciunna «eran soliti di pigliarselo a godere per la comica stranezza del carattere e il modo di parlare». Ebbene, questo suo «estro comico» non è che una variante del tratto che caratterizza i *filosofi* pirandelliani e che viene anche definito, piú esplicitamente, «spiritaccio bislacco» (*La Signora Speranza*), «spiritaccio filosofesco» (*Acqua amara*) o «spirito filosofico» (*Tu ridi*). La loro filosofia, che ha poco o niente a che vedere con la filosofia in senso proprio, consiste soprattutto nello sguardo umoristico con cui guardano il mondo e le proprie stesse vicende, e del quale è un ottimo esempio la fantasticheria di Ciunna che si immagina avviato a suicidarsi con l'accompagnamento della banda municipale.

brigliamento dei muli che tiravano quei carretti. Lo notò adesso, come se quei muli si fossero parati di tutte quelle nappe e quei fiocchi e festelli variopinti per far festa a lui.

A destra, a sinistra, qua e là su i mucchi di brecciame, stavan seduti a riposarsi alcuni mendicanti, storpii o ciechi, che dalla borgata marina salivano alla città sul colle, o da questa scendevano a quella per un soldo o un tozzo di pane promessi per quel tal giorno.

Della vista di costoro s'afflisse, e subito gli saltò in mente di invitarli tutti a salire in carrozza con lui: «Allegri! allegri! Andiamo a buttarci a mare tutti quanti! Una carrozzata di disperati! Su, su, figliuoli! salite salite! La vita è bella e non dobbiamo affliggerla con la nostra vista».

Si trattenne, per non svelare al vetturino lo scopo della gita. Sorrise però di nuovo, immaginando tutti quei mendicanti in carrozza con lui; e, come se veramente li avesse lí, vedendone qualche altro per via, ripeteva tra sé e sé l'invito: «Vieni anche tu, sali! Ti do viaggio gratis!»

III.

Nella borgata marina il Ciunna era noto a tutti.

– Immenso Ciunna! – si sentí infatti chiamare appena smontato dalla vettura; e si trovò tra le braccia d'un tal Tino Imbrò, suo giovane amico, che gli scoccò due sonori baci, battendogli una mano sulla spalla.

– Come va? Come va? Che è venuto a far qui, in questo paesettaccio di piedi-scalzi?

– Un affaruccio... – rispose il Ciunna sorridendo imbarazzato.

– Questa vettura è a sua disposizione?

– Sí, l'ho presa a nolo!

– Benone. Dunque: vetturino, va' a staccare! Caro Ciunna, per male che si senta, occhi pallidi, naso pallido, labbra pallide, io la sequestro. Se ha mal di capo, glielo faccio passare; le faccio passare la *qualunquissima* cosa!

– Grazie, Tino mio, – disse il Ciunna intenerito dalla festosa accoglienza dell'allegro giovinotto. – Guarda, ho dav-

156. *festelli variopinti*: nastri colorati che adornano i finimenti.
157. *brecciame*: pietrisco che serve alla pavimentazione delle strade.
159. *borgata marina ... città sul colle*: due delle denominazioni perifrastiche usate per designare rispettivamente Porto Empedocle e Agrigento.

vero un affare molto urgente da sbrigare. Poi bisogna che torni su di fretta. Tra l'altro, non so, forse oggi m'arriva di botto, tra capo e collo, l'ispettore.

– Di domenica? E poi, come? senza preavviso?

– Ah sí! – replicò il Ciunna. – Vorresti anche il preavviso? Ti piombano addosso quando meno te l'aspetti.

– Non sento ragione, – protestò l'altro. – Oggi è festa, e vogliamo ridere. Io la sequestro. Sono di nuovo scapolo, sa? Mia moglie, poverina, piangeva notte e giorno... «Che hai, carina mia, che hai?» «*Voglio mammà! voglio papà!*» «O mi piangi per questo? Sciocchina, va' da mammà, va' da papà, che ti daranno la *bobona*, le *toserelle* belle belle...». Lei che è mio maestro, ho fatto bene?

Rise anche dalla cassetta il vetturino. E allora l'Imbrò:

– Scemo, sei ancora lí? *Marche!* T'ho detto: Va' a staccare!

– Aspetta, – disse allora il Ciunna, cavando dalla tasca in petto il portafogli. – Pago avanti.

Ma l'Imbrò gli trattenne il braccio:

– Non sia mai! Pagare e morire, piú tardi che si può!

– No: avanti, – insisté il Ciunna. – Devo pagare avanti. Se mi trattengo, sia pure per poco, in questo paese di galantuomini, capirai, c'è pericolo mi rubino finanche le suole delle scarpe appena alzo il piede per camminare.

– Ecco il mio vecchio maestro! *Alfin ti riconosco!* Paghi, paghi e andiamo via.

Il Ciunna tentennò lievemente il capo, con un sorriso amaro su le labbra; pagò il vetturino e poi domandò all'Imbrò:

– Dove mi porti? Bada, per una mezzoretta soltanto.

– Lei scherza. La carrozza è pagata: può aspettar fino a

200. *la bobona, le toserelle*: (voci infantili) la pappa buona (il dolcino), le cosucce. Tino Imbrò è il primo marito umorista abbandonato dalla moglie. E, da umorista, tratta il pianto inconsolabile della sposa e la sua nostalgia della casa parentale con la condiscendenza paziente che l'adulto riserva ai bambini. Stante il ruolo di contorno del suo siparietto coniugale, il lettore non conoscerà mai le ragioni non umoristiche, e presumibilmente dolenti, della donna. Affiora tuttavia fin d'ora la vocazione solitaria della schiatta degli umoristi

203. *Marche!*: imperativo francese che esprime il comando, militare o ginnico, di mettersi in marcia; qui vuol dire *via! togliti dai piedi!*

213. *Alfin ti riconosco*: uno dei non rari poeticismi o librettismi aulici in funzione comico-ironica. Cfr. l'analogo «nel primiero stato» (*La veste lunga*, r. 213).

sera. Senza no no: ora concerto io la giornata. Vede? ho con me la borsetta: andavo al bagno. Venga con me.

– Ma neanche per idea! – negò energicamente il Ciunna. – Io, il bagno? Altro che bagno, caro mio!

Tino Imbrò lo guardò meravigliato.

– Idrofobia?

– No, senti, – replicò il Ciunna, puntando i piedi come un mulo. – Quando ho detto no, è no. Il bagno, io, se mai, me lo farò piú tardi.

– Ma l'ora è questa! – esclamò l'Imbrò. – Un buon bagno, e poi, con tanto d'appetito, di corsa al *Leon d'oro*: pappatoria e *trinchesvàine*! Si lasci servire!

– Un festino addirittura. Ma che! Mi fai ridere. Per altro, vedi, sono sprovvisto di tutto: non ho maglia, non ho accappatojo. Penso ancora alla decenza, io.

– Eh via! – esclamò quello, trascinando il Ciunna per un braccio. – Troverà tutto l'occorrente alla rotonda.

Il Ciunna si sottomise alla vivace, affettuosa tirannia del giovanotto.

Chiuso, poco dopo, nel camerino dei Bagni, si lasciò cadere su una seggiola e appoggiò la testa cascante alla parete di tavole, con tutte le membra abbandonate e impressa sul volto una sofferenza quasi rabbiosa.

– Un piccolo assaggio dell'elemento, – mormorò.

Sentí picchiare alle tavole del camerino accanto, e la voce dell'Imbrò:

– Ci siamo? Io sono già in maglia. Tinino dalle belle gambe!

Il Ciunna sorse in piedi:

– Ecco, mi svesto.

Cominciò a svestirsi. Nel trarre dal taschino del panciotto l'orologio, per nasconderlo prudentemente dentro una scarpa, volle guardar l'ora. Erano circa le nove e mezzo, e pensò: «Un'ora guadagnata!». Si mise a scendere la scaletta bagnata, tutto in preda alla sensazione del freddo.

– Giú, giú in acqua! – gli gridò l'Imbrò che già s'era tuffato, e minacciava con una mano di fargli una spruzzata.

– No, no! – gridò a sua volta il Ciunna, tremante e convulso, con quell'angoscia che confonde o rattiene davanti alla mobile, vitrea compattezza dell'acqua marina. – Bada, me ne risalgo! Non sarebbe uno scherzo... non ci resisto... Brrr,

231. *trinchesvàine*: formazione scherzosa sul tedesco *trinken* (bere) e *Wein* (vino).

com'è fredda! – aggiunse, sfiorando l'acqua con la punta del piede rattratto. Poi, come colpito improvisamente da un'idea, si tuffò giú tutto sott'acqua.

– Bravissimo! – gridò l'altro appena il Ciunna si rimise in piedi, grondante come una fontana.

– Coraggioso, eh? – disse il Ciunna, passandosi le mani sul capo e su la faccia.

– Sa nuotare?

– No, m'arrabatto.

– Io m'allontano un po'.

L'acqua nel recinto era bassa. Il Ciunna s'accoccolò, tenendosi con un braccio a un palo e battendo leggermente l'acqua con l'altra mano, come se volesse dirle: sta' bonina! sta' bonina!

Era veramente un'irrisione atroce, quel bagno: lui, in mutandine, accoccolato e sostenuto dal palo, che se l'intendeva con l'acqua.

Poco dopo però l'Imbrò, rientrando nel recinto e volgendo in giro lo sguardo, non lo ritrovò piú. Già risalito? E s'avviava per accertarsene verso la scaletta del camerino, quand'ecco, a un tratto, se lo vide springar davanti, dall'acqua, paonazzo in volto, con uno sbruffo strepitoso.

– Ohé! Ma è matto? Che ha fatto? Non sa che cosí le può scoppiare qualche vena del collo?

– Lascia scoppiare... – fece il Ciunna ansimando, mezz'affogato, con gli occhi fuori dell'orbita.

– Ha bevuto?

– Un poco.

– Ohé, dico, – fece l'Imbrò e con la mano accennò di nuovo il dubbio che il suo vecchio amico fosse impazzito. Lo guardò un po'; gli domandò: – Ha voluto provarsi il fiato o s'è sentito male?

– Provarmi il fiato, – rispose cupo il Ciunna, passandosi di nuovo le mani su i capelli zuppi.

– Dieci con lode al ragazzino! – esclamò l'Imbrò. – Andiamo, via, andiamo a rivestirci! Troppo fredda oggi l'acqua. Tanto, l'appetito già c'è. Ma dica la verità: si sente proprio male?

Il Ciunna s'era messo ad arcoreggiare come un tacchino.

– No, – disse, quand'ebbe finito. – Benone mi sento! È passato! Andiamo, andiamo pure a rivestirci!

299. *arcoreggiare*: (toscanismo arcaico) fare sforzi di vomito.

– Spaghetti ai vongoli, e glo glo, glo glo... un vinetto! Lasci fare; ci penso io. Regalo dei parenti di mia moglie, buon'anima. Me ne resta ancora un barilotto. Sentirà!

IV.

Si levarono di tavola, ch'erano circa le quattro. Il vetturino s'affacciò alla porta della trattoria:

– Debbo attaccare?

– Se non te ne vai! – minacciò l'Imbrò acceso in volto, tirandosi con un braccio il Ciunna sul petto e ghermendo con l'altra mano un fiasco vuoto.

Il Ciunna, non meno acceso, si lasciò attirare: sorrise, non replicò; beato come un bambino di quella protezione.

– T'ho detto che prima di sera non si riparte! – riprese l'Imbrò.

– Si sa! Si sa! – approvarono a coro molte voci.

Perché la sala da pranzo s'era riempita d'una ventina d'amici del Ciunna e dell'Imbrò e gli altri avventori della trattoria si erano messi a desinare insieme, formando cosí una gran tavolata, allegra prima, poi a mano a mano piú rumorosa: risa, urli, brindisi per burla, baccano d'inferno.

Tino Imbrò saltò su la seggiola. Una proposta! Tutti quanti a bordo del vapore inglese ancorato nel porto.

– Col capitano siamo *peggio* che fratelli! È un giovanotto di trent'anni, pieno di barba e di virtú: con certe bottiglie di *Gin* che non vi dico!

La proposta fu accolta da un turbine d'applausi.

Verso le sei, scioltasi la compagnia dopo la visita al vapore, il Ciunna disse all'Imbrò:

– Caro Tinino, è tempo di far via! Non so come ringraziarti.

– A questo non ci pensi, – lo interruppe l'Imbrò. – Pensi piuttosto che ha da attendere ancora all'affaruccio di cui mi parlò stamattina.

– Ah, già, hai ragione, – disse il Ciunna aggrottando le ciglia e cercando con una mano la spalla dell'amico, come se stesse per cadere. – Sí sí, hai ragione. E dire ch'ero sceso per questo... Bisogna infatti che vada.

– Ma se può farne a meno, – gli osservò l'Imbrò.

– No, – rispose il Ciunna, torvo; e ripeté: – Bisogna che

vada. Ho bevuto, ho mangiato, e ora... Addio, Tinino. Non posso farne a meno.

– Vuole che l'accompagni? – domandò questi.

– No! Ah ah, vorresti accompagnarmi? Sarebbe curiosa. No no, grazie, Tinino mio, grazie. Vado solo, da me. Ho bevuto, ho mangiato, e ora... Addio, eh!

– Allora l'aspetto qua, con la carrozza, e ci saluteremo. Faccia presto!

– Prestissimo! prestissimo! Addio, Tinino!

E s'avviò.

L'Imbrò fece una smusata e pensò: «E gli anni! gli anni! Pare impossibile che Ciunna... In fin dei conti, che avrà bevuto?».

Il Ciunna si voltò e, alzando e agitando un dito all'altezza degli occhi che ammiccavano furbescamente, gli disse:

– Tu non mi conosci.

Poi si diresse verso il piú lungo braccio del porto, quello di ponente, ancora senza banchina, tutto di scogli rammontati l'uno su l'altro, fra i quali il mare si cacciava con cupi tonfi, seguiti da profondi risucchi. Si reggeva male sulle gambe. Eppure saltava da uno scoglio all'altro, forse con l'intento, non preciso, di scivolare, di rompersi uno stinco, o di ruzzolare, cosí quasi senza volerlo, in mare. Ansava, sbuffava, scrollava il capo per levarsi dal naso un certo fastidio, che non sapeva se gli venisse dal sudore, dalle lacrime o dalla spruzzaglia delle ondate che si cacciavano tra gli scogli. Quando fu alla punta della scogliera, cascò a sedere, si levò il cappello, serrò gli occhi, la bocca, e gonfiò le gote, quasi per prepararsi a buttar via, con tutto il fiato che aveva in corpo, l'angoscia, la disperazione, la bile che aveva accumulato.

– Auff, vediamo un po', – disse alla fine, dopo lo sbuffo, riaprendo gli occhi.

Il sole tramontava. Il mare, d'un verde vitreo presso la riva, s'indorava intensamente in tutta la vastità tremula dell'orizzonte. Il cielo era tutto in fiamme, e limpidissima l'aria, nella viva luce, su tutto quel tremolio d'acque incendiate.

– Io là? – domandò il Ciunna poco dopo, guardando il mare, oltre gli ultimi scogli. – Per duemila e settecento lire?

Gli parvero pochissime. Come togliere a quel mare una botte d'acqua.

«Non si ha il diritto di rubare, lo so. Ma è da vedere se

350. *smusata*: smorfia.

non se ne ha il dovere, perdio, quando quattro bambini ti piangono per il pane e tu questo schifoso denaro lo hai tra le mani e lo stai contando. La società non te ne dà il diritto; ma tu, padre, hai il dovere di rubare in simili casi. E io sono due volte padre per quei quattro innocenti là! E se muojo io, come faranno? Per la strada a mendicare? Ah, no, signor ispettore; la farò piangere io, con me. E se lei, signor ispettore, ha il cuore duro come questo scoglio qua, ebbene, mi mandi pure davanti ai giudici: voglio vedere se avranno cuore loro da condannarmi. Perdo il posto? Ne troverò un altro, signor ispettore! Non si confonda. Là, io, non mi ci butto! Ecco le paranze! Compro un chilo di triglie grosse cosí, e ritorno a casa a mangiarmele coi miei nipotini! »

Si alzò. Le paranze entravano a tutta vela, virando. Si mosse in fretta per arrivare in tempo al mercato del pesce.

Comprò, tra la ressa e le grida, le triglie ancora vive, guizzanti. Ma – dove metterle? Un panierino da pochi soldi: aliga, dentro; e: – non dubiti, signor Ciunna, arriveranno ancora vive vive al paese.

Su la strada, innanzi al *Leon d'oro*, ritrovò l'Imbrò, che subito gli fece con le mani un gesto espressivo:

– Svaporato?

– Che cosa? Ah, il vino... Credevi? Ma che! – fece il Ciunna. – Vedi, ho comperato le triglie. Un bacio, Tinino mio, e un milione di grazie.

– Di che?

– Un giorno forse te lo dirò. Oh, vetturino, su il mantice: non voglio esser veduto.

V.

Appena fuori della borgata, cominciò l'erta penosa. I due cavalli tiravano la carrozza chiusa, accompagnando con un

405-7. *un milione di grazie ... te lo dirò*: non c'è equivoca ambiguità né ironia nel congedo di Ciunna dall'amico. Le sue parole vanno prese alla lettera. Come la sera prima egli aveva stabilito modo e tempo del proprio suicidio e perciò aveva potuto dormire «saporitissimamente tutta la notte», cosí ora Ciunna ha rinnegato e del tutto abbandonato il proposito suicida: comperate – con i soldi *doverosamente* sottratti – le triglie che dividerà coi nipotini (e mandata dunque a monte l'immaginaria partita di scambio con i pesci), a buon titolo ringrazia Tinino Imbrò che, costringendolo festosamente a rinviarlo, gli ha dato modo di non concludere affatto quell'«affare molto urgente»: a quell'amico potrà anche dire, un giorno o l'altro, di cosa si era trattato.

moto della testa china ogni passo allungato a stento, e i sonagli ciondolanti pareva misurassero la lentezza e la pena.

Il vetturino, di tratto in tratto, esortava le povere magre bestie con una voce lunga e lamentosa.

A mezza via, era già sera chiusa.

Il bujo sopravvenuto, il silenzio quasi in attesa d'un lieve rumore nella solitudine brulla di quei luoghi mal guardati, richiamarono lo spirito del Ciunna ancora tra annebbiato dai vapori del vino e abbagliato dallo splendore del tramonto sul mare.

A poco a poco, col crescere dell'ombra, aveva chiuso gli occhi, quasi per lusingar se stesso che poteva dormire. Ora, invece, si ritrovava con gli occhi sbarrati nel bujo della vettura, fissi sul vetro dirimpetto, che strepitava continuamente.

Gli pareva che fosse or ora uscito, inavvertitamente, da un sogno. E, intanto, non trovava la forza di riscuotersi, di muovere un dito. Aveva le membra come di piombo e una tetra gravezza al capo. Sedeva quasi sulla schiena, abbandonato, col mento sul petto, le gambe contro il sedile di fronte, e la mano sinistra affondata nella tasca dei calzoni.

Oh che! Era davvero ubriaco?

– Ferma, – borbottò con la lingua grossa.

E immaginò, senza scomporsi, che scendeva dalla vettura e si metteva a errare per i campi, nella notte, senza direzione. Udí un lontano abbajare, e pensò che quel cane abbajasse a lui errante laggiú laggiú, per la valle.

– Ferma, – ripeté poco dopo, quasi senza voce, riabbassando su gli occhi le palpebre lente.

No! – egli doveva, zitto zitto, saltare dalla vettura, senza farla fermare, senza farsi scorgere dal vetturino; aspettare che la vettura s'allontanasse un po' per l'erto stradone, e poi

421-22. *aveva chiuso gli occhi ... dormire*: è la *mise en abîme* d'un lieto fine mancato (si confronti, al proposito, *La levata del sole*, novella in qualche misura responsoria, rispetto a questa, e che suggerisco quindi di leggere come un'antifona a *Sole e ombra*). Se Ciunna potesse prendere tranquillamente sonno, si completerebbe, stavolta in termini euforici, una sequenza simmetrica a quella iniziale: un buon sonno seguirebbe alla ferma e combattiva scelta di vivere come una notte placidissima era seguita alla desolata decisione di morire.

433. *grossa*: impastata.

434-35. *immaginò ... direzione*: Ciunna ha in qualche modo il torto d'essere troppo provato e debole per seguire quest'impulso liberatorio. Si veda a confronto *La levata del sole*.

cacciarsi nella campagna e correre, correre fino al mare là in fondo.

Intanto non si moveva.

– *Plumf!* – si provò a fare con la lingua torpida.

A un tratto, un guizzo nel cervello lo fece sobbalzare, e con la mano destra convulsa cominciò a grattarsi celermente la fronte:

– La lettera... la lettera...

Aveva lasciato la lettera per il figliuolo sul guanciale del letto. La vedeva. A quell'ora, in casa lo piangevano morto. Tutto il paese, a quell'ora, era pieno della notizia del suo suicidio. E l'ispettore? L'ispettore era certo venuto: «Gli avranno consegnato le chiavi; si sarà accorto del vuoto di cassa. La sospensione disonorante, la miseria, il ridicolo, il carcere».

E la vettura intanto seguitava ad andare, lentamente, con pena.

No, no. In preda a un tremito angoscioso, il Ciunna avrebbe voluto fermarla. E allora? No, no. Saltare dalla vettura? Trasse la mano sinistra dalla tasca e col pollice e l'indice s'afferrò il labbro inferiore, come per riflettere, mentre con l'altre dita stringeva, stritolava qualcosa. Aprí quella

451-57. *Aveva lasciato ... il carcere*: purtroppo la struttura della sequenza non è binaria (morte-vita), ma ternaria e retrorsa (morte-vita-morte). Questo capoverso affannoso, percorrendo rapidamente a ritroso i passi iniziali della storia, riporta Ciunna al punto di partenza e, con la visione d'una realtà che ormai contempla la sua morte avvenuta, alla necessità di morire. È intervenuto un brusco mutamento d'atmosfera. Il suicidio programmato, cosí come il suicidio rifiutato, l'uno e l'altro maturati attraverso la parola sciolta e i gesti un po' teatrali di «strambi soliloquii dialogati», sono entrambi manifestazione genuina dell'«estro comico» del personaggio. Ora, insieme al vivace e quasi ilare fervore vitale da cui Ciunna era apparso rianimato fino al momento di chiudersi nella carrozza, quell'estro è completamente caduto: nella carrozza c'è un vecchio impaurito, con «le membra come di piombo e una tetra gravezza al capo», il quale non riesce se non a balbettare con la lingua grossa e torpida, e i cui pensieri vanno confondendosi.

464-69. *stringeva ... inghiottí*: non piú progettato con cura e non piú sostenuto da generosi propositi, il suicidio torna ad essere un predicato altamente patetico: terrore e orrore repentini, vuoto e vertigine (come è scritto). Non «una pilloletta, e buona notte!», e non «le medaglie, sul petto; il ciondolino al collo e *patapúmfete*». Ciunna sa certo quel che fa quando ingoia i cristalli d'arsenico imprevedibilmente ripescati in fondo a una tasca, ma non c'è soluzione di continuità tra la meraviglia del ritrovamento, la subitanea agnizione e l'atto di volontà inorridito che gli dà la forza di inghiottire il veleno. È una sequenza convulsa che non palesa interstizi, un attimo che non si lascia scandire. E si tenga presente che la redazione definitiva introduce, con quella mano sporta alla luce e quello sguardo che vuol capire, un piccolo ele-

mano, sporgendola dal finestrino, al chiaro di luna, e si guardò nella palma. Restò. Il veleno. Lí, in tasca, il veleno dimenticato. Strizzò gli occhi, se lo cacciò in bocca: inghiottí. Rapidamente ricacciò la mano in tasca, ne trasse altri pezzetti: li inghiottí. Vuoto. Vertigine. Il petto, il ventre gli s'aprivano, squarciati. Sentí mancarsi il fiato e sporse il capo dal finestrino.

– Ora muojo.

L'ampia vallata sottoposta era allagata da un fresco e lieve chiarore lunare; gli alti colli di fronte sorgevano neri e si disegnavano nettamente nel cielo opalino.

Allo spettacolo di quella deliziosa quiete lunare una grande calma gli si fece dentro. Appoggiò la mano allo sportello, piegò il mento sulla mano e attese, guardando fuori.

Saliva dal basso della valle un limpido assiduo scampanellare di grilli, che pareva la voce del tremulo riflesso lunare sulle acque correnti d'un placido fiume invisibile.

Alzò gli occhi al cielo, senza levare il mento dalla mano, poi guardò i colli neri e la valle di nuovo, come per vedere quanto ormai rimaneva per gli altri, poiché nulla piú era per lui. Tra breve, non avrebbe veduto, non avrebbe udito piú nulla... S'era forse fermato il tempo? Come mai non sentiva ancora nessun accenno di dolore?

– Non muojo?

mento di razionalizzazione in piú; la prima versione suonava cosí: «stringeva, stritolava qualcosa, che poco dopo, nella convulsione di tutti i nervi, si cacciò in bocca inavvertitamente. Ristette: il veleno!... in tasca, lí, il veleno dimenticato! Strizzò gli occhi, serrò le pugna: inghiottí. Rapidamente ricacciò la mano in tasca, ne tolse altri pezzetti: li inghiottí». Non era lo sguardo a far riconoscere la cosa, ma il gusto, e forse neppure: un allarme della memoria. Era poi pur sempre la volontà a intervenire e a trasformare in suicidio un gesto inconsulto, ma neppure la sua sanzione poteva cancellare del tutto la smaniosa incontrollabilità che quell'«inavvertitamente» aveva significato.

473-74. *L'ampia vallata ... lunare*: la vampa del sole aveva riscosso e risuscitato Ciunna, l'aveva distolto dalla morte e restituito alla vita. Sulla via del ritorno lo attende però un'altra notte di luna, quella luna che la sera prima gli aveva teso i suoi ineludibili agguati, dalla quale intende inconsapevolmente nascondersi facendo alzare il mantice della carrozza, che sorge a sua insaputa e gli fa vedere e riconoscere il veleno, che intanto ha allagato – come se la sua luce fosse anch'essa un'acqua che può sommergere e annegare quanto quella del mare – la vallata che egli percorre. La quiete lunare infonde una grande calma in Ciunna, ma è una delizia ingannevole, è una quiete ctonia, è la calma fluente della morte.

483-85. *per vedere ... nulla piú era per lui*: ulteriori e puntuali verbalizzazioni di questo spossato senso di distacco si incontrano in *La levata del sole*, rr. 102-6 e in *Da sé*, rr. 160-61.

E subito, come se il pensiero gli avesse dato la sensazione attesa, si ritrasse, e con una mano si strinse il ventre. No: non sentiva ancor nulla. Però... Si passò una mano sulla fronte: ah! era già bagnata d'un sudor gelido! Il terrore della morte, alla sensazione di quel gelo, lo vinse: tremò tutto sotto l'enorme, nera, orrida imminenza irreparabile, e si contorse nella vettura, addentando un cuscino per soffocar l'urlo del primo spasimo tagliente alle viscere.

Silenzio. Una voce. Chi cantava? E quella luna...

Cantava il vetturino monotonamente, mentre i cavalli stanchi trascinavano con pena la carrozza nera per lo stradone polveroso, bianco di luna.

La levata del sole

I.

Insomma, il lumetto, lí sul piano della scrivania, non ne poteva piú. Riparato da un mantino verde, singhiozzava disperatamente; a ogni singhiozzo faceva sobbalzar l'ombra di tutti gli oggetti della camera, come per mandarli al diavolo; e meglio di cosí non lo poteva dire.

Poteva anche parere uno spavento. Perché, nel profondo silenzio della notte, al Bombichi che passeggiava per quella stanza inghiottito dall'ombra e subito rivomitato alla luce da quel singulto del lumetto, giungeva pure di tanto in tanto dalle stanze inferiori della casa la voce rauca, raschiosa della moglie, che lo chiamava come da sottoterra:

– Gosto! Gosto!

Se non che egli, invariabilmente, fermandosi, rispondeva piano a quella voce, con due inchini:

– Crepa! Crepa!

E intanto, cosí bianco di cera, cosí tutto parato di gala, in marsina, con quello sparato lucido, e cosí tutto guizzi di riso nella faccia da morto, con quei gesti e scatti che gli balzavano anch'essi al soffitto, chi sa che altro poteva parere. Tanto piú che, poi, accanto a quel lumetto su la scrivania, una piccola rivoltella dal manico di madreperla guizzava anch'essa... uh, sí, e come!

– Tanto carina, eh?

Perché – pareva solo, Gosto Bombichi – ma c'è momenti che uno si mette a parlare con se stesso come se fosse un altro, tal e quale: quell'altro lui, per esempio, che tre ore fa,

La levata del sole. Fu stampata la prima volta su «Il Marzocco» del 6 gennaio 1901, e successivamente nella raccolta del 1902 *Quand'ero matto...* (Streglio, Torino) e in quella omonima del 1919 (Treves, Milano). Fu infine inserita nel decimo volume delle «novelle per un anno», *Il vecchio Dio* (Bemporad, Firenze 1926).

prima che andasse al Circolo, glielo diceva cosí bene di non andarci; e – nossignori – c'era voluto andare per forza. Al *Circolo dei buoni Amici*. E sissignori – che bontà! Le ultime migliaja di lire orfanelle, bisognava vedere con che grazia in quelle facce da rapina gliel'avevano sgranfignate, contentandosi di rimaner creditori su la parola di altre due o tre mila: non ricordava piú con precisione.

– Entro ventiquattr'ore.

La rivoltella. Non gli restava altro. Quando il tempo sbatte la porta in faccia a ogni speranza e dice che non si può, inutile seguitare a picchiare: meglio voltar le spalle e andarsene.

S'era seccato, del resto. Ne aveva la bocca cosí amara! Bile, no; neanche bile. Nausea. Perché s'era tanto divertito lui, ad averla tra mano come una palla di gomma elastica la vita, a farla rimbalzare con accorti colpetti, giú e su, su e giú, battere a terra e rivenire alla mano, trovarsi una compagna e giocare a rimandarsela con certi palpiti e corse avanti e dietro, para di qua, acchiappa di là; sbagliare il colpo e precipitarsele dietro. Ora gli s'era bucata irrimediabilmente e sgonfiata tra le mani.

– Gosto! Gosto!

– Crepa! crepa!

La sciagura massima eccola là: piombatagli tra capo e collo, sei anni fa, mentre viaggiava in Germania, nelle amene contrade del Reno, a Colonia, l'ultima notte di carnevale, che la vecchia città cattolica pareva tutta impazzita. Ma questo non valeva a scusarlo.

Era uscito da un caffè su la *Höhe Strasse* con l'ottima intenzione di rientrare in albergo a dormire. A un tratto, s'era sentito vellicare dietro l'orecchio da una piuma di pavone. Maledetta atavica scimmiesca destrezza! Di primo lancio,

31. *sgranfignate*: per sgraffignate. Nella forma meno comune, che Pirandello adotta solo nella stampa del 1926, non c'è piú il *graffio* (uncino), ma la *granfia* (zampa artigliata dell'animale predatore).

34. *ventiquattr'ore*: è la tradizionale improrogabile scadenza entro la quale vanno onorati i debiti di gioco.

58. *Maledetta atavica scimmiesca destrezza!*: addebitabile qui all'esperienza e all'ottica soggettiva del protagonista, la imprecante metafora donna-scimmia è però anche manifestazione della misoginia diffusa nel mondo narrativo e drammaturgico pirandelliano, e che riaffiora ogniqualvolta la donna si presenta sotto l'aspetto di tentatrice e di trappola per l'uomo. Tuttavia, e se ne può soltanto accennare, la relazione fra i sessi – che costituisce una vera e propria polarità tematica nell'opera di Pirandello – non è né unidirezionale

aveva ghermito quella piuma tentatrice e, nel voltarsi di scatto, trionfante (stupido!), s'era visto davanti tre donne, tre giovani che ridevano, gridavano, scalpitando come puledre selvagge e agitandogli davanti agli occhi le mani dalle innumerevoli dita inanellate, sfavillanti. A quale delle tre apparteneva la piuma? Nessuna aveva voluto dirlo; e allora egli, invece di prenderle a scapaccioni tutt'e tre, scelta sciaguratamente quella di mezzo, le aveva restituito con bel garbo la piuma, al patto convenuto nella tradizione carnevalesca: un bacio o un buffetto sul naso.

Buffetto sul naso.

Ma quella dannata, nel riceverselo, aveva socchiuso gli occhi in tal maniera, ch'egli s'era sentito rimescolare tutto il sangue. E dopo un anno, sua moglie. Ora, dopo sei:

– Gosto!

– Crepa!

Figli, niente, per fortuna. Ma pure, chi sa! se ne avesse avuti, non si sarebbe forse... via, via! inutile pensarci! Quanto a lei, quella strega ritinta, si sarebbe adattata a vivere in qualche modo, se proprio proprio non se la fosse sentita di crepare, come lui amorosamente le suggeriva.

Ora, subito, due paroline, di lettera, e basta eh?

– L'alba di domani non la vedrò!

Oh! A questo punto Gosto Bombichi rimase come abbagliato da un'idea. L'alba di domani? Ma in quarantacinque anni di vita, non ricordava d'aver mai visto nascere il sole, neppure una volta, mai! Che cos'era l'alba? com'era l'alba? Ne aveva sentito tanto parlare come d'un bellissimo spettacolo che la natura offre *gratis* a chi si leva per tempo; ne aveva anche letto parecchie descrizioni di poeti e prosatori, e sí, insomma, sapeva piú o meno di che poteva trattarsi; ma lui coi proprii occhi, no, non l'aveva mai veduta, un'alba, parola d'onore.

– Perbacco! Mi manca... Come esperienza, mi manca. Se l'hanno tanto gonfiata i poeti, sarà magari uno sciocco spettacolo; ma mi manca e vorrei pur vederlo, prima d'andarme-

né semplice. Se la femmina-scimmia è un'epifania degradante della donna, l'uomo-porco regge benissimo il confronto. La vera e profonda divaricazione attributiva, e tendenzialmente assiologica, che contrappone il campo tematico maschile a quello femminile, si pone a un altro livello ed è dovuta al fatto che il corpus pirandelliano tende a distribuire sul versante maschile i segni tematici *ragione-intelletto*, *sentimento*, *purezza*, *bene*, *morte*, e rispettivamente su quello femminile i complementari (e contrari) *istinto-sensi*, *carnalità*, *impurità*, *male*, *vita*.

ne. Sarà tra un pajo d'ore... Ma guarda che idea! Bellissima. Vedere nascere il sole, almeno una volta, e poi...

Si fregò le mani, lieto di questa risoluzione improvvisa. Spogliato di tutte le miserie, nudo d'ogni pensiero, lí, fuori, all'aperto, in campagna, come il primo uomo o l'ultimo sulla faccia della terra, ritto su due piedi, o meglio comodamente a sedere su qualche pietra, o con le spalle, meglio ancora, appoggiate a un tronco d'albero, la levata del sole, ma sí, chi sa che piacere! veder cominciare un altro giorno per gli altri e non piú per sé! un altro giorno, le solite noje, i soliti affari, le solite facce, le solite parole, e le mosche, Dio mio, e poter dire: non siete piú per me.

Sedette alla scrivania e, tra un singhiozzo e l'altro del lumetto moribondo, scrisse in questi termini alla moglie:

Cara Aennchen,

Ti lascio. La vita, te l'ho detto tante volte, m'è parsa sempre un giuoco d'azzardo. Ho perduto: pago. Non piangere, cara. Ti sciuperesti inutilmente gli occhi, e sai che non voglio. Del resto, t'assicuro che non ne vale proprio la pena. Dunque, addio. Prima che spunti il giorno, mi troverò in qualche luogo da cui si possa goder bene la levata del sole. M'è nata in questo momento una vivissima curiosità d'assistere almeno una volta a questo tanto decantato spettacolo di natura. Sai che ai condannati a morte non si suol negare l'esaudimento di qualche desiderio possibile. Io voglio passarmi questo.

Senz'altro da dirti, ti prego di non credermi piú

il tuo aff.mo
GOSTO

E poiché la moglie, giú, era ancora sveglia e da un momento all'altro, se saliva, accorgendosi di quella lettera, ad-

102-6. *la levata del sole ... per me*: si confronti questa spavalda fantasticheria del morituro con lo sguardo intento di Ciunna prossimo a morire di veleno (in *Sole e ombra*): «Alzò gli occhi al cielo, [...] poi guardò i colli neri e la valle di nuovo, come per vedere quanto ormai rimaneva per gli altri, poiché nulla piú era per lui». Nonostante l'evidente incomparabilità dell'ex garibaldino intemerato, ladro per forza, e del viveur annoiato e nauseato, rovinatosi al tavolo da gioco; nonostante, soprattutto, l'esito opposto delle due vicende, l'avviarsi incontro alla morte dei due virtuali suicidi ha ugualmente piú d'un tratto in comune, e l'appressamento alla morte, che comporta in entrambi i casi un tragitto anche fisico, ha qualcosa del percorso iniziatico di conoscenza e di prova, affollato di incontri e fitto di segni e chiavi da interpretare. Segnalerò i riscontri piú palesi.

Il motivo del «non piú per sé», ulteriormente alleggerito di pathos e dunque ancor piú lievitante, si presterà a una successiva intensa variazione in *Da sé* (rr. 160-61 sgg.).

dio ogni cosa; decise di portarla via con sé e di buttarla senza francobollo in qualche cassetta postale della città.

– Pagherà la multa e forse sarà questo l'unico suo dispiacere.

Tu qua – disse poi alla piccola rivoltella, facendole posto in un taschino del panciotto di velluto nero, ampiamente aperto su lo sparato della camicia. E così come si trovava, in tuba e frac, uscí di casa per salutar la levata del sole e tanti ossequi a chi resta.

II.

Era piovuto, e per le strade deserte i fanali sonnacchiosi verberavano d'un giallastro lume tremolante l'acqua del lastrico. Ma ora il cielo cominciava a rasserenarsi; sfavillava qua e là di stelle. Meno male! Non gli avrebbe guastato lo spettacolo.

Guardò l'orologio; le due e un quarto! Come aspettar cosí, per le vie, tre ore forse, forse piú? Quando spuntava il sole in quella stagione? Anche la natura, come un qualunque teatro, dava i suoi spettacoli a ore fisse. Ma a questo orario egli era impreparato.

Solito di rincasar tardissimo ogni notte, era avvezzo all'eco dei suoi passi nelle vie lunghe silenziose della città. Ma, le altre notti, i suoi passi avevano una meta ben nota: ogni nuovo passo lo avvicinava alla sua casa, al suo letto. Ora, invece...

S'arrestò un momento. Da lontano, terra terra, un lume si moveva lungo il marciapiedi, lasciandosi dietro un'ombra traballante, quasi di bestia che non si reggesse bene su le gambe.

Un ciccajolo col suo lanternino.

Eccolo là! E quell'uomo poteva campare di ciò che gli altri buttavano via; d'una cosettucciaccia amara, velenosa, schifosa.

– Dio, e che schifosa malinconia anche la vita.

Gli venne tuttavia la tentazione di mettersi a cercare un tratto con quel ciccajolo. Perché no? Poteva permettersi tutto, ormai. Sarebbe stata una distrazione, un'altra esperienza.

153. *Un ciccajolo col suo lanternino*: nell'attraversare la città, Gosto Bombichi si imbatte nel ciccaiolo ruffiano; e Ciunna aveva incontrato prima la contadina e i tre ragazzi sotto il carrubo, e poi i mendicanti storpi o ciechi.

Perdio, gliene mancavano parecchie, gliene mancavano. Lo chiamò, gli diede il sigaro appena acceso.

– Ah? Te lo fumi?

Lurido, irsuto, colui aprí la boccaccia sdentata e fetida a un riso da scemo; rispose:

– Prima lo riduco cicca. Poi la metto insieme con le altre. Grazie, signorino.

Gosto Bombichi lo guatò con ribrezzo. Ma anche colui lo guatava con gli occhi scerpellati, invetrati di lagrime dal freddo, e con quel laido ghigno rassegato su le labbra, come se...

– Se volesse, signorino – disse infatti, alla fine, strizzando uno di quegli occhi. – Sta qui a due passi.

Gosto Bombichi gli voltò le spalle. Ah, via! Uscire al piú presto dalla città, da quella; cloaca. Via, via! Camminando all'aperto, avrebbe trovato il punto migliore per godere dell'ultimo spettacolo, e addio.

Andò con passo svelto, finché non oltrepassò le ultime case di quella strada, che sboccava nella campagna. Qui si rifermò e si guardò attorno, smarrito. Poi guardò in alto. Ah, il cielo ampio, libero, fervido di stelle! Che guizzi di luce innumerevoli, che palpito continuo! Trasse un respiro di sollievo: se ne sentí refrigerato. Che silenzio! che pace! Com'era diversa, la notte qui, pure a due passi dalla città... Il tempo

169. *scerpellati*: malati e arrossati per una infiammazione alla congiuntiva e con le palpebre gonfie e rovesciate in fuori. – *invetrati di lagrime*: coperti da un velo vitreo di lacrime. *Invetrare* e *invetrato* sono parole care a Pirandello, probabilmente per suggestione colta del dantesco «le 'nvetrïate lagrime» di *Inf.* XXXIII, 128 (là riferito alla condizione dei dannati nella gelata della Tolomea, dove «le lagrime prime fanno groppo, | e sí come visiere di cristallo, | riempion sotto 'l ciglio tutto il coppo»). Qui occorre anche il freddo della notte, ma l'espressione riaffiora altrove piú volte senza quest'elemento di rinvio al modello.

170. *rassegato*: come rappreso, immobile, fisso.

174-87. *Uscire ... un altro mondo*: l'opposizione città-campagna è un motivo assai attivo e ricorrente in Pirandello, e sottende polarità tematiche forti e fondanti, come *artificio/natura*, *corruzione/purezza*, *confusione/semplicità*. Il passo in questione, con le costellazioni lessicali e assiologiche contrapposte che permette di intravvedere e prefigurare, rappresenta, per quanto parzialmente, una esemplare espansione del motivo. Per altre significative attualizzazioni nell'ambito delle sole novelle qui raccolte, si rinvia a *Quand'ero matto* e a *Va bene*.

182-83. *Trasse ... refrigerato*: si rammenti l'impressione di Ciunna in *Sole e ombra*: «si sentí, all'aria fresca, risvegliar subito l'estro comico».

184-86. *tempo ... smemorata quiete*: questa, che per Gosto Bombichi è una delle prime rivelazioni, è l'estremo sospeso stupore di Ciunna prima che sopravvenga il terrore della morte: «Allo spettacolo di quella deliziosa quiete

che lí, per gli uomini, era guerra, intrigo di tristi passioni, noja acre e smaniosa, qui era attonita, smemorata quiete. A due passi, un altro mondo. Chi sa perché, intanto, provava uno strano ritegno, quasi di sgomento, a muovervi i piedi.

Gli alberi, sfrondati dalle prime ventate d'autunno, gli sorgevano attorno come fantasmi dai gesti pieni di mistero. Per la prima volta li vedeva cosí e ne sentiva una pena indefinibile. Di nuovo si fermò perplesso, quasi oppresso di pauroso stupore; tornò a guardarsi attorno, nel bujo.

Lo sfavillio delle stelle, che trapungeva e allargava il cielo, non arrivava ad esser lume in terra; ma al lucido tremore di lassú pareva rispondesse lontano lontano, dalla terra tutta, un tremor sonoro, continuo, il fritinnio dei grilli. Tese l'orecchio a quel canto, con tutta l'anima sospesa: percepí allora anche il fruscio vago delle ultime foglie, il brulichio confuso della vasta campagna nella notte, e provò un'ansia strana, una costernazione angosciosa di tutto quell'ignoto indistinto, che formicolava nel silenzio. Istintivamente, per sottrarsi a queste minute, sottilissime percezioni, si mosse.

Nella zana a destra di quella via di campagna scorreva un'acqua, silenziosa nell'ombra, la quale, qua e là, s'allucciava un attimo quasi per il riflesso di qualche stella, o forse era una lucciola che vi sprazzava sopra, a tratti, volando, il suo verde lume.

Camminò lungo quella zana fino a un primo passatojo e montò sul ciglio della via per internarsi nella campagna. La terra era ammollata dalla pioggia recente; gli sterpi ne gocciolavano ancora. Mosse, sfangando, alcuni passi e si fermò, scoraggiato. Povero abito nero! povere scarpine di coppale! Ma infine, via, che bel gusto, anche, insudiciar tutto cosí!

lunare una grande calma gli si fece dentro. [...] Tra breve, non avrebbe veduto, non avrebbe udito piú nulla... S'era forse fermato il tempo?»

195-97. *al lucido tremore ... fritinnio dei grilli*: cfr. *Sole e ombra*: «Saliva dal basso della valle un limpido assiduo scampanellare di grilli, che pareva la voce del tremulo riflesso lunare sulle acque correnti d'un placido fiume invisibile» (*fritinnio* è un latinismo caro a Pirandello. In latino il *verbo fritinnire* designa il garrire delle rondini o il frinire della cicala, in Seneca persino il vagire dei bambini. Il deverbale pirandelliano – con la serie onomatopeica *frn* arricchita in *frtn* – designa invece lo stridio dei grilli).

204. *zana*: cunetta o fossatello che fiancheggia le strade.

205-6. *s'alluciava*: (altro pirandellismo linguistico) s'illuminava, splendeva di riflesso.

207. *sprazzava*: spandeva a sprazzi.

213-14. *coppale*: pelle laccata.

Un cane abbajò, poco lontano.

– Eh, no... se non è permesso... Morire, sí, ma, con le gambe sane.

Si provò a ridiscendere su la via: *patapúnfete!* scivolò per il lurido pendio; e una gamba, manco a dirlo, dentro l'acqua della zana.

– Mezzo pediluvio... Be' be', pazienza. Non avrò tempo di prendere una costipazione.

Si scosse l'acqua dalla gamba e s'inerpicò a stento dall'altra parte della via. Qua la terra era piú soda; la campagna meno alberata. A ogni passo s'aspettava un altro latrato.

A poco a poco gli occhi s'erano abituati al bujo; discernevano, anche a distanza, gli alberi. Non appariva alcun segno di prossima abitazione. Tutto intento a superare le difficoltà del cammino, con quel piede zuppo che gli pesava come fosse di piombo, non pensò piú al proposito violento che lo aveva cacciato di notte lí, per la campagna. Andò a lungo, a lungo, sempre internandosi di traverso. La campagna declinava leggermente. Lontano, lontano, in fondo al cielo, si disegnava nera nell'albor siderale una lunga giogaja di monti. L'orizzonte s'allargava; non c'eran piú alberi da un pezzo. Oh via, non era meglio fermarsi lí? Forse il sole sarebbe sorto su da quei monti lontani.

Guardò di nuovo l'orologio e gli parve da prima impossibile che fossero già circa le quattro. Accese un fiammifero: sí, proprio le quattro meno sei minuti. Si meravigliò d'aver tanto camminato. Era stanco difatti. Sedette per terra; poi scorse un masso poco discosto e andò a seder, meglio, lí sopra. Dov'era? – Bujo e solitudine!

– Che pazzia...

Spontaneamente, da sé, gli venne alle labbra questa esclamazione, come un sospiro del suo buon senso da lungo tempo soffocato. Ma, riscosso dal momentaneo stordimento, lo spirito bislacco da cui s'era lasciato trascinare a tante pazze

216. *Un cane abbajò*: cfr. *Sole e ombra*: «Udí un lontano abbajare, e pensò che quel cane abbajasse a lui errante laggiú».

234-35. *lontano ... monti*: cfr. *Sole e ombra*: «gli alti colli di fronte sorgevano neri e si disegnavano nettamente nel cielo opalino».

249. *spirito bislacco*: è il sostitutivo dell'«estro comico» del vecchio Ciunna, il quale non può piú scampare alla morte appunto quando quell'estro è in lui soffocato e spento da una «tetra gravezza». Ma piú vero ancora è che senza tali spiriti o estri non si può essere soggetti di avventure estreme, comunque esse poi si concludano. Chi manca di tali doti (si veda ad esempio la Candelora della novella omonima), non può che scatenare la frana degli eventi ed

avventure riprese subito in lui il dominio sul buon senso, e se n'appropriò l'esclamazione. Pazzia, sí, quella scampagnata notturna poco allegra. Avrebbe fatto meglio a uccidersi in casa, comodamente, senza il pediluvio, senza insudiciarsi cosí le scarpe, i calzoni, la marsina, e senza stancarsi tanto. È vero che avrebbe avuto tutto il tempo di riposarsi, tra poco. E poi, ormai, giacché fin lí c'era arrivato... Sí: ma chi sa per quanto tempo ancora doveva aspettare questa benedetta levata del sole... Forse piú di un'ora: un'eternità... E aprí la bocca a un formidabile sbadiglio.

– Ohi ohi... se m'addormentassi... Brrr... fa anche freddo: umidaccio.

Tirò su il bavero della marsina; si cacciò le mani in tasca e, tutto ristretto in sé, chiuse gli occhi. Non stava comodo, no. Mah! per amor dello spettacolo... Si riportò col pensiero alle sale del Circolo illuminato a luce elettrica, tepide, splendidamente arredate... Rivedeva gli amici... e già cedeva al sonno, quando a un tratto...

– Che è stato?

Sbarrò gli occhi, e la notte nera gli si spalancò tutt'intorno nella paurosa solitudine. Il sangue gli sfrizzava per tutte le vene. Si trovò in preda a una vivissima agitazione. Un gallo, un gallo aveva cantato lontano, in qualche parte.. ah ecco, e ora un altro da piú lontano gli rispondeva... laggiú, nella fitta oscurità.

– Perbacco, un gallo... che paura!

Sorse in piedi: andò per un tratto avanti e dietro, senza allontanarsi da quel posto, ove per un momento s'era accovacciato. Si vide lui stesso come un cane che, prima di riaccovacciarsi, sente il bisogno di rigirarsi due o tre volte. Difatti, tornò a sedere, ma daccapo per terra, accanto al masso, per star piú scomodo e non farsi cosí riprendere dal sonno.

Eccola lí, la terra: duretta... duretta anzichenò... vecchia, vecchia Terra! la sentiva ancora! per poco tempo ancora... Tese una mano a un cespuglio radicato sotto il masso e l'accarezzò, come si accarezza una femmina passandole una mano su i capelli.

esserne irreparabilmente travolto. La mancanza di spirito e di estro è in qualche modo il marchio del *realistico*, la loro presenza è invece una spia sicura dell'umorismo.

272. *un gallo aveva cantato*: sulla natura d'annuncio e di appello del canto del gallo, attestata da una tradizione sterminata, non è il caso di spendere parole.

– Aspetti l'aratro che ti squarci; aspetti il seme che ti fecondi...

Ritrasse la mano che gli s'era insaporata d'una fragranza di mentastro acuta.

– Addio, cara! – disse, riconoscente, come se quella femmina con quella fragranza lo avesse compensato della carezza che le aveva fatto.

Triste, cupo, si raffondò di nuovo col pensiero nella sua vita tumultuosa; tutta l'uggia, tutta la nausea di essa gli si raffigurò a poco a poco in sua moglie: se la immaginò nell'atto di leggere la sua lettera, fra quattro o cinque ore... Che avrebbe fatto?

– Io qui... – disse; e si vide, morto, lí, steso scomposto in mezzo alla campagna, sotto il sole, con le mosche attorno alle labbra e gli occhi chiusi.

Poco dopo, dietro i monti lontani, la tenebra cominciò a diradarsi appena appena a un indizio d'albore. Ah, com'era triste, affliggente, quella primissima luce del cielo, mentre sulla terra era ancor notte, sicché pareva che quel cielo sentisse pena a ridestarla alla vita. Ma a poco a poco s'inalbò tutto, su i monti, il cielo, d'una tenera freschissima luce verdina, che a mano a mano, crescendo, s'indorava e vibrava della sua stessa intensità. Lievi, quasi fragili, rosei ora, in

289-90. *Ritrasse ... mentastro acuta*: cfr., nella raccolta poetica *Zampogna* (stampata nello stesso 1901) la lirica *Ritorno* II, 11-14: «Questo cespuglio di mentastro è forse | quello d'allora? Di fragranza acuta | la mano m'insapora, ed io risento | il sapor di quei dí» (SPSV, p. 610). Il mentastro (menta selvatica o menta d'acqua) è, nel corpus pirandelliano, insieme alla salvia cui piú volte è accostato, l'erba aromatica per eccellenza.

294-301. *Triste ... chiusi*: anche Gosto Bombichi, come Ciunna, torna col pensiero alla vita che s'è lasciato alle spalle e alla lettera di addio; e anche lui ha per un attimo la visione d'una realtà postuma. Proprio questo pensiero doppio, di se stessi vivi nel disonore o nella nausea e di se stessi morti, conduce entrambi i personaggi al discrimine ineluttabile della loro esperienza. Chiuso nel buio della sua funebre carrozza nera, dalla quale non ha avuto la forza di scendere, Ciunna non ha scampo; Gosto, pur seduto sulla terra accanto al cespuglio-femmina profumato, non avrebbe forse sorte migliore se il sole non lo salvasse.

306. *s'inalbò*: (letteralmente) si imbiancò schiarendosi, ma, nell'uso pirandelliano del verbo, non infrequente, vale piuttosto «si soffuse d'una luce d'alba». Qui la riprova sta nel fatto che si tratta d'una «tenera freschissima luce verdina», della quale, per apprezzare *l'inalbarsi* nel suo giusto valore idiolettale, la tenerezza e la freschezza contano assai piú del colore.

309-12. *Lievi ... sole*: si completa la sequenza salvifica di *ombra e sole*, speculare rispetto a quella di *Sole e ombra* che presiede alla sorte di Ciunna: «Il sole tramontava. Il mare, d'un verde vitreo presso la riva, s'indorava intensamente in tutta la vastità tremula dell'orizzonte. Il cielo era tutto in fiamme, e quella luce, pareva respirassero i monti laggiú. E sorse alla fine, flammeo e come vagellante nel suo ardore trionfale, il disco del sole.

Per terra, sporco, infagottato, Gosto Bombichi, col capo appoggiato al masso, dormiva profondissimamente, facendo, con tutto il petto, strepitoso mantice al sonno.

limpidissima l'aria, nella viva luce, su tutto quel tremolio d'acque incendiate»; era stato proprio il sole al tramonto a fargli schivare la morte per acqua e a ridargli vita, ma era poi affogato nella luce notturna della luna.

311. *vagellante*: vacillante, tremolante.

314. *dormiva profondissimamente*: questo sonno profondo, arricchito della nota quasi comica del rumoroso russare, se anche non è propriamente un lieto fine, chiude euforicamente la storia smentendo il proposito-profezia d'apertura: «L'alba di domani non la vedrò». Anche il Ciunna di *Sole e ombra* aveva dormito «saporitissimamente» la notte prima di suicidarsi, quando quella convinta e serena intenzione di morte (alleggerita e quasi svuotata di pathos dalla capacità di distacco dell'autopsia umoristica) l'aveva messo in pace con se stesso; ma si era ritrovato con gli occhi sbarrati nel buio quando, essendo rimasta la sua situazione ugualmente insostenibile, quell'intenzione s'era rovesciata in fervida voglia di vivere. Ciunna non può dormire, e muore, perché è troppo commosso e vivo, troppo attaccato alla vita; Gosto Bombichi non si uccide e si addormenta beatamente al sole perché la vita «gli s'era bucata irrimediabilmente e sgonfiata tra le mani» come una palla, perché non gliene restava altro che nausea. Nell'universo pirandelliano, non si rinuncia violentemente alla vita se non la si ama, e non si sopravvive a catastrofi irrimediabili se si è troppo pieni di vita. In questo senso, e sebbene i personaggi d'un racconto non abbiano alcun destino che varchi i limiti del racconto stesso, la sopravvivenza di Gosto e il suo sonno non sono un tradizionale lieto fine e neppure un vero e proprio finale, e rappresentano piuttosto la conclusione aperta e sospesa d'una vicenda che la narrazione non segue oltre.

Notizie del mondo

I.

In tutto, due lagrimucce, tre ore coi gomiti sul tavolino, la testa tra le mani; sissignori: a forza di strizzarmi il cuore, eccole qua nel fazzoletto: proprio due, spremute agli angoli degli occhi. Da buoni amici, caro Momo, facciamo a metà. Una per te morto, una per me vivo. Ma sarebbe meglio, credi, che me le prendessi tutt'e due per me.

Notizie del mondo. Fu pubblicata nella «Rivista d'Italia» (marzo e aprile 1901), e l'anno successivo nella raccolta *Beffe della morte e della vita* (Francesco Lumachi, Firenze 1902). Fu infine compresa nel quarto volume delle «novelle per un anno», *L'uomo solo* (Bemporad, Firenze 1922). Manlio Lo Vecchio - Musti e Angelo Sodini, curatori, nel 1937-38, di L. Pirandello, *Novelle per un anno*, 2 voll., Mondadori, Milano (nella famosa Collezione «Omnibus»), poterono fornire, per i testi di cinque volumi dell'edizione fiorentina di Bemporad (cioè *La rallegrata*, *L'uomo solo*, *La mosca*, *Donna Mimma* e *Il viaggio*), una lezione «definitiva» predisposta da Pirandello in vista della nuova edizione. Il testo è dunque quello fornito dai curatori della mondadoriana del 1937.

4. *Da buoni amici, caro Momo*: quelli che in *Sole e ombra* erano stati chiamati gli «strambi soliloquii dialogati» del personaggio Ciunna, protagonista ma non narratore della storia, diventano qui il modo specifico della narrazione e si traducono nella soggettività forte e costante del discorso in prima persona, che è anche, non casualmente, il protocollo discorsivo privilegiato della scrittura umoristica. Riconoscendolo e identificandolo in un particolare modo di guardare le cose, Pirandello definí l'umorismo come «sentimento del contrario» (cfr. *L'Umorismo*, in SPSV, p. 127). Nulla vieta, beninteso, che un narratore estraneo alle vicende che racconta assuma questo punto di vista renitente ad aderire alla realtà e attento invece alle sue contraddizioni; ma, poiché l'umorismo non esiste senza un linguaggio che traduca in segno quella speciale ottica, la finzione della parola diretta e del parlato è il veicolo piú naturale della scrittura umoristica. Il discorso in prima persona consente infatti come nessun altro le piú brusche variazioni di messa a fuoco (dall'infinito al primo piano, dallo sfondo al dettaglio) e le piú fulminee inversioni di campo, capace com'è di passare, dall'inquadratura del dato-evento esterno, a inquadrare autoriflessivamente se stesso; ed esposto com'è, in ragione della soggettività che esprime, ai piú imprevedibili *détours* digressivi. L'umorismo può sprigionare ironia e autoironia, sarcasmo e comicità, ma non è propriamente

Come un vecchio muro cadente sono rimasto, Momino, a cui una barbara mano abbia tolto l'unico puntello. (Bella, eh? la barbara mano). Ma non so piangere, lo sai. Mi ci provo, e riesco solo a farmi piú brutto, e faccio ridere.

Sai che bell'idea piuttosto m'è venuta? di mettermi ogni sera a parlare da solo con te, qua, a dispetto della morte. Darti notizia di tutto quanto avviene ancora in questo porco mondaccio che hai lasciato e di ciò che si dice e di ciò che mi passa per il capo. E cosí mi parrà di continuarti la vita, riallacciandoti a essa con le stesse fila che la morte ha spezzate.

Non trovo altro rimedio alla mia solitudine.

Ridotto monaco di clausura nel convento della tua amicizia, nessuna parte di me è rimasta aperta a una relazione, sia pur lontana, con altri esseri viventi. E ora... mi vedi? ora che non ho piú nulla da fare per te come in questi tre ultimi giorni dopo la tua morte, eccomi qua solo, in questa casa che non mi par mia, perché la vera casa mia era la tua.

Sentirai, sentirai, se mi ci metto per davvero, che bellissimi paragoni ti farò! Intanto, oltre a quello del muro cadente e della barbara mano, pigliati quest'altro del monaco di clausura.

Ho comperato un lume, lo vedi? Bello, di porcellana, col globo smerigliato. Prima non ne sentivo bisogno, perché le sere le passavo da te, e per venirmene a letto qua mi bastava un mozzicone di candela, che spesso mi davi tu.

Ora tanto è il silenzio, Momino, che lo sento ronzare. Un ronzio, sai? che pare piuttosto degli orecchi, quando ti s'otturano. Eh, tu l'hai otturati bene adesso, Momino mio! E m'immagino difatti che questo ronzio venga da lontano lontano. Da dove sei tu. Ed ecco, lo ascolto con piacere; mi ci metto dietro col pensiero, e vado e vado, finché – guarda, guarda, Momino, è venuta! – una terza lagrimuccia, di sperduta malinconia. Ma sarà per me, se permetti: mi sento davvero cosí solo!

Su, avanti, avanti. Vorrei proprio fartela vedere ancora, vedere e sentire, la vita, anche col tempo che fa, anche coi minimi mutamenti che vi succedono. Che se questo mon-

nessuna di queste cose; è invece sempre parola non impersonale che accarezza o striglia la realtà di contropelo.

43-47. *Che se ... tu per lui*: in questo passo viene sfiorato, in termini ancora impliciti, un motivo piú tardi sviluppato, quello della «reciprocità dell'illusione». Quest'ultima viene definita in *I pensionati della memoria* (1914): «Voi piangete perché *il morto, lui, non può piú dare a voi una realtà*. Vi fanno paura i suoi occhi chiusi, che non vi possono piú vedere; quelle sue mani dure geli-

daccio sa e può fare a meno di tutti quelli che se ne vanno, di te non so né posso fare a meno io; e perciò, a dispetto della morte, bisogna che il mondo per mio mezzo continui a vivere per te, e tu per lui; o se no, me ne vado anch'io, e buona notte; me ne vado perché mi parrà proprio di non aver piú ragione di restarci.

Tanto, è stata sempre cosí per me la vita: a lampi e a cantonate. Non sono riuscito a vederci mai niente. Ogni tanto, un lampo; ma per veder che cosa? una cantonata. Vale a dire, Momino, la coscienza che ti si para davanti di soprassalto: la coscienza d'una bestialità che abbiamo detto o fatto, tra le tante di cui al bujo non ci siamo accorti.

Basta, diventerò l'uomo piú curioso della terra: spierò, braccherò, andrò in giro tutto il giorno per raccoglier notizie e impressioni, che poi la sera ti comunicherò, qua, per filo e per segno. Tanta vita, lo so, come sfugge a me, sfuggirà anche a te: la vita, per esempio, degli altri paesi; ma (cosa che non ho mai fatta) leggerò anche i giornali per farti piacere; e ti saprò dire se quella cara nostra sorella Francia, se quella prepotente Germaniaccia...

Ah Dio mio, Momo, forse le notizie politiche non t'interessano piú? Non è possibile: erano ormai quasi tutta la tua vita e dobbiamo seguitare a fare come ogni sera, quando, dopo cena, il portinajo ti portava su il giornale e tu, leggendolo, a qualche notizia, battevi forte il pugno sulla tavola e io restavo perplesso tra i bicchieri che saltavano e i tuoi occhiacci che mi fissavano di sui cerchi delle lenti insellate sempre un po' a sghimbescio sul tuo naso grosso. Te la pigliavi con me;

de, che non vi possono piú toccare. Non vi potete dar pace per quella sua assoluta insensibilità. Dunque, proprio perché egli, il morto, *non vi sente piú*. Il che vuol dire che vi è caduto con lui, per la vostra illusione, un sostegno, un conforto: la *reciprocità dell'illusione*»; e, l'anno dopo, il motivo riaffiora nitidissimamente nei *Colloqui coi personaggi*, ove l'alter ego - narrante finge di rivolgersi alla madre morta: «È caduto a me, alla mia realtà, un sostegno, un conforto. Quando tu stavi seduta laggiú in quel tuo cantuccio, io dicevo: "Se Ella da lontano mi pensa, io sono vivo per lei". E questo mi sosteneva, mi confortava. Ora che tu sei morta, io non dico che non sei piú viva per me; tu sei viva, viva com'eri, con la stessa realtà che per tanti anni t'ho data da lontano, pensandoti, senza vedere il tuo corpo, e viva sempre sarai finché io sarò vivo; ma vedi? è questo, è questo, che io, ora, non sono piú vivo, e non sarò vivo per te mai piú! Perché tu non puoi piú pensarmi com'io ti penso, tu non puoi piú sentirmi com'io ti sento! E ben per questo, Mamma, ben per questo quelli che si credono vivi credono anche di piangere i loro morti e piangono invece una loro morte, una loro realtà che non è piú nel sentimento di quelli che se ne sono andati».

mi apostrofavi, come se io poveretto, che non mi sono mai occupato di politica, rappresentassi davanti a te tutto il popolo italiano.

– Vigliacchi! Vigliacchi!

E quella sera che, terribilmente indignato, volevi dal terrazzino buttar giú nel fiume le tue medaglie garibaldine? Faceva un tempaccio! Pioveva a dirotto. E nel vederti cosí acceso manifestai l'opinione, ricordi? che non mettesse conto per questi porci d'Italia che tu rischiassi di prendere un malanno, uscendo sul terrazzino, sotto la pioggia. Come mi guardasti! Ma io t'ammiravo, sai? T'ammiravo tanto tanto, perché mi sembravi un ragazzo, in quei momenti, e spesso non sapevo trattenermi dal dirtelo e tu t'arrabbiavi e perfino m'ingiuriavi, quando alle tue ire focose opponevo questa mia bella faccia di luna piena, sorridente e stizzosa. Ti facevo uscir dai gangheri talvolta e dirne d'ogni colore. A qualcuna piú grossa, tranquillissimo, ti domandavo:

– E come la ragioni?

E tu, rosso come un gambero, con gli occhi schizzanti dalle orbite:

– La ragiono, che sei un somaro!

Quanto mi ci divertivo! E mi suona ancora negli orecchi la tua voce, quando, con gli occhi chiusi, mi dicevi, quasi recitando a memoria:

– Per le anime lente e pigre come la tua, per le anime che non sanno cavar nulla da sé, tutto per forza è muto e senza valore.

E questo, perché non mi sapevo cavar dall'anima tutta quella candida santa ingenuità che tu cavavi dalla tua per ve-

100. *candida santa ingenuità*: il motivo del *candore* attraversa per intero l'opera pirandelliana. Cfr. piú oltre anche la novella *Va bene*, rr. 182-86 nota. Nello spazio di una nota non è possibile né documentarlo né discorrerne adeguatamente. Il candore è in ogni caso prerogativa di personaggi che appaiono santi, matti o fanciulli, o che contemperano questi tre connotati. Il candore è genuinità intatta, verginità di cuore e di mente, è carità, generosità, fiducia negli uomini e ignoranza del mondo. Non solo non è dote da uomini grettamente interessati, ma neppure da uomini con i piedi ben piantati per terra e che si muovono a loro agio nella realtà. E, soprattutto, non è mai dote da ragionatori, da umoristi, da *filosofi*. Potrebbe sorprendere che un'amicizia fraterna abbia legato il candido Momino e il quasi-filosofo Tommaso Aversa, se non fosse chiaro che la straniata riflessione dei pensatori e la sincerità dei candidi sono due modi complementari di erodere la realtà ossificata, alla quale né gli uni né gli altri aderiscono: i filosofi la denudano rovesciandola come un guanto e ridicolizzandola, i candidi la ridicolizzano ignorandola e fraintendendola.

stirne uomini e cose. E quante volte non ti vidi parar cosí della bianca stola della tua sincerità qualche mala bestia, della quale ti bisognava un morso o un calcio per riconoscere la vera natura.

Ma tu volevi veder per forza tutto buono e tutto bello il mondo; e spesso ci riuscivi, perché è proprio in noi il modo e il senso delle cose; e segue appunto da ciò la diversità dei gusti e delle opinioni; e segue pure che, s'io voglio farti vedere ancora il mondo, bisogna che mi provi a guardarlo con gli occhi tuoi. E come farò?

Per cominciare, m'immagino che debbano interessarti maggiormente le cose che ti stavano piú vicine; quelle, per esempio, di casa tua: tua moglie... Ah Momaccio, Momaccio, che tradimento! lasciamelo dire. Tante cose ti perdonai in vita: questa, no; né te la perdonerò mai. Tua moglie.

Se ai morti, nell'ozio della tomba, venisse in mente di porre un catalogo dei torti e delle colpe che ora si pentono avere nel decorso della loro vita commessi, catalogo che un bel giorno sarebbe edificante apparisse nella parte posteriore delle tombe, come il rovescio delle menzogne spesso incise nella lapide; tu nel tuo dovresti mettere soltanto:

SPOSAI. A. LVI. ANNI.
UNA. DONNA. DI XXX.

Basterebbe.

Senti. Mi par chiaro come la luce del sole che tu sei morto cosí precipitosamente per causa sua.

Non ti ripeterò qui, adesso, le ragioni che ti dissi cinque anni fa, nel giorno piú brutto della mia vita, e delle quali facesti a tue spese la piú trista delle esperienze. E poi, io dico, perché? che ti mancava? Stavamo cosí bene tutti e due insieme, in santa pace. Nossignori. La moglie. E sostenere che non era vero che la casa come ce l'eravamo fatta a poco a poco con quei miei vecchi mobili e con gli altri comperati di combinazione, ti potesse bastare; e quella bella polvere di

102. *stola*: paramento sacerdotale costituito da una striscia di stoffa che gira attorno al collo e ricade sul petto.

120. *il rovescio delle menzogne*: proprio perché consente brillanti sviluppi umoristici ed effetti stranianti comico-ironici, quello con le lapidi funerarie è un gioco ricorrente nella novellistica. Viene inaugurato nel 1896 con *Chi fu?*, si ritrova ne *Le medaglie* (1904), ne *La cassa riposta* e *La vita nuda* del 1907, e viene infine narrativamente dispiegato nella novella del 1909 *Due letti a due*.

vecchiaja che s'era ormai posata e distesa per noi su tutte le cose della vita, perché noi con un dito ci divertissimo a scriverci sopra: *vanità*; e le care quiete abitudini che s'erano già da un pezzo stabilite tra noi, con la compagnia delle nostre bestioline, le due coppie di canarini, a cui badavo io, Ragnetta a cui badavi tu (e spesso, quand'era in caldo, ricordi? La lisciavi, e ti sgraffiava) e le due stupidissime tartarughe, marito e moglie, Tarà e Tarú, che ci davano motivo a tante sapientissime considerazioni, là nel terrazzino pieno di fiori. Sostenere, santo Dio, che sempre – come Tarú – ne avevi sentito il bisogno, tu, d'una moglie (all'età tua, vergognosaccio!), e che io non ti potevo compatire, perché le donne, io...

Traditore, traditore e fanatico!

Non facevi delle donne anche tu la stessissima mia stima prima che venisse su a cangiarti in un momento da cosí a cosí la bella *mademoiselle* delle due stanze d'abbasso, con la scusa di vedere quei fiori del terrazzino, che su a te attecchivano e giú a *mademoiselle*, nei vasi sul davanzale della finestra, non volevano attecchire?

Maledetto terrazzino!

– Uh che bellezza! uh che meraviglia! E chi li coltiva cosí bene tutti questi fiori?

E tu, subito:

– Io!

Come se tutti i semi, a uno a uno, per trovarteli, le gambe non me le fossi rotte io per intere giornate, pezzo d'ingrato! Ma il bisogno di farti subito bello davanti a quella *mademoiselle* esclamativa...

A vederti tutt'a un tratto quel lustro di vecchio ubriaco negli occhi piccini piccini, e liquefare in certi sorrisi da scemo, ti avrei bastonato, ti avrei bastonato, parola d'onore. E quando lei disse che giú con la mamma malata non faceva altro che parlare di noi due, della dolcezza della nostra vita in comune:

– Due poveri vecchi, – m'affrettai a dirle (ti ricordi?) guardandola con certi occhi da farla sprofondare tre palmi sottoterra dalla vergogna.

Tu lo notasti, e subito, imbecille (lasciamelo dire):

– No, sa? vecchio lui solo, signorina! e brontolone, e seccatore. Non creda mica alla dolcezza della nostra vita! Sapesse che arrabbiature mi fa prendere!

140. *in caldo*: in calore.

Passati ora una mano sulla coscienza: mi meritavo questo da te?

Lasciamo andare. Ti castigai. Questa casa che tengo in affitto da cinque anni, rappresentò il castigo per te; non ostante che poco dopo il tuo matrimonio non avessi saputo tener duro e avessi ripreso a vivere quasi tutto il giorno con te.

Ma il letto a casa tua, no, mai piú!

E ogni notte, sai, prima di lasciarti, pregavo tutti i venti della terra che andassero a prendere e rovesciassero su Roma un uragano, perché tu provassi rimorso nel vedermi andar via solo, povero vecchio, a dormire altrove, mentre prima il mio lettuccio era accanto al tuo e tenevamo calda la cameretta nostra. Avrei voluto, guarda, in una di queste notti di pioggia e di vento, ammalarmi, per accrescerti il rimorso; anche morire... – sí, sono arrivato ad assaporare il tossico di queste voluttà. Ma io, ahimè! ho la pelle dura, io; e sei morto tu, invece, tu e per causa di lei – lasciamelo dire!

Ah Momino, Momino: corrotta veramente la Francia! Si diventa per forza o cosí enfatici o cosí sdolcinati a parlar francese, specialmente delle donne e con le donne! La signorina d'abbasso, sapendo che tu insegnavi il francese, voleva parlare il francese con te:

– *Oh que vous êtes gentil, monsieur Momino, de m'apprendre à prononcer si poliment le français!*

Vedi? E ora torno a maledire il momento che a tua insaputa mi posi con impegno a fartelo ottenere quel posticino alle tecniche. Stando con me, non ti sarebbe mancato mai nulla; invece, professor di francese, enfasi, enfasi, credesti di poterti permettere di prender moglie all'età tua, e ti rovinasti.

Non ci si pensi piú. Tu sai che sentimenti nutra io per tua moglie: tuttavia, non dubitare, ti darò frequenti notizie anche di lei.

Ma voglio riallacciare le fila proprio dal momento che il mondo per te si fece vano; dal momento che, sentendoti colpire improvvisamente dalla morte, a tavola, mentre si cenava, alla mia esclamazione: «Non è niente! non è niente!» rispondesti:

– L'ora di dire addio.

190. *tossico*: veleno.

198-99. *Oh que vous ... français!*: Come siete gentile, signor Momino, a insegnarmi a pronunciare il francese cosí bene!

Furono le tue ultime parole. Il giorno appresso, alle nove del mattino, dopo tredici ore di agonia: morto.

Mi parrà sempre d'udire nel silenzio della notte il tremendo rantolo della tua agonia. Che cosa orribile, Momino, rantolare a quel modo! Non mi pareva vero che lo potessi far tu! E ti sei tutto... ah Dio! il letto, la camicia... Tu sempre cosí pulito! E quell'arrangolio fischiante, che faceva venir la disperazione a chi ti stava vicino, di non poterti far nulla... E non dimenticherò mai, mai, la lugubre veglia della notte appresso, con tutte le finestre aperte sul fiume. Vegliare di notte un morto, con un fiume che si sente scorrere sotto; affacciarsi alla finestra e vedere andar piccola piccola l'ombra di qualche passante sul ponte illuminato...

Intanto, bisogna dire la verità: tua moglie t'ha pianto molto, sai? e seguita. Io no, ma, stordito come sono ancora, ho pensato a tutto, io.

Mezzanotte, Momino: l'ora solita. Me ne vado a letto.

Che silenzio! Mi pare che tutta la notte intorno sia piena della tua morte. E questo ronzio del lumetto...

Basta. Qua, nella camera attigua, per me, un letto candido e soffice. Tu chiuso in una doppia cassa in quel grottino al Pincetto, Numero 51, povero Momino mio!

Non ho il coraggio di dirti buona notte.

II.

Oggi mi sono accorto che anche i cimiteri sono fatti per i vivi.

Questo del Verano, poi, addirittura una città ridotta. I poveri, peggio che a pianterreno; i ricchi, palazzine di vario stile, giardinetto intorno, cappella dentro; e coltiva quello un giardiniere vivo e pagato, e officia in questa un prete vivo e pagato.

Per esser giusti, ecco due posti usurpati ai morti di professione, nel loro stesso domicilio.

Vi sono poi strade, piazze, viali, vicoli e vicoletti, ai quali farebbero bene a porre un nome, perché i visitatori vi si po-

221. *arrangolio*: sorta di mugolio rauco e affannoso.
235. *grottino*: cantinetta.
236. *Pincetto*: cimitero romano.
240. *Verano*: il grande cimitero monumentale di Roma.

tessero meglio orientare: il nome del morto piú autorevole: *Via* (o vicolo) *Tizio*; *Viale* (o piazza) *Cajo*.

Quando sarò anch'io dei vostri, Momo, se ci riuniamo qualche notte in assemblea, vedrai che farò questa e altre proposte, sia per l'affermazione, sia per la tutela dei nostri diritti e della nostra dignità. Che te ne pare, intanto, stasera, di queste mie riflessioni? Con questo po' di vita che mi resta, non mi sento piú di qua, caro Momo, dacché tu sei morto; e vorrei spenderlo, questo po' di resto, per darvi come posso, qualche sollazzo. Ma scommetto che ora tu mi dici al solito che queste mie riflessioni non sono originali.

Bada ch'era davvero curiosa (ora te lo voglio dire), che tutto quello che mi scappava di bocca in tua presenza tu pretendevi d'averlo letto in qualche libro, del quale spesso dicevi di non rammentarti né il titolo né l'autore.

Io di me non presumo troppo: non leggo mai nulla, tranne qualche libro antico, di tanto in tanto. So – questo è vero – che, se mi picchio un po' su la fronte, sento, perdio, che vi sta di casa un cervello; ma ignorante, sí; piú di me è difficile trovarne un altro. Visto però che spesso i men savii sono coloro che si persuadono saper piú, e fanno intanto le piú scervellate pazzie; dovrei vergognarmene, non me ne vergogno.

Torniamo alla città ridotta.

Tua moglie ha commesso, secondo me, una di quelle sciocchezze, che non ho saputo mai tollerare in silenzio. Giudicane tu: si è impegnata nella spesa insostenibile d'una sepoltura privilegiata e temporanea per te.

Giacer morto in una tomba gentilizia o nel campo dei po-

276-80. *Giacer morto ... Ugo Foscolo*: nelle redazioni del 1901-902, dell'interrogativa retorica con cui si apre questo tratto testuale era in qualche modo fatto credito al defunto in forza d'una premessa: «Tu fosti filosofo». Significativa, e quasi coatta, la variante che nel 1922 la cassa: il povero Momo era stato tutt'altro che un filosofo; era stato anzi un idealista candido ed entusiasta. Proprio per questo, nella stesura definitiva, l'amico narratore – lui sí filosofo e umorista – può supporre che Momo condividesse le «nobili ragioni sociali e civili» di Foscolo. Egli allude naturalmente a *I Sepolcri* e in particolare ai vv. 13-15: «Qual fia ristoro a' dí perduti un sasso | Che distingua le mie dalle infinite | Ossa che in terra e in mar semina morte?». Ma del poemetto foscoliano conviene aver presente anche il celebre accenno all'illusione che lega i morti ai vivi fintanto che l'affettuosa sollecitudine di questi ultimi per i defunti tiene viva una «corrispondenza d'amorosi sensi» tale che «spesso | Per lei si vive con l'amico estinto, | E l'estinto con noi» (cfr. vv. 29-33). È precisamente quanto accade nella novella. Viceversa è proprio la «corrispondenza», ossia quella che Pirandello chiama appunto la «reciprocità dell'illusione», che viene irreparabilmente spezzata dalla morte e determina la dolorosa vedovanza dei vivi.

veri o, nuda spoglia, ai piedi d'un albero o in fondo al mare o dove che sia, non è tutt'uno? Ugo Foscolo dice prima di sí, e poi di no, per certe sue nobili ragioni sociali e civili. Tu forse la pensi come Ugo Foscolo. Io no. Piú vado avanti, io, e piú odio la società e la civiltà. Ma lasciamo questo discorso. Fosse almeno una tomba fissa! Nossignori. Approfittando che nel Verano c'è pure l'*est locanda*, tua moglie ha preso a pigione per te uno di quei grottini detti loculi: venticinque lire per tre mesi, e poi dieci lire in piú per ogni mese, dopo i tre.

Ora, capirai, questa spesa a mano a mano crescente, di qui a sette, otto mesi, tua moglie non potrà piú, certo, sostenerla. E allora che avverrà?

Ma ella spera, dice, in uno sgombero. Mi spiego. Sai che nel cimitero, qualche volta, avvengono pure gli sgomberi, precisamente come in città? Sí. I morti sgomberano. O per dir meglio, i vivi superstiti, andando via da Roma, poniamo, per domiciliarsi in un'altra città, coi bauli e gli altri arredi di casa si portano via anche i loro morti, dei quali svendono la casa vecchia per comperarne loro una nuova nell'altro cimitero.

Che sciocco! le dico a te codeste cose, che ci stai e devi saperle. Ma io questa la imparo adesso, fresca fresca.

Ora, intendi? tua moglie spera in una di queste certo non frequenti occasioni. Io penso però che ella conta su tante cose che le verranno certo a fallire; e prima, che con tutta quella sua bravura nel parlar francese le debba durare tanto affetto e tal pensiero per te (ti chiedo licenza di dubitarne); e poi, che possa far tanti risparmi da accumulare quanto basti a comperar questa tomba, diciamo cosí, di seconda mano. E la pigione del loculo, in tutto questo tempo, chi la paga? Capisco che la pagherò io, – mi par di sentirmelo gridare da una vocina dentro la cassaforte qui accanto – ma ciò non toglie che non sia una segnalata pazzia.

E giacché siamo a questi discorsi angustiosi, intratteniamocene ancora un po'. Sai che sono metodico e meticoloso e che soglio tener conto di tutto. Sto facendo la nota delle spese mensili e ci sono anche quelle che ho fatte per te. Vogliamo parlare un po' d'interessi come prima?

Ho cercato di far tutto, Momino mio (trasporto funebre, sotterramento, eccetera), con decenza, salvando quella modestia che tu hai tanto raccomandato nel tuo testamento. Ma

283. *est locanda*: si loca, affittasi.
309. *segnalata*: grossa, evidente.

mi sono accorto che a Roma quasi quasi costa piú il morire che il vivere, che pur costa tanto, e tu lo sai. Se te la facessi vedere, questa noticina presentatami jeri dall'agente della nuova Società di pompe funebri, ti metteresti le mani ai capelli. Eppure, prezzi di concorrenza, bada! Ma quello che m'ha fatto groppo è stato il pretino unto e bisunto della parrocchia qua di San Rocco, che ha voluto venti lire per spruzzarti un po' d'acqua su la bara e belarti un *requiem*... Ah, quando muojo io, niente! Già, al fuoco! È piú spiccio e piú pulito. Ognuno però la pensa a modo suo; e, pure da morti, abbiamo la debolezza di volerci in un modo, anziché in un altro. Basta.

Interessi.

Sai che ancora un po' di quel che avevo, mi resta; sai che i bisogni miei sono limitatissimi e che ormai nessun desiderio piú m'invoglia di sperare; tranne quello di morir presto, sperare che sia senza avvedermene.

Che si diceva? Ah, dico: che debbo farmene di questo poco che mi resta? Lasciarlo, dopo morto, in opere di carità? Prima di tutto, chi sa come e dove andrebbe a finire; poi, io non ho di queste tenerezze tardive per il prossimo in generale. Il prossimo, io voglio sapere come si chiama.

Orbene, poiché certe cose si scrivono meglio che non si dicano a voce, ho scritto a tua moglie che era mia ferma intenzione, e che anzi stimavo come dovere, continuare a fare per la vedova dell'unico amico mio quel ch'ero solito di fare per lui: contribuire, cioè, alle spese di casa.

Momo, prenditi questo decottino a digiuno. Sai come m'ha risposto tua moglie? M'ha ringraziato, prima di tutto, come si può ringraziare un qualunque estraneo; ma lasciamo

326. *quando muojo io ... fuoco!*: proprio perché la novella non si presta ad alcuna illazione biografica, queste parole del personaggio fanno un curioso effetto quando si sappia che analoga e, nella sua meticolosità, altrettanto categorica, sarà la scelta testamentaria che Luigi Pirandello esprimerà nelle sue *ultime volontà da rispettare:* «I. Sia lasciata passare in silenzio la mia morte. Agli amici, ai nemici preghiere, non che di parlarne sui giornali, ma di non farne pur cenno. Né annunzi né partecipazioni. | II. Morto, non mi si vesta. Mi s'avvolga, nudo, in un lenzuolo. E niente fiori sul letto e nessun cero acceso. | III. Carro d'infima classe, quello dei poveri. Nudo. E nessuno m'accompagni, né parenti né amici. Il carro, il cavallo, il cocchiere e basta. | IV. Bruciatemi. E il mio corpo, appena arso, sia lasciato disperdere; perché niente, neppure la cenere, vorrei avanzasse di me. Ma se questo non si può fare sia l'urna cineraria portata in Sicilia e murata in qualche rozza pietra nella campagna di Girgenti, dove nacqui».

andare; ha poi soggiunto che, per il momento, sí, dice, purtroppo *si vede costretta* a non ricusare i miei *graziosi favori*, perché avendo *dischiavacciato* lo stipetto, dove tu eri solito di riporre *il sudor delle tue fatiche*, dice, non vi ha trovato che sole lire cinquanta, con le quali evidentemente, dice, non è possibile pagar la pigione di casa che scade il giorno quindici, saldare alcuni conti con parecchi fornitori di commestibili e farsi un modesto abito da lutto di assoluta necessità.

Indovinerai dalle frasi che ti ho trascritte chi ha dettato a tua moglie questa lettera: i *graziosi favori*, il *dischiavacciato*, il *sudor delle tue fatiche* non possono uscire che dalla bocca di tuo cognato... cioè, no: verrebbe a essere di te cognato di tua moglie, è vero? il signor Postella, insomma, il quale – te ne avverto di passata – ha preso definitivamente domicilio in casa tua insieme con la *sua metà*, e dormono nella stessa camera in cui sei morto, in cui dormivamo tu e io.

Andiamo avanti. La lettera mi annunziava, seguitando, alcuni disegni per l'avvenire: che tua moglie, cioè, spera, o almeno desidera, di trovar da lavorare in casa, o qualche dignitoso collocamento in una nobile famiglia, come lettrice o istitutrice, mettendo a profitto, dice, i *preziosi ammaestramenti* che tu le lasciasti in *unica e cara eredità*. Ma non ti dar pensiero neanche di questo. Finché ci sono qua io, sta' pur sicuro che non ne farà di nulla. Intanto la lettera terminava con questa frase: «*E fiducialmente La saluto!*» – Fiducialmente! Dove va a pescarle le espressioni tuo cognato? Bada che è buffo sul serio!

E a proposito del *dischiavacciato*: la chiave dello stipetto dove l'hai lasciata? Non si è potuta trovare: e quel linguajo, lo vedi, ha dovuto ricorrere al *dischiavacciamento*. Questi napoletani, quando parlano l'italiano... Ma, chi sa! la troppa fretta d'aprire non gli avrà forse lasciato cercar bene e trovare la chiave... Mi dispiace per lo stipetto, ch'era roba nostra in comune: lo stipetto di mia madre, una santa reliquia per me. Basta. Parliamo d'altro.

Questa notte la mia giacca, posata su la poltrona a piè del letto, d'accordo col lumino da notte relegato sul pavimento in un angolo della camera, s'è divertita a farmi provare un soprassalto, combinandomi uno scherzetto d'ombra.

350. *dischiavacciato*: aperto levando il chiavaccio (qui, di fatto, scassinato).

377. *linguajo*: pedante.

Dopo aver dormito un pezzo con la faccia al muro, nel voltarmi mi sono mezzo svegliato e ho avuto la momentanea impressione che qualcuno fosse seduto su la poltrona.

Ho subito pensato a te. Ma perché mi sono spaventato?

Ah se tu potessi veramente, anche come una fantasima, farti vedere da me, le notti; venire qua comunque a tenermi compagnia!

Ma già, potendo, tu te n'andresti da tua moglie, ingrato! Ella però ti chiuderebbe la porta in faccia, sai? o scapperebbe via dallo spavento. E allora tu te ne verresti qua da me, per essere consolato; e io seduto come sono adesso davanti al tavolino, e tu di fronte a me, converseremmo insieme, come ai bei tempi... Ti farei trovare ogni sera una buona tazza di caffè e tu, caffeista, giudicheresti se lo faccio meglio io, o tua moglie; la pipetta e il giornale. Cosí te lo leggeresti da te il giornale; perché io, sai, non c'è verso: non ci resisto; mi ci sono provato tre volte e ho dovuto smettere subito.

Mi sono confortato pensando che se io, vivo, posso farne a meno, a piú forte ragione potrai farne a meno tu, ormai, non è vero?

Dimmi di sí, ti prego.

Tornando questa mattina dal cimitero, mi son sentito chiamare per Via Nazionale:

– Signor Aversa! Signor Aversa!

Mi volto; il nipote del notajo Zanti, uno di quei giovanotti che tu (non so perché) chiamavi *discinti*. Mi stringe la mano e mi dice:

– Quel povero signor Gerolamo! Che pena!

Chiudo gli occhi e sospiro. E il giovinotto:

– Dica, signor Tommaso, e la moglie... la vedova?

– Piange, poverina.

– Me l'immagino! Andrò oggi stesso a fare il mio dovere...

Molte visite di condoglianza riceverà tua moglie, Momino. E se fosse brutta e vecchia? Nessuna.

Anche a costo di parer crudele, bisogna che io ti abitui a queste notizie. Con l'andar del tempo, temo non debba dartene di assai peggiori. La vita è trista, amico mio, e chi sa quali e quante amarezze ci riserba.

Mezzanotte. Dormi in pace.

413. *discinti*: in senso proprio significa «con le vesti scomposte, aperte o disordinate»; in senso figurato vale anche «sfacciato» o «sguaiato» o «dissoluto».

III.

Che buffoni, amico mio, che buffoni!

Sono venuti stamane a trovarmi il signor Postella e quella montagna di carne ch'egli ha il coraggio di chiamare *la sua metà*. Sono venuti a trovarmi per chiarire, dice, la lettera che jeri mi scrisse tua moglie.

Capisci che fa tuo cognato? Prima scrive in quella razza di maniera, e poi viene a chiarire.

Basta... L'intima e vera ragione della sua visita d'oggi però avrà pur bisogno, vedrai, d'esser chiarita meglio da una seconda visita, domani.

Io almeno non ho saputo vederci chiaro abbastanza. M'è parso soltanto di dover capire che il signor Postella intende di far doppio giuoco e ho voluto metter subito le carte in tavola.

Veramente, prima l'ho lasciato dire e dire. Plinio insegna che le donnole, innanzi che combattano con le serpi, si muniscono mangiando ruta. Io fo meglio: mi munisco lasciando parlare il signor Postella; assorbisco il succo del suo discorso; poi lo mordo col suo stesso veleno.

Ah, se avessi visto come si mostrava afflitto della lettera di tua moglie: afflittissimo! E siccome non la finiva piú, a un certo punto, per consolarlo, gli ho detto:

– Senta, caro signor Postella, lei ha non so se la disgrazia o la fortuna di possedere uno stile. Dote rara! se la guardi! Dica un po', è forse pentito di quello che m'ha fatto scrivere jeri dalla moglie dell'amico mio?

Poveretto, non se l'aspettava. Ha battuto per lo meno cento volte di seguito le palpebre, per quel *tic* nervoso che tu

428-30. *quella montagna ... la sua metà*: il signor Postella è la vivente personificazione dell'incongruità. Ha *dischiavacciato* uno *stipetto*, come se un elegante armadietto fosse dotato dei chiavistelli d'un portone, e chiama con grazioso maschilismo *la sua metà* un donnone molto piú grosso di lui. Ma è la realtà di cui il narratore viene informando l'amico defunto che è tutta quanta una sfrontata incongruità. Postella ne è l'umoristica prosopopea.

441-43. *Plinio insegna ... ruta*: « [...] simili modo, contra serpentium ictus, utpote cum mustelae dimicaturae cum his rutam prius edendo muniant se» [analogamente, contro i morsi dei serpenti, ecco che le donnole in procinto di affrontarli si premuniscono mangiando della ruta] (G. Plinio Secondo il Vecchio, *Naturalis Historia*, XX, 132). Le donnole sono mustelidi (della stessa famiglia della faina e del furetto) carnivori, agilissimi e feroci. La ruta è una pianta che, per le sue diverse virtú (ipotensive, sedative e gastro-stimolanti), è – o era – usata spesso in medicina.

gli sai; poi col risolino scemo di chi non vuol capire e finge di non aver capito:

– Come come?

La moglie non ha detto nulla, ma per lei ha scricchiolato la seggiola su cui stava seduta.

– Sí, badi, – ho ripreso io, impassibile – non desidererei di meglio, signor mio.

E allora è venuta fuori la spiegazione, durante la quale ho molto ammirato Postella moglie, che pendeva dalle labbra del marito e approvava col capo quasi a ogni parola, lanciandomi di tanto in tanto qualche sguardo, come per dirmi: «Ma sente come parla bene?»

Io non so se quel baccellone di piano abbia mai posseduto un cervello; certo è che ora, se lo ha, non lo tiene piú in esercizio, tale e tanta fiducia ripone in quello del marito, che è uno, sí, ma basta, secondo lei, per tutti e due, e ne avanza.

Per farla breve, il signor Postella ha confermato d'averla scritta lui la lettera; ma, beninteso! per espresso incarico di tua moglie, che nel dolore, dice, al quale tuttavia è in preda, non sentendosi in grado, dice, di stenderla lei, gliene suggerí i termini. Egli, il signor Postella, ne fu dolentissimo, ed ecco, me ne dava una prova con la sua visita d'oggi. Dall'altro canto però ha voluto scusar tua moglie, e che la scusassi anch'io considerando le *delicate* ragioni, dice, che le avevano consigliato di farmi scrivere in quel modo.

E qui s'è chiarito un equivoco, o meglio, un malinteso. Tua moglie, nel leggere la mia lettera – dove (promettendole che avrei continuato a far per lei quello che facevo per te) io avevo usato la frase *contribuire alle spese di casa* – ha capito, dice, ch'io volessi seguitare a vivere come per l'addietro, e cioè piú a casa tua, che in queste tre stanzette mie... Ma, nel dirmi questo, le palpebre del signor Postella parevano addirittura impazzite sotto il mio sguardo a mano a mano piú sdegnoso e sprezzante.

Io non mi faccio ombra d'illusione su la natura dei sentimenti di tua moglie per me: le antipatie sono reciproche. Ma non tua moglie, Momo, lui, lui, il signor Postella ha temuto invece che fosse mia intenzione seguitare nel solito andamento di vita, come se tu non fossi morto; guarda, ci mette-

467. *baccellone di piano*: letteralmente pisello grosso di pianura. Ma il toscanismo *baccellone* vale, al figurato, «sciocco, semplicione»: se ne deve ricavare che un *baccellone di piano* sia piú sciocco ancora d'uno di monte.

rei le mani sul fuoco. E avrà persuaso tua moglie a scrivermi a quel modo, dandole a intendere che la gente, altrimenti, avrebbe potuto malignare su lei e su me.

Si è assicurato cosí, che nessuno verrà piú a molestarlo in casa di tua moglie.

Ma d'altra parte, poi, ha temuto che io, nel vedermi messo alla porta, per risposta, avrei chiuso la bocca al mio sacchetto, e allora, capisci? è venuto tutto sorridente a farmi scuse e cerimonie, che vorrebbero essere uncini per tirarmi a pagare.

– Ma stia tranquillo, caro signor Postella! – gli ho detto. – Stia tranquillo e rassicuri la signora, ch'io non verrò a disturbarla che assai di raro... – E stavo per aggiungere: «Tanto per saperne dare qualche notizia a Momino».

Ma qui proteste calorosissime del signor Postella, alle quali ha stimato opportuno di partecipare anche la moglie, ma con la mimica soltanto, quasi per rafforzare e rendere piú efficaci i gesti del piccolo marito, che d'ajuto di parole non aveva bisogno.

Nelle ore pomeridiane di oggi, mi sono poi recato a casa tua, per intendermi con tua moglie.

Che impressione, Momo, la tua casa senza di te! La nostra, la nostra casa, Momino, senza di noi! Quei mobili nostri lí, subito dopo l'entratina, nella sala da pranzo con la portafinestra che dà sul terrazzino... Quella vecchia tavola massiccia, quadrata, che comperammo, Dio mio, trentadue anni fa in quella rivendita di mobili, per cosí poco... A rivederla, Momino, adesso, sotto la lampada a sospensione con quel berrettone rosso di cartavelina con cui l'ha parata tua moglie per paralume (eleganze di donnette nuove, che, lo sai, mi diedero subito ai nervi, appena tua moglie le portò; perché poi, tra l'altro, bisognava accorgersi che erano una stonatura tra la ruvida semplicità d'una casa patriarcale come la nostra) – basta, che dicevo? Ah, quella tavola, a rivederla... Il tuo posto... Ci stava su Ragnetta, sai? E m'è parsa piú magra, povera bestiolina! Le ho grattato un po' la testa, come facevi tu, dietro le orecchie. Nel mezzo della tavola, intanto, sul tappeto ho visto che c'era il solito portafiori; e nel

521. *lampada a sospensione*: appesa al soffitto (in contrapposizione ai lumi da tavolo o a stelo).

526. *patriarcale*: improntata appunto a «ruvida semplicità»; ma anche, in forza del contesto, costituita e retta in assenza di donne.

portafiori, garofani freschi. Non ho potuto fare a meno di notarli, perché – capirai – in una casa da cui è uscito un morto appena otto giorni fa... quei fiori freschi... – Ma forse erano dei vasi del terrazzino. Fatto sta, a ogni modo, che tua moglie ha potuto pensar di coglierli e di metterli lí, sulla tavola, e non davanti al tuo ritratto sul cassettone.

Basta. Appena mi vide, uno scoppio di pianto. Io ho avuto come un singhiozzo nella gola, e volentieri avrei dato un gran pugno in faccia al signor Postella che, additandomela, quasi facesse la spiegazione d'un *fenomeno* in un baraccone da fiera, ha esclamato:

– Cosí da otto giorni: non mangia, non dorme...

«E la lasci piangere, signor mio, finché ne ha la buona volontà!» m'è venuto quasi di gridargli.

Ora, io non nego che possa esser vera la notizia del signor Postella; ma perché ha voluto darmela? Ha forse avuto il sospetto ch'io non volessi credere? Dunque, può non esser vero? Oh Dio, come sono spesso imbecilli le persone scaltre.

– Non posso farle coraggio, cara Giulia, perché sono piú sconsolato di lei, – ho detto a tua moglie. – Pianga, pianga pure, giacché Lei ha codesto benedetto dono delle lagrime: Momo ne merita molte.

Ho sentito a questo punto un sospirone di tua cognata, che se ne stava con le mani intrecciate sul ventre, e mi sono interrotto per guardarla. Ella ha guardato invece, con que' suoi occhi bovini, il marito, come per domandargli se aveva fatto male a sospirare e se stava *in decretis*.

– Perla d'uomo! – ha esclamato il signor Postella rispondendo allo sguardo della moglie e scrollando il capo. – Perla d'uomo!

Di' grazie al signor Postella, Momino.

Non ho potuto dirglielo io, perché, non so, quella sua faccia, quei suoi modi mi mettono un tal prurito nelle mani, che, se dovessi fargli una carezza, sento che lo schiaffeggerei voluttuosamente.

Egli se ne accorge e mi sorride.

Bella occupazione intanto, piangere e poter dire: «Non ho altro da fare!». Ho pensato questo guardando tua moglie, mentre io, impedito dai sospiri e dalle esclamazioni dei coniugi Postella, non potevo piú parlare di te e non sapevo che dire e rimanevo lí impacciato e stizzito. Fui sul punto

541. *fenomeno*: oggetto degno di ammirata o sbalordita meraviglia.
558. *in decretis*: nei modi e nei limiti stabiliti.

d'alzarmi e andarmene senza salutar nessuno; ma poi m'è sovvenuto lo scopo della visita, e ho detto senz'altro:

– Sono venuto, Giulia, per dirle che la sua lettera di jeri mi ha recato molto dispiacere. Questa mattina suo cognato, in casa mia, mi ha spiegato il malinteso sorto a cagione d'una mia frase...

Il signor Postella, che aveva drizzato le orecchie, qui m'interruppe, battendo le palpebre.

– Prego, prego...

– O parla lei, o parlo io! – gli ho intimato, brusco.

– Oh, ma... Parli lei...

– Dunque mi lasci dire. Prima di tutto, lei, cara Giulia, non doveva ringraziarmi affatto, di nulla.

– Come no? – fece a questo punto tua moglie, senza levar gli occhi dal fazzoletto.

– Proprio cosí, – le ho risposto io. – Son conti, Giulia, che ci faremo poi insieme Momo e io, nel mondo di là. Lei sa che, tra me e lui, non ci fu mai né tuo né mio. Non vedo la ragione d'un cambiamento, adesso. Momo per me non è morto. Lasciamo questo discorso. Se poi a Lei fa dispiacere ch'io venga qualche volta a pregarla di valersi di me in tutte le sue opportunità, me lo dica francamente, che io...

– Ma che dice mai, signor Tommaso! – esclamò tua moglie, interrompendomi. – Questa qui, lei lo sa bene, è casa sua; non è casa mia.

Mi venne fatto, non so perché, di guardare il signor Postella. Egli aprí subito le braccia mostrandomi le palme delle mani e fece col capo una mossettina e sorrise come per confermare le parole di tua moglie.

Faccia tosta! Mi sarei alzato; l'avrei preso per il bavero della giacca; gli avrei detto: «È casa mia? ne conviene? mi faccia dunque il piacere di levarmisi dai piedi!».

La moglie se ne stava quatta, musando, come una botta.

– È la casa di Momo, – ho risposto a Giulia infine, sillabando. – La casa di suo marito, non è mia.

– Ma se tutto qua appartiene a lei...

– Scusi, tutta quanta la casa non l'ha forse lasciata a lei, suo marito?

– Momo, – mi rispose tua moglie – non poteva lasciarmi ciò che non gli apparteneva.

605. *quatta, musando, come una botta*: rannicchiata, a viso proteso, come un rospo.

– Come no? – ho esclamato io. – Ma che va a pensare lei adesso?

– Vuole che non ci pensi? Ma si metta un po' al posto mio... Vede come sono rimasta?

– Scusi, se lei non vuole tener conto di me, della casa che è sua, dell'ottima compagnia che potranno tenerle tanto sua sorella quanto il suo signor cognato...

– Io la ringrazio, signor Tommaso, e me le dichiaro gratissima per tutta la vita. Ma i suoi beneficii non posso piú accettarli... Ci pensi, e m'intenderà... Per ora non mi sento in grado di dirle altro... Ne riparleremo, se non le dispiace, un'altra volta.

Sono rimasto stordito, Momino, come se mi avessero dato una gran legnata tra capo e collo. Tua moglie s'è alzata, ed è scappata via per nascondermi un nuovo scoppio di pianto.

Ho guardato il signor Postella, che mi ricambiò lo sguardo con aria di trionfo, come se volesse dire: «Vede che i termini della lettera erano proprio di lei?». Poi ha chiuso gli occhi ed ha aperto di nuovo le braccia, ma con un'altra espressione, stringendosi nelle spalle, come per significare:

«È fatta cosí! Bisogna compatirla...».

Secondo sospirone di tua cognata.

Stavo per prendere il cappello e il parapioggia, quando il signor Postella con la mano mi fece segno d'attendere, misteriosamente. Andò nella camera che è già divenuta sua e, poco dopo, ritornò con una scatolina in mano, nella quale ho veduto i tuoi tre anelli, l'orologio d'oro con la catena, due spille e la tabacchiera d'argento.

– Signor Aversa, se per caso volesse qualche ricordo dell'amico...

– Oh, grazie, non s'incomodi! – mi sono affrettato a dirgli. – Caro signor Postella, non ne ho bisogno.

– Intendo benissimo... Ma sa, siccome fa sempre piacere possedere qualche oggetto appartenuto a una persona cara, credo che...

– Grazie, grazie, no: vada a riporli, signor Postella.

– Se lo fa per Giulia, – ha insistito tuo cognato – le faccio notare che, essendo oggetti da uomo, credo che... Guardi, prenda l'orologio...

– Ma se non vuol nulla!... – si arrischiò di sospirare a questo punto Postella moglie.

– Tu non t'immischiare! – le diede subito su la voce il marito. – Il signor Tommaso lo fa per cerimonia. L'orologio solo, via... se lo prenda...

– Permetti? – riprese con timidezza la moglie. – Codesto orologio, Casimiro mio, al povero Momo lo aveva regalato appunto il signor Tommaso, quando tornò dal suo viaggio in Isvizzera...

– Ah sí? – fece il signor Postella rivolto a me, quasi con stupore, e mi parve che l'istinto predace gli sfavillasse negli occhi. – Ah sí? Scusi, e allora mi spieghi: sente che rumore fa?

E m'è toccato, Momino, di spiegargli il congegno del tuo orologio automatico: il martelletto che balza col moto della persona e carica cosí la macchina senza bisogno d'altra corda, ecc. ecc. Ti risparmio le frasi ammirative del signor Postella.

L'orso sogna pere, Momino: e di qui a qualche mese (e forse meno) se per caso ti venisse in mente di saper che ora è, va' a domandarlo a tuo cognato, va'.

Ti avverto intanto che è mezzanotte, col mio.

IV.

Come ti senti, Momino?

Di' la verità: tu ti devi sentir male. Abbiamo tratto oggi dal loculo N. 51 al Pincetto la tua cassa per allogarla definitivamente in una modesta tomba che ti ho fatto costruire a mie spese per rimediare al primo errore di tua moglie, e che spettacolo, Momino! che spettacolo! L'ho ancora davanti agli occhi, e non me lo posso levare.

Dissero i portantini che non ne avevano veduto mai uno simile; e trattarono quella tua cassa come una cosa molto pericolosa, non solo per loro, ma anche per noi che assistevamo alla cerimonia, voglio dire tua moglie, io, e i coniugi Postella che erano venuti con lei.

Pericolosa, Momino, perché, sai? quella tua cassa di zinco s'era tutta cosí enormemente gonfiata e deformata, che da un momento all'altro, Dio liberi, avrebbe potuto scoppiare.

I portantini spiegarono naturalmente il fenomeno, attri-

655. *per cerimonia*: per puro atto di cortesia.

667-68. *corda*: molla di ricarica degli orologi.

670. *L'orso sogna pere*: ognuno immagina e si augura di possedere ciò che desidera.

buendolo cioè a uno straordinario sviluppo di gas. Ma dalla fretta con cui il signor Postella accolse questa spiegazione per vincere lo sbigottimento da cui tutti a quella vista fummo invasi, mi sorse all'improvviso il sospetto che, oscuramente, dalla prima impressione di quella tua cassa cosí gonfiata un rimorso gli fosse nato, che non al gas, ma a ben altro si dovesse attribuire la causa di quella tua enorme gonfiatura.

E ti confesso che mi sentii rimordere anch'io, Momino, per tutte le notizie che t'ho date. Temetti veramente, che la presenza nostra ti potesse far dare da un istante all'altro, a non star zitti, una cosí formidabile sbuffata, da scagliarci addosso quella tua cassa squarciata in mille pezzi da ogni parte.

Ma queste notizie, amico mio, tu dovresti ormai sapere perché e con che cuore io te le do; e non essere come gli altri che s'ostinano a non volere intendere perché venga tanta crudele apparenza di riso a tutto ciò che mi scappa dalla bocca. Come vuoi che faccia io, se mi diventa subito palese la frode che chiunque voglia vivere, solo perché vive, deve pur patire dalle proprie illusioni?

La frode è inevitabile, Momo, perché necessaria è l'illusione. Necessaria la trappola che ciascuno deve, se vuol vivere, parare a se stesso. I piú non l'intendono. E tu hai un bel gridare: – Bada! bada! – Chi se l'è parata, appunto perché se l'è parata, ci dà dentro, e poi si mette a piangere e a gridare ajuto. Ora non ti pare che la crudeltà sia di questa beffa che fa a tutti la vita? E intanto dicono ch'è mia, solo perché io l'ho preveduta. Ma posso mai fingere di non capire, come tanti fanno, la vera ragione per cui quello ora piange e grida ajuto, e mostrare d'esser cieco anch'io, quando l'ho preveduta?

Tu dici:

– L'hai preveduta, perché tu non senti nulla!

Ma come e che potrei vedere e prevedere veramente, se

705-20. *s'ostinano ... l'ho preveduta?*: il personaggio umorista di Tommaso veste, nella circostanza, anche i panni di *alter ego* dell'istanza autorale; e la sua protesta di incolpevolezza è in qualche misura una perorazione metanarrativa in favore della superiore verità umoristica, la cui ridevole crudeltà è soltanto apparente e scaturisce dalla precisione con cui il bisturi umoristico scopre e disvela la frode e le beffe dell'illusione. L'intero passo porta in luce un grumo tematico di altissima densità (e di alta frequenza nel corpus) e descrive per la prima volta in termini non equivoci l'energia di fissione del realistico che la prospettiva e la scrittura umoristiche sono capaci di sprigionare.

713. *parare*: apprestare, tendere.

non sentissi nulla, Momino? E come aver questo riso che par tanto crudele? Questa crudeltà di riso, anzi, tanto piú è sincera, quanto e dove piú sembra voluta, perché appunto strazia prima degli altri me stesso là dove esteriormente si scopre come un giuoco ch'io voglia fare, crudele. Parlando a te cosí, per esempio, di tutte queste amarezze, che dovrebbero esser tue, e sono invece mie.

Sai, poverina? era molto contenta però, oggi, tua moglie, e me lo diceva ritornando dal Verano, di saperti collocato bene ora, secondo i tuoi meriti, in una tomba pulita, nuova e tutta per te.

L'ho accompagnata fino al portone di casa, poi, dopo il tramonto, mi sono recato a passeggiare lungo la riva destra del Tevere oltre il recinto militare, in prossimità del Poligono. E qua ho assistito a una scenetta commovente, o che m'ha commosso per la speciale disposizione di spirito in cui mi trovavo.

Per la vasta pianura, che serve da campo d'esercitazione alle milizie, una coppia di cavalli lasciati in libertà si spassavano a rincorrere un loro puledretto vivacissimo, il quale, springando di qua e di là e facendo mille sgambetti e giravolte, dimostrava di prender tanta allegrezza di quel giuoco. E anche il padre e la madre pareva che da tutto quel grazioso tripudio del figlio si sentissero d'un tratto ritornati giovani e in quel momento d'illusione si obliassero. Ma poco dopo, d'un tratto, come se nella corsa un'ombra fosse passata loro davanti, s'impuntarono, scossero piú volte, sbruffando, la testa e, stanchi e tardi, col collo basso andarono a sdrajarsi poco discosto. Invano il figlio cercò di scuoterli, di aizzarli novamente alla corsa e al gioco; rimasero lí serii e gravi, come sotto il peso d'una grande malinconia; e uno, che doveva essere il padre, scrollando lentamente la testa alle tentazioni del puledrino, mi parve che con quel gesto volesse significargli: «Figlio, tu non sai ciò che t'aspetta...».

L'ombra già calata su la vasta pianura, faceva apparir fosco nell'ultima luce Monte Mario col cimiero dei cupi cipressi ritti nel cielo denso di vapori cinerulei, dai quali per uno squarcio in alto la luna assommava come una bolla.

Cattivo tempo, domani, Momino!

Eh, comincia a far freddo, e ho bisogno d'un soprabito nuovo e d'un nuovo parapioggia.

744. *springando*: spiccando salti.

Ho preso l'abitudine, sai? di stare ogni notte a guardare a lungo il cielo. Penso: «Qualcosa di Momino forse sarà ancora per aria, sperduta qua in mezzo ai nuovi misteriosi spettacoli che gli saranno aperti davanti».

Perché sono nell'idea che c'è chi muore maturo per un'altra vita e chi no, e che quelli che non han saputo maturarsi su la terra siano condannati a tornarci, finché non avranno trovata la via d'uscita.

Tu, per tanti rispetti, t'eri ben maturato per un'altra vita superiore; ma poi, all'ultimo, volesti commettere la bestialità di prender moglie, e vedrai che ti faranno tornare soltanto per questo.

Neanch'io, per dir la verità, mi sento maturo per un'altra vita. Ahimè, per maturarmi bene, dovrei, con questo stomacuccio di taffetà che mi son fatto, digerir tante cose, che non riesco neppure a mandar giú: quel tuo signor Postella, per esempio!

Quanto mi piacerebbe, se ci facessero tornare tutti e due insieme! Sono sicuro che, pur non avendo memoria della nostra vita anteriore, noi ci cercheremmo su la terra e saremmo amici come prima.

Non rammento piú dov'abbia letto d'una antica credenza detta del *Grande Anno*, che la vita cioè debba riprodursi

769-72. *sono nell'idea ... la via d'uscita*: quest'idea affiora per la prima volta, in forma molto simile, in *Chi fu?*, una novella stampata nel 1896 e non piú raccolta. In essa è un vero e proprio *revenant*, un morto che ritorna, a svelare a un vivo questo segreto: «C'è chi muore maturo per un'altra vita, e chi no. Quegli muore e non torna piú, perché ha saputo trovar la sua via; questi invece torna, perché non ha saputo trovarla; e naturalmente la cerca giusto dove l'ha perduta». Qui, l'intuizione è viceversa piegata alla gestione umoristica che caratterizza l'affabulazione diaristica indirizzata dal vivo Tommaso Aversa al morto Momino. Ma il motivo è destinato a un ulteriore e piú ambizioso sviluppo, che prende corpo nel «mistero profano» *All'uscita*, stampato sulla «Nuova Antologia» nel 1916, poi in fondo alla raccolta di novelle *E domani, lunedí...* (Treves, Milano 1917), ed entrato infine a fare stabilmente parte, come atto unico, delle *Maschere nude* (cfr. MN[1], pp. 241-54). In esso, i non maturi per la morte lasciano il corpo nel cimitero e si manifestano come «apparenze» che svaniranno solo quando verranno definitivamente meno il desiderio, o il cruccio, che li hanno ritrascinati nel mondo. In termini ulteriormente variati, il motivo dell'attaccamento alla terra e alla vita come immaturità che vieta d'accedere a dimensioni d'ordine superiore perverrà fino a interessare l'ultimo incompiuto «mito» pirandelliano, *I giganti della montagna*.

779. *taffetà*: tessuto di seta (dal francese *taffetas*).

787. *Grande Anno*: «*Anno grande*, o *matematico*, o *cosmico*, o *platonico*: intervallo di 25 800 anni, che l'asse terrestre impiega a compiere un giro intorno al polo dell'eclittica venendo a passare successivamente sotto stelle circumpolari diverse a causa della precessione degli equinozi» (Battaglia). Vi

identica fin nei menomi particolari, dopo trenta mil'anni, con gli stessi uomini, nelle medesime condizioni d'esistenza, soggetti alla stessa sorte di prima, e non solo dotati dei sentimenti d'una volta, ma anche vestiti degli stessi panni: riproduzione, insomma, perfetta.

Sarei propenso a immaginare tal credenza abbia avuto origine dal sogno di due esseri felici; ma poi non riesco a spiegarmi perché essi abbiano voluto assegnare un periodo cosí lungo al ritorno della loro felicità. Certo l'idea non poteva venire in mente a un disgraziato; e forse a nessuno oggi al mondo farebbe piacere la certezza che di qui a trenta mil'anni si ripeterà questa bella fantocciata dell'esistenza nostra. Il forte è morire. Morto, credo che nessuno vorrebbe rinascere. Che ne dici, Momino? Ah, tu già: ci hai qua tua moglie; me ne dimenticavo. Bisogna sempre parlare per conto proprio, a questo mondaccio.

... Mentre scrivo, in un bicchier d'acqua sul tavolino è caduto un insetto schifoso, esile, dalle ali piatte, a sei piedi, dei quali gli ultimi due lunghi, finissimi, atti a springare. Mi diverto a vederlo nuotare come un disperato, e osservo con ammirazione quanta fiducia esso serbi nell'agile virtú di que' due suoi piedi. Morrà certo ostinandosi a credere che essi sono ben capaci di springare anche sul liquido, ma che intanto qualcosina attaccata alle estremità gl'impicci nel salto; difatti, riuscendo vano ogni sforzo, coi piè davanti, nettandoli vivacemente, cerca distrigarsene.

Lo salvo, Momino, sí o no?

Se lo salvo, esso senza dubbio ne darà merito ai suoi piedi: affoghi dunque! E se invece fosse una graziosa farfallina rassegnata a morire? L'avrei tratta fuori da un pezzo, accuratamente... Oh carità umana corrotta dall'estetica!

Ecco, o insetto infelice, il salvataggio: caccio la punta di questa penna nell'acqua, poi ti farò asciugare un po' al calore del lume e infine ti metterò fuori della finestra. Ma l'acqua in cui sei caduto, se permetti, non la berrò. E di qui a poco tu, attirato novamente dal lume, forse rientrerai nella stanza e verrai a punzecchiarmi con la piccola proboscide velenosa. Ognuno fa il suo mestiere nella vita: io, quello del galantuomo, e t'ho salvato. Addio!

fanno cenno i morti *dell'operetta* leopardiana *Dialogo di Federico Ruysch e delle sue mummie*: «Poco fa sulla mezza notte appunto, si è compiuto per la prima volta quell'anno grande e matematico, di cui gli antichi scrivono tante cose».

Notte serena. Mi trattengo un po' alla finestra a contemplare le stelle sfavillanti.

Zrí, di tratto in tratto. È un pipistrello invisibile, che svola curioso, qui, davanti al vano luminoso aperto nel bujo della piazza deserta. *Zrí*: e par che mi domandi: «Che fai?»

– Scrivo a un morto, amico pipistrello! E tu che fai? Che cosa è mai codesta tua vita nottambula? Svoli, e non lo sai; come io, del resto, non so che cosa sia la mia; io che pure so tante cose, le quali in fondo non mi hanno reso altro servizio che quello di crescere innanzi a gli occhi miei, alla mia mente, il mistero, ingrandendomelo con le cognizioni della pretesa scienza: bel servizio davvero!

Che diresti tu, amico pipistrello, se a un tuo simile venisse in mente di scoprire un apparecchio da aggiustarti sotto le ali per farti volare piú alto e piú presto? Forse dapprima ti piacerebbe, ma, e poi?

Quel che importa non è volare piú presto o piú piano, piú alto o piú basso, ma sapere perché si vola.

E perché dovrebbe affrettarsi la tartaruga condannata a vivere una lunghissima vita?

Nelle nostre favole intanto chiamiamo tarda e pigra la tartaruga, la quale, per aver tanto tempo davanti a sé, non si dà nessuna fretta, e chiamiamo pauroso il coniglio che al primo vederci scappa via.

Ma se ai topi di campagna, ai grilli, alle lucertole, agli uccelli, noi domandassimo notizia del coniglio, chi sa che cosa ci risponderebbero, non certo però, che sia una bestia paurosa. O che forse pretenderebbero gli uomini che, al loro cospetto, il coniglio si rizzasse su due piedi e movesse loro incontro per farsi prendere e uccidere? Meno male che il coniglio non ci sente! meno male che non ha testa da ragionare a modo nostro; altrimenti avrebbe fondamento di credere che spesso tra gli uomini non debba correre molta differenza tra eroismo e imbecillità.

827-44. *Notte serena ... perché si vola*: il passo costituisce uno degli affioramenti del leopardismo pirandelliano. Vi si avverte, sotto la riscrittura favolistica, quantomeno lo stimolo d'una memoria di lettura del *Canto notturno*, vv. 16-20 («Dimmi, o luna: a che vale | Al pastor la sua vita, | La vostra vita a voi? dimmi: ove tende | Questo vagar mio breve, | Il tuo corso immortale?») e soprattutto dei versi d'attacco (133-38) dell'ultima stanza: «Forse s'avess'io l'ale | Da volar su le nubi, | E noverar le stelle ad una ad una, | O come il tuono errar di giogo in giogo, | Piú felice sarei, dolce mia greggia, | Piú felice sarei, candida luna».

E se per caso alla volpe, che ha la fama di savia, venisse in mente di comporre favole in risposta a tutte quelle che da gran tempo gli uomini van mettendo fuori calunniando le bestie; quanta materia non le offrirebbero queste scoperte umane, pipistrello mio, e questa scienza umana.

Ma la volpe non ci si metterebbe, perché sono sicuro che con la sua sagacia intenderebbe che, se per modo d'esempio, un favolista fa parlare un asino come un uomo sciocco, sciocco non è l'asino, ma asino è l'uomo.

Basta; chiudo la finestra, Momino: vado a letto.

Filosofia, eh? questa notte: un po' animalesca veramente, con quei cavalli a principio, e poi con quell'insetto e ora il pipistrello e la tartaruga e il coniglio e la volpe e l'asino e l'uomo...

V.

Comprendo che il tempo (quello almeno abbocconato in giorni e lunazioni e mesi dai nostri calendarii) per te ormai è come nulla; ma io mi ero fatta l'illusione che, per mio mezzo, un barlume di vita potesse inalbarti il bujo in cui sei caduto, e la mia voce, che pure è grossa, venir come vocina di ragnatelo a vellicare, non che altro, l'umido e nudo silenzio intorno a te.

Sono passati dieci mesi, Momo; te ne sei accorto? Ti ho lasciato al bujo dieci mesi, senza scriverti un rigo... Ma sta' pur sicuro che non hai perduto nulla di nuovo: il mondo è sempre porco a un modo e sciocco forse un po' peggio.

Non credere che t'abbia un solo istante dimenticato. Mi ha prima distratto dallo scriverti ogni sera la ricerca d'un nuovo alloggio; poi ho pensato: «Ma davvero non saprei adattarmi a vivere in queste tre stanzette? Perché cerco una casa piú ampia? per vedermi forse crescere attorno la solitudine?». E quest'ultimo pensiero mi ha gettato in preda a una tristezza indicibile.

Ah, per i vecchi che restano soli (e senza neanche la pro-

861-64. *E se per caso ... le bestie*: Pirandello rammenterà quest'osservazione quando, parlando di Aristofane, scriverà: «Alcune sue commedie son come le favole che scriverebbe la volpe, in risposta a quelle che hanno scritto gli uomini calunniando le bestie» (cfr. *L'Umorismo*, in SPSV, p. 41).

875. *abbocconato*: fatto a brani.

878. *inalbarti*: tenuemente rischiararti.

pria casa, aggiungi!) gli ultimi giorni sono proprio intollerabili.

Mi ritorna viva nell'anima l'impressione che provavo da giovine nel vedere per via qualche vecchio trascinare pesantemente le membra debellate dalla vita. Io li seguivo un tratto, assorto, quei poveri vecchi, osservando ogni loro movimento e le gambe magre, piegate, i piedi che pareva non potessero spiccicarsi da terra, la schiena curva, le mani tremule, il collo proteso e quasi schiacciato sotto un giogo disumano, di cui gli occhi risecchi, senza ciglia, nel chiudersi, esprimevano il peso e la pena. E provavo una profonda ambascia, ch'era insieme oscura costernazione e dispetto della vita, la quale si spassa a ridurre in cosí miserando stato le sue povere creature.

Per tutti coloro a cui torna conto restare scapoli, la porta della vita dovrebbe chiudersi su la soglia della vecchiaja, buono e tranquillo albergo soltanto per i nonni, cioè per chi vi entra munito del dolce presidio dei nipoti. Gli scapoli maturi dovrebbero interdirsene l'entrata, o entrarci appajati da fratelli, com'era mia intenzione. Ma tu, nel meglio, mi tradisti; frutto del tradimento, la tua morte affrettata: maggior danno però, forse, per me rimasto cosí solo e abbandonato, che per te colpevole verso l'amico di tanta ingiustizia, per non dire ingratitudine.

Lasciami sfogare: ho traversato un periodo crudele. A un certo punto, ho fatto le valige, e via!

Ho voluto rivedere i tre laghi e, con particolar desiderio, quello di Lugano che, date le condizioni d'animo con cui avevo intrapreso il primo viaggio, al tempo del tuo matrimonio, mi aveva fatto maggiore impressione.

Sono rimasto disilluso!

Eppure dicono che i vecchi non riescono a veder piú le cose come sono, bensí come le hanno altra volta vedute.

Piú d'ogni altro mi ha fatto dispetto un certo gruppo d'alberi, di cui avevo serbato memoria, che fossero altissimi e superbi. Li ho ritrovati all'incontro quasi nani e storti, umili e polverosi: li ho guardati a lungo, non credendo a gli occhi miei; ma erano ben dessi, senz'alcun dubbio, lí, al lor posto; e ho sentito in fine come se essi avessero risposto cosí alla mia disillusione:

903. *risecchi*: inariditi e privi di vivezza.
929. *all'incontro*: al contrario.

«Hai fatto male, vecchio, a ritornare! Eravamo per te alberi altissimi e superbi; ma, vedi ora? Noi siamo stati sempre cosí, tristi e meschini...».

Senza i tuoi augurii, ho compito a Moltrasio sul lago di Como sessant'anni. In un'umile trattoria ho alzato il bicchiere e borbottato:

– Tommaso, crepa presto!

Sono ritornato a Roma l'altro jeri.

E ora dovrei venire alle cose brutte per te; ma sento che non mi è possibile.

L'immagine di quella tua cassa gonfia m'occupa come un incubo lo spirito, e penso che, se non è ancora scoppiata, scoppierebbe, se ti dicessi ciò che sta per avvenire a casa tua.

Io non ci posso portare, amico mio, nessun rimedio.

T'ho detto che in principio fui distratto dallo scriverti dalla ricerca d'una nuova casa; ma non te n'ho detto la vera ragione, come poi del mio viaggio lassú.

Ti basti sapere che tua moglie voleva che mi riprendessi i mobili di mia pertinenza, che sono ancora nella casa che fu nostra, e che, alla mia assicurazione che non sapevo piú che farmene né dove metterli e che perciò se li tenesse pure considerandoli ormai come suoi, mi rimandò l'assegno mensile, dicendomi di non averne piú bisogno.

Pare difatti che suo cognato abbia intrapreso non so che negozio molto lucroso su medicinali con un suo socio di Napoli, per cui la salute, amico mio, diventerà sempre piú pre-

942. *E ora dovrei venire ...*: da qui in avanti la redazione definitiva costituisce una radicale rimanipolazione della vicenda. Nella versione originaria, assai piú estesa, interveniva un imprevisto e imprevedibile riscatto di Giulia e, complementarmente, un travolgente smarrimento di Tommaso Aversa, che abdicava alla sua disincantata visione umoristica, si innamorava suo malgrado e finiva con lo sposare davvero la vedova dell'amico. Non a caso, nel finale di quella redazione, l'autoironia di Tommaso, che qui giunge a immaginarsi come il grottesco mittente della propria partecipazione di nozze all'amico morto, cadeva del tutto e diventava rimbambita contentezza: «Mi portano in questo momento la partecipazione di nozze a stampa. Le ho fatte comporre con la massima semplicità. Ed ecco, il primo cartoncino è per te, Giacomone mio [Gerolamo si chiamava Giacomo]: TOMMASO AVERSA E GIULIA NESTRI *Sposi*». Era tutt'altra storia: era la storia risibile d'un *filosofo* non abbastanza maturo, che si fa intrappolare nel groviglio incongruo della vita e dei desideri e che finisce pietosamente spossessato dell'ottica lucida e straniante ch'era stata la sua forza e che si ritorce, oggettivata, contro di lui: i frutti dell'umorismo che egli ha seminato, è solo il lettore a raccoglierli, alla fine. La lezione del 1922 ne fa viceversa la storia della costosa coerenza del *filosofo*, fondata com'è sul rifiuto e sulla rinuncia, cosí del passato (i ricordi) come del presente (le offerte e le tentazioni della vita) come del futuro (le illusioni).

ziosa; perché, con questo negozio, povero a chi la perde e vorrà riacquistarla.

Tua moglie usufruirà indirettamente di questo negozio, perché quel socio di Napoli pare che abbia un fratello, e pare che questo fratello, venuto a Roma per concludere la società, la abbia conclusa includendovi, per conto suo, tua moglie.

Sí, amico mio. Ella sposerà tra poco questo fratello del socio di Napoli. Ma io non me ne sarei scappato in Isvizzera per un caso cosí ordinario, perdonami, e cosí facilmente prevedibile, se...

Insomma, Momo, faccio conto che la tua cassa sia già scoppiata, e te lo dico. Tua moglie, con l'ajuto del signor Postella, ha avuto il coraggio di farmi intendere chiaramente che a un solo patto avrebbe respinto la profferta di matrimonio di quel fratello del socio di Napoli. E sai a qual patto? A patto che la sposassi io. Capisci? Io. Tua moglie. E sai perché? Per usare un ultimo riguardo alla tua santa memoria.

Ebbene, Momo, credi ch'io me ne sia scappato in Isvizzera per indignazione? No, Momo. Me ne sono scappato, perché stavo per cascarci. Sí, amico mio. Come un imbecille. E se imbecille non ti basta, di', di' pure come vuoi. Mi piglio tutto. Non ha altra ragione quest'interruzione di dieci mesi nella nostra corrispondenza.

Fin dov'ero arrivato, fin dov'ero arrivato, amico mio! Ero arrivato fino al punto d'accordarmi col pensiero che tu stesso, proprio tu mi persuadessi a sposare tua moglie, con tante considerazioni che, sebbene fondate in un proponimento disperato, tuttavia mi pareva di doverle riconoscere una piú giusta dell'altra, una piú dell'altra assennata. Sí. Per te, e per lei, giuste e assennate. Per te, in quanto dovesse riuscirti assai meno ingrato che la sposassi io, tua moglie, anziché un estraneo, perché cosí tu potevi esser sicuro di rimaner sempre terzo in ispirito nella famiglia, senz'essere mai dimenticato. Per lei, in quanto, se da una parte non s'avvantaggiava lasciando di sposare uno molto piú giovane di me, dall'altra certamente ci avrebbe guadagnato la sicurezza assoluta dell'esistenza, la tranquillità, il poter rimanere nella propria casa, senz'abbassamento o mutamento di stato. E poi il piacere velenoso per te di vedermi fare, anche piú vecchio di te, quello per cui, in vita, tanto ti condannai.

Ho potuto capire a tempo, per fortuna, tutto l'orrore della vita, amico mio, nei riguardi di chi muore. E che un vero delitto è seguitare a dare ai morti notizie della vita: di quella stessa vita, di cui dentro di noi fu composta la loro realtà finché vissero, e che seguitando a durare nel nostro ricordo finché noi viviamo, è naturale che ormai senza difesa e immeritamente debba esserne straziata. Parlandoti della vita, potevo arrivare, come niente, povero Momino mio, a concludere queste notizie del mondo con l'inviarti in un cartoncino litografato la partecipazione delle mie nozze con tua moglie. Hai capito?

E dunque, basta, via. Finiamola.

Con altri occhi

Dall'ampia finestra, aperta sul giardinetto pensile della casa, si vedeva come posato sull'azzurro vivo della fresca mattina un ramo di mandorlo fiorito, e si udiva, misto al roco quatto chioccolio della vaschetta in mezzo al giardino, lo scampanio festivo delle chiese lontane e il garrire delle rondini ebbre d'aria e di sole.

Nel ritrarsi dalla finestra sospirando, Anna s'accorse che il marito quella mattina s'era dimenticato di guastare il letto, come soleva ogni volta, perché i servi non s'avvedessero che non s'era coricato in camera sua. Poggiò allora i gomiti sul letto non toccato, poi vi si stese con tutto il busto, piegando il bel capo biondo su i guanciali e socchiudendo gli occhi, come per assaporare nella freschezza del lino i sonni che egli soleva dormirvi. Uno stormo di rondini sbalestrate guizzarono strillando davanti alla finestra.

«Meglio se ti fossi coricato qui», mormorò tra sé, e si rialzò stanca.

Il marito doveva partire quella sera stessa, ed ella era en-

Con altri occhi. Pubblicata per la prima volta su «Il Marzocco» il 28 luglio 1901, fu compresa nel 1906 nella raccolta *Erma bifronte* (Treves, Milano). Nel 1923 entrò a far parte del quinto volume delle «novelle per un anno», *La mosca* (Bemporad, Firenze).

Con altri occhi: un *cliché* linguistico, una frase fatta («guardare con altri occhi») diventa problematico nodo e nucleo d'un racconto possibile, senza per questo distaccarsi del tutto dalla letteralità, ma anzi mettendola narrativamente a frutto. Infatti, gli «altri occhi» attraverso i quali la protagonista giungerà a guardare la realtà e la sostanza del proprio rapporto con il marito, saranno proprio gli occhi d'un ritratto della prima moglie di lui, morta suicida. Solo alla fine Anna Brivio guarderà da sé con altri occhi il deserto del disamore, e solo alla fine la novella ricomporrà l'implicita diplopia del titolo, completando il percorso dalla lettera alla metafora.

14. *sbalestrate*: disorientate.

trata nella camera di lui per preparargli l'occorrente per il viaggio.

Nell'aprire l'armadio, sentí come uno squittio nel cassetto interno e subito si ritrasse, impaurita. Tolse da un angolo della camera un bastone dal manico ricurvo e, tenendosi stretta alle gambe la veste, prese il bastone per la punta e si provò ad aprire con esso, cosí discosta, il cassetto. Ma, nel tirare, invece del cassetto, venne fuori agevolmente dal bastone una lucida lama insidiosa. Non se l'aspettava; n'ebbe ribrezzo e si lasciò cadere di mano il fodero dello stocco.

In quel punto, un altro squittio la fece voltare di scatto, in dubbio se anche il primo fosse partito da qualche rondine sguizzante davanti la finestra.

Scostò con un piede l'arma sguainata e trasse in fuori tra i due sportelli aperti il cassetto pieno d'antichi abiti smessi del marito. Per improvvisa curiosità si mise allora a rovistare in esso e, nel riporre una giacca logora e stinta, le avvenne di tastare negli orli sotto il soppanno come un cartoncino, scivolato lí dalla tasca in petto sfondata; volle vedere che cosa fosse quella carta caduta lí chi sa da quanti anni e dimenticata; e cosí per caso Anna scoprí il ritratto della prima moglie del marito.

Impallidendo, con la vista intorbidata e il cuore sospeso, corse alla finestra, e vi rimase a lungo, attonita, a mirare l'immagine sconosciuta, quasi con un senso di sgomento.

La voluminosa acconciatura del capo e la veste d'antica foggia non le fecero notare in prima la bellezza di quel volto; ma appena poté coglierne le fattezze, astraendole dall'abbigliamento che ora, dopo tanti anni, appariva goffo, e fissarne specialmente gli occhi, se ne sentí quasi offesa e un impeto d'odio le balzò dal cuore al cervello: odio di postuma gelosia; l'odio misto di sprezzo che aveva provato per colei nell'innamorarsi dell'uomo ch'era adesso suo marito, dopo undici anni dalla tragedia coniugale che aveva distrutto d'un colpo la prima casa di lui.

Anna aveva odiato quella donna non sapendo intendere come avesse potuto tradire l'uomo ora da lei adorato e, in secondo luogo, perché i suoi parenti s'erano opposti al matri-

21. *squittio*: strido acuto di uccelli o dei topi.

28. *fodero dello stocco*: lo stocco è appunto l'arma da punta occultata nel cosiddetto *bastone animato* che le fa da fodero.

36. *soppanno*: stoffa pesante usata per foderare capi di vestiario.

monio suo col Brivio, come se questi fosse stato responsabile dell'infamia e della morte violenta della moglie infedele.

Era lei, sí, era lei, senza dubbio! la prima moglie di Vittore: colei che s'era uccisa!

Ne ebbe la conferma dalla dedica scritta sul dorso del ritratto: *Al mio Vittore, Almira sua – 11 novembre 1837.*

Anna aveva notizie molto vaghe della morta: sapeva soltanto che il marito, scoperto il tradimento, l'aveva costretta, con l'impassibilità di un giudice, a togliersi la vita.

Ora ella si richiamò con soddisfazione alla mente questa condanna del marito, irritata da quel «mio» e da quel «sua» della dedica, come se colei avesse voluto ostentare cosí la strettezza del legame che reciprocamente aveva unito lei e Vittore, unicamente per farle dispetto.

A quel primo lampo d'odio, guizzato dalla rivalità per lei sola ormai sussistente, seguí nell'anima di Anna la curiosità femminile di esaminare i lineamenti di quel volto, ma quasi trattenuta dalla strana costernazione che si prova alla vista di un oggetto appartenuto a qualcuno tragicamente morto; costernazione ora piú viva, ma a lei non ignota, poiché n'era compenetrato tutto il suo amore per il marito appartenuto già a quell'altra donna.

Esaminandone il volto, Anna notò subito quanto dissomigliasse dal suo; e le sorse a un tempo dal cuore la domanda, come mai il marito che aveva amato quella donna, quella giovinetta certo bella per lui, si fosse poi potuto innamorare di lei cosí diversa.

Sembrava bello, molto piú bello del suo anche a lei quel volto che, dal ritratto, appariva bruno. Ecco: e quelle labbra si erano congiunte nel bacio alle labbra di lui; ma perché mai a gli angoli della bocca quella piega dolorosa? e perché cosí mesto lo sguardo di quegli occhi intensi? Tutto il volto spirava un profondo cordoglio; e Anna ebbe quasi dispetto della bontà umile e vera che quei lineamenti esprimevano, e quindi un moto di repulsione e di ribrezzo, sembrandole a un

91-95. *un moto di repulsione ... acconciata*: il segmento testuale accosta e omologa specchi e ritratti. Non a caso, poiché entrambi questi oggetti, magici nell'ostendere e funebri nell'esibire un'immagine senza vita, pongono l'io di fronte all'Altro: i ritratti rinviando lineamenti altrui, gli autoritratti e gli specchi restituendo un'immagine riflessa, ossia, di caso in caso, alterata o alienata o comunque, almeno per un attimo, irriconoscibile. Lo scatto dell'agnizione rivelatrice avviene, qui, nell'istante in cui l'alterità diventa identità e l'altro si trasforma in io; nel momento in cui l'opacità impenetrabile del ritratto altrui diventa specchio del sé piú intimo. E, nel momento stesso in cui si duplica

tratto di scorgere nello sguardo di quegli occhi la medesima espressione degli occhi suoi allorché, pensando al marito, ella si guardava nello specchio, la mattina, dopo essersi acconciata.

Ebbe appena il tempo di cacciarsi in tasca il ritratto: il marito si presentò, sbuffando, sulla soglia della camera.

– Che hai fatto? Al solito? Hai rassettato? Oh povero me! Ora non trovo piú nulla!

Vedendo poi lo stocco sguainato per terra:

– Ah! Hai anche tirato di scherma con gli abiti dell'armadio?

E rise di quel suo riso che partiva soltanto dalla gola, quasi qualcuno gliel'avesse vellicata; e, ridendo cosí, guardò la moglie, come se domandasse a lei il perché del suo proprio riso. Guardando, batteva di continuo le palpebre celerissimamente su gli occhietti acuti, neri, irrequieti.

Vittore Brivio trattava la moglie come una bambina non d'altro capace che di quell'amore ingenuo e quasi puerile di cui si sentiva circondato, spesso con fastidio, e al quale si era proposto di prestar solo attenzione di tempo in tempo, mostrando anche allora una condiscendenza quasi soffusa di lieve ironia, come se volesse dire: «Ebbene, via! per un po' diventerò anch'io bambino con te: bisogna fare anche questo, ma non perdiamo troppo tempo!».

Anna s'era lasciata cadere ai piedi la vecchia giacca in cui aveva trovato il ritratto. Egli la raccattò infilzandola con la punta dello stocco, poi chiamò dalla finestra nel giardino il servotto che fungeva anche da cocchiere e che in quel momento attaccava al biroccio il cavallo. Appena il ragazzo si presentò in maniche di camicia nel giardino davanti alla finestra, il Brivio gli buttò in faccia sgarbatamente la giacca infilzata, accompagnando l'elemosina con un: «Tieni, è per te!».

– Cosí avrai meno da spazzolare – aggiunse, rivolto alla moglie, – e da rassettare, speriamo!

E di nuovo emise quel suo riso stentato battendo piú e piú volte le palpebre.

nell'andirivieni infinito che instaura con il proprio riflesso, l'io si scinde: il dispetto, la repulsione, il ribrezzo non sono piú rivolti all'esterno ma all'interno, nella fattispecie allo svelamento, al quale il ritratto di quella morta fa da tramite, della propria infelicità e della propria condizione di non-vita.

120. *biroccio*: piú comunemente «barroccio». Qui si tratterà però d'un calesse, che è un carrozzino a due ruote, poiché il barroccio è adibito piuttosto al trasporto di cose ed è veicolo piú campagnolo che cittadino.

Altre volte il marito s'era allontanato dalla città e non per pochi giorni soltanto, partendo anche di notte come quella volta; ma Anna, ancora sotto l'impressione della scoperta di quel ritratto, provò una strana paura di restar sola, e lo disse, piangendo, al marito.

Vittore Brivio, frettoloso nel timore di non fare a tempo e tutto assorto nel pensiero dei suoi affari, accolse con mal garbo quel pianto insolito della moglie.

– Come! Perché? Via, via, bambinate!

E andò via di furia, senza neppur salutarla.

Anna sussultò al rumore della porta ch'egli si chiuse dietro con impeto; rimase col lume in mano nella saletta e sentí raggelarsi le lagrime negli occhi. Poi si scosse e si ritirò in fretta nella sua camera, per andar subito a letto.

Nella camera già in ordine ardeva il lampadino da notte.

– Va' pure a dormire – disse Anna alla cameriera che la attendeva. – Fo da me. Buona notte.

Spense il lume, ma invece di posarlo, come soleva, su la mensola, lo posò sul tavolino da notte, presentendo – pur contro la propria volontà – che forse ne avrebbe avuto bisogno piú tardi. Cominciò a svestirsi in fretta, tenendo gli occhi fissi a terra, innanzi a sé. Quando la veste le cadde attorno ai piedi, pensò che il ritratto era là e con viva stizza si sentí guardata e commiserata da quegli occhi dolenti, che tanta impressione le avevano fatto. Si chinò risolutamente a raccogliere dal tappeto la veste e la posò senza ripiegarla, su la poltrona a piè del letto, come se la tasca che nascondeva il ritratto e il viluppo della stoffa dovessero e potessero impedirle di ricostruirsi l'immagine di quella morta.

Appena coricata, chiuse gli occhi e s'impose di seguire col pensiero il marito per la via che conduceva alla stazione ferroviaria. Se l'impose per astiosa ribellione al sentimento che tutto quel giorno l'aveva tenuta vigile a osservare, a studiare il marito. Sapeva donde quel sentimento le era venuto e voleva scacciarlo da sé.

Nello sforzo della volontà, che le produceva una viva sovreccitazione nervosa, si rappresentò con straordinaria evidenza la via lunga, deserta nella notte, rischiarata dai fanali verberanti il lume tremulo sul lastrico che pareva ne palpitasse: a piè d'ogni fanale, un cerchio d'ombra; le botteghe, tutte chiuse; ed ecco la vettura che conduceva Vittore. Co-

167. *verberanti*: per «riverberanti», ossia proiettanti, riflettenti.

me se l'avesse aspettata al varco, si mise a seguirla fino alla stazione: vide il treno lugubre, sotto la tettoja a vetri; una gran confusione di gente in quell'interno vasto, fumido, mal rischiarato, cupamente sonoro: ecco, il treno partiva; e, come se veramente lo vedesse allontanare e sparire nelle tenebre, rientrò d'un subito in sé, aprí gli occhi nella camera silenziosa e provò un senso angoscioso di vuoto, come se qualcosa le mancasse dentro.

Sentí allora confusamente, smarrendosi, che da tre anni forse, dal momento in cui era partita dalla casa paterna, ella era in quel vuoto, di cui ora soltanto cominciava ad assumer coscienza. Non se n'era accorta prima, perché lo aveva riempito solo di sé, del suo amore, quel vuoto; se ne accorgeva ora, perché in tutto quel giorno aveva tenuto quasi sospeso il suo amore, per vedere, per osservare, per giudicare.

«Non mi ha neppure salutata!» pensò; e si mise a piangere di nuovo, quasi che questo pensiero fosse determinatamente la cagione del pianto.

Sorse a sedere sul letto: ma subito arrestò la mano tesa, nel levarsi, per prendere dalla veste il fazzoletto. Via, era ormai inutile vietarsi di rivedere, di riosservare quel ritratto! Lo prese. Riaccese il lume.

Come se la era raffigurata diversamente quella donna! Contemplandone ora la vera effigie, provava rimorso dei sentimenti che la immaginaria le aveva suggeriti. Si era raffigurata una donna, piuttosto grassa e rubiconda, con gli occhi lampeggianti e ridenti, inclinata al riso, a gli spassi volgari. E invece, ora, eccola: una giovinetta che dalle pure fattezze spirava un'anima profonda e addolorata; diversa sí, da lei, ma non nel senso sguajato di prima: al contrario; anzi quella bocca pareva non avesse dovuto mai sorridere, mentre la sua tante volte e lietamente aveva riso; e certo, se bruno quel volto (come dal ritratto appariva), di un'aria men ridente del suo, biondo e roseo.

Perché, perché cosí triste?

Un pensiero odioso le balenò in mente, e subito staccò gli occhi dall'immagine di quella donna, scorgendovi d'improvviso un'insidia non solo alla sua pace, al suo amore che pure in quel giorno aveva ricevuto piú d'una ferita, ma anche alla sua orgogliosa dignità di donna onesta che non s'era mai permesso neppure il piú lontano pensiero contro il ma-

194. *immaginaria*: immaginazione.

rito. Colei aveva avuto un amante! E per lui forse era cosí triste, per quell'amore adultero, e non per il marito!

Buttò il ritratto sul comodino e spense di nuovo il lume, sperando di addormentarsi, questa volta, senza pensare piú a quella donna, con la quale non poteva aver nulla di comune. Ma, chiudendo le palpebre, rivide subito, suo malgrado, gli occhi della morta, e invano cercò di scacciare quella vista.

– Non per lui, non per lui! – mormorò allora con smaniosa ostinazione, come se, ingiuriandola, sperasse di liberarsene.

E si sforzò di richiamare alla memoria quanto sapeva intorno a quell'altro, all'amante, costringendo quasi lo sguardo e la tristezza di quegli occhi a rivolgersi non piú a lei, ma all'antico amante, di cui ella conosceva soltanto il nome: Arturo Valli. Sapeva che costui aveva sposato qualche anno dopo, quasi a provare ch'era innocente della colpa che gli voleva addebitare il Brivio di cui aveva respinto energicamente la sfida, protestando che non si sarebbe mai battuto con un pazzo assassino. Dopo questo rifiuto, Vittore aveva minacciato di ucciderlo ovunque lo avesse incontrato, foss'anche in chiesa; e allora egli era andato via con la moglie dal paese, nel quale era poi ritornato, appena Vittore, riammogliatosi, se n'era partito.

Ma dalla tristezza di questi avvenimenti da lei rievocati, dalla viltà del Valli e, dopo tanti anni, dalla dimenticanza del marito, il quale, come se nulla fosse stato, s'era potuto rimettere nella vita e riammogliare, dalla gioja che ella stessa aveva provato nel divenir moglie di lui, da quei tre anni trascorsi da lei senza mai un pensiero per quell'altra, inaspettatamente un motivo di compassione per costei s'impose ad Anna spontaneo; ne rivide viva l'immagine, ma come da lontano lontano, e le parve che con quegli occhi, intensi di tanta pena, colei le dicesse, tentennando lievemente il capo:

«Io sola però ne son morta! Voi tutti vivete!»

225-31. *Sapeva che ... con la moglie dal paese*: questo rapido *résumé* della vicenda incorre forse in una curiosa inverosimiglianza temporale. Non pare plausibile, infatti, che tra la sfida e il rifiuto della medesima (eventi fra i quali cade il suicidio coatto della moglie adultera), cui immediatamente consegue la minaccia di morte sommaria, sia potuto passare «qualche anno». Eppure, nonostante l'allontanamento del Valli dal paese sia dovuto alla minaccia («Vittore aveva minacciato [...] e allora egli era andato via»), l'uomo parte con la moglie che ha appunto sposato «qualche anno dopo».

Si vide, si sentí sola nella casa: ebbe paura. Viveva, sí, lei; ma da tre anni, dal giorno delle nozze, non aveva piú riveduto, neanche una volta, i suoi genitori, la sorella. Lei che li adorava, e ch'era stata sempre con loro docile e confidente, aveva potuto ribellarsi alla loro volontà, ai loro consigli per amore di quell'uomo; per amore di quell'uomo s'era mortalmente ammalata e sarebbe morta, se i medici non avessero indotto il padre a condiscendere alle nozze. Il padre aveva ceduto, non consentendo, però, anzi giurando che ella per lui, per la casa, dopo quelle nozze, non sarebbe piú esistita. Oltre alla differenza di età, ai diciotto anni che il marito aveva piú di lei, ostacolo piú grave per il padre era stata la posizione finanziaria di lui soggetta a rapidi cambiamenti per le imprese rischiose a cui soleva gettarsi con temeraria fiducia in se stesso e nella fortuna.

In tre anni di matrimonio Anna, circondata da agi, aveva potuto ritenere ingiuste o dettate da prevenzione contraria le considerazioni della prudenza paterna, quanto alle sostanze del marito, nel quale del resto ella, ignara, riponeva la medesima fiducia che egli in se stesso; quanto poi alla differenza d'età, finora nessun argomento manifesto di delusione per lei o di meraviglia per gli altri, poiché dagli anni il Brivio non risentiva il minimo danno né nel corpo vivacissimo e nervoso, né tanto meno poi nell'animo dotato d'infaticabile energia, d'irrequieta alacrità.

Di ben altro Anna, ora per la prima volta, guardando (senza neppur sospettarlo) nella sua vita con gli occhi di quella morta, trovava da lagnarsi del marito. Sí, era vero: della noncuranza quasi sdegnosa di lui ella si era altre volte sentita ferire; ma non mai come quel giorno; e ora per la prima volta si sentiva cosí angosciosamente sola, divisa dai suoi parenti, i quali le pareva in quel momento la avessero abbandonata lí, quasi che, sposando il Brivio, avesse già qualcosa di comune con quella morta e non fosse piú degna d'altra compagnia. E il marito che avrebbe dovuto consolarla, il marito stesso pareva non volesse darle alcun merito del sacrifizio ch'ella gli aveva fatto del suo amore filiale e fraterno, come se a lei non fosse costato nulla, come se a quel sacrifizio egli avesse avuto diritto, e per ciò nessun dovere avesse ora di compensarnela. Diritto, sí, ma perché lei se ne era cosí perdutamente innamorata allora; dunque il dovere per lui adesso di compensarla. E invece...

«*Sempre cosí!*» parve ad Anna di sentirsi sospirare dalle labbra dolenti della morta.

Riaccese il lume e di nuovo, contemplando l'immagine, fu attratta dall'espressione di quegli occhi. Anche lei dunque, davvero, aveva sofferto per lui? anche lei, anche lei, accorgendosi di non essere amata, aveva sentito quel vuoto angoscioso?

– Sí? sí? – domandò Anna, soffocata dal pianto, all'immagine.

E le parve allora che quegli occhi buoni, intensi di passione, la commiserassero a lor volta, la compiangessero di quell'abbandono, del sacrifizio non rimeritato, dell'amore che le restava chiuso in seno quasi tesoro in uno scrigno, di cui egli avesse le chiavi, ma per non servirsene mai, come l'avaro.

296-300. *le parve ... come l'avaro*: lo spalancarsi d'una sensazione di «vuoto angoscioso» (rr. 292-93), ossia d'una delle insostenibili condizioni di soglia piú spesso connotate nel corpus, taglia, alle spalle di Anna, i ponti fragili e illusori con la pienezza della vita, e le apre davanti solo la luttuosa relazione sororale con una morta. Scoperto il proprio stato di sepolta viva e di seconda moglie d'un Barbablú, non le resta altra identità che l'immedesimazione funesta e sacrificale con quella appassionata defunta.

Quand'ero matto...

I. *Il soldino.*

Prima di tutto chiedo licenza di premettere che ora sono savio. Oh, per questo, anche povero. Anche calvo. Quand'ero ancora io, voglio dire, il riverito signor Fausto Bandini, ricco, e in capo avevo tutti i miei bellissimi capelli, è però provato provatissimo ch'ero matto. E un po' piú magro, s'intende. Ma pur con questi occhi che mi sono rimasti da allora spauriti, nella faccia cosí tutta scritta dagli atteggiamenti che prendeva per le croniche pietà da cui ero afflitto.

Per distrazione, ogni tanto, ci ricasco. Ma sono lampi che Marta, saggia moglie, spegne subito in me con certe sue terribili paroline.

Per esempio, l'altra sera.

Cose di poco momento, badiamo. Che può mai accadere a un povero savio e savio povero, ridotto a vivere piú ordinatamente d'una formica?

Quanto piú tenue la tela, tanto piú delicato il ricamo, ho letto una volta, non so dove. Ma prima di tutto bisognerebbe saper ricamare.

Quand'ero matto.... Fu stampata nella raccolta omonima, la prima volta nel 1902 (Streglio, Torino), la seconda nel 1919 (Treves, Milano). Entrò poi a far parte del decimo volume delle «novelle per un anno», *Il vecchio dio* (Bemporad, Firenze 1926), per due terzi tributario della raccolta del 1902 e per dieci dodicesimi di quella del 1919.

1-2. *Prima di tutto ... ora sono savio*: questa procedura di autenticazione del discorso è un trabocchetto tipico dei testi in cui sia messa in gioco l'alternativa *matto/savio*, poiché nessuno si crede savio piú del matto e, senza un avallo autorevole ed esterno, è per definizione impossibile prestar fede a chi è stato matto. Presieduto da questa istituzionale ambiguità, il discorso si presta ugualmente ad essere preso alla lettera cosí come ad essere interpretato alla rovescia. Proprio per queste caratteristiche, la pazzia (quando non sia autentica iperbole passionale o patetica) è in Pirandello anzitutto un fondamentale operatore umoristico.

7. *scritta*: profondamente segnata.

Rincasavo. Non si può dare, credo, maggior fastidio di quello che l'insistenza d'un mendicante cagiona quando non s'abbia il soldo in tasca e quegli ci veda all'aria dispostissimi a darglielo. Era, nel caso mio, una ragazza. Senza interruzione, con voce piagnucolosa da un quarto d'ora m'andava ripetendo dietro le stesse frasi, due o tre. Io, sordo; senza guardarla. A un certo punto, mi lascia: investe e s'appiccica, come una mosca tavana, a una coppia di sposi novelli.

«Glielo daranno il soldino?» dico tra me.

Ah, tu non sai, ragazza! La prima volta che gli sposi novelli van per via a braccetto, credono d'aver tutti gli occhi del mondo appuntati addosso; sentono l'impaccio delle cose nuove che tutti quegli occhi veggono e suppongono in loro, e non sanno né possono fermarsi a far l'elemosina al povero.

Sento poco dopo, difatti, qualcuno che mi corre dietro gridando:

– Signorino, signorino.

E rièccola, col piagnisteo monotono di prima. Non ne posso piú; le grido esasperato:

– No!

Peggio. Come se con quel no avessi dato la stura a un altro pajo di frasi tenute in serbo in previsione del caso. Sbuffo una prima volta, sbuffo una seconda, finalmente: auff! – alzo il bastone. Cosí. Quella si tira da un canto, levando istintivamente il braccio a riparo della testa, e di sotto il gomito mi geme:

– Anche due centesimi!

Dio, che occhi apriva quel volto smunto, citrino, sotto i capelli rossastri abbatuffolati. Tutti i vizii della strada vermicavano in quegli occhi; e la precocità li rendeva spaventevoli. (Non metto alcun punto esclamativo perché, ora che son savio, nessuna cosa deve piú farmi meraviglia).

Già prima di vederle quegli occhi ero pentito dell'atto di minaccia.

– Quant'anni hai?

La ragazza mi guarda di traverso, senza abbassare il braccio, e non risponde.

– Perché non lavori?

– Magari, a trovarne. Non trovo.

26. *mosca tavana*: tafano.
46. *citrino*: giallo limone.
47-48. *vermicavano*: brulicavano come vermi.

– Non cerchi, – le dico io, riavviandomi. – Perché hai preso gusto a codesto bel mestiere.

Manco a dirlo; colei mi seguí ripigliando l'affliggente cantilena: che aveva fame, le dessi qualcosa per amor di Dio.

Potevo cavarmi la giacca e dirle: «Tieni»? Chi sa: in altri tempi, forse l'avrei fatto. Ma già, in altri tempi, avrei avuto in tasca il soldino.

Mi nacque improvvisamente un'idea, della quale sento il dovere di scusarmi al cospetto della gente savia. Lavorare – è senza dubbio un buon consiglio; ma si fa cosí presto a darlo. Mi sovvenne che Marta cercava una servetta.

E si badi: qualifico pazzia quest'idea improvvisa, non tanto per la trepida gioja che mi suscitò e che riconobbi in prima benissimo, per averla altre volte provata tal quale, quand'ero matto: specie d'ebbrezza abbarbagliante che dura un attimo, un lampo, nel quale il mondo sembra dia un gran palpito e sussulti tutto dentro di noi; quanto per le riflessioni da povero savio con cui cercai subito di puntellare quell'ebbrezza in me. Pensai: «Purché a questa ragazza si dia da mangiare, da dormire e qualche veste smessa, ci servirà, senza pretendere altro. Sarà pure un risparmio per Marta». Cosí.

– Senti: – dissi alla ragazza, – soldi, non te ne do. Vuoi davvero lavorare?

Si fermò a guardarmi un tratto con quegli occhi scontrosi, sotto le ciglia odiosamente aggrottate; poi chinò piú volte il capo.

– Sí? ebbene, vieni allora con me. Ti darò io da lavorare a casa mia.

La ragazza si fermò di nuovo, perplessa.

– E mamma?

– Andrai a dirglielo dopo. Adesso vieni.

Mi pareva di camminare per un altro viale e che... mi vergogno a dirlo, case e alberetti fossero in preda all'agitazione che provavo io. E l'agitazione crebbe, crebbe di punto in punto, appressandomi a casa.

Che avrebbe detto mia moglie?

In un modo piú balordo non avrei potuto presentarle la proposta (balbettavo). E certo, certissimo questo modo balordo dovette contribuire non solo a fargliela respingere, com'era giusto, ma anche a farla arrabbiare, povera Marta. Ma

72. *abbarbagliante*: abbacinante, accecante.

se io, ora che sono divenuto savio, col timore continuo che mi scappi qualche stramberia, non so piú dire due parole, una dopo l'altra? Basta; mia moglie non si lasciò sfuggire l'occasione di ripetermi quel suo terribile: «*Ancora? Ancora?*» che per me è peggio d'una doccia a sorpresa; poi mandò via la ragazza senza neanche volerle dare qualcosina, perché – disse – per quel giorno l'elemosina era fatta. (E realmente Marta l'elemosina la fa ogni giorno; badiamo: dà un soldino al primo povero che capita, e quando ha dato quel soldino e ha detto: «Raccomandami alle anime sante del Purgatorio» s'è messa in pace con la coscienza, e non vuol sentire altro).

Intanto io penso e dico: quella ragazza, se non è già perduta, certo sarà tra breve. Sí, ma che deve importarmene? Io, ora, sono divenuto savio, e a queste cose non debbo piú pensare né punto, né poco. – «Pensare a me!» – questa, la mia nuova divisa. Ce n'è voluto per persuadermi a intestarne tutti gli atti di questa mia nuova *vita*, chiamiamola cosí. Ma come Dio vuole, non facendo nulla... Basta. Se io ora, per modo d'esempio, mi fermo sotto la finestra d'una casa ove sappia c'è gente che piange, debbo subito vedere a quella finestra la mia smarrita, sparuta immagine, la quale, affacciandosi, ha l'obbligo espresso di gridarmi di lassú, crollando un po' il capo e appuntandosi l'indice d'una mano sul petto: «*E io?*». Cosí.

Sempre: «*E io?*» in ogni occasione. Che è qui la base della vera saggezza.

Quand'ero matto invece...

115. *divisa*: motto.

115-16. *intestarne tutti gli atti*: farne l'intestazione di tutti gli atti, e dunque farla presiedere a tutti gli atti.

126. *Quand'ero matto invece...*: questo primo breve capitoletto fissa la griglia di opposizioni sulle quali si fonda l'intero impianto del racconto: *savio*, *povero*, *avaro*, *indifferente*, *impassibile*, *egoista* VS *matto*, *ricco*, *generoso*, *partecipe*, *commosso*, *altruista*. E mette in luce la grande contraddizione umoristica che le attraversa, per cui tutti gli attributi di segno positivo fanno ressa intorno alla pazzia e, viceversa, la saviezza è connotata esclusivamente da tratti negativi. La stella doppia, e fissa, della contraddizione (vorrei quasi dire il *principio di contraddizione*), è d'altra parte quella sotto la quale germina e vive l'intero mondo narrativo e drammaturgico di Pirandello. E, adeguato a questa figura tutelare, il suo umorismo è in buona sostanza anche il vero e proprio protocollo discorsivo della contraddizione, il linguaggio capace di predicarla senza mistificarla e senza forzarne una improbabile risoluzione.

II. *Fondamento della morale.*

Quand'ero matto, non mi sentivo in me stesso; che è come dire: non stavo di casa in me.

Ero infatti divenuto un albergo aperto a tutti. E se mi picchiavo un po' sulla fronte, sentivo che vi stava sempre gente alloggiata: poveretti che avevan bisogno del mio ajuto; e tanti e tanti altri inquilini avevo parimenti nel cuore; né si può dir che gambe e mani avessi tanto al servizio mio, quanto a quello degli infelici che stavano in me e mi mandavano di qua e di là, in continua briga per loro.

Non potevo dir: *io*, nella mia coscienza, che subito un'eco non mi ripetesse: *io, io, io*... da parte di tanti altri, come se avessi dentro un passerajo. E questo significava che se, poniamo, avevo fame e lo dicevo dentro di me, tanti e tanti mi ripetevano dentro per conto loro: *ho fame, ho fame, ho fame*, a cui bisognava provvedere, e sempre mi restava il rammarico di non potere per tutti. Mi concepivo insomma in società di mutuo soccorso con l'universo; ma siccome io allora non avevo bisogno di nessuno, quel «mutuo» aveva soltanto valore per gli altri.

Il bello intanto era questo, che credevo di ragionare la mia pazzia; anzi, se debbo dir tutta la verità senza vergognarmi, ero finanche arrivato a tracciare lo schema d'un trattato *sui generis*, che intendevo scrivere col titolo: *Fondamento della morale*.

Ho qui nel cassetto gli appunti per questo trattato, e ogni tanto, di sera (mentre Marta si fa di là il solito pisolino dopo cena), li cavo fuori e me li rileggo pian piano, di nascosto, con un certo godimento e anche una certa meraviglia, lo

137. *passerajo*: cicaleccio fitto di voci.

141-42. *Mi concepivo ... universo*: cfr. anche, sopra, i rr. 70-74. I motivi sottesi a questi passi sono assai importanti, e sono quelli dell'unità-indistinzione e dell'identità. Per un verso, il soggetto è tutt'uno col mondo e lo contiene come il palpito della propria stessa anima; per un altro la relazione conflittuale io-altro è abolita e sostituita da una relazione fraterna e speculare io-io. Tali stati d'animo configurano uno statuto mitico della relazione interpersonale e di quella tra l'io e la realtà. E di questo modo mitico di vivere la relazione sono capaci solamente i candidi, i bambini, i santi e i matti. Gli umoristi-filosofi, viceversa, ai quali l'amaro sapere inibisce una simile creaturale relazionalità, ne serbano memoria, come di un'infanzia antropologica, e ne esprimono a volte una accorata, utopica nostalgia.

147-48. *sui generis*: singolare e originale.

confesso, perché è innegabile che io ragionavo pur bene, quand'ero matto.

Dovrei veramente riderne; ma forse non ci riesco per il motivo affatto particolare che quei ragionamenti erano per la maggior parte diretti a convertire quella disgraziata, che fu la mia prima moglie, della quale parlerò appresso, per dare la piú lampante prova delle segnalate pazzie di quei tempi.

Da questi appunti argomento che il trattato del *Fondamento della morale* dovesse nel mio concetto consistere di dialoghi tra me e quella mia prima moglie, o forse d'apologhi. Un quadernetto, ad esempio, è intitolato: *Il giovine timido*, e certo in esso alludevo a quel buon ragazzo, figlio d'un mercante di campagna in relazione d'affari con me, il quale, mandato dal padre, veniva a trovarmi in città, e quella disgraziata lo invitava a desinare con noi per divertirsi un po' alle spalle di lui.

Trascrivo dal quadernetto:

> Dimmi, o Mirina. O che occhi sono i tuoi? Non vedi che codesto povero giovine s'è accorto che tu intendi prenderti giuoco di lui? Lo stimi sciocco; e invece è soltanto timido; cosí timido che non sa ritrarsi dalla berlina a cui lo metti, quantunque ne soffra dentro. Se la sofferenza di questo giovine, o Mirina, non rimanesse per te allo stato di segno apparente che ti fa ridere, se tu non avessi soltanto coscienza del tuo tristo piacere, ma anche, nello stesso tempo, del dolore di lui, non ti par chiaro che cesseresti di farlo soffrire, perché il piacere ti sarebbe turbato e distrutto dalla coscienza dell'altrui dolore? Tu agisci dunque, Mirina, senza l'intero sentimento della tua azione, della quale provi l'effetto soltanto in te medesima.

Cosí. E per un matto, via, non c'è male. Il male era che non comprendevo che altro è ragionare, altro è vivere. E la metà, o quasi, di quei disgraziati che si tengon chiusi negli ospizii, non sono forse gente che voleva vivere secondo comunemente in astratto si ragiona? Quante prove, quanti esempii potrei qui citare, se ogni savio oggi non riconoscesse tante cose che si fanno nella vita, o che si dicono, e certi usi e

160. *segnalate*: notevoli ed evidenti.

163-64. *apologhi*: favole allegoriche a fine didascalico. Un apologo umoristico è in fondo anche questa novella.

174. *dalla berlina a cui lo metti*: «mettere alla berlina» vuol dire deridere o schernire pubblicamente.

186. *ospizii*: manicomi. – *secondo*: conformemente a come.

certe abitudini esser proprio irragionevoli, dimodoché è matto chi li ragioni.

Tale in fondo ero io, tale nel mio trattato mi dimostravo. Non me ne sarei accorto, se Marta non mi avesse prestato i suoi occhiali.

Per curiosità, intanto, coloro che non si vogliono tener paghi di Dio, perché lo dicono fondato in un sentimento che non ammette ragione, potrebbero vedere in questo mio trattato come io però lo ragionassi. Se non che, convengo adesso che questo sarebbe un Dio difficile per la gente savia e anzi addirittura impraticabile, perché, chi volesse riconoscerlo dovrebbe agire verso gli altri come agivo io una volta, cioè da matto: con eguale coscienza di sé e degli altri, perché sono coscienze come la nostra. Chi facesse veramente cosí e alle altre coscienze attribuisse l'identica realtà che alla propria, avrebbe per necessità l'idea d'una realtà comune a tutti, d'una verità e anche di un'esistenza che ci sorpassa: Dio.

Ma non per la gente savia, ripeto.

È curioso intanto che Marta, mentre io (seguendo la no-

198-206. *convengo adesso ... ci sorpassa: Dio*: la questione della religiosità e della laicità in Pirandello è intricata e fatalmente *vexata*. Non conto di dirimerla in una nota, e la cosa migliore è che i lettori leggano Pirandello e si formino un'opinione al riguardo. Ciò che è però evidente, in questa novella, è che soltanto la follia che il protagonista confessa e sconfessa realizza una conformità ai dettami di vita evangelici e cristiani; laddove la saviezza corrisponde a un comportamento improntato a opportunismo morale e al piú perfetto egoismo. Ma dal ragionamento dell'ex matto emerge addirittura uno spunto di teologia trasgressiva, secondo la quale solamente da una considerazione degli altri come identici, e da un comportamento coerente con tale considerazione, scaturirebbe una prova non irragionevole dell'esistenza di Dio. Non è dunque un caso che, se c'è nel corpus pirandelliano un personaggio che è figura di Cristo, questo sia precisamente il «matto» (al proposito si veda anche il racconto del 1905 *Fuoco alla paglia*). D'altronde, in una lirica natalizia del 1895, proprio Cristo, del quale l'io lirico (che pure si dà per incredulo fin dall'infanzia e privo di fede) invoca il ritorno, è visto come il depositario primo e autentico della sublime pazzia di amare gli uomini: «e te pure chiamai causa, Gesú, | d'una parte del male | che si soffre quaggiú. || Ma santa adesso appar la tua follia | anche al mio sguardo, o dolce redentore. | E torna, io prego, a noi, torna, Messia, | a predicar l'amor» (cfr. *Torna, Gesú!*, vv. 38-44, in SPSV, p. 781).

208-13. *È curioso ... che santo!*: pochissimo oltre, quando il narratore torna a quand'era matto, diventa contemporaneamente chiaro che egli è stato in qualche modo un imitatore di san Francesco e perché dunque i *Fioretti* (che magnificano come virtú essenziale del magistero di Francesco la scelta della povertà) siano uno dei buoni libri che ama rileggere; ma si capisce anche fino in fondo perché resti sbalordito dall'ammirazione della moglie per un santo del quale si aspetterebbe di sentirla dire *che matto!*

stra vecchia abitudine di leggere qualche buon libro prima d'andare a letto) leggo, per esempio, *I fioretti* di San Francesco, m'interrompa di tratto in tratto, esclamando con riverenza e piena d'ammirazione:

– Che santo! che santo!

Cosí.

Sarà tentazione del demonio, ma io abbasso il libro sulle ginocchia e sto a guardarla, se lo dica proprio sul serio davanti a me. Per esser logici, via, San Francesco per lei non dovrebbe esser savio, o io ora...

Ma già, mi persuado che i savii debbono esser logici fino a un certo punto.

Torniamo a quand'ero matto.

Sul cadere della sera, in villa, mentre da lontano mi giungeva il suono delle cornamuse che aprivano la marcia delle frotte dei falciatori di ritorno al villaggio con le carrette cariche del raccolto, mi pareva che l'aria tra me e le cose intorno divenisse a mano a mano piú intima; e che io vedessi oltre la vista naturale. L'anima, intenta e affascinata da quella sacra intimità con le cose, discendeva al limitare dei sensi e percepiva ogni piú lieve moto, ogni piú lieve rumore. E un gran silenzio attonito era dentro di me, sicché un frullo d'ali vicino mi faceva sussultare e un trillo lontano mi dava quasi un singulto di gioja perché mi sentivo felice per gli uccelletti che in quella stagione non pativano il freddo e trovavano per la campagna da cibarsi in abbondanza; felice, come se il mio alito li scaldasse e io li cibassi di me.

Penetravo anche nella vita delle piante e, man mano, dal sassolino, dal fil d'erba assorgevo, accogliendo e sentendo in me la vita d'ogni cosa, finché mi pareva di divenir quasi il mondo, che gli alberi fossero mie membra, la terra fosse il mio corpo, e i fiumi le mie vene, e l'aria la mia anima; e andavo un tratto cosí, estatico e compenetrato in questa divina visione.

Svanita, restavo anelante, come se davvero nel gracile petto avessi accolto la vita del mondo.

Mi mettevo a sedere a piè d'un albero, e allora il genio del-

222. *Sul cadere della sera, in villa*: la pagina che segue descrive un estatico rapimento e una mistica comunione con la natura. La «divina visione» avviene in una delle ore deputate ai prodigi, il crepuscolo, ma (dato ancor piú significativo nell'universo pirandelliano) «in villa», cioè in campagna, l'unico luogo che nella sua vasta, sonora, vivida intimità possa ospitare prodigi di tal genere.

la mia follia cominciava a suggerirmi le piú strambe idee: che l'umanità avesse bisogno di me, della mia parola esortatrice: voce d'esempio, parola di fatto. A un certo punto m'accorgevo io stesso che deliravo, e allora mi dicevo: «Rientriamo, rientriamo nella nostra coscienza...». Ma ci rientravo, non per veder me, ma per veder gli altri in me com'essi si vedevano, per sentirli in me com'essi in loro si sentivano e volerli com'essi si volevano.

Ora, concependo e riflettendo cosí nello specchio interiore della coscienza gli altri esseri con una realtà uguale alla mia e per tal mezzo anche l'Essere nella sua unità, un'azione egoistica, un'azione cioè nella quale la parte si erige al posto del tutto e lo subordina, non era naturale che mi apparisse irragionevole?

Ahimè, sí. Ma mentre io per le mie terre camminavo in punta di piedi e curvo per vedere di non calpestare qualche fiorellino o qualche insetto, dei quali vivevo in me la tenue vita d'un giorno, gli altri mi rubavano la campagna, mi rubavano le case, mi spogliavano addirittura.

E ora, eccomi qua: *ecce homo!*

249-53. *Rientriamo ... com'essi si volevano*: è di per sé significativo che il personaggio, imbevuto della plurale unità dei viventi e agitato dal suo afflato messianico, parli di *nostra* e non di *mia* coscienza. Ma ancor piú degno di nota è che nell'ordine mitico squadernato dall'esperienza della mistica follia, diventi realtà una illusione sempre altrimenti condannata al disinganno, quella dell'identificazione e immedesimazione dell'io negli altri. La catena di segni che esprime questa petizione empatica («per veder gli altri» ecc.) è una sorta di motivo-firma pirandelliano, una concrezione sintattico-discorsiva che la duttilità morfematica predispone al riuso e che infatti riaffiora via via nel corpus. Per non citarne che una delle variazioni, anche il protagonista della novella *Stefano Giogli, uno e due* (1909) tenterà di scuotere le troppe certezze della moglie dicendole: «Cara, non bisogna presumere che gli altri, fuori del nostro io, non siano se non come noi li vediamo. Chi cosí presume, Lucietta mia, ha una coscienza unilaterale; non ha coscienza degli altri; non effettua gli altri in sé con una rappresentazione vivente e per gli altri e per sé. Il mondo, cara, non è limitato all'idea che possiamo farcene: fuori di noi il mondo esiste per sé e con noi; e nella nostra rappresentazione dunque dobbiamo proporci di effettuarlo quanto piú ci sarà possibile, facendocene una coscienza in cui esso viva in noi come in se stesso, vedendolo com'esso si vede, sentendolo com'esso si sente» (cfr. pp. 181-82, rr. 252-62). Ma in compenso, cultore disincantato della conoscenza scientifica e attento all'ordine reale, Stefano Giogli «vedeva da un pezzo chiaramente tutti i giochetti dello spirito che, non potendo uscire fuori di sé, pone come realtà esteriori le sue interne illusioni; e ci si divertiva un mondo. Quante volte, guardando qualcuno o qualche cosa, non aveva esclamato: – Chi sa come è costui, o questa cosa, che ora a me sembra cosí!» (p. 176, rr. 84-89).

265. *ecce homo!*: «ecco l'uomo». Al figurato, si dice di persona mal ridotta, stravolta e sfigurata. Ma la novella impone che sia anche richiamata la fon-

III. *Mirina.*

Il cero benedetto, il cero «della buona morte» che quella santa donna s'era portato dalla chiesa madre del paesello natale, faceva ora il suo ufficio.

Lo aveva custodito tant'anni per sé in fondo all'armadio; e ora esso ardeva su un lungo candeliere di piombo e quasi vegliava coi ricordi umili e cari del lontano paese, struggendosi in lacrime sul fusto, dietro il capo della morta già stesa sul pavimento dentro la bara ancora scoperta, nel posto occupato prima dal letto.

Ogni qual volta mi viene in mente la mia prima moglie, mi s'affaccia con straordinaria lucidità questa funebre visione. La santa donna stesa in quella bara è Amalia Sanni, la sorella maggiore e vorrei dire la madre di Mirina. Rivedo la camera modestissima e, oltre al cero benedetto, due altri ceri piú piccoli che si consumano piú presto a piè della bara, crepitando di tratto in tratto.

Io me ne sto seduto presso la finestra, e, come se la sciagura inattesa mi avesse piú stordito che addolorato, guardo i parenti e gli amici convenuti per quella morte: gente savia e dabbene, mi guarderei dal negarlo, ma che peccava di troppo zelo nel farmi accorgere dell'antipatia che sentivano per me. Certo ne avevano ragione, ma non m'ajutavano cosí a rinsavire, ché io anzi da quei loro sguardi traevo argomento di compatirli sinceramente.

Io amavo Amalia Sanni come una sorella. Riconosco ora

te di questa antonomastica iconografia, ossia il vangelo di Giovanni: «Pilato uscí di nuovo e disse a loro: "Ecco, io ve lo conduco fuori affinché sappiate che io non trovo in lui nessuna colpa". Uscí dunque Gesú, portando la corona di spine e il vestito di porpora. E Pilato disse loro: "Ecco l'uomo!"» (*Gv.* 19.4-5). L'iconografia dell'*Ecce homo* avrà un'altra (e tutt'altra) realizzazione nella novella del 1903 intitolata *Il tabernacolo*, nella quale il devoto e filoclericale capomastro Spatolino, vittima di soprusi e di beffe, e ridotto in povertà, esce di senno, perde la fede e si riduce a vivere di carità, travestito appunto da Cristo alla colonna, con la tonaca rossa e la corona di spine in testa, statua vivente nel tabernacolo che lui stesso ha costruito. L'altra immagine del Cristo è il Crocifisso, immagine di martirio e sofferenza che ha la sua piú incisa sanzione ne *Il Signore della Nave* (rr. 97-103): «è un Cristo che, chi lo fece, piú Cristo di cosí non lo poteva fare; ci si mise addosso con una tale ferocia di farlo Cristo, che nei duri stinchi inchiodati su la rozza croce nera, nelle costole che gli si possono contare tutte a una a una, tra i guidaleschi e le lividure, non un'oncia di carne gli lasciò che non apparisse atrocemente martoriata». L'iconografia sacra pirandelliana non conosce immagini trionfanti.

in lei un solo torto: questo: che la sua anima s'accordava in tutto e per tutto con la mia nel concepir la vita. Non direi però ch'ella era matta; direi tutt'al piú che Amalia Sanni non fu savia, come San Francesco. Perché non c'è via di mezzo: o si è santi o si è matti.

Con cura tutt'e due ci sforzavamo di ridestare l'anima in Mirina, senza pertanto sciupar la freschezza della sua sconnessa e quasi violenta vitalità, senza mortificare per nulla quel suo minuscolo corpicino da bambola, pieno di vivacissime grazie. Volevamo insegnare a una farfalla, non a chiuder le ali e non volar piú, ma a non andare a posarsi su certi fiori velenosi. Senza intendere che per la farfalla, quel che a noi pareva veleno era il proprio cibo.

Basta: non voglio qui dilungarmi a narrare la mia infelice esistenza coniugale con Mirina. Dirò solo che ella detestava in me quel che ammirava in sua sorella. E questo ora mi sembra naturalissimo.

A un tratto, nella camera mortuaria entrò sbuffante una delle cugine di mia moglie, di cui non ricordo piú il nome: pingue, nana, con un grosso pajo d'occhiali rotondi che le ingrandivano mostruosamente gli occhi, poverina. Si era recata all'aperto a raccoglier qua e là quanti piú fiori aveva potuto, nelle vicinanze della villetta, e ora veniva a spargerli sulla morta. Aveva nei capelli scompigliati il vento che urlava fuori.

Gentile e pietoso quel pensiero: ora lo riconosco; ma allo-

292-95. *Non direi ... matti*: cfr. rr. 208-13 nota. In realtà, e fuori dal registro della scrittura umoristica, *non si è santi se non si è matti*. Ma la conformistica ipocrisia dei savi è riluttante a formulare un simile poco conveniente asserto, e lo sguardo umoristico finge d'offrire a quella ipocrisia il conforto del rassicurante dilemma. Il quale, a distanza di ben ventisette anni, verrà ironicamente e letteralmente riformulato («non c'è via di mezzo: o si è santi o si è matti»), da una donna che ha «il vizio di ragionare», la governante Deodata, nel «mito in tre atti» *Lazzaro* (cfr. MN^{II}, p. 1166).

296-300. *sforzavamo ... grazie*: il passo rappresenta, quasi in graziosa miniatura, l'occorrenza molto nitidamente testualizzata d'un motivo conflittuale e dinamico che attraversa, pressoché senza soluzione di continuità, il corpus pirandelliano, ed è condensabile appunto nell'opposizione *anima/corpo*. Impossibile sintetizzarne in poche battute la varietà e ricchezza delle articolazioni. Intuitivo invece coglierne l'energia disgiuntiva e dissociativa e la violenza che può esercitare sulla tenuta della personalità. In questa sua epifania femminile, il motivo mostra comunque la prevalenza della vitalità e della corporalità nella donna e lascia intravvedere la complementarità della sua insorgenza nell'uomo, quasi sempre determinata da un fastidio e un impaccio nei confronti del corpo e, per cosí dire, da un eccesso d'anima e di riflessività.

ra... Ricordavo che, pochi giorni addietro, Amalia, nel veder Mirina ritornare alla villetta con un gran fascio di fiori, aveva esclamato, tutt'afflitta:

– Peccato! Perché?

Nella sua santità, difatti, ella riteneva che quei fiori di campo non nascono per gli uomini, ma sono come il riso della terra che esprime gratitudine al sole per il calore ch'esso le dà. Strappare quei fiori era per lei una profanazione. Io matto, confesso che non seppi resistere alla vista della morta coperta di quei fiori. Non dissi nulla. Me ne andai.

Ricordo ancora l'impressione che mi fece, quella notte, l'improvviso spettacolo della natura quasi tutta in fuga, nell'urlante veemenza del vento. Fuggivano squarciate pel cielo, con disperata furia, le nuvole, a schiera infinita, e pareva si trascinassero seco la luna pallida dallo sgomento; gli alberi si scontorcevano stormendo, cigolando, spasimando senza requie, come per sradicarsi e fuggire pur là, pur là, dove il vento portava le nuvole, a un tempestoso convegno.

L'anima mia, che nell'uscir dalla villetta era tutta chiusa nel cordoglio della morte, a un tratto si aprí, come se il cordoglio stesso si fosse spalancato al cospetto di quella notte: altro dolore immenso mi parve che fosse nel cielo misterioso, in quelle nuvole squarciate e trascinate; altra pena arcana nell'aria infuriata e urlante in quella fuga, e, se cosí gli alberi muti si agitavano, anche uno spasimo ignoto doveva certo essere in loro. A un tratto, un singhiozzo, quasi un bollo di paurosa luce in quel mare di tenebre: un chiurlo d'assiolo nella valle giú; e, lontano, gridi di terrore: i grilli che scampanellavano di là, verso la collina.

Investito dal vento, andai tra gli alberi. A un certo punto, non so perché, mi trovai a guardare verso la villetta, che mi presentava l'altro lato. Dopo aver guardato un pezzo, improvvisamente mi protesi per discernere tra il bujo se quel che mi sembrava di vedere fosse vero: presso la finestra bas-

342. *bollo*: il «mare di tenebre» che chiude l'immagine spinge (e ha spinto i compilatori del *Grande Dizionario della Lingua Italiana* di S. Battaglia) a leggere questo «bollo» come la singola bolla d'un liquido in ebollizione. Non ritengo sia peraltro da escludere la possibilità di interpretare la parola come sinonimo di «marchio» o «sigillo».

343. *chiurlo d'assiolo*: il chiurlo è appunto il caratteristico verso (*chiú*) dell'assiolo; il quale è un rapace notturno simile al gufo. Quasi superfluo, e tuttavia doveroso, evocare la possibile suggestione proveniente da *L'assiuolo*, vv. 5-8 delle *Myricae* pascoliane: «Venivano soffi di lampi | da un nero di nubi laggiú; | veniva una voce dai campi: | *chiú...*»

sa della camera in cui Mirina s'era ritirata a piangere la sorella, stava e s'agitava come un'ombra. Poteva essere negli occhi miei quell'ombra? Me li stropicciai cosí forte, che, per un attimo, dopo, non riuscii a discernere piú nulla, quasi che una tenebra piú fitta fosse caduta attorno per impedirmi, non di vedere, ma di credere a ciò che m'era parso di vedere. Un'ombra che gestiva? L'ombra d'un albero agitato dal vento?

Tanto era lontano da me il sospetto che mia moglie mi tradisse.

Veramente mi sembra di non presumer troppo pensando che, in una notte come quella, sarebbe stato lontano da tutti un tal sospetto, e che forse tutti, come me, quando mi accorsi che quell'ombra era proprio un uomo in carne e ossa, avrebbero ritenuto che fosse un ladro notturno e come me sarebbero corsi di soppiatto a prendere uno schioppo, per intimorirlo, anche sparando in aria.

Se non che io, quando scoprii che genere di ladro fosse colui, non gli sparai, né sparai in aria.

Appostato lí, chino, all'angolo della cascina, vicinissimo alla prima finestra donde essi parlavano tra loro, in preda a continui brividi taglienti come rasojate alla schiena, mi sforzavo di udire ciò che dicevano. Udivo soltanto mia moglie atterrita dall'incredibile audacia di colui. Lo spingeva ad andarsene. Parlava anche lui, ma cosí basso e affrettatamente che, non solo non riuscivo a intendere le sue parole, ma dal suono della voce non potevo ancora riconoscerlo.

– Vattene, vattene, – insisteva lei. E tra le lagrime aggiunse altre parole che m'impietrarono di piú. Intravidi tutto! Egli era venuto in quella notte tempestosa per chiedere notizie dell'inferma. Ed ella gli disse: – L'abbiamo uccisa noi –. Ah, dunque Amalia aveva saputo, aveva scoperto prima di me il tradimento?

– Che colpa? che colpa? No! – diss'egli forte, smanioso, a un tratto.

Vardi! lui, Cesare Vardi, il mio vicino! Lo riconobbi, lo vidi nella sua voce: tozzo e solido, quasi nutrito di terra, di sole e d'aria sana. Udii, subito dopo, le persiane raccostarsi con violenza, come se il vento avesse ajutato le mani di lei; udii che egli si allontanava. E io non mi mossi dalla positura in cui m'ero messo; seguii con l'udito, rattenendo il fiato, i

357. *gestiva*: gesticolava.

suoi passi, piú lenti assai dei battiti del mio cuore. Poi mi rialzai in preda al primo sbalordimento, e allora quel che avevo veduto e inteso quasi non mi parve piú vero.

«Possibile? possibile?» dicevo a me stesso, errando di nuovo per la campagna, tra gli alberi, com'ebbro. M'usciva dalla gola un mugolío sordo, continuo, che si confondeva col violento stormire delle foglie, come se il mio corpo, ferito, si dolesse per suo conto, mentre l'anima, sconvolta, stupita, non gli badava.

– Possibile?

Intesi alla fine quel mugolo che partiva da me, e m'arrestai arrangolato e m'afferrai forte con l'una mano e con l'altra gli omeri, incrociando le braccia sul petto, quasi per trattenermi, e sedetti a terra. Ruppi allora in singhiozzi disperati; piansi e piansi; poi, spossato, alleggerito, cominciai a esortar me stesso.

Ma dirò solo quello che feci, dopo aver pensato a lungo. Sarà meglio. Ormai sono passati tanti anni; commuovermi ancora di questa mia vecchia sciagura temo che non sia degno di un uomo savio; tanto piú che, pare, anzi è certo, mi diportai malissimo.

Levatomi dunque da terra, mi misi a errar di nuovo. A un tratto mi sentii quasi forzato a nascondermi ancora una volta, e mi accoccolai dietro la siepe che limitava il mio campo da quello di lui. Il Vardi ritornava lentamente alla sua villa. Nel passare davanti a me, nascosto dalla siepe, lo sentii sospirare profondamente nella notte. Quel sospiro me lo avvicinò tanto, che quasi ne provai ribrezzo. Ah, per quel sospiro fui proprio sul punto d'ucciderlo. Potevo, solo che avessi alzato un po' il fucile, anche senza darmi la pena di prendere la mira; tanto vicino mi passava. Lo lasciai passare.

Ritornato di corsa alla villetta trovai che i parenti s'erano ritirati dalla camera della morta e che soltanto due servi erano rimasti a vegliare. Li dispensai dal triste ufficio, dicendo che avrei vegliato io. Mi trattenni un po' a contemplare mia

398-400. *come se ... non gli badava*: cfr. rr. 296-300 nota. La repentina, lancinante sofferenza è in primo luogo scissione e lacerazione dell'io: da una parte la corporeità-fisicità, mugolante come per il dolore d'una ferita, dall'altra l'anima, teatro di una tutt'altra pena, muta e mal dicibile. E il colmo dello strazio sta proprio nel dolersi «per suo conto» del corpo e nella derelizione in cui l'anima stravolta lo lascia.

403. *arrangolato*: soffocato dall'affanno.

412. *diportai*: comportai.

cognata, che mi sembrò piú tranquilla, piú serena, come se, morta dentro l'ombra della colpa di cui aveva voluto serbare l'orrendo segreto, ora ne fosse uscita, poiché io sapevo tutto. Entrai quindi nella camera di Mirina.

La trovai che piangeva. Appena mi vide, si cangiò in volto.

– Non temere, – le dissi. – Vieni con me.

– Dove?

– Con me. Non avrai piú rimorsi.

– Che intendi dire?

– Io voglio fare, non dire. E quello che vuoi tu. Vieni intanto. Ti farò vedere.

La presi per mano; la attirai. Tremante, fremente, ella si lasciò trascinare fino alla camera della morta. Le additai la sorella.

– Vedi? – le dissi. – Ora ella ti perdona. E tu puoi ripetere a me che l'hai uccisa tu.

– Io?

– Sí, come hai detto poc'anzi dalla finestra a lui.

Zitta, non gridare! Non ti fo nulla. Andrai ora stesso via da questa casa. Non piangere! È la tua prigione. Voglio liberarti.

Cadde in ginocchio, con la faccia per terra, supplicando perdono, pietà. La ajutai subito a rialzarsi, imponendole di far silenzio; la tirai fuori della stanza.

– Dove? dove? – chiedeva lei angosciosamente.

– Dove tu vuoi; non temere. E se vuoi esser punita, sarà

431-78. *La trovai ... portata dal vento*: si tenga presente l'annuncio antifrastico del «savio» Fausto Bandini (rr. 411-12): «mi diportai malissimo». Il fatto è che la sua santità-follia allinea, dopo la scoperta traumatica del tradimento, un'infilzata di azioni trasgressive. La sequenza referenziale (e della quale il referente diretto è in primo luogo l'intertestualità realistica) è una delle piú rigide e coatte: *adulterio* → *vendetta-punizione*. È rispetto a questa che la logica altra del *matto* opera scelte contrarie e sbalorditive: l'affrancamento dal rimorso anziché la sua sanzione punitiva, la liberazione comminata al posto della restrizione e della prigionia, l'offerta della libera scelta fra autopunizione e piacere di contro all'imposizione dell'espiazione-sofferenza, la spinta e l'accompagnamento verso la vita anziché la condanna a morte e l'esecuzione (cfr. rr. 455-57). La fuga di Mirina è dovuta proprio alla terrificata stupefazione che in lei – che «voleva sentire sotto i piedi la terra» – provoca questa incomprensibile serie di atti mancati o sospesi, questo ininterpretabile sisma assiologico. Quello di Mirina è un vero e proprio *horror vacui*, un delirio di nullificazione: all'asfissia di questi vuoti, che minacciano l'io di estraniazione e spossessamento, reggono solo i pazzi e i filosofi, non la «sconnessa e quasi violenta vitalità» delle farfalle come Mirina.

punizione; e se puoi ancora godere, godrai liberamente. Ti libero! ti libero!

Avevo ancora lo schioppo in ispalla. Ah come ella me lo guardò, sospettando ragionevolmente che con le buone volessi attirarla fuori! Me ne accorsi; sorrisi amaramente. E corsi a posar l'arma in un angolo della saletta.

– Non voglio farti male, no. Che dovere hai tu d'amarmi per forza?

– Dove mi conduci?

– Da lui che t'aspetta.

Entrando in una casa, pensavo io allora, dobbiamo contentarci della sedia che l'ospite può offrirci, senza stare a pensare se dall'albero, donde quella sedia fu tratta, altra sedia di miglior foggia e di maggior dimensione avremmo tratta noi per il nostro gusto e per la nostra statura. Per Mirina erano troppo alte le sedie di casa mia. Sedendo, restava con le gambe spenzolate, ed ella voleva sentire sotto i piedi la terra.

Ma avevo promesso di riferire soltanto quello che feci. Bene: passi questo breve saggio di pazzia. Quanto sarebbe stato piú spiccio tirare una fucilata... Mah!

La tenevo per mano, all'aperto, e le parlavo, andando. Non so bene quel che le dicessi; so che, a un certo punto, ella svincolò il polso dalla mia mano e scappò via di corsa, di corsa, tra gli alberi, come portata dal vento. Io rimasi perplesso, sorpreso da quella fuga improvvisa: pareva che ella mi seguisse cosí docile... Chiamai come un cieco:

– Mirina! Mirina!

Era sparita nella tenebra, tra gli alberi. Errai in cerca, a lungo, invano. Ruppe l'alba, cercai ancora, finché ogni dubbio non fu vinto dalla certezza che ella era andata da sola a rifugiarsi là, dove io senza alcuna violenza volevo condurla.

Guardai il cielo velato da strisce rade, che erano come la traccia superstite della gran fuga delle nuvole nella notte, e mi sentii stordito in mezzo a un silenzio nuovo, inatteso, con l'impressione vaga che qualcosa fosse venuta a mancare tutt'intorno, alla terra. Ah sí, ecco: il vento. Il vento era abbattuto. Gli alberi erano immobili nell'umida squallida luce di quell'alba.

Quanta stanchezza in quella stupefatta immobilità! Ero sfinito anch'io, e mi posi a sedere per terra. Guardai le foglie degli alberi piú vicini, e sentii che, se un soffio d'aria in quel momento fosse venuto a smuoverle, esse avrebbero forse provato lo stesso senso di dolore che avrei provato io se qualcuno fosse venuto a scuotermi una mano.

Mi sovvenne a un tratto che la morta era sola nella villetta: che c'erano i parenti, i quali forse a quell'ora s'erano svegliati e domandavano di me e di mia moglie. Balzai in piedi, e via di corsa.

Stimo inutile rappresentare a gente savia quel che seguí. Quei bravi parenti insorsero tutti alle parole mie, alle mie spiegazioni; mi proclamarono pazzo, e anzi quella cugina pingue, nana, dagli occhiali rotondi, mentre tutti vociavano, trasse dalla concitazione generale il coraggio di strillarmi in faccia con le pugna serrate:

– Imbecille!

Aveva ragione, poverina.

Affrettarono il trasporto della defunta alla chiesa del prossimo villaggio, e mi lasciarono solo.

Dopo due anni, mi rivedo in viaggio. Il Vardi ha abbandonato Mirina, la quale, sottratta alla miseria, al vizio, alla disperazione, vive in casa d'una parente. Ella è però in potere d'un male orribile, e sta per morirne. Col mio perdono, con la pace, io ho sperato, sognato di allegrarle gli ultimi giorni di vita, riconducendola alla nostra campagna. Mi presento a lei in quella camera squallida; le dico:

– Mi comprendi, ora?

– No! – mi risponde lei, ritirando la mano che voglio carezzarle e guardandomi odiosamente.

E anche lei, poveretta, aveva ragione.

IV. *Scuola di saggezza.*

Per esercitar bene qualunque professione c'è bisogno, come ognun sa, anche di una certa larghezza di mezzi, la quale renda possibile aspettare le opportunità migliori, senza buttarsi alle prime, come cani all'osso, che è la sorte di chi si trovi in ristrettezze e per l'oggi debba ammiserire il proprio domani e se stesso e la professione sua.

Ora questo vale anche per la professione del ladro.

Un povero ladro, che debba vivere alla giornata, suol finir sempre male. Un ladro invece, che non sia in tali angustie e possa e sappia aspettar tempo e preparare i modi, arriva ad alti e onoratissimi posti, con plauso e soddisfazione di tutti.

Siamo dunque parchi, per carità, nell'accordare il merito della saggezza ai ladri di casa mia.

Tutti quelli che esercitarono sulla mia cospicua ricchezza la loro professione, non meritano l'encomio della gente savia. Potevano rubare con garbo, comodamente, e con prudenza e avvedutezza, e crearsi un'onorevole e rispettabilissima posizione. Invece, proprio senz'alcun bisogno, s'affollarono a rubare, e rubarono male, naturalmente. Riducendomi in pochi anni alla miseria, si tolsero il modo di vivere tranquillamente alle mie spalle. E cominciarono presto, infatti, per loro, tanti grattacapi che prima non avevano; e so, e me ne dispiace, che qualcuno andò anche a finir male.

Marta, mia moglie, è d'accordo con me in questo giudizio; soltanto ella osserva che allorquando un pover'uomo discretamente onesto si trova insieme con tanti ladri ingordi nell'amministrazione dei beni d'un ricco imbecille o matto (che sarei io) la tattica della parsimonia nel furto non è piú saggia; il furto discreto, pacifico, giornaliero, non è piú segno allora d'avvedutezza, ma di stupidaggine e di povero cuore. E questo sarebbe appunto il caso di Santi Bensai, mio segretario e primo marito della mia cara Marta.

Il povero Santi (a cui devo se ora non son ridotto all'elemosina) conosceva la mia ricchezza e stimava saggiamente ch'essa avrebbe potuto servire con larghezza per me e per quanti, come lui, si fossero contentati di raschiarla discretamente, comodamente, senza cagionar danni troppo evidenti. Forse non tralasciò di consigliare, per comune interesse, moderazione ai suoi colleghi; non fu certo ascoltato; si creò nemici; e sofferse non poco, poverino. Gli altri seguitarono a portar via a balle e a carra; lui, come una sobria formichetta. E quando io alla fine rimasi povero come santo Giobbe, bisognava vedere il buon Santi molto, ma molto piú afflitto di me. Egli aveva raggranellato di che vivere modestamente, e non si sapeva dar pace che quegli altri non si fossero degnati neppure di lasciarmi nella sua condizione.

– Carnefici! – esclamava: lui che mi aveva tratto sangue, a mala pena, zitto zitto, con uno spillo.

E piú d'una volta, vedendomi un po' troppo pallido, volle

541-42. *s'affollarono*: si dettero da fare disordinatamente.

564. *a balle e a carra*: a piú non posso.

565. *povero come santo Giobbe*: ridotto in totale povertà. Anche il biblico Giobbe, paziente e pio sebbene colpito dalle peggiori sventure, rientra a buon diritto nella piccola galleria di modelli di santità-follia.

trascinarmi per forza in casa sua a desinare; e lui non mangiava, dalla bile che lo rendeva furibondo contro quegli altri.

Io stavo zitto e ascoltavo Marta che, fin d'allora, cominciò a darmi scuola di saggezza. Ella difendeva contro il marito i miei carnefici.

– Siamo giusti! – diceva. – Con qual diritto possiamo pretendere che gli altri si curino di noi, quando noi continuamente dimostriamo di non aver nessuna cura di noi stessi? La roba del signor Fausto era roba di tutti, e ciascuno se l'è presa. Non è tanto ladro il ladro, quanto, – scusi signor Bandini, quanto è imbecille chi si lascia rubare.

E qualche altra volta diceva, come infastidita:

– E zitto, via, Santi! Imita il signor Bandini che almeno se ne sta zitto, perché sa bene, ora, che non può lagnarsi di nessuno. Se egli infatti, senza che gli spettasse, pensò sempre agli altri, che meraviglia che questi altri abbiano pensato a sé? Ha dato lui l'esempio, e gli altri lo hanno seguito. Per me, il signor Bandini è stato il piú gran ladro di se stesso.

– E dunque, in prigione? – le domandavo io, sorridendo.

– In prigione, no. Ma in qualche altro ospizio, sí.

Santi si ribellava. Il diverbio s'accendeva, e invano io tentavo di metter pace dichiarando che, alla fin fine, quei tali il piú gran male non lo avevano fatto a me che sapevo adattarmi a vivere comunque, ma alla povera gente che aveva bisogno del mio ajuto.

– E lei dunque, – ribatteva Marta, – non ha fatto male soltanto a sé, ma anche agli altri. Ne conviene? Non pensando a sé, non ha pensato neanche agli altri. Doppio male! E non ne segue che tutti coloro che pensano soltanto a sé e fanno in modo di non aver mai bisogno d'alcuno, per questo soltanto dimostrano di pensare anche agli altri? Che farà lei adesso? Ha bisogno degli altri, ora. E crede che sarà per tutti un beneficio il dover mostrarsi grati?

– O che ti scappa di bocca, pettegola? – scattava Santi a queste parole, temendo non mi paressero un raffaccio di quel po' d'ajuto ch'egli con tutto il cuore mi prestava.

Marta, placida e commiserandolo con lo sguardo, gli rispondeva:

– Non dico per te. Che c'entri tu, Santi mio, che sei un pover'uomo da bene?

E veramente! Se lo avessi lasciato fare secondo il suo af-

607. *raffaccio*: rinfaccio.

fetto e la considerazione sua, mi sarei ridotto a vivere giorno e notte con lui. Non mi voleva lasciare un sol momento, e mi chiedeva per grazia ch'io fossi contento di accettare i suoi servizii doverosi. Povero Santi! Ma, con la povertà, i fumi della follia non m'erano per anche svaporati. Non volevo esser di peso a nessuno de' miei antichi beneficati, e con garbo compassionevole mi portavo a spasso i miei cenci e la mia miseria e intanto cercavo di procacciarmi un lavoro qual si fosse, anche manuale, che mi desse modo di soddisfare ai miei pochi bisogni.

Ma neppur questo garbava alla mia saggia maestra:

– Lavorare? – mi diceva. – Bell'espediente! Lei non era nato per questo, e ora toglierà, senza volerlo, il posto a un poveretto che forse si sarà incamminato per la via di quell'impiego che lei va cercando.

Mi voleva dunque morto, la buona amica? Quel suo ragionamento mi colpí e, non volendo togliere il posto a nessuno, me ne andai lontano, a chieder ricetto a una famiglia di contadini, già miei dipendenti, ai quali di notte, in cambio, guardavo nel bosco la carbonaja, con la scusa che non riuscivo mai a prender sonno. Là, dopo alcuni mesi, mi giunse la notizia che il povero Santi Bensai era morto di un colpo. Lo piansi come un fratello! Dopo circa un anno, la vedova mandò a cercare di me. M'ero ridotto cosí male, che non volevo assolutamente presentarmi a lei.

Ora Marta non vuol dare a sé il merito di avermi salvato; ma, se è vero che il buon Santi lasciò nel testamento una calda raccomandazione per me alla moglie, è anche vero che ella poteva non tenerne conto.

– No, no, – mi ripete lei – ringrazia Santi, buon'anima, che ebbe almeno l'accortezza di metter da parte questo poco denaro ch'era tuo, per la nostra vecchiaja. Vedi? quello che tu non sapesti fare, lo fece lui per te. Peccato che gli mancasse il coraggio, poverino!

E cosí io ora, savio, godo il frutto, scarso, della piú savia tra le virtú: la previdenza d'un mio povero ladro riconoscente e da bene.

618. *per anche*: ancora.

Scialle nero

I.

– Aspetta qua, – disse il Bandi al D'Andrea. – Vado a prevenirla. Se s'ostina ancora, entrerai per forza.

Miopi tutti e due, parlavano vicinissimi, in piedi, l'uno di fronte all'altro. Parevano fratelli, della stessa età, della stessa corporatura: alti, magri, rigidi, di quella rigidezza angustiosa di chi fa tutto a puntino, con meticolosità. Ed era raro il caso che, parlando cosí tra loro, l'uno non aggiustasse all'altro col dito il sellino delle lenti sul naso, o il nodo della cravatta sotto il mento, oppure, non trovando nulla da aggiustare, non toccasse all'altro i bottoni della giacca. Parlavano,

Scialle nero. Fu pubblicata per la prima volta nel 1904 nella raccoltina *Bianche e nere* (Streglio, Torino). Entrò poi a inaugurare il primo volume delle «novelle per un anno», intitolato appunto *Scialle nero* (Bemporad, Firenze 1922), che di quella vecchia raccolta recupera sette novelle su dieci.

3-12. *Miopi ... dei volti*: ancora il motivo dell'amicizia gemellare su cui era fondata *Notizie del mondo*. Là però prevaleva esplicitamente la complementarità del rapporto, qui invece la specularità. Tanto che la rappresentazione dei due amici «vicinissimi, in piedi, l'uno di fronte all'altro», nonché quella dei piccoli gesti con cui l'uno aggiusta qualcosa addosso all'altro, corrisponde precisamente alla rappresentazione d'un individuo solo dinanzi a uno specchio, ossia dinanzi al suo *doppio* speculare (per questa tematica si veda J. M. Gardair, *Pirandello, fantasmes et logique du double*, Larousse, Paris 1972; trad. it. *Pirandello e il suo doppio*, Edizioni Abete, Roma 1977).

5-6. *alti, magri ... meticolosità*: questa preliminare caratterizzazione dei due personaggi, e in particolare la loro «rigidezza angustiosa», non lascia presagire nulla di buono. Perché l'angustia, se esprime sofferenza e tormento, non cessa per questo di esprimere anche ristrettezza e grettezza; e perché la rigidezza è attributo (fisico, fisiognomico e morale) che deriva da una sorta di rapprendimento e cristallizzazione dell'individuo in una forma dura, legnosa, non pieghevole, e perciò intollerante. Rigido è colui che aderisce ciecamente e ottusamente a un ruolo, a una parte fissa, colui che è tutt'uno con la maschera sociale che indossa senza saperlo. La rigidità, che è l'opposto della fusione e dell'effusione vitale, appartiene alle forme morte ed è, qui come poi spesso altrove, mortifera. Il seguito della novella non farà che confermare questa diagnosi infausta per entrambi i personaggi maschili.

del resto, pochissimo. E la tristezza taciturna della loro indole si mostrava chiaramente nello squallore dei volti.

Cresciuti insieme, avevano studiato ajutandosi a vicenda fino all'Università, dove poi l'uno s'era laureato in legge, l'altro in medicina. Divisi ora, durante il giorno, dalle diverse professioni, sul tramonto facevano ancora insieme quotidianamente la loro passeggiata lungo il viale all'uscita del paese.

Si conoscevano cosí a fondo, che bastava un lieve cenno, uno sguardo, una parola, perché l'uno comprendesse subito il pensiero dell'altro. Dimodoché quella loro passeggiata principiava ogni volta con un breve scambio di frasi e seguitava poi in silenzio, come se l'uno avesse dato all'altro da ruminare per un pezzo. E andavano a testa bassa, come due cavalli stanchi; entrambi con le mani dietro la schiena. A nessuno dei due veniva mai la tentazione di volgere un po' il capo verso la ringhiera del viale per godere la vista dell'aperta campagna sottostante, svariata di poggi e di valli e di piani, col mare in fondo, che s'accendeva tutto agli ultimi fuochi del tramonto: vista di tanta bellezza, che pareva perfino incredibile che quei due vi potessero passar davanti cosí, senza neppur voltarsi a guardare.

Giorni addietro il Bandi aveva detto al D'Andrea:

– Eleonora non sta bene.

Il D'Andrea aveva guardato negli occhi l'amico e compreso che il male della sorella doveva esser lieve:

– Vuoi che venga a visitarla?

– Dice di no.

E tutti e due, passeggiando, s'erano messi a pensare con le ciglia aggrottate, quasi per rancore, a quella donna che aveva fatto loro da madre e a cui dovevano tutto.

Il D'Andrea aveva perduto da ragazzo i genitori ed era stato accolto in casa d'uno zio, che non avrebbe potuto in alcun modo provvedere alla riuscita di lui. Eleonora Bandi, rimasta orfana anch'essa a diciotto anni col fratello molto piú piccolo di lei, industriandosi dapprima con minute e sagge economie su quel po' che le avevano lasciato i genitori, poi lavorando, dando lezioni di pianoforte e di canto, aveva potuto mantenere agli studii il fratello, e anche l'amico indivisibile di lui.

– In compenso però, – soleva dire ridendo ai due giovani – mi son presa tutta la carne che manca a voi due.

28. *svariata di*: resa varia e piacevole da.

Era infatti un donnone che non finiva mai; ma aveva tuttavia dolcissimi i lineamenti del volto, e l'aria ispirata di quegli angeloni di marmo che si vedono nelle chiese, con le tuniche svolazzanti. E lo sguardo dei begli occhi neri, che le lunghe ciglia quasi vellutavano, e il suono della voce armoniosa pareva volessero anch'essi attenuare, con un certo studio che le dava pena, l'impressione d'alterigia che quel suo corpo cosí grande poteva destare sulle prime; e ne sorrideva mestamente.

Sonava e cantava, forse non molto correttamente ma con foga appassionata. Se non fosse nata e cresciuta tra i pregiudizii d'una piccola città e non avesse avuto l'impedimento di quel fratellino, si sarebbe forse avventurata alla vita di teatro. Era stato quello, un tempo, il suo sogno; nient'altro che un sogno però. Aveva ormai circa quarant'anni. La considerazione, del resto, di cui godeva in paese per quelle sue doti artistiche la compensava, almeno in parte, del sogno fallito, e la soddisfazione d'averne invece attuato un altro, quello cioè d'avere schiuso col proprio lavoro l'avvenire a due poveri orfani, la compensava del lungo sacrifizio di se stessa.

Il dottor D'Andrea attese un buon pezzo nel salotto, che l'amico ritornasse a chiamarlo.

Quel salotto pieno di luce, quantunque dal tetto basso, arredato di mobili già consunti, d'antica foggia, respirava quasi un'aria d'altri tempi e pareva s'appagasse, nella quiete dei due grandi specchi a riscontro, dell'immobile visione della sua antichità scolorita. I vecchi ritratti di famiglia appesi alle pareti erano, là dentro, i veri e soli inquilini. Di nuovo, c'era soltanto il pianoforte a mezzacoda, il pianoforte d'Eleonora, che le figure effigiate in quei ritratti pareva guardassero in cagnesco.

Spazientito, alla fine, dalla lunga attesa, il dottore si alzò, andò fino alla soglia, sporse il capo, udí piangere nella camera di là, attraverso l'uscio chiuso. Allora si mosse e andò a picchiare con le nocche delle dita a quell'uscio.

– Entra, – gli disse il Bandi, aprendo. – Non riesco a capire perché s'ostina cosí.

– Ma perché non ho nulla! – gridò Eleonora tra le lagrime.

Stava a sedere su un ampio seggiolone di cuojo, vestita come sempre di nero, enorme e pallida; ma sempre con quel

58. *studio*: studiata intenzione.

93-94. *enorme e pallida ... bambinona*: cfr. beninteso anche il ritratto dei rr. 53-61. Il contrasto corpo-volto manifesta un'altra opposizione ricorrente,

suo viso di bambinona, che ora pareva piú che mai strano, e forse piú ambiguo che strano, per un certo indurimento negli occhi, quasi di folle fissità, ch'ella voleva tuttavia dissimulare.

– Non ho nulla, v'assicuro, – ripeté piú pacatamente. – Per carità, lasciatemi in pace: non vi date pensiero di me.

– Va bene! – concluse il fratello, duro e cocciuto. – Intanto, qua c'è Carlo. Lo dirà lui quello che hai. – E uscí dalla camera, richiudendo con furia l'uscio dietro di sé.

Eleonora si recò le mani al volto e scoppiò in violenti singhiozzi. Il D'Andrea rimase un pezzo a guardarla, fra seccato e imbarazzato; poi domandò:

– Perché? Che cos'ha? Non può dirlo neanche a me?

E, come Eleonora seguitava a singhiozzare, le s'appressò, provò a scostarle con fredda delicatezza una mano dal volto:

– Si calmi, via; lo dica a me; ci son qua io.

Eleonora scosse il capo; poi, d'un tratto, afferrò con tutt'e due le mani la mano di lui, contrasse il volto, come per un fitto spasimo, e gemette:

– Carlo! Carlo!

Il D'Andrea si chinò su lei, un po' impacciato nel suo rigido contegno.

– Mi dica...

Allora ella gli appoggiò una guancia su la mano e pregò disperatamente, a bassa voce:

– Fammi, fammi morire, Carlo; ajutami tu, per carità! non trovo il modo; mi manca il coraggio, la forza.

– Morire? – domandò il giovane, sorridendo. – Che dice? Perché?

– Morire, sí! – riprese lei, soffocata dai singhiozzi. – Insegnami tu il modo. Tu sei medico. Toglimi da questa agonia, per carità! Debbo morire. Non c'è altro rimedio per me. La morte sola.

Egli la fissò, stupito. Anche lei alzò gli occhi a guardarlo, ma subito li richiuse, contraendo di nuovo il volto e restringendosi in sé, quasi colta da improvviso, vivissimo ribrezzo.

quella *adulto/bambino*, che (come l'altra e sovraordinata *corpo-anima*) a sua volta identifica una delle virtuali faglie di scissura dell'io. Già il solo termine «bambinona» (accrescitivo d'un apparente diminutivo) denota di per sé questo stato incerto e instabile della personalità. Il corpus pirandelliano, che vive, come s'è detto, sotto l'astro gemello della contraddizione, trabocca di queste parvenze, o risorgive, infantili occultate da forme adulte.

111-12. *fitto*: intenso.

129. *ribrezzo*: «*Ribrezzo* è quel moto di nervi che si desta all'aspetto o al pensiero di cosa che disgusti forte o che impaurisca» (Tommaseo). È parola-

– Sí, sí, – disse poi, risolutamente. – Io, sí, Carlo: perduta! perduta!

Istintivamente il D'Andrea ritrasse la mano, ch'ella teneva ancora tra le sue.

– Come! Che dice? – balbettò.

Senza guardarlo, ella si pose un dito su la bocca, poi indicò la porta:

– Se lo sapesse! Non dirgli nulla, per pietà! Fammi prima morire; dammi, dammi qualche cosa: la prenderò come una medicina; crederò che sia una medicina, che mi dai tu; purché sia subito! Ah, non ho coraggio, non ho coraggio! Da due mesi, vedi, mi dibatto in quest'agonia, senza trovar la forza, il modo di farla finita. Che ajuto puoi darmi, tu, Carlo, che dici?

– Che ajuto? – ripeté il D'Andrea, ancora smarrito nello stupore.

Eleonora stese di nuovo le mani per prendergli un braccio e, guardandolo con occhi supplichevoli, soggiunse:

– Se non vuoi farmi morire, non potresti... in qualche altro modo... salvarmi?

Il D'Andrea, a questa proposta, s'irrigidí piú che mai, aggrottando severamente le ciglia.

– Te ne scongiuro, Carlo! – insistette lei. – Non per me, non per me, ma perché Giorgio non sappia. Se tu credi che io abbia fatto qualche cosa per voi, per te, ajutami ora, salvami! Debbo finir cosí, dopo aver fatto tanto, dopo aver tanto sofferto? cosí, in questa ignominia, all'età mia? Ah, che miseria! che orrore!

– Ma come, Eleonora? Lei! Com'è stato? Chi è stato? – fece il D'Andrea, non trovando, di fronte alla tremenda ambascia di lei, che questa domanda per la sua curiosità sbigottita.

Di nuovo Eleonora indicò la porta e si coprí il volto con le mani:

chiave in questo come in molti altri testi nei quali abbia ragione di insorgere la vergogna sessuale.

131. *perduta!*: la parola, eufemistica e nel contempo spietata, suona ormai come un arcaismo enfatico. Già all'altezza primo-novecentesca di questa novella, tendeva a scivolare dal campo del severo giudizio morale a quello del moralismo. Specie al femminile, tuttavia, è stata per secoli il marchio verbale d'un'infamia indelebile. E a meritarlo era, come nel caso nostro, in primo luogo la colpa sessuale, soggettivamente e socialmente avvertita come l'atto che *perdeva* irreparabilmente una donna. Non è un caso che Eleonora Bandi la confessi all'amico medico – invece che al confessore – come se si trattasse d'una malattia immonda e inguaribile.

– Non mi ci far pensare! Non posso pensarci! Dunque, non vuoi risparmiare a Giorgio questa vergogna?

– E come? – domandò il D'Andrea. – Delitto, sa! Sarebbe un doppio delitto. Piuttosto, mi dica: non si potrebbe in qualche altro modo... rimediare?

– No! – rispose lei, recisamente, infoscandosi. – Basta. Ho capito. Lasciami! Non ne posso piú...

Abbandonò il capo su la spalliera del seggiolone, rilassò le membra: sfinita.

Carlo D'Andrea, con gli occhi fissi dietro le grosse lenti da miope, attese un pezzo, senza trovar parole, non sapendo ancor credere a quella rivelazione, né riuscendo a immaginare come mai quella donna, finora esempio, specchio di virtú, d'abnegazione, fosse potuta cadere nella colpa. Possibile? Eleonora Bandi? Ma se aveva in gioventú, per amore del fratello, rifiutato tanti partiti, uno piú vantaggioso dell'altro! Come mai ora, ora che la gioventú era tramontata... – Eh! ma forse per questo...

La guardò, e il sospetto, di fronte a quel corpo cosí voluminoso, assunse all'improvviso, agli occhi di lui magro, un aspetto orribilmente sconcio e osceno.

– Va', dunque, – gli disse a un tratto, irritata, Eleonora, che pur senza guardarlo, in quel silenzio, si sentiva addosso l'inerte orrore di quel sospetto negli occhi di lui. – Va', va' a dirlo a Giorgio, perché faccia subito di me quello che vuole. Va'.

Il D'Andrea uscí, quasi automaticamente. Ella sollevò un poco il capo per vederlo uscire; poi, appena richiuso l'uscio, ricadde nella positura di prima.

II.

Dopo due mesi d'orrenda angoscia, quella confessione del suo stato la sollevò, insperatamente. Le parve che il piú, ormai, fosse fatto.

Ora, non avendo piú forza di lottare, di resistere a quello strazio, si sarebbe abbandonata, cosí, alla sorte, qualunque fosse.

Il fratello, tra breve, sarebbe entrato e l'avrebbe uccisa?

169. *infoscandosi*: rabbuiandosi, incupendosi.

Ebbene: tanto meglio! Non aveva piú diritto a nessuna considerazione, a nessun compatimento.

Aveva fatto, sí, per lui e per quell'altro ingrato, piú del suo dovere, ma in un momento poi aveva perduto il frutto di tutti i suoi benefizi.

Strizzò gli occhi, colta di nuovo dal ribrezzo.

Nel segreto della propria coscienza, si sentiva pure miseramente responsabile del suo fallo. Sí, lei, lei che per tanti anni aveva avuto la forza di resistere a gli impulsi della gioventú, lei che aveva sempre accolto in sé sentimenti puri e nobili, lei che aveva considerato il proprio sacrifizio come un dovere: in un momento, perduta! Oh miseria! miseria!

L'unica ragione che sentiva di potere addurre in sua discolpa, che valore poteva avere davanti al fratello? Poteva dirgli: «Guarda, Giorgio, che sono forse caduta per te»? Eppure la verità era forse questa.

Gli aveva fatto da madre, è vero? a quel fratello. Ebbene: in premio di tutti i benefizi lietamente prodigati, in premio del sacrifizio della propria vita, non le era stato concesso neanche il piacere di scorgere un sorriso, anche lieve, di soddisfazione su le labbra di lui e dell'amico. Pareva che avessero entrambi l'anima avvelenata di silenzio e di noja, oppressa come da una scimunita angustia. Ottenuta la laurea, s'eran subito buttati al lavoro, come due bestie; con tanto impegno, con tanto accanimento che in poco tempo erano riusciti a bastare a se stessi. Ora, questa fretta di sdebitarsi in qualche modo, come se a entrambi non ne paresse l'ora, l'aveva proprio ferita nel cuore. Quasi d'un tratto, cosí, s'era trovata senza piú scopo nella vita. Che le restava da fare, ora che i due giovani non avevano piú bisogno di lei? E aveva perduto, irrimediabilmente, la gioventú.

Neanche coi primi guadagni della professione era tornato

220-22. *Pareva ... angustia*: cfr. rr. 5-6 nota; scimunita vale qui ottusa.

227-30. *s'era trovata ... gioventú*: la narrativa pirandelliana racconta innumerevoli volte il determinarsi di questi asfittici stati di soglia, imprevisti o repentini, sempre traumatici, che costringono l'individuo in una condizione (stupita o costernata o sospesa o smarrita) di vuoto fra un prima e un dopo. Il piú delle volte, proprio questo stato anaerobico di vuoto vitale (qui «tristezza soffocante») espone il soggetto alle esperienze piú decisive. Questo trovarsi «senza piú scopo nella vita» contiene infatti innanzitutto una fondamentale e dilemmatica alternativa: quella tra una difficile e costosa presa di coscienza del vuoto di realtà (che è impresa ardua e rara, da *filosofi* o da *dimissionari*) e i pericoli d'un cedimento, solitamente – come del resto qui – catastrofico, ai richiami oscuri della vitalità e del desiderio.

il sorriso su le labbra del fratello. Sentiva forse ancora il peso del sacrifizio ch'ella aveva fatto per lui? si sentiva forse vincolato da questo sacrifizio per tutta la vita, condannato a sacrificare a sua volta la propria gioventú, la libertà dei proprii sentimenti alla sorella? E aveva voluto parlargli a cuore aperto:

– Non prenderti nessun pensiero di me, Giorgio! Io voglio soltanto vederti lieto, contento... capisci?

Ma egli le aveva troncato subito in bocca le parole:

– Zitta, zitta! Che dici? So quel che debbo fare. Ora spetta a me.

Ma come? cosí? – avrebbe voluto gridargli, lei, che, senza pensarci due volte, s'era sacrificata col sorriso sempre su le labbra e il cuor leggero.

Conoscendo la chiusa, dura ostinazione di lui, non aveva insistito. Ma, intanto, non si sentiva di durare in quella tristezza soffocante.

Egli raddoppiava di giorno in giorno i guadagni della professione; la circondava d'agi; aveva voluto che smettesse di dar lezioni. In quell'ozio forzato, che la avviliva, aveva allora accolto, malauguratamente, un pensiero che, dapprincipio, quasi l'aveva fatta ridere:

«Se trovassi marito!»

Ma aveva già trentanove anni, e poi con quel corpo... oh via! – avrebbe dovuto fabbricarselo apposta, un marito. Eppure, sarebbe stato l'unico mezzo per liberar sé e il fratello da quell'opprimente debito di gratitudine.

Quasi senza volerlo, s'era messa allora a curare insolitamente la persona, assumendo una cert'aria di nubile che prima non s'era mai data.

Quei due o tre che un tempo l'avevano chiesta in matrimonio, avevano ormai moglie e figliuoli. Prima, non se n'era mai curata; ora, a ripensarci, ne provava dispetto; provava invidia di tante sue amiche che erano riuscite a procurarsi uno stato.

Lei sola era rimasta cosí...

Ma forse era in tempo ancora: chi sa? Doveva proprio chiudersi cosí la sua vita sempre attiva? in quel vuoto? doveva spegnersi cosí quella fiamma vigile del suo spirito appassionato? in quell'ombra?

254. *«Se trovassi marito!»*: è la formula compromissoria e istituzionale, dunque lecita e neutra, che la censura mette a disposizione della coscienza per esprimere un desiderio altrimenti inesprimibile.

E un profondo rammarico l'aveva invasa, inasprito talvolta da certe smanie, che alteravano le sue grazie spontanee, il suono delle sue parole, delle sue risa. Era divenuta pungente, quasi aggressiva nei discorsi. Si rendeva conto lei stessa del cangiamento della propria indole; provava in certi momenti quasi odio per se stessa, repulsione per quel suo corpo vigoroso, ribrezzo dei desiderii insospettati in cui esso, ora, all'improvviso, le s'accendeva turbandola profondamente.

Il fratello, intanto, coi risparmi, aveva di recente acquistato un podere e vi aveva fatto costruire un bel villino.

Spinta da lui, vi era andata dapprima per un mese in villeggiatura; poi, riflettendo che il fratello aveva forse acquistato quel podere per sbarazzarsi di tanto in tanto di lei, aveva deliberato di ritirarsi colà per sempre. Cosí, lo avrebbe lasciato libero del tutto: non gli avrebbe piú dato la pena della sua compagnia, della sua vista, e anche lei a poco a poco, là, si sarebbe tolta quella strana idea dal capo, di trovar marito all'età sua.

I primi giorni eran trascorsi bene, e aveva creduto che le sarebbe stato facile seguitare cosí.

Aveva già preso l'abitudine di levarsi ogni giorno all'alba e di fare una lunga passeggiata per i campi, fermandosi di tratto in tratto, incantata, ora per ascoltare nell'attonito silenzio dei piani, ove qualche filo d'erba vicino abbrividiva alla frescura dell'aria, il canto dei galli, che si chiamavano da un'aja all'altra; ora per ammirare qualche masso tigrato di

276-80. *provava in certi momenti ... profondamente*: ancora l'insidia della contrapposizione fra anima e corpo. Va da sé che questa sensazione, qui soggettivamente e intimamente vissuta, della repellente autonomia e alterità del corpo rispetto all'identità dell'io, rinvia a tutta una serie di fattori: nel caso specifico, a una natura appassionata e a un'intera giovinezza soggette a repressione («aveva avuto la forza di resistere a gli impulsi della gioventú, [...] aveva sempre accolto in sé sentimenti puri e nobili, [...] aveva considerato il proprio sacrifizio come un dovere»); ma, piú in generale, anche a una ideologia severamente repressiva dell'io, e di quello femminile in particolare, introiettata e divenuta una seconda natura; un'ideologia – cui corrispondono una pedagogia e una morale – fondata proprio su una rigida separazione fra la spiritualità umana (mente, spirito, anima che la si chiami) e la corporalità, sempre e naturalmente minacciata dall'animalità degli istinti. Ecco allora che i «desiderii insospettati» del corpo turbano e danno ribrezzo come una sorta di tardivo sconvolgimento puberale, e fendono l'io, che prova odio e repulsione per se stesso. Superfluo dire che l'oggetto primo di questa repulsione è la sessualità.

gromme verdi, o il velluto del lichene sul vecchio tronco stravolto di qualche olivo saraceno.

Ah, lí, cosí vicina alla terra, si sarebbe presto rifatta un'altr'anima, un altro modo di pensare e di sentire; sarebbe divenuta come quella buona moglie del mezzadro che si mostrava cosí lieta di tenerle compagnia e che già le aveva insegnato tante cose della campagna, tante cose pur cosí semplici della vita e che ne rivelano tuttavia un nuovo senso profondo, insospettato.

Il mezzadro, invece, era insoffribile: si vantava d'aver idee larghe, lui: aveva girato il mondo, lui; era stato in America, otto anni a *Benossarie*; e non voleva che il suo unico figliuolo, Gerlando, fosse un vile zappaterra. Da tredici anni, pertanto, lo manteneva alle scuole; voleva dargli «un po' di lettera», diceva, per poi spedirlo in America, là, nel gran paese, dove senza dubbio avrebbe fatto fortuna.

Gerlando aveva diciannove anni e in tredici di scuola era arrivato appena alla terza tecnica. Era un ragazzone rude, tutto d'un pezzo. Quella fissazione del padre costituiva per lui un vero martirio. Praticando coi compagni di scuola, aveva preso, senza volere, una cert'aria di città, che però lo rendeva piú goffo.

A forza d'acqua, ogni mattina, riusciva a rassettarsi i capelli ispidi, a tirarvi una riga da un lato; ma poi quei capelli, rasciugati, gli si drizzavan compatti e irsuti di qua e di là, co-

298-300. *tigrato di gromme verdi*: striato dalla patina verdognola che si forma sulla pietra esposta alle intemperie. Cfr., in *Zampogna*, la lirica *Ritorno*, II, vv. 1-2: «Il gelso? Non c'è piú. C'è solo il masso | tigrato ov'io sedea, nascosto, all'ombra» (SPSV, p. 610). – *vecchio* ... *saraceno*: questi alberi plurisecolari sono una presenza frequente, e quasi tutelare, nelle descrizioni-evocazioni pirandelliane della campagna agrigentina. Sarà presente (e parte d'una fermissima iconografia paesaggistica che risale a ritroso fino ai versi di *Zampogna*, stampati nel 1901) fin nelle tarde *Informazioni sul mio involontario soggiorno sulla Terra*, congetturale romanzo filosofico in forma d'autobiografia umoristica di cui restano appena poche tracce, in una delle quali si legge: «una notte di giugno caddi come una lucciola sotto un gran pino solitario in una campagna d'olivi saraceni affacciata agli orli d'un altipiano d'argille azzurre sul mare africano» (SPSV, p. 1065). E l'olivo saraceno ricomparirà addirittura come la presenza numinosa con quale Pirandello, la mattina precedente quella della sua morte, dichiarerà d'aver risolto ogni problema riguardante l'ultima scena del suo teatro, quella conclusiva de *I giganti della montagna* (MN^2, p. 1371).

310. *Benossarie*: Buenos Aires nella deformazione dell'emigrato ignorante.

316. *terza tecnica*: terza e ultima classe della scuola tecnica postelementare.

me se gli schizzassero dalla cute del cranio; anche le sopracciglia pareva gli schizzassero poco piú giú dalla fronte bassa, e già dal labbro e dal mento cominciavano a schizzare i primi peli dei baffi e della barba, a cespuglietti. Povero Gerlando! faceva compassione, cosí grosso, cosí duro, cosí ispido, con un libro aperto davanti. Il padre doveva sudare una camicia, certe mattine, per scuoterlo dai saporiti sonni profondi, di porcellone satollo e pago, e avviarlo ancora intontito e barcollante, con gli occhi imbambolati, alla vicina città; al suo martirio.

Venuta in campagna la signorina, Gerlando le aveva fatto rivolgere dalla madre la preghiera di persuadere al padre che la smettesse di tormentarlo con questa scuola, con questa scuola, con questa scuola! Non ne poteva piú!

E difatti Eleonora s'era provata a intercedere; ma il mezzadro, – ah, nonononò – ossequio, rispetto, tutto il rispetto per la signorina; ma anche preghiera di non immischiarsi. Ed allora essa, un po' per pietà, un po' per ridere, un po' per darsi da fare, s'era messa ad ajutare quel povero giovanotto, fin dove poteva.

Lo faceva, ogni dopo pranzo, venir su coi libri e i quaderni della scuola. Egli saliva impacciato e vergognoso, perché s'accorgeva che la padrona prendeva a goderselo per la sua balordaggine, per la sua durezza di mente; ma che poteva farci? il padre voleva cosí. Per lo studio, eh, sí: bestia; non aveva difficoltà a riconoscerlo; ma se si fosse trattato d'atterrare un albero, un bue, eh perbacco... – e Gerlando mostrava le braccia nerborute, con certi occhi teneri e un sorriso di denti bianchi e forti...

Improvvisamente, da un giorno all'altro, ella aveva troncato quelle lezioni; non aveva piú voluto vederlo; s'era fatto portare dalla città il pianoforte e per parecchi giorni s'era chiusa nella villa a sonare, a cantare, a leggere, smaniosamente. Una sera, in fine, s'era accorta che quel ragazzone, privato cosí d'un tratto dell'ajuto di lei, della compagnia ch'ella gli concedeva e degli scherzi che si permetteva con lui, s'appostava per spiarla, per sentirla cantare o sonare: e, cedendo a una cattiva ispirazione, aveva voluto sorprenderlo, lasciando d'un tratto il pianoforte e scendendo a precipizio la scala della villa.

– Che fai lí?

– Sto a sentire...

– Ti piace?

– Tanto, sí signora... Mi sento in paradiso.

A questa dichiarazione era scoppiata a ridere; ma, all'improvviso, Gerlando, come sferzato in faccia da quella risata, le era saltato addosso, lí, dietro la villa, nel bujo fitto, oltre la zona di luce che veniva dal balcone aperto lassú.

Cosí era stato.

Sopraffatta a quel modo, non aveva saputo respingerlo; s'era sentita mancare – non sapeva piú come – sotto quell'impeto brutale e s'era abbandonata, sí, cedendo pur senza voler concedere.

Il giorno dopo, aveva fatto ritorno in città.

E ora? come mai Giorgio non entrava a svergognarla? Forse il D'Andrea non gli aveva detto ancor nulla: forse pensava al modo di salvarla. Ma come?

Si nascose il volto tra le mani, quasi per non vedere il vuoto che le s'apriva davanti. Ma era pur dentro di lei quel vuoto. E non c'era rimedio. La morte sola. Quando? come?

L'uscio, a un tratto, s'aprí, e Giorgio apparve su la soglia scontraffatto, pallidissimo, coi capelli scompigliati e gli occhi ancora rossi di pianto. Il D'Andrea lo teneva per un braccio.

– Voglio sapere questo soltanto, – disse alla sorella, a denti stretti, con voce fischiante, quasi scandendo le sillabe: – Voglio sapere *chi è stato.*

Eleonora, a capo chino, con gli occhi chiusi, scosse lentamente il capo e riprese a singhiozzare.

– Me lo dirai, – gridò il Bandi, appressandosi, trattenuto dall'amico. – E chiunque sia, tu lo sposerai!

– Ma no, Giorgio! – gemette allora lei, raffondando vie piú il capo e torcendosi in grembo le mani. – No! non è possibile! non è possibile!

– È ammogliato? – domandò lui, appressandosi di piú, coi pugni serrati, terribile.

372. *Cosí era stato*: cosí avviene l'inconcepibile e ineluttabile incontro, tutto corporale, fra il «ragazzone» e la «bambinona», fra il «porcellone» irsuto e ispido e la «signora» che ha il torto di farlo sentire in paradiso e di ridergli in faccia. L'operatore predicativo del desiderio, con la sua perversa irresistibilità, fa giustizia delle fragili coperture repressive e semplifica brutalmente i dati del reale, forzando alla congiunzione l'anima carnale di Eleonora e la carne animale di Gerlando.

385. *scontraffatto*: alteratissimo. È dell'uso stilistico pirandelliano conferire pregnanza a certi termini (arricchendoli d'una forte timbratura fonica) con l'uso frequente della *s-* intensiva.

395. *raffondando*: chinando sul petto.

– No, – s'affrettò a risponder lei. – Ma non è possibile, credi!

– Chi è? – riprese il Bandi, tutto fremente, stringendola da presso. – Chi è? subito, il nome!

Sentendosi addosso la furia del fratello, Eleonora si strinse nelle spalle, si provò a sollevare appena il capo e gemette sotto gli occhi inferociti di lui:

– Non posso dirtelo...

– Il nome, o t'ammazzo! – ruggí allora il Bandi, levando un pugno sul capo di lei.

Ma il D'Andrea s'interpose, scostò l'amico, poi gli disse severamente:

– Tu va'. Lo dirà a me. Va', va'...

E lo fece uscire, a forza, dalla camera.

III.

Il fratello fu irremovibile.

Ne' pochi giorni che occorsero per le pubblicazioni di rito, prima del matrimonio, s'accaní nello scandalo. Per prevenir le beffe che s'aspettava da tutti, prese ferocemente il partito d'andar sbandendo la sua vergogna, con orribili cru-

413. *E lo fece uscire, a forza, dalla camera*: si chiude cosí, con l'uscita forzata di Giorgio Bandi dalla camera della sorella, questa prima parte d'una narrazione che s'era non a caso inaugurata con la sua entrata in quella stessa camera. E in quella camera hanno luogo, tra le entrate e le uscite alterne dei due personaggi maschili, i soli eventi veri e propri dei due primi capitoli, la scena piú lunga col D'Andrea e l'ultima, breve e violenta, con il Bandi. Ma conviene almeno notare che l'andamento ansimante e affannoso della vicenda ha un preciso riscontro nella concitata sintassi dell'intreccio narrativo, il quale, fissato il suo *hic et nunc*, il suo puntuale presente, nel chiuso di quella stanza, percorre un diagramma temporale particolarmente complesso e, ora attraverso l'ottica tranquilla dell'istanza narrante esterna, ora attraverso il punto di vista soggettivo e focalizzato dei personaggi, carico di tensione, recupera sia il presente di sfondo, iterativo, che il passato remoto e recente della storia. Solo a questo punto il filo della storia è riordinabile e può ordinatamente riprendere a svolgersi.

416-19. *Per prevenir ... linguaggio*: in una novella del 1924, *Sedile sotto un vecchio cipresso*, un altro e assai diverso personaggio adotterà un analogo comportamento, prima mettendosi « con gesti sguajati e sconce parole a gridar vendetta al cielo perché la moglie gli aveva messo al mondo una dopo l'altra quattro figlie femmine », poi dando « pubblico spettacolo » dell'essere stato tradito dalla moglie. Senonché l'avvocato Lino Cimino sarà fin da principio tratteggiato come una personalità scissa, eccentrica e incongruente laddove quella di Giorgio Bandi sembra appunto la follia coerente e implacabile di quell'uomo tutto d'un pezzo che è.

418. *sbandendo*: diffondendo, rendendo pubblica.

dezze di linguaggio. Pareva impazzito; e tutti lo commiseravano.

Gli toccò, tuttavia, a combattere un bel po' col mezzadro, per farlo condiscendere alle nozze del figliuolo.

Quantunque d'idee larghe, il vecchio, dapprima, parve cascasse dalle nuvole: non voleva creder possibile una cosa simile. Poi disse:

– Vossignoria non dubiti: me lo pesterò sotto i piedi; sa come? come si pigia l'uva. O piuttosto, facciamo cosí: glielo consegno, legato mani e piedi; e Vossignoria si prenderà tutta quella soddisfazione che vuole. Il nerbo, per le nerbate, glielo procuro io, e glielo tengo prima apposta tre giorni in molle, perché picchi piú sodo.

Quando però comprese che il padrone non intendeva questo, ma voleva altro, il matrimonio, trasecolò di nuovo:

– Come! Che dice, Vossignoria? Una signorona di quella fatta col figlio d'un vile zappaterra?

E oppose un reciso rifiuto.

– Mi perdoni. Ma la signorina aveva il giudizio e l'età; conosceva il bene e il male; non doveva far mai con mio figlio quello che fece. Debbo parlare? Se lo tirava su in casa tutti i giorni. Vossignoria m'intende... Un ragazzaccio... A quell'età, non si ragiona, non si bada... Ora ci posso perdere cosí il figlio, che Dio sa quanto mi costa? La signorina, con rispetto parlando, gli può esser madre...

Il Bandi dovette promettere la cessione in dote del podere e un assegno giornaliero alla sorella.

Cosí il matrimonio fu stabilito; e, quando ebbe luogo, fu un vero avvenimento per quella cittaduzza.

Parve che tutti provassero un gran piacere nel far pubblicamente strazio dell'ammirazione, del rispetto per tanti anni tributati a quella donna; come se tra l'ammirazione e il rispetto, di cui non la stimavano piú degna, e il dileggio, con cui ora la accompagnavano a quelle nozze vergognose, non ci potesse esser posto per un po' di commiserazione.

La commiserazione era tutta per il fratello; il quale, s'intende, non volle prender parte alla cerimonia. Non vi prese parte neanche il D'Andrea, scusandosi che doveva tener compagnia, in quel triste giorno, al suo povero Giorgio.

Un vecchio medico della città, ch'era già stato di casa dei

429. *nerbo*: scudiscio di tendini di bue.
430-31. *in molle*: a mollo.

genitori d'Eleonora, e a cui il D'Andrea, venuto di fresco dagli studii, con tutti i fumi e le sofisticherie della novissima terapeutica, aveva tolto gran parte della clientela, si profferse per testimonio e condusse con sé un altro vecchio, suo amico, per secondo testimonio.

Con essi Eleonora si recò in vettura chiusa al Municipio; poi in una chiesetta fuorimano, per la cerimonia religiosa.

In un'altra vettura era lo sposo, Gerlando, torbido e ingrugnato, coi genitori.

Questi, parati a festa, stavano su di sé, gonfi e serii, perché, alla fin fine, il figlio sposava una vera signora, sorella d'un avvocato, e gli recava in dote una campagna con una magnifica villa, e denari per giunta. Gerlando, per rendersi degno del nuovo stato, avrebbe seguitato gli studii. Al podere avrebbe atteso lui, il padre, che se n'intendeva. La sposa era un po' anzianotta? Tanto meglio! L'erede già c'era per via. Per legge di natura ella sarebbe morta prima, e Gerlando allora sarebbe rimasto libero e ricco.

Queste e consimili riflessioni facevano anche, in una terza vettura, i testimonii dello sposo, contadini amici del padre, in compagnia di due vecchi zii materni. Gli altri parenti e amici dello sposo innumerevoli, attendevano nella villa, tutti parati a festa, con gli abiti di panno turchino, gli uomini; con le mantelline nuove e i fazzoletti dai colori piú sgargianti, le donne; giacché il mezzadro, d'idee larghe, aveva preparato un trattamento proprio coi fiocchi.

Al Municipio, Eleonora, prima d'entrare nell'aula dello Stato civile, fu assalita da una convulsione di pianto; lo sposo che si teneva discosto, in crocchio coi parenti, fu spinto da questi ad accorrere; ma il vecchio medico lo pregò di non farsi scorgere, di star lontano, per il momento.

Non ben rimessa ancora da quella crisi violenta, Eleonora entrò nell'aula; si vide accanto quel ragazzo, che l'impaccio e la vergogna rendevano piú ispido e goffo; ebbe un impeto di ribellione; fu per gridare: «No! No!» e lo guardò come per spingerlo a gridar cosí anche lui. Ma poco dopo dissero *sí* tutti e due, come condannati a una pena inevitabile. Sbrigata in gran fretta l'altra funzione nella chiesetta solitaria, il triste corteo s'avviò alla villa. Eleonora non voleva staccarsi

460. *sofisticherie*: sottigliezze e raffinatezze.

481. *panno*: tessuto di lana fitto e pesante. Cfr. rr. 607-8: «sudavano anche per i grevi abiti di panno della festa».

dai due vecchi amici; ma le fu forza salire in vettura con lo sposo e coi suoceri.

Strada facendo, non fu scambiata una parola nella vettura.

Il mezzadro e la moglie parevano sbigottiti: alzavano di tanto in tanto gli occhi per guardar di sfuggita la nuora; poi si scambiavano uno sguardo e riabbassavano gli occhi. Lo sposo guardava fuori, tutto ristretto in sé, aggrottato.

In villa, furono accolti con uno strepitoso sparo di mortaretti e grida festose e battimani. Ma l'aspetto e il contegno della sposa raggelarono tutti i convitati, per quanto ella si provasse anche a sorridere a quella buona gente, che intendeva farle festa a suo modo, come usa negli sposalizi.

Chiese presto licenza di ritirarsi sola; ma nella camera in cui aveva dormito durante la villeggiatura, trovando apparecchiato il letto nuziale, s'arrestò di botto, su la soglia: – Lí? con lui? No! Mai! Mai! – E, presa da ribrezzo, scappò in un'altra camera: vi si chiuse a chiave; cadde a sedere su una seggiola, premendosi forte, forte, il volto con tutt'e due le mani.

Le giungevano, attraverso l'uscio, le voci, le risa dei convitati, che aizzavano di là Gerlando, lodandogli, piú che la sposa, il buon parentado che aveva fatto e la bella campagna.

Gerlando se ne stava affacciato al balcone e, per tutta risposta, pieno d'onta, scrollava di tratto in tratto le poderose spalle.

Onta sí, provava onta d'esser marito a quel modo, di quella signora: ecco! E tutta la colpa era del padre, il quale, per quella maledetta fissazione della scuola, lo aveva fatto trattare al modo d'un ragazzaccio stupido e inetto dalla signorina, venuta in villeggiatura, abilitandola a certi scherzi che lo avevano ferito. Ed ecco, intanto, quel che n'era venuto. Il padre non pensava che alla bella campagna. Ma lui, come avrebbe vissuto d'ora in poi, con quella donna che gl'incuteva tanta soggezione, e che certo gliene voleva per la vergogna e il disonore? Come avrebbe ardito d'alzar gli occhi in faccia a lei? E, per giunta, il padre pretendeva ch'egli seguitasse a frequentar la scuola! Figurarsi la baja che gli avrebbero data i compagni! Aveva venti anni piú di lui, la moglie, e pareva una montagna, pareva...

528. *abilitandola a*: conferendole il diritto di permettersi.

535-36. *la baja ... data*: «dare la baia» significa burlarsi di qualcuno gridandogli dietro lazzi e motti di scherno.

Mentre Gerlando si travagliava con queste riflessioni, il padre e la madre attendevano a gli ultimi preparativi del pranzo. Finalmente l'uno e l'altra entrarono trionfanti nella sala, dove già la mensa era apparecchiata. Il servizio da tavola era stato fornito per l'avvenimento da un trattore della città, che aveva anche inviato un cuoco e due camerieri per servire il pranzo.

Il mezzadro venne a trovar Gerlando al balcone e gli disse:

– Va' ad avvertire tua moglie che a momenti sarà pronto.

– Non ci vado, gnornò! – grugní Gerlando, pestando un piede. – Andateci voi.

– Spetta a te, somarone! – gli gridò il padre. – Tu sei il marito: va'!

– Grazie tante... Gnornò! non ci vado! – ripeté Gerlando, cocciuto, schermendosi.

Allora il padre, irato, lo tirò per il bavero della giacca e gli diede uno spintone.

– Ti vergogni, bestione? Ti ci sei messo, prima? E ora ti vergogni? Va'! È tua moglie!

I convitati accorsero a metter pace, a persuadere Gerlando a andare.

– Che male c'è? Le dirai che venga a prendere un boccone...

– Ma se non so neppure come debba chiamarla! – gridò Gerlando, esasperato.

Alcuni convitati scoppiarono a ridere, altri furono pronti a trattenere il mezzadro che s'era lanciato per schiaffeggiare il figlio imbecille che gli guastava cosí la festa preparata con tanta solennità e tanta spesa.

– La chiamerai col suo nome di battesimo, – gli diceva intanto, piano e persuasiva, la madre. – Come si chiama? Eleonora, è vero? e tu chiamala Eleonora. Non è tua moglie? Va', figlio mio, va'...

E, cosí dicendo, lo avviò alla camera nuziale.

Gerlando andò a picchiare all'uscio. Picchiò una prima volta, piano. Attese. Silenzio. Come le avrebbe detto? Doveva proprio darle del tu, cosí alla prima? Ah, maledetto im-

542. *trattore*: gestore di trattoria.

548. *gnornò*: signornò, con caduta per aferesi della sillaba iniziale; risposta della bassa truppa a un superiore, ma anche d'un figlio campagnolo a un padre patriarca. Si noti del resto che Gerlando dà del voi al padre che invece lo tratta col tu.

piccio! E perché, intanto, ella non rispondeva? Forse non aveva inteso. Ripicchiò piú forte. Attese. Silenzio.

Allora, tutto impacciato, si provò a chiamare a bassa voce, come gli aveva suggerito la madre. Ma gli venne fuori un *Eneolora* cosí ridicolo, che subito, come per cancellarlo, chiamò forte, franco:

– Eleonora!

Intese alla fine la voce di lei che domandava dietro l'uscio di un'altra stanza:

– Chi è?

S'appressò a quell'uscio, col sangue tutto rimescolato.

– Io, – disse – io Ger... Gerlando... È pronto.

– Non posso, – rispose lei. – Fate senza di me.

Gerlando tornò in sala, sollevato da un gran peso.

– Non viene! Dice che non viene! Non può venire!

– Viva il bestione! – esclamò allora il padre, che non lo chiamava altrimenti. – Le hai detto ch'era in tavola? E perché non l'hai forzata a venire?

La moglie s'interpose: fece intendere al marito che sarebbe stato meglio, forse, lasciare in pace la sposa, per quel giorno. I convitati approvarono.

– L'emozione... il disagio... si sa!

Ma il mezzadro che s'era inteso di dimostrare alla nuora che, all'occorrenza, sapeva far l'obbligo suo, rimase imbronciato e ordinò con mala grazia che il pranzo fosse servito.

C'era il desiderio dei piatti fini, ch'ora sarebbero venuti in tavola, ma c'era anche in tutti quei convitati una seria costernazione per tutto quel superfluo che vedevano luccicar sulla tovaglia nuova, che li abbagliava: quattro bicchieri di diversa forma e forchette e forchettine, coltelli e coltellini, e certi pennini, poi, dentro gl'involtini di cartavelina.

Seduti ben discosti dalla tavola, sudavano anche per i grevi abiti di panno della festa, e si guardavano nelle facce dure, arsicce, svisate dall'insolita pulizia; e non osavano alzar le grosse mani sformate dai lavori della campagna per prendere quelle forchette d'argento (la piccola o la grande?) e quei coltelli, sotto gli occhi dei camerieri che, girando coi serviti,

605-6. *certi ... cartavelina*: è una definizione-descrizione degli stuzzicadenti data aderendo all'ottica degli invitati contadini, i quali non sanno chiamare quegli oggetti sconosciuti col loro nome. Si tratta d'una tipica figura di straniamento.

609. *arsicce*: strinate dal sole. – *svisate*: la cui fisionomia risultava alterata.

612. *coi serviti*: con le portate.

con quei guanti di filo bianco incutevano loro una terribile soggezione.

Il mezzadro, intanto, mangiando, guardava il figlio e scrollava il capo, col volto atteggiato di derisoria commiserazione:

– Guardatelo, guardatelo! – borbottava tra sé. Che figura ci fa, lí solo, spajato, a capo tavola? Come potrà la sposa aver considerazione per uno scimmione cosí fatto? Ha ragione, ha ragione di vergognarsi di lui. Ah, se fossi stato io al posto suo!

Finito il pranzo fra la musoneria generale, i convitati, con una scusa o con un'altra, andarono via. Era già quasi sera.

– E ora? – disse il padre a Gerlando, quando i due camerieri finirono di sparecchiar la tavola, e tutto nella villa ritornò tranquillo. – Che farai, ora? Te la sbroglierai tu!

E ordinò alla moglie di seguirlo nella casa colonica, ove abitavano, poco discosto dalla villa.

Rimasto solo, Gerlando si guardò attorno, aggrondato, non sapendo che fare.

Sentí nel silenzio la presenza di quella che se ne stava chiusa di là. Forse, or ora, non sentendo piú alcun rumore, sarebbe uscita dalla stanza. Che avrebbe dovuto far lui, allora?

Ah, come volentieri se ne sarebbe scappato a dormire nella casa colonica, presso la madre, o anche giú all'aperto, sotto un albero, magari!

E se lei intanto s'aspettava d'esser chiamata? Se, rassegnata alla condanna che aveva voluto infliggerle il fratello, si riteneva in potere di lui, suo marito, e aspettava che egli la... sí, la invitasse a...

Tese l'orecchio. Ma no: tutto era silenzio. Forse s'era già addormentata. Era già bujo. Il lume della luna entrava, per il balcone aperto, nella sala.

Senza pensar d'accendere il lume, Gerlando prese una seggiola e si recò a sedere al balcone, che guardava tutt'intorno, dall'alto, l'aperta campagna declinante al mare laggiú in fondo, lontano.

Nella notte chiara splendevano limpide le stelle maggiori; la luna accendeva sul mare una fervida fascia d'argento; dai vasti piani gialli di stoppia si levava tremulo il canto dei grilli,

619. *spajato*: senza la sposa accanto. Ma l'attributo è sprezzante, poiché propriamente viene riferito a cose che vanno a coppia, come scarpe o calzini.

651-54. *dai vasti piani ... accorante*: cfr. *Quand'ero matto* r. 343 nota. Se quella precedente emergenza del malinconico richiamo dell'uccello not-

come un fitto, continuo scampanellio. A un tratto, un assiolo, da presso, emise un *chiú* languido, accorante; da lontano un altro gli rispose, come un'eco, e tutti e due seguitarono per un pezzo a singultar cosí, nella chiara notte.

Con un braccio appoggiato alla ringhiera del balcone, egli allora, istintivamente, per sottrarsi all'oppressione di quell'incertezza smaniosa, fermò l'udito a quei due *chiú* che si rispondevano nel silenzio incantato dalla luna; poi, scorgendo laggiú in fondo un tratto del muro che cingeva tutt'intorno il podere, pensò che ora tutta quella terra era sua; suoi quegli alberi: olivi, mandorli, carrubi, fichi, gelsi; sua quella vigna.

Aveva ben ragione d'esserne contento il padre, che d'ora in poi non sarebbe stato piú soggetto a nessuno.

Alla fin fine, non era tanto stramba l'idea di fargli seguitare gli studii. Meglio lí, meglio a scuola, che qua tutto il giorno, in compagnia della moglie. A tenere a posto quei compagni che avessero voluto ridere alle sue spalle, ci avrebbe pensato lui. Era un signore, ormai, e non gl'importava piú se lo cacciavano via dalla scuola. Ma questo non sarebbe accaduto. Anzi egli si proponeva di studiare d'ora innanzi con impegno, per potere un giorno, tra breve, figurare tra i «galantuomini» del paese, senza piú sentirne soggezione, e parlare e trattare con loro, da pari a pari. Gli bastavano altri quattro anni di scuola per aver la licenza dell'Istituto tecnico: e poi, perito agronomo o ragioniere. Suo cognato allora, il signor avvocato, che pareva avesse buttato là, ai cani, la sorella, avrebbe dovuto fargli tanto di cappello. Sissignori. E allora egli avrebbe avuto tutto il diritto di dirgli: «Che mi hai dato? A me, quella vecchia? Io ho studiato, ho una professione da signore e potevo aspirare a una bella giovine, ricca e di buoni natali come lei!».

Cosí pensando, s'addormentò con la fronte sul braccio appoggiato alla ringhiera.

I due *chiú* seguitavano, l'uno qua presso, l'altro lontano, il loro alterno lamentio voluttuoso; la notte chiara pareva fa-

turno poteva eventualmente lasciare qualche perplessità sulla memoria intertestuale de *L'assiuolo* pascoliano, questa occorrenza mi pare dirimente, potendosi appoggiare sull'affioramento del «chiú» (che sigillava ciascuna delle tre strofe pascoliane) e del «singultar» proveniente dal «singulto» del v. 15 di Pascoli.

673-74. *galantuomini*: contrapposto a contadini.

675-76. *altri quattro anni*: finita la «scuola» tecnica (che Gerlando ancora frequenta), l'«istituto» tecnico aveva a sua volta durata triennale.

cesse tremolar su la terra il suo velo di luna sonoro di grilli, e arrivava ora da lontano, come un'oscura rampogna, il borboglio profondo del mare.

A notte avanzata, Eleonora apparve, come un'ombra, su la soglia del balcone.

Non s'aspettava di trovarvi il giovine addormentato. Ne provò pena e timore insieme. Rimase un pezzo a pensare se le convenisse svegliarlo per dirgli quanto aveva tra sé stabilito e toglierlo di lí; ma, sul punto di scuoterlo, di chiamarlo per nome, sentí mancarsi l'animo e si ritrasse pian piano, come un'ombra, nella camera dond'era uscita.

IV.

L'intesa fu facile.

Eleonora, la mattina dopo, parlò maternamente a Gerlando: lo lasciò padrone di tutto, libero di fare quel che gli sarebbe piaciuto, come se tra loro non ci fosse alcun vincolo. Per sé domandò solo d'esser lasciata lí, da canto, in quella cameretta, insieme con la vecchia serva di casa, che l'aveva vista nascere.

Gerlando, che a notte inoltrata s'era tratto dal balcone tutto indurito dall'umido a dormire sul divano della sala da pranzo, ora, cosí sorpreso nel sonno, con una gran voglia di stropicciarsi gli occhi coi pugni, aprendo la bocca per lo sforzo d'aggrottar le ciglia, perché voleva mostrare non tanto di capire, quanto d'esser convinto, disse a tutto di sí, di sí, col capo. Ma il padre e la madre, quando seppero di quel patto, montarono su tutte le furie, e invano Gerlando si provò a fare intender loro che gli conveniva cosí, che anzi ne era piú che contento.

Per quietare in certo qual modo il padre, dovette promettere formalmente che, ai primi d'ottobre, sarebbe ritornato a scuola. Ma, per ripicco, la madre gl'impose di scegliersi la camera piú bella per dormire, la camera piú bella per studiare, la camera piú bella per mangiare... tutte le camere piú belle!

– E comanda tu, a bacchetta, sai! Se no, vengo io a farti ubbidire e rispettare.

Giurò infine che non avrebbe mai piú rivolto la parola a quella smorfiosa che le disprezzava cosí il figlio, un cosí bel pezzo di giovanotto, che colei non era neanco degna di guardare.

Da quel giorno stesso, Gerlando si mise a studiare, a riprendere la preparazione interrotta per gli esami di riparazione. Era già tardi, veramente: aveva appena ventiquattro giorni innanzi a sé; ma, chi sa! mettendoci un po' d'impegno, forse sarebbe riuscito a prendere finalmente quella licenza tecnica, per cui si torturava da tre anni.

Scosso lo sbalordimento angoscioso dei primi giorni, Eleonora, per consiglio della vecchia serva, si diede a preparare il corredino per il nascituro.

Non ci aveva pensato, e ne pianse.

Gesa, la vecchia serva, la ajutò, la guidò in quel lavoro, per cui era inesperta: le diede la misura per le prime camicine, per le prime cuffiette... Ah, la sorte le serbava questa consolazione, e lei non ci aveva ancora pensato; avrebbe avuto un piccino, una piccina a cui attendere, a cui consacrarsi tutta! Ma Dio doveva farle la grazia di mandarle un maschietto. Era già vecchia, sarebbe morta presto, e come avrebbe lasciato a quel padre una femminuccia, a cui lei avrebbe ispirato i suoi pensieri, i suoi sentimenti? Un maschietto avrebbe sofferto meno di quella condizione d'esistenza, in cui fra poco la mala sorte lo avrebbe messo.

Angosciata da questi pensieri, stanca del lavoro, per distrarsi, prendeva in mano uno di quei libri che l'altra volta s'era fatti spedire dal fratello, e si metteva a leggere. Ogni tanto, accennando col capo, domandava alla serva:

– Che fa?

Gesa si stringeva nelle spalle, sporgeva il labbro, poi rispondeva:

– Uhm! Sta con la testa sul libro. Dorme? Pensa? Chi sa!

Pensava, Gerlando: pensava che, tirate le somme, non era molto allegra la sua vita.

Ecco qua: aveva il podere, ed era come se non lo avesse; la moglie, e come se non l'avesse; in guerra coi parenti; arrabbiato con se stesso, che non riusciva a ritener nulla, nulla, nulla di quanto studiava.

E in quell'ozio smanioso, intanto, si sentiva dentro come un fermento d'acri desiderii; fra gli altri, quello della moglie, perché gli s'era negata. Non era piú desiderabile, è vero, quella donna. Ma... che patto era quello? Egli era il marito, e doveva dirlo lui, se mai.

761. *ritener*: tenere a mente.

Si alzava; usciva dalla stanza; passava innanzi all'uscio della camera di lei; ma subito, intravedendola, sentiva cadersi ogni proposito di ribellione. Sbuffava e, tanto per non riconoscere che sul punto gliene mancava l'animo, diceva a se stesso che non ne valeva la pena.

Uno di quei giorni, finalmente tornò dalla città sconfitto, bocciato, bocciato ancora una volta agli esami di licenza tecnica. E ora basta! basta davvero! Non voleva piú saperne! Prese libri, quaderni, disegni, squadre, astucci, matite e li portò giú, innanzi alla villa per farne un falò. Il padre accorse per impedirglielo; ma Gerlando, imbestialito, si ribellò:

– Lasciatemi fare! Sono il padrone!

Sopravvenne la madre; accorsero anche alcuni contadini che lavoravano nella campagna. Una fumicaja prima rada, poi a mano a mano piú densa si sprigionò, tra le grida degli astanti, da quel mucchio di carte; poi un bagliore; poi crepitò la fiamma e si levò. Alle grida, si fecero al balcone Eleonora e la serva.

Gerlando, livido e gonfio come un tacchino, scagliava alle fiamme, scamiciato, furibondo, gli ultimi libri che teneva sotto il braccio, gli strumenti della sua lunga inutile tortura.

Eleonora si tenne a stento di ridere, a quello spettacolo, e si ritrasse in fretta dal balcone. Ma la suocera se ne accorse e disse al figlio:

– Ci prova gusto, sai? la signora; la fai ridere.

– Piangerà! – gridò allora Gerlando, minaccioso, levando il capo verso il balcone.

Eleonora intese la minaccia e impallidí: comprese che la stanca e mesta quiete, di cui aveva goduto finora, era finita per lei. Nient'altro che un momento di tregua le aveva concesso la sorte. Ma che poteva voler da lei quel bruto? Ella era già esausta: un altro colpo, anche lieve, l'avrebbe atterrata.

Poco dopo, si vide innanzi Gerlando, fosco e ansante.

– Si cangia vita da oggi! – le annunziò. Mi son seccato. Mi metto a fare il contadino, come mio padre; e dunque tu smetterai di far la signora costà. Via, via tutta codesta biancheria! Chi nascerà, sarà contadino anche lui, e dunque senza tanti lisci e tante gale. Licenzia la serva: farai tu da mangiare e baderai alla casa, come fa mia madre. Inteso?

803. *costà*: il toscanismo suona un po' curioso in bocca al garzone siciliano, ma esprime tuttavia la rabbia di Gerlando per la separatezza nella quale la moglie si è ritirata, per la distanza che aveva frapposto fra lei e lui.

805. *lisci*: delicatezze.

Eleonora si levò, pallida e vibrante di sdegno:

– Tua madre è tua madre, – gli disse, guardandolo fieramente negli occhi. – Io sono io, e non posso diventare con te, villano, villana.

– Mia moglie sei! – gridò allora Gerlando, appressandosi violento e afferrandola per un braccio.

– E farai ciò che voglio io; qua comando io, capisci?

Poi si volse alla vecchia serva e le indicò l'uscio:

– Via! Voi andate subito via! Non voglio serve per la casa!

– Vengo con te, Gesa! – gridò Eleonora cercando di svincolare il braccio che egli le teneva ancora afferrato.

Ma Gerlando non glielo lasciò; glielo strinse piú forte; la costrinse a sedere.

– No! Qua! Tu rimani qua, alla catena, con me! Io per te mi son prese le beffe: ora basta! Vieni via, esci da codesto tuo covo. Non voglio star piú solo a piangere la mia pena. Fuori! Fuori!

E la spinse fuori della camera.

– E che hai tu pianto finora? – gli disse lei con le lagrime a gli occhi. – Che ho preteso, io da te?

– Che hai preteso? Di non aver molestie, di non aver contatto con me, quasi che io fossi... che non meritassi confidenza da te, matrona! E m'hai fatto servire a tavola da una salariata, mentre toccava a te a servirmi, di tutto punto, come fanno le mogli.

– Ma che n'hai da fare tu, di me? – gli domandò, avvilita, Eleonora. – Ti servirò, se vuoi, con le mie mani, d'ora in poi. Va bene?

Ruppe, cosí dicendo, in singhiozzi, poi sentí mancarsi le gambe e s'abbandonò. Gerlando, smarrito, confuso, la sostenne insieme con Gesa, e tutt'e due la adagiarono su una seggiola.

Verso sera, improvvisamente, fu presa dalle doglie.

Gerlando, pentito, spaventato, corse a chiamar la madre: un garzone fu spedito in città per una levatrice; mentre il mezzadro, vedendo già in pericolo il podere, se la nuora abortiva, bistrattava il figlio:

– Bestione, bestione, che hai fatto? E se ti muore, adesso? Se non hai piú figli? Sei in mezzo a una strada! Che farai? Hai lasciato la scuola e non sai neppur tenere la zappa in mano. Sei rovinato!

– Che me ne importa? – gridò Gerlando. – Purché non abbia nulla lei!

Sopravvenne la madre, con le braccia per aria:

– Un medico! Ci vuole subito un medico! La vedo male!

– Che ha? – domandò Gerlando, allibito.

Ma il padre lo spinse fuori:

– Corri! Corri!

Per via, Gerlando, tutto tremante, s'avvilí, si mise a piangere, sforzandosi tuttavia di correre. A mezza strada s'imbatté nella levatrice che veniva in vettura col garzone.

– Caccia! caccia! – gridò. – Vado pel medico, muore!

Inciampò, stramazzò; tutto impolverato, riprese a correre, disperatamente, addentandosi la mano che s'era scorticata.

Quando tornò col medico alla villa, Eleonora stava per morire, dissanguata.

– Assassino! assassino! – nicchiava Gesa, attendendo alla padrona. – Lui è stato! Ha osato di metterle le mani addosso.

Eleonora però negava col capo. Si sentiva a mano a mano, col sangue, mancar la vita, a mano a mano le forze raffievolendo scemare; era già fredda... Ebbene: non si doleva di morire; era pur dolce cosí la morte, un gran sollievo, dopo le atroci sofferenze. E, col volto come di cera, guardando il soffitto, aspettava che gli occhi le si chiudessero da sé, pian piano, per sempre. Già non distingueva piú nulla. Come in sogno rivide il vecchio medico che le aveva fatto da testimonio; e gli sorrise.

V.

Gerlando non si staccò dalla sponda del letto, né giorno né notte, per tutto il tempo che Eleonora vi giacque tra la vita e la morte.

Quando finalmente dal letto poté esser messa a sedere sul seggiolone, parve un'altra donna: diafana, quasi esangue. Si vide innanzi Gerlando, che sembrava uscito anch'esso da una mortale malattia, e premurosi attorno i parenti di lui. Li guardava coi begli occhi neri ingranditi e dolenti nella pallida magrezza, e le pareva che ormai nessuna relazione esistes-

859. *Caccia! caccia!*: frusta! (sottinteso il cavallo).

865. *nicchiava*: gemeva.

885-88. *le pareva che ... infranto*: è l'impressione costante, nel corpus, di chi scampa a malattie quasi mortali e riemerge dall'incoscienza come da un lavacro della memoria di relazione (da «un fresco bagno letèo», aveva aulicamente detto D'Annunzio descrivendo ne *Il piacere* la convalescenza di An-

se piú tra essi e lei, come se ella fosse or ora tornata, nuova e diversa, da un luogo remoto, dove ogni vincolo fosse stato infranto, non con essi soltanto, ma con tutta la vita di prima.

Respirava con pena; a ogni menomo rumore il cuore le balzava in petto e le batteva con tumultuosa repenza; una stanchezza greve la opprimeva.

Allora, col capo abbandonato su la spalliera del seggiolone, gli occhi chiusi, si rammaricava dentro di sé di non esser morta. Che stava piú a farci, lí? perché ancora quella condanna per gli occhi di veder quei visi attorno e quelle cose, da cui già si sentiva tanto, tanto lontana? Perché quel ravvicinamento con le apparenze opprimenti e nauseanti della vita passata, ravvicinamento che talvolta le pareva diventasse piú brusco, come se qualcuno la spingesse di dietro, per costringerla a vedere, a sentir la presenza, la realtà viva e spirante della vita odiosa, che piú non le apparteneva?

Credeva fermamente che non si sarebbe rialzata mai piú da quel seggiolone; credeva che da un momento all'altro sarebbe morta di crepacuore. E no, invece; dopo alcuni giorni, poté levarsi in piedi, muovere, sorretta, qualche passo per la camera; poi, col tempo, anche scendere la scala e recarsi all'aperto, a braccio di Gerlando e della serva. Prese infine l'abitudine di recarsi sul tramonto fino all'orlo del ciglione che limitava a mezzogiorno il podere.

S'apriva di là la magnifica vista della piaggia sottostante all'altipiano, fino al mare laggiú. Vi si recò i primi giorni accompagnata, al solito, da Gerlando e da Gesa; poi, senza Gerlando; infine, sola.

Seduta su un masso, all'ombra d'un olivo centenario, guardava tutta la riviera lontana che s'incurvava appena, a lievi lunate, a lievi seni, frastagliandosi sul mare che cangiava secondo lo spirare dei venti; vedeva il sole ora come un disco di fuoco affogarsi lentamente tra le brume muffose sedenti sul mare tutto grigio, a ponente, ora calare in trionfo su le

drea Sperelli, che aveva costituito il modello per quella di Tommaso Corsi nella novella del 1902 *Il dovere del medico*). L'illusione dei sopravvissuti è sempre la medesima: che una vita si sia chiusa e che un'altra, libera dai vincoli della precedente, possa cominciare.

890. *repenza*: rapidità e violenza.

894-901. *Che stava piú ... non le apparteneva?*: nel 1917, *Piuma* offrirà una ricca modulazione-espansione di questa sensazione di estraneità, di distacco e di smanioso fastidio (cfr. soprattutto i rr. 130-46).

916. *lievi lunate*: anse poco marcate.

918. *brume muffose*: foschie simili a muffe.

onde infiammate, tra una pompa meravigliosa di nuvole accese; vedeva nell'umido cielo crepuscolare sgorgar liquida e calma la luce di Giove, avvivarsi appena la luna diafana e lieve; beveva con gli occhi la mesta dolcezza della sera imminente, e respirava, beata, sentendosi penetrare fino in fondo all'anima il fresco, la quiete, come un conforto sovrumano.

Intanto, di là, nella casa colonica, il vecchio mezzadro e la moglie riprendevano a congiurare a danno di lei, istigando il figliuolo a provvedere a' suoi casi.

– Perché la lasci sola? – badava a dirgli il padre. – Non t'accorgi che lei, ora, dopo la malattia, t'è grata dell'affezione che le hai dimostrata? Non la lasciare un momento, cerca d'entrarle sempre piú nel cuore; e poi... e poi ottieni che la serva non si corichi piú nella stessa camera con lei. Ora lei sta bene, e non ne ha piú bisogno, la notte.

Gerlando, irritato, si scrollava tutto, a questi suggerimenti.

– Ma neanche per sogno! Ma se non le passa piú neanche per il capo che io possa... Ma che! Mi tratta come un figliuolo... Bisogna sentire che discorsi mi fa! Si sente già vecchia, passata e finita per questo mondo. Che!

– Vecchia? – interloquiva la madre. – Certo, non è piú una bambina; ma vecchia neppure; e tu...

– Ti levano la terra! – incalzava il padre. – Te l'ho già detto: sei rovinato, in mezzo a una strada. Senza figli, morta la moglie, la dote torna ai parenti di lei. E tu avrai fatto questo bel guadagno; avrai perduto la scuola e tutto questo tempo, cosí, senza nessuna soddisfazione... Neanche un pugno di mosche! Pensaci, pensaci a tempo: già troppo ne hai perduto... Che speri?

– Con le buone, – riprendeva, manierosa, la madre. – Tu devi andarci con le buone, e magari dirglielo: «Vedi? che n'ho avuto io, di te? t'ho rispettato, come tu hai voluto; ma ora pensa un po' a me, tu: come resto io? che farò, se tu mi lasci cosí?». Alla fin fine, santo Dio, non deve andare alla guerra!

– E puoi soggiungere, – tornava a incalzare il padre, – puoi soggiungere: «Vuoi far contento tuo fratello che t'ha trattata cosí? farmi cacciar via di qua come un cane, da lui?». È la santa verità, questa, bada! Come un cane sarai cacciato, a pedate, e io e tua madre, poveri vecchi, con te.

959. *Come un cane*: in occasione di quest'ultimo affioramento, è da rilevare la frequenza dei comparanti animali nel corso del racconto. A cominciare dai due amici che nei preliminari passeggiano «come due cavalli stanchi», e a

Gerlando non rispondeva nulla. Ai consigli della madre provava quasi un sollievo, ma irritante, come una vellicazione; le previsioni del padre gli movevano la bile, lo accendevano d'ira. Che fare? Vedeva la difficoltà dell'impresa e ne vedeva pure la necessità impellente. Bisognava a ogni modo tentare.

Eleonora, adesso, sedeva a tavola con lui. Una sera, a cena, vedendolo con gli occhi fissi su la tovaglia, pensieroso, gli domandò:

– Non mangi? che hai?

Quantunque da alcuni giorni egli s'aspettasse questa domanda provocata dal suo stesso contegno, non seppe sul punto rispondere come aveva deliberato, e fece un gesto vago con la mano.

– Che hai? – insistette Eleonora.

– Nulla, – rispose, impacciato, Gerlando. – Mio padre, al solito...

– Daccapo con la scuola? – domandò lei sorridendo, per spingerlo a parlare.

– No: peggio, – diss'egli. – Mi pone... mi pone davanti tante ombre, m'affligge col... col pensiero del mio avvenire, poiché lui è vecchio, dice, e io cosí, senza né arte né parte: finché ci sei tu, bene; ma poi... poi, niente, dice...

– Di' a tuo padre, – rispose allora, con gravità, Eleonora, socchiudendo gli occhi, quasi per non vedere il rossore di lui, – di' a tuo padre che non se ne dia pensiero. Ho provveduto io a tutto, digli, e che stia dunque tranquillo. Anzi, giacché siamo a questo discorso, senti: se io venissi a mancare d'un tratto – siamo della vita e della morte – nel secondo cassetto del canterano, nella mia camera, troverai in una busta gialla una carta per te.

– Una carta? – ripeté Gerlando, non sapendo che dire, confuso di vergogna.

Eleonora accennò di sí col capo, e soggiunse:

– Non te ne curare.

Sollevato e contento, Gerlando, la mattina dopo, riferí ai genitori quanto gli aveva detto Eleonora; ma quelli, specialmente il padre, non ne furono per nulla soddisfatti.

continuare con Gerlando «porcellone», «scimmione», «bestione» e «bruto», Eleonora (la sola che ne vada immune) è continuamente assediata dalla bestialità degli uomini. Il motivo dell'umana bestialità e il grande *topos*, di ascendenza fiabesca e didascalica, dell'analogia fra uomini e bestie (per la esplicita ripresa del quale si rammenti *Notizie del mondo*) ricompaiono senza sosta lungo il corpus narrativo di Pirandello.

– Carta? Imbrogli!

Che poteva essere quella carta? Il testamento: la donazione cioè del podere al marito. E se non era fatta in regola e con tutte le forme? Il sospetto era facile, atteso che si trattava della scrittura privata d'una donna, senza l'assistenza d'un notajo. E poi, non si doveva aver da fare col cognato, domani, uomo di legge, imbroglione?

– Processi, figlio mio? Dio te ne scampi e liberi! La giustizia non è per i poverelli. E quello là, per la rabbia, sarà capace di farti bianco il nero e nero il bianco.

E inoltre, quella carta, c'era davvero, là, nel cassetto del canterano? O glie l'aveva detto per non esser molestata?

– Tu l'hai veduta? No. E allora? Ma, ammesso che te la faccia vedere, che ne capisci tu? che ne capiamo noi? Mentre con un figliuolo... là! Non ti lasciare infinocchiare: da' ascolto a noi! Carne! carne! che carta!

Cosí un giorno Eleonora, mentre se ne stava sotto a quell'olivo sul ciglione, si vide all'improvviso accanto Gerlando, venuto furtivamente.

Era tutta avvolta in un ampio scialle nero. Sentiva freddo, quantunque il febbrajo fosse cosí mite, che già pareva primavera. La vasta piaggia, sotto, era tutta verde di biade; il mare, in fondo, placidissimo, riteneva insieme col cielo una tinta rosea un po' sbiadita, ma soavissima, e le campagne in ombra parevano smaltate.

Stanca di mirare, nel silenzio, quella meravigliosa armonia di colori, Eleonora aveva appoggiato il capo al tronco dell'olivo. Dallo scialle nero tirato sul capo si scopriva soltanto il volto, che pareva anche piú pallido.

– Che fai? – le domandò Gerlando. – Mi sembri una Madonna Addolorata.

– Guardavo... – gli rispose lei, con un sospiro, socchiudendo gli occhi.

Ma lui riprese:

– Se vedessi come... come stai bene cosí, con codesto scialle nero...

– Bene? – disse Eleonora, sorridendo mestamente. – Sento freddo!

– No, dico, bene di... di... di figura, – spiegò egli, balbettando, e sedette per terra accanto al masso.

1020. *biade*: messi.
1021. *riteneva*: aveva ancora.
1023. *smaltate*: per la vivezza dei colori.

Eleonora, col capo appoggiato al tronco, richiuse gli occhi, sorrise per non piangere, assalita dal rimpianto della sua gioventú perduta cosí miseramente. A diciott'anni, sí, era stata pur bella, tanto!

A un tratto, mentre se ne stava cosí assorta, s'intese scuotere leggermente.

– Dammi una mano, – le chiese egli da terra, guardandola con occhi lustri.

Ella comprese; ma finse di non comprendere.

– La mano? Perché? – gli domandò. – Io non posso tirarti su: non ho piú forza, neanche per me... È già sera, andiamo.

E si alzò.

– Non dicevo per tirarmi su, – spiegò di nuovo Gerlando, da terra. – Restiamo qua, al bujo; è tanto bello...

Cosí dicendo, fu lesto ad abbracciarle i ginocchi, sorridendo nervosamente, con le labbra aride.

– No! – gridò lei. – Sei pazzo? Lasciami!

Per non cadere, s'appoggiò con le braccia a gli omeri di lui e lo respinse indietro. Ma lo scialle, a quell'atto, si svolse, e, com'ella se ne stava curva su lui sorto in ginocchio, lo avvolse, lo nascose dentro.

– No: ti voglio! ti voglio! – diss'egli, allora, com'ebbro, stringendola vieppiú con un braccio, mentre con l'altro le cercava, piú su, la vita, avvolto nell'odore del corpo di lei.

Ma ella, con uno sforzo supremo, riuscí a svincolarsi; corse fino all'orlo del ciglione; si voltò; gridò:

– Mi butto!

In quella, se lo vide addosso, violento; si piegò indietro, precipitò giú dal ciglione.

Egli si rattenne a stento, allibito, urlando, con le braccia levate. Udí il tonfo terribile, giú. Sporse il capo. Un mucchio di vesti nere, tra il verde della piaggia sottostante. E lo scialle, che s'era aperto al vento, andava a cadere mollemente, cosí aperto, piú in là.

Con le mani tra i capelli, si voltò a guardare verso la casa campestre; ma fu colpito negli occhi improvvisamente dal-

1069-72. *Un mucchio di vesti nere ... piú in là*: è, alla fine, tutto quanto resta di Eleonora. Il «donnone che non finiva mai» e che era stato per una volta tradito proprio da «quel suo corpo vigoroso»; che, giaciuto a lungo tra la vita e la morte, era tornato da quella soglia estrema come «un'altra donna: diafana, quasi esangue», quasi dunque incorporea, svanisce infine e si dissolve in questo «mucchio di vesti nere», che pare non nascondere piú alcun corpo, e nel volo impalpabile di uno scialle, quasi un luttuoso brandello d'anima.

l'ampia faccia pallida della Luna sorta appena dal folto degli olivi lassú; e rimase atterrito a mirarla, come se quella dal cielo avesse veduto e lo accusasse.

1076-77. *come se ... accusasse*: ancora la luna, spia e accusatrice, sulla scena d'una morte violenta. Cfr. *Sole e ombra*.

Acqua amara

Poca gente, quella mattina, nel parco attorno alle Terme. La stagione balneare era ormai per finire.

In due sediletti vicini, in un crocicchio sotto gli alti platani, stavano un giovanotto pallido, anzi giallo, magro da far pietà dentro l'abito nuovo, chiaro, le cui pieghe, per esser troppo ampio, ancora fresche della stiratura, cascavano tutte a zig-zag, e un omaccione su la cinquantina, con un abituccio di teletta tutto raggrinzito dove la pinguedine enorme non lo stirava fino a farlo scoppiare, e un vecchio panama sformato sul testone raso.

Reggevano entrambi per il manico i bicchieri ancor pieni della tepida e greve acqua alcalina presa or ora alla fonte.

L'uomo grasso, quasi intronato ancora dagli strepitosi ronfi che aveva dovuto tirar col naso durante la notte, socchiudeva di tanto in tanto nel faccione da padre abate satollo e pago gli occhi imbambolati dal sonno. Il giovanotto magro, all'aria frizzante della mattina, sentiva freddo e aveva perfino qualche brivido.

Né l'uno né l'altro sapevano risolversi a bere e pareva che ciascuno aspettasse dall'altro l'esempio. Alla fine, dopo il primo sorso, si guardarono coi volti contratti dalla medesima espressione di nausea.

– Il fegato, eh? – domandò piano, a un tratto, l'uomo

Acqua amara. Fu pubblicata per la prima volta in due puntate, il 15 e il 22 ottobre 1905, su «Il Ventesimo»; poi nella raccolta del 1910 *La vita nuda* (Treves, Milano). Entrò infine nel secondo volume delle «novelle per un anno», intitolato anch'esso *La vita nuda* (Bemporad, Firenze 1922), il quale recupera ben quindici delle diciassette novelle della raccolta omonima.

14-16. *socchiudeva ... sonno*: si confronti il ritratto, curiosamente simile, del grosso Gerlando di *Scialle nero* (rr. 327-33). Dietro i medesimi «occhi imbambolati» dal sonno e la medesima aria «satolla e paga», si celano due personaggi dai connotati tematici diametralmente opposti: il grosso bruto, ottuso e violento, e il grasso filosofo arguto e pacifico. Entro la pur composita fol-

grasso al giovinotto, riscotendosi. – Colichette epatiche, eh? Lei ha moglie, mi figuro...

– No, perché? – domandò a sua volta il giovinotto con un penoso raggrinzamento di tutta la faccia, che voleva esser sorriso.

– Mi pareva, cosí all'aria... – sospirò l'altro. – Ma se non ha moglie, stia pur tranquillo: Lei guarirà!

Il giovinotto tornò a sorridere come prima.

– Lei soffre forse di fegato? – domandò poi, argutamente.

– No no, niente piú moglie, io! – s'affrettò a rispondere con serietà l'uomo grasso. – Soffrivo di fegato; ma grazie a Dio, mi sono liberato della moglie; son guarito. Vengo qua, da tredici anni ormai, per atto di gratitudine. Scusi, quand'è arrivato lei?

– Ieri sera, alle sei, – disse il giovinotto.

– Ah, per questo! – esclamò l'altro, socchiudendo gli occhi e tentennando il testone. – Se fosse arrivato di mattina, già mi conoscerebbe.

– Io... la conoscerei?

– Ma sí, come mi conoscono tutti, qua. Sono famoso! Guardi, alla Piazza dell'Arena, in tutti gli Alberghi, in tutte le Pensioni, al Circolo, al Caffè da Pedoca, in farmacia, da tredici anni a questa parte, stagione per stagione, non si parla che di me. Io lo so e ne godo e ci vengo apposta. Dov'è sceso lei? Da Rori? Bravo. Stia pur sicuro che oggi, a tavola da Rori, le narreranno la mia storia. Ci prendo avanti, se permette, e gliela narro io, filo filo.

Cosí dicendo, si tirò su faticosamente dal suo sedile e andò a quello del giovinotto, che gli fece posto, con la faccetta gialla tutta strizzata per la contentezza.

– Prima di tutto, per intenderci, qua mi chiamano *Il marito della dottoressa*. Cambiè mi chiamo. Di nome, Ber-

la che popola il mondo narrativo pirandelliano, non si può concepire distanza maggiore e differenza piú irriducibile.

25-30. *Lei ha moglie ... guarirà*: nel fulmineo ellittico legame tra il mal di fegato e l'aver moglie e in quello tra prognosi fausta e celibato sta già la chiave di tutta la storia.

49. *Ci prendo avanti*: precedo tutti.

50. *filo filo*: punto per punto, da cima a fondo.

54-56. *Prima di tutto ... son grosso*: l'apparenza del personaggio è cosí corpulenta, esuberante, socievole e confidenziale che si può stentare a riconoscerlo per quel che è; la sua affabilità è cosí paciosa, tollerante, scevra di pàthos e quasi ilare da farlo scambiare per il *pròsopon* comico del *cocu magnifique* che nell'arguta cittadina termale va sotto il nome di «marito della dotto-

nardo. Bernardone, perché son grosso. Beva. Bevo anch'io.

Bevvero. Fecero una nuova smorfia di disgusto, che vollero cangiar subito in un sorriso, guardandosi teneramente. E Cambiè riprese:

– Lei è giovanissimo e patituccio sul serio. Queste confidenze sviscerate che le farò, le potranno servire piú di quest'acquaccia qua, che è amara, ma, in compenso, non giova a nulla, creda pure. Ce la danno a bere, in tutti i sensi, e noi la beviamo perché è cattiva. Se fosse buona... Ma no, basta: perché lei fa la cura, e le conviene aver fiducia.

Deve sapere che sentivo dire matrimonio e, con rispetto parlando, mi si rompeva lo stomaco, proprio mi... mi veniva di... sissignore. Vedevo un corteo nuziale? sapevo che un amico andava a nozze? Lo stesso effetto. Ma che vuole da noi, sciagurati mortali? Spunta una macchiolina nel sole? un subisso di cataclismi. Un re si alza con la lingua sporca? guerre e sterminii senza fine. Un vulcano ci ha il singhiozzo? terremoti, catastrofi, un'ecatombe...

A Napoli, al tempo mio, ci scoppiò il colera: quel gran colera di circa vent'anni fa, di cui lei, se non si ricorda, avrà certo sentito parlare.

Mio padre, povero impiegato, con la bella fortuna che lo perseguitava, naturalmente si trovò a Napoli, l'anno del colera. Io, che avevo già trent'anni e vi avevo trovato un buon collocamento, avevo preso a pigione un quartierino da scapolo, non molto lontano da casa mia. Stavo in famiglia, e lí tenevo una ragazza che m'era piovuta come dal cielo.

Carlotta. Si chiamava cosí. Ed era figlia d'un... non c'è niente di male, sa! professioni, – figlia d'uno strozzino. Prete spogliato.

Era scappata di casa per certi litigi con la madraccia e un fratellino farabutto, che non starò a raccontarle. Pareva bonina, lei; ed era forse, allora; ma, capirà: amante, poco ci sofisticavo.

ressa». Ma sarebbe un abbaglio grossolano. Sotto quest'apparenza, il pacifico Bernardo nasconde un ex malato di fegato perfettamente guarito, ossia un uomo sopravvissuto alle forme come catastrofi e alla loro definitiva catastrofe, un ascendente della razza sopraffina, e rara, di coloro che hanno capito il gioco e si sono messi al riparo dai rischi del gioco.

60-65. *Lei è giovanissimo ... aver fiducia*: con socratica pacatezza, il flemmatico Bernardo oppone la propria maieutica affabulatoria alle cattive terapie («ce la danno a bere») che non incidono sulle cause dei mali. E tanto meglio se il suo occasionale allievo, che non ha moglie, potrà giovarsene come di un'immunizzazione preventiva.

87-88. *bonina*: buona (toscanismo).

88-89. *poco ci sofisticavo*: non guardavo tanto per il sottile.

Scusi, è religioso lei? Cosí cosí. Forse piú no che sí. Come me. Mia madre, invece, caro signore, religiosissima. Povera donna, soffriva molto di quella mia relazione per lei peccaminosa. Sapeva che quella ragazza, prima che mia, non era stata d'altri. Scoppiato il colera, atterrita dalla grande moria e convinta fermamente che dovessimo tutti morire, io sopra tutti, ch'ero, secondo lei, in peccato mortale, per placare l'ira divina, pretese da me il sacrifizio che sposassi, almeno in chiesa solamente, quella ragazza.

Creda pure che non l'avrei mai fatto, se Carlotta non fosse stata colpita dal male. Dovevo salvarle l'anima, almeno: l'avevo promesso a mia madre. Corsi a chiamare un prete e la sposai. Ma che fu? mano santa? miracolo? Pareva morta, guarí!

Mia madre, per spirito di carità, anzi di sacrifizio, non ostante la tremarella, aveva voluto assistere alla cerimonia, e poi rimanere lí presso al letto della colpita.

Sembrava che il colera fosse venuto a Napoli per me, per castigar me del peccato mortale, e che dovesse passare con la guarigione di Carlotta, tanto impegno, tanto zelo mise mia madre a curarla. Appena l'ebbe salvata, vedendo che lí, in quel quartierino, mancavano per la convalescente tutti i comodi, volle anche portarsela a casa, non ostante la mia opposizione.

Capirà bene che, entrata, Carlotta non ne uscí se non mia sposa legittima di lí a poco, appena cessata la moria.

E ribeviamo, caro signore!

Per fortuna, a Carlotta durante l'epidemia erano morti padre, madre e fratelli. Fortuna e disgrazia, perché, unica superstite della famiglia, ereditò trentotto o quarantamila lire, frutto della nobile professione paterna.

Moglie e con la dote, che vide, signor mio? cambiò da un giorno all'altro, da cosí a cosí.

Ora senta. Sarà che io mi trovo in corpo un certo spiritaccio... come dire? fi... filosofesco, che magari a lei potrà sembrare strambo; ma mi lasci dire.

Crede lei che ci siano due soli generi, il maschile e il femminile?

126-37. *Crede lei ... la marito*: questa prima piccola tirata di Bernardone Cambiè ha tutto l'aspetto d'una buffa e facile tiritera vetero-maschilista che si snoda intorno ai consolidati luoghi comuni delle lamentele maritali e delle baie fra uomini. In parte, è anche questo e, se fa ridere, è lecito ridere. Ma non si perda di vista che è il protagonista stesso a presentarla, non certo soprav-

Nossignore.

La moglie è un genere a parte; come il marito, un genere a parte.

E, quanto ai generi, la donna, col matrimonio, ci guadagna sempre. Avanza! Entra cioè a partecipar di tanto del genere mascolino, di quanto l'uomo, necessariamente, ne scapita. E ne scapita molto, creda a me.

Se mi venisse la malinconia di comporre una grammatichetta ragionata come dico io, vorrei mettere per regola che si debba dire: *il* moglie; e, per conseguenza, *la* marito.

Lei ride? Ma per la moglie, caro signore, il marito non è piú uomo. Tanto vero, che non si cura piú di piacergli.

«Con te non c'è piú sugo, – pensa la moglie. – Tu già mi conosci».

Ma pure, se il marito è cosí dabbenaccio da rinzelarsi, vedendola per esempio a letto come una diavola, coi capelli incartocciati, col viso impiastricciato, e via dicendo:

– Ma io lo faccio per te! – è capace di rispondergli lei.

– Per me?

– Sicuro. Per non farti sfigurare. Ti piacerebbe che la gente, vedendoci per via, dicesse: «Oh guarda un po' che moglie è andata a scegliersi quel pover uomo»?

E il marito, che – gliel'assicuro – non è piú uomo, si sta zitto; quand'invece dovrebbe gridare:

«Ma me lo dico io da me, cara, che moglie sono andato a scegliermi, nel vederti cosí, adesso, accanto a me! Ah, tu mi ti mostri brutta per casa e a letto, perché gli altri poi, per via, possano esclamare: "Oh guarda che bella moglie ha quel pover uomo"? E mi debbono invidiare per giunta? Ma grazie, grazie, cara, di quest'invidia per me, che si traduce, naturalmente, in un desiderio di te. Tu vuoi esser desiderata perché io sia invidiato? Quanto sei buona! Ma piú buono sono io che t'ho sposata».

E il dialogo potrebbe seguitare. Perché c'è il caso, sa? che la moglie abbia anche l'impudenza incosciente di domandare al marito se, acconciata adesso e parata per uscire a passeggio, gli pare che stia bene.

Il marito dovrebbe risponderle:

valutandola, come uno strambo prodotto del suo spiritaccio filosofesco, e si tenga soprattutto presente l'esperienza che ha alle spalle questo mite umorista.

142. *cosí dabbenaccio da rinzelarsi*: cosí ingenuo da stizzirsi e lamentarsi.

143-44. *incartocciati*: avvolti intorno ai bigodini.

«Ma sai, cara? i gusti son tanti. A me, come a me, già te l'ho detto, codesti capelli pettinati cosí non mi garbano. A chi vuoi piacere? Bisognerebbe che tu me lo dicessi, per saperti rispondere. A nessuno? proprio a nessuno? Ma allora, benedetta te, nessuno per nessuno, cerca di piacere a tuo marito, che almeno è uno!»

Caro signore, a una tale risposta la moglie guarderebbe il marito quasi per compassione, poi farebbe una spallucciata, come a dire:

«Ma tu che c'entri?»

E avrebbe ragione. Le donne non possono farne a meno: per istinto, vogliono piacere. Han bisogno d'esser desiderate, le donne.

Ora, capirà, un marito non può piú desiderar la moglie che ha giorno e notte con sé. Non può desiderarla, intendo, com'ella vorrebbe esser desiderata.

Già, come la moglie nel marito non vede piú l'uomo, cosí l'uomo nella moglie, a lungo andare, non vede piú la donna.

L'uomo, piú filosofo per natura, ci passa sopra; la donna, invece, se ne offende; e perciò il marito le diventa presto increscioso e spesso insopportabile.

Essa deve fare il comodo suo, e il marito no.

Ma qualunque cosa egli facesse, creda pure, non andrebbe mai bene per lei, perché l'amore, quel tale amore di cui ella ha bisogno, il marito, solamente perché marito, non può piú darglielo. Piú che amore è una cert'aura di ammirazione di cui ella vuol sentirsi avviluppata. Ora vada lei ad ammirarla per casa coi diavoletti in capo, senza busto, in ciabatte, e oggi, poniamo, col mal di pancia e domani col mal di denti. Quella cert'aura può spirar fuori, dagli occhi degli uomini che non sanno, e dei quali essa, senza parere, con arte sopraffina, ha voluto e saputo attirare e fermare gli sguardi per inebriarsene deliziosamente. Se è una moglie onesta, questo le basta. Le parlo adesso delle mogli oneste, io, intendiamoci, anzi delle intemerate addirittura. Delle altre non c'è piú sugo a parlarne.

176-78. *Le donne ... le donne*: vedi anche piú sotto, ai rr. 189-99. Il narcisismo è, in Pirandello, un dato costante della psicologia e della sessualità femminile. Qui è per cosí dire teorizzato, ma diventa spesso motivo narrativo dispiegato e dinamico.

193. *diavoletti*: bigodini. – *busto*: corsetto elastico armato di stecche, con il quale le donne si stringevano i fianchi e l'addome e sostenevano il petto. Ai primi di questo secolo era un indumento consueto dell'abbigliamento elegante femminile.

200. *intemerate*: di dirittura morale assoluta.

Mi consenta un'altra piccola riflessione. Noi uomini abbiamo preso il vezzo di dire che la donna è un essere incomprensibile. Signor mio, la donna, invece, è tal quale come noi, ma non può né mostrarlo, né dirlo, perché sa, prima di tutto, che la società non glielo consente, recando a colpa a lei quel che invece reputa naturale per l'uomo; e poi perché sa che non farebbe piacere agli uomini, se lo mostrasse e lo dicesse. Ecco spiegato l'enimma. Chi ha avuto come me la disgrazia d'intoppare in una moglie senza peli sulla lingua, lo sa bene.

E diamo ancora una bevutina. Coraggio!

Non era cosí dapprima, Carlotta. Diventò cosí subito dopo il matrimonio, appena cioè si sentí a posto e s'accorse ch'io cominciai naturalmente a vedere in lei non soltanto il piacere, ma anche quella bruttissima cosa che è il dovere.

Io dovevo rispettarla, adesso, no? Era mia moglie! Ebbene, forse lei non voleva essere rispettata. Chi sa perché, il vedermi diventare di punto in bianco un marito esemplare, le diede terribilmente ai nervi.

202-9. *Noi uomini ... enimma*: il discorso del *filosofo* sembra farsi piú serio e ficcante, e all'apparenza anche piú spregiudicato. Ma le veridiche virtú del disincanto umoristico non stanno certo in questi squarci di sessuologia e antropologia culturale femminile, i quali non fanno che presentare la donna come una cacciatrice d'uomini conculcata e repressa da un'ideologia sociale che «reca a colpa a lei quel che invece reputa naturale per l'uomo». Non è un caso se (in uno scrittarello intitolato *Feminismo*, che Pirandello pubblicò nel febbraio del 1909 sul *trisettimanale politico-militare* «La preparazione») l'immaginario e pseudonimico dottor Paulo Post, eremita, storico e filosofo, riprende l'argomento di Bernardo Cambiè («come l'uomo desidera la donna, la donna desidera l'uomo, per quanto spesso apertamente non lo possa o non lo voglia dire»), ma affossa anche in un colpo solo il movimento femminista: «Ma tutta questa loro rivolta ideale contro i cosí detti pregiudizii sociali, tutte queste loro prediche fervorose per la cosí detta emancipazione della donna, che altro sono in fondo se non una sdegnosa mascherata del bisogno fisiologico, che si muove sotto? Le donne vogliono lavorare per trovar marito, signor mio». Interessante è anche il seguito del passo: lo si veda in SPSV, p. 1030. I pochi personaggi maschili pirandelliani che ne parlano, non si liberano dell'aporia che sta nel fatto di considerare antropologicamente identici uomo e donna e di difendere, ciò nonostante, un'etica maschile e una femminile ben separate e la complementarità dei ruoli sociali di uomini e donne. Solo *in extremis*, e cioè nel tardo bozzetto scenico-novellistico *Sgombero* (forse databile al 1933), una giovane donna ridotta alla prostituzione attaccherà con rabbiosa durezza la feroce morale maschile. Detto ciò, resta da dire la cosa piú importante, e cioè che la cifra piú tipica del controverso confronto pirandelliano con la donna, non è tanto quella antifemminista, abbastanza stereotipa, ma piuttosto quella d'una piú profonda e insuperata misoginia legata all'invincibile paura che la diversità femminile non cessa di suscitare.

Cominciò per noi una vita d'inferno. Lei, sempre ingrugnata, spinosa, irrequieta; io, paziente, un po' per paura, un po' per la coscienza d'aver commesso la piú grossa delle bestialità e di doverne piangere le conseguenze. Le andavo appresso come un cagnolino. E facevo peggio! Per quanto mi ci scapassi, non riuscivo però a indovinare, che diamine volesse mia moglie. Ma avrei sfidato chiunque a indovinarlo! Sa che voleva? Voleva esser nata uomo, mia moglie. E se la pigliava con me perché era nata femmina. – Uomo, – diceva, – e magari cieco d'un occhio!

Un giorno le domandai:

– Ma sentiamo un po', che avresti fatto, se fossi nata uomo?

Mi rispose, sbarrando tanto d'occhi:

– Il mascalzone!

– Brava!

– E moglie, niente, sai! Non l'avrei presa.

– Grazie, cara.

– Oh, puoi esserne piú che sicuro!

– E ti saresti spassato? Dunque tu credi che con le donne ci si possa spassare?

Mia moglie mi guardò nel fondo degli occhi.

– Lo domandi a me? – mi disse. – Tu forse non lo sai? Io non avrei preso moglie anche per non far prigioniera una povera donna.

– Ah, – esclamai. – Prigioniera ti senti?

E lei:

– Mi sento? E che sono? che sono stata sempre, da che vivo? Io non conosco che te. Quando mai ho goduto io?

– Avresti voluto conoscer altri?

– Ma certo! ma precisamente come te, che ne hai conosciute tante prima e chi sa quante dopo!

Dunque, signor mio, tenga bene a mente questo: che una donna desidera proprio tal quale come noi. Lei, per modo d'esempio, vede una bella donna, la segue con gli occhi, se la immagina tutta, e col pensiero la abbraccia, senza dirne nulla, naturalmente, a sua moglie che le cammina accanto? Nel frattempo, sua moglie vede un bell'uomo, lo segue con gli occhi, se lo immagina tutto, e col pensiero lo abbraccia, senza dirne nulla a lei, naturalmente.

Niente di straordinario in questo; ma creda pure che non

225-26. *mi ci scapassi*: mi ci lambiccassi il cervello.

fa punto piacere il supporre questa cosa ovvia e comunissima nella propria moglie, prigioniera col corpo, non con l'anima. E il corpo stesso! Dica un po': non abbiamo noi uomini la coscienza che, avendo un'opportunità, non sapremmo affatto resistere? Ebbene, s'immagini che è proprio lo stesso per la donna. Cascano, cascano che è un piacere, con la stessa facilità, se loro vien fatto, se trovano cioè un uomo risoluto, di cui si possan fidare. Me l'ha lasciato intender bene mia moglie, parlando – s'intende – delle altre.

E vengo al caso mio.

Naturalmente, dopo un anno di matrimonio, m'ammalai di fegato.

Per sei anni di fila, cure inutili, che fecero strazio del mio povero corpo, ridotto in uno stato da far pietà finanche agli altri ammalati del mio stesso male.

Il rimedio dovevo trovarlo qua.

Ci venni con mia moglie e, nei primi giorni, alloggiai da Rori, dove ora è lei. Ordinai, appena arrivato, che mi si chiamasse un medico per farmi visitare e prescrivere quanti bicchieri al giorno avrei dovuto bere, o se mi sarebbero convenute piú le docce o i bagni d'acqua sulfurea.

Mi si presentò un bel giovane, bruno, alto, aitante della persona, dall'aria marziale, tutto vestito di nero. Seppi poco dopo che era stato, difatti, nell'esercito, medico militare, tenente medico; che a Rovigo aveva contratto una relazione con la figlia d'un tipografo; che ne aveva avuto una bambina, e che, costretto a sposare, s'era dimesso ed era venuto qua in condotta. Otto mesi dopo questo suo grande sacrifizio, gli erano morte quasi contemporaneamente moglie e figliuola. Erano già passati circa tre anni dalla doppia sciagura, ed egli vestiva ancora di nero, come un bellissimo corvo.

Faceva furore, capirà, con quel sacrifizio delle dimissioni per amore, cosí mal ricompensato dalla sorte; con quelle due disgrazie che gli si leggevano ancora scolpite in tutta la persona, impostata che neanche Carlomagno. Tutte le donne, a lasciarle fare, avrebbero voluto consolarlo. Egli lo sapeva e si mostrava sdegnoso.

Dunque venne da me; mi visitò ben bene, palpandomi

268. *se loro vien fatto*: se il caso ne presenta l'occasione.
289. *in condotta*: come medico condotto. La condotta è appunto l'assunzione di persone affinché svolgano dietro stipendio determinate mansioni.
296. *impostata che neanche Carlomagno*: atteggiata a sovrana dignità.

tutto; mi ripeté press'a poco quel che già tant'altri medici mi avevano detto, e infine mi prescrisse la cura: tre mezzi bicchieri, di questi mezzani, pei primi giorni, poi tre interi, e un giorno bagno, un giorno doccia. Stava per andarsene, quando finse d'accorgersi della presenza di mia moglie.

– Anche la signora? – domandò, guardandola freddamente.

– No no, – negò subito mia moglie con un viso lungo lungo e le sopracciglia sbalzate fino all'attaccatura dei capelli.

– Eppure, permette? – fece lui.

Le si accostò, le sollevò con delicatezza il mento con una mano, e con l'indice dell'altra le rovesciò appena una palpebra.

– Un po' anemica, – disse.

Mia moglie mi guardò, pallidissima, come se quella diagnosi a bruciapelo la avesse lí per lí anemizzata. E con un risolino nervoso su le labbra, alzò le spalle, disse:

– Ma io non mi sento nulla...

Il medico s'inchinò, serio:

– Meglio cosí.

E andò via con molta dignità.

Fosse l'acqua o il bagno o la doccia, o piuttosto, com'io credo, la bella aria che si gode qua e la dolcezza della campagna toscana, il fatto è che mi sentii subito meglio; tanto che decisi di fermarmi per un mese o due; e, per stare con maggior libertà, presi a pigione un appartamentino presso la Pensione, un po' piú giú, da Coli, che ha un bel poggiolo donde si scopre tutta la vallata coi due laghetti di Chiusi e di Montepulciano.

Ma – non so se lei lo ha già supposto – cominciò a sentirsi male mia moglie.

Non diceva anemia, perché lo aveva detto il medico; diceva che si sentiva una certa stanchezza al cuore e come un peso sul petto che le tratteneva il respiro.

E allora io, con l'aria piú ingenua che potei:

– Vuoi farti visitare anche tu, cara?

Si stizzí fieramente, com'io prevedevo, e rifiutò.

Il male, si capisce, crebbe di giorno in giorno, crebbe

302. *mezzani*: medi, né grandi né piccoli.

327-28. *Chiusi* ... *Montepulciano*: se ne inferisce chiaramente che la località termale in cui si svolge la vicenda è Chianciano.

quanto piú lei s'ostinò nel rifiuto. Io, duro, non le dissi piú nulla. Finché lei stessa, un giorno, non potendone piú, mi disse che voleva la visita, ma non di quel medico, no, recisamente no; dell'altro medico condotto (ce n'erano due, allora): dal dottor Berri voleva farsi visitare, ch'era un vecchiotto ispido, asmatico, quasi cieco, già mezzo giubilato, ora giubilato del tutto, all'altro mondo.

– Ma via! – esclamai. – Chi chiama piú il dottor Berri? E sarebbe poi uno sgarbo immeritato al dottor Loero, che s'è dimostrato sempre cosí premuroso e cortese con noi!

Di fatti, ogni giorno, qua alle Terme, vedendomi scendere dalla vettura con mia moglie, il dottor Loero ci si faceva innanzi con quella impostatura altera e compunta; si congratulava con me della rapida miglioria; m'accompagnava alla fonte e poi su e giú per questi vialetti del parco, non mancando ai debiti riguardi verso mia moglie, ma curandosi pochissimo, nei primi giorni, di lei, che ne gonfiava, s'intende, in silenzio.

Da una settimana, però, avevano preso a battagliar fra loro su l'eterna questione degli uomini e delle donne, dell'uomo che è prepotente, della donna che è vittima, della società che è ingiusta, ecc. ecc.

Creda, signor mio, non posso piú sentirne parlare, di queste baggianate. In sette anni di matrimonio, fra me e mia moglie non si parlò mai d'altro.

Le confesso tuttavia che in quella settimana gongolai nel sentir ripetere al dottor Loero con molta compostezza le mie stesse argomentazioni, e col pepe e col sale dell'autorità scientifica. Mia moglie, a me, mi caricava d'insulti; col dottor Loero, invece, doveva rodere il freno della convenienza; ma della bile che non poteva sputare, insaporava ben bene le parole.

Speravo, con questo, che il mal di cuore le passasse. Ma che! Come le ho detto, le crebbe di giorno in giorno. Segno, non le pare? ch'ella voleva convincere con altri argomenti l'avversario. E guardi un po' che razza di parte tocca talvolta di rappresentare a un povero marito! Sapevo benissimo ch'ella voleva esser visitata dal dottor Loero e ch'era tutta una commedia l'antipatia che questi le faceva, una commedia la pretesa d'esser visitata invece da quel vecchio asmati-

343. *mezzo giubilato*: sull'orlo della pensione.
351. *miglioria*: miglioramento.
354. *ne gonfiava*: dalla stizza.

co e rimbecillito, come una commedia era quel suo mal di cuore. Eppure dovetti fingere di credere sul serio a tutt'e tre le cose e sudare una camicia per indurla a far quello che lei, in fondo, desiderava.

Caro signore, quando mia moglie, senza busto – s'intende – si stese sul letto e lui, il dottore, la guardò negli occhi nel chinarsi per posarle l'orecchio sulla mammella, io la vidi quasi mancare, quasi disfarsi; le vidi negli occhi e nel volto quel tale turbamento... quel tale tremore, che... – lei m'intende bene. La conoscevo e non potevo sbagliare.

Poteva bastare, no? Una moglie rimane onestissima, illibata, inammendabile, dopo una visita come quella; visita medica, c'è poco da dire, sotto gli occhi del marito. E va bene! Che bisogno c'era, domando io, di venirmi a cantar sul muso quel che già sapevo dentro di me e avevo visto con gli occhi miei e quasi toccato con mano?

Su, su. Coraggio. Ribeviamo. Ribeviamo.

Me ne stavo una sera sul poggiolo a contemplare il magnifico spettacolo dell'ampia vallata sotto la luna.

Mia moglie s'era già messa a letto.

Lei mi vede cosí grasso e forse non mi suppone capace di

389. *inammendabile*: irreprensibile.

398-406. *Lei mi vede ... campagna*: alleggerita da una autoironia depurata di qualsiasi risentimento e da ogni ombra di rimpianto (cfr., per contrasto, *Quand'ero matto*, rr. 296-300 nota e *Scialle nero*, rr. 53-61), è questa, in assoluto, la piú dispiegata e divertita prosopopea umoristica del conflitto, spesso teso e talora drammatico, fra anima e corpo. Dalla parte del corpo, che è in realtà un corpaccione, stanno il «grasso» e gli «occhiacci di bue» (ossia, denotate o connotate per associazione, la pesantezza, la bruttezza, l'insensibilità, l'animalità), dalla parte dell'anima, che è invece (diminutivamente anziché spregiativamente) un'«animuccia», stanno il «mingherlina» e tutti i delicati tratti fisiognomici dell'«inglesina», vale a dire la lievità, la bellezza, la tenera sensibilità, l'umanità. E, poiché in questa favola allegorica del bue e dell'inglesina sono rappresentati anche il maschile e il femminile, non si può tacere neppure il fatto che l'anima, personificata in quell'immagine di vergine femminilità, si affaccia dagli occhi del maschio castrato (il bue, appunto; ma chi ne dubitasse, veda per conferma i rr. 470-73). Non se ne debbono ricavare inferenze grossolane o frettolose: nel corpus pirandelliano l'anima è assai piú spesso maschile che non femminile, mentre resta vero che non è mai, nel senso comune del termine, molto virile. E anche qui, a possedere ed esibire un'anima bella e sentimentale, non sono davvero i passionali e corporali Loero e Carlotta, ma lo spassionato e solitario Bernardo, la cui umoristica abbondanza carnale ad altro non serve che a costituire il recondito *vas eletionis* della eterea inglesina. Quel che è certo, è che non occorre nulla di meno della sua socratica placidità e sincerità per riconoscersi e descriversi, senza provare né vergogna né rabbia, nei termini di questo *duplex animal*, degradante per un verso e svirilizzante per l'altro. D'autoritratti di tale caratura ironica, sono capaci solamente personaggi eccezionali.

commuovermi a uno spettacolo di natura. Ma creda che ho un'anima piuttosto mingherlina. Un'animuccia coi capelli biondi ho, e col visino dolce dolce, diafano e affilato e gli occhi color di cielo. Un'animuccia insomma che pare un'inglesina, quando, nel silenzio, nella solitudine, s'affaccia alle finestre di questi miei occhiacci di bue, e s'intenerisce alla vista della luna e allo scampanellio che fanno i grilli sparsi per la campagna.

Gli uomini, di giorno, nelle città, e i grilli non si danno requie la notte nelle campagne. Bella professione, quella del grillo!

– Che fai?

– Canto.

– E perché canti?

Non lo sa nemmeno lui. Canta. E tutte le stelle tremano nel cielo. Lei le guarda. Bella professione, anche quella delle stelle! Che stanno a farci lassú! Niente. Guardano anche loro nel vuoto e par che n'abbiano un brivido continuo. E sapesse quanto mi piace il gufo che, in mezzo a tanta dolcezza, si mette a singhiozzare da lontano, angosciato. Ci piange lui, dalla dolcezza.

Basta. Guardavo commosso, come le ho detto, quello spettacolo, ma già sentivo un po' di fresco (eran passate le undici) e stavo per ritirarmi: quando udii picchiar forte e a lungo all'uscio di strada. Chi poteva essere a quell'ora?

Il dottor Loero.

In uno stato, signor mio, da far compassione finanche alle pietre.

Ubriaco fradicio.

Erano venuti da Firenze, da Perugia e da Roma cinque o sei medici, per la cura dell'acqua, ed egli, col farmacista, aveva pensato bene di dare una cena ai colleghi, nell'Ospedaletto della Croce Verde, dietro la Collegiata, lí vicino a Rori.

Allegra, come lei può immaginare, una cenetta all'ospedale! E altro che cura d'acqua! s'erano ubriacati tutti come tanti... non diciamo majali, perché i majali, poveracci, non hanno veramente quest'abitudine.

Che idea gli era balenata, nel vino, di venire a inquietar me, ch'ero quella sera, come le ho detto, tutto chiaro di luna?

407-16. *Gli uomini ... brivido continuo*: cfr., per analogia, *La levata del sole*, rr. 180-87 e 194-97.

Barcollava, e dovetti sorreggerlo fino al poggiolo. Lí m'abbracciò stretto stretto e mi disse che mi voleva bene, un bene da fratello, e che tutta la sera aveva parlato di me coi colleghi, del mio fegato e del mio stomaco rovinati, che gli stavano a cuore, tanto a cuore che, passando innanzi alla mia porta, non aveva voluto trascurare di farmi una visitina, temendo che il giorno appresso non sarebbe potuto andare alle Terme, perché – non si sarebbe detto, veh! – ma aveva proprio bevuto un pochino. Io a ringraziarlo, si figuri, e a esortarlo ad andarsene a casa, ché era già tardi... Niente! Volle una seggiola per mettersi a sedere sul poggiolo, e cominciò a parlarmi di mia moglie, che gli piaceva tanto, e voleva che andassi a destarla, perché con lui ci stava, la signora Carlottina, oh se ci stava! e come! e come! Bella puledra ombrosa, che sparava calci per amore, per farsi carezzare... E via di questo passo, sghignazzando e tentando con gli occhi, che gli si chiudevano soli, certi furbeschi ammiccamenti.

Mi dica lei che potevo fargli, in quello stato. Schiaffeggiare un ubriaco che non si reggeva in piedi? Mia moglie, che s'era svegliata, me lo gridò rabbiosamente tre o quattro volte dal letto. Anche a me la volontà di schiaffeggiarlo era scesa alle mani: ma chi sa che impressione avrebbe fatto uno schiaffo a quel povero giovine che, nella beata incoscienza del vino, aveva perduto ogni nozione sociale e civile e gridava in faccia la verità allegramente. Lo afferrai e lo tirai su dalla seggiola: una certa scrollatina non potei far a meno di dargliela, ma fu lí lí per cascare e dovetti aver cura del suo stato fino alla porta; là... sí, gli diedi un piccolo spintone e lo mandai a ruzzolare per la strada.

Quando entrai in camera da letto, trovai mia moglie con un diavolo per capello: frenetica addirittura. S'era levata da letto. Mi assaltò con ingiurie sanguinose; mi disse che se fossi stato un altro uomo, avrei dovuto pestarmi sotto i piedi quel mascalzone e poi buttarlo dal poggiolo; che ero un uomo di cartapesta, senza sangue nelle vene, senza rossore in faccia, incapace di difendere la rispettabilità della moglie, e capacissimo invece di far tanto di cappello al primo venuto che...

Non la lasciai finire; levai una mano; le gridai che badasse bene: lo schiaffo che avrei dovuto dare a colui, se non fosse stato ubriaco, l'avrei appioppato a lei, se non taceva. Non tacque, si figuri! Dal furore passò al dileggio. Ma sicuro che m'era facilissimo fare il gradasso con lei, schiaffeggiare una donna, dopo aver accolto e accompagnato coi debiti riguardi fino alla porta uno che era venuto a insultarmi fino a casa. Ma perché, perché non ero andato a destarla subito? Anzi perché non glielo avevo introdotto in camera e pregato di mettersi a letto con lei?

– Tu lo sfiderai! – mi gridò in fine, fuori di sé. – Tu lo sfiderai domani, e guaj a te se non lo fai!

A sentirsi dire certe cose da una donna, qualunque uomo si ribella. M'ero già spogliato e messo a letto. Le dissi che la smettesse una buona volta e mi lasciasse dormire in pace: non avrei sfidato nessuno, anche per non dare a lei questa soddisfazione.

Ma durante la notte, tra me e me, ci pensai molto. Non sapevo e non so di cavalleria, se un gentiluomo debba raccogliere l'insulto e la provocazione di un ubriaco che non sa quel che si dica. La mattina dopo, ero sul punto di recarmi a prender consiglio da un maggiore in ritiro che avevo conosciuto alle Terme, quando questo stesso maggiore, in compagnia di un altro signore del paese, venne a chiedermi lui soddisfazione a nome del dottor Loero. Già! per il modo come lo avevo messo alla porta la sera precedente. Pare che, al mio spintone, cadendo, si fosse ferito al naso.

– Ma se era ubriaco! – gridai a quei signori.

Tanto peggio per me. Dovevo usargli un certo riguardo. Io, capisce? E per miracolo mia moglie non mi aveva mangiato, perché non lo avevo buttato giú dal poggiolo!

Basta. Voglio andar per le leste. Accettai la sfida; ma mia moglie mi sghignò sul muso e, senza por tempo in mezzo, cominciò a preparar le sue robe. Voleva partir subito; andarsene, senza aspettar l'esito del duello, che pure sapeva a condizioni gravissime.

Da che ero in ballo, volevo ballare. Le impose lui, le condizioni: alla pistola. Benissimo! Ma io pretesi allora, che si facesse a quindici passi. E scrissi una lettera, alla vigilia, che mi fa crepar dalle risa ogni qual volta la rileggo. Lei non può

487-88. *Tu lo sfiderai ... se non lo fai!*: in situazione parzialmente analoga, Carlotta anticipa di otto anni l'atteggiamento provocatorio di Cristina Viola in *Quando s'è capito il giuoco*.

509. *sghignò*: ghignare nella solita variante intensiva: rise sarcasticamente.

511-12. *a condizioni gravissime*: le condizioni sono le modalità del duello concordate dalle parti; sono nella fattispecie gravissime perché lo sfidante impone un duello alla pistola e perché, per bizzarria, lo sfidato pretende che i colpi vengano sparati da una distanza di soli quindici passi.

figurarsi che sorta di scempiaggini vengano in mente a un pover uomo in siffatti frangenti.

Non avevo mai maneggiato armi. Le giuro che, istintivamente, chiudevo gli occhi, sparando. Il duello si fece su alla Faggeta. I due primi colpi andarono a vuoto; al terzo... no, il terzo andò pure a vuoto; fu al quarto; al quarto colpo – veda un po' che testa dura, quella del dottore! – la palla ci vide per me e andò a bollarlo in fronte, ma non gl'intaccò l'osso, gli strisciò sotto la cute capelluta e gli riuscí di dietro, dalla nuca.

Lí per lí parve morto. Accorremmo tutti; anch'io; ma uno dei miei padrini mi consigliò d'allontanarmi, di salire in vettura e scappare per la via di Chiusi.

Scappai.

Il giorno dopo venni a sapere di che si trattava; e un'altra cosa venni a sapere, che mi riempí di gioja e di rammarico a un tempo: di gioja per me, di rammarico per il mio avversario, il quale, dopo una palla in fronte, pover uomo, non se la meritava davvero.

Riaprendo gli occhi, nell'Ospedaletto della Croce Verde, il dottor Loero si vide innanzi un bellissimo spettacolo: mia moglie, accorsa al suo capezzale per assisterlo!

Della ferita guarí in una quindicina di giorni: di mia moglie, caro signore, non è piú guarito.

Vogliamo andare per il secondo bicchiere?

540-41. *non è piú guarito ... secondo bicchiere?*: questo explicit, che chiude con una fulminea metafora ironica la vicenda e salda la cornice narrativa, risale al 1910. Il finale della prima stampa era il seguente: «[...] non è piú guarito. | A me, guardi, in sette anni di matrimonio, neppure mezzo; a lui, in tredici anni, gli ha fatto nove figliuoli, tutti vivi – tanto bellini, se vedesse! | In Piazza dell'Arena, quando li vedo e nessuno mi vede, faccio loro qualche carezza. La mamma non può accompagnarli: si tappa in casa, ogni anno, d'estate, al mio arrivo. Me ne dispiace, perché, cosí, non può piú godersi la bella stagione, che qua è veramente deliziosa. Mi dicono che s'è molto imbruttita, e lo credo bene, dopo nove figliuoli. Lui finge di non conoscermi. Io, ogni qual volta lo vedo, mi gratto la faccia cosí. | Chi è il cornuto? Dica Lei: io o lui? | Su, finiamoci quest'acquaccia, caro signore. Uno due e tre. | Ecco fatto». Potrebbe anche essere considerato, a livello di superficiale godibilità del testo, un finale accettabile, divertito e divertente. E tuttavia il fermissimo colpo di forbici con il quale Pirandello lo cassa, va accreditato come un guadagno netto alla sua sapienza correttoria, il piú delle volte fondata sulla vigorosa arte del togliere. Quella prima versione affollava particolari ridondanti e piú d'un diversivo superfluo, e sfociava, soprattutto, nella zeppa di quella domanda che si pretendeva sapida ed era furbesca e insulsamente faceta: «Chi è il cornuto?», il cui rimbalzo retrospettivo rischiava di fare regredire l'intera storia a una banalizzante dimensione autoconsolatoria e Bernardo Cambiè a quella di un ironista di dubbia lega.

Va bene

I. *Stato di servizio*
(fino addí 5 marzo del 1904)

A Sorrento, da Corvara Francesco Aurelio e Florida Amidei, nella notte dal 12 al 13 febbrajo dell'anno 1861, nasce Cosmo Antonio Corvara Amidei, e subito è accolto male: a sculacciate; preso per i piedi dalla levatrice e tenuto per qualche momento a testa giú, perché, quasi strozzato a causa delle

Va bene. La novella apparve a stampa per la prima volta sulla «Nuova Antologia», il 1° novembre 1905; fu ristampata nel 1906 in testa alla raccolta *Erma bifronte* (Treves, Milano); entrò infine a far parte del sesto volume delle «novelle per un anno», *In silenzio* (Bemporad, Firenze 1923).

Stato di servizio: cosí si chiama, propriamente e burocraticamente, il documento che attesta le attività di carriera d'un pubblico dipendente. E cosí viene umoristicamente definita la passiva e sofferente trafila vitale del protagonista, da quella sorta di estratto dell'atto di nascita con cui la novella si apre alla richiesta d'un mese di licenza con cui si chiude il primo capitolo.

addí: il dí; locuzione che precede la data nelle scritture burocratiche.

1-62. *A Sorrento ... dalla caduta infantile*: queste pagine iniziali del racconto sono quasi un *àpax* stilistico e narrativo, perché da Pirandello scritte eccezionalmente *à la manière de*, e rappresentano la piú palese ed esibita imitazione del registro umoristico di puro stampo sterniano. Anche la disavventura nasale del piccolo Cosmo (il primo guasto al naso nel mondo narrato pirandelliano) è quasi una chiave allusiva di rinvio all'incidente che segna, in Sterne, la nascita e la sorte di Tristram Shandy, il quale si lamenta (vol. I, cap. xv) proprio di avere «il naso schiacciato» e promette: «Come ciò avvenisse, e quale seguito di amare delusioni siano derivate a me, in diversi momenti della mia vita, dalla perdita o, piú esattamente, compressione di questo solo membro del mio corpo, sarà narrato al lettore con ogni particolare a tempo e luogo» (cfr. L. Sterne, *La vita e le opinioni di Tristram Shandy, gentiluomo*, trad. di Antonio Meo, Garzanti, Milano 1987, p. 39). A vent'anni di distanza, di un naso eccepibile si riparlerà lungamente in *Uno, nessuno e centomila*. Ben prima, sia al *Viaggio sentimentale* che al *Tristram Shandy*, Pirandello accennerà nel 1908 nel suo saggio sull'umorismo, che si chiuderà proprio nel nome di Sterne (cfr. *L'umorismo*, in SPSV, pp. 33, 133 e 159-60). Nel seguito, *Va bene* non regge con pari coerenza l'inaugurale modello sterniano di scrittura (o comunque se ne discosta progressivamente), ma l'episodio andava segnalato per uno scrittore come Pirandello, che rarissimamente esibisce ascendenze e mimetizza con grande perizia gli eventuali modelli.

doglie stanche della madre, è entrato nel mondo senza strillare.

Botte, finché non strilla.

Entrando, bisogna strillare.

Dal 13 di febbrajo del 1861 al 15 di marzo del 1862, cinque balie. La prima e la seconda, cambiate perché scarse di latte; la terza, perché nel fargli il bagno, una mattina, lo tuffa nell'acqua ancor quasi bollente, scordandosi di temperarla. Scottatura di secondo grado. È per morirne; Dio misericordioso non vuole; ma gli muore, invece, la madre. La quarta balia lo lascia cadere tre volte dal letto e non di piú; e gli fa poi ruzzolare la scala, insieme con lei, una volta sola. Ferite di poco conto: la piú grave, rottura dell'osso del naso.

A nove anni, dopo aver sofferto tutte le malattie, che sono come i gradini per cui dalla tenera infanzia – con l'ajuto del medico da un lato e del farmacista dall'altro – si sale alla vispa fanciullezza, Cosmo Antonio Corvara Amidei, animato da fervido zelo religioso, entra in seminario.

Pochi giorni prima d'entrarvi, seguendo alla lettera una delle sette opere corporali di misericordia, s'era spogliato d'un bell'abituccio nuovo che il babbo gli aveva portato da Napoli; ne aveva vestito un povero ragazzetto che se ne stava su la spiaggia ignudo nato, ed era ritornato a casa col solo berrettino da marinajo in capo. In compenso, il babbo gli aveva detto tante belle cose, imbecille, somaro, scimunito, e gli aveva carezzato con tanto slancio gli orecchi, che per miracolo non glieli aveva strappati.

In seminario Cosmo Antonio Corvara Amidei studia e attende alle pratiche religiose con grandissimo fervore; tanto che – a sedici anni – minaccia di dare in tisico. Tutt'a un tratto, però, quando ha già preso i primi ordini religiosi, gli avviene d'impuntarsi in questo passo del trattato *De Gratia*:

24-25. *una delle sette ... misericordia*: vestire gli ignudi. Le altre sei sono: dar da mangiare agli affamati, dar da bere agli assetati, alloggiare i pellegrini, visitare gli infermi, visitare i carcerati, seppellire i morti. Pirandello aveva intitolato *Visitare gl'infermi* una novella del 1896, e intitolerà *Vestire gli ignudi* un dramma del 1922. Di caso in caso avviene che: non vi sia nulla di misericordioso nell'esecuzione del gesto prescritto, che il precetto venga interpretato alla rovescia e suoni dunque antifrastico, che il sincero rispetto di tali atti di carità venga conculcato e ridicolizzato.

28. *ignudo nato*: nudo come all'atto della nascita, completamente nudo.

29-32. *In compenso ... strappati*: ancora una volta (cfr. *Quand'ero matto*) il rispetto pratico e letterale degli insegnamenti morali cristiani viene considerato prova di stolidità e prontamente punito.

35. *dare in*: diventare.

37. *trattato De Gratia*: molto probabilmente, piú che uno specifico tratta-

«*Si quis dixerit gratiam perseverantiae non esse gratis datam, anathema sit*».

Perché la perseveranza, per il caso che qualcuno volesse saperlo, è – secondo la teologia cattolica cristiana – una grazia che Dio concede a chi vuol salvare, senza attenzione ai meriti o ai demeriti del salvando.

Deus libere movet, dice San Tommaso.

Cosmo Antonio Corvara Amidei ci ragiona su ben bene parecchie settimane, e una notte alla fine vien sorpreso in camicia, con una candela in mano, infocato in volto, con gli occhi sbarrati, brillanti di febbre, che va cercando per il dormitorio una chiave.

Che chiave?

La chiave della perseveranza.

È ammattito. Per fortuna, gli sopravviene la meningite. Esce dal seminario. Un mese tra la vita e la morte.

Quando alla fine può riaversi, ha perduto la fede; ma pare che abbia perduto anche tant'altre cose: i capelli, intanto, la parola, un po' anche la vista; non si ricorda piú di nulla e sta, circa un anno, intronato e come levato di cervello. Si riscuote a furia di trombate d'acqua alla schiena; e, a ventidue anni e qualche mese, può presentarsi agli esami di licenza liceale e andare a Napoli, all'Università, per addottorarsi in lettere e filosofia, calvo, mezzo cieco e col naso schiacciato dalla caduta infantile.

Nell'ottobre del 1887 ottiene, per concorso, il posto di reggente nel ginnasio inferiore di Sassari. I ragazzi, si sa, sono vivaci; il professore è brutto e non ci vede molto: dunque, baldoria; e, per conseguenza, continue riprensioni del direttore del ginnasio al subalterno che non sa tenere la disciplina. Ma anche per le vie di Sassari il professor Cosmo Antonio Corvara Amidei è sbeffeggiato da tutti i monelli, finché non viene un collega, Dolfo Dolfi, professore di scienze na-

to, quello «sulla Grazia», cui si allude, è uno dei capitoli fondamentali dei manuali di teologia in uso nei seminari.

38-39. *«Si quis ... anathema sit»*: sia scomunicato chiunque abbia a dire che la grazia della perseveranza non è concessa gratuitamente.

44. *Deus libere movet*: Dio agisce liberamente.

52-54. *È ammattito ... la fede*: analoga vicenda, ma avviato a tutt'altro destino, vive in *Canta l'Epistola* (1911) «Tommasino Unzio, uscito suddiacono dal seminario senza piú tonaca, per aver perduto la fede».

58. *trombate*: violenti getti.

64. *reggente*: professore straordinario per il periodo di tre anni.

turali, che prende a proteggerlo in iscuola e fuori; anzi fa di piú: lo invita ad accasarsi con lui (novembre del 1888).

Dolfo Dolfi entra tardi nell'insegnamento, senza titoli, senza concorso, per protezione d'un deputato autorevolissimo, dopo aver fatto l'esploratore in Africa e per tant'anni a Genova il giornalista: s'è battuto una decina di volte, e ne ha prese e ne ha date, piú date che prese; è libero pensatore, e ha con sé una figliuola naturale, a cui ha imposto questo magnifico nome: Satanina.

Protetto da Dolfo Dolfi, Cosmo Antonio Corvara Amidei vorrebbe finalmente rifiatare, ma non può: il suo protettore non gliene lascia il tempo: gli parla de' suoi viaggi, delle sue campagne giornalistiche, de' suoi duelli; gli narra le sue innumerevoli, straordinarie avventure, e vuole anche discutere con lui di filosofia, di religione, ecc. ecc. Bestialità, con tanto di petto in fuori. (Nota bene: Dolfo Dolfi ha la faccia piena di nèi e, parlando, se li arriccia tutti; una gamba qua, una gamba là). Cosmo Antonio Corvara Amidei si fa piccino piccino, man mano che quegli le sballa piú grosse, e approva, approva senza mai contraddire. Egli ormai è ben protetto, non si nega; gli alunni e i monellacci di strada per paura del Dolfi lo lasciano in pace; ma è vero altresí ch'egli non è piú padrone di sé, del suo tempo, del suo misero stipendiuccio di professore di ginnasio inferiore. Se ha bisogno imprescindibile di qualche soldino, deve domandarlo a Satanina, e la ragazza, che ha già quindici anni e fa da mammina, glielo dà con gran mistero, raccomandandogli di non farne sapere nulla, per carità, al babbino, ché altrimenti vorrebbe anche lui la sua parte per i minuti piaceri, e dove s'andrebbe a finire?

Buona ragazza, Satanina; tanto che Cosmo Antonio Corvara Amidei vorrebbe chiamarla piú brevemente e graziosamente Nina, Ninetta; ma Dolfo Dolfi non vuole.

– Che Nina! che Ninetta! Satana, si chiama Satana:

Salute, o Satana,
O ribellione,
O forza vindice
Della ragione.

77. *libero pensatore*: cosí si chiamava colui che, specie in materia di morale e di religione, rivendicava il diritto al libero esercizio della ragione e respingeva perciò posizioni dogmatiche, confessionali e clericali.

105-8. *Salute ... ragione*: è la penultima strofa (vv. 193-96) dell'inno *A Satana* di Giosue Carducci.

Si va avanti cosí tre anni.

Tutti domandano al professor Corvara Amidei come faccia a andar d'accordo con quella bufera d'uomo che è il professor Dolfo Dolfi; egli si stringe nelle spalle; apre le mani e abbozza un sorriso squallido, socchiudendo gli occhi; perché con quella domanda – è facile intenderlo – la gente vorrebbe farlo capace della sua imbecillità.

Eh sí; Cosmo Antonio Corvara Amidei, in fondo, sarebbe anche disposto a ammettere la propria imbecillità; non ne è però al tutto convinto, giacché, a pensarci bene, gli pare che sia forse alquanto piú imbecille di lui la vita in genere, ecco; e che non valga perciò la pena d'essere o d'apparire accorti o scaltri, massime quand'essa dimostri con tanta perseveranza l'impegno di volerla proprio pigliare coi denti contro di uno. In questo caso, bisogna lasciarla fare, la vita, ché un fine forse – nascosto – lo ha; e, se non ha un fine, avrà pure una fine, questo è certo.

L'ebbe, difatti, un bel giorno e d'improvviso, la fine. Ma non per lui, ahimè! Per il professor Dolfo Dolfi. Colpo apoplettico fulminante, mentre faceva lezione (16 marzo 1891).

Cosmo Antonio Corvara Amidei ne rimane esterrefatto. Non se l'aspettava! Gli pare che la casa sia diventata a un tratto vuota, misteriosamente vuota; perché nessun oggetto in essa ha un barlume d'anima, un qualche ricordo intimo per lui; e sembra invece che stia là, triste, a aspettar colui che non potrà piú ritornare.

Satanina piange inconsolabile. Egli, dapprima, non si prova nemmeno a consolarla, stimando che ogni sua parola sarebbe vana. Ma poi il direttore del ginnasio, i colleghi gli domandano come intenda di regolarsi con quella povera orfana rimasta cosí, in mezzo a una strada, senza diritto a pensione, senza alcun parente, né prossimo né lontano. Il professor Corvara Amidei risponde subito che se la terrà con sé, c'è bisogno di dirlo? le farà lui da padre, che diamine! Tanto il direttore del ginnasio quanto i colleghi, a questa sua risposta, alzano le spalle e socchiudono gli occhi, sospirando. Come! Non ne sono contenti? Non pare loro ben fatto? Il professor Corvara Amidei s'allontana sconcertato. Ne parla a Satanina, e – con suo sommo stupore – sente rispondersi anche da lei che non è possibile; ch'ella non può piú, ormai, rimanere con lui; che le conviene andar via, al piú presto, anzi subito.

115. *farlo capace*: persuaderlo.
122. *volerla ... denti*: volersi accanire.

– Dove?

– Alla ventura!

– E perché?

Il perché glielo spiegano poco dopo i colleghi. Ha poco piú di trent'anni il professor Corvara Amidei; e Satanina, già diciotto; dunque, non cosí vecchio ancora lui da farle da padre, né cosí giovine lei da essere semplicemente sua figlia. Chiaro, eh? Ma il professor Corvara Amidei si guarda prima la punta delle scarpe, poi quella delle dita; si prova a inghiottire. Intendono forse i suoi colleghi ch'egli dovrebbe... sposar Satanina? Appena quest'idea gli balena, rimane come basito; poi sorride amaramente. Via, glielo dicono per ischerzo. Si vede costretto a riparlare con Satanina, per convincerla che commetterebbe una pazzia, una vera pazzia, a andarsene – com'ella dice – alla ventura; e allora anche lei, Satanina, gli fa intendere che a un solo patto potrebbe rimanere con lui: a patto, sissignore, di diventare sua moglie.

Cosmo Antonio Corvara Amidei teme d'impazzire, o che tutti si siano messi d'accordo per fargli una beffa atroce. Non riesce in alcun modo a capacitarsi come quella giovinetta possa sentire sul serio la necessità di diventare sua moglie, quasi che davvero la convivenza con lui possa dar pretesto a ciarle in paese. Ma possibile che tal necessità non le appaja quasi grottesca e, a ogni modo, ripugnante? Va a guardarsi allo specchio; si vede anche piú brutto di quel che non sia: ingiallito dai patimenti e dalla miseria, squallido, calvo, quasi cieco. Pensa a lei, a Satanina, cosí giovine, cosí fresca, cosí florida, e ha come una vertigine. Sua moglie? Possibile? Si reca a ridomandarglielo, balbettando. E Satanina – sissignore – gli risponde di sí, senz'arrossire, e che anzi, se egli vi fosse disposto, ella gliene serberebbe eterna gratitudine.

Cosmo Antonio Corvara Amidei si mette allora a piangere come un bambino, facendole con la mano cenno di tace-

182-86. *si mette allora ... articolar parola*: i personaggi come Cosmo Antonio Corvara Amidei, dotati di straordinario candore, non solo sono quelli che (come i santi in leggero odore di pazzia) meglio consentono di far affiorare umoristicamente il rovescio della realtà, il buffo del patetico e il patetico del buffo, e di intaccare e sconvolgere la mimesi realistica del racconto; sono anche i depositari d'una vergine capacità di commozione e di meraviglia, che contrassegna la loro fragilità-inermità ma costituisce la loro inesausta riserva di vitalità allo stato puro: ecco perché nascondono sempre dentro di sé un «bambino» pronto a sorprendersi di tutto e capace di passare repentinamente dal riso al pianto. Questo riso, questo pianto, questi stupori infantili erodono e smantellano la durezza ottusa e sorda della realtà che li reprime e li schernisce.

re, per carità! Grata, lei? Ma che dice? E allora lui? Una tal gioja, dunque, gli serbava la sorte? Come crederci? Per piú giorni il professor Corvara Amidei non può articolar parola.

Le nozze si debbono affrettare, sia per la considerazione che i due fidanzati sono costretti a vivere insieme, sotto lo stesso tetto, sia per la speranza del direttore del ginnasio, che esse valgano a scotere il professore dal beato istupidimento in cui è caduto. Ma questa speranza riesce vana. Dopo le nozze – celebrate solo civilmente (14 marzo 1892), non potendo il professor Corvara Amidei sposare anche davanti a Dio, per i suoi precedenti impegni con la Chiesa – l'istupidimento cresce con la beatitudine.

Quel che tanti anni di sofferenze non han potuto, può tutt'a un tratto la gioja. Cosmo Antonio Corvara Amidei dimentica la grammatica latina, dimentica tutto, diventa proprio inetto a ogni cosa. Non vede che Satanina; non pensa che a Satanina, non sogna che di Satanina; non attenderebbe piú neanche a cibarsi, se Satanina stessa non ve lo costringesse; tanto gli basta la gioja di vedersela davanti, ridente e vorace; le darebbe da mangiare anche le sue misere carni, se le stimasse degne dei dentini di lei.

Intanto, Dolfo Dolfi non c'è piú per tenere a freno gli scolaretti in iscuola e i monellacci in istrada; e la gazzarra è scoppiata, in classe e fuori, piú indiavolata che mai. Il direttore del ginnasio ne è furibondo; raffibbia al subalterno le piú dure riprensioni; ma a che possono giovare? il professor Corvara Amidei lo guarda sorridente, come se non fossero rivolte a lui. Allora Satanina si vede costretta a scrivere a quel deputato tanto amico e protettore della buon'anima di suo padre, scongiurandolo di far valere la sua cresciuta autorità perché il professor Corvara Amidei sia tolto subito dall'insegnamento e chiamato invece a prestar servizio piú tranquillo o in qualche biblioteca o al Ministero della Pubblica Istruzione.

Cosí, due mesi dopo, Cosmo Antonio Corvara Amidei, con molto dispiacere de' suoi scolaretti che, in fin dei conti, gli vogliono un gran bene, ma con piacere grandissimo del direttore del ginnasio e dei colleghi, parte per Roma, «comandato» al Ministero. Satanina è incinta, e soffre molto

192-94. *non potendo ... impegni con la Chiesa*: cfr. r. 36. Evidentemente Cosmo era stato ordinato almeno suddiacono (come, appunto, a suo tempo, il protagonista di *Canta l'Epistola*), poiché con il suddiaconato comincia per il chierico l'obbligo del celibato.

221-22. *«comandato»*: il «comando» è un provvedimento col quale un

durante il viaggio di mare; ma non ci pensa piú appena sbarcata a Civitavecchia; tal gioja le suscita il rimetter piede nel Continente, il pensiero di Roma, vicina.

Ah, che bollore improvviso alza il sangue del padre avventuroso nelle vene di lei!

Al Ministero, il professore Corvara Amidei è relegato nella stanza degli scrivani, come correttore. Ma non corregge nulla. Quei miseri impiegatucci alla giornata han fiutato subito con chi hanno da fare. Fosse, putacaso, un vecchio ladro di bella reputazione, allora sí: inchini e scappellate; ma un povero galantuomo di quella fatta, perché rispettarlo? Del resto, non gli fanno nulla. Qualche scherzetto innocente, per passare il tempo, quando mancano le *pratiche* da ricopiare. Degli errori poi, che essi commettono ricopiando, la colpa – si sa – è appioppata a lui, al professor Corvara Amidei.

– Mi raccomando, signori miei; lasciatemi riveder le carte. Attenzione! Lei, *ragione*, con una *g* sola la scriva, per piacere, mi raccomando!

– Meglio abbondare, professore, meglio abbondare quando si tratta di ragione.

– E va bene! – sospira il professor Corvara Amidei, stringendosi nelle spalle, allungando il collo e socchiudendo gli occhi dietro le lenti doppie, da miope, che pajono due fondi di bottiglia.

Gli scrivani, ogni qual volta gli sentono emettere questo sospiro: *E va bene!* scoppiano a ridere a coro. Perché? Il professor Corvara Amidei non ci ha fatto mai caso; ma ripete frequentissimamente (quando qualche cosa gli va proprio male) quel suo: *E va bene!* E ormai tutti quegli scrivani, fra loro, non lo chiamano altrimenti che *Il professor Vabene*.

Quand'egli viene a saperlo, si stringe nelle spalle, sorridente, allunga il collo, socchiude gli occhi, è proprio lí lí per sospirar... Ah, ecco, dunque è vero, sí: ha preso questo vezzo, senz'accorgersene, per la lunga abitudine di rassegnarsi ai colpi del destino avverso. Ma, ormai, un compenso a tutto ciò che ha sofferto, a tutto ciò che gli toccherà forse a soffrire ancora, lo ha, e non gl'importa piú di nulla. Lo sbeffeggino pure tutti gli scrivani del mondo, lo chiamino *Va bene, Va male, Va zero*, come che sia; egli ha ora Satanina, e se n'infi-

dipendente dello Stato può venire temporaneamente destinato a un ufficio diverso da quello che il suo ruolo prevede.

schia. A lei, dal Ministero, tien fisso di continuo il pensiero e quasi la vede, là, nelle stanze dell'umile casetta presa a pigione in Via San Niccolò da Tolentino.

Il 15 di agosto del 1893, Satanina dà felicemente alla luce un maschietto, Dolfino. Fra l'esultanza quasi delirante, un solo piccolo guajo: Satanina non si sente di allattare da sé il figliuolo. E Dolfino è messo a balia, lontano, in un paesello della Sabina. Pazienza! Vuol dire che d'ora in poi il professor Corvara Amidei farà a meno del sigaro, del caffè e di qualche altra coserella, per pagar le spese del baliatico.

Quando il saltimbanco, tra l'accorato stupore della folla raccolta intorno, fa *lavorare* un suo pagliaccetto gracile, pallido, come grida? «Ancora piú difficile, signori! Stiano a vedere: si passa a un esercizio ancora piú difficile!»

Quanti esercizi, dalla nascita in poi, il destino saltimbanco non aveva fatto eseguire a Cosmo Antonio Corvara Amidei, suo pagliaccetto? Ma il piú difficile, ancora non gliel'aveva fatto eseguire. Aspettava il giorno 20 maggio dell'anno 1894.

Con un cartoccio di schiumette sotto il braccio (quanto piacciono le schiumette a Satanina!) il professor Corvara Amidei rincasa quel giorno, al solito, alle ore diciotto e mezzo precise; sale la scala interminabile; trae il chiavino; cerca e trova a tasto il buco della serratura; apre; entra. Satanina non è in casa. E dov'è? Ella non suole mai andar fuori a quell'ora. Qualcosa, certamente, dev'esserle accaduta; perché, né la tavola nel salottino da pranzo è apparecchiata, né in cucina c'è alcunché preparato per il desinare: i fornelli, spenti; e tutto in ordine, come a mezzogiorno ha dovuto lasciarlo la servetta che tengono a mezzo servizio, per la spesa

272. *baliatico*: comprende prestazioni e compenso delle balie, regolati per legge.

273-80. *Quando il saltimbanco ... fatto eseguire*: questa similitudine metaforica, con la quale la voce narrante interviene d'un tratto a riassumere e commentare le peripezie biografiche del personaggio, e a preannunciare l'imminenza della piú traumatica fra esse, funziona in una certa misura come un *pivot* narrazionale, come una modulazione della tonalità narrativa. È da qui in avanti, soprattutto, che il registro sterniano e ludico dell'umorismo appare incrinato. Se fin qui ha prevalso nettamente il ridicolo del patetico, con l'esibizione di quel «pagliaccetto gracile, pallido» asservito alla glaciale e imperscrutabile indifferenza del destino-saltimbanco, prende il sopravvento il patetico del ridicolo.

282. *schiumette*: spumiglie, meringhe; pasticcini leggerissimi a base di chiara d'uovo montata a neve.

e la pulizia di casa. Ma che mai può essere accaduto a Satanina? Forse qualche improvvisa chiamata della balia di Dolfino? E sarebbe partita cosí, senza neppure avvertirlo al Ministero? Ridiscende la scala quant'è lunga, per domandare al portinajo qualche notizia; ne domanda anche ai bottegaj lí presso, alla servetta del pigionale che gli sta accanto: nessuno sa nulla. Su, in casa, non può resistere a lungo al contrasto fra la confusione che ha nell'animo e l'ordine e la quiete delle tre stanzette, le quali pare stieno a aspettare, con tutti i mobili, che la placida vita consueta seguiti a svolgersi fra loro. Esce, dapprima senza meta, in cerca; poi si reca al Telegrafo e spedisce alla balia di Dolfino un telegramma d'urgenza, con risposta pagata; seguita a gironzolare, di qua e di là, dove lo portano i piedi, con la testa che gli gira come un molino; e non s'accorge neppure che s'è fatto bujo. Quando gli pare che il telegramma di risposta non possa ormai piú tardare di molto, rincasa con la speranza di trovar su Satanina; ma il portinajo gliela leva subito; e allora egli si sente cosí stanco, cosí stanco, da non saper come fare a risalire ancora una volta tutta quella scala. Come Dio vuole, ci riesce; entra al bujo, al bujo perviene nella camera da letto, al bujo rimane a attendere, sprofondato in una poltrona.

Gli pare a un certo punto che un ronzio strano si sia messo a turbinargli dentro, nel capo, nel ventre, fin nelle piante dei piedi e nei ginocchi, sommovendo, sconvolgendo, attirando nella sua furia pensieri e sentimenti; ma quando, di lí a poco, intronato, si reca alla finestra per spiare se qualche fattorino del Telegrafo si faccia alla porta di casa, s'accorge che quel ronzio turbinoso proviene – eh maledetta! – da una lampada elettrica che s'è stizzita, giú, in mezzo alla via.

All'alba arriva finalmente la risposta della balia – negativa. L'ultimo filo di speranza, cosí, è spezzato.

Poche ore dopo, viene la servetta per far la spesa giornaliera e rimettere in ordine la casa. È una toscanina; tozza, ma svelta; muso duro e linguacciuta.

– Ben alzato!

– Non c'è... – le annunzia, con aria stralunata e con faccia cadaverica, il padrone. – Da jeri.

– Via! O che mi dice?

Il professor Corvara Amidei apre le braccia; poi si cala

298. *pigionale*: inquilino.

pian piano a sedere su una seggiola e rimane lí, come inebetito. Aggiunge:

– Tutta la notte.

– O dove mai la pol'essere andata?

Il professor Corvara Amidei apre di nuovo le braccia.

– Che provi un po', sor padrone, – gli suggerisce allora quella, – che provi un po' a cercarla giú, dove stanno que' certi... 'un so... son forastieri, che fan le pitture. So d'uno che le faceva... 'un so, il ritratto.

Il professor Corvara Amidei si scuote, la guarda un po':

– A lei? Il ritratto a lei? E quando?

– Credevo che lo sapesse. Ma sí! La sora padrona ci andava 'gni mattina, ci andava. E poi, il dopopranzo.

Egli rimane a bocca aperta, poi comincia a passarsi le mani nocchierute su le gambe, pian piano, zitto.

– Vole, sor padrone, che vada giú io a sentire? In due salti... 'onosco lui, il pittore francese.

Egli par che non senta, e la servetta allora scappa via. In capo a pochi minuti è su di nuovo, affocata, ansimante. Appena può trar fiato:

– Eh, mi pareva assai! – esclama. – Ito via, anche lui. Da jeri. Sicché, via, 'oincide.

Il professor Corvara Amidei seguita a star muto, col volto immobile, da ebete, e a passarsi meccanicamente le mani sulle gambe. La servetta sta un pezzo a mirarlo, impietosita, poi esclama tra sé, alludendo alla padrona:

«Imbecille, vah! Poteva starsene qua, col su' sposo che la

336. *la pol'essere*: dialettismo toscano per «può essere».

338. *sor*: signor.

340. *'un so*: non so.

345. *'gni*: ogni, con aferesi dialettale della vocale iniziale, come piú sotto *'gnorantaccia*.

347. *nocchierute*: nodose, ossute.

348. *Vole*: vuole.

349. *'onosco*: conosco, con caduta per aspirazione della gutturale iniziale; come, poco oltre, *'oincide* per «coincide» e *'osí* per «cosí».

351. *affocata*: rossa in viso.

353. *Eh, mi pareva assai!*: Eh, lo dicevo io! L'espressione: «Ah, mi pareva assai! (Lo volevo dire io! Mi pareva impossibile)» è annotata, insieme a numerosi altri idiomatismi toscani (da Pirandello raccolti, secondo Manlio Lo Vecchio - Musti, durante un soggiorno a Montepulciano) nelle due pagine conclusive del cosiddetto *Taccuino di Coazze* (cfr. SPSV, p. 1204).

359. *Imbecille, vah!*: cfr. r. 353 nota. – *su'*: suo.

trattava 'osí perbenino, tranquillo là, poer'omo, come una tartaruga». – Su via, sor padrone, si faccia animo, su! 'un stia 'osí, si dia uno sfogo. 'Gnorantaccia, sa! L'amore... Sa com'è? L'è come il latte messo al foco, che prima si gonfia, poi alza il bollo e scappa via... Su, su, coraggio. Si provi un po' a votarsi il core, sor padrone... 'un stia 'osí!

Ma il professor Corvara Amidei, a queste ingenue, amorevoli esortazioni, tentenna appena il capo; non dice nulla. Non piange, perché non gl'importa di far conoscere che soffre; non vuole intenerire, né chieder conforto o commiserazione. È stupito, in fondo, di non provare tutto quel cordoglio che forse qualche volta aveva pensato di dover provare se Satanina o l'amore di lei, per un caso atroce imprevedibile, gli fossero venuti a mancare. Ed ecco: nulla, invece, nulla. S'aspettava forse che il mondo dovesse crollare, o lui per lo meno restarne fulminato. Ed ecco, invece, nulla, nulla. Egli, ora, può licenziare la serva, pagarle il resto della mesata, rispondere anche alle altre esortazioni ch'ella gli fa nell'andarsene, col suo solito:

– E va bene... E va bene...

Rimasto solo, però, rimessosi a sedere, s'accorge tutt'a un tratto che non ha piú voglia neppure d'alzare un dito, e che il mondo, dunque, davvero è crollato per lui; ma, cosí, quietamente, senza parere. Le sedie stanno lí, l'armadio sta lí, il letto lí... ma per che farne piú, ormai?

Egli ora si stropiccia un po' piú forte le gambe con ambo le mani, istintivamente, perché si sente preso dal freddo, da un freddo curioso, alle ossa, invadente. Ma non si muove. Ripete fra sé quelle poche notizie che gli ha dato la servetta: «*Il ritratto... Il pittore francese... Ci andava ogni mattina...*» E ora comincia a battere anche i denti, seguitando a stropicciarsi piú forte, senza saperlo, le gambe che gli ballano.

359-61. *la trattava 'osí perbenino*: «Trattare perbene» (*Taccuino di Coazze,* in SPSV, p. 1204). – *tranquillo* ... *tartaruga*: anche l'espressione «Tranquillo come una tartaruga» è annotata nel *Taccuino di Coazze* (cfr. SPSV, p. 1204). – *poer'omo*: pover'uomo.

362. *si dia uno sfogo:* il *Taccuino di Coazze* (SPSV, p. 1204) registra: «offrire sfogo a uno». – *'Gnorantaccia*: zoticona.

363-64. *L'è*: È. – *L'è come* ... *scappa via*: cfr. il *Taccuino di Coazze* (SPSV, p. 1204): «Il latte prima si gonfia, poi bolle».

365. *votarsi*: vuotarsi, liberarsi.

Quelle tre idee: del ritratto, del pittore francese e di lei che ci andava ogni mattina, gli si fissano nel cervello, come tre stellette di carta, di quelle che piglian vento e girano. Gli s'annebbia la vista; trema tutto; perde i sensi; casca dalla seggiola, e resta lí.

Siamo nel marzo del 1904. Sono passati nove anni e dieci mesi. Il professor Corvara Amidei non si ricorda piú, quasi, d'essere stato lí lí per morire all'ospedale, allora, dopo quel l'*esercizio ancora piú difficile*. Il pensiero del figlioletto lontano, là, in un paesello della Sabina, lo ha salvato. Ora egli lo ha con sé, Dolfino. Ma il povero ragazzo, che ha già dieci anni e par che li abbia proprio per forza, tirati, tirati su dalle piú minuziose cure del babbo, il povero ragazzo corre ahimè il rischio d'aver la stessa fortuna del padre: o forse no, si spera: perché, cosí gracile, cosí miserino com'è, sembra accenni piuttosto di volersene andare dello stesso male, di cui il babbo fu minacciato da ragazzo, quand'era al seminario.

Dolfino sapeva, fino all'età di otto anni, che la mamma sua era morta nel darlo alla luce; ma, due anni fa, un bel giorno, mentre il padre si trovava all'ufficio, aveva veduto entrare in casa una certa signora vestita alla bizzarra, incipriata, imbellettata, la quale, fra molte lagrime, aveva avuto il piace-

393-94. *stellette ... girano*: le girandole dei bambini.

409-28. *Dolfino sapeva ... violentissima febbre*: il rapporto madre-figlio è di gran lunga la piú delicata fra le relazioni interpersonali che il corpus novellistico racconta e dentro le quali scava. Impossibile sbrigarsene rapidamente. Mi permetto perciò di rinviare a quanto ho già avuto occasione di dirne (cfr. L. Lugnani, *L'infanzia felice*, in *L'infanzia felice e altri saggi su Pirandello*, Liguori, Napoli 1986, pp. 102-65). In questa novella assistiamo a una drammatica narrativizzazione di tale primaria relazione. Dolfino, che ha dovuto in qualche modo assorbire e razionalizzare la morte (presunta) della madre – evento che non è mai né neutro né privo di conseguenze – e appoggiarsi esclusivamente alla vicaria maternità del padre, deve d'un tratto patire due esperienze ugualmente traumatiche: prima l'inattesa resurrezione della madre, la cui epifania, irriconoscibile e stravolta («vestita alla bizzarra, incipriata, imbellettata») quanto si vuole, non può tuttavia non essere accattivante e commovente; poi, senza soluzione di continuità, il simbolico assassinio e strazio della madre, cui assiste atterrito, ad opera della sua vecchia balia. La madre, che fisicamente non è mai morta, muore però sotto gli occhi del figlio addirittura per la seconda volta, e irrimediabilmente. Il testo tace (vorrei dire che non fa in tempo ad esprimere) le emozioni di Dolfino dinanzi all'apparizione del fantasma materno, ma la violenta febbre che assale il ragazzino è la conseguenza del trauma doppio e folgorante che lo ha colpito.

re di assicurargli che non era vero niente, perché la mamma sua, invece, eccola qua, viveva ancora; era lei, proprio lei, che gli voleva bene, oh tanto! e voleva star sempre sempre con lui e curarlo e carezzarlo giorno e notte cosí, come faceva ora, cosí, il figlietto suo bello, il figlietto suo caro.

Se non che, la balia che lo aveva allevato e che, rimasta vedova e sola, era venuta a trovarlo per star con lui, da governante ora e da serva, rientrando in casa con la spesa giornaliera, s'era scagliata addosso a quella femmina, le aveva strappato il ragazzo dalle braccia; e il povero Dolfino, atterrito, aveva sentito ripetere dalla sua balia a colei che si diceva sua madre turpi parole, per cui le due donne eran venute alle mani, e n'era seguita una scena orribile, dopo la quale egli aveva dovuto mettersi a letto, assalito da una violentissima febbre.

Cosmo Antonio Corvara Amidei s'era recato in questura a denunziare quella trista donna, che – non contenta di tutto il male fatto a lui – voleva farne dell'altro al figliuolo innocente.

Satanina, che fin dall'età di diciott'anni, alla morte del padre, voleva andarsene – come si sa – alla ventura, fuggita col pittore francese che le faceva il ritratto, era stata quattr'anni a Parigi, poi a Nizza, poi a Torino, poi a Milano, cadendo man mano sempre piú nel fango. Pochi giorni dopo il suo arrivo a Roma, era stata veduta dal marito, il quale, nello scorgerla in quello stato, quantunque già se lo fosse immaginato, s'era sentito mancare in mezzo alla via ed era stato condotto in una farmacia, sorretto per le ascelle.

Egli era già caduto in mano d'un certo prete sardo, conosciuto a Sassari, per nome don Melchiorre Spanu, il quale s'era fisso il chiodo di ricondurre all'ovile quella pecorella da tant'anni smarrita. Gli dava a leggere, nelle interminabili ore d'ufficio, libri e libri e libri d'argomento religioso; gli dimostrava con le piú lampanti prove che unica e sola causa di tutte le sciagure sofferte era l'indegno modo con cui egli in gioventú s'era regolato con la Santa Madre Chiesa, e che non per nulla, certo, Dio pareva si volesse raccogliere ora nella sede degli angeli e dei beati quel caro ragazzo, quel buon Dolfino: insomma, era un sacro ammonimento, questo, perché il professor Corvara Amidei, l'apostata, rimasto solo, si

453. *apostata*: in quanto aveva rinnegato la fede e volontariamente abbandonato il suo stato ecclesiastico.

fosse indotto a entrare in qualche convento: per esempio, in quello della Trappa, alle Tre Fontane. Santo luogo, santo luogo; quello che proprio ci voleva per far penitenza.

Sentendo questi discorsi, il professor Corvara Amidei si stringeva nelle spalle, protendeva il collo, socchiudeva gli occhi e ripeteva ancora una volta:

– E va bene!

Certi giorni, all'uscita dal Ministero, lo attendevano don Melchiorre Spanu di qua, sui gradini di Santa Maria della Minerva, la moglie di là, appoggiata maestosamente alla ringhiera del Pantheon. I due si lanciavano da lontano occhiatacce fulminanti: il prete, stropicciandosi le dita sul mento e su le guance, dove le ispide punte della barba pareva gli rinascessero ogni volta sotto il raschiamento del rasojo; la donna, con un sogghignetto perfido su le labbra dipinte.

Il professor Corvara Amidei, uscendo ogni sera su la piazza, volgeva uno sguardo obliquo a quella ringhiera, dove di solito si appostava la moglie; ma andava diviato al prete, pur sapendo che quella in Via Piè di Marmo lo avrebbe senza dubbio raggiunto per chiedergli un po' di denaro, ch'egli non sapeva negarle. Le aveva già negato piú volte il perdono, sdegnosamente. A ogni nuovo assalto, per prevenire le rampogne del prete, si accostava a lui, sospirando, con la solita mossa, e stropicciandosi per di piú le mani:

– E va bene! E va bene!

Intanto, era prossima la primavera: stagione piú delle altre nociva ai malati di petto; e il medico aveva consigliato al professor Corvara Amidei di condurre Dolfino al mare, almeno per il primo mese, durante il quale l'aria di Roma sarebbe stata per lui troppo sottile.

Cosí, Cosmo Antonio Corvara Amidei domandò un mese di licenza, e il dí 5 di marzo del 1904 si recò a Nettuno per appigionarvi un quartierino alla vista del mare.

455. *Trappa*: convento di benedettini (trappisti) tenuti a una regola di austerità penitenziale strettissima. – *Tre Fontane*: sede d'un'antica abbazia nella campagna romana (vicino all'attuale zona dell'Eur), sul luogo dove sarebbe stato decapitato san Paolo. Dopo un lunghissimo periodo di abbandono, era stata occupata dai trappisti nel 1868.

471. *diviato*: difilato, dritto.

483. *sottile*: fine, secca.

485. *Nettuno*: località sulla costa tirrenica a sud di Roma.

II. *La pigna.*

La promessa di quel mese di sollievo e di riposo non poteva essere migliore. Era piovuto fino al giorno avanti: ora, con la freschezza del primo limpido sole di marzo, pareva che la Primavera volesse dire: «Son qua».

E veramente, al professor Corvara Amidei, affacciato al finestrino d'una vettura di terza classe, parve d'intravederla, la Primavera, appena uscito dalla stazione: alle porte di Roma, la Primavera, in un non so che di roseo fuggevole e palpitante tra il tenero verde dei prati. Che era? Forse un gruppo di peschi fioriti. Sí sí, eccone un altro, difatti, e un altro, e un altro. La Primavera! Ah da quanto tempo non l'aveva piú veduta cosí, nel suo primo nascere, con quel roseo riso dei peschi!

Trasse un lungo sospiro, e si sentí da quell'aria nuova inebriare, d'una ebrezza cosí limpida e pura, che lo intenerí fino alle lagrime. Gli parve una grazia che la sorte nemica gli volesse concedere quella vista deliziosa, da cui gli veniva una letizia cosí arcana che ora, ecco, non sapeva perché, pur lí presente, gli pareva dei lievi anni lontani della sua fanciullezza, là nell'incanto del suo paese nativo.

E dimenticò allora, per un momento, tutte le sue sciagure, passate e presenti; il figliuolo tanto malato; quella donnaccia che lo disonorava; quel prete che l'opprimeva; la spesa superiore alle sue misere condizioni, alla quale bisognava pur sottomettersi per la speranza, forse vana ahimè, di recar bene a Dolfino; la noja cupa, amara; il peso enorme di quella sua insopportabile esistenza. Di contro a tutto il nero che aveva nell'anima, ecco il verde dei prati, l'azzurro del cielo e quella soave freschezza dell'aria, alito vivo della Primavera. E rimase, incantato, a mirare.

Sí, poteva, poteva esser bella la vita; ma lí, in mezzo a quel

500-6. *Trasse un lungo sospiro ... paese nativo*: cfr. rr. 182-86 nota. In aggiunta a quanto già detto, il passo attualizza un forte e iterato legame sequenziale, riassumibile nei termini di *primavera-rifioritura-ricominciamento*. In esso si riverberano una delle grandi e meno resistibili illusioni e un *topos* letterario codificatissimo (a partire, quantomeno, dal sonetto petrarchesco *Zefiro torna*). Anche nel cavo dei piú profondi stati di angoscia e di soffocamento vitale, la rifioritura primaverile sopraggiunge a spalancare spazi di estatica ebbrezza e ariose vie di fuga lungo le quali appare d'un tratto possibile risalire, con inaudita e rapinosa facilità, a un prima felice, libero e impregiudicato.

517-23. *Sí, poteva ... sua moglie*: riaffioramento limpidissimo, per il tramite dell'opposizione polare fra lo spazio aperto e verde della natura e la chiusu-

verde, all'aperto, dove la sorte crudele, certo, non poteva esercitare, come in città, la sua feroce persecuzione. Di questa persecuzione per le opprimenti vie cittadine, egli aveva quasi un'immagine tangibile: se la sentiva realmente dietro le spalle, come un'ombra orrenda, che lo faceva andar curvo, guardingo, tutto ristretto in sé: sua moglie.

Ne scacciò subito l'immagine, che gli aveva tutt'a un tratto offuscato la dolce visione, e si rimise a mirare. Ecco là i Monti Albani che pareva respirassero nel cielo, lievi, come se non fossero di dura pietra, Monte Cave, con la vetta incoronata di aceri e di faggi, e il vecchio convento e il bosco biancheggiante a mezza costa. Ecco, piú là, Frascati solatia. Al fragore del treno si levò uno stormo di passeri, e un'allodola, in alto, librata sulle ali brillanti, trillò. Il professor Corvara Amidei si ricordò allora della prima proposizione della grammatica latina, che da tanti anni non insegnava piú: *alauda est laeta*. E tentennò il capo. Ora, quasi quasi, gli parevano belli anche i suoi primi anni d'insegnamento, quando però non s'era ancor messo a far casa comune con quel...

– E va bene! – sospirò, turbandosi di nuovo.

Ma fu per poco. Passata la stazione di Carroceto, cominciò a sentir prossimo il mare, e tutta l'anima gli s'allargò, ilare e trepidante, nella viva aspettazione di quella tremula azzurra immensità, che da un momento all'altro gli si sarebbe spalancata davanti a gli occhi. Ah, il suo mare! Da quanto tempo piú non lo vedeva, e che desiderio acuto, intenso, ardente, di rivederlo! Ma eccolo già! eccolo! eccolo! E il pro-

ra opprimente e persecutoria delle vie cittadine (cfr. *La levata del sole*, rr. 174-187), del conflitto insanabile fra città e campagna che percorre senza sosta né eccezioni l'opera pirandelliana. Il miraggio e il modello mitico dello spazio naturale come unico utopico luogo capace, in ragione del suo non essere delimitato da confini e soggetto a vincoli, di far «bella la vita» (ossia di consentire di accostare, senza attriti laceranti e in nome d'una primaria sostanzialità, quel tremendo nome a quel dolce, fuggente attributo), accompagnano dal principio alla fine i personaggi pirandelliani. E, a prescindere dalle tante ragioni per cui l'ombra di Satanina è nel caso particolare l'allegoria vivente della ossidionalità cittadina, a quel miraggio è connessa anche una piú o meno esplicita nostalgia di solitudine e di scioglimento da qualsiasi relazione. Non sarà un caso se, in anni successivi, questo amore per la natura germogliante e verdicante si farà sogno metamorfico e voglia di perdersi nell'immedesimazione con i piú umili ed effimeri aspetti della natura.

533-34. *alauda est laeta*: l'allodola è allegra.

538. *stazione di Carroceto*: scalo posto all'inizio del tratto di ferrovia che, lasciatasi alle spalle la zona collinare dei Colli Albani, corre dritto verso Anzio e il mare.

fessor Corvara Amidei sorse in piedi, tutto tremante dall'emozione, si sporse dal finestrino, e bevve con tanta ansia e tanta voluttà la brezza marina, che n'ebbe una vertigine, e ricadde a sedere su la panca della vettura, con le mani sul volto.

Il treno si arrestò ad Anzio, per pochi minuti, e il professor Corvara Amidei stette con tanto d'occhi a mirare ciò che dalla stazione si scorgeva della bella cittadina, dove non era mai stato. Scese, di lí a poco, alla stazione di Nettuno, ancora stordito e inebriato da quel primo respiro che, rivedendo il mare, aveva tratto proprio dal fondo dei polmoni, come non gli era piú avvenuto da tanto tempo.

Gli scrivani del Ministero gli avevano dato qualche ragguaglio del paese. Si recò nella piazza principale, e domandò dove avrebbe potuto trovare un quartierino modesto, di poca spesa, alla vista del mare. Gli fu indicato un villinetto lí sotto la piazza, a destra, su la spiaggia. Era veramente un po' troppo caro per lui quel quartierino; ma, pazienza! La finestra della cameretta posta sul davanti, verso lo spiazzo, di fronte alla caserma dei soldati d'artiglieria che venivano in distaccamento per le esercitazioni di tiro, era appena all'altezza d'un mezzanino: quella della camera prospiciente il mare, all'altezza d'un secondo piano. E il mare, di qua, pareva proprio che volesse entrare in casa; non si vedeva altro che mare. Il professor Corvara Amidei pagò la caparra al proprietario, gli disse che sarebbe venuto a prender alloggio la mattina dopo, e scese sulla spiaggia.

Dirimpetto al villino, dal lato di ponente, sorgeva e s'avanzava fin nel mare, maestoso, l'antico castello sansovinesco, annerito dal tempo. Salí su la scogliera sotto il castello, e lí rimase per piú di un'ora stupefatto, a contemplare. Vide in fondo al mare levarsi azzurrino, quasi fragile, Monte Circello, come un'isola aerea, e piú qua, seguendo la riviera, il Castello di Stura; vide prossimo, a destra, il porto d'Anzio, popolato di navi, nereggiante per il traffico del carbone, e poi la sterminata distesa delle acque, riscintillante al sole, cosí placida, che sulla spiaggia s'arricciava appena, silenziosa-

550. *Anzio*: il promontorio di Anzio dista appena qualche chilometro da Nettuno.

573-74. *sansovinesco*: dallo stile architettonico simile a quello caratteristico di Jacopo Tatti detto il Sansovino (1486-1570).

576-77. *Monte Circello ... aerea*: si tratta del promontorio di Monte Circeo, che si staglia sul mare.

mente. Quando alla fine poté scuotersi dal fascino di quello spettacolo, si recò a prendere un boccone; poi, sapendo che prima delle cinque non avrebbe trovato alcun treno per ritornare a Roma, pensò d'occupare le tre ore che aveva innanzi a sé in una visita al magnifico parco dei Borghese, a mezza via tra Anzio e Nettuno.

Non ricordava d'aver mai passato un giorno piú delizioso di quello in vita sua; si sentiva beato entro quel precoce, voluttuoso tepor primaverile, col mare di qua, sotto lo scoscendimento dell'altipiano, e il verde dei campi e dei boschi dall'altra parte. Il cancello del parco era aperto; e il professor Corvara Amidei s'avviava, ammirato, per uno dei viali in pendio, quando si sentí chiamare da una nanerottola che gli correva dietro come una papera:

– Ehi! ehi! Si paga... si paga il biglietto!

Cinque soldi. Li pagò, quantunque si fosse proposto di limitarsi nelle spese. E riprese a vagare per quei viali profondi, deserti, ombrosi, come in un sogno. In un sogno parevano veramente assorti quegli alberi maestosi, nel silenzio che il canto degli uccelli non rompeva, ma rendeva anzi piú misterioso. Gli avevano detto che in quel parco quasi abbandonato c'erano molti usignuoli. Gli parve, ascoltando, di sentirne cantare uno, in fondo, e s'internò da quella parte. Si trovò, dopo un lungo tratto, in una meravigliosa pineta. I fusti altissimi, diritti, davan l'immagine di colonne d'un tempio gigantesco; le fitte corone, lassú, eran confuse ed escludevano del tutto lo sguardo dalla vista del cielo. Pareva che la pineta avesse una sua propria aria, cuprea, insaporata di quella frescura d'ombra speciale delle chiese.

Il professor Corvara Amidei non seppe andar piú oltre. Si tolse, quasi istintivamente, il cappello, e sedette per terra; poi si sdrajò.

Da molti e molti anni, fra una grave sciagura e l'altra, i diuturni dolori gli avevano quasi vestito la mente d'una scorza di stupidità; le cure affannose, minute, gli avevano impedito di levar lo spirito a quelle considerazioni che in gioventú lo avevano travagliato fino a fargli perdere per un momento la ragione e poi la fede. Ora, in quel giorno di tregua, essendo finalmente riuscito a intravedere come si potesse davvero sentir la gioja di vivere, ebbe la cattiva ispirazione di

604. *s'internò*: si addentrò.
609. *cuprea*: del colore del rame.

provarsi di nuovo a penetrare nel folto di quelle antiche considerazioni. E si domandò perché mai egli, che non aveva mai fatto per volontà male ad alcuno, doveva esser cosí bersagliato dalla sorte; egli, che anzi s'era inteso di far sempre il bene; bene lasciando l'abito ecclesiastico, quando la sua logica non s'era piú accordata con quella dei dottori della chiesa, la quale avrebbe dovuto esser legge per lui; bene, sposando per dare il pane a un'orfana, la quale per forza aveva voluto accettarlo a questo patto, mentr'egli onestamente e con tutto il cuore avrebbe voluto offrirglielo altrimenti. E ora, dopo l'infame tradimento e la fuga di quella donna indegna che gli aveva spezzata l'esistenza, ora quasi certamente gli toccava a soffrire anche la pena di vedersi morire a poco a poco il figliuolo, l'unico bene, per quanto amaro, che gli fosse rimasto. Ma perché? Dio, no: Dio non poteva voler questo. Se Dio esisteva, doveva coi buoni esser buono. Egli lo avrebbe offeso, credendo in lui. E chi dunque, chi dunque aveva il governo del mondo, di questa sciaguratissima vita degli uomini?

Una pigna. Come? Sí: una grossa pigna, staccandosi in quel momento dai rami lassú, piombò, a guisa di fulminea risposta, sul capo del professor Corvara Amidei.

Rimase il pover uomo a giacere, quietamente, privo di sensi, quasi fulminato. Quando poté riaversi, si trovò in una pozza di sangue. E ne perdeva ancora, da una bella ferita, che dal sommo del capo gli andava giú giú dietro l'orecchio. Ancor tutto intronato, riuscí a levarsi in piedi e a grande stento si trascinò fino al cancello della villa. La nanerottola di guardia, nel rivederlo in quello stato, col volto tutto imbrattato di sangue, strillò, inorridita:

– Gesú! Che ha fatto?

Egli levò un braccio tremolante e contrasse il volto in una smorfia, tra di spasimo e di riso:

– La... la pigna, – balbettò, – la pigna che governa il mondo... già!

«È matto!» pensò quella e, spaventata, s'affrettò a chiamare il boaro della latteria annessa alla villa, perché con l'ajuto d'uno dei ferrovieri che stavano lí presso al cancello a riattare la linea, quel disgraziato fosse condotto al vicino Sanatorio Orsenigo dei Fate Bene Fratelli.

Qua il professor Corvara Amidei fu prima raso, poi medi-

658. *boaro*: bovaro, bifolco.

cato con sette bei punti di cucitura, e infine fasciato. Aveva fretta; temeva di perdere il treno. Il medico, sentendo ch'egli doveva mettersi in viaggio, volle abbondare in cautela, e gli combinò allora con le bende una specie di turbante, il quale gl'impedí d'assettarsi il cappello sul capo. Quando fu pronto, Cosmo Antonio Corvara Amidei si strinse nelle spalle, si provò pian piano a protendere il collo e, socchiudendo gli occhi, sospirò ancora una volta:

– E va bene!

III. *Il vento.*

«Tu, cara Primavera, non vedo perché debba proprio quest'anno venire innanzi al dí che gli uomini ne' loro calendarii t'assegnano per il ritorno. L'Inverno è stato piuttosto mite, e vorrebbe, prima di spirare, fare almeno un po' di guasto: è nel suo diritto; vorrebbe che tu, per esempio, gli lasciassi il tempo di scaricarsi di qualche temporaletto che l'addoglia; ma se questo non ti garba perché temi che ti sporcheresti i rosei piedini, trovando troppo imbrattate le campagne e le vie della città per il tuo ingresso trionfale; egli ti fa sapere che è ancor tutto gonfio di vento, povero vecchio, e ti prega che sii contenta di fargli, se non altro, buttar fuori questo, che ti snebbierebbe anche l'aria ben bene e ti spazzerebbe le terre dalle sudicerie che v'ha fatto. Renderesti un gran piacere a lui e uno grandissimo a me, che proteggo tanto, se tu sapessi, un brav'uomo, fin da quand'egli è nato. Figurati, per dirtene una, che jeri, mentre egli si beava di te, steso a pancia all'aria nella pineta d'un bel parco, mi son divertita a fargli cadere in testa una pigna bella grossa e dura, che avrebbe potuto anche accopparlo, eh altro! ma io non ho voluto. Sai bene che porto nello stemma un gatto che scherza col topolino e non l'uccide».

Come letta in altro tempo in un libro antico, perché la crudeltà ne apparisse piú raffinata, se la ripeteva tra sé e sé, da quindici giorni, Cosmo Antonio Corvara Amidei, quella bellissima preghiera che certamente la sua buona sorte aveva dovuto rivolgere alla Primavera, e che questa – manco a dirlo – aveva subito accolto. Era ancora col turbante in capo, e se ne stava alla sponda del lettuccio di Dolfino, il quale, da che era sceso alla stazione di Nettuno, gli si consumava nel lento cociore della febbre, anche di giorno. Prima, almeno, a Roma l'aveva soltanto di notte, la febbre.

E vento, e vento, e vento! Da quindici giorni non cessava un minuto, né dí né notte. Fischiava, mugolava, ruggiva in tutti i toni, ed era in certe scosse lunghe e tremende di tanta veemenza, che pareva volesse schiantar le case e portarsele via. Pareva: perché poi, in realtà, si portava via soltanto qualche tegola, abbatteva qualche albero o qualche palo telegrafico e infrangeva qualche vetro. Si divertiva poi a rendere furioso il mare, perché si ripigliasse la spiaggia, e venisse a rompersi fragoroso e spaventevole contro le mura delle case.

Al professor Corvara Amidei sembrava di trovarsi su una nave assaltata e sbattuta dalla tempesta. Il povero Dolfino n'era atterrito, e lui non trovava piú modo a confortarlo con qualche parolina, perché quel mugolo del vento, piú che il fragore del mare, gli toglieva, non che la voce, ma finanche il respiro, gli torceva dentro le viscere, gli dava un'angoscia rabbiosa, e muta, che trovava solo, di tanto in tanto, un po' di sfogo involontario nella gola della povera balia, la quale, per compir l'opera, s'era ammalata d'angina e doveva starsene a letto, anche lei.

– Piano, per carità, signorino mio! – pregava quella, appena se lo vedeva davanti, come una fantasima, con la boccetta dell'acido fenico in una mano e il pennello nell'altra. – Piano, per carità!

Si metteva a sedere sul letto e spalancava la bocca, che pareva un forno arroventato.

Il professor Corvara Amidei non voleva far forte; ma, ogni volta, come se la veemenza del vento che s'abbatteva ai vetri gli spingesse il braccio, lasciava andare certe spennellature, che a quella poveretta per miracolo non schizzavan gli occhi dal capo.

– Sputate! Sputate!

E se ne tornava accanto a Dolfino, con una fissità truce negli occhi, mentre la boccetta dell'acido fenico gli tremava in mano. Acido fenico... veleno... ma troppo poco, troppo poco e diluito... non sarebbe certamente bastato... E poi, del resto, come lasciar Dolfino in quelle condizioni? No, via! La tentazione però era forte. Quel vento lo faceva impazzire.

701. *cociore*: bruciore, arsura.

724. *acido fenico*: fenolo (composto estratto dagli oli ottenuti dal carbon fossile), usato, in soluzione, come disinfettante.

– Villeggiatura!... – borbottava tra sé.

Già metà del mese era passata. La spesa in piú del fitto, la mancanza dei comodi di casa, l'aggravamento del male di Dolfino, la malattia della serva: ci aveva guadagnato questo. E poi, ancora un po' di pazienza: bisognava che si facesse tutto da sé: lui accendersi il fuoco, lui andar per la spesa, lui apparecchiar da mangiare... E non poter condurre, neanche per un minuto, il ragazzo sulla spiaggia; vedersi lí, in quelle tre stanzette, imprigionato, assediato dal mare e dal vento.

Troppo, eh?

– *Tin tin tin* – piano piano, alla porta.

– Chi è?

Ma lei, Satanina, si sa! venuta in groppa a quel vento; Satanina, la buona mammina, che vuole a tutti i costi rivedere il figliuolo malato.

Entra, si precipita, cade in ginocchio ai piedi del professore, il quale indietreggia sbalordito; gli s'aggrappa alla giacca, gridando, scarmigliata:

– Cosmo! Cosmo, per carità! Lasciami veder Dolfino mio! Perdonami! Salvami! Abbi compassione di me!

E scoppia, cosí gridando, in un pianto dirotto, in un pianto vero, di lagrime vere, senza fine, e in singhiozzi anche, in singhiozzi non meno veri, che la scuotono tutta; e non si leva da terra, e si nasconde la faccia con le mani, seguitando a implorare:

– Bacerò, bacerò la terra, dove tu metti i piedi, Cosmo, se tu mi perdoni, se tu mi salvi! Non ne posso piú! Voglio esser tutta del mio Dolfino, ora! Lasciamelo assistere, curare, per carità!

Cosmo Antonio Corvara Amidei casca a sedere su una seggiola, si nasconde il volto con le mani anche lui, benché in quella cameretta, veramente, per l'ombra della sera sopravvenuta, non ci si veda quasi piú. Suona la campana dell'Avemaria.

– *Ave Maria...* – dice forte, apposta, la balia dal letto, cominciando la preghiera, per sottrarre il padrone alla tentazione.

E Dolfino chiama dall'altra camera in fondo, sbigottito:

– Papà... papà...

Allora Satanina, come sospinta da una susta, scatta in piedi e corre dal figliuolo.

779. *susta*: molla.

Il professor Corvara Amidei rimane inchiodato su la sedia. Gli giungono dalla camera di Dolfino le tenere espressioni d'affetto che colei rivolge al figliuolo, il suono dei baci che gli dà. Gli sembra che d'improvviso un gran silenzio si sia fatto intorno, un silenzio misterioso, di fuori, come di tutto il mondo. Si toglie le mani dal volto e resta attonito, ad ascoltare. Un vetro si scuote, appella appena, alla finestra. Ah, il vento – ecco – il vento è cessato. E come mai? Si reca dietro la vetrata a guardare la via illuminata di là dal prossimo giardino annesso alla casa degli ufficiali. Sí, il vento è cessato, tutt'a un tratto. Si odono le voci degli ufficiali che escono allegri dalla mensa. Ma Dolfino è ancora al bujo, in camera, con colei; e il professor Corvara va per accendere la candela.

– Lascia, faccio io! – gli dice subito Satanina. – Il lume dov'è? di là?

E scappa a prenderlo, premurosa.

– Papà, – dice allora Dolfino, piano piano, – papà, io non la voglio... Fa troppo odore...

– Zitto, figliuolo mio, zitto...

– Papà, dove ti corichi tu? Per lei non c'è letto... Tu devi coricarti qui, papà, senti? accanto a me...

– Sí, bello mio, sí... Sta' zitto, sta' zitto...

Silenzio. E perché non torna Satanina? Non trova forse il lume? Che fa? Il professor Corvara Amidei tende l'orecchio; poi avverte un fresco insolito alle gambe, come se colei di là avesse aperto la finestra. Possibile?

Si leva dalla sponda del letto e va, al bujo, in punta di piedi, a origliare, fino all'uscio della camera che ha la finestra bassa sullo spiazzo, davanti la caserma. Satanina sta affacciata a quella finestra e parla sottovoce con qualcuno giú. Come! Con chi? Ah, spudorata! Ancora? Cosmo Antonio Corvara Amidei si stringe in sé, felinamente, le si accosta, senza fare il minimo rumore, e – quando le sente dire all'ufficiale che sta lí sotto: «*No, Gigino, stasera no: non è possibile. Domani... domani, immancabilmente...*» – si china, l'abbranca per i piedi, e giú! la rovescia dalla finestra, gridando:

816-19. *si china, l'abbranca ... se la pigli!*: in termini realistici, si tratta per un verso di tentato uxoricidio e per l'altro di gettare (alla lettera) la moglie in braccio a un amante. Ma il rovesciamento umoristico (che riceve la sua sanzione verbale al r. 831) esclude entrambe queste sintesi drammatiche: la inutile e tardiva vendetta del protagonista, e con essa la sua soffocata angoscia, so-

– Signor tenente, se la pigli!

Al doppio urlo che gli risponde di sotto, dell'ufficiale e della precipitata, egli si ritrae, raccapricciato, in preda a un tremor convulso di tutto il corpo: si prova a richiuder le imposte, ma non può, poiché dallo spiazzo nuove grida si levano, di soldati, di ufficiali, d'altra gente accorsa. Traballando, col passo legato, si trascina fino alla camera del figlio, ribellandosi ferocemente alla balia che, saltata dal letto in camicia, a quegli urli, vorrebbe trattenerlo per sapere che ha fatto, che è stato.

– Nulla... nulla... – risponde lui, fremebondo, abbracciando il figliuolo sul letto. – Nulla... non ti spaventare... Una tegola... una tegola sul capo a un tenente.

Bussano furiosamente alla porta. La balia scappa a infilarsi una sottana, corre ad aprire: un fiume di gente, soldati e ufficiali allagano vociando la casa ancora al bujo, dietro a due carabinieri e al delegato.

– Abbiano pazienza, accendo il lume... – balbetta la balia, spaventata.

Cosmo Antonio Corvara Amidei si tiene stretto con tutte e due le braccia Dolfino, che s'è inginocchiato sul letto.

– Via! Venite con me! – gli grida il delegato.

Egli si volta a guardarlo. Sotto il turbante delle fasce, quella faccia da motto con gli occhiali incute sgomento e orrore alla folla che ha invaso la camera.

– Dove? – domanda.

– Con me! Senza storie! – gli risponde, brusco, il delegato, prendendolo per una spalla.

– Va bene. Ma questo figlio? – domanda lui, di nuovo. – È malato. A chi lo lascio? Sappia, signor delegato...

– Via! via! via! – lo interrompe questi, con violenza. – Vostro figlio sarà condotto al Sanatorio. Voi venite con me!

Il professor Corvara Amidei rimette a giacere Dolfino che trema tutto dallo spavento; lo esorta pian piano a far buon animo: ché non è nulla, ché presto ritornerà a lui; e se lo bacia quasi a ogni parola, rattenendo le lagrime. Uno dei carabinieri, spazientito, lo agguanta per un braccio.

– Anche le manette? – domanda il professor Corvara Amidei.

no irreparabilmente ridicole; «una tegola sul capo a un tenente» è solo una metafora buffa.

840. *delegato*: funzionario di polizia.

852-53. *far buon animo*: farsi coraggio.

Ammanettato, si china su Dolfino, di nuovo, e gli dice:

– Figlio mio, questi occhiali...

– Che vuoi? – gli chiede il ragazzo, tremando, atterrito.

– Strappameli dal naso, bello mio... Cosí... Bravo! Ora non ti vedo piú...

Si volge verso la folla, ammiccando e scoprendo, nella contrazione del volto, i denti gialli; si stringe nelle spalle, protende il collo, ma l'angoscia gli serra troppo la gola, e non può ripetere anche questa volta:

– E va bene!

865-67. *ma l'angoscia ... E va bene!*: il nodo alla gola che ammutolisce Cosmo Antonio, è anche lo scioglimento della storia, il suo affacciarsi conclusivo sul silenzio. L'inferibile finale tragicamente serio viene adombrato, ma non raccontato.

Volare

Cortesemente la morte, due anni fa, le aveva fatto una visitina di passata:

– No, comoda! comoda!

Solo per avvertirla che sarebbe ritornata tra poco. Per ora, lí, da brava, a sedere su quella poltrona; in attesa.

Volare. Con il titolo *La volata*, fu stampata la prima volta il 30 giugno 1907 sulla «Rivista popolare di politica, lettere e scienze sociali», e col titolo definitivo entrò poi a far parte del quarto volume delle «novelle per un anno», *L'uomo solo* (Bemporad, Firenze 1922). Manlio Lo Vecchio-Musti e Angelo Sodini, curatori, nel 1937-38, di L. Pirandello, *Novelle per un anno*, 2 voll., Mondadori, Milano (nella famosa Collezione «Omnibus»), poterono fornire, per i testi di cinque volumi dell'edizione fiorentina di Bemporad (cioè *La rallegrata*, *L'uomo solo*, *La mosca*, *Donna Mimma* e *Il viaggio*), una lezione «definitiva» predisposta da Pirandello in vista della nuova edizione. Il testo è dunque quello fornito dai curatori della mondadoriana del 1937.

1-146. *Cortesemente la morte ... Eccole là*: non si può non notare il punto di vista assai particolare che l'istanza di narrazione assume in questa prima parte del racconto, occupata da una ampia analessi di recupero memoriale che, dal presente evocato in apertura attraverso l'opposizione a distanza «due anni fa» / «Ora, invece» torna, dopo una vasta voluta che risale a ritroso nel tempo, al presente ostensivo di «Eccole là». L'intero segmento narrativo è manifestamente focalizzato sulla signora Maddalena, il cui sguardo disincantato sull'attualità si compone anche delle stremate razionalizzazioni indotte dalla sua ottica retrospettiva. E l'incipit, poi cassato, della prima stampa, non lascia dubbi al proposito: «Credere, non credeva piú a niente. Neanche al diavolo credeva; perché, nella disperazione, anche a fare il male si sarebbe messa, da giovane – eh, altro! – se il diavolo l'avesse ajutata. Per qual ragione, dunque, seguitava a trascinare quell'esistenza insopportabile?». Ma c'è di piú: la inaugurale predominanza del discorso indiretto libero, con le sue frequenti impuntature interiettive e interrogative, offre all'ascolto del lettore una voce narrante che aderisce perfettamente e senza scollature a quell'ottica interna, tant'è che il trasporto alla prima persona sarebbe un'operazione estremamente facile. Dire, come pure è giusto, che è il narratore a parlare e il personaggio a vedere, sembra persino poco: il narratore non fa altro che dar voce e parola al soliloquio interiore del personaggio. Si vorrebbe dire che, paradossalmente, pare non esserci nessuno a parlare: ci sono solo la signora Maddale-

Ma come, Dio mio? Cosí, senza piú forza neanche di sollevare un braccio?

Brodi consumati, polli, che altro? Latte d'uccello; lingue di pappagallo...

Cari, i signori medici!

Prima che questo male la assolasse cosí, poteva almeno ajutare un poco le due povere figliuole, recandosi a cucire a giornata ora da questa ora da quella signora, che le davano da mangiare e qualche soldo; piú per carità che per altro, lo capiva lei stessa. Non ci vedeva quasi piú; le dita avevano perduto l'agilità, le gambe la forza di mandare avanti il pedale della macchina. Eh, ci galoppava, prima, su un pedale di macchina! Ora, invece...

Niente quasi, quel che portava a casa; ma pure poteva dire allora di non stare del tutto a carico delle figliuole. Le quali lavoravano, poverine, dalla mattina alla sera, la maggiore a bottega, la minore a casa: astucci, scatole, sacchettini per nozze e per nascita: lavoro fino, delicato; ma che non fruttava quasi piú nulla ormai. Figurarsi che la maggiore, Adelaide, nella bottega dov'era anche addetta alla vendita e alla cassa, tirava in tutto tre lire al giorno. Guadagnava un po' piú la minore, col lavoro a cottimo; ma non trovava da lavorare ogni giorno, Nené.

Tutt'e tre, insomma, riuscivano a mettere insieme appena appena tanto da pagar la pigione di casa e da levarsi la fame; non sempre.

Ma ora, al principio di quell'inverno, anche Adelaide s'era ammalata, e come! Veramente avvertiva da un pezzo quello spasimo fisso alle reni; ma finché s'era potuta reggere, non ne aveva detto nulla. Poi le si erano gonfiate le gambe e aveva dovuto farsi vedere da un medico.

– Dottore, che è?

Niente. Cosa da nulla. Nefrite. State a letto tre o quattro mesi, ben riguardata dal fresco, con una bella fascia di lana attorno alla vita; letto, lana e latte; latte, lana e letto. Tre *elle*. La nefrite si cura cosí.

Quel guadagno fisso, su cui facevano il maggiore assegna-

na a pensare e una macchina sensibilissima capace di trasformare il flusso della sua coscienza in segno verbale.

11. *la assolasse*: la atterrasse (secondo la variante attestata dalla prima stampa e interpretando *assolare* come derivato da *suolo*).

27. *cottimo*: retribuzione non fissa, corrisposta in proporzione alla quantità di lavoro effettivamente eseguito.

38. *Nefrite*: malattia infiammatoria a entrambi i reni.

mento, era venuto per tanto a mancare. E allegramente! La padrona della bottega aveva promesso di serbare il posto ad Adelaide, e che intanto, per tutto il tempo della malattia, non avrebbe fatto venir meno il lavoro a Nené. Ma con un pajo solo di mani che poteva fare adesso questa povera figliuola, cresciute le spese per la cura di due malate?

Tutto quello che avevano potuto mettere in pegno, lo avevano già messo. Fosse morta lei, almeno, vecchia e ormai inutile! Adelaide, dal letto, pur con quel tarlo alle reni, ajutava la sorella, incollava i cartoncini, li rifilava. Ma lei? Niente. Neanche la colla in cucina poteva preparare. Doveva rimanere lí, per castigo, lei, su quella poltrona, ad affliggere le due figliuole con la sua vista e i suoi lamenti. Perché si lamentava, anche, per giunta! Sicuro. Certi lamenti modulati, nel sonno. La debolezza – bestialmente – la faceva lamentare cosí, appena socchiudeva gli occhi. Per cui si sforzava di tenerli quanto piú poteva aperti.

Ma che bello spettacolo, allora! Pareva una tomba, quella camera. Senz'aria, senza luce, là, a mezzanino, in una delle vie piú vecchie e piú anguste, presso Piazza Navona. (E dalla piazza, piena di sole nelle belle giornate, arrivavano in quella tomba gli allegri rumori della vita!)

Avrebbe tanto desiderato, la signora Maddalena, d'andare ad abitar lontano lontano, magari fuor di porta, non potendo dove sapeva lei. Si sarebbe contentata anche su ai quartieri alti, magari in una stanza piú piccola, ma non cosí oppressa dalle case di rimpetto. Lí però eran piú basse le pigioni, e vicina la bottega ove Adelaide doveva recarsi ogni mattina; quando vi si recava.

Tre lettini, in quella camera, un cassettone, un tavolino, un divanuccio e quattro sedie. Puzzo di colla, tanfo di rinchiuso. La povera Nené non aveva piú tempo, e neanche voglia, per dir la verità, di fare un po' di pulizia. Sul cassettone, ci si poteva scrivere col dito, tanta era la polvere. Stracci e ritagli per terra. E lo specchio, su quel cassettone, fin dall'estate scorsa, tutto ricamato dalle mosche. Ma se non si curava piú neanche della sua persona, quella povera figliuola...

Eccola là, tutta sbracata, senza busto, in sottanina e col

52. *rifilava*: tagliava a filo, per pareggiarne i margini.
67. *dove sapeva lei*: al camposanto.
80. *sbracata*: discinta, sciatta. – *busto*: cfr. *Acqua amara*, p. 125, r. 193 nota. – *sottanina*: sottoveste corta.

corpetto sbottonato, e i capelli spettinati che le cascavano da tutte le parti. Ma che seno e che respiro di gioventú!

S'era forse ingrassata un po'; ma era pur tanto bellina ancora! Un po' meno, forse, della sorella maggiore, che aveva un volto da Madonna, prima che il male glielo gonfiasse a quel modo. Ma ormai Adelaide aveva trentasei anni. Dieci di meno, Nené, perché tra l'una e l'altra c'erano stati tre maschi che il buon Dio aveva voluti per sé. I maschi, che avrebbero potuto sostener la casa e formarsi facilmente uno stato, morti; e quelle due povere figliuole, invece, che le avevano dato e le davano tuttora tanto pensiero, quelle sí, le erano rimaste. E non trovare in tanti anni da accasarsi, belline com'erano, sagge, modeste, laboriose. Eppure, oh, se ne facevano, di matrimonii! Quanti sacchetti, quante scatoline ogni giorno! Ma li facevano per le altre, i sacchetti e le scatoline, le sue figliuole.

Uno solo s'era fatto avanti, l'inverno scorso: un bel tipo! Vecchio impiegato in ritiro, tutto ritinto, doveva aver messo da parte – chi sa come – una buona sommetta, perché prestava a usura. Nené aveva detto di sí, solo per farle chiudere gli occhi meno disperatamente. Ma poi s'era presto capito che tanta voglia di sposare colui non la aveva, e che invece... Ma sí, tutt'a un tratto, s'era sparsa la voce che lo avevano messo dentro per offese al buon costume.

Cosí vecchio, e cosí... Ma già, il mondo, tutto rivoltato! E non aveva avuto il coraggio di ripresentarsi, dopo tre mesi, appena uscito dal carcere? Prima nero come un corvo, e ora biondo come un canarino... Per poco Nené non gli aveva fatto ruzzolar le scale. Eppure ancora, laido vecchiaccio sfrontato, la seguiva e la infastidiva per via, quand'ella si recava a lasciare a bottega i sacchettini e le scatolette o a prender le commissioni.

Piú che per Adelaide la signora Maddalena sentiva pietà per questa piú piccola. Perché Adelaide, almeno, da ragazzina, aveva goduto, mentre Nené era nata e cresciuta sempre in mezzo alla miseria.

81\. *corpetto*: giacchettino femminile, corto e molto attillato.

92\. *E non trovare ... da accasarsi*: il motivo dello zitellaggio femminile per malasorte e, piú spesso, per mancanza di dote, è ricorrente, ed è uno dei non molti motivi a base, per cosí dire, sociologica, dell'universo narrativo di Pirandello. Se ne possono trovare attualizzazioni variate fin da *Le tre carissime* e da *La signorina* (1894) e poi in *Senza malizia* e *Pallino e Mimí* (1905), *Il libretto rosso* (1911), *Il buon cuore* (pubblicata postuma).

100-1\. *chiudere gli occhi*: morire.

Di tratto in tratto la signora Maddalena alzava gli occhi a un ritratto fotografico ingiallito e quasi svanito, appeso in cornice alla parete di faccia; e, contemplando quella figura d'uomo zazzeruto, tentennava amaramente il capo.

Lo aveva sposato per forza. Ai suoi tempi, quel tomo lí, era stato un famoso baritono buffo.

Da giovane lei aveva studiato canto, perché aveva una bellissima voce di soprano sfogato. Faceva all'amore, allora, con un giovanotto che forse l'avrebbe resa felice. Ma la madre, donna terribile, un giorno – rimedio spiccio – l'aveva schiaffeggiata pulitamente al balcone, *coram populo*, mentre stava in dolce corrispondenza con l'innamorato seduto sul balcone dirimpetto.

Aveva esordito a Palermo, prima del 1860, al *Carolino*, e aveva fatto furore. Eh, altro... Ma quell'uomo là con la zazzera, che cantava con lei, innamorato cotto, l'aveva chiesta subito in moglie. E subito, appena sposati, le aveva proibito di seguitare a cantare. Per gelosia, pezzo d'imbecille! Sí, guadagnava tesori, lui, è vero, e la teneva come una regina, ma sempre incinta, e senza casa, di città in città, con un esercito di casse e di fagotti appresso. E i denari, com'erano entrati, eran volati via. Poi lui s'era ammalato, aveva perduto la voce di baritono buffo, e buonanotte ai sonatori! Lui, morto in un ospedale; e lei rimasta in mezzo alla strada con cinque figliuoli, tutti piccini cosí.

Non solo il corpo, ma pure l'anima si sarebbe venduta per dar da mangiare a quei piccini. Aveva fatto di tutto; anche da serva, tre mesi; poi, i tre maschietti le erano morti fra gli stenti; e quelle due femminucce se le era tirate su, non sapeva piú come neanche lei. Eccole là.

– Piove, Nené?

– Piove.

Da quindici giorni pioveva, signori miei, senza smettere un momento. E per l'umidaccio che la acchiappava subito alle reni, Adelaide, ecco, non si poteva tenere neppure a sedere sul letto.

121. *quel tomo lí*: quel bel tipo.

122. *buffo*: specializzato nell'interpretazione dell'opera buffa (o giocosa).

124. *voce di soprano sfogato*: voce di soprano di notevole estensione, capace di abbracciare piú registri.

127. *pulitamente*: con squisita finezza (detto ironicamente). – *coram populo*: davanti a tutti.

130. *Carolino*: teatro palermitano cosí denominato in onore di Maria Carolina d'Austria, consorte del re Ferdinando di Borbone.

Oh! sonavano alla porta. E chi poteva essere con quella bella giornata?

La signora Elvira, che piacere!, la padrona della bottega d'Adelaide. S'era incomodata a venir lei stessa a pagare fino in casa la settimana? Quanta bontà... No?

– No, care mie, – prese a dire la signora Elvira, deponendo nelle mani di Nené l'ombrello sgocciolante e poi un fazzoletto e poi la borsetta, per tirarsi su e commiserare le sue sottane zuppe da strizzare.

In gioventú, una trentina d'anni fa, si doveva esser molto compiaciuta di se stessa, quella signora Elvira, se con tanta ostinazione aveva voluto conservarsi tal quale, coi capelli biondi d'allora e il roseo delle guance e il rosso delle labbra e quella ridicola formosità del busto e dei fianchi. Sapendo di non poter piú ingannare nessuno e neanche se stessa, si ritruccava quella sua povera maschera sciupata con violento dispetto per rappresentare almeno per qualche momento, di sfuggita, davanti allo specchio quella lontana immagine di gioventú passata invano, ahimè. Se non che, certe volte, se ne dimenticava; e allora il contrasto fra quella truccatura di rosea zitellina e la sguajataggine della vecchia inacidita, strideva buffissimo e sconcio.

– No no, care mie, – seguitò. – Bontà, scusate, bontà fino a un certo punto! Se non mi sfogo, schiatto. Dov'è la tasca? Eccola qua! Leggi, leggi tu, anima mia; leggi qua!

– Che cos'è? – domandò la signora Maddalena dalla poltrona, costernata.

La signora Elvira porse a Nené una lettera e rispose con le mani per aria:

– Che cos'è? Centoquattordici lire di ritenuta! Bisogna che mi vuoti il cuore dalla bile, o schiatto! Sono parti da fare a una come me? Ma dico... Lo sa Dio quel che sto patendo per voi a bottega, per serbare il posto a Lalla, e tu intanto, anima mia, qua... centoquattordici lire di ritenuta? Impazzisco.

– Ma che c'entro io? – fece Nené.

– Che c'entri tu? – rimbeccò pronta quella. – E il lavoro chi l'ha fatto?

– Non io sola.

– Tu per la maggior parte; tu che vuoi prendertene sempre piú di quello che puoi fare! Ed ecco che ne viene. Hai visto? Piombi la sera tardi a bottega, approfitti che non ho

176. *schiatto*: crepo, scoppio.
182. *ritenuta*: trattenuta sul compenso dovuto.

tempo di vedere e che mi fido di te... Ah, cara mia, no! Io non le pago. Centoquattordici lire? Fossi matta! Ci ho colpa anch'io, che non ho sorvegliato. Pagheremo, metà io, metà tu.

– E con che pago io? – fece Nené, quasi ridendo.

– Me lo sconti col lavoro, – rispose la signora Elvira. – Oh bella, toh! Cominciando da questa settimana.

– Signora Elvira...

– Non sento ragioni!

– Ma guardi come siamo tutt'e tre! Se ci toglie... Domani viene il padron di casa per la pigione...

– E tu non gliela dare!

– Come non gliela do? Siamo in arretrato di due mesi. Ci butta in mezzo alla strada. Creda, signora Elvira, che le vogliono fare una soperchieria, perché il lavoro...

– Zitta, zitta, bella mia, non mi parlare del lavoro! – la interruppe quella. – Ridammi il paracqua e ringrazia Dio, anima mia, se non ti volto le spalle, come dovrei. Se non tutto in una volta, sconterai a poco a poco, in considerazione, bada bene! di tua sorella che mi lasciò sempre contenta e di tua madre. C'è malattie; compatisco. Ti do la metà, e basta. Statevi bene.

Posò il denaro sul cassettone, e scappò via.

Le tre donne rimasero un pezzo a guardarsi negli occhi senza fiatare. La signora Maddalena e Adelaide s'erano accorte, e lei stessa, Nené, sapeva bene, che veramente la manifattura di quelle scatoline per un dolciere d'Aquila lasciava molto a desiderare. Premeva a Nené di raggranellare il mensile per il padrone di casa, e aveva lavorato anche di notte, con le mani stanche e gli occhi imbambolati dal sonno. Ora, con la giunta di quelle poche lire, il mensile per il padrone di casa lo metteva insieme; ma non restava nulla per la settimana ventura. Cioè, restavano i debiti coi fornitori, i quali certo, non ricevendo neppure il piccolo acconto promesso, non le avrebbero fatto piú credito per un'altra settimana.

210. *paracqua*: ombrello.

217. *Le tre donne rimasero un pezzo a guardarsi*: è solo da qui in avanti (dopo la scena ben delimitata dall'entrata e dall'uscita della signora Elvira) che il narratore prende decisamente possesso della propria postazione narrativa e, abbracciando con il suo sguardo «le tre donne», marca la distanza fra sé e i personaggi della storia.

220. *dolciere d'Aquila*: pasticciere di L'Aquila.

Stimando vano ogni sfogo di parole, si stettero zitte tutt'e tre. Nello sguardo della madre però e in quello d'Adelaide parve a Nené di scorgere come un rimprovero per quel lavoro eseguito male; quel rimprovero che forse avrebbero voluto rivolgerle a tempo e che non le avevano rivolto per delicatezza, giacché vivevano ormai alle spalle di lei. Parve anche a Nené che quel poco denaro lasciato lí sul cassettone dalla padrona della bottega fosse dato come in elemosina a lei che aveva lavorato, non perché lo meritasse, ma solamente per riguardo alla sorella che se ne stava a letto e alla madre che se ne stava in poltrona. Cosí infatti aveva detto colei. Non meritava dunque nessuna considerazione, lei come lei, pur essendo ridotta in quello stato, peggio d'una serva? E sissignori! Per disgrazia, a un certo punto, ad Adelaide scappò un sospiro in forma di domanda:

– E ora come si fa?

– Come si fa? – rispose agra Nené. – Si fa cosí, che mi corico anch'io e staremo a guardar dal letto tutte e tre come piove.

Tin tin tin – di nuovo alla porta. Un'altra visita? La provvidenza, questa volta.

Un'amica di Nené. Una spilungona miope, tutta collo, dai capelli rossi crespi; e gli occhi ovati e una bocca da pescecane. Ma tanto buona, poverina! Da piú d'un anno non si faceva vedere. Ora veniva tutta festante, vestita bene, ad annunziare all'amica il suo prossimo matrimonio. Sposava, sposava anche lei, e pareva non ci sapesse credere lei stessa. Stringeva forte forte le braccia a Nené nel darle l'annunzio, e rideva (con quella bocca!) e per miracolo non saltava dalla gioja, senza pensare che lí, in quella camera squallida, c'erano due povere malate e che la sua amica, tanto piú giovane, tanto piú bellina di lei... Oh, ma ella era venuta per un buon fine! Sapeva delle malattie, sapeva delle angustie, e aveva pensato subito alla sua Nené. Ecco: per commissionarle i sacchettini dei confetti. Li voleva fatti da lei. Cento. E belli, belli, belli li voleva, e senza risparmio. Pagava lui, lo sposo.

– Un ottimo posto, sai! Segretario al Ministero della Guerra. E un anno meno di me. Un bel giovine, sí. Eccolo qua!

Aveva il ritratto con sé: lo aveva portato apposta per farlo vedere a Nené. Bello, eh? E tanto buono, e tanto innamora-

262. *angustie*: ristrettezze.

to: uh, pazzo addirittura! Fra una settimana le nozze. Bisognava dunque che fossero fatti presto, quei sacchettini.

Parlò sempre lei in quella mezz'oretta che si trattenne in casa dell'amica. Piú non poteva, perché era già tardi: alle cinque e mezzo lui usciva dal Ministero, volava da lei, e guai se non la trovava a casa.

– Geloso?

– No, Dio liberi! Geloso no, ma non vuol perdere neanche un minutino, capisci? Oh, senti, Nené mia: senza cerimonie tra noi! Tu avrai certo bisogno di qualche anticipazioncina per le spese...

– No, cara, – le disse subito Nené. – Non ho proprio bisogno di nulla. Va' pure tranquilla.

– Proprio di nulla? E allora, cento, eh?

– Cento, ti servo io. E rallegramenti!

La sposina corse a baciare la signora Maddalena, poi Adelaide; baciò e ribaciò Nené, bacioni di cuore, e via.

Le tre donne, questa volta, non tornarono a guardarsi negli occhi. La madre li richiuse, mentre le labbra le fremevano di pianto. Adelaide li volse senza sguardo al soffitto. Poco dopo, Nené scoppiò in una fragorosa risata.

– Bello davvero, oh, quello sposino!

– Fortune! – sospirò, dalla poltrona, la madre.

Adelaide, dal letto:

– Imbecille!

L'ombra s'era addensata nella camera. E spiccava solo, in quell'ombra, un fazzoletto bianco sulle ginocchia della madre, e il bianco della rimboccatura del lenzuolo sul letto d'Adelaide. Ai vetri della finestra, lo squallore dell'ultimo crepuscolo.

– Intanto, – riprese la madre, che non si scorgeva quasi piú, – l'anticipazione... Sei andata a dirle che non ne avevi bisogno...

– Già! Come farai? – soggiunse Adelaide.

Nené guardò l'una e l'altra, poi alzò le spalle e rispose:

– Semplicissimo! Non glieli farò.

– Come? Se hai preso l'impegno! – disse la madre.

E Nené:

– Mi prenderò il gustò di farla sposare senza sacchettini. Oh, a lei poi non glieli fo, non glieli fo e non glieli fo! Questo piacere me lo voglio prendere. Non glieli fo.

La madre e la sorella non insistettero, sicure che la mattina dopo, ripensandoci meglio, Nené si sarebbe recata a provvedersi a credito della stoffa per quel lavoro di cui c'era tanto bisogno. Ma tutta la notte Nené s'agitò in continue smanie sul letto. Il padrone di casa venne nelle prime ore della giornata e si portò via tutto il denaro.

– Piove, Nené?

Pioveva anche quel giorno; e tutta la notte era piovuto. Nené rifece il suo lettino; ajutò la madre a vestirsi; l'adagiò pian piano sulla poltrona; rifece anche il letto di lei e aggiustò alla meglio quello di Adelaide, che volle provarsi a seder di nuovo, sorretta dai guanciali. Ma perché? Se non c'era proprio nulla da fare...

Stettero in silenzio per un lungo pezzo. Poi la madre disse:

– E pettinati almeno, Nené! Non posso piú vederti cosí arruffata!

– Mi pettino, e poi? – domandò Nené, riscotendosi.

– E poi... poi t'acconci un po' – aggiunse la madre. – Non vuoi davvero andare per quei sacchettini?

– Dove vado? con che vado? – gridò Nené, scattando in piedi, rabbiosamente.

– Potresti da lei...

– Da chi?

– Dalla tua amica, con una scusa...

– Grazie!

– Oh, per me, sai, – disse allora, stanca, la madre, – se mi lasci morire cosí, tanto meglio!

Nené non rispose, lí per lí; ma sentí in quel breve silenzio crescere in sé l'esasperazione; alla fine proruppe:

– Ma se non basto! se non basto! Non vedete? M'arrabatto e, per far piú presto, invece di guadagnare, la ritenuta a quella strega ritinta! e qua i sacchettini alla giraffa sposa, che li vuol belli... Non ne posso piú! Che vita è questa?

Adelaide allora balzò dal letto, pallida, risoluta:

– Qua la veste! Dammi la veste! Torno a bottega!

Nené accorse per costringerla a rimettersi a letto; la madre si protese, spaventata, dalla poltrona; ma Adelaide insisteva, cercando di svincolarsi dalla sorella.

– La veste! la veste!

– Sei matta? Vuoi morire?

– Morire. Lasciami!

– Adelaide! Ma dici sul serio?

– Lasciami, ti dico!

– Ebbene, va'! – disse allora Nené, lasciandola. – Voglio vederti!

Adelaide, lasciata, si sentí mancare; si sorresse al letto; sedette sulla seggiola, lí, in camicia; si nascose il volto con le mani e ruppe in pianto.

– Ma non fare storie! – le disse allora Nené. – Non prendere altro fresco, e non scherziamo!

La ajutò a ricoricarsi.

– Esco io, piú tardi, – poi disse, facendosi davanti allo specchio sul cassettone, e ravviandosi dopo tanti giorni i capelli con un tale gesto, che la madre dalla poltrona rimase a mirarla per un lungo pezzo, atterrita.

Non disse altro Nené.

Prima d'uscire, col cappello già in capo, stette a lungo, a lungo, presso la finestra a guardar fuori, attraverso i vetri bagnati dalla pioggia.

Sul davanzale di quella finestra, in un angolo, era rimasta dimenticata una gabbietta, dalle gretole irrugginite, infradiciata ora dalla pioggia che cadeva da tanti giorni.

In quella gabbietta era stata per circa due mesi una passerina caduta dal nido, nei primi giorni della scorsa primavera.

Nené l'aveva allevata con tante cure; poi, quando aveva creduto ch'essa fosse in grado di volare, le aveva aperto lo sportellino della gabbia:

– Godi!

Ma la passeretta – chi sa perché! – non aveva voluto prendere il volo. Per due giorni lo sportellino era rimasto aperto.

365-67. *ravviandosi ... atterrita*: il gesto di Nené allo specchio è forse piú rabbioso e stanco che non sfrontato, ma per l'occhio esperto della signora Maddalena (cfr. rr. 142-44) è abbastanza eloquente da atterrirla. E, per il tramite del suo sguardo, il lettore presagisce la sorte della ragazza prima ancora che Nené faccia la sua scelta.

373. *gretole*: i fili metallici che compongono una gabbia.

375-94. *In quella gabbietta ... non si sarebbe lasciata mangiare*: la metafora del titolo si reifica in letteralità e in luttuosa parabola ornitologica. Quella innocua gabbietta fradicia e disabitata diventa il luogo d'una scena soggettiva in cui il vecchio e laido seduttore si accampa nuovamente, non piú ritinto da «corvo» o da «canarino», ma come «passero spennacchiato», e in cui la recalcitrante Nené vede se stessa sotto le spoglie della «passeretta» mangiata viva dalle formiche per non averne voluto ascoltare il richiamo. Imprigionata nel dilemma di quel minuscolo ma ripugnante scenario animalesco, Nené matura la risoluzione di volare, ossia di prostituirsi e vivere, piuttosto che arrendersi all'ingordigia spietata delle vecchie inacidite truccate da rosee zitelline o alla pietà egoista delle giraffe spose con la bocca da pescecane. Nella memoria testuale echeggiano probabilmente i vv. 67-69 della carducciana *Davanti San Guido*: «È la Tittí come una passeretta, | Ma non ha penne per il suo vestire. || E mangia altro che bacche di cipresso». Ebbene, la Nené non è una passeretta che si lasci mangiare dalle formiche.

Accoccolata sulla bacchetta, sorda agli inviti dei passeri che la chiamavano dai tetti vicini, aveva preferito di morir lí, nella gabbia, mangiata da un esercito di formiche venute su per il muro da una finestrella ferrata del pianterreno, dov'era forse una dispensa. Proprio cosí. Quella passeretta era stata uccisa dalle formiche in una notte, mangiata dalle formiche, sciocca, per non aver voluto volare. Per non aver voluto cedere all'invito, forse, d'un vecchio passero spennacchiato, ch'era stato in gabbia anch'esso tre mesi, una volta, per offese al buon costume.

Ebbene, no. Dalle formiche, no, lei non si sarebbe lasciata mangiare.

– Nené, – chiamò la madre, per scuoterla.

Ma Nené uscí di fretta, senza salutar nessuno. Mandò i denari, ogni giorno. Non la rividero piú.

Stefano Giogli, uno e due

Stefano Giogli aveva sposato prestissimo, senza neanche darsi il tempo di conoscer bene colei che doveva diventare sua moglie; non ne avrebbe avuto del resto la possibilità, preso com'era stato tutto da uno di quei folli desiderii, che certe donne suscitano a loro insaputa, a prima giunta; per cui si perde ogni discernimento, ogni lume, e non si ha piú requie, finché non si arrivi ad averle tra le braccia, perdutamente.

L'aveva veduta una sera in casa d'una famiglia amica, di buoni veneziani da molti anni stabiliti a Roma. Non era piú stato in quella casa da parecchi mesi: vi si faceva troppa musica, e con quell'aria insoffribile di celebrare un mistero sacro, in cui soltanto gl'iniziati potevano penetrare: sonate e sinfonie tedesche e russe, notturni e fantasie polacche e ungheresi: ira di Dio, per Stefano Giogli, ira di Dio e vero peccato, perché – *vegnimo a dir el merito* – senza questa mania, quel caro *sior* Momo Làimi, quella cara *siora* Nicoleta, con la loro Marina e il loro Zorzeto sarebbero stati la piú brava e graziosa gente del mondo.

Ve lo aveva trascinato quasi per forza quella sera un amico, pittore veronese, arrivato a Roma quel giorno stesso col

Stefano Giogli, uno e due. La novella fu pubblicata su «Il Marzocco» il 18 aprile 1909 e non piú ristampata da Pirandello, né inclusa fra le «novelle per un anno».

4-8. *folli desiderii ... perdutamente*: il motivo dell'innamoramento irresistibile e delirante ha testimoni precoci in *Se...* e ne *L'amica delle mogli* (novelle del 1894), riaffiora variato ne *La levata del sole* (cfr. pp. 20-21) e in *Un cavallo nella luna* (1907), segna drammaticamente il destino dei personaggi ne *La veglia* (1904) e ne *Il lume dell'altra casa* (cfr. pp. 191-92).

16. *vegnimo a dir el merito*: diciamo le cose come stanno.

17-18. *sior*: signor; come poco oltre *siora*, signora. – *Nicoleta ... Zorzeto*: diminutivi trascritti alla veneziana, con la scempiatura della *-tt-* e le palatali di Giorgetto trasformate in *z* sonora.

genero del Làimi, vedovo, il quale era venuto a lasciare in casa dei nonni per qualche mese la figliuola, veronesina, fior di *putela, e co pulita!*

S'era fatta musica, sí, anche quella sera; ma non tanta. La vera musica, per tutti, era stata la voce di Lucietta Frenzi.

I vecchi nonni la ascoltavano, beati; la *siora* Nicoleta, coi mezzi guanti di lana e le punte delle dita intrecciate, piangeva finanche, dalla gioja, dietro gli occhiali d'oro a staffa, scotendo tutti i riccioli argentei, che le scendevano angiolescamente su la fronte sí, sí, piangeva e pregava il marito che la lasciasse piangere, perché le pareva proprio di sentir parlare la sua povera figliuola morta: ma la stessa voce, ma lo stesso fuoco, lo stesso impero, *ciò!* con quelle mossettine a scatti, con quelle risate che svanivan d'un tratto, e quelle scossette nervose del capo, che le facevan traballare ogni volta le ciocche d'oro ricciute e i fiocconi di seta nera. Oh bella! oh cara!

Le erano tutti intorno, vecchi, giovanotti, signore e signorine, a pungerla, ad aizzarla con le domande piú disparate; e lei, là, imperterrita, teneva testa a tutti, parlando un po' in lingua un po' in dialetto; e su qualunque argomento aveva da dir la sua, con una padronanza che non ammetteva repliche; e bisognava sentire, allorché certe risposte sferzanti sollevavano un coro di proteste, con qual recisione affermava:

– Ma sí, è questo! È cosí! È proprio cosí. Questo, questo, questo...

Non poteva essere diversamente. Nessuno doveva attentarsi di veder uomini e cose in altro modo. Eran cosí, e basta. Lo diceva lei. Per chi era fatto il mondo? Era fatto per lei. Perché era fatto? Perché lei se lo foggiasse a piacer suo. E basta.

Stefano Giogli aveva preso a dir sí quella sera stessa, sí per ogni cosa, accettando ciecamente, senza il minimo contrasto, quella padronanza assoluta.

Eppure egli aveva le sue opinioni, che credeva ben ferme, e che all'occorrenza sapeva sostenere e far valere; aveva i suoi gusti; un suo particolar modo di vedere, di pensare, di sentire; né per la sua condizione di giovanotto ricco, indipendente, liberissimo di sé, e per la educazione che aveva sa-

24. *putela, e co pulita!*: ragazza, e tanto a modo.

29. *a staffa*: a stanghetta.

34. *ciò!*: esclamazione veneta (che esprime stupore, sorpresa) modellata sull'imperativo del verbo *cior* (tôrre, togliere nel senso di prendere), e che equivale all'italiano «to'».

puto darsi, per la varia e non comune coltura di cui s'era adornato lo spirito, poteva dirsi di facile contentatura. Tutt'altro! Era passato sempre, anzi, per un incontentabile. Stanco di far bella figura nei salotti e nei circoli, a un certo punto, forse a un richiamo degli occhi, che in mezzo ai sollazzi piú graziosi della buona compagnia gli erano rimasti sempre malinconici (anche il destro, quantunque fieramente deformato da una grossa caramella cerchiata di tartaruga); o forse perché gli era arrivato a gli orecchi che qualche maligno, a causa del suo pallore, della sua elegante esilità, de' suoi capelli fitti, lucidi, d'un nero d'ebano, spartiti in mezzo al capo e lisciati, e di quegli occhi malinconici, lo aveva definito *una ben curata personificazione del lutto*; si era appartato per un pezzo dal mondo; s'era messo a studiare sul serio, o piú tosto, aveva ripreso gli studii interrotti. Ma sí! Perché era stato finanche, per due anni, studente di medicina. E anzi, poiché le prime nozioni della scienza psicofisiologica gli avevano destato allora una certa curiosità, s'era addentrato bene nello studio di questa scienza; e, con l'acquisto di un ordine di concetti ben chiari intorno alle varie funzioni e attività dello spirito, poteva dire d'esser giunto alla fine a conciliarsi del tutto con se stesso, vinta la mala contentezza, anzi l'uggia da cui prima era oppresso e ad acquistare anche una ben fondata e solida stima di sé. Stefano Giogli vedeva da un pezzo chiaramente tutti i giochetti dello spirito che, non potendo uscire fuori di sé, pone come realtà esteriori le sue interne illusioni; e ci si divertiva un mondo. Quante volte, guardando qualcuno o qualche cosa, non aveva esclamato: – Chi sa poi come è costui, o questa cosa, che ora a me sembra cosí!

67. *caramella*: monocolo, lente che si porta incastrata nell'orbita di un occhio.

76-77. *scienza psicofisiologica*: quella che studia i fenomeni fisiologici che stanno alla base delle manifestazioni psicologiche elementari.

84-89. *vedeva da un pezzo ... sembra cosí*: si pone qui chiaramente la proposizione della realtà come prodotto dell'illusione soggettiva, come proiezione reificata dell'io, la quale avrà come speculare corollario l'inesistenza di qualunque realtà al di fuori dell'illusione che la crea. Il testo parla di «giochetti dello spirito» come poco sopra aveva alluso alle «varie funzioni e attività dello spirito». Si tenga presente il legame stretto che la novella instaura fra questo «spirito» e la psicofisiologia di cui Stefano Giogli s'è interessato; e non si dimentichi che lo spirito che entra cosí spesso in conflitto con il corpo e con la realtà delle cose, e che può sembrare soltanto un sinonimo dell'anima, è anche questo, ossia questa demiurgica attività psichica che pone gli altri e se stessa come realtà.

Ah, maledetta serata in casa del *sior* Momo Làimi! In capo a tre mesi Lucietta Frenzi era diventata sua moglie.

Stefano Giogli sapeva bene d'aver smarrito del tutto la coscienza durante quei tre mesi del fidanzamento. Di ciò che aveva detto, di ciò che aveva fatto, non aveva la piú lontana memoria. Cieco, abbagliato, come una farfalla attorno al lume, non ricordava altro di quei tre mesi che gli spasimi della cocentissima attesa suscitati dalle rosse, umide labbra di lei, da quei dentini fulgidi, da quel vitino snello da cui si slanciava con irresistibile fascino la voluttuosa procacità del seno e dei fianchi, da quegli occhi che ora ridevano chiari, or s'illanguidivano cupi, or quasi vaneggiavano, velati di lagrime di gioja, al fuoco che si sprigionava dai suoi. Ah che fuoco! Tutto l'esser suo s'era come fuso a quel fuoco; era diventato come un liquido vetro, a cui il soffio capriccioso di lei poteva dare quell'atteggiamento, quella piega, quella forma, che meglio le pareva e piaceva.

E Lucietta Frenzi – padrona del mondo – ne aveva profittato bene. Oh se ne aveva profittato!

Quando, alla fine, Stefano Giogli poté riacquistare il lume degli occhi, si ritrovò in un villino che pareva una scatola di cartone messa su per ischerzo: dieci camerettucce arredate e disposte in modo, che soltanto un matto avrebbe potuto raccapezzarcisi. Tutti quelli che vennero a fargli visita, non poterono, per quanto si sforzassero, nascondere una meraviglia che confinava quasi quasi con lo sgomento. Ma Lucietta piú imperterrita che mai:

– Questo? L'ha voluto lui, Stefano. Quest'altro? Piace tanto a Stefano! Qui? Qui lui, Stefano, ha disposto cosí: suo gusto!

E Stefano Giogli a guardare con tanto d'occhi!

– Io?

– Ma sí, caro! Non ti ricordi? Hai voluto proprio cosí! Io anzi avrei preferito... Non dir di no, adesso! So che ti piace: basta! Dobbiamo starci noi, in fin dei conti!

Eh sí, doveva starci lui, infatti. Ma che proprio proprio, santo Dio, fossero quelli, i suoi gusti; che fosse quello, il suo piacere... Sopra tutto lo impressionava la fermezza con cui Lucietta lo asseverava e lo sosteneva.

99. *procacità*: seducente floridezza.
101. *vaneggiavano*: si perdevano.
128. *asseverava*: affermava risolutamente.

Ma della casa, alla fin fine, pur cosí stramba e sprovvista di tutti i comodi, non gli sarebbe importato tanto, se una costernazione ben piú grave non avesse cominciato a poco a poco a inquietarlo profondamente.

Per tanti segni, man mano piú precisi, Stefano Giogli dovette accorgersi che la sua Lucietta, nei tre mesi del fidanzamento, durante il quale il fuoco, ond'egli era divorato, lo aveva ridotto una pasta molle a disposizione di quelle manine irrequiete e instancabili, di tutti gli elementi dello spirito di lui in fusione, di tutti i frammenti della coscienza di lui disgregati nel tumulto della frenetica passione, si era foggiato, impastato, composto per suo uso, secondo il suo gusto e la sua volontà, uno Stefano Giogli tutto suo, assolutamente suo, che non era affatto lui, non solo nell'anima, ma perdio neanche quasi nel corpo!

Possibile che, nel disfacimento di quei tre mesi, egli si fosse anche fisicamente trasformato?

Gli occhi suoi dovevano aver preso un lume diverso da quello che egli si conosceva; nuove inflessioni la sua voce, e finanche un'altra tinta la sua pelle! E queste trasformazioni si erano cosí impresse nell'animo di lei, eran divenute tratti cosí caratteristici della fisionomia ch'ella gli aveva dato, che ora i suoi veri e proprii non eran piú veduti da Lucietta, non avevan piú potere di cancellare quelli d'allora.

Stefano Giogli acquistò in breve la certezza di non somigliare affatto allo Stefano Giogli che sua moglie amava.

Scemata alquanto, naturalmente, la violenza divoratrice

133-43. *dovette accorgersi ... quasi nel corpo*: nella perdita di coscienza e nella smemoratezza (cfr. rr. 92-95), nella plasticità dell'io in concomitanza con lo stato di fusione indotto dalla passione amorosa, si tocca il cuore d'una grande polarità tematica pirandelliana, quella che oppone la vita come flusso incessante alla rigidità immobile delle forme morte. Se ne avverte però anche l'intima, irriducibile contraddittorietà, poiché è chiaro che la disgregata e disfatta inermità dell'innamorato, anche se rappresenta l'opposto di quella mala contentezza e uggia che avevano fatto di lui «una ben curata personificazione del lutto», rappresenta anche il dissolvimento della «ben fondata e solida stima di sé» nella quale Stefano Giogli era riuscito a consistere. Consistere significa non vivere, ma vivere significa non consistere.

153-54. *acquistò in breve ... sua moglie amava*: è uno dei modelli della dissociazione dell'io, il quale deve prendere atto d'essere doppio, uno per sé e uno per l'altro.

155-59. *Scemata ... consueta*: il passo ricompare quasi identico nel testo assai vicino di *Non è una cosa seria* (1910): «Quando il calore della fiamma, che lo aveva messo per cosí dire in istato di fusione, cominciava ad attutirsi, ed egli a poco a poco cominciava a rapprendersi nella sua forma consueta e riacquistava coscienza di sé, provava dapprima stupore». La storia di Perazzetti,

della prima fiamma, la fusione, in cui questa aveva messo e tenuto per tré mesi lo spirito di lui, si era arrestata; egli era tornato a poco a poco a rapprendersi, a ricomporsi nella sua forma consueta. Doveva avvenir per forza l'urto tra lui qual'era veramente e quello che sua moglie s'era finto nel tempo, in cui senza piú il dominio della sua volontà, senza piú il lume e il richiamo della sua coscienza, gli elementi del suo spirito erano stati in pieno potere di lei.

Ma lui stesso, Stefano Giogli, doveva riconoscere che quella di Lucietta era in fondo la piú spontanea e naturale delle creazioni. Lasciata nella piú ampia libertà di disporre a suo capriccio di tutti questi elementi, ella ne aveva cavato fuori un marito come le piaceva, si era creato quello Stefano Giogli che piú le conveniva; gli aveva dato a suo talento gusti e pensieri e desiderii e abitudini. C'era poco da dire! Era quello il suo Stefano Giogli. Se l'era fabbricato lei con le sue mani, e guai a toccarglielo!

– Ma sí, è questo! È cosí! È proprio cosí! Questo, questo, questo.

E non poteva essere diversamente. Non aveva mai ammesso repliche, Lucietta. Tanto peggio per lui se non gli somigliava.

Cominciò allora per Stefano Giogli la piú nuova e la piú strana delle torture.

Diventò ferocemente geloso di se stesso.

Di solito, la gelosia nasce dalla poca stima che uno fa di se medesimo, non in sé, ma nel cuore e nella mente di colei che ama; dal timore di non bastare a riempir di sé quel cuore e quella mente, e che una parte di essi rimanga fuori del nostro dominio amoroso e accolga il germe d'un pensiero estraneo, di un estraneo affetto.

Ora Stefano Giogli non poteva dire che il pensiero, l'affetto che sua moglie aveva accolti fossero proprio estranei; ma non poteva dire neppure ch'egli riempisse veramente di sé il cuore e la mente della sua Lucietta. L'uno e l'altra eran pieni d'uno Stefano Giogli, che non era lui, ch'egli non aveva mai conosciuto e che avrebbe preso a scapaccioni volentieri, uno Stefano Giogli, insipido e strambo, antipatico e presuntuoso, con certi gusti, con certi desiderii inverosimili, immaginati e supposti da sua moglie che glieli attribuiva, chi sa perché; uno Stefano Giogli foggiato sul modello di chi sa

il protagonista di quella novella, rappresenta infatti una *variazione* in chiave umoristico-grottesca dei temi affrontati qui.

quale stupido veronesino, di chi sa quale ideale d'amore che la sua Lucietta ignara, inesperta, portava senza saperlo in fondo al cuore.

E pensare che questo sciocco era amato da sua moglie, a questo sciocco ella faceva tante carezze, a questo sciocco dava i suoi baci – su le labbra di lui. Quando Lucietta lo guardava, non vedeva lui, ma quell'altro; quando Lucietta gli parlava, non parlava a lui, ma a quell'altro; quando Lucietta lo abbracciava, non abbracciava lui, ma quell'odiosa metafora di lui ch'ella s'era creata.

Era vera e propria gelosia, piú che rabbia o dispetto. Sí, perché egli sentiva ch'era proprio un tradimento quello che sua moglie commetteva, abbracciando un altro in lui. Sentiva mancarsi a se stesso; sentiva che quello spettro di sé, che sua moglie amava, si prendeva il suo corpo per goder lui – lui solo – dell'amore di lei. Quello solo viveva per sua moglie; non lui qual'era veramente; quello sciocco antipatico che sua moglie gli preferiva. Gli preferiva? No: neanche questo poteva dire; egli era del tutto ignorato; egli non esisteva affatto per lei.

E doveva vivere cosí tutta la vita, senza esser conosciuto dalla compagna che gli stava accanto! Ma perché non uccideva quell'odiato rivale, che si era posto tra lui e la moglie? Poteva disperdere con un soffio quello spettro, rivelandosi a lei, affermandosi.

Facile, sí, quel rimedio. Ma non invano Stefano Giogli si era addentrato nello studio della scienza psico-fisiologica! Egli sapeva bene che non era affatto uno spettro quello che sua moglie amava, ma una persona di carne e d'ossa, una creatura in tutto viva, viva e vera non soltanto per lei, ma anche per se stessa; tanto vero che anche egli la conosceva e poteva odiarla cordialmente. Era una personalità nuova tratta da sua moglie dal disgregamento del suo essere; un personaggio che viveva e operava affatto indipendente da lui, con

212-16. *Quello solo viveva ... per lei*: è il passo successivo: la presa d'atto che il sé soggettivo, l'unico vero per l'io, letteralmente non esiste, non è nessuno, per gli altri. Anche in *Uno, nessuno e centomila* si leggerà: «quel suo Gengè esisteva, mentre io per lei non esistevo affatto, non ero mai esistito». La soggettività dominante, possessiva e mistificante dell'amante-maga, della donna come eterna Circe, rappresenta un comportamento diametralmente opposto a quello mimetico e ricettivo che propongono i santi-matti (cfr. *Quand'ero matto*, rr. 249-53 nota) e che si accinge a proporre timidamente anche Stefano Giogli (rr. 252-62).

229-30. *un personaggio*: il termine è rivelatore quanto il passo che lo con-

una sua propria intelligenza e una coscienza sua propria. Non aveva egli esclamato tante volte:

– Chi sa poi com'è costui, o questa cosa, che ora a me sembra cosí? – Conosceva egli forse una realtà fuori di sé? Egli stesso non esisteva per sé, se non come e in quanto a volta a volta si rappresentava. Ebbene, sua moglie si era creata di lui una realtà che non corrispondeva per nulla, né interiormente né esteriormente, a quella che si era creata lui di sé: una realtà vera e propria; non un'ombra, uno spettro!

E poi, avrebbe amato Lucietta il vero Stefano Giogli, uno Stefano Giogli diverso dal *suo*? Se cosí ella se lo era creato, non era segno che questo soltanto corrispondeva a' suoi gusti, al suo desiderio? Non si sarebbe ella messa a cercare in altri il suo ideale, che ora credeva pienamente raggiunto in quello? Chi sa che tradimento le sarebbe parso! Ma come? un altro? chi era? No, no, no. Voleva il suo maritino, lei, quale se lo era foggiato! Doveva esser quello! Sí, proprio, quello stupido là...

Ma se si fosse provato a persuaderla a poco a poco? Se, armato della sua scienza, le avesse tenuto a un dipresso questo discorsetto:

«Cara, non bisogna presumere che gli altri, fuori del nostro io, non siano se non come noi li vediamo. Chi cosí presume, Lucietta mia, ha una coscienza unilaterale; non ha coscienza degli altri; non effettua gli altri in sé con una rappresentazione vivente e per gli altri e per sé. Il mondo, cara, non è limitato all'idea che possiamo farcene: fuori di noi il mondo esiste per sé e con noi; e nella nostra rappresentazione dunque dobbiamo proporci di effettuarlo quanto piú ci sarà

tiene: lo Stefano Giogli secondo, frutto della creazione amorosa della moglie e oggetto della agnizione gelosa di lui, esiste e consiste come consistono i *personaggi*, creature della fantasia artistica, dei quali Pirandello dirà piú volte che sono meno reali ma piú veri degli uomini, piú veri proprio in forza della loro garantita e perciò autonoma e immodificabile consistenza. L'imperiosa certezza vitale di Lucietta fa sí che l'uomo che ama, *fatto* da lei, non corra i rischi che minacciano invece l'uomo nel quale Stefano, col fragile conforto della scienza psicofisiologica, sa di *rappresentare* provvisoriamente e opinabilmente se stesso.

252-62. *Cara ... esso si sente*: il problema dell'identità e dell'alterità, della coscienza dell'una e dell'altra, delle alterazioni cui l'una e l'altra vanno soggette, è non solo un problema che pervade il mondo pirandelliano, è anche un nucleo tematico che si traduce in una miriade di motivi e movimenti narrativi. L'immaginario «discorsetto» di Stefano lo propone in una forma pura e statica, per cosí dire teorica, ma la novella nel suo insieme non fa che riproporlo in forma di vicenda vissuta e di sequenza narrata.

possibile, facendocene una coscienza in cui esso viva in noi come in se stesso, vedendolo com'esso si vede, sentendolo com'esso si sente».

Chi sa con che occhi lo avrebbe guardato Lucietta! Tanto piú, che non era mica vero che ella avesse una coscienza unilaterale! Tutt'altro! Ella aveva anzi una coscienza chiarissima del *suo* Stefano. E trasecolò il Giogli quando venne a sapere, che per quello stupido là la sua Lucietta faceva non pochi sacrifizii, e non lievi. Ma sí! Tante cose ella faceva, che non le sarebbe andato di fare; e le faceva per lui, unicamente per lui!

– E... dimmi un po', – le chiese egli quel giorno, quasi sbigottito dalla gioja che quella dichiarazione di lei gli cagionava, ilarato d'un subito dalla speranza di togliere al rivale la sua Lucietta. – Dimmi un po', cara: che cosa non ti andrebbe di fare?

Ma Lucietta scosse il capo, ritirò le mani ch'egli voleva prenderle amorosamente, e gli rispose ridendo:

– Ah, non te lo dico, no! non te lo voglio dire! Son sicura che ti tôrrei tutto il piacere...

– Davvero? A me? Ma dimmi, – insistette lui. – Te ne prego, te ne scongiuro... Dimmi almeno una cosa, una piccola cosa, per esempio; quella che tu credi che mi farebbe meno dispiacere...

Lucietta lo guardò un pezzo, con quegli occhi acuti e furbi, in cui tutti i desiderii piú birichini pareva brulicassero accesi, e gli disse:

– Per esempio?... Ecco, per esempio, questi miei capelli pettinati cosí...

Un urlo, un vero urlo scoppiò dalla gola di Stefano Giogli. Da tanto tempo egli voleva che la sua Lucietta si pettinasse come prima, con quei fiocconi di seta nera, che le aveva veduti in capo la prima volta, quella sera in casa dei Làimi. Dal giorno delle nozze aveva adottato quella nuova pettinatura, che le dava un altro aspetto e che a lui non era mai piaciuta.

– Ma sí! ma sí! subito! – le gridò. – Subito, Lucietta mia, pettinati come prima!

273. *ilarato*: reso ilare, rallegrato. – *d'un subito*: subitamente, improvvisamente.

287-307. *questi miei capelli ... caro, caro*: con qualche variante, l'episodio riappare tale e quale nel libro II, capitolo XII (*Quel caro Gengè*), di *Uno, nessuno e centomila*, l'ultimo e lungamente elaborato romanzo, pubblicato a puntate su «La Fiera letteraria» tra il 1925 e il 1926 (cfr. R^2, pp. 779-85).

Alzò le mani per disfarle lui stesso quell'antipatica acconciatura. Ma Lucietta gliele ghermí in aria; lo tenne lontano, schermendosi e gridando a sua volta:

– No, caro! no, caro! Troppo presto l'hai detto! No, no! Per tua norma, piú che a me stessa, io voglio piacere al mio maritino!

– Ma io ti giuro!... – proruppe Stefano.

Subito ella gli turò la bocca con una mano.

– Va' là – gli disse. – Vuoi darti a conoscere a me? Io so i tuoi gusti, bello mio, molto meglio dei miei! Lasciami star cosí, cosí, come piace al mio Stefano caro, caro, caro...

E gli carezzò tre volte la guancia. La carezzò a quell'altro, beninteso, non a lui.

Il lume dell'altra casa

Fu una sera, di domenica, al ritorno da una lunga passeggiata.

Tullio Buti aveva preso in affitto quella camera da circa due mesi. La padrona di casa, signora Nini, buona vecchietta all'antica, e la figliuola zitella, ormai appassita, non lo vedevano mai. Usciva ogni mattina per tempo e rincasava a sera inoltrata. Sapevano ch'era impiegato a un Ministero; ch'era anche avvocato; nient'altro.

La cameretta, piuttosto angusta, ammobigliata modestamente, non serbava traccia della abitazione di lui. Pareva che di proposito, con istudio, egli volesse restarvi estraneo, come in una stanza d'albergo. Aveva, sí, disposto la biancheria nel cassettone, appeso qualche abito nell'armadio; ma poi, alle pareti, sugli altri mobili, nulla: né un astuccio, né un libro, né un ritratto; mai sul tavolino qualche busta lacerata; mai su qualche seggiola un capo di biancheria lasciato, un colletto, una cravatta, a dar segno ch'egli lí si considerava in casa sua.

Le Nini, madre e figlia, temevano che non vi durasse.

Il lume dell'altra casa. Pubblicata per la prima volta sul «Corriere della Sera» del 12 dicembre 1909, fu poi ristampata nella raccolta del 1912 *Terzetti* (Treves, Milano). Venne infine inclusa nel dodicesimo volume delle «novelle per un anno», *Il viaggio* (Bemporad, Firenze 1928), che recupera dieci delle diciotto novelle di *Terzetti.* Manlio Lo Vecchio - Musti e Angelo Sodini, curatori, nel 1937-38, di L. Pirandello, *Novelle per un anno*, 2 voll., Mondadori, Milano (nella famosa Collezione «Omnibus»), poterono fornire, per i testi di cinque volumi dell'edizione fiorentina di Bemporad (cioè *La rallegrata, L'uomo solo, La mosca, Donna Mimma* e *Il viaggio*), una lezione «definitiva» predisposta da Pirandello in vista della nuova edizione. Il testo è dunque quello fornito dai curatori della mondadoriana del 1938.

11. *con istudio*: con cura attenta.

17. *colletto*: s'intende quello staccato e inamidato (detto anche solino) che veniva applicato alle camicie da uomo.

Avevano stentato tanto ad affittare quella cameretta. Parecchi erano venuti a visitarla; nessuno aveva voluto prenderla. Veramente, non era né molto comoda né molto allegra, con quell'unica finestra che dava su una viuzza stretta, privata, e dalla quale non pigliava mai né aria né luce, oppressa com'era dalla casa dirimpetto che parava.

Mamma e figliuola avrebbero voluto compensare l'inquilino tanto sospirato con cure e attenzioni; ne avevano studiate e preparate tante, aspettando: – «Gli faremo questo; gli diremo quello» – e cosí e colà; specialmente lei, Clotildina, la figliuola, tante care finezze, tante care «civiltà» come diceva la madre, oh, ma cosí, senza secondo fine, aveva studiate e preparate. Ma come usargliele, se non si lasciava mai vedere?

Forse, se lo avessero veduto, avrebbero compreso subito che il loro timore era infondato. Quella cameretta triste, buja, oppressa dalla casa dirimpetto, s'accordava con l'umore dell'inquilino.

Tullio Buti andava per via sempre solo, senza neanche i due compagni dei solitarii piú schivi: il sigaro e il bastone. Con le mani affondate nelle tasche del pastrano, le spalle in capo, aggrondato, il cappello calcato fin sugli occhi, pareva covasse il piú cupo rancore contro la vita.

All'ufficio, non scambiava mai una parola con nessuno dei colleghi, i quali, tra gufo e orso, non avevano ancora stabilito quale dei due appellativi gli quadrasse di piú.

Nessuno lo aveva mai veduto entrare, di sera, in qualche caffè; molti, invece, schivare di furia le vie piú frequentate per subito riimmergersi nell'ombra delle lunghe vie diritte e solitarie dei quartieri alti, e scostarsi ogni volta dal muro e girare attorno al cerchio di luce che i fanali projettano sui marciapiedi.

Né un gesto involontario, né una anche minima contrazione dei lineamenti del volto, né un cenno degli occhi o delle labbra tradivano mai i pensieri in cui pareva assorto, la doglia cupa in cui stava cosí tutto chiuso. La devastazione, che quei pensieri e questa doglia gli dovevano aver fatto nell'ani-

25. *parava*: faceva ombra.

29-30. *Clotildina*: il sentimento del contrario proprio dell'umorismo può esprimersi anche attraverso un nome: in questo caso il diminutivo bamboleggiante e beffardo che continua ad accompagnare la zitellona «ormai appassita».

40-41. *le spalle in capo*: con la testa affondata nelle spalle.

ma, era evidentissima nella fissità spasimosa degli occhi chiari, acuti, nel pallore del volto disfatto, nella precoce brizzolatura della barba incolta.

Non scriveva e non riceveva mai lettere; non leggeva giornali; non si fermava né si voltava mai a guardare, qualunque cosa accadesse per istrada, che attirasse l'altrui curiosità; e se talvolta la pioggia lo coglieva alla sprovvista, seguitava ad andare dello stesso passo, come se nulla fosse.

Che stesse a farci cosí nella vita, non si sapeva. Forse non lo sapeva neppur lui. Ci stava... Non sospettava forse nemmeno, che ci si potesse stare diversamente, o che, a starci diversamente, si potesse sentir meno il peso della noja e della tristezza.

Non aveva avuto infanzia; non era stato giovine, mai. Le scene selvagge a cui aveva assistito nella casa paterna fin dai piú gracili anni, per la brutalità e la tirannia feroce del padre, gli avevano bruciato nello spirito ogni germe di vita.

Morta ancor giovane la madre per le atroci sevizie del marito, la famiglia s'era sbandata: una sorella s'era fatta monaca, un fratello era scappato in America. Fuggito anche lui di casa, ramingo, con incredibili stenti s'era tirato su fino a formarsi quello stato.

Ora non soffriva piú. Pareva che soffrisse; ma s'era ottuso in lui anche il sentimento del dolore. Pareva che stesse assorto sempre in pensieri; ma no; non pensava piú nemmeno. Lo

70-73. *Non aveva avuto infanzia ... ogni germe di vita*: il passo contiene, per condensazione, la storia d'una violenza devastante e annichilente: l'amoroso specchio materno dell'io viene bruttato e infranto sotto gli occhi del bambino da un padre-orco, ossia da una terrificante e non mediabile alterità paterna che distrugge ogni unità, scompiglia l'intimità e trasforma l'infanzia in un deserto bruciato e sterile. Il bambino Tullio Buti, orripilato, non è mai cresciuto, non è mai stato adolescente, non è mai stato giovane. La violenza ne ha fatto una sorta di mostro: un bimbo adulto.

72. *gracili*: delicati e fragili.

79-80. *non soffriva piú ... del dolore*: questa indifferenza-apatia rappresenta il limite che, toccato, trasforma la disperazione, la quale può assumere anche forme forsennate e rabbiose, in devastazione e in vuoto anestetico (la vita di Tullio Buti è una sommatoria di negazioni, di assenze e di astensioni). Se n'è visto un esempio in *Va bene* (p. 147, rr. 370-75); un altro, ancora diverso, sarà fornito molti anni piú tardi da *I piedi sull'erba* (1934): «la morta a terra nella cassa [...]. | No, basta: l'ha veduta. | E richiude le palpebre sugli occhi che gli bruciano dal tanto piangere dei giorni scorsi. Basta. Ora ha dormito, e con questo sonno è finito tutto, smaltito, sepolto tutto. Ora, restare in questo rilascio di nervi, in questo senso di vuoto dolente e beato. Chiudere, chiudere la cassa, e via con essa tutta la sua vita passata».

spirito gli era i rimasto come sospeso in una specie di tetraggine attonita, che solo gli faceva avvertire, ma appena, un che d'amaro alla gola. Passeggiando di sera per le vie solitarie, contava i fanali; non faceva altro; o guardava la sua ombra, o ascoltava l'eco dei suoi passi, o qualche volta si fermava davanti ai giardini delle ville a contemplare i cipressi chiusi e cupi come lui, piú notturni della notte.

Quella domenica, stanco della lunga passeggiata per la via Appia antica, insolitamente aveva deciso di rincasare. Era ancora presto per la cena. Avrebbe aspettato nella cameretta che il giorno finisse di morire e si facesse l'ora.

Per le Nini, madre e figlia, fu una gratissima sorpresa. Clotildina, dalla contentezza, batté anche le mani. Quale delle tante cure e attenzioni studiate e preparate, quale delle tante finezze e «civiltà» particolari, usargli prima? Confabularono mamma e figliuola: a un tratto Clotildina pestò un piede, si batté la fronte. Oh Dio, il lume, intanto! Prima di tutto bisognava recargli un lume, quello buono, messo apposta da parte, di porcellana coi papaveri dipinti e il globo smerigliato. Lo accese e andò a picchiare discretamente all'uscio dell'inquilino. Tremava tanto, per l'emozione, che il globo, oscillando, batteva contro il tubo, che rischiava d'affumicarsi.

– Permesso? Il lume.

– No, grazie, – rispose il Buti, di là. – Sto per uscire.

La zitellona fece una smorfietta, con gli occhi bassi, come se l'inquilino potesse vederla, e insistette:

– Sa, ce l'ho qua. Per non farla stare al bujo.

Ma il Buti ripeté, duro:

– Grazie, no.

S'era seduto sul piccolo canapè dietro al tavolino, e sbarrava gli occhi invagati nell'ombra che a mano a mano s'ad-

81-83. *Lo spirito ... attonita*: stati di sospensione come questo sono particolarmente frequenti nel mondo narrato delle novelle, poiché costituiscono una tipica condizione di soglia e di neutralità tra un prima e un dopo, una sorta di luogo vuoto di eventi e di desertica terra di nessuno psicologica ed emotiva segnata da un forte allentamento della relazione fra l'io e la realtà, che si può caratterizzare ora come un *non piú ... non ancora*, ora come un *né ... né*, e che è di volta in volta attonimento, stupore, perplessità, incertezza, inquietudine. Si tratta di una condizione statica e nel contempo precaria, bloccata ma esposta all'urto dell'imprevisto (si vedano qui i rr. 164-66).

112. *canapè*: divanetto imbottito.

113. *invagati*: svagati, distratti.

densava nella cameretta, mentre ai vetri smoriva tristissimo l'ultimo barlume del crepuscolo.

Quanto tempo stette cosí, inerte, con gli occhi sbarrati, senza pensare, senza avvertire le tenebre che già lo avevano avvolto?

Tutt'a un tratto, vide.

Stupito, volse gli occhi intorno. Sí. La cameretta s'era schiarata all'improvviso, d'un blando lume discreto, come per un soffio misterioso.

Che era? Com'era avvenuto?

Ah, ecco. Il lume dell'altra casa. Un lume or ora acceso nella casa dirimpetto: l'alito d'una vita estranea ch'entrava a stenebrare il bujo, il vuoto, il deserto della sua esistenza.

Rimase un pezzo a mirare quel chiarore come alcunché di prodigioso. E un'intensa angoscia gli serrò la gola nel notare con quale soave carezza si posava là sul suo letto, su la parete, e qua su le sue mani pallide, abbandonate sul tavolino. Gli sorse in quell'angoscia il ricordo della sua infanzia oppressa, di sua madre. E gli parve come se la luce di un'alba lontana, spirasse nella notte del suo spirito.

Si alzò, andò alla finestra e, furtivamente, dietro ai vetri, guardò là, nella casa dirimpetto, a quella finestra donde gli veniva il lume.

Vide una famigliuola raccolta intorno al desco: tre bambini, il padre già seduti, la mamma ancora in piedi, che stava a ministrarli, cercando – com'egli poteva argomentare dalle mosse – di frenar l'impazienza dei due maggiori che brandivano il cucchiajo e si dimenavano su la seggiola. L'ultimo stirava il collo, rigirava la testina bionda: evidentemente, gli avevano legato troppo stretto al collo il tovagliolo; ma se la mammina si fosse affrettata a dargli la minestra, non avrebbe piú sentito il fastidio di quella legatura troppo stretta. Ecco, ecco, infatti: ih, con quale voracità s'affrettava a ingollare! tutto il cucchiajo si ficcava in bocca. E il babbo, tra il fumo

137-39. *Vide una famigliuola ... a ministrarli*: dal buio, dal fuori, dalla sua estraneità furtiva, Tullio Buti vede la luce, la chiusa intimità, l'interno protetto e protettivo della casa materna; e vede una madre in uno degli atti quotidiani e sacrali dai quali spira l'alito della famiglia e coi quali la madre tiene tutti uniti e raccolti. L'immagine canonica del felice mondo infantile, l'icona della sacra famiglia angosciosamente rimpianta anche da altri ex bambini pirandelliani (come lo Stefano Conti di *Un ritratto*, novella del 1914, e la Didí de *La veste lunga*), si ricompone sotto gli occhi di Tullio Buti e irresistibilmente lo attira. – *a ministrarli*: servendo loro la cena.

che vaporava dal suo piatto, rideva. Ora si sedeva anche la mammina, lí, proprio dirimpetto. Tullio Buti fece per ritrarsi, istintivamente, nel vedere ch'ella, sedendo, aveva alzato gli occhi verso la finestra; ma pensò che, essendo al bujo, non poteva esser veduto, e rimase lí ad assistere alla cena di quella famigliuola, dimenticandosi affatto della sua.

Da quel giorno in poi, tutte le sere, uscendo dall'ufficio, invece d'avviarsi per le sue solite passeggiate solitarie, prese la via di casa; aspettò ogni sera che il bujo della sua cameretta s'inalbasse soavemente del lume dell'altra casa, e stette lí, dietro ai vetri, come un mendico, ad assaporare con infinita angoscia quell'intimità dolce e cara, quel conforto familiare, di cui gli altri godevano, di cui anch'egli, bambino, in qualche rara sera di calma aveva goduto, quando la mamma... la mamma sua... come quella...

E piangeva.

Sí. Questo prodigio operò il lume dell'altra casa. La tetraggine attonita, in cui lo spirito di lui era rimasto per tanti anni sospeso, si sciolse a quel blando chiarore.

Non pensò, intanto, Tullio Buti, a tutte le strane supposizioni che quel suo starsene al bujo doveva far nascere nella padrona di casa e nella figliuola.

Due altre volte Clotildina gli aveva profferto il lume, invano. Avesse almeno acceso la candela! Ma no, neppure. Che si sentisse male? Aveva osato domandarglielo Clotildina con tenera voce, dall'uscio, la seconda volta ch'era accorsa col lume. Egli le aveva risposto:

– No; sto bene cosí.

Alla fine... ma sí, santo Dio, scusabilissima! aveva spiato dal buco della serratura, Clotildina e, con maraviglia, veduto anche lei nella cameretta dell'inquilino il chiarore diffuso dal lume dell'altra casa: della casa dei Masci appunto; e veduto lui, lui ritto dietro ai vetri della finestra, intento a guardare lí, nella casa dei Masci.

Clotildina era corsa, tutta sossopra, ad annunziare alla mamma la grande scoperta:

– Innamorato di Margherita! di Margherita Masci! Innamorato!

157. *s'inalbasse*: s'illuminasse (ma cfr. *La levata del sole*, r. 306 nota).

184. *Innamorato di Margherita!*: Tullio Buti si nasconde, come tutti i personaggi doppi cui ripugna mostrare le proprie metamorfosi. La povera Clotildina, fissata ai suoi sogni caparbi di zitella, non sa quanto sia lontana dal vero e quanto vicina alla verità. Crede di aver scoperto, dietro i vetri della fine-

Qualche sera dopo, Tullio Buti, mentre se ne stava a guardare, vide con sorpresa in quella stanza dirimpetto, ove la famigliuola al solito – ma senza il babbo, quella sera – se ne stava a cenare, vide entrare la signora Nini sua padrona di casa, e la figliuola, accolte come amiche di antica data.

A un certo punto, Tullio Buti si ritrasse d'un balzo dalla finestra, turbato, ansante.

La mammina e i tre piccini avevano alzato gli occhi verso la sua finestra. Senza dubbio, quelle due si erano messe a parlare di lui.

E ora? Ora tutto forse era finito! La sera appresso, quella mammina, o il marito, sapendo che nella cameretta di contro c'era lui cosí misteriosamente al bujo, avrebbero accostato gli scuri; e cosí d'ora in poi non gli sarebbe venuto piú quel lume di cui viveva, quel lume ch'era il suo godimento innocente e il suo unico conforto.

Ma non fu cosí.

Quella sera stessa, allorché il lume di là fu spento, ed egli, piombato nella tenebra, dopo avere atteso ancora un poco che la famigliuola fosse andata a letto, si recò ad aprire cautamente la vetrata della finestra per rinnovare l'aria, vide anche aperta la finestra di là; vide poco dopo (e ne ebbe nel bujo un tremore di sgomento) vide affacciarsi a quella finestra la donna, forse incuriosita di quanto avevano detto di lui le Nini, mamma e figliuola.

Quei due fabbricati altissimi, che aprivano l'uno contro l'altro cosí da presso gli occhi delle loro finestre, non lasciavano vedere né, in alto, la striscia chiara di cielo, né, in basso, la striscia nera di terra, chiusa all'imboccatura da un cancello; non lasciavano mai penetrare né un raggio di sole, né un raggio di luna.

Ella, dunque, là, non poteva essersi affacciata che per lui,

stra, un uomo innamorato di Margherita, e non sospetta minimamente di aver visto il meno raro dei Mr Hyde, un bambino innamorato della mamma.

199. *scuri*: imposte.

200-1. *godimento innocente*: l'espressione, ricorrendo all'interno d'un tratto di testo palesemente focalizzato sull'ottica del personaggio, è una chiara formazione linguistica di compromesso, nella quale la protestata *innocenza* si sforza di persuadere la repressione, sorprendendola distratta, a emettere una sentenza che autorizzi il *godimento* senza trovarvi alcuna *colpa*. Ma l'eccesso d'evidenza del moto autoassolutorio tradisce il personaggio e mette sull'avviso il lettore, il quale deve sapere che, nel mondo narrato pirandelliano, fra madre e figlio, fuori dell'asessuato mondo infantile, non può esserci innocenza se c'è godimento, e viceversa.

e certo perché s'era accorta che egli s'era affacciato a quella sua finestra spenta.

Nel bujo, potevano discernersi appena. Ma egli da un pezzo la sapeva bella; ne conosceva già tutte le grazie delle mosse, i guizzi degli occhi neri, i sorrisi delle labbra rosse.

Piú che altro, però, quella prima volta, per la sorpresa che lo sconvolgeva tutto e gli toglieva il respiro in un fremito d'inquietudine quasi insostenibile, provò pena; dovette fare uno sforzo violento su se stesso per non ritirarsi, per aspettare che si ritirasse lei per la prima.

Quel sogno di pace, d'amore, d'intimità dolce e cara, di cui aveva immaginato dovesse godere quella famigliuola; di cui per riflesso aveva goduto anche lui; crollava, se quella donna, di furto, al bujo, veniva alla finestra per un estraneo. Questo estraneo, sí, era lui.

Eppure, prima di ritirarsi, prima di richiudere la vetrata, ella gli bisbigliò:

– Buona sera!

Che avevano fantasticato di lui le due donne che lo ospitavano, da suscitare e accendere cosí la curiosità di quella donna? Che strana, potente attrazione aveva operato su lei il mistero di quella sua vita chiusa, se fin dalla prima volta, lasciando di là i suoi piccini, era venuta a lui, quasi a tenergli un po' di compagnia?

L'uno di faccia all'altra, benché avessero entrambi schivato di guardarsi e avessero quasi finto davanti a se stessi d'essere alla finestra senza alcuna intenzione, tutti e due – ne era certo – avevano vibrato dello stesso tremito d'ignota attesa, sgomenti del fascino che cosí da vicino li avvolgeva nel bujo.

Quando, a sera tarda, egli richiuse la finestra, ebbe la certezza che la sera dopo ella, spento il lume, si sarebbe riaffacciata per lui. E cosí fu.

D'allora in poi Tullio Buti non attese piú nella sua came-

228-32. *Quel sogno ... era lui*: il godimento che Tullio Buti ha presunto e preteso innocente, si incrina e si complica. Scatta in questo capoverso una griglia di perfide opposizioni: *mammina / donna*, *intimità / estraneo*, *per riflesso / di furto*, *lume / buio*. Finché l'uomo-bambino poteva specchiarsi non visto in quella dolce mamma, finché cioè, in una specie di taciuto *Familienroman*, Tullio Buti poteva nostalgicamente immaginarsi come il quarto figliolo di quella famiglia felice, le cose potevano andare. Ma se quella mamma diventa donna e, incuriosita da due ingenue mezzane, va a un appuntamento con quel figlio che si rivela un estraneo adulto, tutto crolla, e il sogno furtivo non può che diventare quello che sognano un uomo non piú figlio e una donna non piú madre. Poco sotto (rr. 250-52) il desiderio di luce si capovolgerà, sintomaticamente, in un impaziente desiderio d'ombra.

retta il lume dell'altra casa; attese con impazienza, invece, che quel lume fosse spento.

La passione d'amore, non mai provata, divampò vorace, tremenda nel cuore di quell'uomo per tanti anni fuori della vita, e investí, schiantò, travolse come in un turbine quella donna.

Lo stesso giorno che il Buti sloggiò dalla cameretta delle Nini, scoppiò come una bomba la notizia che la signora del terzo piano della casa accanto, la signora Masci, aveva abbandonato il marito e i tre figliuoli.

Rimase vuota la cameretta, che aveva ospitato per circa quattro mesi il Buti; rimase spenta per parecchie settimane la stanza dirimpetto, ove la famigliuola soleva ogni sera raccogliersi a cena.

Poi il lume fu riacceso su quel triste desco, attorno al quale un padre istupidito dalla sciagura mirò i visi sbigottiti di tre bimbi che non osavano volgere gli occhi all'uscio, donde la mamma soleva entrare ogni sera con la zuppiera fumante.

Quel lume riacceso sul triste desco tornò allora a rischiarare, ma spettrale, la cameretta di contro, vuota.

Se ne sovvennero, dopo alcuni mesi dalla loro crudele follia, Tullio Buti e l'amante?

Una sera le Nini, spaventate, si videro comparir dinanzi, stravolto e convulso, il loro strano inquilino. Che voleva? La cameretta, la cameretta, se era ancora sfitta! No, non per sé, non per starci! per venirci un'ora sola, un momento solo almeno, ogni sera, di nascosto! Ah, per pietà, per pietà di quella povera madre che voleva rivedere da lontano, senz'esser veduta, i suoi figliuoli! Avrebbero usato tutte le precauzioni; si sarebbero magari travestiti; avrebbe colto ogni sera

253-55. *La passione d'amore ... fuori della vita*: non ho parlato a caso di uomo-bambino. Se si tiene presente che il protagonista non ha avuto né infanzia né giovinezza e che «ogni germe di vita» era stato bruciato in lui dai traumi della prima fanciullezza, si vede bene che la sua divampante voracità amorosa ha piuttosto i caratteri tumultuosi e irresistibili d'una tardiva e catastrofica pubertà che non quelli d'una passione adulta. Attraverso tutta una serie di segni, il «tremore di sgomento» (r. 208), il «fremito d'inquietudine quasi insostenibile» (rr. 224-25), il «tremito d'ignota attesa» (r. 245), il desiderio grida i propri diritti e travolge e cancella la fragile giustificazione dell'innocenza. Edipo e la sua chiusa, misteriosa infelicità seducono Giocasta che per questo figlio non riconosciuto abbandona marito e figli. Madre e bambino periscono insieme e di fronte stanno un uomo e una donna attratti verso un godimento che non può essere che colpevole.

il momento che nessuno fosse per le scale; egli avrebbe pagato il doppio, il triplo la pigione, per quel momento solo.

No. Le Nini non vollero acconsentire. Solo, finché la cameretta restava sfitta, concessero che qualche rara volta... – oh, ma per carità, a patto che nessuno li avesse scoperti! Qualche rara volta...

La sera dopo, come due ladri, essi vennero. Entrarono quasi rantolanti nella cameretta al bujo, e attesero, attesero che s'inalbasse ancora del lume dell'altra casa.

Di quel lume dovevano vivere ormai, cosí, da lontano.

Eccolo!

Ma Tullio Buti non poté in prima sostenerlo. Lei, invece, coi singhiozzi che le gorgogliavano in gola, lo bevve come un'assetata, si precipitò ai vetri della finestra, premendosi forte il fazzoletto su la bocca. I suoi piccini... i suoi piccini... i suoi piccini, là... eccoli... a tavola...

Egli accorse a sorreggerla, e tutti e due rimasero lí, stretti, inchiodati, a spiare.

292. *in prima*: dapprima, al primo momento.

297-98. *tutti e due ... a spiare*: il finale contrassegna come penoso voyeurismo il destino di questo bambino senza mamma e di questa mamma senza bambini (ineluttabilmente uniti e irreparabilmente separati). L'amore e la sessualità dispongono del resto, in Pirandello, di margini di legittimità veramente minimi: per goderne senza colpe bisogna non essere né figli né padri né mariti né madri né mogli e, anche a non essere nessuna di queste cose, bisogna non essere neppure filosofi, perché altrimenti l'amore e il sesso appaiono chiaramente trappole mortali.

Il viaggio

Da tredici anni Adriana Braggi non usciva piú dalla casa antica, silenziosa come una badia, dove giovinetta era entrata sposa. Non la vedevano piú nemmeno dietro le vetrate delle finestre i pochi passanti che di tanto in tanto salivano quell'erta via a sdrucciolo e mezza dirupata, cosí solitaria che l'erba vi cresceva tra i ciottoli a cespugli.

A ventidue anni, dopo quattro appena di matrimonio, con la morte del marito era quasi morta anche lei per il mondo. Ne aveva ora trentacinque, e vestiva ancora di nero, come il primo giorno della disgrazia; un fazzoletto nero, di seta, le nascondeva i bei capelli castani, non piú curati, appena ravviati in due bande e annodati alla nuca. Tuttavia, una serenità mesta e dolce le sorrideva nel volto pallido e delicato.

Di questa clausura nessuno si maravigliava in quell'alta

Il viaggio. Apparve a stampa per la prima volta su «La lettura» nell'ottobre del 1910; fu poi raccolta nel volume del 1912 *Terzetti* (Treves, Milano). Venne infine inclusa, come novella d'apertura, nel dodicesimo e omonimo volume delle «novelle per un anno», *Il viaggio* (Bemporad, Firenze 1928), che recupera dieci delle diciotto novelle di *Terzetti.* Manlio Lo Vecchio - Musti e Angelo Sodini, curatori, nel 1937-38, di L. Pirandello, *Novelle per un anno*, 2 voll., Mondadori, Milano (nella famosa Collezione «Omnibus»), poterono fornire, per i testi di cinque volumi dell'edizione fiorentina di Bemporad (cioè *La rallegrata*, *L'uomo solo*, *La mosca*, *Donna Mimma* e *Il viaggio*), una lezione «definitiva» predisposta da Pirandello in vista della nuova edizione. Il testo è dunque quello fornito dai curatori della mondadoriana del 1938.

1-3. *Da tredici anni ... era entrata sposa*: l'incipitale similitudine («*casa* antica, silenziosa come una *badia*») non potrebbe sprigionare né prima né piú forte il senso antifrastico di monacazione forzata e di clausura rigida che connota il matrimonio e tutta la vita domestica delle donne siciliane. Nel suo insieme (rr. 14-75), il primo paragrafo di questa novella traccia il quadro piú risentito e critico della condizione femminile isolana che sia dato reperire nel corpus pirandelliano.

5. *a sdrucciolo*: in forte pendenza. – *dirupata*: rovinata, scoscesa.

cittaduzza dell'interno della Sicilia, ove i rigidi costumi per poco non imponevano alla moglie di seguire nella tomba il marito. Dovevano le vedove starsene chiuse cosí in perpetuo lutto, fino alla morte.

Del resto, le donne delle poche famiglie signorili, da fanciulle e da maritate, non si vedevano quasi mai per via: uscivano solamente le domeniche, per andare a messa; qualche rara volta per le visite che di tempo in tempo si scambiavano tra loro. Sfoggiavano allora a gara ricchissimi abiti d'ultima moda, fatti venire dalle primarie sartorie di Palermo o di Catania, e gemme e ori preziosi; non per civetteria: andavano serie e invermigliate in volto, con gli occhi a terra, impacciate, strette accanto al marito o al padre o al fratello maggiore. Quello sfoggio era quasi d'obbligo; quelle visite o quei due passi fino alla chiesa erano per loro vere e proprie spedizioni da preparare fin dal giorno avanti. Il decoro del casato poteva scapitarne; e gli uomini se ne impacciavano; anzi, i piú puntigliosi erano loro, perché volevano dimostrare cosí di sapere e potere spendere per le loro donne.

Sempre sottomesse e obbedienti, queste si paravano com'essi volevano, per non farli sfigurare; dopo quelle brevi comparse, ritornavano tranquille alle cure casalinghe; e, se spose, attendevano a far figliuoli, tutti quelli che Dio mandava (era questa la loro croce); se fanciulle, aspettavano di sentirsi dire un bel giorno dai parenti: eccoti, sposa questo; lo sposavano; quieti e paghi gli uomini di quella supina fedeltà senza amore.

Soltanto la fede cieca in un compenso oltre la vita poteva far sopportare senza disperazione il lento e greve squallore in cui volgevano le giornate, una dopo l'altra tutte uguali, in quella cittaduzza montana, cosí silenziosa che pareva quasi deserta, sotto l'azzurro intenso e ardente del cielo, con le straducole anguste, male acciottolate, tra le grezze casette di pietra e calce, coi doccioni di creta e i tubi di latta scoperti.

A inoltrarsi fin dove quelle straducole terminavano, la vista della distesa ondeggiante delle terre arse dalle zolfare, ac-

31. *se ne impacciavano*: si ingerivano, se ne occupavano di persona.

34. *si paravano*: si abbigliavano, si agghindavano.

40. *supina*: remissiva.

48. *doccioni*: bocche sporgenti di scarico dell'acqua raccolta dalle grondaie.

50. *terre arse dalle zolfare*: è un motivo, non solo paesaggistico, frequente nelle novelle siciliane di Pirandello. Per un verso le zolfare sono il cancro che minaccia le campagne (si veda soprattutto *Il «fumo»*) e il luogo di tortura de-

corava. Alido il cielo, alida la terra, da cui nel silenzio immobile, addormentato dal ronzio degli insetti, dal fritinnio di qualche grillo, dal canto lontano d'un gallo o dall'abbajare d'un cane, vaporava denso nell'abbagliamento meridiano l'odore di tante erbe appassite, del grassume delle stalle sparso.

In tutte le case, anche nelle poche signorili, mancava l'acqua; nei vasti cortili, come in capo alle vie, c'erano vecchie cisterne alla mercé del cielo; ma anche d'inverno pioveva poco; quando pioveva era una festa: tutte le donne mettevan fuori conche e buglioli, vaschette e botticine, e stavano poi su gli usci con le vesti di baracane raccolte tra le gambe a vedere l'acqua piovana scorrere a torrenti per i ripidi viottoli, a sentirla gorgogliare nelle grondaje e per entro ai doccioni e ai cannoni delle cisterne. Si lavavano i ciottoli, si lavavano i muri delle case, e tutto pareva respirasse piú lieve nella freschezza fragrante della terra bagnata.

Gli uomini, tanto o quanto, trovavano nella varia vicenda degli affari, nella lotta dei partiti comunali, nel Caffè o nel Casino di compagnia, la sera, da distrarsi in qualche modo; ma le donne, in cui fin dall'infanzia s'era costretto a isterilire ogni istinto di vanità, sposate senz'amore, dopo avere atteso come serve alle faccende domestiche sempre le stesse, languivano miseramente con un bambino in grembo o col rosario in mano, in attesa che l'uomo, il padrone, rincasasse.

Adriana Braggi non aveva amato affatto il marito.

Debolissimo di complessione e in continuo orgasmo per la cagionevole salute, quel marito l'aveva oppressa e torturata quattr'anni, geloso fin anche del fratello maggiore, a cui sapeva d'aver fatto, sposando, un grave torto, anzi un vero tradimento. Ancora, là, di tutti i figli maschi d'ogni famiglia uno solo, il maggiore, doveva prendere moglie, per-

gli zolfatari (*Ciàula scopre la luna*), per un altro sono la causa frequente di improvvisi e irreparabili tracolli economici per chi vi investe la propria fortuna (si veda ad esempio *La ricca*, la prima stesura di *Sole e ombra*, *Lontano*, *Al valor civile*, *Formalità*, *La veste lunga*).

51. *Alido*: secco, arido.

52. *fritinnio*: stridio (cfr. *La levata del sole*, p. 25, rr. 195-97 nota).

62. *baracane*: tessuto un po' grossolano, di pelo di capra o di cammello.

65. *cannoni*: grossi tubi.

68. *tanto o quanto*: poco o molto.

70. *Casino di compagnia*: circolo cittadino.

ché le sostanze del casato non andassero sparpagliate tra molti eredi.

Cesare Braggi, il fratello maggiore, non aveva mai dato a vedere d'essersi avuto a male di quel tradimento; forse perché il padre, morendo poco prima di quelle nozze, aveva disposto che il capo della famiglia rimanesse lui e che il secondogenito ammogliato gli dovesse obbedienza intera.

Entrando nella casa antica dei Braggi, Adriana aveva provato una certa umiliazione nel sapersi cosí soggetta al cognato. La sua condizione era diventata doppiamente penosa e irritante, allorché il marito stesso, nella furia della gelosia, le aveva lasciato intendere che Cesare aveva già avuto in animo di sposar lei. Non aveva saputo piú come contenersi di fronte al cognato; e tanto piú il suo imbarazzo era cresciuto, quanto meno il cognato aveva fatto pesare la sua potestà su lei, accolta fin dal primo giorno con cordiale franchezza di simpatia e trattata come una vera sorella.

Era di modi gentili, e nel parlare e nel vestire e in tutti i tratti, d'una squisita signorilità naturale, che né il contatto della ruvida gente del paese, né le faccende a cui attendeva, né le abitudini di rilassata pigrizia, a cui quella vuota e misera vita di provincia induceva per tanti mesi dell'anno, avevano potuto mai, non che arrozzire, ma neppure alterare d'un poco.

Ogni anno, del resto, per parecchi giorni, spesso anche per piú d'un mese, s'allontanava dalla cittaduzza e dagli affari. Andava a Palermo, a Napoli, a Roma, a Firenze, a Milano, a tuffarsi nella vita, a prendere – com'egli diceva – un bagno di civiltà. Ritornava da quei viaggi ringiovanito nell'anima e nel corpo.

Adriana, che non aveva mai dato un passo fuori del paese natale, nel vederlo rientrare cosí nella vasta casa antica, ove il tempo pareva stagnasse in un silenzio di morte, provava ogni volta un segreto turbamento indefinibile.

Il cognato recava con sé l'aria d'un mondo, che lei non riusciva nemmeno a immaginare.

E il turbamento le cresceva, udendo le stridule risate del marito, che di là ascoltava il racconto delle saporite avventure occorse al fratello; diventava sdegno, ribrezzo poi, la sera, allorché il marito, dopo quei racconti del fratello, veniva a trovarla in camera, acceso, sovreccitato, smanioso. Lo

105\. *arrozzire*: degradare a grossolanità.

sdegno, il ribrezzo erano per il marito, e tanto piú forti quanto piú ella vedeva invece il cognato pieno di rispetto, anzi di riverenza per lei.

Morto il marito, Adriana aveva provato un'angoscia piena di sgomento al pensiero di restar sola con lui in quella casa. Aveva, sí, i due piccini che in quei quattro anni le erano nati; ma, benché madre, non era riuscita a superare, di fronte al cognato, la sua nativa timidezza di fanciulla. Questa timidezza, veramente, non era stata mai in lei ritrosia; ma ora sí; e ne incolpava il marito geloso, che l'aveva oppressa con la piú sospettosa e obliqua sorveglianza.

Cesare Braggi, con squisita premura, aveva allora invitato la madre di lei a venirsene a stare con la figliuola vedova. E a poco a poco Adriana, liberata dall'esosa tirannia del marito, con la compagnia della madre, aveva potuto, se non acquistare al tutto la pace, tranquillare alquanto lo spirito. S'era dedicata con intero abbandono alla cura dei figliuoli, prodigando loro quell'amore e quelle tenerezze che non avevano potuto trovare uno sfogo nel matrimonio disgraziato.

Ogni anno Cesare aveva seguitato a fare il suo viaggio d'un mese nel Continente, recando doni al ritorno cosí a lei, come alla nonna e ai nipotini, per i quali aveva sempre avuto le piú delicate premure paterne.

La casa, senza il presidio d'un uomo, faceva paura alle donne, segnatamente la notte. Nei giorni ch'egli era assente, pareva ad Adriana che il silenzio, divenuto piú profondo, piú cupo, tenesse come sospesa sulla casa una grande ignota sciagura e con infinito sbigottimento udiva stridere la carrucola dell'antica cisterna in capo all'erta via solitaria, se un soffio di vento veniva a scuoterne la fune. Ma poteva egli, per riguardo a due donne e a due piccini che in fondo non gli appartenevano, privarsi di quell'unico svago dopo un anno di lavoro e di noja? Avrebbe potuto non curarsi né tanto né poco di loro, vivere per sé, libero, poiché il fratello gli aveva impedito di formarsi una famiglia sua; e invece – come non riconoscerlo? – tolte quelle brevi vacanze, era tutto dedito alla casa e ai nipotini orfani.

Col tempo, s'era addormentato ogni rammarico nel cuore di Adriana. I figliuoli crescevano, e lei godeva che crescessero con la guida di quello zio. La sua dedizione era divenuta ormai totale, cosicché si maravigliava se il cognato o i figliuo-

134. *obliqua*: subdola.

li si opponevano a qualche cura soverchia che si dava di loro. Le pareva di non far mai abbastanza. E a che avrebbe dovuto pensare, se non a loro?

Era stato per lei un gran dolore la morte della madre: era venuta a mancarle l'unica compagnia. Da un pezzo parlava con lei come una sorella; tuttavia, con la madre accanto, lei poteva pensarsi ancora giovane, qual'era difatti. Sparita la madre, con quei due figliuoli ormai giovinetti, uno di sedici, l'altro di quattordici anni, già alti quasi quanto lo zio, cominciò a sentirsi e a considerarsi vecchia.

Era in quest'animo, allorché per la prima volta le avvenne di avvertire un vago malessere, una stanchezza, un'oppressione un po' a una spalla, un po' al petto; un certo dolor sordo che le prendeva talvolta anche tutto il braccio sinistro e che di tratto in tratto diventava lancinante e le toglieva il respiro.

Non ne mosse lamento; e forse nessuno lo avrebbe mai saputo, se un giorno a tavola ella non avesse avuto l'assalto d'uno di quei fitti spasimi improvvisi.

Fu chiamato il vecchio medico di casa, il quale fin da principio restò costernato dal ragguaglio di quei sintomi. La costernazione crebbe dopo un lungo e attento esame dell'inferma.

Il male era alla pleura. Ma di che natura? Il vecchio medico, con l'ajuto d'un collega, tentò una puntura esplorativa, senza alcun esito. Poi, notando un certo indurimento nelle glandule sopra e sottoscapolari, consigliò al Braggi di condurre subito la cognata a Palermo, lasciando intendere chiaramente che temeva fosse un tumore interno, forse irrimediabile.

Partire subito non fu possibile. Adriana, dopo tredici anni di clausura, era affatto sprovvista d'abiti per comparire in pubblico e per viaggiare. Bisognò scrivere a Palermo per provvederla con la massima sollecitudine.

Cercò d'opporsi in tutti i modi, assicurando il cognato e i figliuoli che non si sentiva poi cosí male. Un viaggio? Solo a pensarci, le venivano i brividi. Era poi giusto il tempo che Cesare soleva prendersi le sue vacanze d'un mese. Partendo con lui, gli avrebbe tolto la libertà, ogni piacere. No, no, non voleva a nessun patto! E poi, come, a chi avrebbe lasciato i

188. *pleura*: la tunica che riveste i polmoni.

figliuoli? a chi affidare la casa? Metteva avanti tutte queste difficoltà; ma il cognato e i figliuoli gliele abbattevano con una risata. Si ostinava a dire che il viaggio le avrebbe fatto certo piú male. Oh, buon Dio, se non sapeva piú neppure come fossero fatte le strade! Non avrebbe saputo muovervi un passo! Per carità, per carità, la lasciassero in pace!

Quando da Palermo arrivarono gli abiti e i cappelli, fu per i due figliuoli un tripudio.

Entrarono esultanti con le grosse scatole avvolte nella tela cerata, in camera della madre, gridando, strepitando, ch'ella dovesse subito subito provarseli. Volevano veder bella la loro mammina, come non la avevano veduta mai. E tanto dissero, tanto fecero, che dovette arrendersi e contentarli.

Erano abiti neri, da lutto anche quelli, ma ricchissimi e lavorati con meravigliosa maestria. Ormai ignara affatto di mode, inesperta, non sapeva da che parte prenderli per vestirsene. Dove e come agganciare i tanti uncinelli che trovava qua e là? Quel colletto, oh Dio, cosí alto? E quelle maniche, con tanti sbuffi... Usavano adesso cosí?

Dietro l'uscio, intanto, tempestavano i figliuoli, impazienti:

– Mamma, fatto? Ancora?

Come se la mamma di là stesse ad abbigliarsi per una festa! Non pensavano piú alla ragione per cui quegli abiti erano arrivati; non ci pensava piú, veramente, nemmeno lei, in quel momento.

Quando, tutta confusa, accaldata, levò gli occhi e si vide nello specchio dell'armadio, provò un'impressione violen-

221. *uncinelli*: gancettini.

231-36. *levò gli occhi ... un'altra!*: una condizione immobile di non piú avvertita continuità e ripetitività viene bruscamente interrotta da una scoperta inattesa. È un canonico motivo dinamico di trasformazione. Lo specchio, oggetto – nel bene e nel male – quasi magico e spesso perciò presente con un ruolo attivo nella dinamica narrativa, svela d'un tratto la recondita alterità che si nasconde in una identità fatta interamente di soggezione a regole esterne e non soggettive. Quella di Adriana è una identità sociale fatta di lutto, vedovanza, maternità, sudditanza domestica, vecchiaia presunta e accettata: lo specchio la smentisce in un istante riflettendo l'immagine intatta d'una donna giovane, bella, desiderabile. Ed è il soggetto stesso, guardandosi, che è riluttante a riconoscersi in quell'immagine trasgressiva di sé, subito sentita come invereconda e colpevole. Pochi righi sotto (rr. 248-50) Adriana vorrà infatti sottrarsi allo sguardo del cognato «come se egli l'avesse sorpresa nuda»; e si ostinerà a ritenere «caricatura» e «maschera» non la sua pluriennale immagine repressivamente luttuosa, ma questa, che di quella maschera la spoglia.

tissima, quasi di vergogna. Quell'abito, disegnandole con procacissima eleganza i fianchi e il seno, le dava la sveltezza e l'aria d'una fanciulla. Si sentiva già vecchia: si ritrovò d'un tratto in quello specchio, giovane, bella; un'altra!

– Ma che! ma che! Impossibile! – gridò, storcendo il collo e levando una mano per sottrarsi a quella vista.

I figliuoli, udendo l'esclamazione, cominciarono a picchiare piú forte all'uscio con le mani, coi piedi, a sospingerlo, gridandole che aprisse, che si facesse vedere.

Ma che! no! Si vergognava. Era una caricatura! No, no.

Ma quelli minacciarono di buttar l'uscio a terra. Dovette aprire.

Restarono anch'essi, i figliuoli, abbagliati dapprima da quella trasformazione improvvisa. La mamma cercava di schermirsi, ripetendo: – Ma no, lasciatemi! ma che! impossibile! siete matti? – quando sopravvenne il cognato. Oh, per pietà! Tentò di scappare, di nascondersi, come se egli l'avesse sorpresa nuda. Ma i figliuoli la tenevano; la mostrarono allo zio che rideva di quella vergogna.

– Ma se ti sta proprio bene! – disse egli, alla fine, ritornando serio. – Su, lasciati vedere.

Si provò ad alzare il capo.

– Mi pare d'essere mascherata...

– Ma no! Perché? Ti sta invece benissimo. Voltati un poco... cosí, di fianco...

Obbedí, sforzandosi di parer calma; ma il seno, ben disegnato dall'abito, le si sollevava al frequente respiro che tradiva l'interna agitazione cagionata da quell'esame attento e tranquillo di lui, espertissimo conoscitore.

– Va proprio bene. E i cappelli?

– Certe ceste! – esclamò Adriana, quasi sgomenta.

– Eh sí, usano grandissimi.

– Come farò a mettermeli in capo? bisognerà che mi pettini in qualche altro modo.

Cesare tornò a guardarla, calmo, sorridente; disse:

– Ma sí, hai tanti capelli...

– Sí, sí, brava mammina! Pettinati subito! – approvarono i figliuoli.

Adriana sorrise mestamente.

– Vedete che mi fate fare? – disse, rivolgendosi anche al cognato.

La partenza fu stabilita per la mattina appresso.

Sola con lui!

Lo seguiva in uno di quei viaggi, a cui un tempo pensava con tanto turbamento. E un solo timore aveva adesso: quello di apparire turbata a lui che le stava davanti, tutto intento a lei, ma tranquillo come sempre.

Questa tranquillità di lui, naturalissima, avrebbe fatto stimare a lei indegno il suo turbamento e tale da doverne arrossire, ove ella, con una finzione quasi cosciente, appunto per non doverne aver vergogna e raffidarsi di se medesima, non gli avesse dato un'altra cagione: la novità stessa del viaggio, l'assalto di tante impressioni strane alla sua anima chiusa e schiva. E attribuiva lo sforzo che faceva su se stessa per dominare quel turbamento (il quale tuttavia, cosí interpretato, non avrebbe avuto nulla di riprovevole) alla convenienza di non darsi a vedere tanto nuova delle cose e maravigliata, di fronte a uno che, per esser da tanti anni esperto di tutto e padrone sempre di sé, avrebbe potuto provarne fastidio e dispiacere. Anche ridicola, infatti, avrebbe potuto apparire, alla sua età, per quella maraviglia quasi infantile che le ferveva negli occhi.

Si costringeva pertanto a frenare l'ilare ansia febbrile dello sguardo e a non voltare continuamente il capo da un finestrino all'altro, come aveva la tentazione di fare per non perdere nulla delle tante cose, su cui i suoi occhi, cosí in fuga, si posavano un attimo per la prima volta. Si costringeva a nascondere la maraviglia, a dominare quella curiosità, che pure le avrebbe giovato tener desta e accesa, per vincere con essa lo stordimento e la vertigine che il rombar cadenzato delle ruote e quella fuga illusoria di siepi e d'alberi e di colli le cagionavano.

Andava in treno per la prima volta. A ogni tratto, a ogni giro di ruota, aveva l'impressione di penetrare, d'avanzarsi in un mondo ignoto, che d'improvviso le si creava nello spirito con apparenze che, per quanto le fossero vicine, pur le

282. *finzione quasi cosciente*: fin qui, i turbamenti di Adriana erano potuti restare segreti e indefinibili, sepolti e repressi senza bisogno di parole per nominarli e giustificarli. La turbavano infatti i viaggi del cognato, le assenze e i ritorni di lui, tutti risvolti d'una realtà esterna e altrui. Ora, d'un tratto, trovandosi «sola con lui» e in viaggio insieme a lui, il represso bussa alle porte della coscienza, e la donna, incapace di dominare e censurare il nuovo turbamento, per potersi offrire un movente del quale non arrossire, del quale non doversi vergognare, deve quasi ingannare se stessa, fingere sapendo di fingere.

283. *raffidarsi di*: riprendere fiducia in, risentirsi sicura di.

sembravano come lontane e le davano, insieme col piacere della loro vista, anche un senso di pena sottilissima e indefinibile: la pena ch'esse fossero sempre esistite oltre e fuori dell'esistenza e anche dell'immaginazione di lei; la pena d'essere tra loro estranea e di passaggio, e ch'esse senza di lei avrebbero seguitato a vivere per sé con le loro proprie vicende.

Ecco lí le umili case di un villaggio: tetti e finestre e porte e scale e strade: la gente che vi dimorava era, come per tanti anni era stata lei nella sua cittaduzza, chiusa lí in quel punto di terra, con le sue abitudini e le sue occupazioni: oltre a quello che gli occhi arrivavano a vedere, non esisteva piú nulla per quella gente; il mondo era un sogno: tanti e tanti lí nascevano e lí crescevano e morivano, senza aver visto nulla di quel che ora andava a veder lei in quel suo viaggio, che era cosí poco a petto della grandezza del mondo, e che tuttavia a lei sembrava già tanto.

Nel volgere gli occhi, incontrava a quando a quando lo sguardo e il sorriso del cognato, che le domandava:

– Come ti senti?

Gli rispondeva con un cenno del capo:

– Bene.

Piú d'una volta il cognato venne a sederlesi accanto per mostrarle e nominarle un paese lontano, ov'era stato, e quel monte là dal profilo minaccioso, tutti gli aspetti di maggior rilievo che si figurava dovessero piú vivamente richiamare l'attenzione di lei. Non intendeva che tutte le cose, anche le minime, quelle che per lui erano le piú comuni, destavano intanto in lei un tumulto di sensazioni nuove; e che le indicazioni, le notizie ch'egli le dava, anziché accrescere, diminuivano e raffreddavano quella fervida, fluttuante immagine di grandezza, ch'ella, smarrita, con quel sentimento di pena indefinibile, si creava alla vista di tanto mondo ignoto.

Nel tumulto interno delle sensazioni, inoltre, la voce di lui, anziché far luce, le cagionava quasi un arresto bujo e violento, pieno di fremiti pungenti; e allora quel sentimento di pena si faceva piú acuto in lei, piú distinto. Si vedeva meschina nella sua ignoranza; e avvertiva un oscuro e quasi ostile rincrescimento della vista di tutte quelle cose che ora, troppo tardi per lei, all'improvviso, le riempivano gli occhi e le entravano nell'anima.

324. *a petto*: a confronto.

A Palermo, scendendo il giorno dopo dalla casa del clinico primario dopo la lunghissima visita, comprese bene dallo sforzo che faceva il cognato per nascondere la profonda costernazione, dalla premura affettata con cui ancora una volta aveva voluto farsi insegnare il modo di usare la medicina prescritta e dall'aria con cui il medico gli aveva risposto; comprese bene che questi aveva dato su lei sentenza di morte, e che quella mistura di veleni da prendere a gocce con molta precauzione, due volte al giorno prima dei pasti, non era altro che un inganno pietoso o il viatico di una lenta agonia.

Eppure, appena, ancora un po' stordita e disgustata dal diffuso odore dell'etere nella casa del medico, uscí dall'ombra della scala sulla via, nell'abbagliamento del sole al tramonto, sotto un cielo tutto di fiamma che dalla parte della marina lanciava come un immenso nembo sfolgorante sul Corso lunghissimo; e vide tra le vetture entro quel baglior d'oro il brulichio della folla rumorosa, dai volti e dagli abiti accesi da riflessi purpurei, i guizzi di luce, gli sprazzi colorati, quasi di pietre preziose, delle vetrine, delle insegne, degli specchi delle botteghe; la vita, la vita, la vita soltanto si sentí irrompere in subbuglio nell'anima per tutti i sensi commossi ed esaltati quasi per un'ebbrezza divina; né poté avere alcuna angustia, neppure un fuggevole pensiero per la morte prossima e inevitabile, per la morte ch'era pure già dentro di lei, appiattata là, sotto la scapola sinistra, dove piú acute a tratti sentiva le punture. No, no, la vita, la vita! E quel sub-

353. *affettata*: studiata, troppo controllata.

361-80. *Eppure, appena ... pur fra tanta gioja*: il passo può essere considerato uno dei piú nitidi paradigmi della turbinosa sensazione di imbevimento e inebriamento vitale da cui possono venire travolti i personaggi che, come Adriana Braggi, abbiano patito una prolungata asfissia fatta di silenzio, vuoto, lutto. I passaggi repentini che il tratto testuale magnifica e moltiplica per riflesso, per rifrazione, per accensioni balenanti, sono quello dall'ombra alla luce (ed è, lo si rammenti, il percorso inverso rispetto a quello che compiva il vecchio Ciunna in *Sole e ombra*), e quello dall'immota solitudine al «brulichio della folla rumorosa». Adriana viene al mondo, viene alla luce, apre gli occhi alla vita, respira per la prima volta l'aria aperta, e la sua esperienza ha una portata cosí pervasiva da configurarsi, di fatto, come una seconda nascita.

362. *etere*: gli eteri sono composti organici che si ottengono dagli alcoli per eliminazione d'acqua, con radicali idrocarburici. Qui il termine generico designa per sineddoche l'etere etilico, che è un liquido molto volatile e di odore sgradevolmente aggressivo, il quale veniva largamente usato come anestetico.

buglio interno che le sconvolgeva lo spirito, le faceva impeto intanto alla gola, ove non sapeva che cosa, quasi un'antica pena sommossa dal fondo del suo essere le si era a un tratto ingorgata, ed ecco la forzava alle lagrime, pur fra tanta gioja.

– Niente... niente... – disse al cognato, con un sorriso che le s'illuminò vividissimo negli occhi attraverso le lagrime. – Mi par d'essere... non so... Andiamo, andiamo...

– All'albergo?

– No... no...

– Andiamo allora a cenare allo «Châlet» a mare, al Foro Italico; ti piace?

– Sí, dove vuoi.

– Benissimo. Andiamo! Poi vedremo il passeggio al Foro; sentiremo la musica...

Montarono in vettura e andarono incontro a quel nembo sfolgorante, che accecava.

Ah, che serata fu quella per lei, nello «Châlet» a mare, sotto la luna, alla vista di quel Foro illuminato, corso da un continuo fragore di vetture scintillanti, tra l'odore delle alghe che veniva dal mare, il profumo delle zagare che veniva dai giardini! Smarrita come in un incanto sovrumano, a cui una certa angoscia le impediva di abbandonarsi interamente, l'angoscia destata dal dubbio che non fosse vero quanto vedeva, si sentiva lontana, lontana anche da se stessa, senza memoria né coscienza né pensiero, in una infinita lontananza di sogno.

L'impressione di questa lontananza infinita la riebbe piú intensa la mattina seguente, percorrendo in vettura gli sterminati viali deserti del parco della Favorita, perché, a un certo punto, con un lunghissimo sospiro poté quasi rivenire a sé da quella lontananza e misurarla, pur senza rompere l'incanto né turbare l'ebbrezza di quel sogno nel sole, tra quelle piante che parevano assorte anch'esse in un sogno senza fine.

E, senza volerlo, si voltò a guardare il cognato, e gli sorrise, per gratitudine.

386-87. *«Châlet» a mare*: il nome d'un ristorante (il fr. *chalet* significa villino e designa piuttosto un edificio montano che non marino). – *Foro Italico*: passeggiata palermitana sul lungomare, famosa fino a tutto l'Ottocento.

396. *zagare*: i fiori degli agrumi e soprattutto dell'arancio.

405. *parco della Favorita*: vasto parco settecentesco palermitano, che si estende ai piedi del versante sudovest del Monte Pellegrino.

Subito però quel sorriso le destò una viva e profonda tenerezza per sé condannata a morire, ora, ora che le si schiudevano davanti agli occhi stupiti tante bellezze maravigliose, una vita, quale anche per lei avrebbe potuto essere, qual era per tante creature che lí vivevano. E sentí che forse era stata una crudeltà farla viaggiare.

Ma poco dopo, quando la vettura finalmente si fermò in fondo a un viale remoto, ed ella, sorretta da lui, ne scese per vedere da vicino la fontana d'Ercole; lí, davanti a quella fontana, sotto il cobalto del cielo cosí intenso che quasi pareva nero attorno alla fulgida statua marmorea del semidio su l'alta colonna sorgente in mezzo all'ampia conca, chinandosi a guardare l'acqua vitrea, su cui natava qualche foglia, qualche cuora verdastra che riflettevano l'ombra sul fondo; e poi, a ogni lieve ondulio di quell'acqua, vedendo vaporare come una nebbiolina sul volto impassibile delle sfingi che guardano la conca, quasi un'ombra di pensiero si sentí anche lei passare sul volto che come un alito fresco veniva da quell'acqua; e subito a quel soffio un gran silenzio di stupore le allargò smisuratamente lo spirito; e, come se un lume d'altri cieli le si accendesse improvviso in quel vuoto incommensurabile, ella sentí d'attingere in quel punto quasi l'eternità, d'acquistare una lucida, sconfinata coscienza di tutto, dell'infinito che si nasconde nella profondità dell'anima misteriosa, e d'aver vissuto, e che le poteva bastare, perché era stata in un attimo, in quell'attimo, eterna.

Propose al cognato di ripartire quello stesso giorno. Voleva ritornarsene a casa, per lasciarlo libero, dopo quei quattro giorni sottratti alle sue vacanze. Un altro giorno egli avrebbe perduto per riaccompagnarla; poi poteva riprendere la via, la sua corsa annuale per paesi piú lontani, oltre quell'infinito mare turchino. Senza timore poteva, ché di sicuro lei non sarebbe morta cosí presto, in quel mese delle sue vacanze.

421. *la fontana d'Ercole*: la vasca d'Ercole, cosí chiamata perché su una colonna dorica è collocata una copia dell'Ercole Farnese, il cui originale si trova al Museo di Napoli.

426. *cuora*: molle strato erboso che galleggia su laghi o stagni.

431-38. *a quel soffio ... in quell'attimo, eterna*: per analoghe estasi metacroniche, o felici, lievitanti deliri d'eternità, cfr. *Da sé*, rr. 167-79, *La carriola*, rr. 66-83, *Visita*, rr. 55-59.

Non gli disse tutto questo; lo pensò soltanto; e lo pregò che fosse contento di ricondurla al paese.

– Ma no, perché? – le rispose egli. – Ormai ci siamo; tu verrai con me a Napoli. Consulteremo là, per maggior sicurezza, qualche altro medico.

– No, no, per carità, Cesare! Lasciami ritornare a casa. È inutile!

– Perché? Nient'affatto. Sarà meglio. Per maggior sicurezza.

– Non basta quello che abbiamo saputo qua? Non ho nulla; mi sento bene, vedi? Farò la cura. Basterà.

Egli la guardò serio e disse:

– Adriana, desidero cosí.

E allora ella non poté piú replicare: vide in sé la donna del suo paese che non deve mai replicare a ciò che l'uomo stima giusto e conveniente; pensò che egli volesse per sé la soddisfazione di non essersi contentato d'un solo consulto, la soddisfazione che gli altri, là in paese, domani, alla morte di lei, potessero dire: «Egli fece di tutto per salvarla; la portò a Palermo, anche a Napoli...» O forse era in lui veramente la speranza che un altro medico di piú lontano, piú bravo, riconoscesse curabile il male, scoprisse un rimedio per salvarla? O forse... ma sí, questo era da credere piuttosto: sapendola irremissibilmente perduta, egli voleva, poiché si trovava in viaggio con lei, procurarle quell'ultimo e straordinario svago, come un tenue compenso alla crudeltà della sorte.

Ma ella aveva orrore, ecco, orrore di tutto quel mare da attraversare. Solo a guardarlo, con questo pensiero, si sentiva mozzare il fiato, quasi avesse dovuto attraversarlo a nuoto.

– Ma no, vedrai, – la rassicurò egli, sorridendo. – Non avvertirai neppure d'esserci, di questa stagione. Vedi com'è tranquillo? E poi vedrai il piroscafo... Non sentirai nulla.

Poteva ella confessargli l'oscuro presentimento che la angosciava alla vista di quel mare, che cioè, se fosse partita, se si fosse staccata dalle sponde dell'isola che già le parevano tanto lontane dal suo paesello e cosí nuove; in cui già tanta agitazione, e cosí strana, aveva provato; se con lui si fosse avventurata ancor piú lontano, con lui sperduta nella tremenda, misteriosa lontananza di quel mare, non sarebbe piú ritornata alla sua casa, non avrebbe piú rivalicato quelle acque, se non fosse morta? No, neanche a se stessa poteva confessarlo questo presentimento; e credeva anche lei a quell'orrore del mare, per il solo fatto che prima non lo aveva mai neppur veduto da lontano; e, doverci ora andar sopra...

S'imbarcarono quella sera stessa per Napoli.

Di nuovo, appena il piroscafo si mosse dalla rada e uscí dal porto, passato lo stordimento per il trambusto e il rimescolio di tanta gente che saliva e scendeva per il pontile, vociando, e lo stridore delle grue sulle stive; vedendo a grado a grado allontanarsi e rimpiccolirsi ogni cosa, la gente su lo scalo, che seguitava ad agitare in saluto i fazzoletti, la rada, le case, finché tutta la città non si confuse in una striscia bianca, vaporosa, qua e là trapunta da pallidi lumi sotto la chiostra ampia dei monti grigi rossigni; di nuovo si sentí smarrire nel sogno, in un altro sogno maraviglioso, che le faceva però sgranare gli occhi di sgomento, quanto piú, su quel piroscafo, pur grande, sí, ma forse fragile se vibrava tutto cosí ai cupi tonfi cadenzati delle eliche, entrava nelle due immensità sterminate del mare e del cielo.

Egli sorrise di quello sgomento e, invitandola ad alzarsi e passandole con una intimità che finora non s'era mai permessa un braccio sotto il braccio, per sorreggerla, la condusse a vedere di là, su la coperta stessa, i lucidi possenti stantuffi d'acciajo che movevano quelle eliche. Ma ella, già turbata di quel contatto insolito, non poté resistere a quella vista e piú al fiato caldo, al tanfo crasso che vaporavano di là, e fu per mancare e reclinò e quasi appoggiò il capo sulla spalla di lui. Si contenne subito, quasi atterrita di quella voglia istintiva d'abbandono a cui stava per cedere.

E di nuovo egli, con maggior premura, le chiese:

– Ti senti male?

Col capo, non trovando la voce, gli rispose di no. E andarono tutti e due, cosí a braccio, verso la poppa, a guardar la lunga scia fervida fosforescente sul mare già divenuto nero sotto il cielo polverato di stelle, in cui il tubo enorme della ciminiera esalava con continuo sbocco il fumo denso e lento, quasi arroventato dal calore della macchina. Finché, a compir l'incanto, non sorse dal mare la luna; dapprima tra i va-

496. *grue*: argani.

513. *crasso*: denso, oleoso.

525-32. *la luna ... la rapiva*: ancora la luna come spia lugubre (cfr. *Sole e ombra*, rr. 473-74 nota) e divinità ctonia. L'evento notturno e rapinoso cui la luna presiede, e in cui è perfettamente condensata la contradditorietà fra piacere e dolore, fra presagio di vita e profezia di morte, è appunto «l'angoscia e lo sgomento di quella delizia che la rapiva».

pori dell'orizzonte come una lugubre maschera di fuoco che spuntasse minacciosa a spiare in un silenzio spaventevole quei suoi dominii d'acqua; poi a mano a mano schiarendosi, restringendosi precisa nel suo niveo fulgore che allargò il mare in un argenteo palpito senza fine. E allora piú che mai Adriana sentí crescersi dentro l'angoscia e lo sgomento di quella delizia che la rapiva e la traeva irresistibilmente a nascondere, esausta, la faccia sul petto di lui.

Fu a Napoli, in un attimo, nell'uscire da un caffè-concerto, ove avevano cenato e passato la sera. Solito egli, nei suoi viaggi annuali, a uscire di notte da qui ritrovi con una donna sotto il braccio, nel porgerlo ora a lei, colse all'improvviso sotto il gran cappello nero piumato il guizzo d'uno sguardo acceso, e subito, quasi senza volerlo, diede col braccio al braccio di lei una stretta rapida e forte contro il suo petto. Fu tutto. L'incendio divampò.

Là, al bujo, nella vettura che li riconduceva all'albergo, allacciati, con la bocca su la bocca insaziabilmente, si dissero tutto, in pochi momenti, tutto quello che egli or ora, in un attimo, in un lampo, al guizzo di quello sguardo aveva indovinato: tutta la vita di lei in tanti anni di silenzio e di martirio. Ella gli disse come sempre, sempre, senza volerlo, senza saperlo, lo avesse amato; e lui quanto da giovinetta la aveva desiderata, nel sogno di farla sua, cosí, sua! sua!

Fu un delirio, una frenesia, a cui diedero una violenta lena instancabile la brama di compensarsi in quei pochi giorni sotto la condanna mortale di lei, di tutti quegli anni perduti, di soffocato ardore e di nascosta febbre; il bisogno d'accecarsi, di perdersi, di non vedersi quali finora l'uno per l'altra erano stati per tanti anni, nelle composte apparenze oneste, laggiú, nella cittaduzza dai rigidi costumi, per cui quel loro amore, le loro nozze domani sarebbero apparse come un inaudito sacrilegio.

Che nozze? No! Perché lo avrebbe costretto a quell'atto quasi sacrilego per tutti? perché lo avrebbe legato a sé che aveva ormai tanto poco da vivere? No, no: l'amore, quell'amore frenetico e travolgente, in quel viaggio di pochi giorni; viaggio d'amore, senza ritorno; viaggio d'amore verso la morte.

Non poteva piú ritornare laggiú, davanti ai figliuoli. Lo aveva ben presentito, partendo; lo sapeva che, passando il mare, sarebbe finita per lei. E ora, via, via, voleva andar via, piú su, piú lontano, cosí in braccio a lui, cieca, fino alla morte.

E cosí passarono per Roma, poi per Firenze, poi per Milano, quasi senza veder nulla. La morte, annidata in lei, con le sue trafitture, li fustigava, e fomentava l'ardore.

– Niente! – diceva a ogni assalto, a ogni morso. – Niente...

E porgeva la bocca, col pallore della morte sul volto.

– Adriana, tu soffri...

– No, niente! Che m'importa?

L'ultimo giorno, a Milano, poco prima di partire per Venezia, si vide nello specchio, disfatta. E quando, dopo il viaggio notturno, le si aprí nel silenzio dell'alba la visione di sogno, superba e malinconica, della città emergente dalle acque, comprese che era giunta al suo destino; che lí il suo viaggio doveva aver fine.

Volle tuttavia avere il suo giorno di Venezia. Fino alla sera, fino alla notte, per i canali silenziosi, in gondola. E tutta la notte rimase sveglia, con una strana impressione di quel giorno: un giorno di velluto.

Il velluto della gondola? il velluto dell'ombra di certi canali? Chi sa! Il velluto della bara.

Com'egli, la mattina seguente, scese dall'albergo per andare a impostare alcune lettere per la Sicilia, ella entrò nella camera di lui: scorse sul tavolino una busta lacerata; riconobbe i caratteri del maggiore dei suoi figliuoli: si portò

578-79. *L'ultimo giorno ... disfatta*: per il medesimo tramite dello specchio che le aveva restituito «la sveltezza e l'aria d'una fanciulla» (rr. 234-35), e che stavolta le si mostra ostile e funesto, Adriana si stacca dalla sua immagine nuova di donna giovane e bella, cui l'amore l'aveva trascinata ad aderire. Lo specchio milanese, impietoso, riflette già una morta.

587-89. *un giorno di velluto ... Il velluto della bara*: questa geniale modulazione di sensazioni notturne precede e preannuncia la catastrofe. Adriana prova dapprima la «strana impressione» che si fa verbo nella forma, a sua volta strana (e nel caso quasi perturbante), della metafora: «un giorno di velluto», un giorno dolce al tatto e nel contempo impalpabile; tessuto, dunque, di liscia morbidezza, di serica delicatezza, di leggerezza silenziosa. Poi, incerta, Adriana si prova a interpretare la propria sensazione scindendola, analizzandola, ed ecco la perfida serie discendente: il velluto cullante e riposante dei cuscini della gondola, l'ombra vellutata dei canali (che evoca anche, per associazione, il velluto lubrico e infido, sul quale non si può reggersi, dei muschi marini), infine l'imbottitura di velluto della bara. E, nell'interpretazione tripartita della donna disfatta e insonne, il percorso è obbligato e irreversibile: interrogativo nelle due prime fasi retrospettive, nell'ultima, prospettiva e scorata, rabbrividito e tuttavia assertivo.

quella busta alle labbra e la baciò disperatamente; poi entrò nella sua camera; trasse dalla borsa di cuojo la boccetta con la mistura dei veleni intatta; si buttò sul letto disfatto e la bevve d'un sorso.

L'uomo solo

Si riunivano all'aperto, ora che la stagione lo permetteva, attorno a un tavolinetto del caffè sotto gli alberi di via Veneto.

Venivano prima i Groa, padre e figlio. E tanta era la loro solitudine che, pur cosí vicini, parevano l'uno dall'altro lontanissimi. Appena seduti, sprofondavano in un silenzio smemorato, che li allontanava anche da tutto, cosí che se qualche cosa cadeva loro per caso sotto gli occhi, dovevano striz-

L'uomo solo. Fu pubblicata il 9 luglio 1911 sul «Corriere della Sera»; fu poi raccolta nel volume del 1915 *La trappola* (Treves, Milano). Venne infine inclusa, come novella d'apertura, nel quarto e omonimo volume delle «novelle per un anno», *L'uomo solo* (Bemporad, Firenze 1922). Manlio Lo Vecchio - Musti e Angelo Sodini, curatori, nel 1937-38, di L. Pirandello *Novelle per un anno*, 2 voll., Mondadori, Milano (nella famosa Collezione «Omnibus»), poterono fornire, per i testi di cinque volumi dell'edizione fiorentina di Bemporad (cioè *La rallegrata*, *L'uomo solo*, *La mosca*, *Donna Mimma* e *Il viaggio*), una lezione «definitiva» predisposta da Pirandello in vista della nuova edizione. Il testo è dunque quello fornito dai curatori della mondadoriana del 1937.

L'uomo solo: il titolo, pur cosí emblematico per Pirandello, è in parte ingannevole in rapporto alla vicenda che sta per essere raccontata. La condizione dell'«uomo solo» è infatti una dimensione simbolica ed estrema che caratterizza i piú singolari e straordinari personaggi pirandelliani, quelli che alla solitudine pervengono per via di conquista e pagando il prezzo di una *Bildung* soggettiva ardua e riservata a pochi. Qui, viceversa, la solitudine è quella pateticamente connotata ai rr. 48-50. Ne consegue il timbro narrazionale che contrassegna l'intera novella, quello d'un'ottica penetrante e disvelante che solo per il rovescio d'uno spietato denudamento circonda di pietà la storia di quattro inconsolabili solitudini. E l'oggetto del racconto, il tormento della privazione, è qualcosa di cosí fisico, corporale e viscerale, di cosí irriflesso, che in un simile clima anche il minimo scarto umoristico risulta inabilitato a prodursi, come se la carne torturata e gemente di cui si narra non potesse sopportare il bruciore supplementare del sentimento del contrario.

4-6. *E tanta era ... lontanissimi*: la convivente separatezza di padre e figlio è una delle tracce piú dolorose e toccanti della vicenda, e toccherà un culmine straziante nei rr. 260-66.

zare un po' le palpebre per guardarla. Venivano alla fine insieme gli altri due: Filippo Romelli e Carlo Spina. Il Romelli era vedovo da cinque mesi; lo Spina, scapolo. Mariano Groa era diviso dalla moglie da circa un anno e s'era tenuto con sé l'unico figliuolo, Torellino, già studente di liceo, smilzo, tutto naso, dai lividi occhietti infossati e un po' loschi.

Là attorno al tavolino, dopo i saluti, raramente scambiavano tra loro qualche parola. Sorseggiavano una piccola Pilsen, succhiavano qualche sciroppo con un cannuccio di paglia, e stavano a guardare, a guardar tutte le donne che passavano per via, sole, a coppie, o accompagnate dai mariti: spose, giovinette, giovani madri coi loro bambini; e quelle che scendevano dalla tranvia, dirette a Villa Borghese, e quelle che ne tornavano in carrozza, e le forestiere che entravano al grande albergo dirimpetto o ne uscivano, a piedi, in automobile.

Non staccavano gli occhi da una che per attaccarli subito a un'altra, e la seguivano con lo sguardo, studiandone ogni mossa o fissandone qualche tratto, il seno, i fianchi, la gola, le rosee braccia trasparenti dai merletti delle maniche: storditi, inebriati da tutto quel brulichio, da tutto quel fremito di vita, da tanta varietà d'aspetti e di colori e di espressioni, e tenuti in un'ansia angosciosa di confusi sentimenti e pensieri e rimpianti e desiderii, ora per uno sguardo fuggevole, ora per un sorriso lieve di compiacenza che riuscivano a cogliere da questa o da quella, tra il frastuono delle vetture e il passerajo fitto, continuo che veniva dalle prossime ville.

Sentivano tutti e quattro, ciascuno a suo modo, il bisogno cocente della donna, di quel bene che nella vita può dar solo la donna, che tante di quelle donne già davano col loro amore, con la loro presenza, con le loro cure, e forse senz'esserne ricompensate a dovere dagli uomini ingrati.

Appena questo dubbio sorgeva in essi per l'aria triste di qualcuna, i loro sguardi s'affrettavano a esprimere un intenso accoramento o un'acerba condanna o una pietosa adorazione. E quelle giovinette? Chi sa com'eran disposte e pronte a dar la gioja del loro corpo! E dovevano invece sciuparsi

14. *loschi*: strabici.
16-17. *una piccola Pilsen*: birra.
21. *Villa Borghese*: il maggiore parco pubblico di Roma. Oltrepassata Porta Pinciana, la via Veneto dei rr. 2-3 (in realtà via Vittorio Veneto) praticamente immette nel parco.

in un'attesa forse vana tra finte ritrosie in pubblico e chi sa che smanie in segreto.

Ciascuno, con quel quadro fascinoso davanti, pensando alla propria casa senza donna, vuota, squallida, muta, compreso da una profonda amarezza, sospirava.

Filippo Romelli, il vedovo, piccolino di statura, pulito, in quel suo abito nero da lutto ancora senza una grinza, preciso in tutti i lineamenti fini, d'omettino bello vezzeggiato dalla moglie, si recava tutte le domeniche al camposanto a portar fiori alla sua morta, e piú degli altri due sentiva l'orrore della propria casa attufata dai ricordi, dove ogni oggetto, nell'ombra e nel silenzio, pareva stesse ancora ad aspettare colei che non vi poteva piú far ritorno, colei che lo accoglieva ogni volta con tanta festa e lo curava e lo lisciava e gli ripeteva con gli occhi ridenti come e quanto fosse contenta d'esser sua.

In tutte le donne che vedeva passare per via lui badava ora a sorprender la grazia di qualche mossa che gli richiamasse viva l'immagine della sua donna, non com'era ultimamente, ma qual era stata un tempo, quando gli aveva dato quella tal gioja che quest'altra, ora, gli ridestava pungente nella memoria; e subito serrava le labbra per l'impeto della commozione che gli saliva amara alla gola, e socchiudeva un po' gli occhi, come fanno al vento gli uccelli abbandonati su un ramo.

Anche nella sua donna, negli ultimi tempi, aveva amato il ricordo delle gioje passate, che non potevano piú, ormai, esser per lui. Nessuna donna piú lo avrebbe amato, ora, per se stesso. Aveva già quasi cinquant'anni.

Ah, per lui la sorte era stata veramente crudele! Vedersi strappare la compagna in quel punto, alla soglia della vecchiaja, quando ne aveva piú bisogno, quando anche l'amore, sempre irrequieto nella gioventú, cominciava a pregiar soltanto la tranquillità del nido fedele! E ecco che ora gli toccava a risentire l'irrequietezza di esso, fuori tempo, e perciò ridicola e disperata.

Allo Spina, amico suo indivisibile da tanti anni, aveva detto piú volte:

– Verità sacrosanta, amico mio: l'uomo non può esser tranquillo, se non s'è assicurate tre cose: il pane, la casa, l'amore. Donne, tu ne trovi adesso; ti posso anche ammette-

52. *preciso*: regolare.
56. *attufata*: soffocata, oppressa.

re che, quanto a questo, tu stai meglio di me, per ora. Ma la gioventú, caro, è assai piú breve della vecchiaja. Lo scapolo gode in gioventú; ma poi soffre in vecchiaja. L'ammogliato, al contrario. Ha piú tempo di goder l'ammogliato dunque, come vedi!

Sissignori. Bella risposta gli aveva dato la sorte! Lo Spina, ora, vecchio scapolo, cominciava a soffrire del vuoto della sua vita, in una camera d'affitto, tra mobili volgari, neppur suoi; ma almeno poteva dire d'aver goduto a suo modo in gioventú e d'aver voluto lui che fosse cosí sola e senza conforto di cure amiche e senz'abitudine d'affetti la sua vecchiaja. Ma lui!

Eppure, forse piú crudele della sua era la sorte di Mariano Groa. Bastava guardarlo, poveretto, per comprenderlo.

Lui, Romelli, pur cosí sconsolato com'era, trovava tuttavia in sé la forza di pulirsi, d'aggiustarsi, perfino d'insegarsi ancora i baffettini grigi; mentre quel povero Groa... Eccolo là: panciuto, sciamannato, con una grinta da can mastino con gli occhiali, ispido di una barba non rifatta chi sa da quanti giorni, e con la giacca senza bottoni, il colletto spiegazzato, giallo di sudore, la cravatta sudicia, annodata di traverso.

Guardava le donne con occhiacci feroci, quasi se le volesse mangiare.

E ogni tanto, fissandone qualcuna, ansimava, come se gli si stringesse il naso; si scoteva, facendo scricchiolar la sedia, e si metteva in un'altra positura non meno truce, col pomo del bastone sotto il mento, affondato nella pappagorgia lustra di sudore.

Sapeva da tant'anni che la moglie – vezzosa donnettina dal nasino ritto, due fossette impertinenti alle guance e occhietti vivi vivi, da furetto – lo tradiva. Alla fine, un brutto giorno, era stato costretto ad accorgersene, e s'era diviso da lei legalmente. Se n'era pentito subito dopo; ma lei non aveva piú voluto saperne, contenta delle duecento lire al mese ch'egli le passava per mezzo del figliuolo, il quale andava a visitarla ogni due giorni.

Il pover uomo era divorato dalla brama di riaverla. La

101. *insegarsi*: impomatarsi.
103. *sciamannato*: trasandato, disordinato.

amava ancora come un pazzo, e senza lei non poteva piú stare; non aveva piú requie!

Spesso, il figliuolo, che gli dormiva accanto, sentendolo piangere o gemere con la faccia affondata nel guanciale, si levava su un gomito e cercava di confortarlo amorosamente:

– Papà, papà...

Ma spesso anche Torellino si seccava a vederlo smaniare cosí; e nei giorni che doveva recarsi a visitare la madre, sbuffava ogni qual volta egli si metteva a suggerirgli tutto quello che avrebbe desiderato le dicesse per intenerirla, lo stato in cui si trovava, cosí senza cure, alla sua età; la sua disperazione; il suo pianto; e che non poteva dormire, e che non sapeva piú reggere, né come fare.

Era un tormento per Torellino! E anche una vergogna che lo sconcertava tutto e lo faceva sudar freddo. Tanto piú che poi quelle ambasciate non servivano a nulla, perché già piú volte la madre, irremovibile, gli aveva fatto rispondere che non ne voleva nemmeno sentir parlare.

E che altro tormento ogni qual volta ritornava da quelle visite! Il padre lo aspettava a piè della scala, ansante, la faccia infiammata e gli occhi acuti e spasimosi, lustri di lagrime. Subito, appena lo vedeva, lo assaliva di domande:

– Com'è? com'è? che t'ha detto? come l'hai trovata?

E a ogni risposta, arricciava il naso, chiudeva gli occhi, divaricava le labbra, come se ricevesse pugnalate.

– Ah, sí, tranquilla? Non dice niente? Ah, dice che sta bene cosí? E tu, tu che le hai detto?

– Niente, io, papà...

Ah, niente, è vero? E si mordeva le mani dalla rabbia; poi prorompeva:

– Eh sí! eh sí! Seguitate! Seguitate! È comodo... Seguita cosí, tu pure, caro! Sfido... Che vi manca? C'è il bue qua, che lavora per voi... Seguitate, seguitate senza nessuna considerazione per me! Ma non lo capisci, perdio, che io non posso piú vivere cosí? Che ho bisogno d'ajuto? Che io cosí muojo, non lo capisci? Non lo capisci?

– Ma che ci posso fare io, papà? – si scrollava Torellino, alla fine, esasperato.

– Niente! Niente! Seguita! – riprendeva lui, ingozzando le lagrime. – Ma non ti pare almeno che sia una nequizia farmi morire cosí? Perché, sai? io muojo! Io vi lascio tutti e due in mezzo a una strada, e la faccio finita! La faccio finita!

Si pentiva subito di queste sfuriate, e compensava con carezze, con regali il figliuolo; lo avviziava; gli prodigava le cure di una madre; e non badava a sé, ai suoi abiti, alle sue scarpe, alla sua biancheria, purché il figlio andasse ben vestito, di tutto punto, e si presentasse alla mamma ogni due giorni come un figurino.

S'inteneriva lui stesso di quella sua bontà, non solo non rimeritata, ma neppur commiserata da nessuno, calpestata anzi da tutti; si struggeva in quella sua tenerezza; sentiva proprio che il cuore gli si sfaceva in petto, strizzato dall'angoscia, macerato dalla pena.

Aveva coscienza di non aver fatto mai, mai, il minimo torto a quell'infame donna che lo aveva trattato cosí!

Che ci poteva far lui se attorno al suo cuore tenero e semplice, di bambino, era cresciuto tutto quel corpaccio da maiale? Nato per la casa, per adorare una donna sola nella vita, che gli volesse – non molto! non molto! – un po' di bene, quanto compenso le avrebbe saputo dare, per questo po' di bene!

167. *avviziava*: viziava, avvezzava male.

172-74. *S'inteneriva ... calpestata anzi da tutti*: quella di Mariano Groa sembra proprio una delle «innombrables légendes de l'amour trompé, du dévouement méconnu, des efforts non récompensés» [innumerevoli leggende dell'amore ingannato, della devozione misconosciuta, degli sforzi senza ricompensa], alle quali allude Baudelaire ne *Le veuves*, una delle prose dello *Spleen de Paris* (cfr. Ch. Baudelaire, *Œuvres complètes*, Gallimard, Paris 1961, pp. 244-47). E il narratore di questa novella sembra rappresentare bene l'«œil expérimenté» del poeta-filosofo che non s'inganna nel decifrare per tanti piccoli tratti il segreto delle sofferenze altrui.

179-81. *Che ci poteva ... maiale*: riconoscibilissima ripresa, in chiave risentitamente patetica, del conflitto tra anima e corpo che s'è visto declinato, su altri registri, sia in *Acqua amara*, rr. 398-406 nota, che in *Scialle nero*, rr. 53-61, che in *Quand'ero matto*, rr. 296-300 nota. Da *Acqua amara* (r. 404) proviene presumibilmente, per analogia, anche l'avvilente metafora bovina del rr. 155-156. Ma appunto il confronto tra Bernardo Cambiè, *guarito* e umorista, e l'inguaribile Mariano Groa, consente di misurare l'inconciliabile distanza che separa, nel corpus pirandelliano, i destini di coloro che alle aggrovigliate distrette della vita e delle pulsioni vitali riescono a sottrarsi per la via della solitaria riflessione e della umoristica *consolatio philosophiae*, e quelli di chi, avvelenato dal troppo amore per la vita, si macera nel desiderio, nel rimpianto, nel tormento della privazione senza che né il tradimento, né il disprezzo, né il pudore oltraggiato valgano, nonché a guarirli, neppure ad alleviarne le pene. Fra coloro cui riesce di spogliarsi del proprio corpo, o di staccarsene, e di farsi tutti anima, e coloro invece il cui corpo e il cui sesso continuano a reclamare i loro diritti anche contro la tenerezza del loro cuore «semplice, di bambino». Per Bernardo Cambiè è possibile, nonostante l'esuberanza corporea, sublimarsi nella vergine inglesina che è la sua anima; Mariano Groa non troverà altro modo di tacitare gli insostenibili desideri del suo «corpaccio da maiale» che dandosi furiosamente la morte.

Con gli occhi invetrati dalle lagrime a stento contenute, ora stava a mirar per via ogni coppia di sposi, che gli pareva andasse d'amore e d'accordo. Si sarebbe buttato in ginocchio davanti a ogni moglie onesta e saggia, che fosse il sorriso e la benedizione d'una casa, che amasse teneramente il suo sposo e curasse i suoi figliuoli.

A lui, giusto a lui doveva toccare una donna come quella! Chi sa quante ce n'erano di buone, lí, tra quelle che passavano per via; quante avrebbero fatto la sua felicità, perché non chiedeva molto lui, un po' d'affetto, poco!

Lo mendicava con quegli occhi, che parevano truci, a tutte le donne che vedeva passare; ma non per averlo da esse: da una sola, da quella, lui lo voleva, poiché quella sola avrebbe potuto darglielo onestamente, legato com'era dal vincolo del matrimonio e con quel suo povero figliuolo accanto.

All'ombra dei grandi alberi della via, brulicava quella sera con fremito piú intenso la vita.

I due amici Spina e Romelli tardavano ancora a venire.

L'aria, satura di tutte le fragranze delle ville vicine, pareva grillasse d'un baglior d'oro, e tutti i visi delle donne, sotto i cappelloni spavaldi, sorridevano accesi da riflessi purpurei. Offrivano con quel sorriso all'ammirazione e al desiderio degli uomini il loro corpo disegnato nettamente dagli abiti succinti.

Le rose d'una bottega di fiorajo lí presso, dietro le spalle del Groa, esalavano un profumo cosí voluttuoso, che il pover uomo ne aveva un greve stordimento di ebbrezza, per cui già tutto quel brulichio di vita assumeva innanzi a lui contorni vaporosi di sogno, e gli destava quasi il dubbio della irrealità di quanto vedeva, coi romori che gli si attutivano agli orecchi, come se venissero da lontano lontano, e non da tutto quel sogno lí maraviglioso.

Alla fine, quegli altri due arrivarono. Discutevano tra loro animatamente. Il piccolo Romelli, vestito di nero, era nervoso, convulso; scattava a tratti come per scosse elettriche, e lo Spina, accalorato, cercava di calmarlo, di convincerlo.

185. *invetrati dalle lagrime*: coperti da un velo vitreo di lacrime; cfr. *La levata del sole*, r. 169 nota.

204. *grillasse*: risplendesse, brillasse.

209-10. *Le rose ... un profumo cosí voluttuoso*: nella novella del 1934 *C'è qualcuno che ride*, si leggerà: «e che peccato questa pallida rosa già disfatta che serba nelle foglie cadute un morente odore di carne incipriata».

219. *convulso*: agitatissimo.

– Sí, due sorelle, due sorelle! Lasciate fare a me! Ancora è presto. Ora sediamo.

Il Groa fece segno con gli occhi ai due di non parlar di tali cose davanti al suo figliuolo; poi, comprendendo che essi, cosí accesi com'erano, non avrebbero saputo frenarsi, si volse a Torellino e lo invitò a farsi una giratina lí a Villa Borghese.

Il ragazzo s'avviò, svogliato, sbuffando. Fatti pochi passi, si voltò e vide che i tre, con le teste riunite, confabulavano misteriosamente attorno al tavolino; ma il padre scrollava il capo, diceva di no, di no.

Lo Spina, certo, li tentava.

Quando, dopo una mezz'ora, Torellino ritornò, i due, il Romelli e lo Spina, erano andati via. Il padre era solo, ad attenderlo; in una solitudine disperata; con un viso cosí alterato, con tanto spasimo tetro negli occhi, che il figlio restò a mirarlo, sgomento.

– Vogliamo andare, papà?

Il Groa parve non lo sentisse. Lo guatò. Serrò le labbra con una smorfia di pianto, quasi infantile, ed ebbe per tutta la persona uno scotimento di singhiozzi soffocati.

Poi si alzò; prese il figlio per un braccio; glielo strinse con tutta la forza, come se volesse comunicargli con quella stretta qualcosa che non poteva o non sapeva dire. E andarono, andarono verso via di Porta Pinciana.

Torellino si sentiva trascinato verso la casa ove abitava la madre. Ecco, vi sarebbero giunti tra poco: era là in capo al secondo vicolo, ove ardeva il fanale. E a mano a mano s'induriva contro il braccio del padre, il quale, avvertendo la resistenza, lo guardava ansioso, per intenerirlo.

«Oh Dio, oh Dio, – pensava Torellino, – la solita storia! Il solito tormento! Andar su, è vero? Pregare la madre che s'arrendesse finalmente; sentirsi dire di no ancora una volta? No, no».

E, risoluto, davanti al vicolo, sotto il fanale, s'impuntò e disse al padre:

– No, sai, papà? Io non salgo! Io non ci vado!

Il Groa guardò il figlio con occhi atroci.

– No? – fremette. – No?

E lo respinse da sé, piano, senza aggiungere altro. Lascia-

239. *guatò*: guardò fisso.

to lí quieto in mezzo alla via deserta, Torellino, dapprima un po' stordito, ebbe a un tratto l'impressione che il padre si fosse per sempre staccato da lui, quasi balzando d'improvviso laggiú, lontano, e che per sempre si perdesse confuso, estraneo tra i tanti estranei che andavano per quella via in discesa. Allora si mosse a seguirlo da lontano, costernato.

Lo seguí, senza farsi scorgere, giú per Capo le Case, giú per via Due Macelli, per via Condotti, per via Fontanella di Borghese, per piazza Nicosia... Sboccando in via di Tordinona, si fermò.

Venivano fuori da un vicoletto bujo il Romelli e lo Spina, e il padre s'univa ad essi. Il Romelli aveva sugli occhi un fazzoletto listato di nero e singhiozzava. Tutti e tre andavano ad appoggiarsi alla spalletta del Lungotevere.

– Ma stupido! Perché? – gridava lo Spina, scotendo per un braccio il Romelli. – Tanto carina! Tanto graziosa!

E il Romelli, tra i singhiozzi:

– Impossibile! Impossibile! Tu non puoi comprendere... Il pudore! La santità della casa!

Lo Spina allora si volgeva al padre.

Nella chiara sera di maggio, presso le acque del fiume che pareva ritenessero ancora la luce del giorno sparito, si distinguevano con precisione tutti i gesti e anche i tratti del volto di quei tre uomini agitati.

Lo Spina voleva ora convincere il padre del torto del Romelli, che seguitava ad asciugarsi il volto in disparte. Il padre stava a guardar lo Spina con occhi sbarrati, feroci; all'improvviso lo afferrava per il bavero della giacca, gli dava un poderoso scrollone e lo mandava a schizzar lontano; poi, balzando sul parapetto dell'argine, gridava con le braccia levate, enorme:

– Ecco, si fa cosí!

E giú, nel fiume. Un tonfo. Due gridi, e un terzo grido, da lontano, piú acuto, del figlio che non poteva accorrere, con le gambe quasi stroncate dal terrore.

267-70. *Lo seguí ... si fermò*: è un semplice percorso romano che conduce al Tevere.

Certi obblighi

Quando la civiltà, ancora in ritardo, condanna un uomo a portare una lunga scala in collo da un lampione all'altro e a salire e a scendere questa scala a ogni lampione tre volte al giorno, la mattina per spengerlo, il dopo pranzo per rigovernarlo, la sera per accenderlo; quest'uomo, per forza, quantunque duro di mente e dedito al vino, deve contrarre la cattiva abitudine di ragionar con se stesso, assorgendo anche a considerazioni alte per lo meno quanto quella sua scala.

Quaquèo, lampionajo, è caduto una sera, ubriaco, da quell'altezza. S'è rotta la testa, spezzata una gamba. Vivo per miracolo, dopo due mesi d'ospedale, con una cianca piú corta dell'altra, una sconcia cicatrice su la fronte, s'è rimesso a girare, zazzeruto, barbuto e in camiciotto turchino, di nuovo con la scala in collo, da un lampione all'altro. Arrivato ogni volta su la scala all'altezza da cui è caduto, non può fare a meno di considerare che – è inutile – certi obblighi si han-

Certi obblighi. Fu pubblicata per la prima volta, col titolo *Certi obblighi...*, sul «Corriere della Sera» dell'11 marzo 1912; due anni piú tardi fu compresa nella raccolta *Le due maschere* (Quattrini, Firenze 1914) e, nel 1920, nel volume *Tu ridi* (Treves, Milano), che ristampava quasi per intero la raccolta fiorentina. Entrò infine, con l'espunzione dei puntini dal titolo, nell'ottavo volume delle «novelle per un anno», *Dal naso al cielo* (Bemporad, Firenze 1925), il quale, su quindici novelle, ne recupera ben undici dalle due raccolte citate.

11. *cianca*: gamba, specie se difettosa.

12. *sconcia cicatrice su la fronte*: sconcia non tanto esteticamente, quanto perché sta al posto che è delle corna.

16-21. *è inutile ... gli danno la baja*: si vedrà poco oltre, nella novella *La verità* che sta con questa in un rapporto di antifrastica solidarietà tematica, che Tararà, marito contadino, aveva potuto contare per un certo periodo su un prudente silenzio rusticano. Quaquèo, cittadino, non può giovarsene ed è ridotto a zimbello. Egli sa perciò bene quanto poco conti che uno *voglia non sapere* per *non dover fare*: gli altri sono lí, pronti a richiamarlo al *dover sapere* e al *dover fare*. E dunque a un obbligo non si può sfuggire se non dimostrando

no. Non si vorrebbero avere, ma si hanno. Un marito può benissimo in cuor suo non curarsi affatto dei torti della propria moglie. Ebbene, nossignori, ha l'obbligo di curarsene. Se non se ne cura, tutti gli altri uomini e finanche i ragazzi glielo rinfacciano e gli danno la baja.

– Il becco, Quaquèo! Quando li mettono, Quaquèo, questi becchi?

– Muso di cane! – grida Quaquèo dall'alto del lampione. – Ora me lo dici? Ora che debbo illuminare la città?

Bella scusa, l'illuminazione della città, per sottrarsi all'obbligo di badare ai torti della moglie. Ma li vede egli forse? Con questi lumetti a petrolio, vede egli forse quando quelli scassinano le porte o si accoltellano per quei sudici vicoli deserti?

– Ladri svergognati e assassini!

Pur non di meno Quaquèo è andato al municipio; s'è presentato all'assessore cavalier Bissi, a cui deve il posto e qualche gratificazione di tanto in tanto per lo zelo con cui attende al suo ufficio; e gli ha esposto il caso: se egli, cioè, nell'atto d'accendere i lampioni non debba essere considerato come un pubblico funzionario nell'esercizio delle sue funzioni.

– Sicuro, – gli ha risposto l'assessore.

– E dunque chi mi insulta, – ha tirato la conseguenza Quaquèo, – insulta un pubblico funzionario nell'esercizio delle sue funzioni, va bene?

Pare che non vada bene per il cavalier Bissi. Il quale, sapendo di che genere sono gli insulti di cui Quaquèo viene a lagnarsi, vorrebbe dimostrargli, con bella maniera, che questi insulti non si riferiscono propriamente al lampionajo come tale.

– Ah no, Eccellenza! – protesta Quaquèo. – La prego di credere, Eccellenza!

(r. 25) di doverne rispettare prioritariamente un altro. Quaquèo, che è già caduto una volta dalla scala e ha battuto la testa, è uomo della *Realpolitik*, e usa la sua sottigliezza di loico e di ragionatore per farsi una corazza della natura costrittiva dei codici (quello d'onore e quello civile) cosí come sono.

21-22. *gli danno la baja*: lo burlano gridandogli insulti. – *becco*: l'equivoco è ovvio, e legittimato dai becchi degli auspicati lampioni a gas. La parola, impronunciabile davanti a un qualsiasi sposo onorato, trova un provvisorio alibi se un marito becco fa, guarda caso, il lampionaio.

32-37. *Quaquèo è andato ... delle sue funzioni*: come si vedrà, il rustico Tararà né è ricorso alla legge né capisce il ruolo della giustizia; Quaquèo, invece, coerentemente, ricorre in primo luogo alla consulenza legale del cavalier Bissi.

E nel dire *Eccellenza* stringe gli occhi Quaquèo, come se assaporasse un liquore prelibato. Dà cosí dell'Eccellenza, con tutto il sentimento, a quanti piú può; ma in ispecie al cavalier Bissi che, oltre agli obblighi che anche lui, come privato, forse non vorrebbe avere, ma che pure ha, se ne è assunti anche tanti altri, altissimi, inerenti alla sua carica d'assessore. Quaquèo di tutti questi obblighi, naturali e sociali, è profondamente compenetrato; e se, alle volte, per qualche gocciolina importuna deve passarsi il dorso della mano sotto il naso, non manca mai di farsi prima riparo della falda del lungo camiciotto turchino.

A sua volta, con bella maniera, ma imbrogliandosi un po' si prova a dimostrare all'assessore, che se l'insulto, di cui è venuto a lagnarsi, ha qualche fondamento di verità, può averlo soltanto nel tempo che egli è nell'esercizio delle sue funzioni di lampionajo; perché quando poi non è piú lampionajo ed è soltanto marito, nessuno può dir nulla né di lui né della moglie. La moglie è con lui saggia, sottomessa, irreprensibile; ed egli non ha potuto mai accorgersi di nulla.

– M'insultano, Eccellenza, quando illumino la città, quando sto su la scala appoggiata al lampione e sfrego al muro il fiammifero per accendere il lume, cioè, quando sanno che non posso lasciare al bujo la città, per correre a casa a vedere che fa e con chi è mia moglie e, all'occorrenza, fare un macello, signor Cavaliere!

Sottolinea le parole *fare un macello* con un sorriso quasi di mesta rassegnazione, perché riconosce che anche quest'obbligo avrebbe, come marito offeso, e proprio non vorrebbe averlo, ma lo ha.

– Ne vuole un'altra prova, Eccellenza? Nelle sere di luna, che i lampioni restano spenti, nessuno mi dice nulla; e perché? perché quelle sere non sono un pubblico funzionario.

Quaquèo ragiona bene. Ma ragionar bene non basta. Bisogna venire al fatto. E, venendo al fatto, spesso i migliori ra-

74-77. *Sottolinea le parole ... ma lo ha*: Quaquèo non solo non scarta d'una virgola dal codice sociale dell'onore fondato sul *dovere* di fronte all'opinione pubblica – ne prevede anzi un'applicazione pignola e incrollabilmente severa –, ma ne espunge ogni elemento passionale e ogni procedura indiziaria per farne un meccanismo probatorio razionale e millimetrico. È chiaro anche, e lo si vedrà, che Quaquèo conosce un altro insigne precedente giurisprudenziale, quello di Otello, ed è palese che considera quest'ultimo un sublime imbecille come tutti coloro che uccidono senza che ci sia scandalo e, soprattutto, senza prove.

gionamenti cascano, come cascò lui, quella volta, ubriaco fradicio, dalla scala.

Che vuole concludere, insomma, con quel ragionamento? Il cavalier Bissi glielo domanda. Se crede che la sua disgrazia coniugale sia inerente alla pubblica funzione di lampionajo, ebbène, rinunzi a questa pubblica funzione; o, se non vuole rinunziare, si stia quieto, e lasci dire la gente.

– Perentorio? – domanda Quaquèo.

– Perentorio, – risponde il cavalier Bissi.

Quaquèo saluta militarmente:

– Servo di Vostra Eccellenza.

La scala gli pesa ogni giorno di piú e ogni giorno di piú Quaquèo stenta ad arrampicarsi sui pioli logori dal lungo uso, con quella cianca piú corta dell'altra.

Ora, quando è agli ultimi lampioni nelle viuzze piú erte in cima al colle, s'indugia un pezzo su la scala, come affacciato, o piuttosto come appeso per le ascelle al braccio del fanale, le mani penzoloni, il capo appoggiato a una spalla; e in quella positura d'abbandono, lassú, seguita a pensare e a ragionar con se stesso.

Pensa cose strane e tristi.

Pensa, per esempio, che le stelle, per quanto fitte sieno, certe notti, allargano sí e pungono il cielo, ma non arrivano a far lume in terra.

– Luminaria sprecata!

Ma che bella luminaria! E pensa che una notte sognò che toccava a lui d'accenderla, tutta quella luminaria nel cielo, con una scala di cui non vedeva la fine, e che non sapeva dove appoggiare, e i cui staggi gli brandivano tra le mani incapaci di sorreggere un tal peso. E come avrebbe fatto ad arrampicarsi, su, su, per quegli infiniti pioli, fino alle stelle? Sogni! Ma che ambascia e che sgomento nel sogno!

Pensa che è proprio triste quel suo mestiere di lampionajo, almeno per un lampionajo come lui, che abbia contratto la cattiva abitudine di ragionare, accendendo i lampioni.

Ma è mai possibile che anche l'atto materiale di far la luce dove ci sono le tenebre, non desti, a lungo andare, anche nel piú duro e oscuro cervello certi guizzi di pensiero?

90. *Perentorio*: tale, cioè, da non ammettere replica.

111. *staggi*: le lunghe aste parallele o convergenti della scala a pioli. – *brandivano*: oscillavano.

Quaquèo certe sere è arrivato finanche a pensare che egli che fa la luce, fa anche le ombre. Già! Perché non si può avere una cosa, senza il suo contrario. Chi nasce, muore. E l'ombra è come la morte che segue un corpo che cammina. Donde la sua frase misteriosa, che sembra una minaccia gridata dall'alto della scala nell'atto di accendere il lampione, e che non è altro, invece, che la conclusione d'un suo ragionamento:

– Aspetta là, aspetta là, che t'appiccico la morte dietro!

Infine Quaquèo pensa, che una certa importanza d'ordine davvero superiore la ha, quel suo mestiere, in quanto ripara a una mancanza della natura, e che mancanza! Quella della luce. C'è poco da dire: egli, per il suo paese, è il sostituto del Sole. Sono due i sostituti: egli e la Luna; e si danno il cambio. Quando c'è la Luna, egli riposa. E tutta l'importanza del suo mestiere appare manifesta in quelle sere che la Luna dovrebbe esserci, e viceversa poi non c'è, perché le nuvole, nascondendola, la fanno venir meno al suo obbligo di illuminare la Terra; obbligo che la Luna forse non vorrebbe avere, ma che ha; e il paese resta al bujo.

Quant'è bello vedere da lontano, in mezzo alle tenebre della notte, qua e là, qualche paesello illuminato!

Quaquèo ne vede parecchi, ogni notte, quando arriva agli ultimi lampioni in cima al colle, e rimane a contemplarli a lungo, con le mani penzoloni dal braccio del fanale e il capo appoggiato a una spalla, e sospira.

Sí, quei lumini là, come una moltitudine di lucciole a congresso, rischiarano penosamente e rimangono tutta la notte a vegliare, nel lugubre silenzio, vicoletti lerci e scoscesi e tane di miseria, forse peggiori di questi del suo paese; ma è certo che, da lontano, fanno un bel vedere, e spirano un dolce e mesto conforto in mezzo a tanta tenebra. Passa di tanto in tanto nella tenebra qualche folata di vento, e tutti quei lumini là aggruppati esitano e pare che sospirino anch'essi.

E a guardare cosí da lontano, si pensa che i poveri uomini, sperduti come sono sulla terra, tra le tenebre, si siano raccolti qua e là per darsi conforto e ajuto tra loro; e invece no, invece non è cosí: se una casa sorge in un posto, un'altra non le sorge mica accanto, come una buona sorella, ma le si pianta di contro come una nemica, a toglierle la vista e il respiro; e gli uomini non si uniscono qua e là per farsi compagnia, ma si accampano gli uni contro gli altri per farsi la guerra. Ah, lui, Quaquèo, lo sa bene! E dentro ogni singola casa c'è la guerra, tra quegli stessi che dovrebbero amarsi e star d'accordo per difendersi dagli altri. Non è forse sua moglie la sua piú acerrima nemica?

Se Quaquèo beve, beve per questo; beve per non pensare a certe cose che lo farebbero venir meno a tanti di questi obblighi, di cui è cosí profondamente compenetrato. Ma è vero che se ne hanno poi anche certi altri, che non si vorrebbero avere. Non si vorrebbero avere, ma si hanno.

– Eh, sorcio vecchio?

Quaquèo si rivolge a un pipistrello. Lo chiama sorcio vecchio, perché è un sorcio che ha messo le ali. Tante altre volte si rivolge o a qualche gatto che striscia rasente al muro e s'arresta d'un tratto, raccolto e obliquo, a guatarlo, o a qualche cane randagio e malinconico, che si mette a seguirlo da un lampione all'altro, per gli alti vicoli deserti, e gli si accula davanti, sotto ogni lampione, aspettando che egli lo abbia acceso.

Ma che deve accendere, se non c'è petrolio?

Il paese questa sera rischia di restare al bujo. L'appaltatore dell'illuminazione è in lite col Comune: da piú mesi non gli danno un soldo; ha anticipato circa dodicimila lire; ora non vuole piú saperne. Quaquèo non ha potuto rigovernare i lumi, dopo mezzogiorno. Venuta la sera, s'è messo in giro con la scala per provare se si accendono con quel po' di petrolio rimasto dalla notte scorsa. Si accendono per poco, poi s'abbassano e appestano la via. I cittadini protestano, se la pigliano con lui, come se fosse colpa sua. I piú tristi e i monellacci gli ricantano piú sguajatamente la solita canzone:

– Ci vogliono i becchi! Ci vogliono i becchi! I becchi, Quaquèo, i becchi !

E la gazzarra cresce. Quaquèo non ne può piú. Per sottrarsi alla ressa degli insultatori, lascia la via principale e, con la scala in collo, si mette a salire per uno dei vicoli. Ma parecchi lo seguono. A un certo punto, come Quaquèo, stanco e sfiduciato, s'abbandona secondo il suo solito sul braccio d'un fanale, non si contentano piú di dargli la baja a parole, gli strappano la scala sotto i piedi e lo lasciano lí appeso per le ascelle e sgambettante.

Ah sí? Dunque vogliono proprio ch'egli faccia l'obbligo

178. *si accula*: si mette a sedere.

suo, di marito offeso, non potendo quella sera per mancanza di petrolio attendere alla sua pubblica funzione di lampionajo? Lo hanno colto al laccio, giusto quella sera che non può gridar la scusa dell'illuminazione della città? Ebbene: gli ridiano la scala, e sia fatta la loro volontà! La scala! La scala! Lo facciano discendere, corpo di Dio, e vedranno ciò che egli saprà fare!

Tre, quattro, ridendo, gli rimettono la scala sotto i piedi, e tutti, pigliandoselo a godere, a coro, lo cimentano:

– Il coltello ce l'hai?

– Ce l'ho. Eccolo!

E Quaquèo si tira su il camiciotto e cava dalla tasca dei calzoni un coltellaccio e lo apre e lo impugna.

– Sangue della Madonna, è buono questo?

– La scanni?

– La scanno, e lo scanno, se li trovo insieme! Testimoni tutti! Venitemi dietro!

E si slancia avanti, balzando su la punta della cianca piú corta, e tutti lo seguono schiamazzando e affollandoglisi attorno, per i buj vicoli tortuosi in salita.

– La scanni davvero?

Quaquèo s'arresta, si volta e agguanta per il petto uno di quei cimentatori.

– Ah, ve ne pentite? Ora che m'avete preso, perdio, e sono qua armato per fare l'obbligo mio, dovete starci tutti! Tutti, perdio!

E scuote e scrolla quell'agguantato, e riprende la via. Parecchi allora s'impauriscono, lo seguono ancora per qualche passo sconcertati, perplessi; si tirano per la manica; rimangono indietro; se la svignano. Quattro soltanto e due monelli gli tengono dietro fino a casa, ma costernati anch'essi e non piú cimentosi, anzi pronti a impedire che egli faccia per davvero. Difatti, appena davanti alla porta, lo afferrano per le braccia e a coro, con parole scherzose, cercano di portarselo via, in qualche taverna a bere. Ma Quaquèo, stravolto, ansimante, si divincola e li minaccia col coltello impugnato; avventa calci alla porta, e grida alla moglie:

– Apri, mala femmina! Apri! Questa è la volta che la paghi per tutte! Lasciatemi, sangue di... lasciatemi! Lasciatemi, o vi spacco la faccia!

Quelli, alla minaccia, si scostano, e allora egli cava subito

211. *cimentano*: provocano.

dalla tasca del camiciotto, sul petto, la chiave e apre la porta; si ficca dentro e la richiude con fracasso. Quelli si precipitano addosso alla porta e la forzano, gridando ajuto. Si sentono dall'interno grida e pianti in alto.

– Carneficina! Carneficina! – urla Quaquèo, col coltello in pugno, dopo aver afferrato per i capelli e buttata a terra la moglie scarmigliata e discinta; e cerca sotto il letto, rovesciando tutto quello che gli capita tra i piedi; cerca nella cassapanca; va a cercare in cucina, sempre gridando:

– Dov'è? dimmi dov'è! dove l'hai nascosto?

E la moglie:

– Sei pazzo? Sei ubriaco? Che ti salta in mente, buffone?

Giú, nel vicolo, a loro volta, gridano quei quattro che lo han seguito, e i monelli, e altri accorsi al fracasso; e si schiudono le finestre qua e là, e tutti domandano: – Chi è? Che è stato? – e pugni e calci e spallate alla porta.

Quaquèo balza addosso alla moglie:

– Dimmi dov'è, o t'ammazzo! Sangue, sangue, voglio sangue, questa sera! Sangue!

Non sa piú dove cercare. Gli occhi a un tratto gli vanno alla finestra della cucina che guarda dalla parte opposta del vicolo, su un precipizio. È una finestra piuttosto alta, che sta sempre chiusa, e le cui imposte sono annerite dalla fuliggine.

– Piglia una sedia e apri quella finestra! No? Non vuoi aprirla? Brutta strega, l'apro io!

Monta su uno sgabello, la apre... – orrore! Quaquèo arretra, con gli occhi sbarrati, le mani tra i capelli irti. Il coltello gli casca di mano.

244-62. *apre la porta ... questa sera! Sangue!*: Quaquèo, rassegnato, veste i panni dell'Alfio verghiano di *Cavalleria rusticana* e di Tararà, snuda il coltello a va verso casa. Giuntovi, però, vi entra, si richiude l'uscio alle spalle e vi inscena un melodramma furibondo e terrificante sulla base di stravolte citazioni da *Rigoletto* prima («Dov'è? dimmi dov'è! dove l'hai nascosto?») – tant'è che la moglie, malamente strapazzata, lo chiama «buffone» –, e infine, grandiosamente, da *Otello* ovvero dall'atto II, scena v, della sua versione piú celebre e vulgata, quella operistica verdiano-boitiana: «Tutto il mio vano amor esalo al cielo; [...] Nelle sue spire d'angue | L'idra m'avvince! Ah! sangue! sangue! sangue!». Quaquèo intende persuadere delle sue serissime intenzioni omicide i concittadini conformisti e ignoranti, che non possono cogliere l'aspetto comico-parodistico di un tale centone operistico. Il linguaggio e gli atti della tragedia, che a lui, lampionaio semi-filosofo, sono totalmente estranei, li prende a prestito dall'enfatico guardaroba del melodramma per rovesciarli disordinatamente sugli astanti; e l'effetto parodico piú spettacolare è proprio quello che deriva dal confronto fra la contraffatta terribilità siculo-rusticana e l'eco della togata, poetica tragicità con cui si esprimeva la minaccia del moro di Venezia.

Il cavalier Bissi sta lassú, pericolante, nel vano, sul precipizio.

– Ma se, Dio liberi, Vostra Eccellenza scivola! – esclama Quaquèo, appena può rinvenire dal terrore, portandosi le pugna presso la bocca; e subito accorre, tutto tremante e premuroso, per ajutarlo a discendere:

– Piano... qua, piano, metta qua un piede su la mia spalla, Eccellenza... Ma come mai Vostra Eccellenza s'è potuto persuadere a nascondersi lassú? Me lo potevo mai figurare? Lassú, col rischio di rompersi il collo per una donnaccia come questa, Lei, un Cavaliere! Ma dice sul serio, Vostra Eccellenza?

Si volta alla moglie e, appioppandole un pugno in faccia:

– Ma come? – le grida, – lassú, lassú dovevi farlo nascondere? E non c'era un posto piú pulito? Non hai visto, imbecille, che ho cercato dappertutto tranne che nello stipo a muro, dietro la cortina? Su, piglia una spazzola per il signor Cavaliere! Abbia la bontà, Vostra Eccellenza; per cinque minuti, dentro a quello stipo! Sente come gridano giú per istrada? Si hanno certi obblighi, Eccellenza, creda pure. Non si vorrebbero avere, ma si hanno. Cinque minuti soli: abbia la bontà; li mando via.

E, condotto il Cavaliere entro lo stipo a muro, va a spalancare la finestra sul vicolo, per gridare alla folla accorsa:

– Non c'è nessuno! Apro la porta... Chi vuol salire, salga; se volete accertarvene. Ma non c'è nessuno!

287-88. *stipo a muro*: armadio a muro; ma qui una semplice nicchia coperta da una cortina.

La trappola

No, no, come rassegnarmi? E perché? Se avessi qualche dovere verso altri, forse sí. Ma non ne ho! E allora perché?

Stammi a sentire. Tu non puoi darmi torto. Nessuno, ragionando cosí in astratto, può darmi torto. Quello che sento io, senti anche tu, e sentono tutti.

Perché avete tanta paura di svegliarvi la notte? Perché per voi la forza alle ragioni della vita viene dalla luce del giorno. Dalle illusioni della luce.

Il bujo, il silenzio, vi atterriscono. E accendete la candela. Ma vi par triste, eh? triste quella luce di candela. Perché non è quella la luce che ci vuole per voi. Il sole! il sole! Chiedete angosciosamente il sole, voialtri! Perché le illusioni non sorgono piú spontanee con una luce artificiale, procacciata da voi stessi con mano tremante.

Come la mano, trema tutta la vostra realtà. Vi si scopre fittizia e inconsistente. Artificiale come quella luce di candela. E tutti i vostri sensi vigilano tesi con ispasimo, nella paura che sotto a questa realtà, di cui scoprite la vana inconsistenza, un'altra realtà non vi si riveli, oscura, orribile: la vera. Un alito... che cos'è? Che cos'è questo scricchiolio?

La trappola. Fu pubblicata per la prima volta sul «Corriere della Sera» il 23 maggio 1912, e successivamente, «a modo di conclusione» (cosí fu nell'occasione parenteticamente sottointitolata), in fondo alla raccolta omonima del 1915, *La trappola* (Treves, Milano). Fu infine inclusa nel quarto volume delle «novelle per un anno», *L'uomo solo* (Bemporad, Firenze 1922), che recupera nove racconti della citata raccolta. Manlio Lo Vecchio - Musti e Angelo Sodini, curatori, nel 1937-38, di L. Pirandello *Novelle per un anno*, 2 voll., Mondadori, Milano (nella famosa Collezione «Omnibus»), poterono fornire, per i testi di cinque volumi dell'edizione fiorentina di Bemporad (cioè *La rallegrata*, *L'uomo solo*, *La mosca*, *Donna Mimma* e *Il viaggio*), una lezione «definitiva» predisposta da Pirandello in vista della nuova edizione. Il testo è dunque quello fornito dai curatori della mondadoriana del 1937.

E, sospesi nell'orrore di quell'ignota attesa, tra brividi e sudorini, ecco davanti a voi in quella luce vedete nella camera muoversi con aspetto e andatura spettrale le vostre illusioni del giorno. Guardatele bene; hanno le vostre stesse occhiaje enfiate e acquose, e la giallezza della vostra insonnia, e anche i vostri dolori artritici. Sí, il rodio sordo dei tofi alle giunture delle dita.

E che vista, che vista assumono gli oggetti della camera! Sono come sospesi anch'essi in una immobilità attonita, che v'inquieta.

Dormivate con essi lí attorno.

Ma essi non dormono. Stanno lí, cosí di giorno, come di notte.

La vostra mano li apre e li chiude, per ora. Domani li aprirà e chiuderà un'altra mano. Chi sa quale altra mano... Ma

21. *sospesi nell'orrore di quell'ignota attesa*: questa locuzione (che, con piccole variazioni, ricorre nel corpus con frequenza piú che significativa) ha l'emblematica stringatezza d'una divisa. Questi istanti di arresto e di angosciosa immobilità fra un prima e un dopo, fra una qualunque certezza (positiva o negativa che sia) e la minaccia dell'inconsistenza o d'una catastrofe, costituiscono una sorta di prova iniziatica cui vengono sottoposti numerosissimi personaggi e, naturalmente, c'è chi la supera e chi no. A parlarne è, qui, un ragionatore tagliente e rabbioso, troppo a lungo trattenutosi in quello stato di soglia e tutt'altro che pacificato. Questo *filosofo* stranamente risentito e impietoso la dice lunga sulla filosofia e le sue ipotetiche consolazioni, illuminando il vizio di ragionare o, come viene definita in *Certi obblighi* (rr. 6-7), «la cattiva abitudine di ragionar con se stesso», della luce di angoscia, d'inquietudine, di terrore, di malattia che la caratterizza. Ragionare è, assai prima e piú che non filosofare, soffrire, e come la forma discorsiva specifica della sofferenza vanno intesi gli apparenti filosofemi e i sagaci sofismi dei personaggi. Pirandello lo sostenne del resto con convinta fermezza nello scritto *Gli scrupoli della fantasia*, pubblicato il 22 giugno 1921 su «L'Idea nazionale» e da allora fatto seguire come avvertenza a tutte le ristampe de *Il fu Mattia Pascal*: «mentre lo zoologo riconosce che l'uomo si distingue dalle altre bestie anche per il fatto che l'uomo ragiona e che le bestie non ragionano; il ragionamento appunto (vale a dire ciò che è piú proprio dell'uomo) è apparso tante volte ai signori critici, non come un eccesso se mai, ma anzi come un difetto d'umanità in tanti miei non allegri personaggi. Perché pare che *umanità*, per loro, sia qualche cosa che piú consista nel sentimento che nel ragionamento. | Ma volendo parlare cosí astrattamente come codesti critici fanno, non è forse vero che mai l'uomo tanto appassionatamente ragiona (o sragiona, che è lo stesso), come quando soffre, perché appunto delle sue sofferenze vuol veder la radice, e chi gliele ha date, e se e quanto sia stato giusto il dargliele; mentre, quando gode, si piglia il godimento e non ragiona, come se il godere fosse suo diritto?» (cfr. R[1], p. 581).

25. *enfiate*: gonfie.

26. *tofi*: concrezioni calcaree in vicinanza di articolazioni, specialmente nei malati di gotta (etimologicamente legato al latino *tofus* «tufo»).

per loro è lo stesso. Tengono dentro, per ora, i vostri abiti, vuote spoglie appese, che hanno preso il grinzo, le pieghe dei vostri ginocchi stanchi, dei vostri gomiti aguzzi. Domani terranno appese le spoglie aggrinzite d'un altro. Lo specchio di quell'armadio ora riflette la vostra immagine, e non ne serba traccia; non serberà traccia domani di quella d'un altro.

Lo specchio, per sé, non vede. Lo specchio è come la verità.

Ti pare ch'io farnetichi? ch'io parli a mezz'aria? Va' là, che tu m'intendi; e intendi anche piú ch'io non dica, perché è molto difficile esprimere questo sentimento oscuro che mi domina e mi sconvolge.

Tu sai come ho vissuto finora. Sai che ho provato sempre ribrezzo, orrore, di farmi comunque una forma, di rapprendermi, di fissarmi anche momentaneamente in essa.

Ho fatto sempre ridere i miei amici per le tante... come le chiamate? alterazioni, già, alterazioni de' miei connotati. Ma avete potuto riderne, perché non vi siete mai affondati a considerare il mio bisogno smanioso di presentarmi a me stesso nello specchio con un aspetto diverso, di illudermi di non esser sempre quell'uno, di vedermi un altro!

Ma sí! Che ho potuto alterare? Sono arrivato, è vero, anche a radermi il capo, per vedermi calvo prima del tempo; e ora mi sono raso i baffi, lasciando la barba; o viceversa; ora mi sono raso baffi e barba; o mi son lasciata crescer questa ora in un modo, ora in un altro, a pizzo, spartita sul mento, a collana...

Ho giocato coi peli.

Gli occhi, il naso, la bocca, gli orecchi, il torso, le gambe, le braccia, le mani, non ho potuto mica alterarli. Truccarmi, come un attore di teatro? Ne ho avuto qualche volta la tentazione. Ma poi ho pensato che, sotto la maschera, il mio corpo rimaneva sempre quello... e invecchiava!

Ho cercato di compensarmi con lo spirito. Ah, con lo spirito ho potuto giocar meglio!

Voi pregiate sopra ogni cosa e non vi stancate mai di lodare la costanza dei sentimenti e la coerenza del carattere. E perché? Ma sempre per la stessa ragione! Perché siete vigliacchi, perché avete paura di voi stessi, cioè di perdere – mutando – la realtà che vi siete data, e di riconoscere, quin-

37. *hanno preso il grinzo*: si sono stazzonati.

di, che essa non era altro che una vostra illusione, che dunque non esiste alcuna realtà, se non quella che ci diamo noi.

Ma che vuol dire, domando io, darsi una realtà, se non fissarsi in un sentimento, rapprendersi, irrigidirsi, incrostarsi in esso? E dunque, arrestare in noi il perpetuo movimento vitale, far di noi tanti piccoli e miseri stagni in attesa di putrefazione, mentre la vita è flusso continuo, incandescente e indistinto.

Vedi, è questo il pensiero che mi sconvolge e mi rende feroce!

La vita è il vento, la vita è il mare, la vita è il fuoco; non la terra che si incrosta e assume forma.

Ogni forma è la morte.

Tutto ciò che si toglie dallo stato di fusione e si rapprende, in questo flusso continuo, incandescente e indistinto, è la morte.

Noi tutti siamo esseri presi in trappola, staccati dal flusso che non s'arresta mai, e fissati per la morte.

Dura ancora per un breve spazio di tempo il movimento di quel flusso in noi, nella nostra forma separata, staccata e fissata; ma ecco, a poco a poco si rallenta; il fuoco si raffredda; la forma si dissecca; finché il movimento non cessa del tutto nella forma irrigidita.

Abbiamo finito di morire. E questo abbiamo chiamato vita!

Io mi sento preso in questa trappola della morte, che mi

87-88. *La vita ... assume forma*: è la aforistica formulazione d'uno dei corni della contraddizione tematica che attraversa da capo a fondo l'opera pirandelliana. Il suo contrario simmetrico sarà formulato altrove diverse volte: per non uscire dal corpus delle novelle, possiamo citarne l'occorrenza tarda di *Di sera, un geranio* (1934): «Ah come la vita è di terra, e non vuol cielo, se non per dare respiro alla terra!». Per un verso la vita è flusso, soffio, alito, cioè anima, e il corpo è durezza, gravezza, morte. Per un altro verso la vita è terrosa consistenza, zolla feconda, generante corporalità, e l'eterea lievità dell'anima non è che pneuma, aria che serve a far respirare il corpo.

102-5. *questa trappola ... questo tempo?*: nella prima parte, discorsiva e non narrativa, quasi *teorica*, di questa novella-saggio, che non fortuitamente ha il suo precedente diretto nelle pagine saggistiche de *L'umorismo* (cfr. SPSV, pp. 151-52), viene sviluppato un mito primario pirandelliano; e perciò il testo manifesta una inusitata densità e rigidità tematica, attualizzando in forma per cosí dire pura una rete di relazioni oppositive. Nell'ordine ideale, mitico e primigenio, precedente a ogni nascita d'uomo, la vita è flusso continuo (atemporale) e indistinto; nell'ordine reale, la vita è separatezza, distacco (ossia distinzione), fissazione nel tempo e incombente immobilità. Perciò nascere significa cominciare a morire. Il grande mito, nostalgico e regressivo, è non nascere; la sua traduzione pratica è l'ostinata renitenza ad aderire a una

ha staccato dal flusso della vita in cui scorrevo senza forma, e mi ha fissato nel tempo, in questo tempo!

Perché in questo tempo?

Potevo scorrere ancora ed esser fissato piú là, almeno, in un'altra forma, piú là... Sarebbe stato lo stesso, tu pensi? Eh sí, prima o poi... Ma sarei stato un altro, piú là, chi sa chi e chi sa come; intrappolato in un'altra sorte; avrei veduto altre cose, o forse le stesse, ma sotto aspetti diversi, diversamente ordinate.

Tu non puoi immaginare l'odio che m'ispirano le cose che vedo, prese con me nella trappola di questo mio tempo; tutte le cose che finiscono di morire con me, a poco a poco! Odio e pietà! Ma piú odio, forse, che pietà.

È vero, sí, caduto piú là nella trappola, avrei allora odiato quell'altra forma, come ora odio questa; avrei odiato quell'altro tempo, come ora questo, e tutte le illusioni di vita, che *noi morti d'ogni tempo* ci fabbrichiamo con quel po' di movimento e di calore che resta chiuso in noi, del flusso continuo che è la vera vita e non s'arresta mai.

Siamo tanti morti affaccendati, che c'illudiamo di fabbricarci la vita.

Ci accoppiamo, un morto e una morta, e crediamo di dar la vita, e diamo la morte... Un altro essere in trappola!

– Qua, caro, qua; comincia a morire, caro, comincia a morire... Piangi, eh? Piangi e sguizzi... Avresti voluto scorrere ancora? Sta' bonino, caro! Che vuoi farci? Preso, co-a-gu-la-to, fissato... Durerà un pezzetto! Sta' bonino...

Ah, finché siamo piccini, finché il nostro corpo è tenero e cresce e non pesa, non avvertiamo bene d'esser presi in trap-

identità immutabile, a immedesimarsi in un ruolo e a conformarvisi, a lasciar consolidare le consuetudini, a intrappolarsi fino in fondo facendo ciò che tutti fanno. Il passo in questione riecheggia una pagina di Pascal: «Vedo quegli spaventosi spazi dell'universo, che mi rinchiudono; e mi trovo confinato in un angolo di quest'immensa distesa, senza sapere perché sono collocato qui piuttosto che altrove, né perché questo po' di tempo che mi è dato da vivere mi sia assegnato in questo momento piuttosto che in un altro di tutta l'eternità che mi ha preceduto e di tutta quella che mi seguirà. [...] Tutto quel che so è che debbo presto morire» (cfr. B. Pascal, *Pensieri*, trad., introd. e note di Paolo Serini, Einaudi, Torino 1990[8], p. 82). E in Pascal questo è non per caso un discorso ipotetico riportato che viene commentato cosí: «Chi vorrebbe come amico uno che discorresse in siffatto modo?».

122-23. *Siamo tanti ... la vita*: si veda lo sviluppo di questo motivo ne *La carriola*, rr. 167-73.

127. *sguizzi*: sgambetti, guizzi (con la solita *s*- intensiva).

pola! Ma poi il corpo fa il groppo; cominciamo a sentirne il peso; cominciamo a sentire che non possiamo piú muoverci come prima.

Io vedo, con ribrezzo, il mio spirito dibattersi in questa trappola, per non fissarsi anch'esso nel corpo già leso dagli anni e appesito. Scaccio subito ogni idea che tenda a raffermarsi in me; interrompo subito ogni atto che tenda a divenire in me un'abitudine; non voglio doveri, non voglio affetti, non voglio che lo spirito mi s'indurisca anch'esso in una crosta di concetti. Ma sento che il corpo di giorno in giorno stenta vie piú a seguire lo spirito irrequieto; casca, casca, ha i ginocchi stanchi e le mani grevi... vuole il riposo! Glielo darò.

No, no, non so, non voglio rassegnarmi a dare anch'io lo spettacolo miserando di tutti i vecchi, che finiscono di morir lentamente. No. Ma prima... non so, vorrei far qualche cosa d'enorme, d'inaudito, per dare uno sfogo a questa rabbia che mi divora.

Vorrei, per lo meno... – vedi queste unghie? affondarle nella faccia d'ogni femmina bella che passi per via, stuzzicando gli uomini, aizzosa.

Che stupide, miserabili e incoscienti creature sono tutte le femmine! Si parano, s'infronzolano, volgono gli occhi ridenti di qua e di là, mostrano quanto piú possono le loro forme provocanti; e non pensano che sono nella trappola anch'esse, fissate anch'esse per la morte, e che pur l'hanno in sé la trappola, per quelli che verranno!

La trappola, per noi uomini, è in loro, nelle donne. Esse ci rimettono per un momento nello stato d'incandescenza, per cavar da noi un altro essere condannato alla morte. Tanto fanno e tanto dicono, che alla fine ci fanno cascare, ciechi, infocati e violenti, là nella loro trappola.

Anche me! Anche me! Ci hanno fatto cascare anche me! Ora, di recente. Sono perciò cosí feroce.

Una trappola infame! Se l'avessi veduta... Una madonnina. Timida, umile. Appena mi vedeva, chinava gli occhi e arrossiva. Perché sapeva che io, altrimenti, non ci sarei mai cascato.

Veniva qua, per mettere in pratica una delle sette opere corporali di misericordia: visitare gl'infermi. Per mio padre,

132. *fa il groppo*: si indurisce, si appesantisce.
137. *appesito*: divenuto pesante.

veniva; non già per me; veniva per aiutare la mia vecchia governante a curare, a ripulire il mio povero padre, di là...

Stava qui, nel quartierino accanto, e s'era fatta amica della mia governante, con la quale si lagnava del marito imbecille, che sempre la rimbrottava di non esser buona a dargli un figliuolo.

Ma capisci com'è? Quando uno comincia a irrigidirsi, a non potersi piú muovere come prima, vuol vedersi attorno altri piccoli morti, teneri teneri, che si muovano ancora, come si moveva lui quand'era tenero tenero; altri piccoli morti che gli somiglino e facciano tutti quegli attucci che lui non può piú fare.

È uno spasso lavar la faccia ai piccoli morti, che non sanno ancora d'esser presi in trappola, e pettinarli e portarseli a spassino.

Dunque, veniva qua.

– Mi figuro, – diceva con gli occhi bassi, arrossendo, – mi figuro che strazio dev'esser per lei, signor Fabrizio, vedere il padre da tanti anni in questo stato!

– Sissignora, – le rispondevo io sgarbatamente, e le voltavo le spalle e me n'andavo.

Sono sicuro, adesso, che appena voltavo le spalle per andarmene, lei rideva, tra sé, mordendosi il labbro per trattenere la risata.

Io me n'andavo perché, mio malgrado, sentivo d'ammirar quella femmina, non già per la sua bellezza (era bellissima, e tanto piú seducente, quanto piú mostrava per modestia di non tenere in alcun pregio la sua bellezza); la ammiravo, perché non dava al marito la soddisfazione di mettere in trappola un altro infelice.

Credevo che fosse lei; e invece, no; non mancava per lei; mancava per quell'imbecille. E lei lo sapeva, o almeno, se non proprio la certezza, doveva averne il sospetto. Perciò rideva; di me, di me rideva, di me che l'ammiravo per quella sua presunta incapacità. Rideva in silenzio, nel suo cuore malvagio, e aspettava. Finché una sera...

Fu qua, in questa stanza.

Ero al bujo. Sai che mi piace veder morire il giorno ai vetri d'una finestra e lasciarmi prendere e avviluppare a poco a poco dalla tenebra, e pensare: – «Non ci sono piú!» – pensare: – «Se ci fosse uno in questa stanza, si alzerebbe e ac-

202. *non mancava per lei*: non dipendeva da lei la mancanza.

cenderebbe un lume. Io non accendo il lume, perché non ci sono piú. Sono come le seggiole di questa stanza, come il tavolino, le tende, l'armadio, il divano, che non hanno bisogno di lume e non sanno e non vedono che io sono qua. Io voglio essere come loro, e non vedermi e dimenticare di esser qua».

Dunque, ero al bujo. Ella entrò di là, in punta di piedi, dalla camera di mio padre, ove aveva lasciato acceso un lumino da notte, il cui barlume si soffuse appena appena nella tenebra quasi senza diradarla, a traverso lo spiraglio dell'uscio.

Io non la vidi; non vidi che mi veniva addosso. Forse non mi vide neanche lei. All'urto, gittò un grido; finse di svenire, tra le mie braccia, sul mio petto. Chinai il viso; la mia guancia sfiorò la guancia di lei; sentii vicino l'ardore della sua bocca anelante, e...

Mi riscosse, alla fine, la sua risata. Una risata diabolica. L'ho qua ancora, negli orecchi! Rise, rise, scappando, la malvagia! Rise della trappola che mi aveva teso con la sua modestia; rise della mia ferocia: e d'altro rise, che seppi dopo.

È andata via, da tre mesi, col marito promosso professor di liceo in Sardegna.

Vengono a tempo certe promozioni.

Io non vedrò il mio rimorso. Non lo vedrò. Ma ho la tentazione, in certi momenti, di correre a raggiungere quella malvagia e di strozzarla prima che metta in trappola quell'infelice cavato cosí a tradimento da me.

Amico mio, sono contento di non aver conosciuto mia madre. Forse, se l'avessi conosciuta, questo sentimento feroce non sarebbe nato in me. Ma dacché m'è nato, sono contento di non aver conosciuto mia madre.

Vieni, vieni; entra qua con me, in quest'altra stanza. Guarda!

Questo è mio padre.

Da sette anni, sta lí. Non è piú niente. Due occhi che piangono; una bocca che mangia. Non parla, non ode, non si muove piú. Mangia e piange. Mangia imboccato; piange da solo; senza ragione; o forse perché c'è ancora qualche cosa in lui, un ultimo resto che, pur avendo da settantasei anni principiato a morire, non vuole ancora finire.

Non ti sembra atroce restar cosí, per un punto solo, ancora preso nella trappola, senza potersi liberare?

Egli non può pensare a suo padre che lo fissò settantasei

anni addietro per questa morte, la quale tarda cosí spaventosamente a compirsi. Ma io, io posso pensare a lui; e penso che sono un germe di quest'uomo che non si muove piú; che se sono intrappolato in questo tempo e non in un altro, lo debbo a lui!

Piange, vedi? Piange sempre cosí... e fa piangere anche me! Forse vuol essere liberato. Lo libererò, qualche sera, insieme con me. Ora comincia a far freddo; accenderemo, una di queste sere, un po' di fuoco... Se ne vuoi profittare...

No, eh? Mi ringrazii? Sí, sí, andiamo fuori, andiamo fuori, amico mio. Vedo che tu hai bisogno di rivedere il sole, per via.

262-63. *Lo libererò, qualche sera, insieme con me*: il proposito suicida chiude, in forma di serpente che si morde la coda, il cerchio della contraddizione dalla quale non si vede altra linea di fuga. Nel superiore ordine cosmico-naturale e mitico la vita è volatile libertà, e mortale è solamente l'eventualità dell'intrappolamento nelle forme vischiose e rapprese del tempo-spazio; nell'ordine della realtà umana, il vivere stesso è trappola (e perciò, per successivi spostamenti metonimici, trappola è nascere e crescere, trappola è essere trascinati a generare, trappola è il grembo materno della donna) e la sola possibile liberazione è la morte. Nel suo rovello, il protagonista percorre e descrive una doppia spirale assiologica della quale solo i capi estremi sono chiari nella loro contraddittoria specularità: la vita è bene e male è la morte nell'assoluto del mito, nella temporalità dell'uomo la vita è male (ed è leopardianamente funesto a chi nasce il dí natale) e buona, liberatrice, è solo la morte.

La verità

Saru Argentu, inteso Tararà, appena introdotto nella gabbia della squallida Corte d'Assise, per prima cosa cavò di tasca un ampio fazzoletto rosso di cotone a fiorami gialli, e lo stese accuratamente su uno dei gradini della panca, per non sporcarsi, sedendo, l'abito delle feste, di greve panno turchino. Nuovo l'abito, e nuovo il fazzoletto.

Seduto, volse la faccia e sorrise a tutti i contadini che gremivano, dalla ringhiera in giú, la parte dell'aula riservata al pubblico. L'irto grugno raschioso, raso di fresco, gli dava l'aspetto d'uno scimmione. Gli pendevano dagli orecchi due catenaccetti d'oro.

Dalla folla di tutti quei contadini si levava denso, ammorbante, un sito di stalla e di sudore, un lezzo caprino, un tanfo di bestie inzafardate, che accorava.

Qualche donna, vestita di nero, con la mantellina di panno tirata fin sopra gli orecchi, si mise a piangere perdutamente alla vista dell'imputato, il quale invece, guardando

La verità. Fu pubblicata per la prima volta sul «Corriere della Sera» il 23 giugno 1912, e successivamente nella raccolta *La trappola* (Treves, Milano 1915). Fu infine inclusa nel quarto volume delle «novelle per un anno», *L'uomo solo* (Bemporad, Firenze 1922), il quale recupera nove racconti della citata raccolta. Manlio Lo Vecchio - Musti e Angelo Sodini, curatori, nel 1937-38, di L. Pirandello, *Novelle per un anno*, 2 voll., Mondadori, Milano (nella famosa Collezione «Omnibus»), poterono fornire, per i testi di cinque volumi dell'edizione fiorentina di Bemporad (cioè *La rallegrata*, *L'uomo solo*, *La mosca*, *Donna Mimma* e *Il viaggio*), una lezione «definitiva» predisposta da Pirandello in vista della nuova edizione. Il testo è dunque quello fornito dai curatori della mondadoriana del 1937.

1. *inteso*: soprannominato.
5-6. *greve panno turchino*: cfr. *Scialle nero*, rr. 479-81.
11. *catenaccetti*: orecchini maschili, secondo un vecchio uso contadino.
13. *sito*: sentore, puzzo. – *lezzo*: fetore.
14. *inzafardate*: sudice, unte.

dalla gabbia, seguitava a sorridere e ora alzava una scabra manaccia terrosa, ora piegava il collo di qua e di là, non propriamente a salutare, ma a fare a questo e a quello degli amici e compagni di lavoro un cenno di riconoscimento, con una certa compiacenza.

Perché per lui era quasi una festa, quella, dopo tanti e tanti mesi di carcere preventivo. E s'era parato come di domenica, per far buona comparsa. Povero era, tanto che non aveva potuto neanche pagarsi un avvocato, e ne aveva uno d'ufficio; ma per quello che dipendeva da lui, ecco, pulito almeno, sbarbato, pettinato e con l'abito delle feste.

Dopo le prime formalità, costituita la giuria, il presidente invitò l'imputato ad alzarsi.

– Come vi chiamate?

– Tararà.

– Questo è un nomignolo. Il vostro nome?

– Ah, sissignore. Argentu, Saru Argentu, Eccellenza. Ma tutti mi conoscono per Tararà.

– Va bene. Quant'anni avete?

– Eccellenza, non lo so.

– Come non lo sapete?

Tararà si strinse nelle spalle e significò chiaramente con l'atteggiamento del volto, che gli sembrava quasi una vanità, ma proprio superflua, il computo degli anni. Rispose:

– Abito in campagna, Eccellenza. Chi ci pensa?

Risero tutti, e il presidente chinò il capo a cercare nelle carte che gli stavano aperte davanti:

– Siete nato nel 1873. Avete dunque trentanove anni.

Tararà aprí le braccia e si rimise:

– Come comanda Vostra Eccellenza.

Per non provocare nuove risate, il presidente fece le altre interrogazioni, rispondendo da sé a ognuna:

– È vero? – è vero? – Infine disse:

– Sedete. Ora sentirete dal signor cancelliere di che cosa siete accusato.

Il cancelliere si mise a leggere l'atto d'accusa; ma a un certo punto dovette interrompere la lettura, perché il capo dei giurati stava per venir meno a causa del gran lezzo ferino che

53-59. *Il cancelliere ... giudicarlo*: anche il paradosso umoristico è lampante: la pretesa di stabilire una verità unica che valga per due mondi alieni e inconciliabili, dati, in questo *incipit* narrativo, come il mondo delle bestie e quello degli uomini.

aveva empito tutta l'aula. Bisognò dar ordine agli uscieri che fossero spalancate porte e finestre.

Apparve allora lampante e incontestabile la superiorità dell'imputato di fronte a coloro che dovevano giudicarlo.

Seduto su quel suo fazzolettone rosso fiammante, Tararà non avvertiva affatto quel lezzo, abituale al suo naso, e poteva sorridere; Tararà non sentiva caldo, pur vestito com'era di quel greve abito di panno turchino; Tararà infine non aveva alcun fastidio dalle mosche, che facevano scattare in gesti irosi i signori giurati, il procuratore del re, il presidente, il cancelliere, gli avvocati, gli uscieri, e finanche i carabinieri. Le mosche gli si posavano su le mani, gli svolavano ronzanti sonnacchiose attorno alla faccia, gli s'attaccavano voraci su la fronte, agli angoli della bocca e perfino a quelli degli occhi: non le sentiva, non le cacciava, e poteva seguitare a sorridere.

Il giovane avvocato difensore, incaricato d'ufficio, gli aveva detto che poteva essere sicuro dell'assoluzione, perché aveva ucciso la moglie, di cui era provato l'adulterio.

Nella beata incoscienza delle bestie, non aveva neppur l'ombra del rimorso. Perché dovesse rispondere di ciò che aveva fatto, di una cosa, cioè, che non riguardava altri che lui, non capiva. Accettava l'azione della giustizia, come una fatalità inovviabile.

Nella vita c'era la giustizia, come per la campagna le cattive annate.

E la giustizia, con tutto quell'apparato solenne di scanni maestosi, di tocchi, di toghe e di pennacchi, era per Tararà come quel nuovo grande molino a vapore, che s'era inaugurato con gran festa l'anno avanti. Visitandone con tanti altri curiosi il macchinario, tutto quell'ingranaggio di ruote, quel congegno indiavolato di stantuffi e di pulegge, Tararà, l'anno avanti, s'era sentita sorgere dentro e a mano a mano ingrandire, con lo stupore, la diffidenza. Ciascuno avrebbe portato il suo grano a quel molino; ma chi avrebbe poi assicurato agli avventori che la farina sarebbe stata quella stessa del grano versato? Bisognava che ciascuno chiudesse gli occhi e accettasse con rassegnazione la farina che gli davano.

Cosí ora, con la stessa diffidenza, ma pur con la stessa ras-

79. *inovviabile*: senza rimedio.

segnazione, Tararà recava il suo caso nell'ingranaggio della giustizia.

Per conto suo, sapeva che aveva spaccato la testa alla moglie con un colpo d'accetta, perché, ritornato a casa fradicio e inzaccherato, una sera di sabato, dalla campagna sotto il borgo di Montaperto nella quale lavorava tutta la settimana da garzone, aveva trovato uno scandalo grosso nel vicolo dell'Arco di Spoto, ove abitava, su le alture di San Gerlando.

Poche ore avanti, sua moglie era stata sorpresa in flagrante adulterio insieme col cavaliere don Agatino Fioríca.

La signora donna Graziella Fioríca, moglie del cavaliere, con le dita piene d'anelli, le gote tinte di uva turca, e tutta infiocchettata come una di quelle mule che recano a suon di tamburo un carico di frumento alla chiesa, aveva guidato lei stessa in persona il delegato di pubblica sicurezza Spanò e due guardie di questura, là nel vicolo dell'Arco di Spoto, per la constatazione dell'adulterio.

Il vicinato non aveva potuto nascondere a Tararà la sua disgrazia, perché la moglie era stata trattenuta in arresto, col cavaliere, tutta la notte. La mattina seguente Tararà, appena se la era vista ricomparire zitta zitta davanti all'uscio di strada, prima che le vicine avessero tempo d'accorrere, le era saltato addosso con l'accetta in pugno e le aveva spaccato la testa.

Chi sa che cosa stava a leggere adesso il signor cancelliere...

Terminata la lettura, il presidente fece alzare di nuovo l'imputato per l'interrogatorio.

– Imputato Argentu, avete sentito di che siete accusato?

Tararà fece un atto appena appena con la mano e, col suo solito sorriso, rispose:

– Eccellenza, per dire la verità, non ci ho fatto caso.

Il presidente allora lo redarguí con molta severità:

– Siete accusato d'aver assassinato con un colpo d'accetta, la mattina del 10 dicembre 1911, Rosaria Femminella, vostra moglie. Che avete a dire in vostra discolpa? Rivolgetevi ai signori giurati e parlate chiaramente e col dovuto rispetto alla giustizia.

100. *Montaperto*: paesetto dell'Agrigentino.
106. *uva turca*: cipria a base di uva sultanina essiccata e polverizzata.
107-8. *mule che ... alla chiesa*: in occasione di feste e donazioni devote.
109. *delegato*: funzionario con mansioni commissariali.

Tararà si recò una mano al petto, per significare che non aveva la minima intenzione di mancare di rispetto alla giustizia. Ma tutti, ormai, nell'aula, avevano disposto l'animo all'ilarità e lo guardavano col sorriso preparato in attesa d'una sua risposta. Tararà lo avvertí e rimase un pezzo sospeso e smarrito.

– Su, dite, insomma, – lo esortò il presidente. – Dite ai signori giurati quel che avete da dire.

Tararà si strinse nelle spalle e disse:

– Ecco, Eccellenza. Loro signori sono alletterati, e quello che sta scritto in codeste carte, lo avranno capito. Io abito in campagna, Eccellenza. Ma se in codeste carte sta scritto, che ho ammazzato mia moglie, è la verità. E non se ne parla piú.

Questa volta scoppiò a ridere, senza volerlo, anche il presidente.

– Non se ne parla piú? Aspettate e sentirete, caro, se se ne parlerà...

– Intendo dire, Eccellenza, – spiegò Tararà, riponendosi la mano sul petto, – intendo dire, che l'ho fatto, ecco; e basta. L'ho fatto... sí, Eccellenza, mi rivolgo ai signori giurati, l'ho fatto propriamente, signori giurati, perché non ne ho potuto far di meno, ecco; e basta.

– Serietà! serietà, signori! serietà! – si mise a gridare il presidente, scrollando furiosamente il campanello. – Dove siamo? Qua siamo in una Corte di giustizia! E si tratta di giudicare un uomo che ha ucciso! Se qualcuno si attenta un'altra volta a ridere, farò sgombrare l'aula! E mi duole di dover richiamare anche i signori giurati a considerare la gravità del loro compito!

Poi, rivolgendosi con fiero cipiglio all'imputato:

– Che intendete dire, voi, che non ne avete potuto far di meno?

142-45. *Ecco, Eccellenza ... non se ne parla piú*: sia *La verità* che *Certi obblighi* (cfr. rr. 205-9) sono serissime vicende imperniate sull'onore coniugale, ma il codice di quell'onore è passato al vaglio dell'umorismo sia nell'una (che pure contiene un uxoricidio) come nell'altra (in cui un flagrante adulterio è farsescamente occultato e tacitato). E il riso che quella serietà suscita, cosí come la tristezza che deforma quelle risa in smorfia, si fanno scena nel codazzo dei provocatori che seguono Quaquèo per i vicoli di Girgenti e nelle risate che scuotono l'aula del tribunale nel quale Tararà viene giudicato. L'assoluta, realistica serietà è ormai remota e sta altrove, ad esempio nel modello prossimo fornito da Verga con *Cavalleria rusticana* (1880). – *alletterati*: istruiti; e dunque capaci, in primo luogo, di leggere e scrivere.

Tararà, sbigottito in mezzo al violento silenzio sopravvenuto, rispose:

– Intendo dire, Eccellenza, che la colpa non è stata mia.

– Ma come non è stata vostra?

Il giovane avvocato, incaricato d'ufficio, credette a questo punto suo dovere ribellarsi contro il tono aggressivo assunto dal presidente verso il giudicabile.

– Perdoni, signor presidente, ma cosí finiremo d'imbalordire questo pover uomo! Mi pare ch'egli abbia ragione di dire che la colpa non è stata sua, ma della moglie che lo tradiva col cavalier Fiorica. È chiaro!

– Signor avvocato, prego, – ripigliò, risentito, il presidente. – Lasciamo parlare l'accusato. A voi, Tararà: intendete dir questo?

Tararà negò prima con un gesto del capo, poi con la voce:

– Nossignore, Eccellenza. La colpa non è stata neanche di quella povera disgraziata. La colpa è stata della signora... della moglie del signor cavaliere Fiorica, che non ha voluto lasciare le cose quiete. Che c'entrava, signor presidente, andare a fare uno scandalo cosí grande davanti alla porta di casa mia, che finanche il selciato della strada, signor presidente, è diventato rosso dalla vergogna a vedere un degno galantuomo, il cavaliere Fiorica, che sappiamo tutti che signore è, scovato lí, in maniche di camicia e coi calzoni in mano, signor presidente, nella tana d'una sporca contadina? Dio solo sa, signor presidente, quello che siamo costretti a fare per procurarci un tozzo di pane!

Tararà disse queste cose con le lagrime agli occhi e nella voce, scotendo le mani innanzi al petto, con le dita intrecciate, mentre le risate scoppiavano irrefrenabili in tutta l'aula e molti anche si torcevano in convulsione. Ma, pur tra le risa, il presidente colse subito a volo la nuova posizione in cui l'imputato veniva a mettersi di fronte alla legge, dopo quanto aveva detto. Se n'accorse anche il giovane avvocato difenso-

171. *giudicabile*: soggetto sottoposto a giudizio, imputato. La parola fuori dell'uso configura un piccolo sfoggio di linguaggio tecnico da parte dell'avvocato.

172-73. *imbalordire*: confondere.

191. *per procurarci un tozzo di pane*: per guadagnare quattro soldi. E sembra che Tararà alluda alla necessità che aveva lui di starsene zitto o la moglie d'accettare i favori del cavaliere. Ma l'espressione è destinata (cfr. rr. 288-90) ad assumere retrospettivamente un valore equivoco.

re, e di scatto, vedendo crollare tutto l'edificio della sua difesa, si voltò verso la gabbia a far cenno a Tararà di fermarsi.

Troppo tardi. Il presidente, tornando a scampanellare furiosamente, domandò all'imputato:

– Dunque voi confessate che vi era già nota la tresca di vostra moglie col cavaliere Fioríca?

– Signor presidente, – insorse l'avvocato difensore, balzando in piedi, – scusi... ma io cosí... io cosí...

– Che cosí e cosí! – lo interruppe, gridando, il presidente. – Bisogna che io metta in chiaro questo, per ora!

– Mi oppongo alla domanda, signor presidente!

– Lei non può mica opporsi, signor avvocato. L'interrogatorio lo faccio io!

– E io allora depongo la toga!

– Ma faccia il piacere, avvocato! Dice sul serio? Se l'imputato stesso confessa...

– Nossignore, nossignore! Non ha confessato ancora nulla, signor presidente! Ha detto soltanto che la colpa, secondo lui, è della signora Fioríca, che è andata a far uno scandalo innanzi alla sua abitazione.

– Va bene! E può lei impedirmi, adesso, di domandare all'imputato se gli era nota la tresca della moglie col Fioríca?

Da tutta l'aula si levarono, a questo punto, verso Tararà pressanti, violenti cenni di diniego. Il presidente montò su tutte le furie e minacciò di nuovo lo sgombro dell'aula.

– Rispondete, imputato Argentu: vi era nota, sí o no, la tresca di vostra moglie?

Tararà, smarrito, combattuto, guardò l'avvocato, guardò l'uditorio, e alla fine:

– Debbo... debbo dire di no? – balbettò.

– Ah, broccolo! – gridò un vecchio contadino dal fondo dell'aula.

Il giovane avvocato diede un pugno sul banco e si voltò, sbuffando, a sedere da un'altra parte.

– Dite la verità, nel vostro stesso interesse! – esortò il presidente l'imputato.

– Eccellenza, dico la verità, – riprese Tararà, questa volta

229. *broccolo*: testone, stupido.

235-93. *Eccellenza, dico la verità ... benedetta signora, è accaduto*: di fatto, Tararà non racconta ma spiega e giustifica il proprio comportamento alla luce del codice d'onore, e con questo codice non scritto ma vigente (l'unico *codice* che gli sia noto, l'unico che faccia parte della sua cultura) confronta, commentandole, singole fasi, reali o ipotetiche, della sua vicenda. Di questo solo codice egli è buon perito perché ne conosce gli articoli e anche quella che

con tutt'e due le mani sul petto. – E la verità è questa: che era come se io non lo sapessi! Perché la cosa... sí, Eccellenza, mi rivolgo ai signori giurati; perché la cosa, signori giurati, era tacita, e nessuno dunque poteva venirmi a sostenere in faccia che io la sapevo. Io parlo cosí, perché abito in campagna, signori giurati. Che può sapere un pover uomo che butta sangue in campagna dalla mattina del lunedí alla sera del sabato? Sono disgrazie che possono capitare a tutti! Certo, se in campagna qualcuno fosse venuto a dirmi: «Tararà, bada che tua moglie se l'intende col cavaliere Fioríca», io non ne avrei potuto fare di meno, e sarei corso a casa con l'accetta a spaccarle la testa. Ma nessuno era mai venuto a dirmelo, signor presidente; e io, a ogni buon fine, se mi capitava qual-

si usa chiamare la giurisprudenza: è al corrente certamente dei casi (verghiani) di Alfio di Licodia e del pastore Jeli di Vizzini e forse anche, se le date del «Corriere della Sera» fanno fede, di quello del conterraneo Quaquèo; mentre ha usato l'accetta per ammazzare la moglie come Nanni per uccidere «la lupa», memore del fatto che il coltello è riservato al duello e agli uomini.

241-50. *Che può sapere ... avvertirne mia moglie*: l'arringa autodifensiva di Tararà è tutta fondata sulla disamina puntigliosa delle modalità (il dovere, il potere, il volere connessi al sapere e al fare) che regolano la vita associata. Ed è del tutto ossequiosa delle regole sociali la prova che Tararà adduce a sostegno del proprio *poter non sapere* e addirittura del proprio *non poter sapere*. A questi meccanismi che evitano la coazione ad agire, egli aggiunge l'*avvertimento*, il quale, nella modalità del *potere*, è un *poter dire* e implica un *poter sapere*, mentre tradotto nella modalità del *dovere*, se non può porsi come una costrizione, può ben configurare una stringente opportunità, ossia una regola del quieto vivere che, pur non avendo la forza costrittiva delle regole sociali e non potendo sovvertirle, impone tuttavia la considerazione delle conseguenze d'ogni atto e quella degli obblighi di ciascuno, le sole che possano indurre a far uso delle precauzioni necessarie ad evitare scandali e sangue. Come si ricorderà, proprio per mezzo d'un astuto avvertimento in extremis, camuffato da minaccia furiosa, Quaquèo era stato in grado di sottrarsi al dovere di scannare la moglie e l'amante (un altro compíto cavaliere, anche in quel caso). Tararà conosce le regole quanto Quaquèo, ma per un verso ha avuto l'ingenua presunzione di credere di poterle neutralizzare con la propria pacifica volontà (cfr. rr. 251-52 e 275-76), per l'altro ha avuto la sfortuna di scontrarsi con una contraria volontà *cimentosa* e d'ordine gerarchico superiore. Proprio le candide e positive emergenze della sfera della scelta sono andate incontro a uno scacco clamoroso e lo hanno portato a perdere senza scampo la partita. Il non aver voluto lasciare le cose quiete, da parte della signora Fioríca, ha vanificato tutte le difese ed ha avuto l'effetto scatenante di annullare ogni alternativa e di restituire tutta intera l'autorità al *dovere*. È stato un atto di arbitrio che s'è limitato ad assumere ed esercitare il *potere* e che perciò stesso ha restaurato, complementarmente, la costrizione per il piú debole: «l'ho fatto propriamente – dice Tararà – perché non ne ho potuto far di meno, ecco; e basta» (rr. 153-54). – *butta sangue*: si rompe le ossa dalla fatica, lavora come una bestia (è il calco d'una analoga espressione dialettale siciliana).

che volta di dover ritornare al paese in mezzo della settimana, mandavo avanti qualcuno per avvertirne mia moglie. Questo, per far vedere a Vostra Eccellenza, che la mia intenzione era di non fare danno. L'uomo è uomo, Eccellenza, e le donne sono donne. Certo l'uomo deve considerare la donna, che l'ha nel sangue d'essere traditora, anche senza il caso che resti sola, voglio dire col marito assente tutta la settimana; ma la donna, da parte sua, deve considerare l'uomo, e capire che l'uomo non può farsi beccare la faccia dalla gente, Eccellenza! Certe ingiurie... sí, Eccellenza, mi rivolgo ai signori giurati; certe ingiurie, signori giurati, altro che beccare, tagliano la faccia all'uomo! E l'uomo non le può sopportare! Ora io, padroni miei, sono sicuro che quella disgraziata avrebbe avuto sempre per me questa considerazione; e tant'è vero, che io non le avevo mai torto un capello. Tutto il vicinato può venire a testimoniare! Che ci ho da fare io, signori giurati, se poi quella benedetta signora, all'improvviso... Ecco, signor presidente, Vostra Eccellenza dovrebbe farla venire qua, questa signora, di fronte a me, ché saprei parlarci io! Non c'è peggio... mi rivolgo a voi, signori giurati, non c'è peggio delle donne cimentose! «Se suo marito», direi a questa signora, avendola davanti, «se suo marito si fosse messo con una zitella, vossignoria si poteva prendere il gusto di fare questo scandalo, che non avrebbe portato nessuna conseguenza, perché non ci sarebbe stato un marito di mezzo. Ma con quale diritto vossignoria è venuta a inquietare me, che mi sono stato sempre quieto; che non c'entravo né punto, né poco; che non avevo voluto mai né vedere, né sentire nulla; quieto, signori giurati, ad affannarmi il pane in campagna, con la zappa in mano dalla mattina alla sera? Vossignoria scherza?» le direi, se l'avessi qua davanti questa signora. «Che cosa è stato lo scandalo per vossignoria? Niente! Uno scherzo! Dopo due giorni ha rifatto pace col marito. Ma non ha pensato vossignoria, che c'era un altro uomo di mezzo? e che quest'uomo non poteva lasciarsi beccare la faccia dal prossimo, e che doveva far l'uomo?» Se vossignoria fosse venuta da me, prima, ad avvertirmi, io le avrei detto: «Lasci andare, signorina! Uomini siamo! E l'uomo, si sa, è cacciato-

257. *farsi beccare la faccia*: lasciarsi punzecchiare. Ma l'espressione usata è quasi un rozzo eufemismo per «lasciarsi dar del becco in faccia».
260. *tagliano la faccia*: costituiscono sfregi infamanti.
269. *cimentose*: che provocano o sfidano.
271. *zitella*: nubile.

re! Può aversi a male vossignoria d'una sporca contadina? Il cavaliere, con lei, mangia sempre pane fino, francese; lo compatisca se, di tanto in tanto, gli fa gola un tozzo di pane di casa, nero e duro! ». Cosí le avrei detto, signor presidente, e forse non sarebbe accaduto nulla, di quello che purtroppo, non per colpa mia, ma per colpa di questa benedetta signora, è accaduto.

Il presidente troncò con una nuova e piú lunga scampanellata i commenti, le risa, le svariate esclamazioni, che seguirono per tutta l'aula la confessione fervorosa di Tararà.

– Questa dunque è la vostra tesi? – domandò poi all'imputato.

Tararà, stanco, anelante, negò col capo.

– Nossignore. Che tesi? Questa è la verità, signor presidente.

E in grazia della verità, cosí candidamente confessata, Tararà fu condannato a tredici anni di reclusione.

296. *fervorosa*: accalorata.

La veste lunga

Era il primo viaggio lungo di Didí. Da Palermo a Zúnica. Circa otto ore di ferrovia.

Zúnica per Didí era un paese di sogno, lontano lontano, ma piú nel tempo che nello spazio. Da Zúnica infatti il padre recava un tempo, a lei bambina, certi freschi deliziosi frutti fragranti, che poi non aveva saputo piú riconoscere, né per il colore, né per il sapore, né per la fragranza, in tanti altri che il padre le aveva pur recati di là: celse more in rustici ziretti di terracotta tappati con pampini di vite; perine ceree da una parte e sanguigne dall'altra, con la corona; e susine iridate e pistacchi e lumie.

La veste lunga. Fu pubblicata per la prima volta nel febbraio del 1913 su «Noi e il Mondo», e ristampata due anni dopo nella raccolta *La trappola* (Treves, Milano 1915). Fu infine inclusa nel quarto volume delle «novelle per un anno», *L'uomo solo* (Bemporad, Firenze 1922), il quale recupera nove racconti della citata raccolta. Manlio Lo Vecchio - Musti e Angelo Sodini, curatori, nel 1937-38, di L. Pirandello, *Novelle per un anno*, 2 voll., Mondadori, Milano (nella famosa Collezione «Omnibus»), poterono fornire, per i testi di cinque volumi dell'edizione fiorentina di Bemporad (cioè *La rallegrata*, *L'uomo solo*, *La mosca*, *Donna Mimma* e *Il viaggio*), una lezione «definitiva» predisposta da Pirandello in vista della nuova edizione. Il testo è dunque quello fornito dai curatori della mondadoriana del 1937.

3-16. *Zúnica per Didí ... era per Didí tutt'uno*: «paese di sogno, lontano lontano, ma piú nel tempo che nello spazio», in principio, e «paese di sogno della sua infanzia felice» nell'explicit, Zúnica è per la cittadina Didí l'eden campestre. Il nome stesso del luogo pare volerne rivelare la singolarità e anzi volerne contrassegnare l'unicità con la Z della vita, del *kalòs zèn*. E anche l'introvabilità che ha poi contraddistinto le semplici leccornie che il padre di là le portava, e la rara, polposa fragranza dei significanti con cui la memoria le avvolge nominandole, contribuiscono a farne un cibo prezioso proveniente da un orto celeste. Quella verdicante, profumata campagna è a buon diritto, piú che luogo, *lucus*, recinto sacro dell'infanzia felice.

8. *celse more*: more di gelso. – *ziretti*: vasetti panciuti.

10. *corona*: il ciuffetto di foglie sopra il picciolo del frutto.

11. *lumie*: frutti tipicamente siciliani, simili al limone, ma meno agri.

Tuttora, dire Zúnica e immaginare un profondo bosco d'olivi saraceni e poi distese di verdissimi vigneti e giardini vermigli con siepi di salvie ronzanti d'api e vivai muscosi e boschetti d'agrumi imbalsamati di zagare e di gelsomini, era per Didí tutt'uno, quantunque già da un pezzo sapesse che Zúnica era una povera arida cittaduzza dell'interno della Sicilia, cinta da ogni parte dai lividi tufi arsicci delle zolfare e da scabre rocce gessose fulgenti alle rabbie del sole, e che quei frutti, non piú gli stessi della sua infanzia, venivano da un feudo, detto di Ciumía, parecchi chilometri lontano dal paese.

Aveva queste notizie dal padre: lei non era mai stata piú là di Bagheria, presso Palermo, per la villeggiatura: Bagheria, sparsa tra il verde, bianca, sotto il turchino ardente del cielo. L'anno scorso, era stata anche piú vicino, tra i boschi d'aranci di Santa Flavia, e ancora con le vesti corte.

Ora, per il viaggio lungo fino a Zúnica indossava anche, per la prima volta, una veste lunga.

E le pareva d'esser già un'altra. Una damina proprio per la quale. Aveva lo strascico finanche negli sguardi; alzava, a tratti, le sopracciglia come a tirarlo su, questo strascico dello sguardo; e teneva alto il nasino ardito, alto il mento con la fossetta, e chiusa la bocca. Bocca da signora con la veste lunga; bocca che nasconde i denti, come la veste lunga i piedini.

Se non che, seduto dirimpetto a lei, c'era Cocò, il fratello maggiore, quel birbante di Cocò il quale, col capo abbandonato su la spalliera rossa dello scompartimento di prima classe, tenendo gli occhi bassi e la sigaretta attaccata al labbro superiore, di tanto in tanto le sospirava, stanco:

– Didí, mi fai ridere.

Dio, che rabbia! Dio, che prurito nelle dita!

Ecco: se Cocò non si fosse rasi i baffi come voleva la moda, Didí glieli avrebbe strappati, saltandogli addosso come una gattina.

Invece, sorridendo con le ciglia alzate, gli rispondeva, senza scomporsi:

13. *olivi saraceni*: cfr. *Scialle nero*, rr. 298-300 nota.

15. *imbalsamati*: pervasi di profumi intensi. – *zagare*: cfr. *Il viaggio*, r. 396 nota.

21. *feudo*: vasta proprietà terriera.

24. *presso Palermo*: Bagheria si trova a una dozzina di chilometri ad est della capitale.

27. *Santa Flavia*: piccola località presso Bagheria, vicinissima al mare e rinomata per i suoi giardini di agrumi.

– Caro mio, sei un cretino.

Ridere della sua veste lunga e anche, se vogliamo, delle arie che si dava, dopo il serio discorso che le aveva tenuto la sera avanti a proposito di questo viaggio misterioso a Zúnica...

Era o non era, questo viaggio, una specie di spedizione, un'impresa, qualcosa come la scalata a un castello ben munito in cima a una montagna? Erano o non erano macchine da guerra per quella scalata le sue vesti lunghe? E dunque, che c'era da ridere se lei, sentendosi armata con esse per una conquista, provava di tratto in tratto le armi col darsi quelle arie?

Cocò, la sera avanti, le aveva detto che finalmente era venuto il tempo di pensare sul serio ai casi loro.

Didí aveva sgranato tanto d'occhi.

Casi loro? Che casi? Ci potevano esser casi anche per lei, a cui pensare, e per giunta sul serio?

Dopo la prima sorpresa, una gran risata.

Conosceva una persona sola, fatta apposta per pensare ai casi suoi e anche a quelli di tutti loro: donna Sabetta, la sua governante, intesa donna Bebé, o donna Be', come lei per far piú presto la chiamava. Donna Be' pensava sempre ai casi suoi. Investita, spinta, trascinata da certi suoi furibondi impeti improvvisi, la poveretta fingeva di mettersi a frignare e, grattandosi con ambo le mani la fronte, gemeva:

– Oh benedetto il nome del Signore, mi lasci pensare ai casi miei, signorina!

La prendeva per donna Be', adesso, Cocò? No, non la prendeva per donna Be'. Cocò, la sera avanti, le aveva assicurato che proprio questi benedetti *casi loro* c'erano, e serii, molto serii, come quella sua veste lunga da viaggio.

Fin da bambina, vedendo andare il padre ogni settimana e talvolta anche due volte la settimana a Zúnica, e sentendo parlare del feudo di Ciumía e delle zolfare di Monte Diesi e d'altre zolfare e poderi e case, Didí aveva sempre creduto che tutti questi beni fossero del padre, la baronia dei Brilla.

Erano, invece, dei marchesi Nigrenti di Zúnica. Il padre, barone Brilla, ne era soltanto l'amministratore giudiziario. E quell'amministrazione da cui per vent'anni al padre era ve-

68. *intesa*: soprannominata.
85. *amministratore giudiziario*: colui che per incarico del giudice ha il compito di gestire un patrimonio perché ne sia garantita la conservazione.

nuta la larga agiatezza, della quale loro due, Cocò e Didí, avevano sempre goduto, sarebbe finita tra pochi mesi.

Didí era veramente nata e cresciuta in mezzo a quell'agiatezza; aveva poco piú di sedici anni; ma Cocò ne aveva ventisei; e Cocò serbava una chiara, per quanto lontana memoria dei gravi stenti tra cui il padre s'era dibattuto prima d'esser fatto, per maneggi e brighe d'ogni sorta, amministratore giudiziario dell'immenso patrimonio di quei marchesi di Zúnica.

Ora, c'era tutto il pericolo di ricadere in quegli stenti che, se anche minori, sarebbero sembrati piú duri dopo l'agiatezza. Per impedirlo, bisognava che riuscisse, ora, ma proprio bene e in tutto, il piano di battaglia architettato dal padre, e di cui quel viaggio era la prima mossa.

La prima, no, veramente. Cocò era già stato a Zúnica col padre, circa tre mesi addietro, in ricognizione; vi si era trattenuto quindici giorni, e aveva conosciuto la famiglia Nigrenti.

La quale era composta, salvo errore, di tre fratelli e di una sorella. Salvo errore, perché nell'antico palazzo in cima al paese c'erano anche due vecchie ottuagenarie, due *zônne* (zie-donne), che Cocò non sapeva bene se fossero dei Nigrenti anche loro, cioè se sorelle del nonno del marchese o se sorelle della nonna.

Il marchese si chiamava Andrea; aveva circa quarantacinque anni e, cessata l'amministrazione giudiziaria, sarebbe stato per le disposizioni testamentarie il maggior erede. Degli altri due fratelli, uno era prete – *don Arzigogolo*, come lo chiamava il padre – l'altro, il cosí detto *Cavaliere*, un villanzone. Bisognava guardarsi dall'uno e dall'altro, e piú dal prete che dal villanzone. La sorella aveva ventisette anni, un anno piú di Cocò, e si chiamava Agata, o Titina: gracile come un'ostia e pallida come la cera; con gli occhi costantemente pieni d'angoscia e con le lunghe mani esili e fredde che le tremavano di timidezza, incerte e schive. Doveva essere la purezza e la bontà in persona, poverina: non aveva mai dato un passo fuori del palazzo: assisteva le due vecchie ottuagenarie, le due *zônne*; ricamava e sonava «divinamente» il pianoforte.

Ebbene: il piano del padre era questo: prima di lasciare quell'amministrazione giudiziaria, concludere due matrimoni: dare cioè a Didí il marchese Andrea e Agata a lui, Cocò.

Didí al primo annunzio era diventata in volto di bragia e gli occhi le avevano sfavillato di sdegno. Lo sdegno era scoppiato in lei piú che per la cosa in se stessa, per l'aria cinicamente rassegnata con cui Cocò la accettava per sé e la profferiva a lei come una salvezza. Sposare per denari un vecchio, uno che aveva ventotto anni piú di lei?

– Ventotto, no, – le aveva detto Cocò, ridendo di quella vampata di sdegno. – Che ventotto, Didí! Ventisette, siamo giusti, ventisette e qualche mese.

– Cocò, mi fai schifo! Ecco: schifo! – gli aveva allora gridato Didí, tutta fremente, mostrandogli le pugna.

E Cocò:

– Sposo la Virtú, Didí, e ti faccio schifo? Ha un annetto anche lei piú di me; ma la Virtú, Didí mia, ti faccio notare, non può esser molto giovane. E io n'ho tanto bisogno! sono un discolaccio, un viziosaccio, tu lo sai: un farabutto, come dice papà: metterò senno: avrò ai piedi un bellissimo pajo di pantofole ricamate, con le iniziali in oro e la corona baronale, e un berretto in capo, di velluto, anch'esso ricamato, e col fiocco di seta, bello lungo. Il baronello Cocò La Virtú... Come sarò bello, Didí mia!

E s'era messo a passeggiare melenso melenso, col collo torto, gli occhi bassi, il bocchino appuntito, le mani una su l'altra, pendenti dal mento, a barba di capro.

Didí, senza volerlo, aveva sbruffato una risata.

E allora Cocò s'era messo a rabbonirla, carezzandola e parlandole di tutto il bene che egli avrebbe potuto fare a quella poveretta, gracile come un'ostia, pallida come la cera, la quale già, nei quindici giorni ch'egli s'era trattenuto a Zúnica, aveva mostrato, pur con la timidezza che le era propria, di vedere in lui il suo salvatore. Ma sí! certamente! Era interesse dei fratelli e specie di quel cosí detto *Cavaliere* (il quale aveva con sé, fuori del palazzo, una donnaccia da cui aveva avuto dieci, quindici, venti, insomma, non si sa quanti figliuoli) ch'ella restasse nubile, tappata lí a muffir nell'ombra. Ebbene, egli sarebbe stato il sole per lei, la vita. La avrebbe tratta fuori di lí, condotta a Palermo, in una bella casa nuova: feste, teatri, viaggi, corse in automobile... Bruttina era, sí; ma pazienza: per moglie, poteva passare. Era tanto buona poi, e avvezza a non aver mai nulla, si sarebbe contentata anche di poco.

151. *melenso melenso*: con molle indolenza.

E aveva seguitato a parlare a lungo, apposta, di sé solamente, su questo tono, cioè del bene che pur si riprometteva di fare, perché Didí, stuzzicata cosí da una parte e, dall'altra, indispettita di vedersi messa da canto, alla fine domandasse:

– E io?

Venuta fuori la domanda, Cocò le aveva risposto con un profondo sospiro:

– Eh, per te, Didí mia, per te la faccenda è molto, ma molto piú difficile! Non sei sola.

Didí aveva aggrottato le ciglia.

– Che vuol dire?

– Vuol dire... vuol dire che ci sono altre attorno al marchese, ecco. E una specialmente... una!

Con un gesto molto espressivo Cocò le aveva lasciato immaginare una straordinaria bellezza.

– Vedova, sai? Su i trent'anni. Cugina, per giunta... E, con gli occhi socchiusi, s'era baciate le punte delle dita.

Didí aveva avuto uno scatto di sprezzo.

– E se lo pigli!

Ma subito Cocò:

– Una parola, se lo pigli! Ti pare che il marchese Andrea... (Bel nome, Andrea! Senti come suona bene: il *marchese Andrea*... In confidenza però potresti chiamarlo Nenè, come lo chiama Agata, cioè Titina, sua sorella). È davvero un uomo, Nenè, sai? Ti basti sapere che ha avuto la... la come si chiama... la fermezza di star vent'anni chiuso in casa. Vent'anni, capisci? non si scherza... dacché tutto il suo patrimonio cadde sotto amministrazione giudiziaria. Figurati i capelli, Didí mia, come gli sono cresciuti in questi venti anni! Ma se li taglierà. Puoi esserne sicura, se li taglierà. Ogni mattina, all'alba, esce solitario... ti piace? solitario e avvolto in un mantello, per una lunga passeggiata fino alla montagna. A cavallo, sai? La cavalla è piuttosto vecchiotta, bianca; ma lui cavalca divinamente. Sí, divinamente, come la sorella Titina suona divinamente il pianoforte. E pensa, oh, pensa che da giovine, fino a venticinque anni, cioè finché non lo richiamarono a Zúnica per il rovescio finanziario, lui «fece vita», e che vita, cara mia! fuori, in Continente, a Roma, a Firenze; corse il mondo; fu a Parigi, a Londra... Ora pare che da giovanotto abbia amato questa cugina di cui t'ho parlato, che si chiama Fana Lopes. Credo si fosse anche fidanzato con lei. Ma, venuto il dissesto, lei non volle piú saperne e sposò un altro. Adesso che egli ritorna nel primiero stato... capisci? Ma è piú facile che il marchese, guarda, per farle dispetto, sposi un'altra cugina, zitellona questa, una certa Tuzza La Dia, che credo abbia sospirato sempre in segreto per lui, pregando Iddio. Dati gli umori del marchese e i suoi capelli lunghi, dopo questi venti anni di clausura, è temibile anche questa zitellona, cara Didí. Basta – aveva concluso la sera avanti Cocò, – ora chinati, Didí, e tienti con la punta delle dita l'orlo della veste su le gambe.

Stordita da quel lungo discorso, Didí s'era chinata, domandando:

– Perché?

E Cocò:

– Te le saluto. Quelle ormai non si vedranno piú!

Gliele aveva guardate e le aveva salutate con ambo le mani; poi, sospirando, aveva soggiunto:

– Rorò! Ricordi Rorò Campi, la tua amichetta? Ricordi che salutai le gambe anche a lei, l'ultima volta che portò le vesti corte? Credevo di non dovergliele piú rivedere. Eppure gliele rividi!

Didí s'era fatta pallida pallida e seria.

– Che dici?

– Ah, sai, morta! – s'era affrettato a risponderle Cocò. – Morta, te lo giuro, gliele rividi, povera Rorò! Lasciarono la cassa mortuaria aperta, quando la portarono in chiesa, a San Domenico. La mattina io ero là, in chiesa. Vidi la bara, tra i ceri, e mi accostai. C'erano attorno alcune donne del popolo, che ammiravano il ricco abito da sposa di cui il marito aveva voluto che fosse parata, da morta. A un certo punto, una di quelle donnette sollevò un lembo della veste per osservare il merletto della sottana, e io cosí rividi le gambe della povera Rorò.

Tutta quella notte Didí s'era agitata sul letto senza poter dormire.

Già, prima d'andare a letto, aveva voluto provarsi ancora una volta la veste lunga da viaggio, davanti allo specchio dell'armadio. Dopo il gesto espressivo, con cui Cocò aveva descritto la bellezza di colei... come si chiamava? Fana... Fana Lopes... – si era veduta, lí nello specchio, troppo piccola, magrolina, miserina... Poi s'era tirata su la veste davanti per rivedersi quel tanto, pochino pochino, delle gambe che ave-

213. *nel primiero stato*: cfr. *Sole e ombra*, r. 213 nota.

va finora mostrato, e subito aveva pensato alle gambe di Rorò Campi, morta.

A letto, aveva voluto riguardarsele sotto le coperte: impalate, stecchite; immaginandosi morta anche lei, dentro una bara, con l'abito da sposa, dopo il matrimonio col marchese Andrea dai capelli lunghi...

Che razza di discorsi, quel Cocò!

Ora, in treno, Didí guardava il fratello sdrajato sul sedile dirimpetto e si sentiva prendere a mano a mano da una gran pena per lui.

In pochi anni aveva veduto sciuparsi la freschezza del bel volto fraterno, alterarsi l'aria di esso, l'espressione degli occhi e della bocca. Le pareva ch'egli fosse come arso, dentro. E quest'arsura interna, di trista febbre, gliela scorgeva negli sguardi, nelle labbra, nell'aridità e nella rossedine della pelle, segnatamente sotto gli occhi. Sapeva ch'egli rincasava tardissimo ogni notte; che giocava; sospettava altri vizi in lui, piú brutti, dalla violenza dei rimproveri che il padre gli faceva spesso, di nascosto a lei, chiusi l'uno e l'altro nello scrittojo. E che strana impressione, di dolore misto a ribrezzo, provava da alcun tempo nel vederlo da quella trista vita impenetrabile accostarsi a lei; al pensiero che egli, pur sempre per lei buon fratellino affettuoso, fosse poi, fuori di casa, peggio che un discolo, un vizioso, se non proprio un farabutto, come tante volte nell'ira gli aveva gridato in faccia il padre. Perché, perché non aveva egli per gli altri lo stesso cuore che per lei? Se era cosí buono per lei, senza mentire, come poteva poi, nello stesso tempo, essere cosí tristo per gli altri?

Ma forse la tristezza era fuori: fuori, là, nel mondo, ove a una certa età, lasciati i sereni, ingenui affetti della famiglia, si entrava coi calzoni lunghi gli uomini, con le vesti lunghe le donne. E doveva essere una laida tristezza, se nessuno osava parlarne, se non sottovoce e con furbeschi ammiccamenti,

268. *rossedine*: colore rossastro.

282-91. *Ma forse la tristezza ... ne era morta*: nel rapporto originario intatto con la madre, che è il nucleo del modello infantile di vita, «fuori» è una parola assente e inservibile o, per meglio dire, il *fuori* non esiste. Cosí come la madre protegge il bambino dalla paura dell'Altro ignoto dandosi come tutt'uno con lui cosí, sul piano dello spazio vitale infantile, esiste solo la nativa internità del *qui*, che ripara completamente dallo spavento di un eventuale *altrove*. Didí è terrorizzata e disgustata dall'andirivieni del padre e del fratello tra fuori e dentro e dal contagio di «laida tristezza» che da fuori essi introducono nella casa orba della madre.

che indispettivano chi – come lei – non riusciva a capirci nulla; doveva essere una tristezza divoratrice, se in sí poco tempo suo fratello, già cosí fresco e candido, s'era ridotto a quel modo; se Rorò Campi, la sua amicuccia, dopo un anno appena, ne era morta...

Didí si sentí pesare sui piedini, fino al giorno avanti liberi e scoperti, la veste lunga, e ne provò un fastidio smanioso: si sentí oppressa da una angoscia soffocante, e volse lo sguardo dal fratello al padre, che sedeva all'altro angolo della vettura, intento a leggere alcune carte d'amministrazione, tratte da una borsetta di cuojo aperta su le ginocchia.

Entro quella borsetta, foderata di stoffa rossa, spiccava lucido il turacciolo smerigliato di una fiala. Didí vi fissò gli occhi e pensò che il padre era, da anni, sotto la minaccia continua d'una morte improvvisa, potendo da un istante all'altro essere colto da un accesso del suo male cardiaco, per cui portava sempre con sé quella fiala.

Se d'un tratto egli fosse venuto a mancarle... Oh Dio, no, perché pensare a questo? Egli, pur con quella fiala lí davanti, non ci pensava. Leggeva le sue carte d'amministrazione e, di tratto in tratto, si aggiustava le lenti insellate su la punta del naso; poi, ecco, si passava la mano grassoccia, bianca e pelosa, sul capo calvo, lucidissimo; oppure staccava gli occhi dalla lettura e li fissava nel vuoto, restringendo un po' le grosse palpebre rimborsate. Gli occhi ceruli, ovati, gli s'accendevano allora di un'acuta vivezza maliziosa, in contrasto con la floscia stanchezza della faccia carnuta e porosa, da cui schizzavano, sotto il naso, gl'ispidi e corti baffetti rossastri, già un po' grigi, a cespugli.

Da un pezzo, cioè dalla morte della madre, avvenuta tre

311. *rimborsate*: gonfie e cascanti.

316-28. *Da un pezzo ... consola e rassicura*: la perfezione dell'archetipo infantile è dovuta alla presenza unificante della madre, al potere avvolgente e totalizzante dell'«amor materno» e alla prerogativa esclusivamente materna di esalare l'«alito familiare» che riempie la casa e tiene uniti tutti i suoi abitanti. Nell'ottica anamnestica e retrospettiva dei figli, la vita infantile è un sistema invalicabile e impenetrabile il cui sole è la madre. Ad essa e alla luce amorosa che ne riceve e in cui si specchia, il bambino guarda costantemente; è intorno ad essa che orbitano, prossimi ma con funzione satellite, gli altri familiari interni al sistema e trattenuti entro i suoi margini dall'attrazione materna. Didí ne osserva angosciata e sperduta le macerie e gli squallidi mutanti sopravvissuti alla morte della madre. D'altronde, è soltanto da una postazione conoscitiva sorta dal collasso del chiuso mondo infantile e della sua ottica felicemente riflessiva che lo sguardo può essere rivolto, per il tramite della memoria e del senso di privazione, a quel mondo. Sapere e conoscere, lungo tutto il corpus pirandelliano, vuol dire infatti confrontare e distinguere, guar-

anni addietro, Didí aveva l'impressione che il padre si fosse come allontanato da lei, anzi staccato cosí, che lei, ecco, poteva osservarlo come un estraneo. E non il padre soltanto: anche Cocò. Le pareva che fosse rimasta lei sola a vivere ancora della vita della casa, o piuttosto a sentire il vuoto di essa, dopo la scomparsa di colei che la riempiva tutta e teneva tutti uniti.

Il padre, il fratello s'erano messi a vivere per conto loro, fuori di casa, certo; e quegli atti della vita, che seguitavano a compiere lí insieme con lei, erano quasi per apparenza, senza piú quella cara, antica intimità, da cui spira quell'alito familiare, che sostiene, consola e rassicura.

Tuttora Didí ne sentiva un desiderio angoscioso, che la faceva piangere insaziabilmente, inginocchiata innanzi a un'antica cassapanca, ov'erano conservate le vesti della madre.

L'alito della famiglia era racchiuso là, in quella cassapanca antica, di noce, lunga e stretta come una bara; e di là, dalle vesti della mamma, esalava, a inebriarla amaramente coi ricordi dell'infanzia felice.

Tutta la vita s'era come diradata e fatta vana, con la scomparsa di lei; tutte le cose pareva avessero perduto il loro corpo e fossero diventate ombre. E che sarebbe avvenuto domani? Avrebbe ella sempre sentito quel vuoto, quella smania di un'attesa ignota, di qualche cosa che dovesse venire a colmarglielo, quel vuoto, e a ridarle la fiducia, la sicurezza, il riposo?

dare alternativamente dentro e fuori di sé: operazioni non necessarie al bambino felice e senza le quali peraltro quel sistema perfetto non è raccontabile, non è letteralmente dicibile.

337-43. *Tutta la vita ... il riposo?*: la scomparsa della madre ha comportato un fenomeno di rarefazione-svuotamento che ha investito tutto intero il pianeta dell'infanzia, dai suoi abitatori ai suoi modelli di vita ai piú umili oggetti. Privato del suo centro di gravità, quel mondo s'è rapidamente svuotato e disunito, disaggregato; vita e corpi si sono diradati e ridotti a ombre, a fantasmi e apparenze. Intimità, pienezza, unione, realtà hanno lasciato luogo ai loro contrari, all'*estraneità*, al *vuoto*, alla *separazione*, alla *parvenza*. E con quegli antichi penati infantili ch'erano l'«alito della famiglia», sono venute meno la sicurezza e la fiducia; sono subentrati il «desiderio angoscioso», la «smania di un'attesa ignota» (cfr. *La trappola*, r. 21 nota): Didí si aggira per la casa dove non le riesce piú di *toccare* la vecchia realtà in nulla, neppure nel proprio corpo che, inconsapevolmente adolescente, tradisce e abbandona anch'esso la bambina che lei vorrebbe essere e sente ancora di essere, la bambina attratta irresistibilmente dall'amabile feticcio delle vesti materne conservate nella cassapanca-bara, entrambi significanti – le vesti vuote e la bara – il cui primo significato è, come quello d'ogni feticcio, l'assenza.

Le giornate eran passate per Didí come nuvole davanti alla luna.

Quante sere, senz'accendere il lume nella camera silenziosa, non se n'era stata dietro le alte invetriate della finestra a guardar le nuvole bianche e cineree che avviluppavano la luna! E pareva che corresse la luna, per liberarsi da quei viluppi. E lei era rimasta a lungo, lí nell'ombra, con gli occhi intenti e senza sguardo, a fantasticare; e spesso gli occhi, senza che lei lo volesse, le si erano riempiti di lagrime.

Non voleva esser triste, no; voleva anzi esser lieta, alacre, vispa. Ma nella solitudine, in quel vuoto, questo desiderio non trovava da sfogarsi altrimenti che in veri impeti di follia, che sbigottivano la povera donna Bebé.

Senza piú guida, senza piú nulla di consistente attorno, non sapeva che cosa dovesse fare nella vita, qual via prendere. Un giorno avrebbe voluto essere in un modo, il giorno appresso in un altro. Aveva anche sognato tutta una notte, di ritorno dal teatro, di farsi ballerina, sí, e suora di carità la mattina dopo, quand'erano venute per la questua le monacelle del *Boccone del povero*. E un po' voleva chiudersi tutta in se stessa e andar vagando per il mondo assorta nella scienza teosofica, come *Frau* Wenzel, la sua maestra di tedesco e di pianoforte; un po' voleva dedicarsi tutta all'arte, alla pittura. Ma no, no: alla pittura veramente, no, piú: le faceva orrore, ormai, la pittura, come se avesse preso corpo in quell'imbecille di Carlino Volpi, figlio del pittore Volpi, suo maestro, perché un giorno Carlino Volpi, venuto invece del padre ammalato, a darle lezione... Com'era stato?... Lei, a un certo punto, gli aveva domandato:

– Vermiglione o carminio?

362-63. *le monacelle del Boccone del povero*: le bambine in abiti monacali, di cui si prendeva cura una pia associazione benefica detta *Boccone del povero*, la quale accoglieva ragazzine orfane o abbandonate. Cfr. anche *Da sé* rr. 18-21: «l'accompagnamento delle orfanelle del *Boccone del povero* che vivevano di questo, cioè delle cinquanta lire che si davano loro per accompagnare tutti i morti della città».

364-65. *scienza teosofica*: filosofia mistico-scientistica e, piú in particolare, la dottrina propugnata dalla Società teosofica (fondata nel 1875), secondo la quale le singole religioni contengono solo elementi dispersi e parziali di un'unica verità divina che è stata affidata, nelle diverse epoche, a pochi grandi iniziati e illuminati. Un lettore di libri teosofici era stato Mattia Pascal, e un adepto della scienza teosofica era, nel romanzo del 1904, il signor Anselmo Paleari (si vedano le note al proposito in R^1, pp. 1010-12 e 1023-24; nonché il capitoletto *Magia, teosofia, spiritismo*, in G. Macchia, *Pirandello o la stanza della tortura*, Mondadori, Milano 1981, pp. 46-53).

373. *Vermiglione o carminio?*: dilemma tra due tonalità di rosso. Ma, co-

E lui, muso di cane:

– Signorina, carminio... cosí!

E l'aveva baciata in bocca.

Via, da quel giorno e per sempre, tavolozza, pennelli e cavalletto! Il cavalletto glielo aveva rovesciato addosso e, non contenta, gli aveva anche scagliato in faccia il fascio dei pennelli, e lo aveva cacciato via, senza neanche dargli il tempo di lavarsi la grinta impudente, tutta pinticchiata di verde, di giallo, di rosso.

Era alla discrezione del primo venuto, ecco... Non c'era piú nessuno, in casa, che la proteggesse. Un mascalzone, cosí, poteva entrarle in casa e permettersi, come niente, di baciarla in bocca. Che schifo le era rimasto, di quel bacio! S'era stropicciate fino a sangue le labbra; e ancora a pensarci, istintivamente, si portava una mano alla bocca.

Ma aveva una bocca, veramente?... Non se la sentiva! Ecco: si stringeva forte forte, con due dita, il labbro, e non se lo sentiva. E cosí, di tutto il corpo. Non se lo sentiva. Forse perché era sempre assente da se stessa, lontana?... Tutto era sospeso, fluido e irrequieto dentro di lei.

E le avevano messo quella veste lunga, ora cosí... su un corpo, che lei non si sentiva. Assai piú del suo corpo pesava quella veste! Si figuravano che ci fosse qualcuna, una donna, sotto quella veste lunga, e invece no; invece lei, tutt'al piú, non poteva sentirvi altro, dentro, che una bambina; sí, ancora, di nascosto a tutti, la bambina ch'era stata, quando tutto ancora intorno aveva per lei una realtà, la realtà della sua dolce infanzia, la realtà sicura che sua madre dava alle cose col suo alito e col suo amore. Il corpo di quella bimba, sí, viveva e si nutriva e cresceva sotto le carezze e le cure della mamma. Morta la mamma, lei aveva cominciato a non sentire piú neanche il suo corpo, quasi che anch'esso si fosse diradato, come tutt'intorno la vita della famiglia, la realtà che lei non riusciva piú a toccare in nulla.

Ora, questo viaggio...

Guardando di nuovo il padre e il fratello, Didí provò dentro, a un tratto, una profonda, violenta repulsione.

Si erano addormentati entrambi in penosi atteggiamenti. Ridondava al padre da un lato, premuta dal colletto, la flac-

me per altro verso il riso femminile, il rosso delle labbra suscita per metonimia il fantasma perturbante del sesso.

cida giogaja sotto il mento. E aveva la fronte imperlata di sudore. E nel trarre il respiro, gli sibilava un po' il naso.

Il treno, in salita, andava lentissimamente, quasi ansimando, per terre desolate, senza un filo d'acqua, senza un ciuffo d'erba, sotto l'azzurro intenso e cupo del cielo. Non passava nulla, mai nulla davanti al finestrino della vettura; solo, di tanto in tanto, lentissimamente, un palo telegrafico, arido anch'esso, coi quattro fili che s'avvallavano appena.

Dove la conducevano quei due, che anche lí la lasciavano cosí sola? A un'impresa vergognosa. E dormivano! Sí, perché, forse, era tutta cosí, e non era altro, la vita. Essi, che già c'erano entrati, lo sapevano; c'erano ormai avvezzi e, andando, lasciandosi portare dal treno, potevano dormire... Le avevano fatto indossare quella veste lunga per trascinarla lí, a quella laida impresa, che non faceva piú loro alcuna impressione. Giusto lí la trascinavano, a Zúnica, ch'era il paese di sogno della sua infanzia felice! E perché ne morisse dopo un anno, come la sua amichetta Rorò Campi?

L'ignota attesa, l'irrequietezza del suo spirito, dove, in che si sarebbero fermate? In una cittaduzza morta, in un fosco palazzo antico, accanto a un vecchio marito dai capelli lunghi... E forse le sarebbe toccato di sostituire la cognata nelle cure di quelle due vecchie ottuagenarie, seppure il padre fosse riuscito nella sua insidia.

Fissando gli occhi nel vuoto, Didí vide le stanze di quel fosco palazzo. Non c'era già stata una volta? Si, in sogno, una volta, per restarvi per sempre... Una volta? Quando? Ma ora, ecco... e già da tanto tempo, vi era, e per starvi per sempre, soffocata nella vacuità d'un tempo fatto di minuti eterni, tentato da un ronzio perpetuo, vicino, lontano, di mosche sonnolente nel sole che dai vetri pinticchiati delle finestre sbadigliava sulle nude pareti gialle di vecchiaia, o si stampava polveroso sul pavimento di logori mattoni di terracotta.

Oh Dio, e non poter fuggire... non poter fuggire... legata com'era, qua, dal sonno di quei due, dalla lentezza enorme di quel treno, uguale alla lentezza del tempo là, nell'antico palazzo, dove non si poteva far altro che dormire, come dormivano quei due...

Provò a un tratto in quel fantasticare che assumeva nel

413. *giogaja*: pappagorgia. Il termine è degradante, perché la giogaia è propriamente quella dei bovini e ruminanti.

suo spirito una realtà massiccia, ponderosa, infrangibile, un senso di vuoto cosí arido, una cosí soffocante e atroce afa della vita, che istintivamente, proprio senza volerlo, cauta, allungò una mano alla borsetta di cuojo, che il padre aveva posato, aperta, sul sedile. Il turacciolo smerigliato della fiala aveva già attratto con la sua iridescenza lo sguardo di lei.

Il padre, il fratello seguitavano a dormire. E Didí stette un pezzo a esaminare la fiala, che luceva col veleno roseo. Poi, quasi senza badare a quello che faceva, la sturò pian piano e lentamente l'accostò alle labbra, tenendo fissi gli occhi ai due che dormivano. E vide, mentre beveva, che il padre alzava una mano, nel sonno, per scacciare una mosca, che gli scorreva su la fronte, lieve.

A un tratto, la mano che reggeva la fiala le cascò in grembo, pesantemente. Come se gli orecchi le si fossero all'improvviso sturati, avvertí enorme, fragoroso, intronante il rumore del treno, cosí forte che temette dovesse soffocare il grido che le usciva dalla gola e gliela lacerava... No... ecco, il padre, il fratello balzavano dal sonno... le erano sopra... Come aggrapparsi piú a loro?

Didí stese le braccia; ma non prese, non vide, non udí piú nulla.

Tre ore dopo, arrivò, piccola morta con quella sua veste lunga, a Zúnica, al paese di sogno della sua infanzia felice.

475-76. *piccola morta con quella sua veste lunga*: senza piú il modello speculare e riflessivo della madre, la bambina non può crescere e diventare donna e sceglie di ricongiungersi da bambina alla madre, di raggiungerla nel paese mitico della nascita. E in quest'ultimo ritratto di lei almeno l'immagine verbale restituisce, pateticamente, unità al mondo, poiché la spoglia di Didí vestita con l'abito lungo non può che essere la spoglia d'una bambina travestitasi, per il gioco supremo, con gli abiti della madre. È ciò cui l'adolescente suicida tende, purché le sia evitata una identificazione con Rorò Campi, l'amica morta dopo appena un anno di vita *fuori* e sepolta con l'abito da sposa, da adulta, da donna.

Quando s'è capito il giuoco

Tutte le fortune a Memmo Viola!

E se le meritava davvero quel buon Memmone, che cacciava le mosche allo stesso modo con cui guardava la moglie, cioè con l'aria di dire:

«Ma perché v'ostinate, santo Dio, a molestarmi cosí? Non sapete già, che non riuscirete mai a farmi stizzire? E dunque sciò, care, sciò...».

Le mosche, la moglie, tutte le noje piccole e grandi della vita, le ingiustizie della sorte, le malignità degli uomini, le stesse sofferenze corporali, non avrebbero potuto mai alterare la sua stanca placidità, né scuoterlo da quella specie di perpetuo letargo filosofico, che gli stava nei grossi occhi verdastri e gli ansimava nel nasone tra i peli dei baffi arruffati e quelli che gli uscivano a cespugli dalle narici.

Perché Memmo Viola diceva di aver capito il giuoco. E quando uno ha capito il giuoco...

Quando s'è capito il giuoco. In vita di Pirandello, apparve per la prima e unica volta il 10 aprile 1913 sul «Corriere della Sera». Fu poi recuperata dall'editore (senza plausibili motivazioni) in sede di allestimento del quindicesimo volume, postumo, delle «novelle per un anno», *Una giornata* (Mondadori, Milano 1937); nel quale, con gratuita incongruità, venne ristampata – cosí come *Padron Dio*, testo risalente addirittura al remoto 1898, e *La signora Frola e il signor Ponza, suo genero* (1917) – insieme alle ultime dodici novelle pirandelliane.

1. *Tutte le fortune a Memmo Viola!*: in quest'attacco improvviso e interiettivo si avverte l'eco anonima, e implicitamente collettiva, d'una *vox communis* elusiva, e un po' stolida, che interpreta sul serio quella di Memmo come la vicenda d'un uomo superlativamente fortunato, il quale ha solo il piccolo torto di non saper gioire. E l'umorismo passa anche attraverso lo scarto fra ciò che crede di capire la voce narrante e ciò che ha capito il protagonista.

15-26. *Memmo Viola diceva ... in casa*: nello stesso 1913, era uscita in volume l'edizione riveduta e completa del romanzo *I vecchi e i giovani*, nel quale svolge un singolare ruolo di protagonista passivo don Cosmo Laurentano, uomo anziano, mansueto e perfettamente disilluso, abituato a sentire, «come

Invulnerabile al dolore, però, impenetrabile anche alla gioja. E questo era un vero peccato, perché Memmo Viola era quel che suol dirsi un beniamino della fortuna.

Forse però il giuoco, ch'egli diceva d'aver capito, era questo, che la fortuna lo favoriva tanto, appunto perché egli era cosí, appunto perché sapeva che egli non le sarebbe corso mai dietro, neppure se essa gli avesse profferto, dopo due gambate, tutti i tesori del mondo, e che non si sarebbe rallegrato né punto né poco, neanche se fosse venuta da sé a portarglieli in casa.

Tutti i tesori del mondo, no; ma ecco che un giorno gli aveva proprio portato in casa la grossa eredità di chi sa qual

da un'infinita lontananza, la vanità di tutto e il tedio angoscioso della vita». E anche Cosmo Laurentano, forse appena un po' prima di Memmo Viola, parla delle evenienze della vita come di altrettante passeggere «minchionerie» e della medesima malinconica o apatica comprensione: «Una sola cosa è triste, cari miei: aver capito il giuoco! Dico il giuoco di questo demoniaccio beffardo che ciascuno di noi ha dentro e che si spassa a rappresentarci di fuori, come realtà, ciò che poco dopo egli stesso ci scopre come una nostra illusione, deridendoci degli affanni che per essa ci siamo dati, e deridendoci anche, come avviene a me, del non averci saputo illudere, poiché fuori di queste illusioni non c'è piú altra realtà» (cfr. R^2, p. 509).

17-18. *Invulnerabile ... alla gioja*: questo stato di anestetica invulnerabilità è prerogativa di pochi e non comuni personaggi, ossia di coloro che, scrollatisi di dosso ogni passione, non si fanno piú attrarre né dal vorticoso rigoglio della vita, né dalla nera vertigine della morte, e che hanno dunque imparato l'arte difficilissima del non-vivere e del non-morire. «Un vero peccato», commenta fatuamente la voce narrante come se ignorasse lo sforzo sovrumano che una simile disciplina richiede e il prezzo che questi aneroici protagonisti pagano per una tale atarassia. L'erede e sosia teatrale di Memmo Viola nei tre atti de *Il giuoco delle parti* (1918), l'eteronimo Leone Gala, ne parlerà diffusamente, e naturalmente invano, all'ottuso amante della moglie: «LEONE [...] Ah, triste cosa, caro mio, quando uno ha capito il giuoco. GUIDO. Che giuoco? LEONE. Mah... anche questo qua. Tutto il giuoco! Quello della vita. GUIDO. Tu l'hai capito? LEONE. Da un pezzo. E anche il rimedio per salvarsi. GUIDO. Se tu me l'insegnassi! LEONE. Eh, caro. Non è rimedio per te. Per salvarsi, bisogna sapersi difendere. Ma è una certa difesa... dirò, disperata, che tu forse non puoi neanche intendere. GUIDO. Come sarebbe, disperata? Accanita? LEONE. No, no, disperata, caro, nel senso d'una vera e propria disperazione, ma pur tuttavia senza neanche un'ombra d'amarezza per questo. GUIDO. E che difesa, allora, scusa? LEONE. La piú ferma, la piú immobile, appunto perché nessuna speranza piú t'induce a piegarti verso una, sia pur minima, concessione né agli altri né a te stesso. GUIDO. Non capisco. E la chiami difesa? Difesa di che cosa, se dev'esser cosí? LEONE (*lo guarda un tratto severo e fosco; poi, dominandosi e quasi riassorbendosi in una impenetrabile serenità*). Di niente, in te, se in te riesci, come sono riuscito io, a non aver piú nulla. Che vuoi difendere? Difenderti, io dico! Dagli altri, e soprattutto da te stesso; dal male che la vita fa a tutti, inevitabilmente» (cfr. MN, pp. 551-52).

vecchia zia, una vecchia zia sconosciuta, morta in Germania; per cui aveva potuto rinunziare all'impiego, che gli pesava tanto, sebbene, povero Memmo, come tutto il resto, da dieci anni lo sopportasse in santa pace. Poco tempo dopo, la moglie, stanca di vedersi guardata a quel modo e di non esser buona a farlo arrabbiare, per quante gliene facesse sotto gli occhi, di tutti i colori, gli aveva aperto, anzi spalancato la porta, e lo aveva spinto fuori, a viver libero per conto suo, in un quartierino da scapolo; a patto, però, che egli lasciasse libera anche lei, allo stesso modo, e con un congruo assegno debitamente assicurato.

Sí? E quando mai Memmo Viola s'era sognato di porre un limite o un freno alla libertà della moglie? Ma ella voleva cosí? *Amen*. E con tutti i libri di scienze fisiche e matematiche e di filosofia, e tutte le stoviglie di cucina, che rappresentavano le due piú forti passioni della sua vita, era andato ad allogarsi in tre stanzette modeste. Dopo aver dato allo spirito il nutrimento piú gradito, attendeva a preparar da sé, con le sue mani, anche il piú gradito nutrimento al suo corpo: cuoco dilettante e dilettante filosofo.

Una vecchia serva veniva ogni mattina a fargli la spesa, gli apparecchiava la tavola, gli rigovernava la cucina, gli rifaceva il letto e la pulizia delle tre stanzette, e se ne andava.

Se non che, dopo appena due mesi di questa seconda fortuna, una mattina per tempissimo, ch'egli se ne stava ancora a letto a fare il sonnellino dell'oro, sua moglie venne a svegliarlo di soprassalto nel suo quartierino con una furiosa scampanellata e, investendolo come una bufera, lo trascinò afferrato per il petto, povero Memmo, cosí in camicia come si trovava e con le brache ancora in mano, verso un angolo della camera, dietro un paraventino coperto di mussola rasata color di rosa, ove s'immaginò dovesse star nascosto il lavabo e, versandogli lei stessa, per non perder tempo, l'acqua nel catino, lo costrinse a lavarsi e poi subito a vestirsi, subito subito, perché doveva uscire, doveva correre, precipitarsi in cerca di due amici.

– Ma perché?

– Lavati, ti dico!

– Ecco, mi lavo... Ma perché?

54. *sonnellino dell'oro*: l'ultimo sonno del mattino, il piú saporito e il piú prezioso.

59-60. *mussola rasata*: leggerissimo tessuto di cotone liscio come il raso.

– Perché tu sei sfidato!

– Sfidato? io? Chi m'ha sfidato?

– Sfidato... non so bene: o sei sfidato o devi sfidare. Non so di queste cose... so che ho qua il biglietto di quel mascalzone. Lavati, vestiti, spicciati, non mi star davanti con codest'aria di mammalucco intronato!

Memmo Viola, venuto fuori dal paraventino con le mani bollicose di saponata, guardava veramente la moglie, se non come un mammalucco, certo come intronato. Non lo costernava tanto l'annunzio di quella sfida, quanto la grave agitazione della moglie, fuori di casa a quell'ora e in quel disordine d'abbigliamento.

– Abbi pazienza, Cristina mia... Dimmi almeno, mentre mi lavo, che cosa è accaduto...

– Che? – gli gridò la moglie, avventandoglisi di nuovo addosso, quasi con le mani in faccia. – Sono stata vigliaccamente, sanguinosamente insultata in casa mia, per causa tua... perché sono rimasta sola, senza difesa, capisci?... Insultata... oltraggiata... Mi hanno messo le mani addosso, capisci? a frugarmi, qua, in petto, capisci? Perché hanno sospettato ch'io fossi...

Non poté seguitare; si coprí furiosamente il volto con le mani e ruppe in un pianto stridulo, convulso, d'onta, di ribrezzo, di rabbia.

– Oh Dio, – fece Memmo. – Ma quando è stato? Chi ha potuto osare?

E allora la moglie, prima tra i singhiozzi e storcendosi le mani, poi di punto in punto rieccitandosi vieppiú, gli narrò che la sera avanti, mentr'era a cena, aveva sentito un gran fracasso alla porta, grida, risate, scampanellate, pugni, pedate. La serva, accorsa, era venuta a dirle che quattro signori, mezzo ubriachi, cercavano d'una Spagnuola, d'una certa *Pepita*, e che non se ne volevano andare e s'erano buttati a sedere sconciamente nella saletta d'ingresso. Appena avevano veduto comparir lei, le erano saltati tutti e quattro addosso, e chi pigliandola per il ganascino, chi cingendole con un braccio la vita, chi frugandole in petto, l'avevano pregata, scongiurata di conceder loro una visitina alla piccola *Pepita*. Al suo divincolarsi, alle sue grida, ai suoi morsi, avevano risposto con risa e gesti sguajati, finché, a quel pandemonio, non erano accorsi dai piani di sopra e di sotto tanti vicini di casa. Scuse... chiarimenti... c'era un equivoco... mortificazione... Uno s'era finanche inginocchiato... Ma ella non aveva voluto sentir nulla; aveva preteso che le dessero conto e soddisfazione dell'oltraggio, e tanto aveva insistito, che alla fine uno dei quattro, che forse era stato il meno insolente, s'era veduto costretto a lasciare il suo biglietto da visita.

– Eccolo qua! A te, prendi! Sei ancora in maniche di camicia? Che aspetti? Non ti muovi?

Memmo Viola aveva già bell'e capito che quello non era né il caso né il momento di ragionare e, senza neppur dare uno sguardo di sfuggita al nome stampato in quel biglietto da visita, ritornò al lavabo dietro il paraventino.

– Che fai?

– Finisco di lavarmi.

– A chi pensi di rivolgerti? Non andare dal Venanzi, sai! Gigi Venanzi non accetta; puoi star sicuro che non accetta. Perderai il tempo inutilmente!

– Permetti? – disse Memmo, che aveva già riacquistato tutta la sua placidità. – Il tempo, cara, me lo fai perdere tu, adesso. Lasciami lavare, senza tirarmi a discutere. Non hai voluto saper d'equivoci. Scuse, non hai voluto accettarne. Hai voluto il duello: cioè, farmi dare una sciabolata. Bene, ti servo subito. Ma lascia ora che provveda io a garantire, come meglio posso, la mia pelle. Dici che Gigi Venanzi non accetterà? E come lo sai?

La moglie, un po' sconcertata alla domanda, abbassò gli occhi.

– Lo... lo suppongo...

– Ah, – fece Memmo, asciugandosi la faccia – lo suppoooniii... Vedrai che accetterà! Vuoi che si tiri indietro per me, giusto per me, quando presta a tutti i suoi uffici cavallereschi? Non passa un mese, perdio, che non si trovi in mezzo

128-32. *Non hai voluto ... la mia pelle*: Cristina è colei che *gioca*, Memmo colui che ha capito il gioco. Rispetto a tutta quanta la storia, la predicazione che caratterizza Cristina è quella d'un *fare evenemenziale* articolato sulla modalità del *volere*; ciò che caratterizza Memmo è un esclusivo *fare cognitivo* articolato sulla modalità del *sapere*. La distinzione veridittiva fra essere e apparire che, come griglia interpretativa di base, appartiene al lettore, appartiene anche, come chiave conoscitiva e strumento di orientamento, al sapere di Memmo. Pare invece assente o annebbiata nella costituzione predicativa di Cristina e di Gigi, e a nulla valgono gli sforzi di Memmo, che a piú riprese li invita a prevederne le conseguenze se anche non vogliono o non sanno imparare a usarla. A nulla valgono perché ha di fronte una antagonista e una *spalla* monolitici e rigidi: Cristina teme in sostanza soltanto il *non essere* e vuole a tutti i costi essere, Gigi teme solamente l'onta o il ridicolo d'un apparire non decoroso e squalificante.

a due o tre duelli, padrino di professione! Ma sarebbe da ridere! Che direbbe la gente, che lo sa tanto amico mio e tanto pratico di queste cose, se mi rivolgessi ad altri?

La moglie, brancicando la borsetta con le dita irrequiete, dopo essersi un tratto morsicchiato il labbro, scattò, levandosi in piedi.

– E io ti dico che non accetterà.

Memmo scoprí di tra lo sparato della camicia, nell'infilarsela, il faccione ridente e disse, fissando acutamente la moglie:

– Me ne deve dire la ragione... E non può! Dico, non può averne, via! Lasciami, lasciami vestire...

Vestito, domandò con un certo risolino timido:

– Scusa, hai visto per caso, entrando, se fuori della porta c'era il fiaschetto del latte?

S'aspettava un nuovo prorompimento d'ira a quella domanda, e insaccò il capo nelle spalle e levò le mani in atto di parare:

– Zitta, zitta... vado, corro...

E uscí insieme con la moglie, per recarsi in casa di Gigi Venanzi.

Lo trovò fortunatamente per istrada, a pochi passi dalla sua abitazione. Scorgendogli in viso un'improvvisa alterazione di rabbioso dispetto, Memmo Viola comprese che l'amico era uscito cosí presto di casa, perché s'aspettava la sua visita. Gli si parò davanti, sorridendo e gli disse:

– Cristina mi manda da te. Andiamo su. La cosa è grave.

Gigi Venanzi gli piantò in faccia gli occhi torbidi e gli domandò:

– Che c'è?

– Oh, non facciamo storie – esclamò Memmo. – Ti leggo in faccia che lo sai. Dunque non mi far parlare. Sono sfinito; casco a pezzi. È venuta a svegliarmi come una furia nel meglio del sonno, e non m'ha dato neanche il tempo di prendere un po' di latte e caffè.

Appena risalito in casa, Gigi Venanzi si voltò come un cane idrofobo a Memmo e gli gridò:

– Ma lo sai chi è Miglioriti?

Memmo lo guardò balordamente:

– Miglioriti? No... Che c'entra Miglioriti? Ah... è forse... aspetta! Non l'ho neanche guardato.

148. *sparato*: la parte anteriore, inamidata, della camicia.

Ficcò due dita nel taschino del panciotto e ne trasse, tutto gualcito, il biglietto da visita che gli aveva dato la moglie:

– Ah, già... Miglioriti – disse, leggendo. – *Aldo Miglioriti dei marchesi di San Filippo.* Il nome non m'arriva nuovo... Chi è?

– Chi è? – ripeté col sangue agli occhi Gigi Venanzi. – La prima lama tra i dilettanti di Roma!

– Ah, sí? – fece Memmo Viola. – Tira bene? Di spada?

– Di spada e di sciabola!

– Mi fa piacere. Ma è pure un gran mascalzone, va' là! Quello che ha fatto...

Gigi Venanzi gli saltò addosso quasi con la stessa furia, con cui poc'anzi gli era saltata addosso la moglie.

– Ma se ha domandato scusa! Ma se è stato un equivoco!

Memmo Viola, allora lo guardò, ammiccando con la coda dell'occhio, timido e furbo a un tempo, e domandò, quasi fuor fuori:

– C'eri?

Il volto di Gigi Venanzi si scompose, come in uno smarrimento di vertigine:

– Come? dove? – balbettò.

Memmo Viola, come se nulla fosse, ritrasse sorridendo il suo amico dal precipizio, a cui con quella lieve, breve domanda s'era divertito a spingerlo, e riprese:

– Ah... già... sí... tu hai saputo. Era anche ubriaco, mezzo ubriaco, sí... Ma che vuoi farci? Caro mio, Cristina non vuole scuse! Tanto ha detto, tanto ha fatto, che lo ha costretto a lasciare il suo biglietto da visita, in presenza di tanti testimoni. Ora bisogna che qualcuno lo raccolga, questo biglietto. Il marito sono io, e tocca a me. Ma da che ci siamo, ohé, Gigi, bisogna far le cose sul serio. L'oltraggio è stato grave, e gravi debbono essere le condizioni.

Gigi Venanzi lo guardò stordito; poi, in un nuovo impeto di rabbia gli gridò:

– Ma se tu non sai neanche tener la spada in mano!

– Alla pistola, – disse Memmo placidamente.

– Ma che pistola d'Egitto! – si scrollò Gigi Venanzi. – Quello imbrocca un soldo incastrato in un albero a venti passi di distanza!

– Ah sí? – ripeté Memmo. – E allora, prima alla pistola, e poi alla spada. Me, vedrai che non m'imbrocca di certo.

197-98. *quasi fuor fuori*: con finta schiettezza.
219. *imbrocca*: centra.

Gigi Venanzi si mise ad andare su e giú, su e giú per la stanza; poi facendo animo risoluto:

– Senti, Memmo: io non posso accettare.

– Che? – fece subito Memmo, afferrandogli un braccio. – Non facciamo scherzi, Gigi, e non perdiamo tempo! Tu non puoi tirarti indietro, come non posso tirarmi indietro io. Tu farai la tua parte, com'io faccio la mia. Pensa al secondo testimonio, e sbrigati.

– Ma vuoi che ti porti al macello? – gli gridò Gigi Venanzi al colmo dell'esasperazione.

– Uh, – sorrise Memmo. – Non esageriamo... Del resto, caro mio, tutte sciocchezze. Inutile parlarne! Cristina vuole lavato l'oltraggio, e non se n'esce. Perderei la libertà; e invece, con questa occasione, io me la voglio guadagnare intera. Vedrai che ci riuscirò. Va', va'; pensa a tutto, tu che te n'intendi. Io t'aspetto a casa. Sto leggendo un bel libro, sai? su i Massimi Problemi. Tu non ci hai mai pensato; ma il problema dell'oltretomba è formidabile, Gigi! No, scusa, scusa... perché... senti questo: l'Essere, caro mio, per uscire dalla sua astrazione e determinarsi ha bisogno dell'Accadere. E che vuol dire questo? Dammi una sigaretta. Vuol dire che... – grazie – vuol dire che l'Accadere, poiché l'Essere è eterno, sarà eterno anch'esso. Ora un accadere eterno, cioè senza fine, vuol dire anche senza *un* fine, capisci? un accadere che non conclude, dunque, che non può concludere, che non concluderà mai nulla. È una bella consolazione. Dammi un fiammifero. Tutti i dolori, tutte le fatiche, tutte le lotte, le imprese, le scoperte, le invenzioni...

– Sai? – disse Gigi Venanzi, che non aveva udito nulla di tutta quella tiritera. – Forse Nino Spiga...

– Ma sí, Nino Spiga o un altro, prendi chi ti pare, – gli ri-

245-48. *un accadere eterno ... mai nulla*: per altra via, anche Cosmo Laurentano giungeva alla medesima conclusione: «Affannatevi e tormentatevi, senza pensare che tutto questo non conclude. Se non conclude, è segno che non deve concludere, e che è vano dunque cercare una conclusione. Bisogna vivere, cioè illudersi; lasciar giocare in noi il demoniaccio beffardo, finché non si sarà stancato; e pensare che tutto questo passerà... passerà...» (cfr. R^2, p. 510). Ma, al di là del riscontro prossimo, su questa inconcludenza macbettianamente *idiota* della vita come affanno e illusione, e sulla saggia e divina inconcludenza della vita come inarrestabile flusso naturale, Pirandello insisteva dagli anni 1909-10 e avrebbe insistito fino in fondo, attraverso i *Quaderni di Serafino Gubbio operatore* (romanzo del 1915) e soprattutto *Uno, nessuno e centomila*, romanzo-collettore, dalla gestazione lunghissima, che vide la luce per intero nel 1925-26.

spose Memmo. – E per il medico, sceglilo tu, caro, di tua fiducia. Oh! se hai bisogno...

E accennò di prendere il portafogli. Gigi Venanzi gli arrestò la mano.

– Poi... poi...

– Perché ho sentito dire, – concluse Memmo, – che per farsi bucare con tutte le regole cavalleresche ci vogliono di bei quattrini. Basta, poi mi farai il conto. Addio, eh? Mi trovi in casa.

Lo trovò in casa, difatti, Gigi Venanzi, quella sera, ma sotto un aspetto che non si sarebbe mai immaginato.

Memmo Viola litigava con la vecchia serva a cui mancavano tre soldi nel conto della spesa. E le diceva:

– Cara mia, se tu mi metti nel conto: *rubati, soldi 8, o soldi 10*, io tiro pacificamente la somma, e non ne parlo piú. Ma questi tre soldi, cosí, non te l'abbono. Vorrei sapere che gusto ci provi, tentare di pigliare in giro uno come me, che ha capito cosí bene il giuoco... Parlo bene, Gigi?

Costernatissimo, esasperato, stanco morto, Gigi Venanzi stava a mirarlo con tanto d'occhi. La calma di quell'uomo, alla vigilia di battersi alla spada, nientemeno che con Aldo Miglioriti, era stupefacente. E il suo stupore crebbe, quando, enunciategli le condizioni gravissime del duello, volute e imposte anche dal Miglioriti, vide che quella calma non s'alterava per niente.

– Hai capito? – gli domandò.

– Eh, – fece Memmo. – Come no? Domattina alle sette. Ho capito. Va benissimo.

– Io sarò qui, bada, alle sei e un quarto. Basterà, – avvertí il Venanzi. – Con l'automobile si farà presto. Ho preso per medico Nofri. Non andar tardi a letto, e procura di dormire, eh?

– Sta' tranquillo, – disse Memmo. – Dormirò.

E tenne la parola. Alle sei e un quarto, quando venne Gigi Venanzi a bussare alla porta, dormiva ancora profondissimamente. Venanzi bussò, due, tre, quattro volte; alla fine Memmo Viola, nelle stesse condizioni in cui la mattina avan-

288-89. *dormiva ancora profondissimamente*: si confronti questo sonno imperturbato di Memmo Viola con quelli, a loro volta differenti, del Ciunna di *Sole e ombra* (rr. 421-22 nota) e del protagonista de *La levata del sole* (r. 314 nota). Ciunna, incapace di prender sonno perché troppo pieno di vitalità, si consegna alla morte; Gosto Bombichi scampa alla morte attraverso un placido sonno; ma solo questo di Memmo (come a suo tempo, almeno in parte, quello dal quale Bernardo Cambiè si svegliava «satollo e pago» in *Acqua*

ti era andato ad aprire alla moglie, cioè in camicia e con le brache in mano, venne ad aprire all'amico.

Venanzi, a quell'apparizione, restò di sasso.

– Ancora cosí?

Memmo finse una grande meraviglia.

– E perché? – gli domandò.

– Ma come! – inveí Gigi Venanzi. – Tu ti devi battere! Ci sono giú Spiga e Nofri... Che scherzo è questo?

– Scherzo? Mi devo battere? – rispose placidissimamente Memmo Viola. – Ma scherzerai tu, caro! Io ti ho detto che a me tocca di far la parte mia, e a te la tua. Sono il marito e ho sfidato; ma quanto a battermi, abbi pazienza, non tocca piú a me, caro Gigi, da un pezzo: tocca a te... Siamo giusti!

Gigi Venanzi si sentí sprofondare la terra sotto i piedi, seccare il sangue nelle vene; vide giallo, vide rosso; afferrò Memmo per il petto, gli scagliò, gli sputò in faccia le ingiurie piú sanguinose; Memmo lo lasciò fare, ridendo. Solo, a un certo punto, gli disse:

amara), è lo stanco e placido letargo del *filosofo*, invulnerabile al dolore ma, appunto, impenetrabile alla gioia.

304-7. *Gigi Venanzi ... lo lasciò fare, ridendo*: la scintillante superficie, umoristica e farsesca, della storia esibisce il gustoso episodio d'una inusitata *école des maris* e la godibilissima riabilitazione del *cocu magnifique* che, stolidamente provocato, brillantemente sa prendersi la sua vendetta. Su questo piano Memmo Viola, «cuoco dilettante e dilettante filosofo» romano, tende la mano a Quaquèo, lampionaio filosofo di Girgenti. Ma la superficie di un racconto, che pure, in quanto letteralità d'un enunciato, contiene un primo livello di senso, va almeno attraversata se si vuole approssimarsi alle significazioni del racconto medesimo, le quali si condensano e si manifestano ai livelli piú profondi d'una semantica non piú letterale ma testuale. E a questi livelli l'istrionesco salvataggio dell'onorabilità in quanto apparenza resa spettacolarmente pubblica da parte di Quaquèo è molto lontano dalla clausura di Memmo nell'apparenza meticolosamente svuotata, e alleggerita, d'ogni sostanzialità. La bilancia dell'essere e dell'apparire, sulla quale Memmo Viola distribuisce e pesa con impassibile acribia i vincoli formali e gli obblighi sostanziali, è del tutto incomprensibile a Gigi come a Cristina. L'esito sorprendente della sua pesata, con tutti i risvolti di commedia umoristica, di ritorsione crudele e arguta della beffa, di intelligente e cinica barzelletta, va a beneficio esclusivo dei lettori, ai quali è proficuamente svelato un gioco che deve strappar loro un applauso complice e ammirato ma anche una riflessione retrospettiva amara e ironica. I lettori che sono chiamati a capire fino in fondo il veleno degli argomenti di Memmo, non possono né sputargli in faccia le sanguinose ingiurie di Gigi né ridere, come fa lui; devono invece saper misurare, nel silenzio che cala sulla storia conclusa, l'esito dello scontro cui hanno assistito, fra l'inerzia fatale di chi sa e la smania cieca e disordinata di chi vuole e non può, fra la miseria dei filosofi e la miseria dei codici e dei pericolosi *giochi di società*.

– Bada, Gigi, che non fai piú a tempo, se devi trovarti sul terreno alle sette. Ti conviene esser puntuale.

Dall'alto della scala, poi, reggendosi ancora le brache con la mano, gli augurò:

– In bocca al lupo, caro, in bocca al lupo!

Da sé

Un carro di prima classe, con cavalli bardati e impennacchiati, cocchiere e staffieri in parrucca, i suoi parenti non lo avrebbero preso di certo, per lui. Ma uno di seconda, sí; almeno per gli occhi del mondo.

Duecentocinquanta lire: prezzo di tariffa.

La cassa, poi, se pure d'abete e non di noce o di faggio, nuda nuda non l'avrebbero certo lasciata (sempre per gli occhi del mondo).

Coperta di velluto rosso, anche d'infima qualità, con borchie e maniglie dorate: a dir poco, quattrocento lire.

Poi: una buona mancia a chi lo avrebbe lavato e vestito da morto (bel servizio!); spesa per la papalina di seta e per le pantofole di panno; spesa per le quattro torce da accendere ai quattro angoli del letto; mancia ai becchini che avrebbero portato a spalla il feretro fino al carro, e poi dal carro alla fossa; spesa per una corona di fiori, almeno una, santo Dio: poi lasciamo la banda municipale, che se ne poteva far di meno; ma un pajo di dozzine di ceri per l'accompagnamento delle orfanelle del *Boccone del povero* che vivevano di questo, cioè delle cinquanta lire che si davano loro per accompagnare tutti i morti della città; e chi sa quant'altre piccole spese imprevedibili.

Tutto questo Matteo Sinagra avrebbe fatto risparmiare ai parenti, andando co' suoi piedi a uccidersi, economicamente, al cimitero, davanti al cancelletto della sua gentilizia. Di-

Da sé. Apparve per la prima volta a stampa nella «Rassegna contemporanea» il 10 novembre 1913. Fu compresa successivamente nella raccolta *E domani, lunedí...* (Treves, Milano 1917), ed entrò infine a far parte del tredicesimo volume delle «novelle per un anno», *Candelora* (Bemporad, Firenze 1928).

25. *gentilizia*: tomba di famiglia.

modoché, con pochissima spesa, lí stesso, dopo l’accesso del pretore, avrebbero potuto cacciarlo dentro a quattro assi nude senza neanche dargli una spazzolata, e calarlo giú, dove riposavano da un pezzo il padre, la madre, la prima moglie e i due figliuoli che n’aveva avuti.

I morti hanno l’aria di credere che il forte sia perdere la vita e che tutto sia finito con essa. Per loro, senza dubbio. Ma non pensano all’orribile ingombro del corpo che resta lí duro sul letto uno o due giorni e ai fastidi e alle spese dei vivi che, pur piangendogli attorno, debbono liberarsene. Sapendo quanto costa questa liberazione, in un caso come il suo, cioè di morte in buona salute, i signori morti volontarii potrebbero far due passi fino al cimitero e andare a riporsi tranquillamente da sé.

Ecco: non aveva ormai da pensare ad altro, Matteo Sinagra. La vita gli s’era tutt’a un tratto come votata d’ogni senso. Quasi non ricordava piú con precisione ciò che vi avesse fatto. Ma sí, di certo, anche lui tutte le sciocchezze che si fanno di solito. Senz’accorgersene. Con molta leggerezza e grande facilità. Sí, perché era stato anche abbastanza fortunato, lui, fino a tre anni fa. Non gli era mai riuscito nulla difficile; né mai s’era fermato un momento perplesso, se fare o non fare una tal cosa, se prendere questa o quella via. S’era gettato con gaja fiducia a tutte le imprese; s’era incamminato per tutte le vie, ed era andato sempre avanti; superando ostacoli che forse per gli altri sarebbero stati insormontabili.

Fino a tre anni fa.

Tutt’a un tratto, chi sa come, chi sa perché, quella specie d’estro che per tanti anni lo aveva assistito e spinto innanzi, alacre e sicuro, gli s’era spento; quella gaja fiducia gli era crollata, e insieme eran crollate le imprese finora sostenute con mezzi e arti di cui ora, improvvisamente e quasi con sgomento, non si sapeva piú render conto egli stesso.

Tutto cosí, da un giorno all’altro, gli s’era cangiato, oscu-

26. *l’accesso*: ispezione giudiziaria.

31. *il forte*: il momento piú difficile, la cosa piú dura.

59-63. *Tutto cosí ... opaco, inerte*: per intendere fino in fondo questo caratteristico e drammatico snodo, conviene rammentare, per differenza, la requisitoria contro tutte le forme pronunciata dall’irato ragionatore de *La trappola* (cfr. in particolare rr. 49-50 e 79-89). La forma è morte, darsi una forma è morire. Ma avviene spesso che la vita intera d’un individuo sia consistita nell’intima e inavvertibile adesione a una forma e che da questa tenuta e coesione della propria forma l’io abbia ricavato, com’è stato il caso di Matteo Sinagra, «quella specie d’estro che per tanti anni lo aveva assistito e spinto innanzi,

rato; anche l'aspetto delle cose e degli uomini. S'era trovato all'improvviso a tu per tu con un altro se stesso, ch'egli non conosceva affatto, in un altro mondo che gli si scopriva adesso per la prima volta attorno: duro, ottuso, opaco, inerte.

In prima era rimasto quasi con quello stordimento che il silenzio cagiona a coloro che vivono in mezzo a un fracasso di macchine, allorché d'un subito vengono fermate. Poi aveva considerato la rovina, non sua solamente, ma anche del padre e del fratello della seconda moglie, che gli avevano affidato grossi capitali. Ma forse il suocero e il cognato, pur soffrendo gravi danni, si sarebbero rialzati. La sua rovina, invece, era totale.

S'era chiuso in casa, schiacciato non tanto dal peso della sciagura, quanto dalla coscienza dell'irrimediabilità del guasto misterioso avvenuto cosí fulmineamente nel congegno della sua vita.

Muoversi? E perché? Perché uscire di casa? Inutile ogni atto, ogni passo; inutile anche parlare.

Zitto, rincantucciato in un angolo, era rimasto a guardar le smanie e le lacrime della moglie disperata, come un insensato. Tutto barba e tutto capelli.

Finché non era venuto sulle furie il cognato a cacciarlo fuori a spintoni, dopo averlo fatto tosare a viva forza.

C'era da fare qualche cosa, da guadagnare dieci lirette al giorno, mettendosi per galoppino a servizio d'una piccola banca agraria, che s'era aperta or ora. Che stava a covare lí su quella sedia? Fuori! Fuori! Non bastava il danno arrecato finora? Voleva anche vivere, con la moglie e le due piccine, alle spalle delle sue vittime? Fuori!

Fuori, ecco qua. Era uscito di casa, da alcuni giorni. S'era messo a fare il galoppino per conto di quella piccola banca agraria. Il cappello spelato, l'abito stinto, le scarpe sdrucite, e un'aria d'allocco che consolava.

Nessuno lo riconosceva piú.

alacre e sicuro» (rr. 53-55). In questa eventualità, il collasso di quella forma, lo scollamento di quella aderenza, l'arresto di quella ben lubrificata macchina vitale, costituisce una catastrofe irreparabile. L'io, dimidiato dal trovarsi d'un tratto «a tu per tu con un altro se stesso», risulta di fatto paralizzato e annullato. Il rasoio perfido della contraddizione non cessa di minacciare i personaggi pirandelliani: le forme sono una catastrofe, ma la catastrofe delle forme riduce l'individuo a un morto-vivo.

66. *d'un subito*: subitaneamente.

90. *galoppino*: sorta di fattorino, dipendente che sbriga servizi e commissioni di poco conto.

– Matteo Sinagra, quello lí?

Non si riconosceva piú neanche lui stesso, per dire la verità. E quella mattina, finalmente...

Era stato un amico, un caro amico del buon tempo, a chiarirgli la situazione.

Chi era piú, lui? Nessuno. Non solo perché aveva perduto tutto il suo; non solo perché s'era ridotto in quella misera, avvilente condizione di galoppino, con l'abito stinto, il cappello spelato, le scarpe sdrucite. No, no. Non era piú, veramente, nessuno, perché non c'era piú niente in lui, fuorché l'aspetto (e pur esso tanto cangiato, irriconoscibile!) di quel Matteo Sinagra ch'egli era stato fino a tre anni fa. In questo galoppino uscito or ora di casa né lui si sentiva né gli altri lo riconoscevano. E dunque? Chi era lui? Un altro, che ancora non viveva: che bisognava imparasse a vivere, se mai, una nuova vita, meschina, affliggente, da dieci lirette al giorno. E ne valeva la pena? Matteo Sinagra, il vero Matteo Sinagra era morto, morto assolutamente, tre anni fa.

Questo gli avevano detto con la piú ingenua crudeltà gli occhi di quell'amico incontrato per caso quella mattina.

Ritornato in paese dopo circa sei anni d'assenza, questo amico non sapeva nulla della sciagura di lui. Passando per via, non lo aveva riconosciuto.

– Matteo? Ma come? Sei tu Matteo Sinagra?

– Dicono...

– Ma come?

E gli occhi, quegli occhi, erano rimasti a mirarlo con tale espressione di smarrimento e insieme di pietà e di ribrezzo, ch'egli tutt'a un tratto s'era veduto in essi morto, assoluta-

122-24. *tutt'a un tratto ... aveva avuto*: questo movimento narrativo della vicenda è complementare a quello di *Sole e ombra*. Ciunna, sceso alla borgata marina deciso al suicidio, vi aveva incontrato l'amico Tino Imbrò, che non solo l'aveva immediatamente ravvisato, ma gli aveva tributato, per quanto scherzoso, un ben piú importante riconoscimento: «Ecco il mio vecchio maestro! *Alfin ti riconosco!*» Era di fatto il riconoscimento della fervida e vitale scuola d'ironia di Ciunna; e proprio questa riserva di vitalità avrebbe poi reso drammatica la riluttanza del suicida e la sua agonia. Matteo Sinagra, incontrando l'amico, passa viceversa prima attraverso l'esperienza agghiacciante della propria irriconoscibilità, e poi, tramite questa, attraverso quella del riconoscimento del proprio essere morto. Da questo assoluto vuoto vitale proviene la leggerezza del suo stato di morituro e poi la lievità umoristica del suo suicidio. Che, nonostante resti assodato che i veri *filosofi* pirandelliani non si suicidano mai, è quasi un suicidio *filosofico*, sorridente e assolutamente indrammatico. Ammesso, beninteso, che avvenga, dal momento che il sospensivo finale focalizzato si guarda bene dal farne oggetto di racconto.

mente morto, senza piú neanche un briciolo in sé di quella vita che Matteo Sinagra aveva avuto.

E allora, appena quell'amico, non sapendo piú trovare una parola, uno sguardo, un sorriso da rivolgere a quest'ombra, gli aveva voltato le spalle, aveva avuto l'impressione strana che tutte le cose, a un tratto, proprio gli si fossero votate d'ogni senso, tutta la vita gli si fosse fatta vana.

Ma da ora soltanto? – No... Perdio! Da tre anni cosí... Da tre anni era morto, da ben tre anni... E ancora stava lí, in piedi?... camminava... respirava... guardava?... Ma come?... Se non era piú niente! se non era piú nessuno! Con quell'abito addosso, di tre anni fa... con quelle scarpe di tre anni fa, ancora ai piedi...

Via, via, via: non si vergognava? Un morto, ancora in piedi? A cuccia, là, al cimitero!

Tolto di mezzo l'ingombro di questo morto, alla vedova, alle due orfanelle avrebbero pensato i parenti.

Matteo Sinagra s'era tastata nel taschino del panciotto la rivoltella, sua fida compagna di tant'anni. E senz'altro, eccolo per la via che conduce al cimitero.

È una cosa davvero divertente, un godimento inaudito.

Un morto, che se ne va da sé, co' suoi piedi, piano piano, con tutto il comodo, al suo destino.

Matteo Sinagra lo sa perfettamente, che è un morto: un morto vecchio, anche; un morto di tre anni, che ha avuto tutto il tempo di vôtarsi d'ogni rimpianto della vita perduta.

Ora è leggero leggero: una piuma! Ha ritrovato se stesso; è entrato nella sua qualità, d'ombra di se stesso. Libero d'ogni ostacolo, scevro d'ogni afflizione, esente d'ogni peso, va a riposarsi comodamente.

Ed ecco: quella via che conduce al cimitero, a farla cosí da morto, per l'ultima volta, senza ritorno, gli si rappresenta in un modo nuovo, che lo riempie d'una gioja di liberazione, che è veramente già fuori della vita, oltre la vita.

I morti la fanno in carrozza, chiusi e saldati in una doppia cassa, di zinco e di noce. Egli cammina, respira, può volgere il collo di qua e di là, a guardare ancora.

E guarda con occhi nuovi le cose che non sono piú per lui, che per lui non hanno piú senso.

160-61. *E guarda ... piú senso*: cfr. *Sole e ombra*, rr. 483-85 e *La levata del sole*, rr. 102-6 nota.

Gli alberi... oh guarda! erano cosí gli alberi? erano questi? E quei monti laggiú... perché? quei monti azzurri, con quella nuvola bianca sopra... Le nuvole... che cose strane!... E là, in fondo, il mare... Era cosí? Quello, il mare?

E un sapore nuovo ha l'aria, che gli entra nei polmoni, una soavità di refrigerio su le labbra, nelle narici... L'aria... ah, l'aria... Che delizia! La respira... ah, la beve ora, come non l'ha mai bevuta di là, nella vita; come nessuno che stia nella vita, può berla! È aria come aria; non respiro per vivere. Tutta questa infinita, avvolgente delizia mica la possono avere gli altri morti, che se ne vanno per quella via in carrozza, tesi, stirati, attufati nel bujo d'una cassa. Neanche i vivi la possono avere, i vivi che non sanno che cosa voglia dire goderla *dopo*, cosí, una volta e per sempre: eternità viva, presente, fremente!

Ancora è lunga, la via. Ma egli già potrebbe fermarsi qui; è nell'eternità; vi cammina, vi respira, in un'ebrezza divina, ignota ai vivi.

– Mi vuoi? Portami con te...

Un sasso. Un sasso della via. E perché no?

Matteo Sinagra si china, lo raccatta, lo pesa nella mano. Un sasso... Erano cosí i sassi? erano questi? Sí, eccolo: un piccolo frantume di roccia, un pezzo di terra viva, di tutta questa terra viva, un frantume dell'universo... Eccolo qua: in tasca; verrà con lui.

E quel fiorellino?

166-76. *E un sapore nuovo ... presente, fremente*: una volta che ha attraversato e compiuto tutta intera la sua iniziazione, passando dalla turbolenza dell'attività mondana alla crisi e alla reclusione e infine al riconoscimento del proprio stato di morte, Matteo Sinagra riemerge da questa lucida contemplazione della vita e della morte in letizia, seppure nei panni del suicida. Come si vedrà, Candelora (segnata dal suo essere donna e contrassegnata da una vitalità prorompente) rivolgerà contro se stessa la propria rabbia e il proprio ribrezzo, e la morte sarà per lei l'alternativa disperata all'impossibile recupero della purezza e d'un *prima* incorrotto; Matteo vede invece con «godimento inaudito», con una «gioja di liberazione», in «un'ebbrezza divina», corrispondere la morte al varco verso la libertà indistinta del tutto e del principio, verso il recupero della infantile e deliziosa capacità di sorprendersi di tutto e di conoscere di nuovo tutto per la prima volta. La morte è in realtà l'estremo *dopo*, non il *prima* (il testo lo dice e lo sottolinea), ma, nella rivelazione d'una paradossale *coincidentia oppositorum*, il personaggio intuisce che anche quella può essere una buona rotta per le Indie del *prima* e verso la culla dell'uomo, verso il luogo deputato ed eterno dell'essere dal quale, come da poco era stato detto ne *La trappola*, è colpevole e stolto allontanarsi.

173. *attufati*: soffocati.

Ma sí, anch'esso, qua qua, all'occhiello di questo morto, che se ne va da sé, cosí alieno e sereno e felice, coi suoi piedi, alla sua fossa, come a una festa, col fiorellino all'occhiello.

Ecco l'entrata del cimitero. Un'altra ventina di passi, e il morto sarà a casa sua. Niente lagrime. Ci viene da sé, con passo svelto, e con quel fiorellino all'occhiello.

Fanno un bel vedere questi cipressi di guardia al cancello. Oh, è una casa modesta, in vetta a un poggio, tra gli olivi. Ci saranno, sí e no, un centinaio di gentilizie, senz'alcuna pretesa d'arte: cappellette con un altarino, il cancelletto e un po' di fiori attorno.

È proprio, per i morti, una dimora invidiabile, questo cimitero. Lontano dal paese, i vivi ci vengono di raro.

Matteo Sinagra entra e saluta il vecchio custode che sta seduto davanti all'uscio della sua casetta, a destra dell'entrata, con lo scialle bigio di lana su le spalle ed il berretto gallonato sul naso.

– Ehi, Pignocco!

Pignocco dorme.

E Matteo Sinagra resta a contemplar quel sonno dell'unico vivo fra tanti morti, e – in qualità di morto – ne prova dispiacere, una certa irritazione.

S'ha un bel dire. Fa bene ai morti pensare che un vivo vegli sul loro sonno e stia in faccende sopra la terra che li ricopre. Sonno sopra, sonno sotto: troppo sonno. Bisognerebbe svegliare Pignocco; dirgli:

– Eccomi qua; sono dei tuoi. Sono venuto da me, co' miei piedi, per far risparmiare un po' di soldi ai miei parenti. Ma è questa la cura che tu ti prendi di noi?

Oh via, che cura, povero Pignocco! Che bisogno di custodia hanno i morti? Quando ha annaffiato qua e là qualche ajuola; quando ha acceso in questa e in quella gentilizia qual-

189. *alieno e sereno e felice*: l'affioramento in serie di questi tre aggettivi può costituire il punto di riferimento semantico per capire cosa significhino nell'idioletto pirandelliano *alieno* e *alienato*.

195. *è una casa ... olivi*: è il cimitero per eccellenza domestico. Si pensi al «piccolo, bianco cimitero che sorge lassú, sopra il paese, col mare davanti e la campagna dietro» della novella *Prima notte* (1900), cui fanno eco i vv. 3-4 di *A gloria* in *Zampogna* (1901): «quest'alto e bianco cimitero | che ha, sotto, il mare e, dietro, la campagna»; al camposanto «situato in alto, in cima al colle che sovrasta la cittaduzza» in *La paura del sonno* (1900) e a quello «aereo su l'altipiano, con la campagna dietro e il mare davanti» de *La morta e la viva* (1910). Ma si rammentino innanzitutto i vv. 2-3 di *Stormo* (1909), in *Fuori di chiave*: «Qua presso, in cima al poggio, è il cimitero. | Olivi in giro».

che lampadino che non fa lume a nessuno; quando ha spazzato le foglie morte dai vialetti; che altro gli resta da fare? Non fiata nessuno lí dentro. Il ronzio delle mosche allora e il lento stormire degli smemorati olivi sul poggio lo persuadono a dormire. Sta in attesa anche lui della morte, povero Pignocco; e in quest'attesa, ecco qua, provvisoriamente dorme sopra i tanti morti che dormono per sempre sotto.

Forse si sveglierà tra poco, allo scoppio secco della rivoltella. Ma forse, neppure. È cosí piccola la rivoltella, e lui dorme cosí profondamente... Piú tardi, verso sera, allorché prima di chiudere il cancello, si recherà in giro a fare un'ultima ispezione, troverà un ingombro nero in quel vialetto, là in fondo.

– Oh! E che roba è questa?

Niente, Pignocco. Uno che deve andar sotto. Chiama, chiama che gli apparecchino il letto, giú, alla meglio, senza tanti riguardi. Per risparmio di spese ai parenti è venuto da sé, e anche per il piacere di vedersi cosí, prima, morto tra i morti, a casa sua, arrivato a destino in buona salute, con gli occhi aperti, in perfetta coscienza. Lasciagli in tasca il sasso che si è seccato anch'esso di stare al sole su la strada. E lasciagli anche il fiorellino all'occhiello, che è la sua civetteria di morto in questo momento. Se l'è colto e se l'è offerto da sé, per tutte le corone che i parenti e gli amici non gli offriranno. È qua ancora sopra la terra; ma è proprio come se fosse venuto da sotto, dopo tre anni, per curiosità di vedere che effetto fanno sul poggio queste tombe gentilizie, queste ajuole, questi vialetti inghiajati, queste croci nere e queste corone di latta nel campo dei poveri.

Un bell'effetto, veramente.

E zitto zitto, in punta di piedi, Matteo Sinagra, senza svegliare Pignocco, s'introduce.

È ancora presto per andare a dormire. Vagherà per i vialetti fino a sera, curiosando (da morto, s'intende); aspetterà che sorga la luna, e buona notte.

238. *destino*: destinazione.

Il treno ha fischiato...

Farneticava. Principio di febbre cerebrale, avevano detto i medici; e lo ripetevano tutti i compagni d'ufficio, che ritornavano a due, a tre, dall'ospizio, ov'erano stati a visitarlo.

Pareva provassero un gusto particolare a darne l'annunzio coi termini scientifici, appresi or ora dai medici, a qualche collega ritardatario che incontravano per via:

– Frenesia, frenesia.

– Encefalite.

– Infiammazione della membrana.

– Febbre cerebrale.

E volevan sembrare afflitti; ma erano in fondo cosí contenti, anche per quel dovere compiuto; nella pienezza della salute, usciti da quel triste ospizio al gajo azzurro della mattinata invernale.

– Morrà? Impazzirà?

– Mah!

– Morire, pare di no...

Il treno ha fischiato... Fu stampata dapprima, il 22 febbraio 1914, sul «Corriere della Sera», e l'anno dopo ripubblicata nella raccolta *La trappola* (Treves, Milano 1915). Fu compresa infine nel quarto volume delle «novelle per un anno», *L'uomo solo* (Bemporad, Firenze 1922). Manlio Lo Vecchio - Musti e Angelo Sodini, curatori, nel 1937-38, di L. Pirandello, *Novelle per un anno*, 2 voll., Mondadori, Milano (nella famosa Collezione «Omnibus»), poterono fornire, per i testi di cinque volumi dell'edizione fiorentina di Bemporad (cioè *La rallegrata*, *L'uomo solo*, *La mosca*, *Donna Mimma* e *Il viaggio*), una lezione «definitiva» predisposta da Pirandello in vista della nuova edizione. Il testo è dunque quello fornito dai curatori della mondadoriana del 1937.

3. *ospizio*: manicomio.
7. *Frenesia*: delirio, follia furiosa.
8. *Encefalite*: infiammazione cerebrale.
9. *Infiammazione della membrana*: meningite.
10. *Febbre cerebrale*: in senso proprio, è quella che interviene nella paralisi cerebrale infantile.

– Ma che dice? che dice?

– Sempre la stessa cosa. Farnetica...

– Povero Belluca!

E a nessuno passava per il capo che, date le specialissime condizioni in cui quell'infelice viveva da tant'anni, il suo caso poteva anche essere naturalissimo; e che tutto ciò che Belluca diceva e che pareva a tutti delirio, sintomo della frenesia, poteva anche essere la spiegazione piú semplice di quel suo naturalissimo caso.

Veramente, il fatto che Belluca, la sera avanti, s'era fieramente ribellato al suo capo-ufficio, e che poi, all'aspra riprensione di questo, per poco non gli s'era scagliato addosso, dava un serio argomento alla supposizione che si trattasse d'una vera e propria alienazione mentale.

Perché uomo piú mansueto e sottomesso, piú metodico e paziente di Belluca non si sarebbe potuto immaginare.

Circoscritto... sí, chi l'aveva definito cosí? Uno dei suoi compagni d'ufficio. Circoscritto, povero Belluca, entro i limiti angustissimi della sua arida mansione di computista, senz'altra memoria che non fosse di partite aperte, di partite semplici o doppie o di storno, e di defalchi e prelevamenti e impostazioni; note, libri-mastri, partitarii, stracciafogli e via dicendo. Casellario ambulante: o piuttosto, vecchio somaro, che tirava zitto zitto, sempre d'un passo, sempre per la stessa strada la carretta, con tanto di paraocchi.

Orbene, cento volte questo vecchio somaro era stato frustato, fustigato senza pietà, cosí per ridere, per il gusto di vedere se si riusciva a farlo imbizzire un po', a fargli almeno almeno drizzare un po' le orecchie abbattute, se non a dar segno che volesse levare un piede per sparar qualche calcio.

35-36. *Circoscritto ... mansione di computista*: è questa, nel caso specifico, la povera *forma* alla quale, senza scossoni e senza apparente sofferenza, Belluca ha per una vita aderito. – *computista*: contabile.

37-39. *partite aperte ... impostazioni*: serie di prassi e operazioni contabili. – *libri-mastri*: registri generali di contabilità. – *partitarii*: registri di singole partite di conto. – *stracciafogli*: brogliacci.

40. *Casellario*: nella fattispecie, archivio contabile.

42. *paraocchi*: piccoli schermi di cuoio fissati alla briglia all'altezza degli occhi del cavallo (o del somaro) per evitare che si adombri. Qui i paraocchi sanciscono l'essere «circoscritto» di Belluca.

43-44. *frustato, fustigato*: preso a colpi di frusta e a bacchettate.

45. *imbizzire*: impuntare, impennare.

Niente! S'era prese le frustate ingiuste e le crudeli punture in santa pace, sempre, senza neppur fiatare, come se gli toccassero, o meglio, come se non le sentisse piú, avvezzo com'era da anni e anni alle continue solenni bastonature della sorte.

Inconcepibile, dunque, veramente, quella ribellione in lui, se non come effetto d'una improvvisa alienazione mentale.

Tanto piú che, la sera avanti, proprio gli toccava la riprensione; proprio aveva il diritto di fargliela, il capo-ufficio. Già s'era presentato, la mattina, con un'aria insolita, nuova; e – cosa veramente enorme, paragonabile, che so? al crollo d'una montagna – era venuto con piú di mezz'ora di ritardo.

Pareva che il viso, tutt'a un tratto, gli si fosse allargato. Pareva che i paraocchi gli fossero tutt'a un tratto caduti, e gli si fosse scoperto, spalancato d'improvviso all'intorno lo spettacolo della vita. Pareva che gli orecchi tutt'a un tratto gli si fossero sturati e percepissero per la prima volta voci, suoni non avvertiti mai.

Cosí ilare, d'una ilarità vaga e piena di stordimento, s'era presentato all'ufficio. E, tutto il giorno, non aveva combinato niente.

La sera, il capo-ufficio, entrando nella stanza di lui, esaminati i registri, le carte:

– E come mai? Che hai combinato tutt'oggi?

Belluca lo aveva guardato sorridente, quasi con un'aria d'impudenza, aprendo le mani.

– Che significa? – aveva allora esclamato il capo-ufficio, accostandoglisi e prendendolo per una spalla e scrollandolo. – Ohé, Belluca!

– Niente, – aveva risposto Belluca, sempre con quel sorriso tra d'impudenza e d'imbecillità su le labbra. – Il treno, signor Cavaliere.

53-55. *Inconcepibile ... alienazione mentale*: anche in questo caso (cfr. *Quando s'è capito il giuoco*, r. 1 nota) l'istanza narrante, prima di prendere per intero le sue distanze, si compiace di raccogliere un unanime parere collettivo di totale ottusità e di lasciare umoristicamente che ne discenda, come ovvia, la piú sciocca delle conclusioni.

61-66. *Pareva che il viso ... non avvertiti mai*: il motivo che viene attivato è il perfetto complementare di quello che aveva costituito in *Da sé* l'elemento trasformatore nella vita di Matteo Sinagra. Là s'era trattato d'un collasso, d'un'implosione repentina delle forme; qui d'un'esplosione, d'uno spalancamento e d'uno sturamento dei sensi. Nel primo caso, la conseguenza era fatalmente stata una totale perdita di realtà, qui è invece una riconquista di realtà.

– Il treno? Che treno?

– Ha fischiato.

– Ma che diavolo dici?

– Stanotte, signor Cavaliere. Ha fischiato. L'ho sentito fischiare...

– Il treno?

– Sissignore. E se sapesse dove sono arrivato! In Siberia... oppure oppure... nelle foreste del Congo... Si fa in un attimo, signor Cavaliere!

Gli altri impiegati, alle grida del capo-ufficio imbestialito, erano entrati nella stanza e, sentendo parlare cosí Belluca, giú risate da pazzi.

Allora il capo-ufficio – che quella sera doveva essere di malumore – urtato da quelle risate, era montato su tutte le furie e aveva malmenato la mansueta vittima di tanti suoi scherzi crudeli.

Se non che, questa volta, la vittima, con stupore e quasi con terrore di tutti, s'era ribellata, aveva inveito, gridando sempre quella stramberia del treno che aveva fischiato, e che, perdio, ora non piú, ora ch'egli aveva sentito fischiare il treno, non poteva piú, non voleva piú esser trattato a quel modo.

Lo avevano a viva forza preso, imbracato e trascinato all'ospizio dei matti.

Seguitava ancora, qua, a parlare di quel treno. Ne imitava il fischio. Oh, un fischio assai lamentoso, come lontano, nella notte; accorato. E, subito dopo, soggiungeva:

– Si parte, si parte... Signori, per dove? per dove?

E guardava tutti con occhi che non erano piú i suoi. Quegli occhi, di solito cupi, senza lustro, aggrottati, ora gli ridevano lucidissimi, come quelli d'un bambino o d'un uomo felice; e frasi senza costrutto gli uscivano dalle labbra. Cose inaudite; espressioni poetiche, immaginose, bislacche, che tanto piú stupivano, in quanto non si poteva in alcun modo spiegare come, per qual prodigio, fiorissero in bocca a lui, cioè a uno che finora non s'era mai occupato d'altro che di cifre e registri e cataloghi, rimanendo come cieco e sordo alla vita: macchinetta di computisteria. Ora parlava di *azzurre fronti* di montagne nevose, levate al cielo; parlava di viscidi cetacei che, voluminosi, sul fondo dei mari, con la coda *facevan la virgola*. Cose, ripeto, inaudite.

103. *imbracato*: stretto in una camicia di forza.

Chi venne a riferirmele insieme con la notizia dell'improvvisa alienazione mentale rimase però sconcertato, non notando in me, non che meraviglia, ma neppur una lieve sorpresa.

Difatti io accolsi in silenzio la notizia.

E il mio silenzio era pieno di dolore. Tentennai il capo, con gli angoli della bocca contratti in giú, amaramente, e dissi:

– Belluca, signori, non è impazzito. State sicuri che non è impazzito. Qualche cosa dev'essergli accaduta; ma naturalissima. Nessuno se la può spiegare, perché nessuno sa bene come quest'uomo ha vissuto finora. Io che lo so, son sicuro che mi spiegherò tutto naturalissimamente, appena l'avrò veduto e avrò parlato con lui.

Cammin facendo verso l'ospizio ove il poverino era stato ricoverato, seguitai a riflettere per conto mio:

«A un uomo che viva come Belluca finora ha vissuto, cioè una vita "impossibile", la cosa piú ovvia, l'incidente piú comune, un qualunque lievissimo inciampo impreveduto, che so io, d'un ciottolo per via, possono produrre effetti straordinarii, di cui nessuno si può dare la spiegazione, se non pensa appunto che la vita di quell'uomo è "impossibile". Bisogna condurre la spiegazione là, riattaccandola a quelle condizioni di vita impossibili, ed essa apparirà allora semplice e chiara. Chi veda soltanto una coda, facendo astrazione dal mostro a cui essa appartiene, potrà stimarla per se stessa mostruosa. Bisognerà riattaccarla al mostro; e allora non sembrerà piú tale; ma *quale dev'essere*, appartenendo a quel mostro.

«Una coda naturalissima».

Non avevo veduto mai un uomo vivere come Belluca.

Ero suo vicino di casa, e non io soltanto, ma tutti gli altri inquilini della casa si domandavano con me come mai quell'uomo potesse resistere in quelle condizioni di vita.

122-25. *Chi venne ... una lieve sorpresa*: è a questo punto che il narratore smette, per cosí dire, di *relata referre* e assume una propria autonoma e piú alta postazione, quella di chi ha capito il gioco e può seccamente smentire il cicaleccio idiota del coro sociale.

136-51. *Cammin facendo ... Una coda naturalissima*: prima ancora di conoscere i fatti, il narratore per congettura li spiega e li giustifica, ne dimostra anzi l'ineluttabile necessità e la rigorosa consequenzialità.

Aveva con sé tre cieche, la moglie, la suocera e la sorella della suocera: queste due, vecchissime, per cataratta; l'altra, la moglie, senza cataratta, cieca fissa; palpebre murate.

Tutt'e tre volevano esser servite. Strillavano dalla mattina alla sera perché nessuno le serviva. Le due figliuole vedove, raccolte in casa dopo la morte dei mariti, l'una con quattro, l'altra con tre figliuoli, non avevano mai né tempo né voglia da badare ad esse; se mai, porgevano qualche ajuto alla madre soltanto.

Con lo scarso provento del suo impieguccio di computista poteva Belluca dar da mangiare a tutte quelle bocche? Si procurava altro lavoro per la sera, in casa: carte da ricopiare. E ricopiava tra gli strilli indiavolati di quelle cinque donne e di quei sette ragazzi finché essi, tutt'e dodici, non trovavan posto nei tre soli letti della casa.

Letti ampii, matrimoniali; ma tre.

Zuffe furibonde, inseguimenti, mobili rovesciati, stoviglie rotte, pianti, urli, tonfi, perché qualcuno dei ragazzi, al bujo, scappava e andava a cacciarsi fra le tre vecchie cieche, che dormivano in un letto a parte, e che ogni sera litigavano anch'esse tra loro, perché nessuna delle tre voleva stare in mezzo e si ribellava quando veniva la sua volta.

Alla fine, si faceva silenzio, e Belluca seguitava a ricopiare fino a tarda notte, finché la penna non gli cadeva di mano e gli occhi non gli si chiudevano da sé.

Andava allora a buttarsi, spesso vestito, su un divanaccio sgangherato, e subito sprofondava in un sonno di piombo, da cui ogni mattina si levava a stento, piú intontito che mai.

Ebbene, signori: a Belluca, in queste condizioni, era accaduto un fatto naturalissimo.

Quando andai a trovarlo all'ospizio, me lo raccontò lui stesso, per filo e per segno. Era, sí, ancora esaltato un po', ma *naturalissimamente*, per ciò che gli era accaduto. Rideva dei medici e degli infermieri e di tutti i suoi colleghi, che lo credevano impazzito.

– Magari! – diceva. – Magari!

Signori, Belluca, s'era dimenticato da tanti e tanti anni – ma proprio dimenticato – che il mondo esisteva.

Assorto nel continuo tormento di quella sua sciagurata

158. *palpebre murate*: sigillate per sempre (come le persiane di una finestra).

esistenza, assorto tutto il giorno nei conti del suo ufficio, senza mai un momento di respiro, come una bestia bendata, aggiogata alla stanga d'una nòria o d'un molino, sissignori, s'era dimenticato da anni e anni – ma proprio dimenticato – che il mondo esisteva.

Due sere avanti, buttandosi a dormire stremato su quel divanaccio, forse per l'eccessiva stanchezza, insolitamente, non gli era riuscito d'addormentarsi subito. E, d'improvviso, nel silenzio profondo della notte, aveva sentito, da lontano, fischiare un treno.

Gli era parso che gli orecchi, dopo tant'anni, chi sa come, d'improvviso gli si fossero sturati.

Il fischio di quel treno gli aveva squarciato e portato via d'un tratto la miseria di tutte quelle sue orribili angustie, e quasi da un sepolcro scoperchiato s'era ritrovato a spaziare anelante nel vuoto arioso del mondo che gli si spalancava enorme tutt'intorno.

S'era tenuto istintivamente alle coperte che ogni sera si buttava addosso, ed era corso col pensiero dietro a quel treno che s'allontanava nella notte.

C'era, ah! c'era, fuori di quella casa orrenda, fuori di tutti i suoi tormenti, c'era il mondo, tanto, tanto mondo lontano, a cui quel treno s'avviava... Firenze, Bologna, Torino, Venezia... tante città, in cui egli da giovine era stato e che ancora, certo, in quella notte sfavillavano di luci sulla terra. Sí, sapeva la vita che vi si viveva! La vita che un tempo vi aveva vissuto anche lui! E seguitava, quella vita; aveva sempre seguitato, mentr'egli qua, come una bestia bendata, girava la stanga del molino. Non ci aveva pensato piú! Il mondo s'era chiuso per lui, nel tormento della sua casa, nell'arida, ispida angustia della sua computisteria... Ma ora, ecco, gli rientrava, come per travaso violento, nello spirito. L'attimo, che scoccava per lui, qua, in questa sua prigione, scorreva come un brivido elettrico per tutto il mondo, e lui con l'immaginazione

197. *nòria*: macchina per il sollevamento di acqua, sabbia o materiali minuti, e che può essere messa in movimento da un motore, a mano oppure da un animale.

200-4. *Due sere avanti ... fischiare un treno*: la soglia sulla quale Belluca è rimasto brevemente in bilico è costituita da un minimo fatto inconsueto: la breve insonnia che gli impedisce di prendere immediatamente sonno (cfr. per contrapposizione i rr. 181-83). È, come spesso nel corpus, un tempo vuoto, un attimo sospeso fra le veglie plumbee del povero scrivano e il suo «sonno di piombo». In quel silenzio, il fischio del treno è, umoristicamente spostato, lo squillo d'una tromba apocalittica, una rivelazione.

d'improvviso risvegliata poteva, ecco, poteva seguirlo per città note e ignote, lande, montagne, foreste, mari... Questo stesso brivido, questo stesso palpito del tempo. C'erano, mentr'egli qua viveva questa vita «impossibile», tanti e tanti milioni d'uomini sparsi su tutta la terra, che vivevano diversamente. Ora, nel medesimo attimo ch'egli qua soffriva, c'erano le montagne solitarie nevose che levavano al cielo notturno le *azzurre fronti*... Sí, sí, le vedeva, le vedeva, le vedeva cosí... c'erano gli oceani... le foreste...

E, dunque, lui – ora che il mondo gli era rientrato nello spirito – poteva in qualche modo consolarsi! Sí, levandosi ogni tanto dal suo tormento, per prendere con l'immaginazione una boccata d'aria nel mondo.

Gli bastava!

Naturalmente, il primo giorno, aveva ecceduto. S'era ubriacato. Tutto il mondo, dentro d'un tratto: un cataclisma. A poco a poco, si sarebbe ricomposto. Era ancora ebro della troppa troppa aria, lo sentiva.

Sarebbe andato, appena ricomposto del tutto, a chiedere scusa al capo-ufficio, e avrebbe ripreso come prima la sua computisteria. Soltanto il capo-ufficio ormai non doveva pretender troppo da lui come per il passato: doveva concedergli che di tanto in tanto, tra una partita e l'altra da registrare, egli facesse una capatina, sí, in Siberia... oppure oppure... nelle foreste del Congo:

– Si fa in un attimo, signor Cavaliere mio. Ora che il treno ha fischiato...

250-55. *doveva concedergli ... il treno ha fischiato*: non è la felicità quella che il misero Belluca ha trovato, ma un modesto talismano per la sopravvivenza e, contro le ridicole diagnosi iniziali, un surrogato alla vera pazzia (cfr. r. 191) e nel contempo un rudimentale farmaco contro il rischio della follia.

La rosa

I.

Nel bujo fitto della sera invernale il trenino andava col passo di chi sa che tanto ormai non arriva piú a tempo.

In verità la signora Lucietta Nespi, vedova Loffredi, per quanto annojata e stanca del lungo viaggio in quella sudicia vettura di seconda classe, non aveva alcuna fretta d'arrivare a Pèola.

Pensava... pensava...

Si sentiva trasportata da quel trenino, ma con l'anima era ancora nella lontana casa di Genova, abbandonata, le cui stanze, sgombre della bella mobilia ancor quasi nuova, miseramente svenduta, invece di sembrarle piú grandi, le erano sembrate piú piccole. Che tradimento!

Aveva bisogno di vederle grandi, lei, molto grandi e belle, quelle stanze, nell'ultima visita d'addio, dopo lo sgombero, per poter dire un giorno, con orgoglio, nella miseria a cui discendeva:

– Eh, la casa che avevo a Genova...

Lo avrebbe detto lo stesso, di certo; ma in fondo all'anima, le era rimasta la disillusione di quelle stanze sgombre, cosí meschine.

E pensava anche alle buone amiche, dalle quali, all'ultimo, non era andata a licenziarsi, perché anch'esse, tutte, l'avevano tradita, pur dandosi l'aria di volerla ajutare a gara. Oh sí, ajutarla, conducendole in casa tanti compratori onesti, a cui certo, prima, avevano magnificato l'occasione di potere aver per cinque ciò ch'era costato venti e trenta.

La rosa. Fu pubblicata per la prima volta nel novembre 1914 su «La lettura», ristampata successivamente nella raccolta *E domani, lunedí...* (Treves, Milano 1917) e infine inclusa nel tredicesimo volume delle «novelle per un anno», *Candelora* (Bemporad, Firenze 1928), che recupera ben quindici novelle della raccolta del 1917.

Cosí pensando, la signora Lucietta ora restringeva ora dilatava i begli occhietti vispi e, di tratto in tratto, con una rapida, speciosa mossetta che le era abituale levava una mano e si passava l'indice sul nasetto ardito e sospirava.

Era stanca veramente. Avrebbe voluto addormentarsi.

I suoi due bimbi orfani, loro sí, poveri amorini, s'erano addormentati: uno, il maggiore, disteso sul sedile, sotto un mantelletto; l'altro qua, rinchioccito, col capino biondo su le gambe di lei.

Chi sa, si sarebbe forse anch'ella addormentata, se avesse potuto in qualche modo appoggiare un gomito o il capo, senza svegliare il piccino, a cui le sue gambe facevano da guanciale.

Il sedile di fronte serbava l'impronta de' suoi piedini, che vi avevano trovato un comodo sostegno, prima che fosse venuto a prender posto – ce n'erano tante di vetture, nossignori! – proprio lí, un omaccione su i trentacinque anni, barbuto, bruno in viso, ma con occhi chiari, verdastri: due occhi grandi, intenti e tristi.

La signora Lucietta ne aveva provato subito un gran fastidio. Il color chiaro di quei grandi occhi le aveva – chi sa perché – destato confusamente l'idea che il mondo, ovunque ella andasse, le sarebbe rimasto sempre estraneo ormai, e come lontano, lontanissimo e ignoto; e ch'ella vi si sarebbe sperduta, invano chiedendo ajuto, tra tanti occhi che sarebbero rimasti a guardarla, come quelli, con qualche velo di tristezza, sí, ma in fondo indifferenti.

Per non vederli, teneva da un pezzo la faccia voltata verso il finestrino, quantunque di fuori non si scorgesse nulla.

Si vedeva solo, in alto, sospeso nella tenebra, il riflesso preciso della lampada a olio della vettura, con la rossa fiammella fumosa e vacillante, il vetro concavo dello schermo e l'olio caduto, che vi sguazzava.

Pareva proprio che ci fosse un'altra lampada di là, la quale seguisse con pena, nella notte, il treno, quasi per dargli insieme conforto e sgomento.

– La fede... – mormorò, a un certo punto, quel signore.

La signora Lucietta si voltò con aria stordita:

– Che cosa?

– Quel lume che non c'è.

29. *speciosa*: seducente.
34. *rinchioccito*: rannicchiato, accoccolato.

Ravvivando il sorriso e lo sguardo, la signora Lucietta levò un dito a indicar la lampada nel cielo della vettura.

– Eccolo qua!

Quel signore approvò piú volte col capo, lentamente; poi aggiunse, con un sorriso triste:

– Eh sí, come la fede... Accendiamo noi il lume di qua, nella vita; e lo vediamo anche di là; senza pensare che se si spegne qua, di là non c'è piú lume.

– È filosofo lei! – esclamò la signora Lucietta.

Quegli alzò una mano dal pomo del bastone a un gesto vago e sospirò con un altro sorriso:

– Osservo...

Il treno si fermò per un gran pezzo davanti a una stazionuccia di passaggio. Non s'udiva alcuna voce e, cessato il rumor cadenzato delle ruote, l'attesa in quel silenzio pareva eterna e sbigottiva.

– Mazzàno, – mormorò il signore. – S'aspetta al solito la coincidenza.

Alla fine, giunse da lontano, lamentoso, il fischio del treno in ritardo.

– Eccolo...

Nel lamento di quel treno, che correva nella notte per la stessa via su cui tra poco anche lei sarebbe passata, la signora Lucietta udí per un momento la voce del suo destino, che, sí, proprio, la voleva sperduta nella vita insieme con quelle due creaturine.

Si riscosse dall'angoscia momentanea e domandò al compagno di viaggio:

– Ci vorrà ancor molto a Pèola?

– Eh, – rispose quegli, – piú di un'ora... Scende a Pèola anche lei?

– Io sí. Sono la nuova telegrafista io. Ho vinto il concorso. Son riuscita la quinta, sa? M'hanno destinato a Pèola!

– Ah, guarda... Sí, sí, la aspettavamo difatti per jeri sera.

La signora Lucietta s'animò tutta:

– E difatti, già, – cominciò a dire; ma subito frenò lo slancio per non rompere il sonno al suo piccino. Aprí le braccia e, indicandolo con lo sguardo e poi indicando l'altro di là:

75-78. *È filosofo lei ... Osservo*: nel capitolo conclusivo della novella (rr. 566-74) si vedrà quanto sostanziale sia questa sottile distinzione.

83. *Mazzàno*: nonostante esista piú d'una località con questo nome, i luoghi sono da considerare immaginari. Nella prima redazione, di Pèola era detto trattarsi d'un «puntino neppure segnato nelle carte geografiche d'Italia».

– Ma vede come sono legata? – soggiunse. – E da me sola... a dovermi staccare da tante cose...

– Lei è la vedova Loffredi, è vero?

– Sí...

E la signora Lucietta chinò gli occhi.

– Ma non si è saputo piú nulla? – domandò, dopo un breve e grave silenzio, quel signore.

– Nulla. Ma c'è chi sa! – disse con un lampo negli occhi la signora Lucietta. – Il vero assassino del Loffredi, creda, non fu il sicario che lo colpí proditoriamente a le spalle e scomparve. Hanno voluto insinuare, per motivo di donne... No, sa! Vendetta. È stata una vendetta politica. Per il tempo che il Loffredi aveva da pensare alle donne, una gli era anche di troppo. Gli bastavo io. Si figuri, mi prese a quindici anni!

In cosí dire, il viso della signora Lucietta si fece rosso rosso, gli occhi le brillarono inquieti, sfuggirono di qua, di là, e alla fine si chinarono come dianzi.

Quel signore stette un pezzo ad osservarla, impressionato del rapido passaggio dall'eccitazione improvvisa all'improvvisa mortificazione.

Ma via! come prendere a lungo sul serio quell'eccitazione e questa mortificazione? Benché mamma di quei due piccini, pareva ancora una bambina, anzi una bamboletta; e s'era forse mortificata lei stessa d'aver con tanta fermezza e cosí in prima, asserito che il Loffredi, avendo per moglie una cosina cosí fresca e vispa come lei, non aveva potuto pensare ad altre donne.

Doveva essere sicura che nessuno, vedendola e sapendo che uomo era stato il Loffredi, le avrebbe creduto. Vivo il Loffredi, ella aveva dovuto averne, certo, una gran suggezione; forse, ricordandolo, ne aveva ancora. Ma non poteva soffrire si sospettasse che il Loffredi aveva potuto non curarsi di lei, e che ella era stata per lui una bamboletta e nient'altro. Voleva esser l'erede unica almeno di tutto il chiasso, che la tragica fine del fiero e impetuoso giornalista genovese aveva sollevato, circa un anno addietro, in tutta la stampa quotidiana d'Italia.

Fu molto soddisfatto quel signore d'avere cosí bene indovinato l'animo e l'indole di lei, allorché, spintala con brevi e accorte domande a parlare de' suoi casi, n'ebbe la conferma dalla sua stessa bocca.

128-29. *in prima*: da principio, subito.

Una gran tenerezza s'impadroní allora di lui per le arie di libertà che si dava quella calandrella or ora uscita dal nido, inesperta ancora del volo; per le fiere proteste che faceva del suo avvedimento e del suo gran coraggio. Ah, che! che! non sarebbe mai perita lei. Figurarsi, dall'oggi al domani, sbalzata da uno stato all'altro, tra l'orrore e il trambusto della tragedia, non s'era perduta un momento; era corsa qua, era corsa là; aveva fatto questo e quest'altro, non tanto per sé, no, quanto per quei due poveri piccini... ma via, sí, un po' anche per sé, che in fin dei conti aveva appena vent'anni. Venti, già, e non li mostrava nemmeno. Un altro ostacolo, questo, e il piú dispettoso di tutti. Perché ognuno, vedendola accanita e disperata, si metteva a ridere, quasi ella non avesse il diritto d'accanirsi tanto, di disperarsi tanto. Ah che rabbia! Ma piú s'arrabbiava, e piú gli altri ridevano. E, ridendo, chi le prometteva una cosa e chi un'altra; ma tutti avrebbero voluto accompagnare la promessa con una carezzina che non osavano farle, ma che ella leggeva loro chiaramente negli occhi. S'era stancata, alla fine; e, pur d'uscirsene, eccola là: telegrafista a Pèola!

– Povera signora! – sospirò, sorridendo anche lui, il compagno di viaggio.

– Povera perché?

– Eh... perché... vedrà, non si divertirà molto, a Pèola.

E le diede qualche ragguaglio del paesello.

Per tutte le viuzze e le piazzette la noja, a Pèola, era visibile e tangibile, sempre.

– Visibile? Come?

In una infinita moltitudine di cani, che dormivano da mane a sera, sdrajati su l'acciottolato delle vie.

Non si svegliavano neanche per grattarsi, quei cani; o meglio, si grattavano, seguitando a dormire.

E guaj a chi, a Pèola, apriva la bocca per sbadigliare! Gli restava aperta per un'infilata di almeno cinque sbadigli alla volta. Entrata in bocca a uno, la noja non si risolveva a uscirne facilmente. E tutti, a Pèola, per ogni cosa da fare chiudevano gli occhi e sospiravano:

– Domani...

Perché oggi o domani era lo stesso, cioè domani non era mai.

– Vedrà quanto poco avrà da fare all'ufficio del telegrafo,

147. *calandrella*: piccola allodola.

– concluse. – Non se ne serve mai nessuno. Vede questo trenino? Va col passo d'una diligenza. E anche la diligenza rappresenterebbe un progresso per Pèola. La vita, a Pèola, va ancora in lettiga.

– Dio Dio, lei mi spaventa! – disse la signora Lucietta.

– Non si spaventi, via! – sorrise quel signore. Ora le do una buona notizia: fra pochi giorni avremo al Circolo una festa da ballo.

– Ah...

E la signora Lucietta lo guardò come colta in un lampo dal sospetto, che anche questo signore si volesse burlar di lei.

– Ballano i cani? – domandò.

– No: i «civili» di Pèola... Ci vada: si divertirà. Giusto il Circolo è su la piazza, vicino all'ufficio del telegrafo. Ha trovato l'alloggio?

La signora Lucietta rispose di sí, che lo aveva trovato nella stessa casa che prima ospitava l'ufficiale telegrafico suo predecessore. Poi domandò:

– E lei, scusi... il suo nome?

– Silvagni, signora. Fausto Silvagni. Sono il segretario comunale.

– Oh, guarda! Piacere.

– Mah!

E il Silvagni levò una mano dal pomo del bastone a un gesto sconsolato, atteggiando il volto d'un sorriso amarissimo, che gli velò d'intensa malinconia i grandi occhi chiari.

Il treno salutò con un fischio lamentoso la stazionuccia di Pèola.

– Qua?

II.

Tra quell'ampia chiostra di monti azzurrini qua e là spaccata da vaporose vallate, fosche di querci e d'abeti, gaje di castagni, Pèola, col suo mucchietto di tetti roggi e i suoi quattro campaniletti scuri, le anguste piazzette sbieche e le

190. *lettiga*: letto portatile adoperato, specie nella Roma imperiale, per trasportare alti dignitari e persone facoltose.

200. *«civili»*: le persone dei ceti piú elevati, i galantuomini. Dunque si capisce che il Circolo al r. 193 è il «Circolo dei civili» di Péola.

219. *roggi*: rossi, d'una tonalità che inclina al ruggine.

220. *sbieche*: storte, di forma non regolare.

viuzze scoscese tra case piccole vecchie e case un po' piú grandi nuove, aveva dunque il privilegio d'ospitare la vedova di quel giornalista Loffredi, della cui tragica morte ancora avvolta nel mistero si seguitava di tanto in tanto a parlare nei giornali delle grandi città. Privilegio non comune, poter sapere dalla viva voce di lei tante cose che gli altri, nelle grandi città, non sapevano; ma anche solamente vederla e poter dire:

– Il Loffredi, vivo, tenne stretta fra le braccia quella cosina lí!

I «civili» di Pèola ne erano tutti insuperbiti. Quanto ai cani, credo che in verità avrebbero seguitato a dormire pacificamente sdrajati per le viuzze e le piazzette del paese, senza il minimo sentore di quel privilegio non comune, se tutt'a un tratto, essendosi sparsa la voce della cattiva impressione che avevano fatto e facevano col loro sonno continuo alla signora Lucietta la gente, specie i giovanotti, ma anche gli uomini maturi, non si fossero messi a disturbarli, e cacciarli via a calci, o pestando i piedi e battendo le mani, per chiasso.

Le povere bestie si levavano da terra, piú stupite che seccate; guardavano di traverso, alzando appena un'orecchia: poi, alcune ballonzolando su tre zampe con la quarta aggranchita e rattratta, andavano a sdrajarsi piú là. Ma che cos'era accaduto?

Forse l'avrebbero capito, se fossero stati cani un poco piú intelligenti e meno imbalorditi dal sonno. Bastava, santo Dio, fermarsi un po' a guardare dalle imboccature della piazzetta ove a nessuno di loro era piú permesso, non che di sdrajarsi, ma neppur di passare di corsa.

C'era in quella piazzetta l'ufficio del telegrafo.

Si sarebbero accorti (se fossero stati cani un poco piú intelligenti) che tutti, passando di là, specialmente i giovinotti, ma anche gli uomini maturi, pareva entrassero in un'altra aria, piú vivida, per cui il passo, i moti della persona, diventavano subito piú svelti, piú agili; e le teste si rigiravano come se, per un tuffo di sangue improvviso, non trovassero piú da rassettarsi entro il giro del colletto inamidato, e le mani si davano un gran da fare per tirar giú il panciotto e accomodar la cravatta.

Attraversata la piazzetta, erano poi tutti com'ebbri, ilari e nervosi; e, vedendo un cane:

– Passa via!

– Fuori dai piedi!

– Via di qua, brutta bestiaccia!

E anche sassate – non bastavano i calci – anche sassate tiravano, ohé!

Per fortuna, in ajuto di quei poveri cani, qualche finestra si spalancava di furia, e una testa di donna, con occhi feroci, tra due pugna tese rabbiosamente s'avventava a gridare:

– Ma che v'ha preso, manigoldi, contro codeste povere bestie?

Oppure:

– Anche lei? Anche lei, signor notajo? Come non si vergogna, scusi? Ma guarda che calcio a tradimento, povera bestiolina! Qua, cara, vieni qua... La zampina, guardate... le ha storpiato la zampina e se ne va col sigaro in bocca, come se non sapesse niente, vergogna, un uomo serio!

In breve, una vivissima simpatia venne a stabilirsi tra le brutte donne di Pèola e quei poveri cani presi cosí tutt'a un tratto a perseguitare da' loro uomini, mariti, padri, fratelli, cugini, fidanzati e in fine, per contagio, anche da tutti i ragazzacci.

Quell'aria nuova, che i loro uomini respiravano da alcuni giorni e per cui avevano gli occhi cosí lustri e l'aspetto stralunato, esse sí, le donne, un poco piú intelligenti dei cani (almeno alcune) l'avevano avvertita subito. S'era come diffusa sui roggi tetti ammuffiti e in ogni angolo del vecchio sonnolento paesello e lo ilarava tutto (agli occhi degli uomini, s'intende).

Ma sí. La vita... – angustie, noje, amarezze... – poi, tutt'a un tratto, ecco, si ride... Oh Dio, cosí... per niente – si ride. Se dopo giorni e giorni di bruma e di pioggia spunta un occhio di sole, non s'allegrano tutti i cuori? non traggono tutti i petti un respiro di sollievo? Ebbene, che cos'è? Niente, un occhio di sole; e la vita appare subito un'altra. Il peso della noja s'alleggerisce; i pensieri piú cupi s'inazzurrano; chi non è voluto uscir di casa, viene all'aperto... Ma sentite che buon odore di terra bagnata? Oh Dio come si respira bene... Frescura di funghi, eh? E tutti i disegni per la conquista dell'avvenire diventano facili, agevoli; e ciascuno si scrolla d'addosso il ricordo delle bussate piú solenni, riconoscendo che, via, aveva dato ad esse troppa importanza. Che diamine, su, su! Che, su? Ma sí, bisogna tenersi su... I baffi? Ma sí, anche i baffi su!

301. *bussate*: batoste.

– Cara, perché non ti pettini un pochino meglio?

Effetti dell'occhio di sole spuntato improvvisamente a Pèola nella piazzetta dell'ufficio telegrafico. Oltre la persecuzione ai cani, questa domanda di tanti mariti alla loro moglie:

– Perché, cara, non ti pettini un pochino meglio?

E mai, certo, da anni e anni, al Circolo, per via, nelle case, a passeggio, avevano canticchiato tanto, senza volerlo, senza saperlo, i «civili» di Pèola.

La signora Lucietta vedeva e sentiva tutto questo. Il guizzare di tanti desiderii da occhi accesi che la seguivano in tutte le mosse e la carezzavano con lo sguardo voluttuosamente, il calore di simpatia che la avvolgeva, inebriarono in breve anche lei.

Non ci sarebbe voluto tanto, perché già fremeva, friggeva di per sé, la signora Lucietta. Che impiccio le davano certe ciocchette di capelli, che le cadevano su la fronte appena chinava il capo per seguire con gli occhi il nastro di carta punteggiato che si svolgeva dalla macchinetta ticchettante sul tavolino dell'ufficio! Scrollava il capo e quasi sobbalzava, come per un vellicamento di sorpresa. E che improvvise caldane e che subitanei arresti di respiro, che finivano a un tratto in una stanca risatina! Oh, ma piangeva anche, sí, sí, piangeva in certi momenti, senza saper perché. Lagrime calde, brucianti, per un oscuro, improvviso scompiglio nella mente, per uno strano orgasmo, che le dava un serpeggiar di smanie per tutto il corpo, un'insofferenza... Non poteva frenarle, quelle lagrime, e sbuffava, sbuffava di stizza, ma poi, subito dopo, per un nonnulla, ecco, si rimetteva a ridere.

Per non pensare a niente, per non andare svolazzando con la fantasia dietro ogni immagine comica o pericolosa, per non sorprendersi assorta in certe previsioni inverosimili, l'unica era d'attendere giudiziosamente al suo ufficio; raccogliersi, prendere a due mani e tener ben ferma l'attenzione, perché tutto procedesse là dentro in perfetta regola, con perfetto ordine. E ricordarsi, ricordarsi sempre che a casa intanto, affidati a una vecchia serva molto stupida e rozza, c'erano i suoi due poveri piccini orfani. Che pensiero era questo! Tirarli su, da sola, col suo lavoro, col suo sacrificio,

325. *vellicamento*: lieve solletico.

325-26. *caldane*: vampate alla testa per un afflusso di sangue particolarmente intenso.

quei figliuoli! miseramente, pur troppo; oggi qua, domani là, randagia con essi... E poi, quando sarebbero cresciuti, quando si sarebbero fatta una vita per loro, forse del suo sacrificio, di tutte le sue pene non avrebbero tenuto alcun conto. No, via! via! Erano ancor tanto piccini... Perché immaginare queste cose brutte? Sarebbe stata vecchia, lei, allora; sarebbe passato comunque il suo tempo; e quando il tempo è passato e si è vecchi, anche ai ricordi tristi siamo già abituati a far buon viso...

Chi diceva cosí? Lei, lo diceva. Ma non perché veramente le sorgessero spontanee nell'animo queste considerazioni affliggenti. Passava ogni mattina dall'ufficio, e talvolta anche sul tramonto, quando usciva dal Municipio, il segretario comunale, quel signor Silvagni incontrato sul treno. Si tratteneva un momento, lí sull'uscio o davanti lo sportello; le parlava di cose aliene, anche liete; rideva con lei della caccia che si dava ai cani, per esempio, e delle difese che ne prendevano le donne brutte del paese. Ma negli occhi di quell'uomo, in quei grandi occhi chiari, intenti e tristi che le restavano a lungo impressi nella memoria dopo ch'egli se n'era andato via, la signora Lucietta leggeva quelle considerazioni affliggenti. Il pensiero dei figliuoli, ogni volta, chi sa perché?, glielo richiamava lui, angosciosissimo; pur senza ch'egli ne avesse chiesto affatto o glien'avesse fatto parola per incidenza.

Tornava a sbuffare, a ripetersi che i suoi figliuoli erano ancor tanto piccini... e dunque, via! perché avvilirsi? non doveva e non voleva. Là, su, su, coraggio! Era giovine, lei, per ora... tanto giovine... e dunque...

– Come dice, signore? Ma sí: conti le parole del telegramma, e poi calcoli due soldi di piú. Vuole un modulo a stampa? No? Ah, tanto per saperlo... Ho capito. A rivederla, signore... Ma di niente, si figuri...

Quanti ne entravano all'ufficio a rivolgerle di quelle stupide domande! Come non ridere? Eran pur buffi davvero tutti quei signori di Pèola. E quella commissione di giovinotti, soci del Circolo di compagnia, col loro bravo presidente anziano, entrata all'ufficio una mattina, per invitarla alla famosa festa da ballo annunziatale in treno dal signor Silvagni! Che scena! Tutti con gli occhi spiritati, che da un canto pareva se la volessero mangiare e dall'altro provassero una strana maraviglia nell'accorgersi che da vicino ella aveva il nasetto cosí e cosí, cosí e cosí la bocca e gli occhi e la fronte, per non parlare che della testa soltanto! Ma i piú impertinenti erano anche i piú impacciati. Nessuno sapeva come cominciare:

– Vorrà farci l'onore... – È consuetudine annuale, signora... – Una piccola *soirée dansante*... – Oh, ma senza pretese, si figuri! – Festa in famiglia... Ma sí, lasciate dire! – È consuetudine annuale, signora... – Ma via, che dice! basta che voglia veramente onorarci...

Si torcevano, si strizzavano le mani, si guardavano in bocca l'un l'altro nell'atto che si buttavano a parlare, mentre il presidente, che era anche il sindaco del paese, s'intozzava sempre piú, paonazzo dalla stizza. S'era preparato il discorso, lui, e non glielo lasciavano dire. S'era passato anche il cerotto con gran cura su la lunga ciocca di capelli rigirata sul cranio, e aveva infilato i guanti canarini e inserito due dita, dignitosamente, tra i bottoni del panciotto.

– È consuetudine annuale, signora...

La signora Lucietta, confusa, per quanto con una gran voglia di ridere e tutta vermiglia in volto per quei pressanti inviti, piú degli occhi cupidi che delle labbra impacciate, cercò di schermirsi in prima: era ancora a lutto, lo sapevano... e poi, i due figliuoli... stava con loro la sera soltanto... non li vedeva per tutto il giorno... era usa metterli a letto lei... e poi aveva tante cose a cui attendere...

– Ma via! per una sera... – Poteva anche venire dopo averli messi a letto... – E non c'era la serva?... per una sera!

A uno dei giovanotti, nella furia, scappò detto finanche:

– Il lutto? Ma che sciocchezza!

Ebbe una gomitata in un fianco e non fiatò piú.

La signora Lucietta promise in fine che sarebbe andata, o piuttosto, che avrebbe fatto di tutto per andare; ma poi, quando tutti se ne furono andati, rimase a guardarsi nella manina bianca posata su la veste nera il cerchietto d'oro che il Loffredi sposando le aveva messo al dito. La sua manina era allora cosí gracile: manina di ragazzetta; e ora che le dita erano un po' ingrossate, quell'anellino le faceva male. Cosí stretto era, che non poteva cavarselo piú...

390. *soirée dansante*: serata danzante.
396. *s'intozzava*: si gonfiava d'ira.
398-99. *cerotto*: pomata, brillantina.
400. *canarini*: di color giallo brillante.
406. *in prima*: dapprima.
417-22. *rimase a guardarsi ... cavarselo piú*: quest'episodietto che chiude il secondo capitolo è una sorta di *mise en abîme* del desiderio vitale di ricominciamento che agita il personaggio e, nel contempo, una profezia d'insuccesso.

III.

Nella camera da letto del vecchio quartierino mobigliato, la signora Lucietta ora stava a dire a se stessa di no, che non sarebbe andata; e intanto dondolava – *aòh* – su le ginocchia il suo angioletto biondo, vestito di nero – *aòh, aòh* – questo suo piú piccino, caro caro, che voleva ogni sera addormentarsi in braccio a lei.

L'altro, il maggiore, spogliato dalla vecchia serva taciturna, s'era messo da sé per benino nel suo lettuccio e... sí? Sí sí, che bellezza! già dormiva.

Con la maggior leggerezza di mano possibile la signora Lucietta prendeva ora a svestire il piccino già addormentato anch'esso in grembo a lei; pian pianino le scarpette, una e due; pian pianino i calzini, uno... e due; e via ora i calzoncini insieme con le mutandine... e ora, ah ora veniva il difficile: sfilare i braccini dalle maniche del giubbetto alla cacciatora: su, piano piano, con l'ajuto della serva... non cosí, di qua... sí, giú... piano... piano, ecco fatto! E ora da quest'altra parte...

– No, amore... Sí, qua, qua con la mamma tua... è mamma tua qua... Lasciate, faccio da me... Rimboccate la coperta, piuttosto.. sí, costà, pian pianino...

Ma perché poi cosí tanto pian pianino?

A un anno appena dalla tragica morte del marito voleva proprio andare a ballare? No, non sarebbe andata forse la signora Lucietta, se tutt'a un tratto, uscita dalla camera da letto nell'attigua saletta d'ingresso, non avesse visto davanti la finestra chiusa di quella saletta un prodigio, un vero prodigio.

Stava da tanti giorni in quel quartierino d'affitto, e non s'era neanche accorta che davanti la finestra della saletta

449-50. *un vero prodigio*: Pirandello gioca con un grande e classico luogo comune della narrativa storica, quello che vuole che i grandi eventi siano preceduti da prodigi e presagi miracolosi. Tale è lo sbocciare repentino della magnifica rosa rossa. Ma gli auspici sparsi nel testo, a volerne leggere gli stridori, non sono buoni: quella rosa fiorisce «fuor di stagione» e Lucietta porterà alla festa (r. 467) la sua «gioja vestita di nero». Nella prima stampa avveniva persino il piú inquietante e canonico dei prodigi: l'apparizione dello «spettro del marito» sotto forma dell'ombra che la rimboccatura di una coperta proiettava sul guanciale e che faceva per un attimo credere a Lucietta di rivedere il profilo del marito assassinato, riportato in casa da persone pietose e adagiato cadavere sul letto.

d'ingresso ci fosse un vecchio portafiori di legno, tutto impolverato.

In quel portafiori, quasi all'improvviso, fuor di stagione, era sbocciata una magnifica rosa rossa.

La signora Lucietta restò dapprima a mirarla, stupita, tra lo smortume della tappezzeria grigiastra, di quella sudicia saletta. Poi, dalla gioja di quella rosa rossa ebbe come un tuffo nel sangue. Vide vivo lí in quella rosa il suo desiderio ardente di godere una notte almeno. E liberatasi d'un tratto dalla perplessità che finora la aveva tenuta, dall'orrore dello spettro del marito, dal pensiero dei figli, corse, staccò dal gambo quella rosa e istintivamente, presentandosi davanti allo specchio su la mensola, se la accostò al capo.

Sí, là! Con quella sola rosa tra i capelli sarebbe andata alla festa, e i suoi vent'anni, e la sua gioja vestita di nero...

– Via!

IV.

Fu l'ebbrezza, fu il delirio, fu la pazzia.

Al suo primo apparire, quando già quasi tutti avevano perduto la speranza ch'ella venisse, le tre cupe sale del Circolo a pianterreno, divise da due larghe arcate, malamente illuminate da lampade a petrolio e da candele, parve che all'improvviso sfolgorassero di luce, tant'era acceso e quasi sbigottito dal fremito interno del sangue il suo visino, e cosí fulgidamente le sfavillarono gli occhi e cosí pazza di gioja le strideva quella rosa di fuoco tra i capelli neri.

Tutti gli uomini perdettero la testa. Irresistibilmente, sciolti d'ogni freno di convenienza, d'ogni riguardo alla gelosia delle mogli o delle fidanzate, all'invidia delle zitellone, figliuole, sorelle, cugine, sotto colore che bisognava accogliere con festa l'ospite forestiera, accorsero a lei in folla, con vivaci esclamazioni, e lí per lí, subito, poiché già le danze erano cominciate, senza neanche darle tempo di volgere un'occhiata attorno, presero a contendersela tra loro. Quindici, venti braccia le s'offrirono col gomito teso. Tutti da prendere; ma quale per primo? A uno per volta, sí... Avreb-

481. *sotto colore*: dando a intendere, nascondendosi dietro il pretesto.

be un po' per volta ballato con tutti... Ecco, largo! largo! Su, e la musica? Ma che facevano i musicanti? S'erano anch'essi incantati a mirare? Musica! musica!

E via, tra i battimani, ecco spiccata la prima danza col vecchio sindaco e presidente del Circolo, in abito lungo.

– Ma bravo! ma bravo!

– Che scosci, guardate!

– Uh, le falde della finanziera... guardate, guardate quelle falde, come s'aprono e chiudono su i calzoni chiari!

– Ma bravo! ma bravo!

– Oh Dio, la ciocca! la ciocca incerottata... gli si stacca la ciocca!

– Che? La conduce a sedere? Digià? – E altre quindici, venti braccia col gomito teso le si parano davanti.

– Con me! con me!

– Un momento! un momento!

– L'ha promesso a me!

– No, prima a me!

Dio, che scandalo! Per miracolo non facevano a strattarsi l'un l'altro.

I respinti, in attesa che venisse il loro turno, si recavano mogi mogi a invitare altre dame, delle loro; qualcuna piú brutta, accettava ingrugnata; le altre, indignate, stomacate, rifiutavano con un:

– Grazie tante! – a schizzo.

E si scambiavano tra loro con occhi feroci sguardi di schifo; qualcuna scattava da sedere, faceva cenni violenti di volersene andare; invitava questa e quell'amica a seguirla: via tutte! via tutte! Non s'era mai vista simile indecenza!

Alcune quasi piangenti, altre tremanti di rabbia, si sfogavano con certi omicelli stremenziti nei vecchi abitucci lustri, di taglio antico, odoranti di pepe e di canfora. Come foglie secche, per non esser rapiti dal turbine, s'erano costoro ritratti al muro, riparati tra le oneste gonne di seta delle loro mogli o cognate o sorelle, goffe gonne a sbuffi e a falbalà, stridenti dei piú vivaci colori, verdi, gialle, rosse, celesti, che ermeticamente, con gran conforto delle loro nari e della loro

494. *scosci*: ampi divaricamenti delle gambe.
495. *finanziera*: abito maschile di rappresentanza, lungo, a doppio petto.
498. *incerottata*: impomatata.
506. *strattarsi*: strattonarsi.
512. *a schizzo*: di furia, a spregio, schizzando bile.
522. *a sbuffi e a falbalà*: a rigonfi e a gale increspate.

coscienza, custodivano, cosí prese dal tanfo delle onorate cassapanche, gli arcigni pudori provinciali.

Il caldo a poco a poco nelle tre sale s'era fatto soffocante. Quasi una nebbia s'era diffusa dal vaporare della bestialità di tutti quegli uomini; bestialità ansante, bollente, paonazza, sudata, che del sudore, nelle brevi tregue allucinate, profittava con occhi folli per rassettarsi, incollarsi, rilisciarsi con mani tremanti sul capo, su le tempie, su la nuca, i capelli bagnati, irsuti. E si ribellava ormai, quella bestialità, con tracotanza inaudita a ogni richiamo della ragione: veniva una volta l'anno la festa! Del resto, nulla di male! Zitte e a posto, le donne!

Fresca, leggera, tutta compresa nella sua gioja che respingeva ogni contatto brutale, ridendo e guizzando con scatti improvvisi, per appagarsi di se stessa, intatta e pura in quel suo momento di follia, agile fiamma volubile in mezzo al tetro fuoco di tutti quei ciocchi congestionati, la signora Lucietta, vinta la vertigine, divenuta lei stessa vertigine, ballava, ballava, senza piú nulla vedere, senza piú distinguere nessuno; e gli archi delle tre sale, i lumi, i mobili, le stoffe gialle, verdi, rosse, celesti delle signore, gli abiti neri e i candidi sparati delle camíce degli uomini, tutto le s'avvolgeva ormai attorno in strisci vorticosi. Si staccava d'un balzo dalle braccia d'un ballerino, appena lo sentiva stanco, pesante, ansimante, e subito si buttava tra altre braccia, le prime che si vedeva tese davanti, e via, via per riavvolgersi in quegli strisci vorticosi, per farsi girare ancora attorno in frenetico scompiglio tutti quei lumi e tutti quei colori.

Seduto nell'ultima sala, accosto al muro in un canto quasi in ombra, Fausto Silvagni, con le mani sul pomo del bastone e su le mani la grossa barba fulva, da circa due ore la seguiva coi grandi occhi chiari, animati da un benigno sorriso. Egli solo intendeva tutta la purezza di quella folle gioja, e ne godeva; ne godeva come se quel tripudio innocente fosse un dono della sua tenerezza a lei.

Tenerezza solo? ancora solo tenerezza? non gli palpitava già troppo dentro, per essere ancora solo tenerezza?

Da anni e anni Fausto Silvagni con quei suoi occhi intenti

541. *ciocchi*: ceppi da ardere. Ma i «ciocchi congestionati» sono quasi un eufemismo sessuale.

546. *sparati*: parti anteriori inamidate.

562-65. *Da anni ... sentimenti*: quella della ventenne Lucietta è vitale insofferenza del lutto e della repressione; la «lontananza» di Fausto Silvagni è

e tristi guardava come da lontano ogni cosa; come remote ombre evanescenti, gli aspetti vicini; e dentro di sé, i suoi stessi pensieri e i suoi sentimenti.

Fallita per avversità di casi, per gravosi obblighi meschini la sua vita, spenta sul piú bello la luce di tanti sogni tenuta fin da ragazzo accesa con l'ardore di tutta l'anima (sogni che ora non poteva richiamare al suo ricordo senza strazio e senza rossore), rifuggiva dalla realtà, nella quale era costretto a vivere. Ci camminava; se la vedeva attorno; la toccava; ma nessun pensiero, nessun sentimento ne veniva piú a lui; e anche se stesso vedeva come lontano da sé, perduto in un esilio angoscioso.

Ora, in questo esilio, un sentimento all'improvviso era venuto a raggiungerlo; un sentimento ch'egli avrebbe voluto tener discosto per non riconoscerlo ancora. Non avrebbe voluto riconoscerlo, ma non osava piú neanche scacciarlo.

Non era forse volata da' suoi sogni lontani, questa cara

invece la non-vita e l'anestesia vitale del disilluso che guarda vivere gli altri e, anziché vivere, si guarda, sdoppiandosi, non vivere. Gli occhi «grandi, intenti e tristi» che guardano «come da lontano ogni cosa», non servono solo né soprattutto a completare il ritratto del personaggio maschile. Essendo gli occhi di un *dimissionario* e di un *esiliato*, al quale nessun sentimento proviene piú dalla realtà in cui vive e in cui vede anche se stesso «come lontano da sé», rappresentano l'ottica nitida e potente della quale c'è bisogno quando si tratta di conoscere e capire a fondo. È attraverso questo privilegiatissimo sguardo focalizzato che, al di là delle riluttanti ammissioni di Lucietta con se stessa, il lettore penetra nei processi della vita che rifiorisce nella giovane donna e nella innocente, e tuttavia catastrofica, ebbrezza che la trascina.

566-91. *Fallita per avversità ... quella rosa rossa tra i capelli*: Fausto Silvagni sogna d'essere mondato della propria vita mancata e del proprio passato prossimo per risalire a un *prima* intatto di cui serba dolorosamente il ricordo e la nostalgia: le contingenze della vita e dei comportamenti pratici sono sentite come un *destierro*, uno sradicamento, e come un *error* senza meta; l'illusione è quella d'un *ritorno dall'esilio* e d'un percorso a ritroso lungo il quale sciogliere o recidere i nodi con cui gli eventi fortuitamente o coattivamente lo hanno stretto nel tempo, per risalire a un luogo che è la vera patria psicologica dell'io (la sua casa natale) e ad un tempo (l'infanzia) che è davvero il principio impregiudicato, il punto da cui tutto potrebbe ri-cominciare. Questa attrazione del passato si scontra, in Lucietta Nespi, con un altro motivo-chiave del corpus, con la *vita che rifiorisce*, al quale è accomunato dalla tensione a sfuggire al presente e alla non-vita, e dal quale è separato violentemente, insanabilmente, dall'attrazione del futuro che il rifiorire della vita porta con sé: la nostalgia del ri-cominciamento fa sognare una ri-nascita, la vita rifiorente fa irresistibilmente desiderare di riprendere a vivere, non dunque di riattraversare il passato risalendo fino alla sorgente ma di lasciarselo alle spalle. Ed è chiaro che cosí come il motivo del ricominciamento ha i caratteri d'un rito sacrificale e di purificazione, cosí il secondo contiene tutti i rischi d'impurità di un'iniziazione orgiastica.

folle fatina vestita di nero, con una rosa di fiamma tra i capelli? Potevano anche essere i suoi sogni stessi, divenuti vivi, ora, in questa fatina, perché egli, non avendo potuto raggiungerli allora sott'altra forma, in questa se li stringesse vivi e spiranti tra le braccia... Chi sa! Non poteva fermarla, trattenerla e ritornare per essa e con essa finalmente dal suo lontano esilio? Se egli non la fermava, se egli non la tratteneva, chi sa dove e come sarebbe andata a finire, quella povera fatina folle. Aveva bisogno d'ajuto, anche lei, bisogno di guida e di consiglio, cosí sperduta anche lei in un mondo non suo, e con quella gran voglia di non perdersi, ma anche ahimè, di godere. Quella rosa lo diceva, quella rosa rossa tra i capelli...

Fausto Silvagni guardava da un pezzo, costernato, quella rosa. Non sapeva perché. La vedeva su quel capo come una fiamma... Si scoteva tanto quella testolina folle; come non cascava quella rosa? Ebbene, temeva di questo? Non sapeva dirselo, e seguitava a guardarla, costernato.

Dentro, intanto, sotto sotto, il cuore gli diceva, tremando: «Domani; domani o uno di questi giorni, parlerai... Ora lascia ch'ella balli cosí, come una fatina folle...»

Ma ormai la maggior parte dei cavalieri cascavano a pezzi dalla stanchezza; si dichiaravano vinti e si voltavano attorno, come ubriachi, in cerca delle loro donne andate via. Solo sei o sette ancora resistevano, accaniti, tra cui due anziani – chi l'avrebbe creduto? – il vecchio sindaco in abito lungo e il notajo vedovo, tutt'e due in uno stato miserando, con gli occhi schizzanti dalle orbite, le facce sudate, infocate, impiastricciate di tintura, la cravatta di traverso, la camicia spiegazzata, tragici in quel loro furore senile. Erano stati finora respinti dai giovanotti; ora, frenetici, si rilanciavano per farsi buttare uno dopo l'altro come balle su le seggiole, appena compiuti due giri.

Era la stretta finale, l'ultima danza.

584. *Chi sa!*: Silvagni sarebbe un *filosofo* se non fosse per questa speranza nostalgica che lo agita, per il sentimento che non nomina ma dal quale s'è fatto raggiungere. Quando, quasi badando a evitare di attribuirla a se stesso, di Lucietta riconosce e intende (rr. 590-91) la «gran voglia di non perdersi, ma anche ahimè, di godere», in quell'«ahimè» si restringe l'intuito del filosofo che egli non riesce a essere, poiché propria del filosofo è proprio la rinuncia al desiderio e al piacere in ragione della ferma volontà di non perdersi. La solita contraddizione è in agguato: il godimento è perdizione, ma non perdersi sradicando il desiderio e abolendo il principio di piacere significa consegnarsi alla non-vita.

610. *balle*: sacchi, fagotti.

Se li vide tutti e sette attorno, sopra, aggressivi, furibondi, la signora Lucietta.

– Con me! con me! con me! con me!

N'ebbe sgomento. D'un tratto le s'avventò agli occhi la bestiale sovreccitazione di quegli uomini, e al pensiero ch'essi avessero potuto bestialmente accendersi per la sua innocente festività, provò ribrezzo, onta. Volle fuggire, sottrarsi a quell'aggressione; ma, allo scatto di cerbiatta, i capelli già un po' allentati le cascarono; e la rosa – giú a terra.

Fausto Silvagni si tirò su a guardare, come sospinto dal presentimento oscuro d'un imminente pericolo. Ma già quei sette s'eran precipitati a raccogliere la rosa. Riuscí a ghermirla il vecchio sindaco, a costo d'un tremendo sgraffio alla mano.

– Eccola! – gridò, e corse con gli altri a porgerla alla signora Lucietta riparata in fondo alla seconda sala per ricomporsi alla meglio i capelli. – Eccola qua... Ma no, che grazie! Ora lei... – (non aveva piú fiato da parlare, il vecchio sindaco; la testa gli ciondolava) – ... ora lei deve far la scelta... ecco... deve offrirla, qua, a uno...

– Bravo! bene!

– A uno... a sua scelta... bravissimo!

– Vediamo! Vediamo!

– A chi l'offre? A sua scelta!

– Il giudizio di Paride!

– Silenzio! Vediamo a chi l'offre!

Anelante, col braccio teso e la bellissima rosa alta nella mano, la signora Lucietta guardò quei sette infuriati, come, voltandosi nel sentirsi sopraffatta, una preda inseguita i suoi assalitori. Intuí subito che volevano a ogni costo ch'ella si compromettesse.

– A uno? a mia scelta? – gridò all'improvviso, con un lampo negli occhi. – Ebbene, sí... a uno l'offrirò... Ma scostatevi prima... scostatevi tutti! No, piú... piú... ecco, cosí... L'offrirò... l'offrirò...

Saettava con lo sguardo ora l'uno ora l'altro, come fosse incerta nella scelta; e incerti e goffi, con le mani protese e nelle facce brutali e stravolte una smorfia d'implorazione sguajata, quei sette pendevano dal visino di lei ora sfolgoran-

637. *Il giudizio di Paride*: grottescamente rovesciato, s'intende. Paride era stato incaricato da Giove di assegnare il pomo aureo di Eris, la Discordia, alla piú bella tra Giunone, Minerva e Venere.

te di malizia, allorché d'un balzo ella, sguizzando tra gli ultimi due alla sua manca, prese la corsa verso la prima sala. Aveva trovato lo scampo: offrire la rosa a uno di quelli che se n'erano stati tutta la serata quieti a guardare, seduti accosto al muro: a uno qual si fosse, il primo che capitava in direzione della corsa.

– Ecco qua! L'offro qua a...

Si trovò davanti i grandi occhi chiari di Fausto Silvagni. Smorí d'un tratto; restò un momento come sospesa, confusa, tremante, alla vista del volto di lui; le sfuggí un'esclamazione sommessa: – Oh Dio... – ma si riprese subito:

– Sí, per carità... ecco, a lei, prenda, prenda signor Silvagni!

Fausto Silvagni prese la rosa e si voltò con un sorriso vano, squallido, a guardare quei sette che s'erano precipitati appresso a lei gridando come ossessi:

– No, che c'entra lui? – A uno di noi! – Doveva offrirla a uno di noi!

– Non è vero! – protestò la signora Lucietta battendo un piede fieramente. – S'è detto *a uno*, e basta! E io l'ho offerta qua al signor Silvagni!

– Ma questa è una dichiarazione d'amore bell'e buona! – gridarono allora quelli.

– Che? – ripigliò la signora Lucietta, facendosi in volto di bragia. – Ah, nossignori, prego! Sarebbe stata una dichiarazione, se la avessi offerta a uno di loro! Ma l'ho offerta al signor Silvagni, che non s'è mosso, tutta la serata, e che dunque non può crederlo, è vero? non può crederlo! Come non possono crederlo neanche loro!

– Ma sí, ma sí che noi lo crediamo! Lo crediamo invece benissimo! Anzi! tanto piú lo crediamo; – protestarono quelli a coro. – Proprio a lui oh! proprio a lui!

La signora Lucietta si sentí tutta sconvolgere da un dispetto feroce. Non era piú uno scherzo ormai! la malignità schizzava da quegli occhi, da quelle bocche; era chiara nei loro ammiccamenti, nei loro grugniti l'allusione alle visite del Silvagni all'ufficio, alla bontà ch'egli le aveva dimostrato fin dal suo arrivo. E quel pallore, intanto, quel turbamento di lui davano esca ai sospetti maligni. Perché quel pallore, quel turbamento? Poteva forse credere anche lui, che ella...? Non era possibile! E perché allora? Forse perché lo credeva-

660. *Smorí*: impallidí.

no gli altri! Invece d'impallidire e di turbarsi a quel modo, avrebbe dovuto protestare! Non protestava impallidiva; sempre piú, e una crudele sofferenza gli s'acuiva di punto in punto negli occhi.

Intuí tutto in un lampo la signora Lucietta, e n'ebbe come uno schianto. Ma in quell'attimo d'angosciosa perplessità, di fronte alla sfida di quei sette impudenti sconfitti che seguitavano a strillarle intorno con furia dilaniatrice:

– Ecco! ecco, vede? Lo dice lei, ma non lo dice lui!

– Come non lo dice? – gridò, lasciando prevalere, tra il guizzare e il cozzare di tanti opposti sentimenti, il dispetto.

E, facendosi innanzi al Silvagni, agitata da un fremito convulso, guardandolo negli occhi, gli domandò:

– Può lei credere sul serio che, offrendole codesta rosa, io abbia voluto farle una dichiarazione?

Fausto Silvagni restò un momento a guardarla con quel sorriso squallido di nuovo sulle labbra.

Povera fatina, forzata dall'impeto bestiale di quegli uomini a uscire dal cerchio magico di quella pura gioja, di quell'innocente ebbrezza, nella quale come una pazzerella s'era aggirata! Ecco che ora, pur di difendere di tra l'accanimento dei brutali appetiti di quegli uomini l'innocenza del dono di quella rosa, l'innocenza di quella sua folle gioja d'una sera, esigeva da lui la rinunzia a un amore che sarebbe durato per tutta la vita, una risposta che valesse per ora e per sempre, la risposta che doveva far subito appassire tra le sue dita quella rosa.

Sorgendo in piedi e guardando con fredda fermezza quegli uomini negli occhi, disse:

– Non solo non posso crederlo io; ma stia sicura che non lo crederà mai nessuno, signora. Ecco a lei la rosa; io non posso, la butti via lei.

La signora Lucietta riprese con mano non ben ferma quella rosa e la buttò via in un canto.

– Ecco, sí... grazie... – disse; sapendo bene ormai ciò che con quella rosa d'un momento aveva buttato via per sempre.

720-24. *Sorgendo in piedi ... la butti via lei*: il passaggio è strapiombante e vertiginoso (ed emblematico): solo chi riesca a percorrere creste cosí impervie e a sopravvivere alla disciplina di rinuncia e quasi di disumanizzazione che impongono, può uscirne con le stigmate del filosofo-umorista e del veggente. Lucietta Nespi è al riparo dalla vergogna e, salvandola, Fausto Silvagni ha completato l'ultimo grado della sua iniziazione. Il resto è amleticamente silenzio.

Il Signore della Nave

Giuro che non ho voluto offendere il signor Lavaccara né una volta né due, come in paese si va dicendo.

Il signor Lavaccara mi volle parlare d'un suo porco per convincermi ch'era una bestia intelligente.

Io allora gli domandai:

– Scusi, è magro?

Ed ecco che il signor Lavaccara mi guardò una prima volta come se con questa domanda non propriamente lui ma avessi voluto offendere quella sua bestia.

Mi rispose:

– Magro? Peserà piú d'un quintale!

E io allora gli dissi:

– Scusi, e le pare che possa essere intelligente?

Del porco si parlava. Il signor Lavaccara, con tutta quella rosea prosperità di carne che gli tremola addosso, credette che io dopo il porco ora volessi offendere lui, come se in genere avessi detto che la grassezza esclude l'intelligenza. Ma del porco, ripeto, si parlava. Non doveva dunque farsi cosí brutto il signor Lavaccara né domandarmi:

– Ma allora io, secondo lei?

M'affrettai a rispondergli:

– O che c'entra lei, caro signor Lavaccara? È forse un porco lei? Mi scusi. Quando lei mangia col bello appetito che Dio le conservi sempre, per chi mangia lei? mangia per

Il Signore della Nave. Fu pubblicata per la prima volta su « Noi e il Mondo » nel gennaio 1916; venne ristampata l'anno successivo nella raccolta *E domani, lunedí...* (Treves, Milano 1917) e infine inclusa nel tredicesimo volume delle « novelle per un anno », *Candelora* (Bemporad, Firenze 1928), che recupera ben quindici novelle della raccolta del 1917.

1. *Giuro che*: ancora una volta è la prima persona forte e diretta a costituire il veicolo privilegiato del discorso esplicitamente umoristico.

19. *brutto*: accigliato e minaccioso.

sé, non ingrassa mica per gli altri. Il porco, invece, crede di mangiare per sé e ingrassa per gli altri.

Mica rise. Niente. Mi restò lí piantato e duro davanti, piú brutto di prima. E io allora, per smuoverlo, soggiunsi con premura:

– Poniamo, poniamo, caro signor Lavaccara, che lei con la sua bella intelligenza fosse un porco, mi scusi. Mangerebbe lei? Io no. Vedendomi portare da mangiare, io grugnirei, inorridito: «Nix! Ringrazio, signori. Mangiatemi magro!». Un porco che sia grasso vuol dire che questo ancora non l'ha capito; e se non ha capito questo, può mai essere intelligente? Perciò le ho domandato se il suo era magro. Lei m'ha risposto che pesa piú d'un quintale; e allora mi scusi, caro signor Lavaccara, sarà un bel porco il suo, non dico, ma non è certo un porco intelligente.

Spiegazione piú chiara di questa mi sembra che non avrei potuto dare al signor Lavaccara. Ma non ha valso a nulla. Anzi è certo che ho fatto peggio; me ne sono accorto parlando. Piú mi sforzavo di render chiara la spiegazione e piú il signor Lavaccara si scuriva in viso, masticando:

– Già... già...

Perché certo gli è parso che io, facendo ragionare quella sua bestia come un uomo, o meglio, pretendendo che quella sua bestia ragionasse come un uomo, non intendessi mica parlare della bestia, ma di lui.

È cosí. So difatti che il signor Lavaccara va portando in giro il mio discorso per farne risaltare la fatuità agli occhi di tutti, perché tutti gli dicano che non avrebbe senso quel mio discorso riferito a una bestia la quale anch'essa crede di mangiare per sé e non può sapere che gli altri la facciano in-

33. *Nix!*: no; negazione colloquiale scherzosa che esprime però la piú assoluta irremovibilità (è un calco dal tedesco *nichts*, «nulla», «niente»).

46-49. *Perché certo ... ma di lui*: nella serrata scherma che oppone il signor Lavaccara (*bestiale*, suo malgrado, anche nel nome), difensore dell'umanità del suo porco, e il perfido narratore disinteressato, difensore apparente dell'umanità dell'uomo e della suinità dei porci ma subdolo suggeritore della suinità dell'uomo, si assiste a un *tourbillon* di spostamenti astuti e disorientanti delle prerogative umane sui porci e viceversa. È un gioco che va colto e umoristicamente goduto fino in fondo, ma che nello spazio di una nota non può essere mostrato. Rinvio per la sua esplicitazione a L. Lugnani, L. Carotti, S. Delaimo, G. Goggi, A. Ricciardi e A. Turrini, *Dalla raccolta al corpus*, in aa.vv., *Le novelle di Pirandello*, Atti del 6° Convegno Internazionale di Studi Pirandelliani, a cura di S. Milioto, Edizioni del Centro Nazionale di Studi Pirandelliani, Agrigento 1980, pp. 305-13.

grassare per conto loro; e se un porco è nato porco che può farci? per forza come un porco deve mangiare, e dire che non dovrebbe e dovrebbe rifiutare il pasto per farsi mangiar magro è una sciocchezza, perché un tal proposito a un porco non può mai venire in mente.

Siamo perfettamente d'accordo. Ma se me l'ha cantato lui, santo Dio, il signor Lavaccara, lui in tutti i toni, che quella sua bestia la parola sola le mancava! Io gli ho voluto dimostrare appunto che non poteva averla e non l'aveva per sua fortuna questa famosa intelligenza umana; perché un uomo sí, può permetterselo il lusso di mangiare come un porco, sapendo che alla fine, ingrassando, non sarà scannato; ma un porco no, no e no. Perdio, mi sembra cosí chiaro!

Offendere? ma che offendere! io ho voluto anzi difendere contro se stesso il signor Lavaccara e conservargli intero il mio rispetto e levargli fin l'ombra del rimorso d'aver venduto quella sua bestia perché fosse scannata alla festa del Signore della Nave. Se no, alle corte: m'arrabbio sul serio e dico al signor Lavaccara che, o il suo porco era un porco qualunque e non aveva questa famosa intelligenza umana che lui va dicendo, o il vero porco è lui, il signor Lavaccara; e ora lo offendo per davvero.

Questione di logica, signori. E poi qui è in ballo la dignità umana che mi preme salvare ad ogni costo, e non potrei salvarla se non a patto di convincere il signor Lavaccara e tutti quelli che gli danno ragione, che i porci grassi non possono essere intelligenti, perché se questi porci parlano tra sé come il signor Lavaccara pretende e va dicendo, non essi, ma la dignità umana appunto sarebbe scannata in questa festa del Signore della Nave.

Veramente non so che relazione ci sia tra il Signore della Nave e la scanna dei porci che si suole iniziare il giorno della sua festa. Penso che, siccome d'estate la carne di queste bestie è nociva, tanto che se ne proibisce la macellazione, e con l'autunno il tempo comincia a rinfrescare, si colga l'occasione della festa del Signore della Nave, che cade appunto in

60-62. *me l'ha cantato ... la parola sola le mancava*: il narratore è un logico malizioso: il signor Lavaccara non fa che ripetere un luogo comune col quale l'uomo rende onore alle bestie intelligenti, ma, al punto cui la diatriba è arrivata e in bocca al narratore, l'espressione cessa d'essere un banale modo di dire e si ricarica semanticamente: a quel porco manca solo la parola per essere uomo e, l'avesse avuta, sarebbe stato *verbum factum caro*, cioè dio.

settembre, per festeggiare anche, come suol dirsi, le nozze di quell'animale. In campagna, perché il Signore della Nave si festeggia nell'antica chiesetta normanna di San Nicola, che sorge un buon tratto fuori del paese, a una svolta dello stradone, tra i campi.

Ci dev'essere, se si chiama cosí questo Signore, qualche storia o leggenda ch'io non so. Ma certo è un Cristo che, chi lo fece, piú Cristo di cosí non lo poteva fare; ci si mise addosso con una tale ferocia di farlo Cristo, che nei duri stinchi inchiodati su la rozza croce nera, nelle costole che gli si possono contare tutte a una a una, tra i guidaleschi e le lividure, non un'oncia di carne gli lasciò che non apparisse atrocemente martoriata. Saranno stati i giudei su la carne viva di Cristo; ma qui fu lui, lo scultore. Quando però si dice, esser Cristo e amare l'umanità! Pur trattato cosí, fa miracoli senza fine questo Signore della Nave, come si può vedere dalle cento e cento offerte di cera e d'argento e dalle tabelle votive che riempiono tutta una parete della chiesetta; ogni tabella col suo mare blu in tempesta, che non potrebbe esser piú blu di cosí, e il naufragio della barchetta col nome scritto bello grosso a poppa che ciascuno possa leggerlo bene, e insomma ogni cosa, tra nuvole squarciate, e questo Cristo che appare alle supplicazioni dei naufraghi e fa il miracolo.

Basta. Io intanto con la discussione su l'intelligenza e la grassezza del porco e il deplorabilissimo malinteso a cui questa discussione ha dato luogo, ho perduto l'invito del signor Lavaccara alla festa.

Non me ne dolgo tanto per il piacere che mi è mancato, quanto per lo sforzo che ho dovuto fare, assistendo solo da curioso alla festa, per conservare il rispetto a tante brave persone e salvare, come ho detto, la dignità umana.

Dico la verità. Dati i sani criteri di cui mi sento ormai profondamente compenetrato, non credevo mi dovesse costar tanto. Ma alla fine, con l'ajuto di Dio, ci sono riuscito.

91-92. *le nozze di quell'animale*: nell'uso contadino era chiamata «nozze del porco» la cena festosa, a base di interiora di maiale, che seguiva, la sera dello stesso giorno, alla macellazione dell'animale.

93. *nell'antica chiesetta normanna di San Nicola*: poco distante dai Templi, lungo la strada che sale ad Agrigento.

97-103. *Ma certo ... atrocemente martoriata*: cfr. *Quand'ero matto*, r. 265 nota.

101. *guidaleschi*: sono propriamente le piaghe che, per attrito, i finimenti provocano agli animali da tiro o da soma.

102. *non un'oncia*: neppure una porzione minima.

Quando, la mattina, tra la polvere dello stradone ho veduto i branchi e branchetti di tutti quei porcelloni cretacei avviarsi ballonzolanti e grufolanti al luogo della festa, ho voluto guardarli apposta a uno a uno attentamente.

Bestie intelligenti, quelle? Ma via! Con quel grugno lí? con quelle orecchie? con quel buffo cosino arricciolato dietro? E grugnirebbero cosí, se fossero intelligenti? Ma se è la voce della stessa ingordigia, quel loro grugnito! Ma se frugolavano finanche nella polvere dello stradone! fino all'ultimo, senza il minimo sospetto che tra poco sarebbero stati scannati. Si fidavano dell'uomo? Ma grazie tante di questa fiducia! Come se l'uomo, da che mondo è mondo e ha pratica coi porci, non avesse sempre dimostrato al porco di appetirne la carne; e ch'esso perciò non deve affatto fidarsi di lui! Perdio, se l'uomo arriva finanche ad assaggiargli addosso, da vivo, le orecchie e il codino! Meglio di cosí? Che se poi vogliamo chiamar fiducia la stupidità, siamo logici in nome di Dio, e non diciamo che i porci sono bestie intelligenti.

Ma scusate, e se non se lo dovesse mangiare, che obbligo avrebbe l'uomo d'allevare il porco con tanta cura, fargli da servo, lui carne battezzata, condurselo al pascolo, perché? che servizio gli rende in compenso del cibo che n'ha? Nessuno vorrà negare che il porco, finché campa, campa bene. Considerando la vita che ha fatto, se poi è scannato se ne deve contentare, perché certo per sé, come porco, non se la meritava.

E passiamo agli uomini, signori miei! Ho voluto osservarli apposta anch'essi a uno a uno, mentre s'avviavano al luogo della festa.

Che altro aspetto, signori miei!

Il dono divino dell'intelligenza traspariva anche dai minimi atti: dal fastidio con cui voltavano la faccia per non prendersi il polverone sollevato dai branchi di quelle bestie, e dal rispetto, con cui poi si salutavano l'un l'altro.

Ma l'aver pensato di coprir di panni l'oscena nudità del corpo, già questo solo, considerate a quale altezza colloca l'uomo sopra uno schifosissimo porco. Potrà mangiare fino

126. *cretacei*: incrostati di fango seccato.
127. *grufolanti*: raspanti la terra col muso.
132-33. *frugolavano*: andavano frugando.

a schiattarne e anche imbrodolarsi tutto, un uomo; ma poi ha questo, che si lava e si veste. E quand'anche li immaginassimo nudi per lo stradone, uomini e donne; cosa impossibile, ma ammettiamola pure; non dico che sarebbe un bel vedere, le vecchie, i panciuti, i non puliti; tuttavia, che differenza, pensate, anche a guardar soltanto alla luce dell'occhio umano, specchio dell'anima, e al dono del sorriso e della parola.

E i pensieri che ciascuno, pur andando alla festa, aveva in mente; forse non del padre o della madre, ma di qualche amico o della nipote o dello zio, che lo scorso anno partecipavano anche loro allegri alla festa campestre, bevevano anche loro quella bell'aria aperta, e adesso, rinserrati nel bujo sottoterra, poverini... Sospiri, rimpianti, e anche qualche rimorso. Ma sí! Non erano tutti lieti quei visi; la promessa del godimento d'una giornata grassa non spianava su la fronte di tanti magri le rughe delle cure opprimenti e i segni delle fatiche e delle sofferenze. E parecchi compassionevolmente portavano a quella festa d'un giorno la loro miseria di tutto l'anno, per provare se trovasse piú il verso, là tra tanti sanguigni ben pasciuti, d'aprire i denti gialli a uno squallido sorriso.

E poi pensavo a tutte le arti, a tutti i mestieri a cui quegli uomini attendevano con tanto studio, con tanti travagli e tanti rischi, che i porci certamente non conoscono. Perché un porco è porco e basta; ma un uomo, no, signori, potrà anche esser porco, non dico, ma porco e medico, per esempio, porco e avvocato, porco e professore di belle lettere e filosofia, e notajo e cancelliere e orologiajo e fabbro... Tutti i lavori, le afflizioni, le cure dell'umanità vedevo con soddisfazione rappresentati in quella folla che procedeva per lo stradone.

A un certo punto, il signor Lavaccara, reggendo per mano, uno di qua, uno di là, i due figliuoli piú piccoli, m'è passato davanti, con la moglie dietro, rosea e prosperosa come lui, tra le due figliuole maggiori. Tutt'e sei han fatto finta di non vedermi; ma le due figliuole, tirando via di lungo, si sono tutte invermigliate e uno dei piccini, dopo pochi passi, s'è voltato tre volte a sbirciarmi. La terza volta, cosí per ridere, io ho cacciato fuori la lingua e l'ho salutato di nascosto con la

186-90. *Perché un porco ... e fabbro*: col che il ragionamento umoristico dimostra la *suinità* incontestabilmente superiore dell'uomo.

mano; s'è fatto serio serio, con un viso lungo lungo distratto e s'è subito messo a guardare altrove.

Mangerà il porco anche lui, povero piccino; forse ne mangerà troppo; ma speriamo che non gli faccia male. Quand'anche però gli dovesse far male, la previdenza umana c'è pure per qualche cosa. Andate a cercarla nei porci, la previdenza; trovatemi un porco farmacista che prepari con l'alchermes l'olio di ricino per i porcellini che si siano guastati lo stomaco per intemperanza!

Ho seguito da lontano, per un buon tratto, la cara famigliuola del signor Lavaccara che si avviava sicuramente incontro a un solennissimo guasto di stomaco; ma ecco che mi son potuto consolare pensando che domani troverà da un farmacista la purghetta che li guarirà.

Quante baracche improvvisate con grandi lenzuola palpitanti, nello spiazzo davanti la chiesa di San Nicola, attraversato dallo stradone!

Taverne all'aperto; tavole, tavole e panche; caratelli e barili di vino; fornelli portatili; banchi e ceppi di macellai.

Un velo di fumo grasso misto alla polvere annebbiava lo spettacolo tumultuoso della festa; ma pareva che non tanto quella grassa fumicaja, quanto lo stordimento cagionato dalla confusione e dal baccano impedisse di vedere chiaramente.

Non erano però grida giulive, di festa, ma grida strappate dalla violenza d'un ferocissimo dolore. Oh sensibilità umana! I venditori ambulanti, gridando la loro merce; i tavernai, invitando alle loro mense apparecchiate; i macellai, ai loro banchi di vendita, intonavano il bando, senza forse saperlo, su le strida terribili dei porci che là stesso, in mezzo alla folla, erano macellati, sparati, scorticati, squartati. E le campane della gentile chiesina ajutavano le voci umane, rintronando all'impazzata, senza posa, a coprire pietosamente quelle strida.

Voi dite: ma perché almeno non si macellavano lontano dalla folla tutti quei porci? E io vi rispondo: ma perché la fe-

208-9. *alchermes*: liquore dolce «ottenuto macerando in alcol cannella, chiodi di garofano, coriandoli e noce moscata, aromatizzato con essenza di rose» (Devoto-Oli). Qui è evocato come capace di rendere meno sgradevole al palato infantile l'olio di ricino.

232. *sparati*: tagliati longitudinalmente sul davanti per estrarne le interiora.

sta allora avrebbe perduto uno dei suoi caratteri tradizionali, forse il suo primitivo carattere sacro, d'immolazione.

Voi non pensate al sentimento religioso, signori.

Ho visto tanti impallidire, turarsi con le mani gli orecchi, torcere il viso per non vedere l'accoratojo brandito cacciarsi nella gola del porco convulso tenuto violentemente da otto braccia sanguinose smanicate; e per dir la verità, ho torto il viso anch'io, ma lamentando dentro di me amaramente che l'uomo a mano a mano, col progredire della civiltà, si fa sempre piú debole, perde sempre piú, pur cercando d'acquistarlo meglio, il sentimento religioso. Seguita, sí, a mangiarsi il porco; volentieri assiste alla manifattura delle salsicce, alla lavatura della corata, al taglio netto del fegato lucido compatto tremolante; ma torce poi il viso all'atto dell'immolazione. E certo è ormai cancellato il ricordo dell'antica Maja, madre del dio Mercurio, da cui il porco ripete il suo secondo nome.

Ho rivisto sul tardi il signor Lavaccara, sudato e stravolto, senza giacca, recando tra le mani un gran piatto bislungo, avviarsi, seguito dai due piccini, al banco del macellajo al quale aveva venduta quella sua bestia intelligente. Andava a riceverne – patto della vendita – la testa e tutto il fegato.

Anche questa volta, ma con piú ragione, il signor Lavaccara ha finto di non vedermi. Uno dei due piccini piangeva; ma voglio credere che non piangesse per la prossima vista della pallida testa insanguinata della cara grossa bestia carezzata per circa due anni nel cortile della casa. La contemplerà il padre quella testa dalle larghe orecchie abbattute, dagli occhi gravemente socchiusi tra i peli, per lodarne forse, con rimpianto ancora una volta, l'intelligenza, e per questa maledetta ostinazione si guasterà il piacere di mangiarsela.

Ah mi avesse invitato a tavola con lui! Mi sarei risparmiato certamente il grande affanno di vedere, io solo a digiuno, io solo con gli occhi non offuscati dai vapori del vino, tutta quella umanità, degna di tanta considerazione e di tanto rispetto, ridursi a poco a poco in uno stato miserando, senza piú neppure un'ombra di coscienza, senza la piú lontana

242. *accoratojo*: stilo acuminato destinato a trafiggere dritto al cuore i maiali.

250. *corata*: le interiora.

253-54. *secondo nome*: il maiale, ossia il porco castrato, veniva offerto in sacrificio a Maia; ma l'etimologia non è sicura.

memoria delle innumerevoli benemerenze che in tanti secoli ha saputo acquistarsi sopra le altre bestie della terra con le sue fatiche e con le sue virtú.

Scamiciati gli uomini, discinte le donne; teste ciondolanti, facce paonazze, occhi imbambolati, danze folli tra tavole capovolte, panche rovesciate, canti sguajati, falò, spari di mortaretti, urli di bimbi, risa sgangherate. Un pandemonio sotto le rosse nubi dense e gravi del tramonto, sopravvenute quasi con spavento.

Sotto queste nubi divenute a mano a mano piú cupe e fumolente, ho veduto poco dopo, al richiamo delle campane sante, raccogliersi alla meglio tra spinte e urtoni tutta quella folla ubriaca, e imbrancarsi in processione dietro a quel terribile Cristo flagellato su la croce nera, tratto fuori dalla chiesa, sorretto da un chierico pallido e seguito da alcuni preti digiuni, col camice e la stola.

Due porcelloni, per loro somma ventura scampati al macello, sdrajati a piè d'un fico, vedendo passare quella processione, m'è parso si guardassero tra loro come per dirsi:

«Ecco, fratello, vedi? e poi dicono che i porci siamo noi».

Mi sentii fino all'anima ferire da quello sguardo, e fissai anch'io la folla ubriaca che mi passava davanti. Ma no, no ecco – oh consolazione! – vidi che piangeva, piangeva tutta quella folla ubriaca, singhiozzava, si dava pugni sul petto, si strappava i capelli scarmigliati, cempennando, barellando dietro a quel Cristo flagellato. S'era mangiato il porco, sí, s'era ubriacata, è vero, ma ora piangeva disperatamente dietro a quel suo Cristo, l'umanità.

– Morire scannate è niente, o stupidissime bestie! – io allora esclamai, trionfante. – Voi, o porci, la passate grassa e in

287. *imbrancarsi*: il verbo è maliziosamente analogico: branchi e branchetti erano stati fin qui quelli dei porci.

299. *cempennando, barellando*: incespicando, barcollando.

300-2. *S'era mangiato ... l'umanità*: nella inestricabile confusione fra scanna dei porci e rito sacro, fra i porci «sparati, scorticati, squartati» e la carne del Cristo «atrocemente martoriata», fra la pacifica fraternità dei porcelloni scampati e l'imbestiamento e l'imbrancamento fanatico degli uomini, è un feroce sabba sociale quello cui si assiste: essendo *porco* un anagramma di *corpo* (e del corpo del porco l'umanità sagrante si è satollata), essendosi la folla ubriacata di vino e di sangue, quella che l'umanità ha celebrato prima della processione è una sorta di messa blasfema e di cannibalico deicidio (cfr. anche la replica ravvicinata ai rr. 306-9). E ciò che alla fine ne echeggia è una grandiosa e transustanziata bestemmia collettiva, alla quale si negano soltanto i pochi digiuni fra gli astanti.

pace la vostra vita, finché vi dura. Guardate a questa degli uomini adesso! Si sono imbestiati, si sono ubriacati, ed eccoli qua che piangono ora inconsolabilmente, dietro a questo loro Cristo sanguinante su la croce nera! eccoli qua che piangono il porco che si sono mangiato! E volete una tragedia piú tragedia di questa?

Candelora

Nane Papa, con le mani grassocce appese alle falde del vecchio panama sformato, dice a Candelora:

– Non ti conviene. Dai retta a me, cara. Non ti conviene.

E Candelora, su le furie, gli grida:

– E che mi conviene allora? rimanere con te? crepare qua di rabbia, di schifo?

Nane Papa, placido, calcandosi sempre piú il panama:

– Sí, cara. Ma senza crepare. Con un po' di pazienza. Guarda, per dirla com'è, Chico...

– Ti proibisco di chiamarlo cosí!

– E non lo chiami cosí tu?

– Appunto perché lo chiamo io cosí!

– Ah, bene. Credevo di farti piacere. Vuoi allora che lo chiami il barone? Il barone. Dico che il barone ti ama, Candelora mia, e spende per te...

– Ah, per me spende? Buffone! Mascalzone! Non spende assai piú per te?

– Se non mi lasci finire... Spende per me e per te, il barone. Ma vedi? Se spende assai piú per me, che significa? Sii

Candelora. Fu pubblicata per la prima volta nella raccolta *E domani, lunedí...* (Treves, Milano 1917) e fu poi ristampata, come novella eponima, in apertura del tredicesimo volume delle «novelle per un anno» *Candelora* (Bemporad, Firenze 1928), che recupera ben quindici novelle della raccolta del 1917.

2. *Candelora*: questo nome, come tantissimi altri dell'universo letterario in genere, non è soltanto un indice asemantico; è anzi un segno già carico di significato e di valenze semantiche virtuali. Come è noto Candelora è detta, con riferimento all'uso di benedire i ceri, la festa che celebra, il 2 di febbraio, la purificazione di Maria quaranta giorni dopo il parto (secondo la legge di Mosè che si legge in *Levitico* 12 e secondo quanto scrive nel suo vangelo Luca, 2,21-24). Molto c'è di antifrastico nella peregrina analogia che il nome istituisce fra la storia della Vergine e quella di Candelora (la quale, si dice ai rr. 209-210, «pura, forse, non è stata mai»), e tuttavia è fuori di dubbio che si tratti della storia drammatica d'una rabbiosa e lancinante volontà di purificazione.

ragionevole. Significa che dà prezzo a te unicamente perché tu ricevi lustro da me. Questo non lo puoi negare.

– Lustro? – torna a gridare Candelora, al colmo della rabbia. – Sí, lustro di queste...

Alza un piede e gli mostra la scarpa.

– Vergogna ricevo! vergogna! vergogna! Nane Papa sorride, e piú placido che mai risponde:

– No, scusa. Vergogna io, se mai. Sono tuo marito. È tutto qui, credi, Loretta. Se non fossi tuo marito e, soprattutto, se tu non stessi piú con me, sotto questo tetto ospitale, tutto il gusto, capisci? svanirebbe. Qua possono venire a onorarti impunemente, e tutti con un piacere tanto piú grande, quanto piú tu, diciamo cosí, mi fai disonore e vergogna. Senza piú me, tu, Loretta Papa, diventeresti subito una piccola cosa di poco valore e di molto rischio, per cui Chico... il barone, non spen... Che fai? Piangi? Ma no, via! Io sto scherzando...

Nane s'accosta a Candelora; fa per passarle una mano sotto il mento; ma Loretta gli ghermisce il braccio; apre la bocca come una belva e gli addenta quel braccio; a lungo, a lungo, senza lasciare, stringendo sempre piú forte, rabbiosamente.

Curvo, per tenerle il braccio comodo all'altezza della bocca, Nane digrigna i denti anche lui, ma per sorridere muto allo spasimo che lo fa impallidire.

Gli occhi gli diventano di punto in punto piú lustri e piú acuti.

Poi, quando i denti di Candelora si staccano, delizia! si sente nel braccio come una bollatura di fuoco.

Non dice nulla.

Tira su pian piano la manica della giacca; quella della camicia non vien su. La tela s'è affondata nella carne viva. La manica bianca è pezzata nel mezzo di rosso. Una chiostra insanguinata: la chiostra dei denti forti di Candelora, impressi lí tutti a uno a uno. A sollevarla ti voglio! Ma alla fine, sempre sorridente e ancora pallidissimo, Nane ci riesce. Il braccio è una pietà. In giro, ogni dentata, una ferita; e dentro, la carne è nera.

– Vedi? – dice Nane, mostrandola.

– Il cuore, cosí, ti mangerei! – rugge Candelora, tutta aggruppata sul sedile.

– Lo so, – dice Nane. – E appunto per questo desiderio

58-59. *aggruppata*: raggomitolata; cfr. *La realtà del sogno* (1914): «aggruppata come una belva». Anche qui quest'atteggiamento trova negli immediati dintorni testuali (r. 38) il medesimo comparante.

vedrai che ti persuaderai a non andartene. Togliti il cappellino, via. Un po' di tintura di jodio, per levare il veleno; la bambagia fenicata e una fascetta di garza. Su, nel cassetto della mia scrivania, Loretta: il secondo a destra. Lo so che sei una bestiolina di quelle che mordono, e appunto per questo tengo una provvista di rimedii urgenti.

Candelora alza il braccio e lo guarda: guarda di sfuggita il braccio.

Nane, in quell'atto, la ammira.

È una maraviglia di forme e di colori, Candelora, una sfida dispettosa ai suoi occhi di pittore che la scoprono sempre nuova e diversa.

In questa ora meridiana, qua nel giardino della villetta, sotto questo sole nero d'agosto che si frastaglia tutto d'ombre violente, è spaventosa. Ritornata questa mattina dai bagni di mare, scabra e arrostita dal sole e dalla salsedine, ha negli occhi chiari bruciati, nel mento un po' rientrato, nei capelli gialli irruviditi, un'aria di capra addormentata nella voluttà. Con quelle robuste braccia nude spellate e quelle anche poderose par che debba stracciare a ogni mossa la fragile vesticciuola aderente, di velo azzurro, che le stride su le carni arse.

Ah, com'è ridicola quella veste!

Candelora ha nuotato nuda per mattinate intere; nuda su la spiaggia deserta s'è cosparse e maculate di rena infocata le sode carni al sole, sentendo alle piante dei piedi il fremito fresco delle spume marine. Come può piú nasconderle ora la nudità prorompente quella vesticciuola celeste? Messa per decenza, in realtà la fa apparire assai piú indecente che se fosse nuda.

Nella rabbia, ella nota l'ammirazione negli occhi di lui, e istintivamente ha un sorriso di compiacimento, che subito però la esaspera. Diventa ghigno, quel sorriso; un ghigno che a un tratto si rompe in singhiozzi.

E Candelora scappa via verso la villetta.

Nane Papa, quasi senza volerlo, arriccia il volto in una smorfia monellesca, seguendola con gli occhi; poi si guarda

63. *bambagia fenicata*: cotone imbevuto di acido fenico, per uso antisettico.

il braccio ferito, che al sole gli brucia forte; poi, chi sa perché, si sente pungere anche lui gli occhi dal pianto.

È atroce, veramente, in mezzo a un afoso meriggio d'agosto, avvertire cosí, in una pausa, la vita che pesa, carica di vergogna e di schifo, e sentire pietà, mentre si suda, del peso sull'anima di quella vergogna e di quello schifo.

Nella tetraggine di tutto quel sole torrido, sul giardino frastagliato d'ombre, ha il senso, ora, Nane Papa (un senso che l'opprime, lo urta, e quasi lo sgomenta), della presenza di tante cose immobili e come attonitamente sospese davanti a lui: gli alberi, quegli alti fusti d'acacia, la vasca con quel giro di roccia artificiale e con quello specchio verde d'acqua stagnata, i sedili.

Che aspettano?

Egli può muoversi; se ne può anche andare. Ma che stranezza! Si sente come guardato da tutte quelle cose immobili, attorno; e non solo guardato, ma anche come legato dal fascino ostile, quasi ironico, che spira dalla loro attonita immobilità e che gli fa apparire inutile, stupido, anche buffo il suo potersene andare.

Rappresenta la ricchezza del barone Chico quel giardino. Egli, Nane Papa, vi sta da circa sei mesi; e solo questa mattina ha provato il bisogno irresistibile di porre sotto gli occhi a se stesso e a Candelora ritornata dal mare, la sua vergogna e quella di lei, in tutta la sua nudità; ma ridendo, perché Candelora pretendeva d'uscire da questa vergogna, ora che – a suo dire – *potevano*.

Già! Perché si vendono bene, ora, i quadri di Nane Papa,

112-17. *Egli può muoversi ... potersene andare*: Nane Papa sbaglierà clamorosamente e la morte di Candelora lo coglierà di sorpresa e impreparato, nonché a prevederla, a comprenderla. Ma, nell'insieme, egli è il portatore di un sapere incomparabilmente piú penetrante di quello della media della popolazione novellistica; egli esprime lo stato di coscienza estremamente evoluto che qualifica i *filosofi* pirandelliani e i suoi piú che coscienti *dimissionari*. Di questi ultimi possiede la placidità né triste né lieta e l'indifferenza per la buffa e confusa «fantasmagoria della vita», al disinteresse per la quale supplisce con l'interesse, esclusivo, per l'arte, ossia per la conoscenza attraverso la pittura. E sono questi gli attributi che gli permettono, quando Candelora lo aggredisce con la pretesa di porre fine alla loro situazione vergognosa, di ricostruire meticolosamente e senza omissioni né mistificazioni la loro storia fin dall'inizio, per arrivare alla conclusione che andarsene, ora che potevano, sarebbe stato comunque «inutile, stupido, anche buffo». Al veleno dei suoi inattaccabili argomenti, Candelora, che ignora la logica, opporrà la tintura di iodio e un colpo di rivoltella, vale a dire il veleno dei fatti e della pura angoscia, l'unico capace di squassare fino alle fondamenta la sua imperturbabilità.

e il valore della sua arte nuova, personalissima, s'è imposto, non già perché sia realmente compreso, ma perché l'imbecillità dei ricchi visitatori delle esposizioni d'arte è stata costretta dalla critica a fermarsi davanti alle sue tele.

La critica? Via, una parola, la critica! Una parola che non vive, se non nei calzoni d'un critico. E il critico a cui Candelora un giorno, per disperata, volle andare a gridare in faccia se era giusto che un artista come Nane Papa morisse di fame, quel critico (il piú ascoltato di tutti) ha voluto sí con un magistrale articolo richiamare l'attenzione degli imbecilli sull'arte nuova e personalissima di Nane Papa, ma ha voluto anche che questo riconoscimento dell'artista fosse, non diciamo pagato, ma graziosamente compensato con la piú viva gratitudine di Candelora. E Candelora, subito, non solo a quel critico, ma a tutti gli ammiratori piú fanatici dell'arte nuova del marito, inebriata della vittoria che forse le pareva dovesse costarle chi sa quanto, subito s'è dimostrata gratissima; gratissima a tutti, a quel barone Chico in ispecie che – ecco – è arrivato finanche ad alloggiarli nella sua villetta, per avere l'onore di dar ricetto a un portento dell'arte, a un figlio della gloria... E che trattamenti! che regali! che feste!

Se non le è costato nulla far cosí, niente di male, povera Candelora!

Le ha fatto paura la povertà, ecco. Dice di no, lei; dice che le faceva rabbia, non paura; perché quella povertà non era lo stento, non era l'avvilimento; era l'ingiustizia, dato il merito di lui. Quest'ingiustizia ha voluto vendicare. E come? Eccolo, come: la villetta, l'automobile, il canotto, ori, gemme, gite, abiti, feste... E ha provato un gran dispetto per lui rimasto tal quale, né triste né lieto, sciamannato come prima, senz'altra gioja fuori di quella de' suoi colori, senz'altra voglia che di scavare, di scavare nella sua arte per il bisogno sempre insoddisfatto di andare in fondo ad essa, quanto piú in fondo fosse possibile, tanto da non veder piú nulla della buffa fantasmagoria della vita che gli s'agita attorno.

Forse, anzi certo, rappresenta la sua gloria, questa buffa fantasmagoria: le gemme, il lusso di Loretta, gl'inviti, le fe-

145. *ricetto*: ospitalità.
153. *canotto*: piccola imbarcazione da diporto.
154-55. *E ha provato ... né lieto*: simile al dispetto di Candelora era stato quello di Cristina in *Quando s'è capito il giuoco*, perché simile era l'imperturbabile indifferenza di Memmo Viola (cfr. rr. 17-18 nota).

ste. La sua gloria e anche, perché no? la sua vergogna. Ma che glien'importa?

Tutta la sua vita, tutto ciò che di vivo è in lui egli lo mette, lo dà, lo spende per il gusto di far carnosa una foglia, facendosi egli stesso pasta carnosa, fibre e vene di quella foglia; rigido e nudo un sasso, che si senta e viva sasso sulla tela; e questo solo gl'importa.

La sua vergogna? la sua vita? la vita degli altri? Cose estranee, transitorie, di cui è vano tener conto. L'arte sua, lei sola vive, l'opera che prepotentemente piglia corpo dalla luce e dal tormento della sua anima.

Se è stata cosí la sua sorte, è segno che non poteva essere altrimenti. Gli pare già tanto lontana a pensarci!

E cosí, come da lontano, ha detto a Loretta, questa mattina, che gli sarebbe piaciuto, certo – oh, ma senza dare alcun peso alla cosa – gli sarebbe piaciuto trovarsi accanto nella vita una compagna buona, a cui la povertà non avesse fatto tutta quella rabbia, una compagna umile e mite, sul cui seno avesse potuto riposarsi; che gli avesse ispirato con le sue sofferenze la stessa pena che gl'ispirava allora la sua arte misconosciuta.

Loretta, naturalmente, gli è saltata addosso come una gatta inferocita.

Ma che fa, intanto? Non ritorna giú con la tintura di jodio, la bambagia e la fascetta? Se n'è andata su piangendo, poverina...

Vuol essere amata, adesso, Loretta. Amata da lui, forse per dispetto della sua indifferenza. Non è una pazzia? Se egli la amasse davvero, dovrebbe ucciderla. Ci vuole quella indifferenza, come condizione imprescindibile per sopportare la vergogna ch'ella gli rappresenta accanto. Uscire da questa vergogna? E come è piú possibile ormai, se tutti e due l'hanno dentro, fuori, attorno? L'unica è questa, non darci importanza, e seguitare, lui a dipingere, lei a divertirsi, con Chico per ora, poi con un altro, ma anche con Chico e un altro insieme, allegramente. Cose della vita, sciocchezze... In un modo o nell'altro, passano e non lasciano traccia. Ridere, intanto, di tutte le cose nate male, che restano a penare nelle lor forme sgraziate o sconce, finché col tempo non crollano in cenere. Ogni cosa porta con sé la pena della sua forma, la pena d'esser cosí e di non poter piú essere altrimenti. È appunto in questo il nuovo della sua arte, nel far sentire questa pena della forma. Sa bene lui che ogni gobbo bisogna che si rassegni a portare la sua gobba. E come le forme sono i fatti. Quando un fatto è fatto, è quello, non si cangia piú. Candelora, per quanto faccia, non potrà piú, per esempio, ritornar pura come quando era povera. Sebbene pura, forse, non è stata mai, Candelora, neppure da bambina. Non avrebbe potuto fare ciò che ha fatto; e goderne, dopo.

Ma come mai, cosí all'improvviso, questa nostalgia di purezza; di mettersi con lui, adesso, appartata, tranquilla, modesta, amorosa? Con lui, dopo quanto è avvenuto? Quasiché lui, adesso, sia piú in grado di prendere sul serio qualche cosa, nella vita; e l'amore, poi! e un amore poi, cosí tutto gualcito, come quello di lei, con l'immagine buffa di Chico e di quel critico e di tanti altri che, attorno a lei e a lui idillicamente abbracciati, si metterebbero a fare *giro giro tondo*...

Ohé, al sole, il sangue s'è tutto aggrumato e incrostato su le dentate; e il polso, e anche un po' la mano gli si sono gonfiati; e incordate le vene.

Nane Papa si scuote dalle sue considerazioni e s'avvia per salire alla villetta. Chiama due volte, prima dalla scala, poi dalla saletta d'ingresso:

– Candelora! Candelora!

La sua voce rintrona nelle stanze vuote. Nessuno risponde. Entra nella stanza accanto allo studio, ov'è la scrivania, e dà un balzo indietro. Nella gran luce, ferma in quella stanza bianca, Candelora è buttata per terra, lunga, stirata, con le vesti scomposte, come se si fosse rotolata; una coscia scoperta. Accorre, le solleva la testa. Oh Dio, che ha fatto? La bocca, il mento, il collo, il seno, sono macchiati d'un giallo nerastro. Ha bevuto la boccetta del jodio.

– È niente! è niente! – le grida. – Candelora mia, ma che sciocchezza hai fatto? Bambina mia... Ma non è niente! Ti brucerà un po' lo stomaco... Su! su!

Cerca di sollevarla, e non ci riesce, perché la poverina s'è

222. *incordate*: gonfiate, indurite (propriamente, «incordarsi» si dice dei muscoli quando si irrigidiscono).

223. *Nane Papa si scuote dalle sue considerazioni*: si tratta del nitido segnale d'uscita da un vasto tratto testuale focalizzato sul protagonista. L'impianto narrazionale della novella meriterebbe una ben piú puntuale analisi, ma basti sottolineare la delega largamente fiduciaria che il narratore, lungamente occulto, concede al protagonista, perché sia chiaro il privilegio di cui gode lo sguardo amaro e disincantato del pittore-filosofo finché non viene messo in scacco da una evenemenzialità che consegue a incontenibili pulsioni emotive, e che perciò il suo distacco non è in grado né di prevedere né di prevenire.

230. *stirata*: irrigidita.

indurita nello spasimo. Ma non le dice poverina, lui: – Bambina... bambina... – perché gli pare un po' buffo il fatto che abbia bevuto la tintura di jodio. – Bambina... – le ripete, e la chiama anche sciocchereila sua... E cerca di tirar la veste azzurra, labile, su quella coscia scoperta che l'offende; e torce gli occhi per non vederle la bocca cosí tutta nera... La vesticciuola si lacera allo strappo della sua mano convulsa e scopre di piú la coscia.

È solo nella villa. Loretta, ritornata quella mattina dai bagni di mare, prima di partire volle licenziare le donne di servizio. Nessuno dunque può ajutarlo a sollevarla da terra; nessuno può correre a chiamare una vettura per farla trasportare a un ospedale per un pronto soccorso. Ma per fortuna, ecco dalla via la tromba dell'automobile di Chico, il barone. E, poco dopo, Chico appare, sbalordito, con la faccia gialla di vecchio ebete sul corpo giovanile, sperticato, elegantissimamente vestito.

– Oh! e che è?

Senza volerlo, sporge l'occhio con la caramella, a fissar quella coscia scoperta.

239-42. *Ma non le dice poverina ... sciocchereila sua*: è uno scatto metanarrativo fulmineo, imprevedibile e pieno di pathos, quantitativamente contenuto ma semanticamente irrinunciabile e sufficiente a rovesciare d'un tratto l'ottica con la quale il racconto s'era aperto e anche ogni residua o inerziale connivenza tra il narratore e il protagonista, legata al lungo intermezzo focalizzato. Davanti alla catastrofe, il narratore esce dalla quasi invisibilità nella quale s'era tenuto, per prendere la parola e separare le proprie responsabilità valutative e la propria capacità conoscitiva da quelle di Nane. Questa improvvisa divaricazione illumina retrospettivamente anche altri segnali indiziari: in primo luogo quello contenuto nel fatto che il narratore ci aveva mostrato Candelora nell'atto di aprire la bocca «come una belva» (r. 38) e Nane Papa l'aveva invece trattata come «una bestiolina di quelle che mordono» (r. 65); in secondo luogo, quello costituito dalla convinzione di Nane che la voglia di mangiargli il cuore avrebbe trattenuto Candelora dall'*andarsene* (rr. 58-61) e tanto piú dall'eufemismo esiziale che l'espressione nasconde. Il narratore si stacca dal suo protagonista: creda pure Nane a una estrema sciocchezza della sua bambina, a un estremo infantile capriccio della sua sciocchereila: il narratore sa di avere davanti a sé non una *poverina* che col suo pianto s'è meritata l'affettuoso appellativo, ma una tutt'altra *poverina* che ha varcato la soglia oltre la quale il vivere non è tollerabile, che ha cioè compiuto un passo che, per quanto scomposto, non ha, nella sua pietosa inutilità, piú niente di infantile né di buffo. Il narratore lascia solo Nane Papa a disperarsi e a capire una verita che gli era sfuggita; e alla fine Nane capirà, il filosofo colmerà in extremis (r. 279) la sua lacuna interpretativa e dirà anche lui «poverina» a Candelora morta.

254. *sperticato*: altissimo.

257. *caramella*: monocolo (cfr. *Stefano Giogli, uno e due*, r. 67 nota).

– Ajutami a sollevarla, perdio! – gli grida Nane, esasperato dagli inutili sforzi.

Ma appena la sollevano, dalla mano rimasta schiacciata sotto il fianco casca a terra una rivoltella, e lí, dov'era il fianco, si scopre una chiazza di sangue.

– Ah! ah! – geme allora Nane, trasportandola con Chico verso la camera da letto.

Non è indurita dallo spasimo, Loretta, ma dalla morte. Nane Papa, come impazzito, appena disteso il cadavere sul letto, grida a Chico:

– Chi era ai bagni con voi? dimmi chi era ai bagni con voi quest'estate?

Chico, smarrito, fa alcuni nomi.

– Ah, perdio! – esclama allora Nane, feroce, venendogli addosso, afferrandolo per il petto e scrollandolo tutto. – Ma è possibile che dobbiate essere tutti quanti cosí stupidi, vojaltri che avete un po' di quattrini?

– Cosí stupidi? noi? – fa Chico, piú che mai imbalordito, rinculando a ogni scrollone.

– Ma sí! ma sí! ma sí! – seguita a inveire Nane Papa. – Cosí stupidi da far nascere la voglia a questa poverina d'essere amata da me! Capisci? Da me! da me! Amata da me!

E rompe in un pianto disperato abbattendosi sul cadavere di Loretta.

266. *Non è indurita ... dalla morte*: cfr. sopra i rr. 238-39. La scrupolosa correzione cui il narratore è indotto è dovuta a due fattori concomitanti della singolare armatura narrazionale della novella: da un lato, al fatto che la storia viene data come se avesse luogo *nel preciso momento* in cui viene narrata, ossia in una perfetta simultaneità di accadimento e racconto dell'evento; dall'altro, alla focalizzazione su Nane Papa, per cui è il narratore a *dire*, ma è il protagonista a *vedere*, a credere prima una cosa e a constatarne poi un'altra.

281-82. *E rompe ... di Loretta*: le furie iniziali di Candelora (r. 4) si sono acquietate per sempre, e l'iniziale placidità di Nane (r. 6) è completamente sconvolta. In questo explicit irriducibilmente contraddittorio, che ricongiunge quanto piú strettamente possibile coloro che sono per sempre separati, il pianto sfrenato di Nane Papa e la rigidità mortale di Candelora condensano la miseria del vivere e la miseria della filosofia.

La carriola

Quand'ho qualcuno attorno, non la guardo mai; ma sento che mi guarda lei, mi guarda, mi guarda senza staccarmi un momento gli occhi d'addosso.

Vorrei farle intendere, a quattr'occhi, che non è nulla; che stia tranquilla; che non potevo permettermi con altri questo breve atto, che per lei non ha alcuna importanza e per me è tutto. Lo compio ogni giorno al momento opportuno, nel massimo segreto, con spaventosa gioja, perché vi assaporo, tremando, la voluttà d'una divina, cosciente follia, che per un attimo mi libera e mi vendica di tutto.

Dovevo essere sicuro (e la sicurezza mi parve di poterla avere solamente con lei) che questo mio atto non fosse scoperto. Giacché, se scoperto, il danno che ne verrebbe, e non soltanto a me, sarebbe incalcolabile. Sarei un uomo finito. Forse m'acchiapperebbero, mi legherebbero e mi trascinerebbero, atterriti, in un ospizio di matti.

Il terrore da cui tutti sarebbero presi, se questo mio atto

La carriola. Pubblicata per la prima volta nella raccolta *E domani, lunedí...* (Treves, Milano 1917) e successivamente compresa nel tredicesimo volume delle «novelle per un anno», *Candelora* (Bemporad, Firenze 1928), che ricomprende ben quindici dei testi raccolti nel 1917.

1. *non la guardo mai*: a questo «la» seguono numerosi altri segni che designano la *partner* e vittima (rr. 18-19), ignota e muta (r. 31), del protagonista. Ma l'enigma della sua identità, posto in questo incipit incorniciante, non sarà sciolto che quando la seconda metà della cornice verrà incassata (rr. 225-27) e saldata a chiudere il racconto.

11-16. *Dovevo essere sicuro ... ospizio di matti*: è il preannuncio d'una infrazione socialmente intollerabile. Il protagonista parla ossimoricamente d'una «spaventosa gioja» e della «voluttà d'una divina, cosciente follia», dunque d'un piacere come sempre e piú che mai colpevole e inammissibile. E deve guardarsi dalla piú classica fra le sanzioni che la società commina a tali trasgressivi e incomprensibili godimenti: la diagnosi di pazzia e la conseguente restrizione manicomiale (cfr. *Il treno ha fischiato...*).

fosse scoperto, ecco, lo leggo ora negli occhi della mia vittima.

Sono affidati a me la vita, l'onore, la libertà, gli averi di gente innumerevole che m'assedia dalla mattina alla sera per avere la mia opera, il mio consiglio, la mia assistenza; d'altri doveri altissimi sono gravato, pubblici e privati: ho moglie e figli, che spesso non sanno essere come dovrebbero, e che perciò hanno bisogno d'esser tenuti a freno di continuo dalla mia autorità severa, dall'esempio costante della mia obbedienza inflessibile e inappuntabile a tutti i miei obblighi, uno piú serio dell'altro, di marito, di padre, di cittadino, di professore di diritto, d'avvocato. Guaj, dunque, se il mio segreto si scoprisse!

La mia vittima non può parlare, è vero. Tuttavia, da qualche giorno, non mi sento piú sicuro. Sono costernato e inquieto. Perché, se è vero che non può parlare, mi guarda, mi guarda con tali occhi e in questi occhi è cosí chiaro il terrore, che temo qualcuno possa da un momento all'altro accorgersene, essere indotto a cercarne la ragione.

Sarei, ripeto, un uomo finito. Il valore dell'atto ch'io compio può essere stimato e apprezzato solamente da quei pochissimi, a cui la vita si sia rivelata come d'un tratto s'è rivelata a me.

Dirlo e farlo intendere, non è facile. Mi proverò.

Ritornavo, quindici giorni or sono, da Perugia, ove mi ero recato per affari della mia professione.

Uno degli obblighi miei piú gravi è quello di non avvertire la stanchezza che m'opprime, il peso enorme di tutti i doveri che mi sono e mi hanno imposto, e di non indulgere minimamente al bisogno di un po' di distrazione, che la mia mente affaticata di tanto in tanto reclama. L'unica che mi possa concedere, quando mi vince troppo la stanchezza per una briga a cui attendo da tempo, è quella di volgermi a un'altra nuova.

M'ero perciò portate in treno, nella busta di cuojo, alcune carte nuove da studiare. A una prima difficoltà incontrata nella lettura, avevo alzato gli occhi e li avevo volti verso il finestrino della vettura. Guardavo fuori, ma non vedevo nulla, assorto in quella difficoltà.

Veramente non potrei dire che non vedessi nulla. Gli oc-

28-29. *marito ... avvocato*: sono tutti ruoli, e ruoli sociali. Proprio perciò la serie enumerativa pare chiusa e coerente. La mancanza emergerà piú oltre.

57-60. *Veramente non potrei ... a ciò che gli occhi vedevano*: il segnale della

chi vedevano; vedevano e forse godevano per conto loro della grazia e della soavità della campagna umbra. Ma io, certo, non prestavo attenzione a ciò che gli occhi vedevano.

Se non che, a poco a poco, cominciò ad allentarsi in me quella che prestavo alla difficoltà che m'occupava, senza che per questo, intanto, mi s'avvistasse di piú lo spettacolo della campagna, che pur mi passava sotto gli occhi limpido, lieve, riposante.

Non pensavo a ciò che vedevo e non pensai piú a nulla: restai, per un tempo incalcolabile, come in una sospensione vaga e strana, ma pur chiara e placida. Ariosa. Lo spirito mi s'era quasi alienato dai sensi, in una lontananza infinita, ove avvertiva appena, chi sa come, con una delizia che non gli pareva sua, il brulichio d'una vita diversa, non sua, ma che avrebbe potuto esser sua, non qua, non ora, ma là, in quell'infinita lontananza; d'una vita remota, che forse era stata sua, non sapeva come né quando; di cui gli alitava il ricordo indistinto non d'atti, non d'aspetti, ma quasi di desiderii prima svaniti che sorti; con una pena di non essere, angosciosa, vana e pur dura, quella stessa dei fiori, forse, che non han potuto sbocciare; il brulichio, insomma, di una vita che era da vivere, là lontano lontano, donde accennava con palpiti e guizzi di luce; e non era nata; nella quale esso, lo spirito, allora sí, ah, tutto intero e pieno si sarebbe ritrovato; anche per soffrire, non per godere soltanto, ma di sofferenze veramente sue.

Gli occhi a poco a poco mi si chiusero, senza che me n'accorgessi, e forse seguitai nel sonno il sogno di quella vita che non era nata. Dico forse, perché, quando mi destai, tutto indolenzito e con la bocca amara, acre e arida, già prossimo all'arrivo, mi ritrovai d'un tratto in tutt'altro animo, con un

scissione e del distacco dello spirito dai sensi e dal corpo non potrebbe essere piú chiaramente di cosí verbalizzato.

66-83. *Non pensavo ... veramente sue*: per chiarezza e intensità, il passo non ha quasi riscontri, né nelle novelle né altrove, prima che, nel 1932, Donata Genzi, la protagonista di *Trovarsi*, mostri sorprendentemente di ricordarsene (cfr. MN^2, p. 914). Come nei rapimenti mistici, una sorta di estasi psichica consente al personaggio di provare la sensazione tutta interiore dell'essere e dell'essenza, avvertiti come nostalgia di pienezza-interezza e perciò sofferti come angoscia d'irrealtà. Come sempre, una simile esperienza può aver luogo solo a prezzo d'una smemoratezza del corpo e, addirittura, d'una totale eclisse dei sensi e del pensiero: vigile e senziente è esclusivamente lo spirito.

88-92. *mi ritrovai ... insopportabile*: anche questa concentratissima parte dell'anamnesi, che connota l'esperienza del ritorno alla realtà, può essere assunta come paradigmatica ed esemplare (cfr. *Pena di vivere cosí*, rr. 259-67 nota). Stretti nella loro connessione sequenziale, questo momento e il prece-

senso d'atroce afa della vita, in un tetro, plumbeo attonimento, nel quale gli aspetti delle cose piú consuete m'apparvero come vôtati di ogni senso, eppure, per i miei occhi, d'una gravezza crudele, insopportabile.

Con quest'animo scesi alla stazione, montai sulla mia automobile che m'attendeva all'uscita, e m'avviai per ritornare a casa.

Ebbene, fu nella scala della mia casa; fu sul pianerottolo innanzi alla mia porta.

Io vidi a un tratto, innanzi a quella porta scura, color di bronzo, con la targa ovale, d'ottone, su cui è inciso il mio nome, preceduto dai miei titoli e seguito da' miei attributi scientifici e professionali, vidi a un tratto, come da fuori, me stesso e la mia vita, ma per non riconoscermi e per non riconoscerla come mia.

Spaventosamente d'un tratto mi s'impose la certezza, che l'uomo che stava davanti a quella porta, con la busta di cuojo sotto il braccio, l'uomo che abitava là in quella casa, non ero

dente producono la violenta dissociazione e la precaria ricomposizione dell'io che costituisce il seguito della narrazione.

96-133. *Ebbene, fu ... dall'esercizio della sua professione*: il grande motivo dinamico della *catastrofe delle forme* trova qui una attualizzazione di incomparabile chiarezza. Nello specchio opaco e scuro della porta di casa, in quella specie di lapide di bronzo e d'ottone, il personaggio si vede morto. E, in un certo senso, muore a quella vista. Ma proprio perciò è un altro l'*exitus* del soggetto che si fa strada in questo modo, e il dato sequenziale e narrativo che piú immediatamente lo contraddistingue è proprio l'abolizione dell'evento *morte* dalla dinamica evenemenziale. Invece della morte, che era (e talora è, come in *Candelora*) il degno explicit risolutivo dell'assoluto del dramma, interviene, abruptivo quanto una morte, uno scollamento che comporta una violenta relativizzazione della persona e dell'identità. In termini pirandelliani, è il vedersi vivere che si sovrappone al vivere. D'un tratto il protagonista, volgendo lo sguardo su se stesso e in se stesso, riflettendo sul proprio spaesamento e la propria infelicità come tante volte avevano fatto in passato gli eroi romantici nei loro monologhi, scopre con orrore la propria perfezione, il suo essere maschera meticolosamente e puntigliosamente verosimile. In questo modo la perfezione e l'apparente pienezza diventano problema per il soggetto, diventano un insopportabile impaccio, una prigione in cui si sente incatenato. E, in queste condizioni, il procedere euristico e *naturale*, realistico, della vicenda o del dramma diviene impossibile. Il protagonista, irrigidendosi, vacilla, balbetta e infine si ferma, tace: l'adesione alla realtà non ha piú senso per un simile soggetto destituito d'ogni protagonismo e fattosi oggetto sotto i propri stessi occhi. La persona, che aveva egregiamente funzionato come luogo della volontà e delle decisioni, come scatenatrice di eventi, non sopporta la coscienza della propria perfezione come congegno, come macchina sociale, come uomo letteralmente *artefatto*, ossia costruito per saturare l'immagine della persona socialmente determinata e funzionare come tale.

io, non ero stato mai io. Conobbi d'un tratto d'essere stato sempre come assente da quella casa, dalla vita di quell'uomo, non solo, ma veramente e propriamente da ogni vita. Io non avevo mai vissuto; non ero mai stato nella vita; in una vita, intendo, che potessi riconoscer mia, da me voluta e sentita come mia. Anche il mio stesso corpo, la mia figura, quale adesso improvvisamente m'appariva, cosí vestita, cosí messa su, mi parve estranea a me; come se altri me l'avesse imposta e combinata, quella figura, per farmi muovere in una vita non mia, per farmi compiere in quella vita, da cui ero stato sempre assente, atti di presenza, nei quali ora, improvvisamente, il mio spirito s'accorgeva di non essersi mai trovato, mai, mai! Chi lo aveva fatto cosí, quell'uomo che figurava me? chi lo aveva voluto cosí? chi cosí lo vestiva e lo calzava? chi lo faceva muovere e parlare cosí? chi gli aveva imposto tutti quei doveri uno piú gravoso e odioso dell'altro? Commendatore, professore, avvocato, quell'uomo che tutti cercavano, che tutti rispettavano e ammiravano, di cui tutti volevan l'opera, il consiglio, l'assistenza, che tutti si disputavano senza mai dargli un momento di requie, un momento di respiro – ero io? io? propriamente? ma quando mai? E che m'importava di tutte le brighe in cui quell'uomo stava affogato dalla mattina alla sera; di tutto il rispetto, di tutta la considerazione di cui godeva, commendatore, professore, avvocato, e della ricchezza e degli onori che gli erano venuti dall'assiduo scrupoloso adempimento di tutti quei doveri, dall'esercizio della sua professione?

Ed erano lí, dietro quella porta che recava su la targa ovale d'ottone il mio nome, erano lí una donna e quattro ragazzi, che vedevano tutti i giorni con un fastidio ch'era il mio stesso, ma che in loro non potevo tollerare, quell'uomo insoffribile che dovevo esser io, e nel quale io ora vedevo un estraneo a me, un nemico. Mia moglie? i miei figli? Ma se non ero stato mai io, veramente, se veramente non ero io (e lo sentivo con spaventosa certezza) quell'uomo insoffribile che stava davanti alla porta; di chi era moglie quella donna, di chi erano figli quei quattro ragazzi? Miei, no! Di quell'uomo, di quell'uomo che il mio spirito, in quel momento, se

144-46. *di quell'uomo che ... dilacerato, distrutto*: proprio questo è il difetto incorreggibile di questi epifanici svelamenti e straniamenti umoristici: l'io può goderne (si fa per dire) solo a patto di scindersi e dimidiarsi. Alla potenza, tutta mentale, della sua nuova ottica, si oppone fatalmente la sua concreta impotenza come persona.

avesse avuto un corpo, il suo vero corpo, la sua vera figura, avrebbe preso a calci o afferrato, dilacerato, distrutto, insieme con tutte quelle brighe, con tutti quei doveri e gli onori e il rispetto e la ricchezza, e anche la moglie, sí, fors'anche la moglie...

Ma i ragazzi?

Mi portai le mani alle tempie e me le strinsi forte.

No. Non li sentii miei. Ma attraverso un sentimento strano, penoso, angoscioso, di loro, quali essi erano fuori di me, quali me li vedevo ogni giorno davanti, che avevano bisogno di me, delle mie cure, del mio consiglio, del mio lavoro; attraverso questo sentimento e col senso d'atroce afa col quale m'ero destato in treno, mi sentii rientrare in quell'uomo insoffribile che stava davanti alla porta.

Trassi di tasca il chiavino; aprii quella porta e rientrai anche in quella casa e nella vita di prima.

Ora la mia tragedia è questa. Dico mia, ma chi sa di quanti!

Chi vive, quando vive, non si vede: vive... Se uno può vedere la propria vita, è segno che non la vive piú: la subisce, la trascina. Come una cosa morta, la trascina. Perché ogni forma è una morte.

Pochissimi lo sanno; i piú, quasi tutti, lottano, s'affannano per farsi, come dicono, uno stato, per raggiungere una forma; raggiuntala, credono d'aver conquistato la loro vita, e cominciano invece a morire. Non lo sanno, perché non si vedono; perché non riescono a staccarsi piú da quella forma moribonda che hanno raggiunta; non si conoscono per morti e credono d'esser vivi. Solo si conosce chi riesca a veder la forma che si è data o che gli altri gli hanno data, la fortuna, i casi, le condizioni in cui ciascuno è nato. Ma se possiamo vederla, questa forma, è segno che la nostra vita non è piú in essa: perché se fosse, noi non la vedremmo: la vivremmo, questa forma, senza vederla, e morremmo ogni giorno di piú in

163-66. *Chi vive ... una morte*: cfr. *La trappola*, rr. 87-92, e *L'umorismo* (SPSV, pp. 151-53).

167-81. *Pochissimi lo sanno ... Conoscersi è morire*: è la piú stremata formulazione del paradossale doppio vincolo in cui l'uomo è preso: vivere comporta non vedersi e non sapere, e tuttavia morire, ma conoscersi, ossia vedersi vivere, significa a sua volta constatare che la vita è cessata, significa morire. È questa la terribile coincidenza degli opposti: cosí la vita come la non-vita sono morte. Si tratta d'uno dei punti di massima e piú luttuosa concentrazione del nichilismo che percorre il corpus pirandelliano.

essa, che è già per sé una morte, senza conoscerla. Possiamo dunque vedere e conoscere soltanto ciò che di noi è morto. Conoscersi è morire.

Il mio caso è anche peggiore. Io vedo non ciò che di me è morto; vedo che non sono mai stato vivo, vedo la forma che gli altri, non io, mi hanno data, e sento che in questa forma la mia vita, una mia vera vita, non c'è stata mai. Mi hanno preso come una materia qualunque, hanno preso un cervello, un'anima, muscoli, nervi, carne, e li hanno impastati e foggiati a piacer loro, perché compissero un lavoro, facessero atti, obbedissero a obblighi, in cui io mi cerco e non mi trovo. E grido, l'anima mia grida dentro questa forma morta che mai non è stata mia: «Ma come? io, questo? io, cosí? ma quando mai?». E ho nausea, orrore, odio di questo che non sono io, che non sono stato mai io; di questa forma morta, in cui sono prigioniero, e da cui non mi posso liberare. Forma gravata di doveri, che non sento miei, oppressa da brighe di cui non m'importa nulla, fatta segno d'una considerazione di cui non so che farmi; forma che è questi doveri, queste brighe, questa considerazione, fuori di me, sopra di me: cose vuote, cose morte che mi pesano addosso, mi soffocano, mi schiacciano e non mi fanno piú respirare.

Liberarmi? Ma nessuno può fare che il fatto sia come non fatto, e che la morte non sia, quando ci ha preso e ci tiene.

Ci sono i fatti. Quando tu, comunque, hai agito, anche senza che ti sentissi e ti ritrovassi, dopo, negli atti compiuti; quello che hai fatto resta, come una prigione per te. E come spire e tentacoli t'avviluppano le conseguenze delle tue azioni. E ti grava attorno come un'aria densa, irrespirabile la responsabilità, che per quelle azioni e le conseguenze di esse, non volute o non prevedute, ti sei assunta. E come puoi piú liberarti? Come potrei io nella prigione di questa forma non mia, ma che rappresenta me quale sono per tutti, quale tutti mi conoscono e mi vogliono e mi rispettano, accogliere e muovere una vita diversa, una mia vera vita? una vita in una

201-10. *Liberarmi? ... come puoi piú liberarti?*: il motivo del *fatto* come prigione o «gancio» nel quale l'uomo resta ineluttabilmente impigliato, è tra i piú costanti e ostinati. Proviene addirittura da *Se*, una novella del 1894. Si ritrova ne *Il dovere del medico* (1902), in *Risposta* (1912) e in *Candelora* (rr. 206-7), prima di venir ripreso nel 1921 in una battuta del Padre nei *Sei personaggi in cerca d'autore* (cfr. MN, pp. 94-95). Questa riformulazione de *La carriola* echeggerà in *Trovarsi*, nella seconda parte della lunga battuta di Donata Genzi cui s'è già avuto occasione di rinviare (cfr. MN^2, p. 914).

forma che sento morta, ma che deve sussistere per gli altri, per tutti quelli che l'hanno messa su e la vogliono cosí e non altrimenti? Dev'essere questa, per forza. Serve cosí, a mia moglie, ai miei figli, alla società, cioè ai signori studenti universitarii della facoltà di legge, ai signori clienti che m'hanno affidato la vita, l'onore, la libertà, gli averi. Serve cosí, e non posso mutarla, non posso prenderla a calci e levarmela dai piedi; ribellarmi, vendicarmi, se non per un attimo solo, ogni giorno, con l'atto che compio nel massimo segreto, cogliendo con trepidazione e circospezione infinita il momento opportuno, che nessuno mi veda.

Ecco. Ho una vecchia cagna lupetta, da undici anni per casa, bianca e nera, grassa, bassa e pelosa, con gli occhi già appannati dalla vecchiaja.

Tra me e lei non c'erano mai stati buoni rapporti. Forse, prima, essa non approvava la mia professione, che non permetteva si facessero rumori per casa; s'era messa però ad approvarla a poco a poco, con la vecchiaja; tanto che, per sfuggire alla tirannia capricciosa dei ragazzi, che vorrebbero ancora ruzzare con lei giù in giardino, aveva preso da un pezzo il partito di rifugiarsi qua nel mio studio da mane a sera, a dormire sul tappeto col musetto aguzzo tra le zampe. Tra tante carte e tanti libri, qua, si sentiva protetta e sicura. Di tratto in tratto schiudeva un occhio a guardarmi, come per dire:

«Bravo, sí, caro: lavora; non ti muovere di lí, perché è sicuro che, finché stai lí a lavorare, nessuno entrerà qui a disturbare il mio sonno».

Cosí pensava certamente la povera bestia. La tentazione di compiere su lei la mia vendetta mi sorse, quindici giorni or sono, all'improvviso, nel vedermi guardato cosí.

Non le faccio male; non le faccio nulla. Appena posso, appena qualche cliente mi lascia libero un momento, mi alzo cauto, pian piano, dal mio seggiolone, perché nessuno s'accorga che la mia sapienza temuta e ambita, la mia sapienza formidabile di professore di diritto e d'avvocato, la mia austera dignità di marito, di padre, si siano per poco staccate dal trono di questo seggiolone; e in punta di piedi mi reco all'uscio a spiare nel corridojo, se qualcuno non sopravvenga; chiudo l'uscio a chiave, per un momentino solo; gli occhi mi sfavillano di gioja, le mani mi ballano dalla voluttà che sto

233. *ruzzare*: sbizzarrirsi nel gioco.

per concedermi, d'esser pazzo, d'esser pazzo per un attimo solo, d'uscire per un attimo solo dalla prigione di questa forma morta, di distruggere, d'annientare per un attimo solo, beffardamente, questa sapienza, questa dignità che mi soffoca e mi schiaccia; corro a lei, alla cagnetta che dorme sul tappeto; piano, con garbo, le prendo le due zampine di dietro e *le faccio fare la carriola*: le faccio muovere cioè otto o dieci passi, non piú, con le sole zampette davanti, reggendola per quelle di dietro.

Questo è tutto. Non faccio altro. Corro subito a riaprire l'uscio adagio adagio, senza il minimo cricchio, e mi rimetto in trono, sul seggiolone, pronto a ricevere un nuovo cliente, con l'austera dignità di prima, carico come un cannone di tutta la mia sapienza formidabile.

Ma, ecco, la bestia, da quindici giorni, rimane come basita a mirarmi, con quegli occhi appannati, sbarrati dal terrore. Vorrei farle intendere – ripeto – che non è nulla; che stia tranquilla, che non mi guardi cosí.

Comprende, la bestia, la terribilità dell'atto che compio.

Non sarebbe nulla, se per ischerzo glielo facesse uno dei miei ragazzi. Ma sa ch'io non posso scherzare; non le è possibile ammettere che io scherzi, per un momento solo; e seguita maledettamente a guardarmi, atterrita.

269. *basita*: impietrita.

273-75. *Comprende, la bestia ... uno dei miei ragazzi*: come il sintomo non è la malattia, cosí, purtroppo, l'occulto e spostato gesto simbolico non è la liberazione e la guarigione, ma piuttosto la spia d'una regressione psicotica. Il personaggio non aderisce piú alla sua antica e solida identità, si limita a fingerla e recitarla per gli altri; ma non ne ha conquistata, né può sperare di avviarsi a conquistarne, un'altra: può soltanto adombrarla infantilmente in quel momentaneo atto di ribellione. E resta catturato nell'insensato andirivieni fra la smisurata finzione della continuità e della tenuta e la finzione minima con la quale le nega e replica all'infinito l'euforia della scoperta e la disforia della propria scissione.

Piuma

Già s'era accorta che la pietà dei parenti non era tanto a costo delle sue sofferenze, quanto di quelle che ella dava loro, senza volerlo, col suo male inguaribile; e che insomma nasceva da un certo goffo rimorso quella loro affannata pietà. Il grosso marito calvo e accigliato, quella grossa cugina povera, corazzata da due poppe prepotenti sotto il mento, i capelli che parevano un casco di ferro su la fronte bassa e quel pajo di spaventosi occhiali sul fiero naso, anche un po' baffuta, poverina; volevano soffrire per lei perché intendevano di pagare cosí il sollievo, il bene che sarebbe loro venuto dalla sua morte.

E difatti, quand'ella soffriva, le erano a torno ansanti e premurosi; ma poi, appena il male le dava requie e sul letto poteva gustare per ogni nonnulla una lieve gioja innocente, una dolcezza di respiro nuovo tra il candor fresco del letto rifatto, né l'uno né l'altra partecipavano alla sua gioja; si staccavano anzi dal letto e la lasciavano sola.

Dunque, patti chiari: non le concedevano il diritto di star bene, le concedevano in cambio il diritto di tormentarli col suo male, quanto piú potesse, quanto piú sapesse. E pareva che di questo cambio volessero proprio essere ringraziati.

Non era troppo?

Tormentarli, doveva tormentarli per forza; non poteva farne a meno: non dipendeva da lei. Che poi la lasciassero

Piuma. Fu pubblicata per la prima volta nella raccolta *E domani, lunedí...* (Treves, Milano 1917) e fu poi ristampata nel tredicesimo volume delle «novelle per un anno», *Candelora* (Bemporad, Firenze 1928), che recupera ben quindici novelle della raccolta del 1917.

titolo. *Piuma*: è con il Matteo Sinagra di *Da sé* (r. 149: «Ora è leggero leggero: una piuma!») che la protagonista condivide la sua leggerezza di piuma, parola-motivo che da quel testo passa a intitolare questa grande replica variata.

sola nei momenti di requie, non solo non le importava nulla, ma le faceva anzi un gran piacere, perché sapeva bene che quei due non avrebbero potuto neppure lontanamente immaginare di che cosa ella godesse, di che vivesse.

Pareva di nulla. E veramente non viveva piú di ciò che agli altri bisogna per vivere. Cosí anche poteva credere di non toglier nulla agli altri rimanendo lí in attesa della morte che non veniva. Ma spesso gli occhi, che avevano ancora il limpido brillio dello zaffiro, vivi essi soli nella sparuta magrezza del visino diafano, le ridevano maliziosi.

Forse si vedeva come quella formichetta dell'apologo nel suo libro di lettura di quand'era bambina: la formichetta che, attraversando una via, chiedeva ai passanti:

– Che vi fa, buona gente, questa mia pagliuzza?

Una pagliuzza? Niente! Ma pretendeva la formichetta che tutto il traffico della via, gente, veicoli s'arrestassero per lasciarla passare con quella sua pagliuzza.

E fosse almeno passata! Ma non passava mai: non poteva passare, perché veramente il tempo per lei non passava piú.

In quella vana attesa di morte, la vita esterna s'era come assordita in lei.

Da anni e anni durava in quel suo male che nessun medico finora aveva saputo dichiarare; e non si capiva come. Nella luce di quella vasta camera bianca, su quell'ampio letto bianco, s'era ridotta piú fragile di quegli insetti d'estate che, a toccarli appena, son lieve polvere d'oro tra le dita. Come faceva, cosí fragile, a resistere agli spasimi di quei fieri accessi del male, non rari? Non pareva un dolore umano, poiché le strappava dalla gola cupi gridi d'animale. Ma pure resisteva. Poco dopo, calma, era come se non fosse stato nulla. Diventava sempre piú magra, questo sí; e piú che a vederla, era uno spavento a immaginare a che punto di magrezza si sarebbe ridotta di qui a dieci, di qui a vent'anni, chi sa! perché forse per venti anni ancora, e piú, avrebbe seguitato su quel letto a incadaverirsi viva; pur senza sformarsi, pur senza perdere, anzi acquistando sempre piú una sua certa grazia in-

47. *dichiarare*: diagnosticare con chiarezza.

60-64. *acquistando ... a ritroso*: riaffiora, nella sottolineata approssimazione del discorso descrittivo («una sua certa grazia», «pareva», «quasi che») e nel percorso ipotetico che esso traccia, il mito primario dell'impregiudicata bellezza e felicità prenatale: se infatti morire significa *non essere piú vivi*, «uscir di vita [...] dall'infanzia» non può significare che tornare a *non essere ancora vivi*, non essere nati. Non potrebbe darsi definizione piú chiara del-

fantile, per cui pareva non tanto dimagrisse, quanto si rimpiccolisse tutta a mano a mano che il tempo passava, quasi che, per prodigio, dovesse uscir di vita non già dalla vecchiaja, ma dall'infanzia, a ritroso.

Gli occhi però, gli occhi nel brillio dell'azzurra luce, in quello sparuto visino di bimba, non erano infantili; si facevano anzi sempre piú diabolicamente maliziosi; massime quando, dopo gli accessi del male, ancora aggruppata nel letto, con la testina arruffata giú dal guanciale, su la rimboccatura del lenzuolo scomposta, guardava i dorsi del grosso marito e della grossa cugina, che s'allontanavano curvi e mogi mogi dal letto.

Disperati, quei poverini! Chi sa che discorsi facevano tra loro di là, e che pensavano di qua, stando a vegliarla! Forse la vedevano come presa in uno strano impenetrabile incanto, che la rappresentava loro come lontana lontana, pur lí vi-

l'approssimarsi alla morte come al ricominciamento e alla patria edenica di cui tanti protagonisti del corpus provano tanta nostalgia, Si ricorderà che ne *La trappola*, dove il nascere, il venire al mondo, è letto come cominciamento del morire, si allude all'infanzia (rr. 130-31: «finché siamo piccini, finché il nostro corpo è tenero e cresce e non pesa») come a un provvisorio e inerziale perdurare della libertà prenatale. La sequenza narrativa di cui Amina è soggetto, è perfettamente complementare a quella evocata colà: la moritura si rimpicciolisce, il suo corpo sempre piú si riduce e pesa sempre meno. Quello descritto ne *La trappola* è un disforico rito di passaggio dalla vita-libertà alla forma-morte, quello adombrato in *Piuma* un euforico mito regressivo, nel quale il prolungato morboso tragitto del morire è, specularmente, un sognante ri-vivere e un sorprendente ri-cominciare a vivere in dimensioni (il sogno, il ricordo, le estasi metacroniche) sempre piú pienamente sostitutive della realtà.

65-72. *Gli occhi però ... mogi mogi dal letto*: Amina è praticamente solo occhi, ma i suoi occhi sono dotati d'una tale potenza visiva e percettiva e d'una tale diabolica veggenza che diventano l'unico punto in cui è *a fuoco* non solo il suo ristrettissimo mondo di malata, ma il cosmo. Gli occhi di Amina possono vedere con pari nitidezza sia, microscopicamente, le rugosità e la grana, grossolane, degli aspetti corporei della realtà e dei sentimenti, sia, telescopicamente, i colori e gli aspetti incorporei della vita d'altri tempi e luoghi: vedono perfettamente in tutte le direzioni e lungo l'intero asse del tempo. Letteralmente tutto, in *Piuma*, passa attraverso gli occhi della protagonista e nessun altro sguardo può interferire o incontrarsi col suo: direi che, al limite, neppure il narratore ci prova. È piú che significativo che il segnale inaugurale del racconto sia proprio: «Già s'era accorta che»: Amina si rende conto di tutto, penetra ogni cosa, presagisce ogni evento.

68. *aggruppata*: raggomitolata. Anche qui il comparante animale – in struttura con un accesso nevrotico o patologico – è in agguato: della malata si dice che i dolori le strappano «dalla gola cupi gridi d'animale» e che «la fanno urlare come una belva» (cfr. *Candelora*, rr. 58-59 nota).

cina, sotto i loro occhi. Ciò che ella chiamava «sole», ciò che ella chiamava «aria», quando con una voce che non pareva piú umana diceva «sole», diceva «aria», forse a nessuno dei due pareva che fosse piú lo stesso loro sole, la stessa loro aria. Era difatti come il sole d'un altro tempo, un'aria ch'ella chiedesse da respirare altrove, lontano; perché qui, ora, doveva loro sembrare ch'ella non avesse piú bisogno né di sole né d'aria né di nulla.

Lontano lontano, nel tempo suo lieto, col sole e l'aria d'allora, quand'era bella e sana e gaja e i limpidi occhi di zaffiro avevano fremiti di desiderio o collere ridenti; e dove lucidi, precisi, con tutti i loro colori, quasi riflessi davanti a lei in uno specchio, le vivevano gli aspetti della sua vita, com'era allora.

Si dondolava andando, ma cosí leggera! per quel traforo verde del lungo pergolato opaco, con in fondo il sole abbagliante; le manine rosee appese alle falde del gran cappello di paglia stretto ai lati da un nastro di velluto nero annodato sotto il mento. Oh quella paglia! Sul cristallo azzurro della fontana in fondo al pergolato, ove lei ora corre a specchiarsi, pare un cestello rovesciato.

– Amina! Amina!

Chi la chiama cosí? Scende la scalinata sotto il pergolato. Sulla spiaggia non c'è nessuno. E ora, in barca, sola, col mare agitato, si sente assalita dalle ondate che la sferzano, come di piombo. E si sente acqua, si sente vento; viva in mezzo alla tempesta. E ogni volta, a ogni sferzata, ah! è un divino imbevimento, che la fa quasi nitrire, ebbra. Una forza agile, prodigiosa, tremenda, la lancia, poi la culla spaventosamente. E in questo spavento vertiginoso, che voluttà!

Non bisogna abusarne; se no, è l'affanno di nuovo e il feroce morso di quei dolori al petto che la fanno urlare come

77-82. *Ciò che ella chiamava ... altrove, lontano*: cfr. *Da sé*, rr. 162-71.

98. *Amina*: il nome, che Pirandello non usa altrove mai, è un facile anagramma di *anima*.

99-106. *Chi la chiama ... voluttà*: il passo è una sorta di emblema del piacere narcisistico e onanistico. Poco sotto (rr. 116-17) si legge del resto che Amina ha «l'anima piena della piú angosciosa dolcezza d'amore», ed è palesemente un amore senza oggetto.

102. *si sente acqua ... vento*: si rammenti la definizione della vita data ne *La trappola* (cfr. rr. 87-88 e nota). Giunta a uno stato di appena residuale corporalità, e nella assoluta incorporeità del ricordo, Amina può sperimentare in sé, senza ostacoli e in forma di piacere, la filosofia regressiva del rabbioso pensatore di quella novella.

una belva. No no – bisogna tenerla lontana – cosí – la sua vita, per viverla soltanto lí, nel ricordo.

Oh come le piacciono lí certe giornate di nuvole chiare, dopo le piogge, con l'odore di terra bagnata e nella luce umida l'illusione delle piante e degl'insetti che sia di nuovo primavera. La notte, le nuvole dilagano su le stelle e le annegano, per poi lasciarle riapparire su brevi profonde radure d'azzurro. Ed ella, con l'anima piena della piú angosciosa dolcezza d'amore, ecco, affonda gli occhi in quel notturno azzurro, e si beve tutte quelle stelle.

Poche gocce d'acqua, qualche goccia di latte, ora, e nient'altro. Ma nel sogno cosí, anche a occhi aperti, dov'ella perennemente viveva, venivano a nutrirla in abbondanza i ricordi che per lei erano vita. Le recavano non piú la materialità, ma la fragranza e il sapore dei cibi d'allora, di quelli che piú le piacevano, frutta ed erbe, e l'aria d'allora e la gajezza e la salute.

Come poteva piú morire? Dopo un lieve sonno, la sua anima era pienamente ristorata, e bastava al suo corpo, cosí com'era ridotto, che quasi non era piú, una goccia d'acqua, una goccia di latte.

La grossolanità goffa dei corpi, non solo del marito e della cugina, ma di quanti le s'accostavano al letto era ormai ai suoi occhi, a tutti i suoi sensi acutissimi, d'una gravezza insopportabile, e cagione di ribrezzo e qualche volta anche di terrore. La diafana gracilità delle pinne del suo nasino fremeva, spasimava, avvertendo i nauseanti odori di quei corpi, la densità acre dei loro fiati; e quasi avevan peso per lei anche i loro sguardi quando le si posavano addosso per commiserarla. Sí, sí questa commiserazione, come tutti gli altri sentimenti e desiderii, in quei corpi, avevan peso per lei e anche cattivi odori. Nascondeva perciò spesso la faccia sui guanciali, finché non si fossero allontanati dal letto. Da lontano, con piú spazio attorno alla chiara, aerea levità del suo sogno, li guardava, e dentro di sé ne rideva, come di grosse bestie strane che non potevano vedersi, da sé, come le vedeva lei, condannate all'affanno di stupidi bisogni, di gravi e non pulite passioni.

126-29. *Come poteva ... di latte*: la composizione del vecchio perenne conflitto non può realizzarsi che cosí, con lo svanire d'uno dei due termini del contrasto, con il dissolvimento della corporalità.

Piú che per tutti gli altri rideva tra sé per il marito, quando lo vedeva piantato fermo in mezzo alla camera con la pensosità pesante e lugubre dei buoi. Anche cosí da lontano, gli scorgeva la pelle spungosa, seminata di puntini neri. Certo egli credeva di lavarsi bene ogni mattina; bene come si lavavano tutti gli altri; ma anche a tutti gli altri, per quanto si lavassero, restavano sempre nella pelle tutti quei puntini neri. Poteva scorgerli lei sola, come lei sola scorgeva la granulosità dei nasi e tant'altre cose che, a guardar cosí da lontano, erano per lei divertentissime.

La grossa cugina con gli occhiali, per esempio, non poteva fare a meno d'abbassar le palpebre, appena ella la fissava col capo di solito reclinato giú dal guanciale, sul bianco della rimboccatura del lenzuolo.

In quel bianco, il suo visino quasi spariva, e solo si vedevano, acuti e brillanti, i due grandi occhi di zaffiro, come due vive gemme posate lí.

Ridevano però, ardevano diabolici di riso, non perché sotto gli occhiali della cugina scorgessero grossi e lunghi i peli della ciglia, quasi antenne d'insetto, ma perché ella sapeva bene che la cugina, venendo qua cosí pacifica, con l'aria di niente, ad assisterla, lasciava nelle altre stanze di là un dramma che piú goffo nella sua grossolanità non si sarebbe potuto immaginare: il dramma della sua passione, povera grossa cugina con gli occhiali; il dramma, certo, della sua vergogna e del suo rimorso; ma anche – oh Dio, perdono! – anche de' suoi segreti piaceri carnali col grosso cugino, attossicati da chi sa quante lagrime, poverina!

Avrebbe voluto dirle che, via, non stesse a pigliarsene tanto, perché ella sapeva, aveva indovinato da un pezzo, e le pareva naturalissimo che tutti e due, cugino e cugina, visto che la morte non veniva di qua a liberarli, di là si fossero messi insieme maritalmente, con quei loro grossi corpi – oh Dio, si sa – tentati l'uno verso l'altro dalla vicinanza e dal bisogno d'un conforto reciproco. Naturalissimo. E già due volte, in sei anni, la poverina era stata costretta a sparire, la prima volta per tre mesi, la seconda per due. Perché – si sa, oh Dio – non è senza conseguenze, il piú delle volte, questo cocente bisogno di conforto reciproco. Il marito le aveva detto che era andata in campagna a riposarsi un poco. Glie lo aveva detto però con tale aria smarrita e vergognosa, che certo ella sarebbe scoppiata a ridergli in faccia, se veramente avesse ancora potuto ridere. Ma non poteva, altro che con gli occhi, ormai. Ridere, ridere forte, con la sua bocca rossa, coi suoi denti splendidi, ridere come una pazza, poteva là soltanto, nel sogno vivo in cui si vedeva, con la sua immagine rosea e fresca di salute; e là, sí, là aveva riso riso riso, ma tanto, come una pazza!

Avrebbe forse dovuto pentirsene, come d'un peccato, perché costava necessariamente lagrime agli altri questo suo inutile riso. Ma che poteva farci se non moriva? E del resto, che pentimento, se l'uno e l'altra, stanchi d'aspettare invano la sua morte, s'erano di là accomodati tra loro? Perché non potevano, con lei ancora lí, regolare la loro unione, la nascita dei due figliuoli? Avrebbero dovuto pensarci prima, ai figliuoli! Li avevano fatti e ora piangevano? Per fortuna, certo, i due piccini non potevano ancora prender parte a quel loro affanno, fuori come lei dalla goffaggine delle grossolane e complicate passioni.

N'ebbe la prova, un giorno.

Nell'ampia camera luminosa non c'era nessuno. Di tanto

190-94. *Ridere, ridere ... tanto, come una pazza*: è piú che motivato e piú che plausibile che, con la sua acuita e distaccata sensibilità, la maliziosa moritura trovi ridicola la smarrita bugia del marito. Ma la sua malizia non è innocente, e innocente non è il tanto ridere cui si abbandona nel suo «sogno vivo». In una novella del 1897, «*Vexilla regis...*», un uomo invecchiato si sforza di rievocare l'immagine della giovanissima amante infedele e ne rivede «la bocca accesa dai piccoli denti pari, aperta sempre a un riso vibrante di fremiti» (cfr. NUA[3], p. 338). In *Lumie di Sicilia* (1900) è la prolungata, squillante, risata della ex fidanzata a svelare a un candido innamorato che la sua Teresina s'è perduta ed è per lui perduta. Nell'atto unico *All'uscita*, del 1916 (dunque cronologicamente molto prossimo a *Piuma*), un marito tradito ricorda quasi con raccapriccio la risata della moglie: «gliela sento gorgogliare nelle viscere convulse la tremenda risata, che alla fine proromperà [...] da quella sua feroce bocca rossa tra il taglio dei lucidi denti. Ride come una pazza» (cfr. MN[1], p. 250). In *Ritorno* (rr. 212-14) comparirà una bella donna (amante del padre del narratore-protagonista), il cui sorriso «luceva sui denti tra le labbra rosse». Nella novella del 1931, *Uno di piú*, una bimba non potrà piú liberarsi dal ricordo della «risata cosí crudele, quasi da folle» della madre, né da quello della sua bocca «sanguigna». Tutti i casi citati hanno a che fare, in modo e misura diversi, con la sessualità femminile. Il riso femminile e le labbra rosse schiuse sui denti sono sempre, in qualche modo, ambivalenti metonimie che alludono all'adescamento, alla seduzione, all'offerta, all'impudenza, al piacere sessuale. Dunque anche il «ridere forte, con la sua bocca rossa, coi suoi denti splendidi, ridere come una pazza» del sogno di Amina, fa di quel sogno il luogo, onirico e perciò incensurato, dell'appagamento carnale che le è precluso nelle sue veglie di malata senza piú corpo. Nella realtà, Amina è anima, è un angelo diafano e lieve; nel sogno è piuttosto una bimba perversa (si veda del resto la comparativa finale).

in tanto alla cugina faceva comodo credere ch'ella dormisse e che poteva perciò lasciarla sola, non ostante l'espressa raccomandazione del marito. (S'erano messi insieme i due, ma certo in un modo molto curioso, salvando cioè nei loro cuori grossi ma teneri l'affetto per lei, un affetto che appariva tanto piú comico quanto piú si dimostrava sincero e commovente, ma che pur forse doveva dare alla cugina, qualche volta, una cert'ombra di gelosia, se egli, per esempio, nel sostenerla negli accessi del male, le ravviava con dita tremanti i lunghi capelli d'oro, ricordo d'intime carezze lontane).

Quel giorno, la cugina la aveva lasciata con tanto d'occhi aperti; ma non importa: doveva credere che dormisse, ed era uscita da un pezzo dalla camera, quando a un tratto l'uscio s'era schiuso ed era entrata una grossa bamboccetta con gli occhiali, che reggeva con un braccino sul petto una bambola tignosa, in camicino rosso e senza un piede, e nell'altra mano una mela sbocconcellata. Smarrita e titubante, pareva una pollastrotta scappata dalla stia e penetrata per caso in un salotto.

Ella, sorridente, le aveva fatto cenno con la mano d'accostarsi al letto; ma la bimba era rimasta come incantata a mirarla da lontano.

Con gli occhiali, povera mimma, chi sa qualcuno non volesse credere di chi era figlia; ma ben pasciuta poi, sana, placida e – si poteva giurare – perfettamente ignara dell'affanno che aveva dovuto costare alla madre il metterla al mondo illecitamente; ignara e beata de le belle rosse mele che si potevano intanto mangiare, cosí con tutta la buccia e col solo ajuto dei dentini, in questo illecito mondo, dove per lei forse solamente alle bambole poteva capitare la disgrazia di perdere un piede e il parrucchino di stoppa.

Volle avere pietà; e quando, poco dopo, la madre accorse tutta sossopra e quasi atterrita a ritirar di furia quella bimba

225. *pollastrotta*: nel corso di tutta la novella, la corporalità rinvia immancabilmente al campo metaforico dell'animalità. I registri emotivi e connotativi sono molto diversi: si va dal vezzeggiativo affettuoso della «pollastrotta» al diminutivo fiabesco della «formichetta» (r. 35) alla delicata fragilità di «quegli insetti d'estate che, a toccarli appena, son lieve polvere d'oro tra le dita» (rr. 49-50); dalla belluinità delle grida di sofferenza della protagonista malata (r. 53) alle «grosse bestie strane» (rr. 143-44) che la circondano, alla cugina in forma di mostruoso insetto (rr. 165-66) e al marito-bue greve e triste (rr. 148-149). Ma, in tutti i casi, il corpo e la bestialità sono inseparabili. Cfr. anche le osservazioni fatte a proposito di *Scialle nero* (r. 959 nota).

230. *mimma*: (onomatopea infantile vezzeggiativa) bimba.

dalla camera, ove certo s'era introdotta eludendo la rigorosa vigilanza, chiuse gli occhi e finse di dormire davvero. Finse di dormire anche quando la cugina, ancora tutta rimescolata, venne a riprendere il suo posto d'assistenza presso il letto; ma, Dio Dio, che tentazione d'aprire a un tratto gli occhi ridenti e di domandarle all'improvviso:

«Come si chiama?»

Sí, via, bisognava un giorno o l'altro venire a questa risoluzione. Chi sa quali disordini cagionava di là il mantenere ancora, qua, tutto questo inutile mistero! E poi anche si moriva dalla curiosità di sapere se l'altro figliuolo fosse un bamboccetto o un'altra bamboccetta, e se anche questa seconda, per non sbagliare, fosse con gli occhiali.

Ma s'infranse da sé il mistero, in un modo inopinato, pochi giorni dopo l'entrata furtiva di quella bimba nella camera.

Urli, pianti, fracasso di seggiole rovesciate, un gran subbuglio, quel giorno, venne dalle stanze di là, nell'ora del desinare. Ella indovinò che qualcuno era trascinato con molto stento, sorretto per la testa e pei piedi, da una stanza all'altra, dalla sala da pranzo a un letto. Il marito? Un colpo d'apoplessia? I pianti, gli urli erano disperati. Doveva esser morto.

Non per lei, che da tanto tempo stava qui ad aspettarla, sua preda accaparrata, ma per un altro che non se l'aspettava, la morte era entrata nella casa. Era entrata, forse passando innanzi all'uscio schiuso di quella camera bianca; forse s'era fermata un momento a guardarla sul bianco letto; poi s'era introdotta di là nella sala da pranzo per picchiar di dietro col dito adunco sul cranio lucido del grosso marito intento a divorare senza sospetto il suo pranzo quotidiano.

Doveva ora piangere di questa disgrazia? Era per quelli che restavano in vita. Le feste, i lutti, le gioje, i dolori degli altri non erano piú da gran tempo per lei, che dal suo letto li considerava solo come buffi aspetti di qualche cosa che piú non la riguardasse. Era anche lei della morte. Quell'esile filo di vita che conservava ancora, serviva per condurla fuori, lontano, nel passato, tra le cose morte, in cui solo il suo spirito viveva ancora, non chiedendo altro di qua, alla vita degli altri, che una goccia d'acqua, una goccia di latte; non poteva dunque legarla piú a questa vita degli altri, ormai estranea a lei, come un sogno senza senso.

Chiuse gli occhi e aspettò che di là quel subbuglio a poco a poco si quietasse.

Dopo alcuni giorni vide entrare nella camera, vestita di nero, tra le due bambine vestite anch'esse di nero, la grossa cugina con gli occhiali, disfatta dal pianto. Le si piantò come un incubo lí davanti al letto; poi prese a sussultare, arrangolando; e infine stimò giustizia gridarle in faccia tra infinite lagrime la sua disperazione, mostrando le due piccine orfane, e il danno ormai irreparabile ch'ella aveva fatto loro non morendo prima. Come, come sarebbero rimaste adesso quelle due piccine?

Ella ascoltò da prima sbigottita; ma poi, protraendosi a lungo lo spettacolo un po' teatrale di quella disperazione pur sincera, non ascoltò piú; fissò l'altra bimba che ancora non conosceva e notò con piacere che questa era senza occhiali. Le parve un refrigerio sentirsi cosí esile, quasi impalpabile, tra il fresco delle lenzuola bianche, bianca, di fronte a tutto quel nero angoscioso tempestoso bagnato di lagrime, che involgeva e sconvolgeva la grossa cugina; e ben buffo le parve, che se lo fosse assunto lei, cosí, il lutto del marito, e lo avesse anche imposto a quelle due povere piccine che fortunatamente avevano l'aria di non ricordarsi piú di nulla e una gran maraviglia avevano negli occhi spalancati d'esser penetrate finalmente in quella camera proibita e di veder sul letto lei che le guardava con curiosità affettuosa.

Non comprendevano, certo, quelle due bambine ch'ella avesse loro fatto un gran danno, quel gran danno che la loro mamma gridava cosí disperatamente. Ma non c'era proprio rimedio? nessun rimedio? Lo chiese a nome delle due piccine, per risparmiar loro lo sbigottimento di tutto quel pianto e di tutte quelle grida. C'era? E dunque, perché quel pianto e quelle grida? di che si trattava? di lasciar tutto ciò che ella possedeva a quelle due piccine? Ma subito! ma pronta! Veramente, per sé, ella credeva di non possedere piú altro che quell'esile filo di vita, il quale aveva soltanto bisogno di qualche goccia d'acqua, di qualche goccia di latte. Che le importava di tutto il resto? Che le importava di lasciare agli altri ciò che non era piú suo da tanto tempo? Era una faccenda difficile e molto complicata? Ah sí? e come? perché? Ma

288-89. *arrangolando*: mugolando nel pianto rabbioso.

294-96. *ascoltò ... non ascoltò piú*: per questa teatralità delle passioni, cfr. *Pena di vivere cosí*, rr. 157-59 e nota.

dunque davvero era una goffaggine insopportabile la vita, se una cosa cosí semplice poteva diventar difficile e complicata.

E le parve di vedersela entrare in camera, alcuni giorni dopo, la complicata goffaggine della vita nella persona d'un notajo, il quale alla presenza di due testimonii, prese a leggerle un atto interminabile, di cui non comprese nulla. Alla fine, con molta delicatezza, si vide presentare un oggetto che non vedeva piú da tanto tempo. Una penna, perché apponesse la firma a quell'atto, non solo in fondo, ma parecchie volte, in margine a ogni foglio di esso.

La sua firma?

Prese la penna; la osservò. Quasi non sapeva piú reggerla tra le dita. E alzò poi in faccia al notajo i limpidi occhi di zaffiro con un'espressione smarrita e ridente. La sua firma? Aveva ancora dunque il peso d'un nome ella? un nome da lasciare là su quella carta?

Amina... e poi come? Il nome di zitella, e poi quello di maritata. Oh, e anche *vedova* bisognava mettere? Vedova... lei? E guardò la cugina. Poi scrisse: *Amina Berardi del fu Francesco, vedova Vismara*.

Rimase a contemplarla un pezzo quella sua incerta scrittura sulla carta. E le parve cosí buffo che si potesse credere che in quel rigo di scrittura lí ci fosse veramente lei, e che gli altri se ne potessero contentare, non solo, ma se ne beassero tanto, come d'un atto di grande generosità, che costituiva una vera fortuna per le due povere piccine vestite di nero, quella firma. Sí? E ancora, dunque! ancora... *Amina Berardi del fu Francesco, vedova Vismara*... Per lei era come uno scherzo, strascicare quel lungo nome goffo su per tutti quei fogli di carta bollata, come una bambina parata da grande, la lunga coda della veste di mamma.

349-52. *Sí? E ancora ... carta bollata*: alcuni anni piú tardi, nell'ultimo paragrafo di *Uno, nessuno e centomila*, Vitangelo Moscarda dirà: «Non è altro che questo, epigrafe funeraria, un nome. Conviene ai morti. A chi ha concluso. Io sono vivo e non concludo. La vita non conclude. E non sa di nomi, la vita» (cfr. R^2, p. 901). Neppure Amina conclude, anche Amina è misteriosamente viva. E non pensa minimamente alle due epigrafi funerarie già contenute in quel suo lungo nome, né alla propria. Mentre la vita che non le appartiene piú continua a svolgersi coi suoi riti cruenti di nascita e morte e a dibattersi nelle angustie delle necessità, per lei quel nome non è piú né significato né significante, è «come uno scherzo», un lieto scarabocchio infantile disegnato e ripetuto per gioco e per piacere.

Pena di vivere cosí

Silenzio di specchio. E la fresca lindura di quelle tendine di mussola alle finestre. E quest'odore di cera ai pavimenti. Da undici anni cosí, la casa della signora Léuca.

Ma ora s'è fatta nelle stanze come una strana sordità. I

Pena di vivere cosí. Il lungo racconto fu pubblicato la prima volta in «Il nuovo romanzo mensile» il 15 dicembre 1920, e tre anni piú tardi entrò a far parte del sesto volume delle «novelle per un anno», *In silenzio* (Bemporad, Firenze 1923). Fu poi ristampato, insieme alle novelle comprese nei primi otto volumi dell'edizione Bemporad, in L. Pirandello, *Novelle per un anno*, a cura di M. Lo Vecchio - Musti e A. Sodini, vol. I, Mondadori, Milano 1937 (collezione «Omnibus»); e in quella sede i curatori pubblicarono un testo parzialmente «rielaborato» da Pirandello, come essi avvertirono, «nell'autunno del '36» (vale a dire nei mesi immediatamente precedenti la morte). Quest'ultima stampa procura in tal modo un testo che rappresenta fino a un certo punto uno strato correttorio databile al 1936 e, oltre quel punto, la lezione bemporadiana del 1923. Tale scelta ha fatto tradizione, e da allora la novella è stata riproposta cosí. Persuaso che di un testo vada sempre fornita, quando è possibile, una lezione omogenea, preferisco riprodurre l'ultima redazione sicuramente approvata e licenziata nella sua interezza da Pirandello, ossia quella del 1923.

titolo. *Pena di vivere cosí*: molti anni prima, sul diverso registro verbale che gli era proprio, Mattia Pascal aveva raccontato d'essere scappato da casa e dal paese proprio «non sapendo piú resistere alla noja, anzi allo schifo di vivere a quel modo» (cfr. R[1], p. 372). Ma l'espressione «pena di vivere cosí» compare in entrambe le prime due stampe della novella *La cattura*, quella del 1918 su «Aprutium»: «I rami degli alberi sporgenti dalle muricce screpolate, le alte siepi di fichidindia polverose e, qua e là, i mucchi di brecciale gli parevano nella loro immobilità e in quel silenzio e in quell'abbandono, come gravati dalla sua stessa pena infinita: la pena di vivere cosí...», e quella del 1919 nella raccolta *Il carnevale dei morti*; «[...] dalla sua stessa pena infinita. Pena di vivere cosí...» (cfr. NUA[3], p. 1227). Scompare viceversa, quasi per un puntiglioso scrupolo di divaricazione, nella ristampa del 1928, successiva alla pubblicazione di *Pena di vivere cosí.*

2. *mussola*: tessuto di cotone leggerissimo.

3. *Léuca*: ancora una volta, il nome letterario non è, come invece nella realtà, un indice vuoto: in greco, *leukós* significa bianco, candido, chiaro, limpido.

chiari arredi, i lucidi mobili par che stiano sospesi in uno sgomento d'attesa, alla notizia incredibile.

Come ha potuto dir di sí, la signora Léuca? Dunque davvero il marito, dopo undici anni di separazione, tornerà a convivere con lei?

Di là, intanto, quel *tic* e *tac* lento e staccato della pèndola grande. Séguita ancora nel silenzio quella pèndola a battere le ore e le mezz'ore, come se non sapesse nulla e il tempo dovesse continuare a scorrere sempre allo stesso modo.

Nulla pare ne abbian capito dapprima nemmeno i mobiletti del salotto, che pur videro venire quell'avvocatino Aricò che la signora Léuca chiama con le amiche «grillo vecchio». Perorò, perorò a lungo quell'avvocatino; se n'andò, badando a ripetere fino all'ultimo:

– Eh, la vita... la vita...

E si stringeva nelle spallucce, socchiudendo i grossi occhi ovati nel visetto olivigno, e stirava penosamente il magro collo per spingere su e su, dall'angustia delle spalle cosí strette, la punta del piccolo mento aguzzo.

Tutt'intorno nel salottino (che ha l'impiantito sensibilissimo) fu allora un tintinnire d'oggettini di vetro e d'argento; quasi che le gocciole dei candelabri dorati su la mensola, i bicchierini della rosoliera sul tavolino da tè facessero una risatina arguta a commento del lungo sospiroso discorso, anche per conto della loro bella padrona che in quel momento sorridere, certo, non poteva: lí, alta e dritta, la signora Léuca, e cosí fresca e cosí bianca e rosea, con le piccole lenti in cima al naso affilato, davanti a quel cosino verde e nero che si storceva tutto per licenziarsi, ancora una volta ripetendo sulla soglia dell'uscio:

13. *sempre allo stesso modo*: il motivo ambientale e temporale della quiete ordinata e senza variazioni proviene direttamente dalla novella del 1918 *Caffè notturno* (confluita poi, col titolo *La morte addosso*, nel medesimo volume delle «novelle per un anno» che comprende *Pena di vivere cosí*). Il protagonista, incurabilmente malato, dichiara di non potere piú «goder dell'ordine perfetto di tutte le stanze, della lindura di tutti i mobili, di quel silenzio di specchio che c'era prima in casa mia, misurato dal tic-tac della pendola nel salotto da pranzo» (cfr. NUA^2, p. 61).

21. *ovati*: a mandorla. – *olivigno*: di colorito olivastro.

24-25. *impiantito sensibilissimo*: pavimento elastico, che vibra non appena vi si cammini. Ma è chiaro che la *sensibilità* dell'impiantito è uno degli elementi della vita ritrosa e schiva che anima le cose di casa.

26. *gocciole*: i pendenti di vetro o di cristallo.

27. *rosoliera*: recipiente di cristallo per liquori.

– La vita... la vita...

Credevano, tutti quegli oggettini di vetro e d'argento, che dovesse per lo meno negar col capo la signora Léuca, a quell'esclamazione dell'avvocatino Aricò. La vita? Eh già, proprio quella, la vita! Una vergogna da non potersi neanche confessare? una miseria da compatire cosí, stringendo le spalle, socchiudendo gli occhi e levando il mento, come se fosse anche un ben duro e amaro boccone da ingozzare? E che cos'era allora questa che da undici anni lei, la signora Léuca, aveva saputo farsi qua, in questa sua casa monda e schiva, ma pur lieta delle discrete visite di tanto in tanto delle buone amiche del patronato di beneficenza, e di quel bravo signor Cesarino, l'organista, e del vecchio parroco di Sant'Agnese? Non era vita questa che si godeva qua nella santa pace inalterabile, qua in tanta lindura d'ordine, in questo silenzio, tra il *tic* e *tac* lento e staccato della pèndola grande, che batte le ore e le mezz'ore con un suono languido e blando entro la cassa di vetro?

Alla parrocchia di Sant'Agnese è corsa a dar l'allarme, come una colomba spaventata, la brava signorina Trecke del patronato di beneficenza.

– La signora Léuca... la signora Léuca, col marito...

Lo spavento è diventato stupore, lo stupore s'è quasi liquefatto in un sorriso vano dell'ampia bocca sdentata, davanti al placido assentimento del capo, con cui il vecchio parroco ha accolto la notizia già nota.

46-47. *quel bravo signor Cesarino*: proprio il signor Cesarino è uno dei motivi per cui mal si giustificherebbe la stampa della lezione semirielaborata del 1937. Fa infatti un curioso effetto leggere un racconto in cui, dopo che si è conosciuto come organista e segretario del parroco un certo «signor Ildebrando», al r. 1623 riemerge a un tratto un ignoto signor Cesarino, il quale altri non è che Ildebrando cui Pirandello non ha fatto in tempo a far cambiare nome.

50-51. *il tic e tac ... mezz'ore*: cfr. rr. 10-12. La materiale ripetitività del discorso è in qualche modo l'allegoria linguistica dell'iteratività immobile e sempre uguale della vita della signora Léuca, in casa (altrettanto vale, beninteso, per gli «oggettini di vetro e d'argento» dei rr. 25 e 36) e fuori (si noti anche il «patronato di beneficenza» dei rr. 46 e 55). La cerchia è cosí ristretta, la temperatura vitale cosí costante e rarefatta, la pulizia cosí accurata che, si direbbe, bastano poche parole, e sempre le stesse, a descriverle. Altre successive ripetizioni di parole, come il «disgusto» o l'«insudiciare», saranno altrettante attualizzazioni linguistiche di fobie e meccanismi di difesa, e quasi coazioni a ripetere.

59. *assentimento del capo*: segno di approvazione fatto con la testa.

Lunga di gambe, corta di vita e con la schiena ad arco, ancora bionda a sessantasei anni, la signorina Trecke, mezzo russa, mezzo tedesca, ma piú russa forse che tedesca, convertita dalla buon'anima di suo cognato al cattolicesimo e zelantissima, ha conservato nel viso pallido e flaccido gli azzurrini occhi primaverili dei suoi diciott'anni, come due chiari laghi che tra la desolazione s'ostinino a riflettere i cieli innocenti e ridenti della giovinezza, quasi che molti nuvoloni tempestosi non fossero passati da allora tante volte a offuscarli. Cosí, la sua bontà, che pure è vera, assume spesso apparenze d'ipocrisia. Ma, pur troppo, tra la fede e l'esperienza della vita è in lei un continuo e dolorosissimo contrasto. Non volendo che l'amarezza di quest'esperienza insidii e corroda la saldezza di quella fede, la signorina Trecke manifesta la sua bontà come affatto ingenua e inesperta, vale a dire come proprio non è. E questo provoca tanta stizza in chi le è amico, perché ciascuno pensa ch'ella dovrebbe riconoscere che piú merito avrebbe della sua bontà se la manifestasse come superstite vittoriosa di tutte le tristezze della vita, anziché cosí, come ingenua ispirazione d'una fede non sperimentata.

Liquefatta in quel sorriso vano, ella comincia a domandare con una meraviglia compunta e accorata, se il signor Marco Léuca, marito della signora Léuca, è dunque veramente degno di pietà, cosa che ella non ha neppur lontanamente supposto, perché – saran forse calunnie, se il signor parroco approva la riconciliazione – ma non ha tre figli, tre femminucce, questo signor Léuca, là, con una donnaccia? E che farà ora? le abbandonerà, per riconciliarsi con la moglie? Ah, no? E che, allora? Due case? Qua, la moglie; e là, quell'altra con le tre figliuole?

– Ma no... ma no... – si prova a rassicurarla il vecchio parroco con la consueta placidità soffusa di mite aria protettrice.

(C'è le catacombe, a Sant'Agnese, e anche la chiesa sotterranea, là, cupa e solenne; ma poi la casa parrocchiale, qua, è in mezzo a un verde cosí dolce e chiaro e con tanto aperto

90-91. *Due case? ... tre figliuole?*: su tutt'altro registro, il motivo delle «due case» e dei figli adulterini era stato sviluppato nella novella del 1906 *Richiamo all'obbligo* (cfr. NUA[3], pp. 100-1), dalla quale Pirandello aveva cavato, nel 1919, l'apologo in tre atti *L'uomo, la bestia e la virtú*.

95. *C'è le catacombe, a Sant'Agnese*: si tratta della basilica romana di Sant'Agnese fuori le Mura, eretta sulle catacombe dov'era sepolta la santa.

davanti e tanta aria e tanto sole. E si vede negli occhi limpidi del vecchio parroco e si sente nella calda voce di lui il bene che fanno, non pure al corpo, ma anche all'anima tutta quell'aria e quel verde e quel sole).

– No, cara signorina. Niente, due case. Niente, abbandono. E neppure una vera e propria riconciliazione. Avremo, se Dio vorrà, un semplice amichevole riavvicinamento; qualche visitina di tanto in tanto, ecco; e basterà cosí. Per un po' di conforto.

– A lui?

– Ma sí, a lui. Opera di carità. Un po' di sollievo alla colpa che pesa. Il balsamo d'una buona parola al rimorso che punge. Non ha chiesto altro; né la nostra eccellente signora Léuca avrebbe potuto accordargli altro. Stia tranquilla.

Le posa come se fossero cose, le parole, il signor parroco: solide cose, pulite, levigate – là, là e là. Ma bisognerebbe dire a quel signor Cesarino di non approvare intanto cosí col capo. Se ne sente finir lo stomaco la brava signorina Trecke.

– E allora, potrei anche invitarlo a tavola, a casa mia?

– Ma no. Che c'entra lei?

– Se se ne deve aver tanta pietà... Mia nipote dice d'averlo conosciuto.

– Lei farebbe bene, cara signorina, a sorvegliare un po' sua nipote.

– Io? E come potrei io, signor parroco? Non le sto dando ora stesso una prova, che non capisco proprio nulla io? Propro nulla... proprio nulla...

E cosí dicendo, apre le braccia piú volte e s'inchina per andar via, ancora con quel sorriso sulle labbra e gli occhi infantili velati di pena per questa incorreggibile ignoranza, che sempre, Dio mio, la affliggerà.

Tre giorni dopo, il signor Marco Léuca, accompagnato dall'avvocatino Aricò, fece la sua prima visita alla moglie.

Tutto arruffato, arrozzito, malandato, irto di commozione, che spettacolo vederlo là, tra quella specchiante lindura di casa, tra quei mobiletti gracili, nitidi e quasi gelosi della loro castità!

Cinque minuti senza poter parlare, ad arrangolare come

115. *finir lo stomaco*: stomacare.
131. *arrozzito*: divenuto piú rozzo.
135. *arrangolare*: mugolare affannosamente.

una bestia, con un tremore spaventoso di tutto il corpo. E che terrore, poi, che balzo, che scompiglio, quando, non potendo parlare, afferrato e costretto dalla disperazione, si buttò a terra in ginocchio davanti alla moglie, su quell'impiantito sensibilissimo del salottino!

La signora Léuca, che stentava ancora a riconoscerlo, cosí cangiato, cosí arrozzito, cosí invecchiato dopo undici anni, avrebbe voluto accostarsi per sollevarlo, ma non riusciva a vincere il ribrezzo e lo spavento, e si tirava indietro, invece, per non vederselo cosí davanti in ginocchio, e gemeva:

– Ma no... Dio, no!

Le toccò ripeterla piú volte quest'esclamazione con crescente sgomento, ed ebbe quasi la tentazione di scapparsene di là, d'andarsi a nascondere, allorché, a un certo punto, le parve proprio ch'egli s'azzuffasse con l'avvocatino Aricò. Questi infatti gli era saltato addosso e gli gridava irritatissimo di non far cosí e di alzarsi e di star tranquillo e composto, e lui l'aveva respinto con una bracciata per mostrarsi a lei in tutta la sua disperazione, in tutta la sua abiezione. Voleva alzare la faccia disfatta, da terra, a guardarla, e non poteva; e restava lí, Dio, restava lí, con la vergogna ora, certo, del suo atto teatrale mancato, che pur avrebbe voluto sostenere fino all'ultimo, poiché vi era stato trascinato dalla foga d'un sentimento sincero, dalla speranza, forse, che ella se ne sarebbe lasciata commuovere, intenerire fino a fargli, chi sa! con

157-59. *atto teatrale* ... *sincero*: cfr. il precedente di *Piuma*, rr. 294-96. Quest'idea della teatralità di atti sentimentalmente sinceri, presente nella novella fin dalla redazione del 1920, era destinata ad avere sviluppi importanti in testi fondamentali di quegli anni. Anzitutto nei *Sei personaggi in cerca d'autore* (1921), dove il Padre (figura diversa, certo, ma per alcuni aspetti non remotissima da quella di Marco Léuca), indiziato per la sua rotondità di eloquio d'avere già recitato, ribatterà: «Ma no, signore: quel tanto che ciascuno recita nella parte che si è assegnata, o che gli altri gli hanno assegnato nella vita. E in me, è la passione stessa, veda, che diventa sempre, da sé, appena si esalti – come in tutti – un po' teatrale» (cfr. MN, p. 97). E poi, nel 1922, in *Enrico IV*, là dove il freddo Belcredi, parlando dell'amico-nemico da giovane, ne descriverà i momenti di esaltazione come momenti di sincerità appassionata subitamente raggelati e trasformati in iperbole teatrale da un eccesso di autocoscienza della teatralità della loro apparenza: «Non dico che simulasse l'esaltazione. Al contrario, anzi; s'esaltava spesso veramente. Ma potrei giurare [...] che si vedeva subito, lui stesso, nell'atto della sua esaltazione [...] quella subitanea lucidità di rappresentazione lo poneva fuori, a un tratto, d'ogni intimità col suo stesso sentimento, che gli appariva – non finto, perché era sincero – ma come qualche cosa a cui dovesse dare lí per lí il valore... che so? d'un atto d'intelligenza, per sopperire a quel calore di sincerità cordiale, che si sentiva mancare» (cfr. MN, p. 335).

quella sua mano bianca una lieve carezza su quei vecchi capelli che da tanto tempo non sapevano piú nessuna carezza, di nessuna mano.

Dio mio, ma poteva far questo lei, la signora Léuca? Egli avrebbe dovuto capirlo.

Commiserazione, sí, compatimento può aver per lui, carità, come per tutti quei disgraziati che al pari di lui senton la vita come una fame che insudicia e non si sazia mai. La vita! Cosí, ecco, com'egli ora l'ha scritta in faccia, con una violenza che comincia a rilassarsi sguajatamente. Che brutto segno, quel labbro inferiore che gli pende bestialmente... E quegli occhi bolsi, torbidi, addogliati... Ma verrà qua ora, di tanto in tanto – ecco, sí, come dice l'avvocato – per respirare un po' di pace, per ristoro dello spirito, ora che i capelli si son fatti grigi – lei anzi li ha tutti bianchi come la neve – e risentire la dolcezza della casa, benché...

– Benché?

– La dolcezza della casa, lei dice, avvocato?

La signora Léuca sa bene che non è mai nella casa che ci facciamo noi, per quanto cara ci sia, la dolcezza, il sapore, quel sapor vero di famiglia che fu là, in un'altra casa lontana, nella casa che altri aveva fatto per noi, dove fiorí la nostra infanzia, sotto gli occhi, tra le cure della mamma nostra; e che è vano cercarla qua, ora, questa dolcezza, questo sapor di famiglia che non si può piú trovare.

168. *una fame ... mai*: è in primo luogo l'innominabile appetito sessuale, il cui sudiciume appare del tutto represso nella «lindura» domestica della signora Léuca.

169. *ecco*: l'interiezione iterata, che reca l'impronta indelebile del parlato, diventa quasi un intercalare del pensiero e della riflessione, ed è un segnale lieve ma ostinato del registro discorsivo sotteso al racconto, ossia dell'indiretto libero.

172. *bolsi*: gonfi (nella rielaborazione l'aggettivo sarà sostituito dall'espressione «quelle borse nere intorno agli»).

179-85. *La signora Léuca sa bene ... piú trovare*: viene puntualmente ripreso un motivo che era stato nucleare ne *La veste lunga* ed era stato sviluppato nei *Colloqui coi personaggi* (1915): «Eh! perché la vita, figlio, tu lo sai, noi la diamo ai figli perché la vivano loro e ci contentiamo se qualcosa ancora di riflesso ne venga a noi; ma non ci sembra piú nostra; la nostra, per noi, dentro, resta sempre quella che non demmo ma che ci fu data, a nostra volta; quella che, per quanto nel tempo s'allunghi, serba dentro pur sempre il primo sapore d'infanzia e il volto e le cure della mamma nostra e di nostro padre e la casa d'allora com'essi la avevano fatta per noi...» (cfr. NUA^3, p. 1147). Rielaborando il testo, Pirandello sacrificò questo importante, ma meno pertinente, motivo collaterale, per sottolineare un aspetto ben altrimenti legato alle inquietudini e alla scontentezza della protagonista, e riscrisse: «La signora Léuca sa bene che non ha piú nessuna dolcezza la sua casa; solo una gran quiete».

– Sapesse quante cure, quanti fastidii...

E anche poi quella pace... No, la signora Léuca non saprebbe neppur dire che le pesi o che le aduggi la fresca serenità dell'animo. Anzi dice che è contenta cosí, lei. Legge, lavora per sé e per i poveri, va in giro con le amiche del patronato di beneficenza, va in chiesa, esce anche spesso per compere o per andare dalla sarta (ché ancora le piace vestire a modo), va quando deve dall'avvocato Aricò che ha cura dei suoi beni, e insomma non sta in ozio un momento. È contenta cosí, certo, poiché Dio non volle che fosse contenta altrimenti e che la sua vita avesse altri piú intimi affetti.

Ma c'è pure questo silenzio! questo silenzio che alle volte, tra un punto e l'altro della maglietta di lana per una bimba povera del quartiere, o tra un rigo e l'altro del libro che ha tra mano, pare sprofondi tutt'a un tratto nel tempo senza fine, e vi renda vani o, piuttosto, sconsolati ogni pensiero, ogni opera. Gli occhi si fissano su un oggetto della stanza e, per quanto lí da tanto tempo e familiare, quell'oggetto è come se non l'avessero mai visto, o come se tutt'a un tratto si fosse votato d'ogni senso e non se ne vedesse piú la ragione; e cosí di ogni altra cosa. Questo silenzio, questo silenzio, che alle volte fa rimpiangere... no, nulla di ciò che è stato, forse; nulla piú, ormai... – ma quello che non si è avuto, che non si è potuto avere... E allora una certa pena anche, non pena piú veramente, un certo senso di disgusto, ecco, che le si fa quasi stizza dentro, per l'inganno che il suo stesso cuore un tempo le fece, di potere esser lieta, anzi felice, sposando un uomo,

188. *aduggi*: intristisca, inaridisca (come l'ombra aduggia e fa intristire le piante).

202-6. *Gli occhi si fissano ... ogni altra cosa*: una analoga impressione aveva provato, due anni avanti, il vecchio Guarnotta de *La cattura* (1918), sequestrato a scopo di estorsione e lungamente isolato nella sua segregazione rupestre: «Le giornate gli passavano, in quel silenzio d'altura, quasi fuori del tempo, vuote d'ogni senso e senza scopo. In quella vacuità sospesa anche la stessa intimità della coscienza gli cessava: guardava la sua spalla e la creta accanto della grotta, come le sole cose che esistessero; e la sua mano, se vi fissava gli occhi, come se esistesse, cosí, solo per se stessa; e quel sasso e quello sterpo, in un isolamento spaventoso» (cfr. NUA^3, p. 33). Si rammenti anche *Da sé* (rr. 127-29): «aveva avuto l'impressione strana che tutte le cose, a un tratto, proprio gli si fossero votate d'ogni senso, tutta la vita gli si fosse fatta vana». Il motivo perverrà fino alla tarda *Un'idea* (1934), dove si leggerà: «Ah se davvero per prodigio si fosse spenta la vita della città! Seduto come un mendico sul paracarro all'imboccatura della via, davanti la piazza, rimarrebbe come quei fanali vani a mirare e sostenere la stupefazione immota di tutte le cose ormai vuote per sempre d'ogni senso» (cfr. NUA^3, p. 648).

206-9. *Questo silenzio ... non si è potuto avere*: cfr. *La carriola*, rr. 66-83.

che... – un uomo, insomma. Non sa piú neanche disprezzarlo, ormai, la signora Léuca.

– La vita...

Pare che debba esser cosí. Questo, ecco, il disgusto. Non come il suo cuore, da giovinetta, la sognò; ma questa, cosí. Una miseria che... – Dio mio, sí, forse è peccato dirlo – ad accostarcisi, pare debba proprio insudiciare. Da compiangere fors'anche; certo anzi da compiangere, perché ogni piacere è poi pagato a prezzo di lacrime e di sangue. Ma non è facile.

Per vincere questo disgusto, questo ribrezzo, per rispondere al signor parroco che le ha domandato: – «Ma chi ha detto, in nome di Dio, che la carità debba esser facile?» – ella s'è lasciata persuadere a ricevere il marito di tanto in tanto, cosí, per una breve visitina, ora che l'odio, il disprezzo di prima si sono cangiati in questa commiserazione, che non è propriamente per lui solo, ma in genere per tutti quei disgraziati che sentono la vita come lui.

Ha riconosciuto, la signora Léuca, che molte delle opere di carità a cui attende sono anche un modo per lei d'occupare il tempo. Fa, è vero, anche piú di quanto potrebbe; si stanca a salire e scendere tante scale e vince spesso con la volontà la stanchezza degli occhi e delle mani nel lavorare per i poveri fino a tarda notte, talvolta; e dà in beneficenze gran parte delle sue rendite, privandosi anche di cose che per lei non sarebbero al tutto superflue. Ma un vero e proprio sacrifizio, ecco no, non può dire che lo abbia fatto, come sarebbe vincere quel disgusto, quel certo orrore che nasce dalla propria carne al pensiero d'un contatto insoffribile, o rischiar di rompere quell'armonia di vita schiva, raccolta in tanta lindu-

219-20. *Da compiangere ... da compiangere*: il passaggio affrettato e ansioso dal «forse» al «certo» dice abbastanza del terreno psicologicamente scivoloso sul quale la signora Léuca si muove. E la quasi identità segnica del «rimpiangere» (r. 207) e del «compiangere» scopre, con l'alto rischio del *lapsus*, la pericolosità delle sue riflessioni. La signora Léuca sente che «non è facile» il cammino che si impone: non è facile infatti compiangere il piacere anziché rimpiangerlo. Anche il «disgusto» e il «ribrezzo» non sono la risposta d'uno sdegno morale, ma i segni della repressione che la censura esercita su un moto di repulsione-attrazione.

241-42. *quell'armonia di vita ... lindura d'ordine*: questo è un polo vitale. L'altro è stato definito ai rr. 218-19, dove la vita viene sentita come «una miseria che [...] ad accostarcisi, pare debba proprio insudiciare». Il guaio sta proprio qui, nel fatto che tra questo abbandono alle lutulente pulsioni dell'Es e quell'inappuntabile adeguamento ai dettami del Super-io, una terza via non si dà e, non dandosi, l'io risulta del tutto schiacciato e sacrificato. Come sempre, tra i due corni della contraddizione, tra sudiciume e lindura, non esiste mediazione possibile.

ra d'ordine, con un atto a cui pure una carità piú altamente e profondamente sentita la dovrebbe indurre.

Ha paura che non potrà mai farlo, per la semplice ragione che non sentirà mai veramente d'averlo fatto, anche se desse la propria vita per un altro. Darebbe una cosa che non riesce ad aver per lei quel senso e quel valore che le dànno gli altri. E non già perché lei non comprenda questo senso e questo valore, anzi perché li comprende troppo, e ne prova pena e disgusto. Nascono pure in lei gli stessi sentimenti che negli altri; ma, mentre gli altri vi s'abbandonano cecamente, ella, appena sorti, li avverte; e, se buoni, li segue, ma vedendoli o, piuttosto, accompagnandoli, come s'accompagna un bambino per mano. Cogliere un fiore? Sí, un piacere, odorarlo. Ma, e poi? Non è meglio lasciarlo lí? E se bisogni per quel bambino buttarsi in un fosso; ma sí, anche; senza però tutto quel merito che ne avrebbe un altro, a cui la vita piacesse di piú.

Ella ha troppo attento lo spirito; attento a se stesso. Ha

250-54. *Nascono pure in lei ... un bambino per mano*: nel gennaio del 1919 era stata pubblicata sulla «Nuova Antologia» la commedia in tre atti *Il giuoco delle parti.* Il protagonista Leone Gala, cuoco-filosofo (anch'egli separato dalla moglie per volontà di lei), nella scena conclusiva del secondo atto spiega alla donna irrequieta e irritata dalla sua calma il rapporto che intrattiene con i propri sentimenti: «M'astraggo. [...] Credi che non sórgano impeti di sentimenti anche in me? Ma io non li lascio scatenare; io li afferro, li domo; li inchiodo. Hai visto le belve e il domatore nei serragli? Ma non credere: io, che pure sono il domatore, poi rido di me perché mi vedo come tale in questa parte che mi sono imposta verso i miei sentimenti; e ti giuro che qualche volta mi verrebbe voglia di farmi sbranare da una di queste belve» (MN, pp. 589-90). Né l'ascetica astrazione del filosofo (cui non interessa piú distinguere fra cattivi e buoni sentimenti), né il virile paragone circense, né infine la spregiudicata ammissione finale si adatterebbero alla signora Léuca, e tuttavia il suo comportamento autorepressivo è assai simile a quello di Leone e, alla fine, sarà dato capire che anche lei ha provato in silenzio la medesima voglia.

255-58. *E se bisogni ... la vita piacesse di piú*: il motivo era appartenuto, diciotto anni prima, al marinaio Lars Cleen (non a caso soprannominato, storpiandone il nome, *l'Arso*) della novella *Lontano* (1902): «traversando l'Oceano in tempesta, s'era buttato dall'*Hammerfest* per salvare un compagno! Sí, era vero; e senza alcun merito; perché la sua vita, per lui, non aveva piú prezzo» (cfr. NUA[1], p. 942).

259-67. *ha troppo attento ... a fissarcisi*: il referente piú diretto di simili impressioni e considerazioni si trova nell'*Umorismo* (e non si può non tener presente che la riedizione fiorentina del saggio cade nel medesimo 1920, nel dicembre del quale esce per la prima volta a stampa *Pena di vivere cosí*), dove si legge: «In certi momenti di silenzio interiore, in cui l'anima nostra si spoglia di tutte le finzioni abituali, e gli occhi nostri diventano piú acuti e piú penetranti, noi vediamo noi stessi nella vita, e in sé stessa la vita, quasi in una nudità arida, inquietante; ci sentiamo assaltare da una strana impressione, come

troppo vissuto in silenzio. La vita le si è quasi diradata fino al punto, che le relazioni tra sé e le cose piú consuete non han piú per lei, talvolta, nessuna certezza; e le avviene allora di scoprire di quelle cose, tutt'a un tratto, aspetti nuovi e strani,

se, in un baleno, ci si chiarisse una realtà diversa da quella che normalmente percepiamo, una realtà vivente oltre la vista umana, fuori delle forme dell'umana ragione. Lucidissimamente allora la compagine dell'esistenza quotidiana, quasi sospesa nel vuoto di quel nostro silenzio interiore, ci appare priva di senso, priva di scopo; e quella realtà diversa ci appare orrida nella sua crudezza impassibile e misteriosa, poiché tutte le nostre fittizie relazioni consuete di sentimenti e d'immagini si sono scisse e disgregate in essa. Il vuoto interno si allarga, varca i limiti del nostro corpo, diventa vuoto intorno a noi, un vuoto strano, come un arresto del tempo e della vita, come se il nostro silenzio interiore si sprofondasse negli abissi del mistero. Con uno sforzo supremo cerchiamo allora di riacquistar la coscienza normale delle cose, di riallacciar con esse le consuete relazioni, di riconnetter le idee, di risentirci vivi come per l'innanzi, al modo solito. Ma a questa coscienza normale, a queste idee riconnesse, a questo sentimento solito della vita non possiamo piú prestar fede, perché sappiamo ormai che sono un nostro inganno per vivere e che sotto c'è qualcos'altro, a cui l'uomo non può affacciarsi, se non a costo di morire o d'impazzire. È stato un attimo; ma dura a lungo in noi l'impressione di esso come di vertigine, con la quale contrasta la stabilità, pur cosí vana, delle cose: ambiziose o misere apparenze. La vita, allora, che s'aggira piccola, solita, fra queste apparenze ci sembra quasi che non sia piú per davvero, che sia come una fantasmagoria meccanica» (cfr. SPSV, pp. 152-53). Questi silenzi interiori, questa attenzione introspettiva costituiscono un altro stato coscienziale di soglia, non determinato da eventi ma anzi da un vuoto di eventi. Si veda ne *La carriola* (rr. 88-92) uno degli effetti che questa condizione può produrre. Ma nel corso dello stesso 1917 due altre novelle avevano configurato evenienze analoghe, *Nell'albergo è morto un tale* e, soprattutto, *La mano del malato povero*, della quale vale la pena di citare almeno un passo che documenta una diversa tangente di fuga: «Ma quanti si sforzano di rompere la crosta di questa comune rappresentazione delle cose? di sottrarsi all'orribile noja dei consueti aspetti? di spogliare le cose delle vecchie apparenze che ormai per abitudine, per pigrizia di spirito, ponderosamente si sono imposte a tutti? Eppure è raro che almeno una volta, in un momento felice, non sia avvenuto a ciascuno di vedere all'improvviso il mondo, la vita, con occhi nuovi; d'intravedere in una subita luce un senso nuovo delle cose; d'intuire in un lampo che relazioni insolite, nuove, impensate, si possono forse stabilire con esse, sicché la vita acquisti agli occhi nostri rinfrescati un valore meraviglioso, diverso, mutevole. Ahimè, si ricasca subito nell'uniformità degli aspetti consueti, nell'abitudine delle consuete relazioni; si riaccetta il consueto valore dell'esistenza quotidiana [...]. E io passo per pazzo perché voglio vivere là, in quello che per voi è stato un momento, uno sbarbaglio, un fresco breve stupore di sogno vivo, luminoso; là, fuori d'ogni traccia solita, d'ogni consuetudine, libero di tutte le vecchie apparenze, col respiro sempre nuovo e largo tra cose sempre nuove e vive. | Mi s'è guastato il cuore; mi si sono logorati i polmoni: che me n'importa? Sarò pazzo, ma io vivo. Non ho casa, non ho stato» (cfr. NUA^3, pp. 241-42).

262-67. *e le avviene allora ... comunemente si dà loro*: cfr. *Il viaggio*, rr. 306-15 e *La trappola*, rr. 15-20.

che la turbano, come se d'improvviso e per un attimo ella penetrasse in un'altra e insospettata realtà che le cose abbiano per sé, nascosta, fuori di quella che comunemente si dà loro. Teme d'impazzire, a fissarcisi. Ma distrarsene è difficile con quel sospetto che non le consente piú d'attenersi quietamente ai noti aspetti delle cose, alla normale finzione dei sensi.

Che gli altri credano placidissima la sua vita e abbiano di lei il concetto ch'ella sia la serenità in persona, dovrebbe perciò irritarla, almeno in segreto. Invece no. Se ne compiace, perché anche lei vuol crederlo e lo crede fermamente. È sicura di non aver mai dato campo a desiderii, di cui, appena balenati, non abbia respinto con orrore l'immagine.

Ha veramente il disgusto della vita che insudicia; e intanto, ecco, vi sta in mezzo, la cerca, per portarvi la sua opera di carità. Ora, potrebbe far questo, se non sentisse che il suo spirito ne resta immune? Il solo sacrifizio ch'ella può fare, è questo: vincere questo orrore. Ed è poco. Perché anche in questo, ciò ch'ella fa per gli altri è assai meno di ciò che ha fatto per sé, quando ha dovuto vincere l'orrore di se stessa, tante volte, del suo stesso corpo, della sua stessa carne, per tutto ciò che nell'intimità si passa, e che nessuno vuol confidare neanche a se stesso.

Con la consueta aria di smemorata innocenza, la signorina Trecke è venuta intanto a prendere informazioni, portando con sé la nipote. Ha trovato altre amiche in visita: la signora Marzorati, con la figliuola; la signora Mielli, alle quali la signora Léuca, spinta a parlare, cerca di dire il meno che può su quella prima visita del marito.

– Ah senti! – esclama la signorina Trecke. – È dunque venuto? è dunque venuto?

La nipote ha súbito uno scatto di fastidio:

– Oh Dio, zia! Ma se lo sapevi!

E subito la signorina Trecke si liquefà nel suo sorriso vano:

– Io? lo sapevo? Ah sí, lo sapevo... Ma sapevo che doveva venire; non che fosse venuto.

274-76. *È sicura ... con orrore l'immagine*: la formazione di compromesso permette di dire non dicendo. La signora Léuca fonda la propria sicurezza sulla costante fermezza della propria *Verneinung*, della negazione recisa che oppone all'orrore dei desideri. Magnificando l'orrore (la repressione), presume di esorcizzare e nullificare il represso, ossia proprio il desiderio che si annida nell'orrore. Cfr. sotto ai rr. 468-74.

La nipote si scrolla, sbuffa, volta le spalle per mettersi a parlare con la signorina Marzorati; il che cagiona subito una viva apprensione alla mamma, signora Marzorati, che non ha affatto piacere che la nipote della signorina Trecke parli con la sua figliuola.

È veramente uno scandalo quella nipote della signorina Trecke. Basta vedere come va vestita! E si dicono di lei certe cose!

Solo la signora Léuca, tra le tante amiche, comprende che se quella ragazza è cosí, la colpa non è tutta sua, ma dipende anche da ciò che quotidianamente avviene tra lei e la zia.

S'è impegnata tra loro due come una gara. La zia s'ostina a mostrare di non comprendere il male che la nipote fa; e questa allora ne fa d'ogni colore per costringerla a comprenderlo a tutti i costi e a smettere quella fintaggine dispettosa e insopportabile. E non si sa dove arriverà.

Ma Dio mio, come deve regolarsi la signorina Trecke, se si dà sempre il caso che, dove lei suppone che ci possa esser male, là – nossignori – male non c'è; e viceversa poi par che ci sia, e grave, dove lei proprio non riesce a capire che ci possa essere?

Sarà una sventura, ma è cosí.

Ecco qua, per esempio: ha creduto che dovesse portare chi sa quale sconvolgimento nell'animo della signora Léuca quella «terribile» visita del marito, la vista di lui dopo undici anni di separazione: e invece, niente: placida e fresca, la signora Léuca ne discorre con le amiche, come se nulla fosse avvenuto.

– Ma se non è avvenuto proprio nulla... – sorride la signora Léuca. – È stato qui una mezz'ora, con l'avvocato...

– Ah, meno male! Con l'avvocato... Ho avuta tanta... oh tanta paura, io, che venisse solo!

– Ma no... Perché?

– Perché so che è tanto violento! Me l'ha detto mia nipote, che insegna appunto nella scuola dove egli porta ogni mattina la maggiore delle sue... Dio mio, sí – non saranno legittime – ma credo... non so, che si debbano chiamar figliuole, no? figliuole, benché non ne portino il nome. Eh, Nella, com'hai detto che si chiamano?

La nipote, brusca:

– Smacca!

– Ah, Smacca... Sarà il cognome della madre, – osserva la signora Mielli, che pare arrivi ogni volta da molto lontano alle poche parole che le avviene di dire.

– Già forse, – riprende la signorina Trecke. – Si figurino che una mattina a questa figliuola, in presenza di mia nipote, diede un... come si dice? ceffone, ceffone, già, ceffone... un ceffone, ma cosí forte che la mandò in terra, poverina, e dice che con l'unghia, nel darglielo, la ferí qua nella guancia. Per quanto poi, vedendo che s'era fatta male, dice che s'è messo a piangere. Oh! Avrà... avrà pianto anche qua, suppongo.

La signora Léuca, poiché anche le due altre amiche si voltano a guardarla per sapere se il marito abbia veramente pianto durante la visita, è costretta a dir di sí. E subito allora la nipote della signorina Trecke torna a voltarsi, come se, pur discorrendo fervidamente con la signorina Marzorati, sia stata sempre a orecchi tesi verso il crocchio delle signore, e di scatto, rivolgendosi alla zia:

– Niente di male, sai! niente di male, per la signora Léuca, in questo pianto del marito! Te n'avverto, perché non te ne commuova!

E detto questo, riprende il suo discorso con la signorina Marzorati.

La signora Léuca non può non notare che in quelle parole, nel tono con cui sono state proferite, è contenuta una sprezzante provocazione a lei, per uno scopo che non riesce a indovinare, se non è solo quello d'offendere con la derisione il suo modo di comportarsi. Non dice nulla. Guarda le due amiche, signora Mielli e signora Marzorati che si son guardate tra loro facendo un viso lungo lungo di gelata meraviglia, e sorride mestamente come per indurre a compatire, per riguardo a quella povera signorina Trecke, la quale, al solito, non ha capito nulla ed è rimasta, allo scatto della nipote, liquefatta in quel sorriso vano della sua bocca sdentata.

La signora Marzorati intanto dà a veder chiaramente di sentirsi piú che mai su le spine vedendo la figliuola discutere animatamente con quella diavola là. E la signora Léuca torna a sorrider con pena per quell'ambascia di madre.

È una ragazzona rubiconda e con gli occhiali, la figlia del-

379. *ambascia*: struggimento ansioso.

380-92. *È una ragazzona ... un'altra se stessa*: limpidissima occorrenza del motivo perturbante della pubertà, i cui connotati (al di là della sintomatologia anche qui messa limpidamente a referto) possono essere riassunti soprattutto in tre tratti: un disagio conflittuale tra io e corpo, una scoperta traumatica dell'alterità fatta nella relazione con se stessi, una profonda crisi d'identità. Quello della pubertà è per cosí dire uno stato di soglia marcato e appesantito dalla natura fisiologica e perciò irresistibile dell'esperienza. Il corpus pirandelliano ne fornisce attualizzazioni narrative di grande intelligenza introspet-

la signora Marzorati, piena d'una certa ingenuità infantile, pur avendo già diciott'anni; ma d'una ingenuità che tuttavia non riesce a restar placida in lei, come forse vorrebbe, poiché strani pensieri, strane impressioni di tratto in tratto la investono, a sbuffi. Si vede da certe caldane e lacrime improvvise, da certi scatti nervosi, da certi turbamenti di vergogna, da certe subitanee ombrosità. Teme forse di non esser creduta quella fanciullona che è. Ma anche dubita forse lei stessa d'esser qualche volta cattiva, perché non sa come costituire in sé la sua sincerità, per via di quei lampi pazzeschi improvvisi, che nella sua bambinaggine le fanno intravedere un'altra se stessa.

Dio, come appar chiaro tutto questo alla signora Léuca! Ed è una sofferenza, non è mica una soddisfazione per lei, che i suoi occhi vedano cosí chiaro, cosí a dentro, tutto, con la piú precisa coscienza di non ingannarsi.

E là, quella signora Mielli, con quell'aria di non saper mai quello che fa, come se facesse o dicesse tutto lontano da sé, senza accorgersi di nulla, quasi per poter dire, a un bisogno, se colta in fallo: «Ah sí? Oh guarda! Io? ho fatto questo? ho detto questo?»

Quando, alla fine, le cinque amiche se ne vanno, si sente cosí stanca e cosí triste, la signora Léuca! Guarda le sedie del salottino, smosse, dov'esse poc'anzi stavano sedute. Che cosa son venute a fare? Avevan proprio bisogno di quella visita? Che triste bisogno, quello di sapere che cosa dà agli altri o com'è per gli altri la vita, e che se ne pensi e che se ne dica! E quello di viver fuori, in questa curiosità della vita degli altri, o per riempire il vuoto della nostra, o per distrarci dai pensieri, dalle noje, dagli affanni ch'essa ci dà! E passare il tempo cosí... È accaduta una sventura? E si corre a vedere. Un fatto strano? Com'è? com'è? Come si spiega? E ciascuno cerca di spiegarselo a suo modo, pur rimanendo nel dubbio che, se si potesse conoscer meglio in tutti i particolari, forse si potrebbe spiegare anche altrimenti. Oggi questo, e domani un altro, si spera. Quando poi non avviene nulla, la noja, il

tiva, oltre che ne *La veste lunga* (cfr. pp. 249-62), in *In silenzio* (1905), in «*Superior stabat lupus*» (1912), nell'eponima e paradigmatica *Pubertà* (1926), in *Lucilla* e *Cinci* (1932).

394-96. *Ed è una sofferenza ... di non ingannarsi*: questa notazione, verbalizzata per la signora Léuca e per il suo spirito troppo attento, vale per tutti i personaggi *veggenti*, i quali non possono piú distillare alcuna gioia e cavare alcuna felicitante iniziativa dalla propria penetrante chiarezza di visione: vedono anziché vivere, e vedono proprio perché non vivono.

peso delle solite occupazioni, e l'angoscia di veder cosí, come ora la signora Léuca la vede, morire ai vetri la luce del giorno.

S'era stabilito col parroco e l'Aricò che il signor Marco Léuca non sarebbe venuto mai solo in casa della moglie, e che le visite – brevi – non dovessero esser piú di tre al mese. Invece, a pochi giorni di distanza dalla prima visita, eccolo un'altra volta, e solo; con l'aria d'un cane che preveda d'esser male accolto e aspettandosi un calcio, sogguardi pietosamente.

La signora Léuca sa dissimulare il turbamento, il timore e anche la contrarietà per una cosí intempestiva trasgressione ai patti, e lo fa entrare e sedere nella saletta da pranzo.

Anche questa volta egli non può in prima parlare, e si mette a piangere. Senza nessuna teatralità però. Curvo su la seggiola, con le grosse mani sulla faccia.

A un certo punto la signora Léuca comprende che quel pianto, per finire, aspetta ch'ella dica una parola di pietosa esortazione.

E poi?

No no. È certo che quel pianto chiede qualche cosa oltre la pietà ch'ella può concedere. Che sia ritornato cosí presto e solo, e che ella non si sia rifiutata di riceverlo, è già troppo. Incoraggiarlo, esortarlo con qualche buona parola a dir la ragione per cui è ritornato contro i patti, sarebbe come accettar senz'altro che questi patti possano d'ora in poi non esser piú rispettati da lui, e abilitarlo a venire ogni giorno e a chieder subito chi sa che cos'altro.

No no. Bisogna ch'egli, smettendo di piangere, lo trovi da sé il coraggio di dire perché è ritornato cosí presto e solo. La ragione. Una ragione di fatto, se l'ha.

Dio mio! Dio mio! Dopo due ore di supplizio, la signora Léuca resta come intronata, convulsa in tutte le fibre del corpo.

Egli le ha detto d'esser venuto perché voleva confessarsi. E non ostante che lei piú volte gli abbia ripetuto ch'era inutile perché già sapeva, sapeva tutto dall'avvocato Aricò – nossignori, ha voluto farle la confessione.

Turpitudini. Turpitudini bagnate di certe lacrime, ch'era una pietà vederle diventare piú schifose, quanto piú sincere.

430. *in prima*: dapprima, da principio.
449. *convulsa*: sconvolta, profondamente agitata.

E a ognuna di quelle turpitudini, guardandola con occhi atroci, soggiungeva:

– Ma questo non lo sai!

E tròvava il coraggio di mettergliele davanti, nude, brutalmente, convinto che ella, quasi riparata dall'orrore che ne provava, non poteva esserne toccata; e perché, nel mettergliele cosí davanti, quasi godeva di farsi sempre piú basso per esser calpestato da lei; raggiunto, in quel fango, dal piede di lei.

– Dal piede, sí! Come Maria... tu... come Maria, il serpe, sí!

Ha ancora gli occhi sgranati la signora Léuca e pieni del ribrezzo di certe oscene immagini di vizii insospettati. Istintivamente i suoi occhi sono stati attirati, dallo stesso ribrezzo che ne provavano, a fissarle, precise, in tutto il loro schifo, quelle immagini. E per l'involontaria curiosità ch'esse, insieme col ribrezzo, le han destato, ha ancora sulle guance le vampe della vergogna. E un altro schifo, un altro schifo nelle dita, ora che lo avverte: lo schifo d'un biglietto da cento lire ch'ella, come ubriaca di tutta quella vergogna, gli ha dato all'ultimo, e ch'egli s'è preso, quasi di nascosto da se stesso, strappandoglielo presto presto dalla mano che pur cosí, quasi di nascosto, glielo porgeva.

466. *come Maria, il serpe*: l'iconografia dell'*Immacolata Concezione* presenta Maria che schiaccia un serpente sotto i piedi.

469-74. *Istintivamente ... vampe della vergogna*: suo malgrado, è una specie di seconda pubertà quella che turba la casta signora Léuca. La riprova sarà fornita proprio da *Pubertà*, dove l'adolescente Dreetta trova osceno l'innocente ma metonimico polpaccio scoperto del suo insegnante d'inglese: «lo intravide e subito ne provò schifo; quello schifo che pure attira a guardare». E nel contesto prossimo, Dreetta prova anche una «strana ansia esasperata da quello schifo, quasi da un contatto scottante di vergogna» (cfr. NUA[3], p. 253). Non solo anche la signora Léuca avvampa di vergogna ma, in altro luogo (rr. 239-40), abbiamo trovato l'analogo «orrore che nasce dalla propria carne al pensiero d'un contatto insoffribile». Sia il confuso turbamento adolescenziale dinanzi al sesso ignoto, sia quello della castità nella donna ancora giovane, assumono la forma dell'attrazione-repulsione.

470. *i suoi occhi sono stati attirati*: come alcuni improbabili sognatori pirandelliani (cfr. *Effetti d'un sogno interrotto*), anche la signora Léuca sposta e ribalta: gli occhi hanno poco a che vedere con la scabrosa ma verbale confessione del marito, ma consentono all'ascoltatrice di credere d'essere stata costretta a guardare *fuori*, mentre è *dentro* di lei che le parole hanno preso forma di «oscene immagini». Gli occhi oggettivano ed esteriorizzano ciò che è interiore e soggettivo. Tant'è vero che, dopo due ore, il peccatore se ne va furtivo con le sue cento lire ed è lei, la depositaria della confessione, l'Immacolata, a rimanere «come intronata, convulsa in tutte le fibre del corpo» (rr. 449-50).

Ora ella si domanda se non era questo il vero scopo della visita di lui.

Forse no.

È stata lei a darglielo, quel denaro, per farlo subito andar via e levarselo davanti.

Non se ne vorrebbe far coscienza, ma deve pur riconoscere che, almeno esplicitamente, egli non gliel'ha chiesto. Ha detto, sí, per commuoverla, che tutto quel po' che gli è rimasto del patrimonio l'ha vincolato alle tre figliuole consegnandolo all'Aricò, che ne rimette mensilmente gl'interessi a quella donna per i bisogni di casa; e che lui dall'ingordigia feroce di colei è tenuto senza un soldo in tasca, tanto da non aver da pagarsi nemmeno un sigaro, nemmeno una tazza di caffè quando n'ha voglia, da prendere in piedi, là, in un bar. Le si è intenerito davanti fino alle lacrime parlando di queste privazioni; ma non le ha chiesto nulla; né poteva dopo quella confessione che voleva parer fatta con l'intento di scusare, se non in tutto, in parte la sua abiezione, rovesciandola addosso a quella donna e accusando sé soltanto per la debolezza della propria natura cosí purtroppo inchinevole a cedere a tutte le tentazioni dei sensi: non poteva, dopo averla scongiurata a mani giunte, supplicata di voler sorreggere, anche con la sua vista soltanto, quella sua debolezza.

Ora dargli cosí, quasi di nascosto, quel denaro, tentare cosí quella debolezza che aveva chiesto invece d'esser sorretta, per levarsene davanti subito lo spettacolo nauseante, è stata veramente una cattiva azione. La signora Léuca lo sente. E l'avvilimento che ne prova diventa piú forte, quanto piú considera ch'egli forse non ne ha provato altrettanto nel prendersi quel denaro.

Nel voltarsi verso una delle finestre, vede il sole steso là sul verde vivo di quei vasti terreni da vendere che si scorgono dalla saletta da pranzo, con quella fila di cipressi in mezzo e qualche pino, superstiti di un'antica villa patrizia scomparsa. E quest'azzurro di bella giornata che ride limpido e puro e dà tanta luce a tutta la casa silenziosa.

– Dio mio! Dio mio! – torna a gemere la signora Léuca, coprendosi con le mani il volto. – Il male che si fa... Il male che si riceve...

E cosí con le mani sul volto, rivede a questa considerazione l'immagine d'un vecchio pastore inglese incontrato ad Ari, in Abruzzo, quell'estate che v'andò a villeggiare, in quell'antica pensione inglese che pareva un castello in cima al colle. Quanto verde! quanto sole! E quella frotta di ragazzette che le si faceva attorno, ogni qual volta dal fondo di quella viuzza stretta si fermava ad ammirare le ampie vallate!

– Marzietta di Lama...

Ecco, sí, Marzietta. Si chiamava Marzietta, una di quelle ragazzine. Che occhi! Che risatine sotto il braccio levato per non farle vedere quello sgraffietto sul naso...

Ah, potere esser madre! Neanche questo... Neanche? Ma sarebbe stato tutto per lei, se avesse potuto esser madre!

Si guarda le mani; vi scorge l'anello nuziale; e subito ha la tentazione di strapparselo dal dito e di buttarlo fuori della finestra.

L'ha tenuto lí, quell'anello, per segno del suo stato.

Ora vede in esso l'obbrobrio dell'uomo che gliel'ha dato; tutti gli obbrobrii ch'egli or ora le ha confessati; e si torce le mani in grembo, raccapricciando.

Eppur forse, se la carne anche in lei fosse diventata padrona, attirata, trascinata cecamente da una curiosità perversa e perfidamente istigata in certi abissi di perdizione ora intravisti, chi sa se non vi sarebbe precipitata anche lei; per rialzarsene subito dopo, magari, lacerata, e con una gran fretta di ricomporre intera e solida, come una pietra su una fossa, la propria dignità, per nascondere e seppellire ogni segno e il ricordo stesso della vergogna.

La signora Léuca si guarda attorno. I mobili della saletta da pranzo, cosí tersa, si sono come allontanati nell'attesa ch'ella risenta in essi la vita monda e schiva di prima; cosí allontanati in quest'attesa, che ella quasi non li vede piú, ora che la sua vita di prima è insidiata, sconvolta, offesa dalla torbida violenza di quel corpo d'uomo entrato lí a cimentar la consistenza di quanto ella finora aveva creduto d'edificare con tanto ordine e tanta lindura in sé e attorno a sé. La sua coscienza, la sua casa.

538. *raccapricciando*: provando una violenta sensazione di ribrezzo.

542-46. *per rialzarsene ... della vergogna*: questo passo, e con esso i rr. 285-286, viene ripreso a conclusione d'una battuta in cui il Padre dei *Sei personaggi in cerca d'autore* parla anch'egli della «miseria della *sua* carne ancora viva» (cfr. MN, p. 92).

551-55. *la sua vita di prima ... la sua casa*: in questo confronto impari fra un corpo d'uomo e una vita, una coscienza, una casa pazientemente costruite, si lascia misurare il potere devastante e smisurato che la sessualità censurata, repressa e sublimata può sprigionare: il sesso, da solo, può sconvolgere tutto il resto, e questa non voluta magnificazione di esso la dice lunga sul clima fobico che lo circonda.

552. *cimentar*: mettere a dura prova.

S'è lasciata mettere a questo cimento. Ma chi l'ha consigliata, chi l'ha indotta, fin dove vuole che arrivi la carità di lei, scendendo a contatto di tanta nascosta vergogna? Vergogna di tutti, e piú forse di chi mostra d'esserne immune perché piú sa tenerla nascosta anche a se stesso, che di chi se la porta scritta in faccia, come quel pover'uomo là.

Dev'essere come un castigo per lei? Ma che castigo? Perché? Credono che se egli s'allontanò dalla casa undici anni addietro fino a cadere a poco a poco in tanta abiezione, sia stato per colpa di lei che non seppe trattenerlo a sé?

Non è vero. Non gli negò mai quanto, come marito, egli poteva pretendere che non gli mancasse da lei. E questo, non solo per dovere, non solo per non dargli una facile scusa d'allontanarsi; no, ma anche a costo d'una pena, che piú d'ogni altra ha afflitto l'animo di lei, nell'obbligo che sempre, per quanto crudele, ella s'è fatto della sincerità piú difficile: quella che offende e ferisce l'amor proprio: la pena di sentire che il suo corpo non cedeva soltanto per quel dovere, ma si concedeva anche per sé, anche sapendo bene che non poteva valer per esso, di fronte alla sua coscienza che subito dopo si risvegliava disgustata, la scusa di quel dovere, quando non pur l'amore, ma ogni stima le era caduta per quell'uomo.

Non lo allontanò lei; volle allontanarsi lui, quando quel che lei poteva dargli non gli bastò piú. E se lei seppe affermare e sostenere in sé, nel suo corpo, per il suo corpo stesso, la liberazione; ora, a chi le ha consigliato quella carità per commiserazione della bestialità sofferente e mortificata, per la bestialità che s'è lasciata trascinare cieca fino alle ultime abiezioni, non ha forse il diritto di domandare, un po' stizzita, se non sia facile, facilissima codesta commiserazione che le han presentato come una prova difficile per il suo spirito di carità; e se all'opposto un'altra commiserazione non sia assai piú difficile: quella per chi riesca a liberarsi da ogni be-

573-77. *il suo corpo non cedeva ... per quell'uomo*: ancora l'antico conflitto fra il corpo e l'anima, fra la coscienza che si oblitera nel piacere del corpo per ridestarsi disgustata e rifiutare a sé e al corpo ogni giustificazione. Come al solito, nell'autopunitivo calvinismo sessuale del corpus pirandelliano, al di fuori del dovere non c'è piacere che non sia riprovevole e avvilente.

587-89. *se all'opposto ... da ogni bestialità*: gli agguati della contraddizione non hanno requie: liberarsi della bestialità è pur stata l'aspirazione della signora Léuca (cfr. rr. 553-55), ed è l'anelito dei piú tormentati personaggi pirandelliani, ma quell'impresa non può poi pretendere alla gloria e alla felicità, ma solo implorare una piú ardua e improbabile commiserazione. Chi piú si raffina, piú ha bisogno d'essere compatito. Cfr. anche sotto i rr. 1397-99.

stialità, nella vita che è pur questa, piena di tante brutture che offendono, quando – come si fa – non ci si voglia dar l'aria di non saperle, di non averle sperimentate in noi stessi: la vita, la vita che dà questa pena, tanta pena del male che c'è, che ciascuno deve sentire in sé allo stesso modo di quella dolcezza di sole steso là sul verde di quei prati e di quest'azzurro di bella giornata che ride limpido e puro alle due finestre della saletta da pranzo.*

Dice che le bambine, piangano o non piangano, bisogna pettinarle cosí. Se no, con la polvere e la porcheria che s'attacca alla testa...

– Che fanno?

– Che fanno? Li fanno!

596. *: a questo punto si arrestava la rielaborazione pirandelliana del testo che i curatori dell'edizione del 1937 scelsero di stampare. Della quale vale la pena di citare la riscrittura dell'attacco del capitoletto successivo, con la quale Pirandello ritoccava e calcava significativamente la caratterizzazione del personaggio di Marco Léuca: «Se n'è uscito stronfiando, ubriaco di soddisfazione, Marco Léuca, da quella visita alla moglie. E ora gli pare che, tra gli alberi e le case, l'aperto del viale se lo faccia lui, se lo allarghi lui, gonfiando il petto per respirare. Ah, vivaddio! S'è liberato. E stringe, come ad averne la prova, tra le dita della mano affondata nella tasca dei calzoni quel logoro biglietto da cento lire ripiegato in quattro. S'è liberato dalle angustie affliggenti in cui l'avevano attuffato il parroco e l'avvocato, spingendolo su per la scala della redenzione in casa della moglie. | Ecco che ora ne discende liberato. La moglie ha come turato una barra, con quelle cento lire: lei di qua, e lui di là. Restare di là, restare di là. Di qua non si passa; non deve piú passare: che seguiti di là a insudiciarsi quanto gli pare. Ah che rifiato! Che allegria! E che non s'arrischi a presumere di non aver piú bisogno di carità, nobilitandosi. | Cento lire: va' a bere! ubriacati! | Guarda attorno con un lustro di pazzia negli occhi e ride impudente. | Com'ha rappresentato bene la sua parte! Cento lire, in compenso. Quasi una lira per lagrima. E che gusto a vederla impallidire a certe descrizioni, con gli occhi intorbidati, poverina, e pur fissi fino allo spasimo, dietro quelle lenti in cima al naso. Eh perché, sí, fanno schifo, ma quando certe cose che nessuno vede, c'è chi trova il modo di farle vedere, è inutile, attirano la curiosità e, anche se non fanno gola, si vogliono sapere, e c'è anche il caso che il ribrezzo stesso, messo lí al cimento, restringendosi, asciugandosi come carne al fuoco, chieda che tu lo lardelli con certi allarmati perché che ti domanda, per sapere piú precisamente, ma cosí, da lontano, senza toccare. Mani caste, poverine, che raggricciamenti! Ma no, via, toccate, toccate, arrischiate una toccatina a sentire che non fa male; e poi ci starete, che vi piacerà. | Sghignazza, e c'è piú d'uno che si volta a sbirciarlo. Quelle ragazzotte là, alla fontana di Sant'Agnese. Carine. Fosse lecito tastarle, con la scusa d'un sorso d'acqua. Ma no! Lui vuol bere vino, e come un signore, in una bottiglieria di lusso. E poi con quelle non c'è gusto. Il gusto è con le altre, con quelle dalle groppe di cavalle e certi abissi dove il piacere t'afferra tutto, da non potertene piú distaccare».

601. *Li fanno*: sottinteso: i pidocchi.

E allora sarebbero altri pianti, ogni mattina, per liberarle, a forza di pettine. Se basta! Tante volte bisogna ricorrere al rasojo. E belline, allora, tutt'e tre col testoncino raso.

Là, là. Le trecce.

Ma almeno, santo Dio, non le facesse cosí fitte, dure, tirate!

Da tanto che son tirate, s'attorcono dietro la nuca alle tre povere piccine come due codini di majale, congiunti per le punte da una cordellina.

Cosí unti d'olio poi, con quella scriminatura spaccata a filo fin sotto la nuca, i capelli (la grande, Sandrina, n'ha tanti!) – sissignori – pajon pochini pochini. Due codini di majale, addirittura.

Ora egli si volta a guardarglieli dietro le spalle, a Sandrina, quei poveri capellucci cosí strizzati, mentre se la porta per mano lungo i viali di Villa Borghese, e ha la tentazione di fermarsi a disfarglieli.

Attraversa la villa per far piú presto. Non ha voluto prendere il tram per aver tempo di prevenire la figliuola e di farle le raccomandazioni opportune sulla visita che ora farà. Il cammino però è lungo: da via Flaminia, dove egli abita, fin presso a Sant'Agnese; e teme che, a farlo tutto a piedi, la piccina non abbia a stancarsi troppo.

Ma non sono soltanto i capellucci, povera Sandrina! Quel vestitino, quel cappello, le mutandine che le si scoprono dalla sottanella... E come se sapesse di non aver nessuna grazia, conciata a quel modo, va come una vecchina.

Ma da qualche tempo, se egli si ribella, perché vorrebbe veder messe con un po' di garbo le figliuole, e per esempio accenna di voler disfare quelle treccioline, la minaccia è:

– Bada che te le bacio!

Perché è venuto fuori a colei, da alcuni mesi, qua al labbro di sotto, come un ovolino duro duro, un nodo che s'è a poco a poco ingrossato e fatto livido, quasi nero.

Non sarà niente. Non può esser niente, perché, a premerlo, neanche le fa male. Le hanno consigliato di farselo vedere da un medico; ma lei dice che non se ne vuol curare. Di ben altro, purtroppo, avrebbe da curarsi: d'una certa stanchezza

611-12. *spaccata a filo*: divisa verticalmente.

617. *Villa Borghese*: cfr. *L'uomo solo*, r. 21 nota.

639-41. *d'una certa stanchezza ... le viene la sera*: sintomi che nell'insieme potrebbero configurare una sindrome tubercolare.

per tutta la persona, e di quel mal di capo che non la lascia mai, e anche d'una febbretta che le viene la sera. Ma lo sa bene da che provengono tutti questi malanni. È la vitaccia che è costretta a fare.

A ogni modo, per scrupolo, non bacia piú le bambine. Bacia lui, la notte, apposta, ridendo di rabbia e tenendogli acciuffata la testa con tutt'e due le mani perché non si muova e lei glieli possa mettere lí su la bocca, quei baci, tutti quelli che vuole, lí, lí; ché se è vero che il male è quello che le vicine di casa le han lasciato intravedere, glielo vuole attaccare: lí, allo stesso posto. (Scherza. Da malvagia, sí; ma scherza. Perché poi non ci crede).

Non ci crede neanche lui, o, piuttosto, non vorrebbe crederci, perché non gli pare possibile che la morte si presenti cosí, in forma di quell'ovolino sul labbro, che non prude né fa male, come se non ci fosse. Non ci vuol credere anche, perché sarebbe una fortuna troppo grande. Ride anche lui perciò, di rabbia fredda, nel prendersi quei baci, che vorrebbero esser morsi velenosi. Ma l'altro giorno s'è fermato allo specchio d'uno sporto di bottega per guardarsi a lungo le labbra, passandovi sopra un dito, lentamente, stirando, per accertarsi che non vi avvertiva nessuna screpolatura. E non le bacia piú da alcuni giorni neanche lui, le bambine. Al piú, sui capelli, qualche volta, la piú piccola, che non si può fare proprio a meno di baciarla, per certe cosette carine che fa o che dice.

Le altre due, Sandrina qua, e la mezzana, Lauretta, sono sempre un po' come intontite; come in attesa sempre d'un nuovo spavento. Se ne son presi tanti, di spaventi, assistendo alle liti furibonde che avvengono in casa quasi ogni giorno, sotto i loro occhi; e peggio anche, quando il padre e la madre si chiudono in camera, e di là vengono urli, pianti, rumori di schiaffi, di busse, di calci, d'inseguimenti, tonfi, fracasso d'oggetti lanciati e andati in frantumi.

Anche jeri sera, una lite.

E difatti egli tiene un fazzoletto avvolto attorno alla mano destra per nascondere un lungo sgraffio; se pure non è stato un morso. E un altro sgraffio piú lungo ha sul collo.

– Sei stanca, Sandrina?

654. *ovolino sul labbro*: il motivo era sviluppato in racconto nella novella *La morte addosso* (1918), della quale viene qui ripreso e rielaborato (e ribaltato) anche l'episodio dei baci contagiosi.

– No, papà.

– Non vorresti sedere là su quel sedile? Un tantino, per riposarti.

– No, papà.

– E allora, uscendo dalla villa e scendendo per via Veneto, prenderemo il tram. Intanto, senti. Ti porto in una bella casa. Vuoi?

Sandrina alza gli occhi a guardarlo di sotto il cappellino, con un sorriso incerto. Ha già notato che il padre le parla con una voce insolita: ne è contenta, ma non sa che pensarne. Dice piú col capo che con la voce:

– Sí.

– Da una signora che... che io conosco, – riprende lui. – Ma tu...

E si ferma; non sa come proseguire. Sandrina, senza darlo a vedere, si fa molto attenta, e aspetta ch'egli seguiti a parlare. Ma poiché egli non dice piú nulla, s'arrischia a domandare:

– E come si chiama?

– È... è una zia, – le risponde lui. – Ma tu a casa, bada, non devi dirne nulla, non solo alla mamma, ma neanche a Laura, neanche a Rosina; a nessuno, a nessuno. Hai capito?

Si ferma di nuovo a guardarla. Anche Sandrina lo guarda, ma abbassa subito gli occhi.

– Hai capito? – le ripete lui, chino, con voce cattiva, seguitando a guardarla.

Sandrina allora s'affretta a dir di sí, piú volte, col capo.

– A nessuno.

– A nessuno...

– Sai perché non voglio che tu lo dica? – soggiunge egli, riprendendo a camminare. – Perché la mamma, con questa... con questa zia, è in lite. Guaj se viene a sapere che ti ho condotto da lei. Hai visto jeri? Farebbe peggio!

E dopo un'altra pausa: – Hai capito?

– Sí, papà.

– Non dir niente a nessuno! O guaj!

Sandrina, dopo queste raccomandazioni e queste minacce, sogguardando la faccia scura del padre, non prova piú nessun piacere ad andare nella casa bella di quella zia. Comprende che il padre non ci va per fare un piacere a lei, ma perché ci vuole andar lui, a rischio d'una lite con la mamma, se questa verrà a saperlo; non certamente da lei. Ma se la mamma, al ritorno, le domanderà dove è stata?

Appena le sorge questo pensiero, suggerito dalla paura, Sandrina si volta di nuovo verso il padre.

– Papà...

– Che vuoi?

– E come dirò allora alla mamma?

Il padre le scuote violentemente la mano per cui la conduce, e tutto il braccino con essa.

– Ma nulla! ma nulla, t'ho detto! Non devi dirle nulla!

– No; se mi domanda dove sono stata, – gli fa osservare, piú che mai sbigottita, Sandrina.

Allora egli si pente della violenza e si china subito a carezzare, commosso, la piccina.

– Bella! bella mia! No! La mia saggina bella! Non avevo capito... Ma sí, te lo dirò io poi, te lo dirò io come devi risponderle, se ti domanda dove sei stata... Su, su, adesso! Fai vedere a papà il tuo bel sorrisino. Su! Un sorrisino bello, come quello del *Teatro dei piccoli* quando ti ci portai...

La commozione è piú per se stesso, che per la figliuola; perché in quel momento si sente buono, ecco; veramente buono. E il cuore gli si gonfia d'una tenerissima gioja nel sorprendere un sorriso di compiacimento sulle labbra d'una signora che, trovandosi a passargli accanto, lo vede cosí curvo e premuroso intorno alla figliuola. Un premio maggiore s'aspetta dalla boccuccia di Sandrina; ma questa, sí, gli sorride, o piuttosto si prova a sorridergli, solo per ubbidire; e tutto il suo visino, freddo e dolente, dice al padre di contentarsi cosí di questo piccolo, pallido sorrisino che può fargli. Per quel che vuole da lei, non potrebbe di piú.

Non ha ancora dieci anni Sandrina; ma già pensa che a difendersi deve provvedere da sé, cominciando dal padre, dalla madre e dalle sorelline.

Nel visino bianco, non bello anche perché patito, gli occhi non sono come forse li vorrebbe il nasetto che si drizza in mezzo a loro un po' ardito: sono serii e fermi. E non sempre è buono lo sguardo, quand'essi si fissano attenti, o quando si volgono obliqui per un istante, quasi di nascosto.

Egli avverte questa segreta ostilità della figlia, e drizzandosi per riprendere il cammino, è pieno d'astio al pensiero che non può aspettarsi nulla di meglio dalle figliuole d'una madre come quella.

Cosí quel giorno la signora Léuca si vede arrivare in casa il marito con quella figliuola.

È ancora afflitto per la sua bontà mal rimeritata, stizzito e turbato della scarsa gioja che la figlia gli ha manifestato per quella visita furtiva; ma dentro di sé, tuttavia, non pentito.

Non pentito, perché ha pensato a lungo, lui, che sarebbe un gran bene per quelle sue tre figliuole, se riuscisse a metterle sotto la protezione della moglie. Se la loro mamma morisse (ma non ci crede); se anche, un giorno o l'altro – chi sa! – anche lui dovesse venire a mancare; la moglie, ricca, potrebbe ajutar quelle bambine, lei che ne ajuta tante con la sua beneficenza. Cosí, se ha fatto male a metterle al mondo e poi a rovinarle, almeno potrà dire d'aver fatto qualche cosa per il loro avvenire.

Teme intanto che questo fine interessato appaja chiaro alla moglie, che già ha dimostrato di sospettare che quelle visite di lui possano avere qualche altro scopo, oltre il bisogno d'un conforto morale. E non è ben sicuro ch'ella non abbia a giudicar soverchio l'ardire di portarle in casa la prova, là, delle sue colpe vergognose di marito.

Si presenta perciò un po' incerto e come sospeso. Vuol parere un mendico alla porta della pietà di lei, anche per quella sua figliuola, mendica. Si rianima subito, notando negli occhi della moglie il gradimento inatteso, il piacere ch'egli anzi sia venuto cosí accompagnato; e allora apre le braccia e senza darlo a vedere tira pian piano un gran sospiro con le labbra atteggiate d'un tremulo sorriso.

La signora Léuca, infatti, accoglie con molta tenerezza quella piccina, la quale guarda con tanto d'occhi, smarrita. E quasi non bada a lui.

– Oh, guarda! Vieni, vieni qua... Come ti chiami? Sandrina?... Brava! Sei la maggiore, è vero? La maggiore, brava... E vai a scuola? Oh, già alla quarta!... E allora, quanti anni hai? Già tanti! Nove e mezzo... Vuoi levarti il cappellino? Ecco, posiamolo qua... Siedi, siedi qua, vicino a me...

Si volge a lui che, rimasto in piedi, guarda ancora in quell'atteggiamento, ma già di nuovo con le lacrime agli occhi, e gli dice:

– Forse non sa chi sono...

Ma Sandrina, con gli occhi bassi, risponde:

– La zia.

– Ah cara, sí, la zia, – conferma subito la signora Léuca, che non s'aspetta la risposta da parte di lei, e si china a baciarle una manina.

Perché sa che è segno di simpatia, se i bambini parlano prima che abbiano preso confidenza con qualcuno.

– La zia! la zia!

È abituata a sentirsi chiamar cosí, «la zia», da parecchie bambine, per suggerimento affettuoso delle mamme, che intendono dimostrarle in tal modo la loro gratitudine. E prova un certo piacere, che egli abbia pensato di suggerir per lei lo stesso appellativo alla figliuola, benché certo per un'altra ragione.

E allora, poiché è la zia, bisogna che la nipotina abbia subito subito la sua merenduccia di cioccolatte e biscottini, e fettine di pane imburrato, e spalmato di marmellata. Qua, qua, seduta a tavola, e col cuscino sotto, cosí, bella alta, come una grande. E ora, questa salviettina al collo qua:

– Ve bene cosí?

E gliele imburra lei, le fettine, gliele spalma lei di marmellata.

– E poi un cucchiaino cosí, di questa marmellata, da mettere in bocca solo, senza la fettina, non lo vogliamo? Eh, mi pare di sí!

Sandrina la guarda e sorride, beata, ma come se ancora non credesse bene alla realtà di quanto le accade, di quel che si vede attorno, tanto le par bello e nuovo.

Ora che la vede sorridere, però, la signora Léuca soffre di piú a guardarle quel vestitino addosso cosí sgarbato, quei capellucci cosí tirati... Le debbono anche far male, povera piccina! E come Sandrina finisce di far merenda, se la porta di là, in camera, per scioglierle quelle treccioline e fargliene una sola, grossa e lenta, ma fino a metà, e sfioccato il resto, con un bel nodo di raso dove termina la treccia; e poi le aggiusta i capellucci davanti, facendoglieli scendere un po' sulla fronte, perché diano piú grazia al visino che s'è tutto colorito per la gioja. E che lustro, che lustro le hanno preso gli occhi!

Pare un'altra, ora, Sandrina. Lei stessa, guardandosi allo specchio, in mezzo alle belle cose che la circondano in quella camera da letto, e che si riflettono quiete e luminose nello stesso specchio, quasi non si riconosce piú.

Non sa capire in prima la signora Léuca perché il padre, quando ella gliela ripresenta cosí bene acconciata, ora, e cosí tutta ravvivata, invece d'ammirarla e di compiacersene, resti quasi dispiaciuto e turbato.

Possibile che nel cuore di lui, alla vista della nuova grazia

834. *sfioccato*: sciolto.
844. *in prima*: cfr. r. 430 nota.

che la figliuola ha acquistato, si siano destati all'improvviso gli stessi sentimenti che han turbato lei dianzi nell'acconciare amorosamente quella bambina non sua?

Non vorrebbe la signora Léuca ch'egli credesse, che le cure che s'è prese per la piccina siano come un modo di significare a lui il rimpianto che quella figlia non abbia potuto esser sua. Curandola, assaporando la gioja di quelle cure, ella non ha voluto dir nulla a lui, proprio nulla; non ha neppur pensato ch'egli stesse ad aspettare di là.

Ma poco dopo ch'egli se n'è andato, la signora Léuca, che s'è recata alla finestra, non per veder lui sulla strada insieme con la figliuola, ma per veder questa col suo bel fiocco di capelli sulle spallucce; non vedendoli uscire dal portone e, dopo aver aspettato un bel po', andando per curiosità a spiare pian piano dalla porta che cosa sian rimasti a fare tutti e due per le scale, si spiega il perché di quel turbamento di lui e, rinfrancandosi, non può fare a meno di sorridere.

Lo scorge, seduto a metà della terza rampa, su uno scalino, intento a rintrecciare fitti fitti sulla nuca della figliuola quei due codini di prima. S'è levato dalla mano il fazzoletto che vi teneva avvolto; e la signora Léuca dall'alto scorge allora su quella mano il rosso dello sgraffio; e l'altro piú tremendo sgraffio gli scorge sulla nuca.

Capisce tutto. Si pente di quel che ha fatto senza pensare che avrebbe cagionato a lui un cosí grave impiccio. Si rammenta all'improvviso delle due cordelline bisunte che tenevan legate le treccine della figliuola e che son rimaste sulla specchiera. Come farà egli adesso a legar quelle treccine, se pure riuscirà a portarle a fine con quelle grosse manone disadatte? E le due cordelline dovranno pure esser quelle, se egli vuol riportare a casa la figliuola tal quale ne è uscita, per non far sapere nulla della visita a lei, a quella donnaccia che lo sgraffia cosí.

La signora Léuca vede necessario il suo intervento per rimediare al mal fatto. Corre a prendere in camera le due cordelline, e scende in fretta, risolutamente, le due rampe di scala, dicendo a lui dall'alto mentre scende:

– Aspetta, aspetta... Lascia fare a me! Scusami, se non ho pensato... Hai ragione... hai ragione...

E, com'egli si alza per cederle il posto, vergognoso d'essere stato sorpreso da lei nella miseria di quell'imbarazzo, siede sullo scalino e, presto presto, rifà le treccine alla ragazza. Nel chinarsi a baciarla, si sente prendere furtivamente una mano, e prima che abbia il tempo di ritirarla, avverte con ribrezzo il contatto dei baffi e delle labbra di lui.

Per un lungo pezzo la signora Léuca, risalita nella saletta da pranzo, si stropiccia quella mano.

Passano venti giorni, passa un mese, la signora Léuca non vede piú ritornare il marito.

Ha aspettato ch'egli le portasse in casa, come aveva promesso, le altre due figliuole piú piccole, per fargliele conoscere. Ma forse la madre avrà saputo di quelle visite a lei; gli avrà fatto qualche scenata, e impedito di condurre le altre due.

Suppone ch'egli si vergogni, forse, di venir solo, dopo quella promessa; suppone che possa essersi ammalato, o che possa essersi ammalata qualcuna delle figliuole, o anche quella donna; suppone che egli sia rimasto troppo avvilito l'ultima volta, sorpreso lí a sedere in mezzo alla scala con le treccioline di quella povera piccina in mano. (Ne sorride ancora pietosamente, la signora Léuca). O forse si sarà accorto del ribrezzo, con cui ella ritirò violentemente la mano...

Tante supposizioni fa la signora Léuca. Le amiche del patronato di beneficenza, che vengono a trovarla in quei giorni, osservano, cosí senza parere, che forse ne fa troppe. Ma se, come ritengono, è una pena per lei ricevere in casa il marito, anche cosí per una breve visita di tanto in tanto, dovrebbe esser contenta ch'egli da sé abbia diradato queste visite, che per dir la verità s'eran fatte un po' frequenti e, a quanto pare, non tanto brevi, anche.

Alla fine se ne accorge anche lei, la signora Léuca, che fa troppe supposizioni; e deve riconoscere che ha una viva curiosità di sapere perché egli non sia piú venuto; ma senza il minimo dubbio tuttavia sulla natura di quel suo interessamento. Vorrebbe saperlo per lui, non per sé; se cioè qualche cosa di male fosse accaduta a lui, non perché possa esser male per lei ch'egli non venga piú.

Né un male, né un bene. Tutto è per lei ormai come lonta-

895. *si stropiccia quella mano*: per la puerilità di questo gesto, si rammenti a confronto *La veste lunga*, rr. 383-88.

921-23. *senza il minimo dubbio... non per sé*: cfr. rr. 274-76 nota.

926-34. *Né un male, né un bene... di sofferenze e di spasimi*: non si tratta qui della impenetrabilità alla gioia e al dolore che era del Memmo Viola di *Quando s'è capito il giuoco*, né della stanca placidità del Nane Papa di *Candelora*, ma del complicato e precario equilibrio che, nella sua schiva lindura, la signora Léuca è giunta a instaurare, per via di spostamento, fra rimozione e sublimazione.

no. Anche le cose piú vicine. Basta che per un istante le senta vive in sé, e subito le diventano come lontane. Questa curiosità d'ora... Come se un giorno, tanti anni fa, la avesse provata... Può accettare, accogliere qualunque sofferenza, torcersi anche in uno spasimo, e non perdere mai questa facoltà di non sentirsene veramente toccare là dove il suo spirito è come immune di quanto può dare la vita di sofferenze e di spasimi.

Ed ecco che, invece del marito, uno di quei giorni, viene l'avvocatino Aricò insieme col vecchio parroco di Sant'Agnese.

Non c'è piú dubbio che qualche cosa dev'essere accaduta.

Che cosa?

Mah! Non sanno dire, se una fortuna o una disgrazia. È morta la donna. Quella donna.

– Morta?

Sí. Improvvisamente, in tre giorni, d'una polmonite. Ma anche se questo male non l'avesse colta all'improvviso, sarebbe morta lo stesso tra poco, perché il medico accorso a curarla l'aveva trovata affetta da parecchi mesi d'un cancro alla bocca.

La signora Léuca, a questa notizia, s'aombra. Domanda al parroco e all'avvocato, se quando le proposero d'accordare al marito il conforto di quelle visite, erano a conoscenza di questo male che minacciava la donna.

I due protestano subito di no; il parroco, davanti a Dio; l'avvocatino Aricò, come se non bastasse, anche sulla sua parola d'onore.

– E lui? – domanda allora la signora Léuca.

– Che cosa, lui?

– Se lui lo sapeva!

– Ah, ecco... sí, – è costretto a confessare l'avvocatino, torcendosi un po' sulla seggiola. – Dice che, sí... ne... ne aveva il sospetto, lui... vago, ecco, dice.

Il vecchio parroco guarda la signora Léuca accigliata, e poi domanda:

– Suppone che sia stato in previsione di questa morte? Non credo!

949. *s'aombra*: (toscanismo pretto per «s'adombra») si rabbuia si impermalisce.

– Oh signor parroco, – scatta la signora Léuca, – per carità, non mi dica cosí! Sapesse che avvilimento è per me! Non ho mica bisogno, creda, che a un bambino sudicio sia prima lavato il viso, per fargli la carità. Mi perdoni! Lei ha poca stima di me, signor parroco.

– Ma no... ma no... – si prova a protestare sorridente, ma pure un po' arrossendo, il vecchio parroco.

– Ma sí, mi scusi! – seguita la signora Léuca. – Poca stima, poca stima.

Il vecchio parroco, vedendola cosí insolitamente infiammata, si fa serio.

– Vediamo di non peccar di superbia, mia cara signora.

– Io?

– Lei, sí. Perché c'è tanti modi, veda, di peccar di superbia. Se per esempio lei con un sospetto di questo genere avvilisse troppo l'oggetto della sua carità, credendo cosí di render questa piú meritoria davanti a Dio, o piuttosto davanti alla sua coscienza, che già per questo fatto comincerebbe a essere, creda, qualcosa di diverso.

– La mia coscienza?

– Sí, signora.

– Di diverso da Dio?

– Sí, signora. Gliel'avverto! Da un pezzo, da un pezzo lo noto in lei, con sommo dispiacere. Dico, questo voler troppo vedere le ragioni... con troppa inquietudine, ecco... Se ne guardi, se ne guardi.

La signora Léuca, pentita dello scatto, china il capo dolorosamente, e si reca le mani al volto.

– Sí, è vero, – mormora. – Sono cosí... sono cosí...

A questo punto l'avvocatino Aricò, alla cui fretta ogni discussione che non venga al fatto è una siepe di spine, visto che discuter troppo, secondo che ha finito or ora di dire il signor parroco, equivale ad allontanarsi da Dio, si prova a metter fuori un:

– Sicché dunque, signora mia...

– No, aspetti avvocato, – si volge a dirgli subito la signora Léuca, scoprendo il volto turbato. – Sarà male, è certamente male, signor parroco, questo che lei mi rimprovera; e io la ringrazio. Ma non è per superbia, creda! Tutt'altro, anzi...

– Avvilir l'oggetto della propria carità...

– No, me, me, signor parroco! ho piuttosto piacere d'avvilir me, se ho fatto un cattivo pensiero, veda! E credo meglio, a ogni modo, che l'ajuto gli venga da una che, in questo caso, sarebbe stata piú cattiva di lui, se è vero che egli quel pensiero non l'ha avuto. Forse non so esprimermi chiaramente. Volevo dirle prima, che anche se egli si fosse riaccostato a me prevedendo prossima la morte di quella donna, io, venendo a saperlo, non mi sarei ritratta dal fare per le sue bambine e per lui tutto quello che mi sarà possibile... Aspetti, aspetti; mi lasci dire! Non creda, per render piú meritoria la mia carità a costo di quest'avvilimento di lui! Tutt'altro! Anzi perché mi sarebbe parso piú naturale, piú umano, e piú pietoso anche, cosí. Senza nessuna apparenza di... di sublimità, di false nobiltà d'intenzioni... Ma cosí, ecco... perché... perché siamo cosí... E se lui non è stato cosí, tanto meglio per lui! Volevo dirle questo.

– Ecco, dunque, – si lancia a dir di nuovo l'avvocatino Aricò, vedendo che anche il signor parroco, soddisfatto della spiegazione, ritornando a sorridere, approva e approva.

Ma purtroppo non ha fortuna. Benedetta donna, questa signora Léuca! Nobilissima anima, ma tormentosa per uno che ha tanto da fare! Ecco che si volta a dirgli di nuovo:

– No, aspetti, la prego, avvocato!

Che altro ha da dire? Si vuol togliere del tutto il merito della carità, la signora Léuca, adesso. Ah, santo Dio! Quel signor parroco, che cattiva ispirazione, andarla ad accusar di superbia... Sentiamo, sentiamo. Dice che non sarebbe carità, ma un piacere per lei prendersi in casa e curare, educare quelle tre bambine, far loro da mamma. Benissimo! benissimo! E allora basta cosí. Se sarà anzi un piacere per lei... Questo è piú di quanto s'aspettavano con la loro visita il signor parroco e lui. Ringraziare e andarsene: gli pare che non resti altro da fare.

Nossignori. Eh, nossignori. Piano piano. Il tormento.

La signora Léuca vuol sapere a qual prezzo intendono

1040-90. *La signora Léuca vuol sapere ... come sempre sarà*: il guado psicologico soggiacente a questo passo è tra i piú impervi e vorticosi, e viene messo in rilievo, anziché occultato, dall'interlocuzione rassicurante dell'avvocato e dal silenzio piú che prudente del parroco. A livello dialogico di superficie, la signora Léuca non fa che mettere in campo sagge e fondate congetture, ma la verità profonda è un'altra: la signora, pur informata delle intenzioni interessate del marito, ha accettato di prendere in casa le bambine e di riprendere in casa lui, e i timori che viene esprimendo sono ormai, a sua insaputa, speranze camuffate che cercano non dinieghi ma conforti. La piú certa delle sue previsioni è che il marito prometterà per poi venir meno alle promesse fatte, mettere lei dinanzi alla sua «assoluta impossibilità» di accedere alle pretese di lui e infine andarsene attribuendogliene la responsabilità. La avanza ora dinanzi agli altri; piú in là la ripeterà tale e quale a se stessa per ben due volte (cfr. rr. 1534-39 e 1758-62). La catastrofe della vicenda replicherà punto per punto

ch'ella paghi questo che sarà un piacere per lei, di far da mamma a quelle tre piccine.

L'avvocatino Aricò sbarra tanto d'occhi in faccia al signor parroco, e si stizzisce notando che questi mostra di comprendere il riposto senso della domanda della signora Léuca e di trovarsi di fronte a un caso di coscienza, che non gli s'era affacciato alla mente venendo a proporre alla signora d'accogliere in casa quelle tre orfane come la piú grande delle concessioni ch'ella potesse fare.

C'è anche lui, il marito, con le tre piccine. Vedendosi riaccolto in casa, riprendendo a convivere accanto a lei, sotto lo stesso tetto...

– Ah già! ah già!... – esclama l'Aricò, grattandosi con un dito la nuca. – Ma gli parlerò io, signora, non dubiti! Gli parlerà anche il signor parroco! Non potrà mica pretendere da lei l'impossibile...

– E allora? – gli domanda, per fermarlo subito, la signora Léuca.

– Allora, che cosa?

– Avvocato, lei potrà parlargli quanto vuole, non riuscirà mai a mutarlo. Sappiamo com'è, Dio mio, e dobbiamo prenderlo com'è! Egli prometterà, giurerà a lei e al signor parroco. Poi... poi verrà certo il momento che non terrà piú conto della promessa. Ebbene, io dico allora, data questa mia assoluta, assoluta impossibilità... E dico per me, badi, non per lui!

– Come, per lei?

– Per la mia responsabilità, avvocato. Perché io debbo prevedere fin d'ora quello che certamente avverrà, sapendo, come so, chi mi riprendo in casa. Vedrà che mi lascerà qui le bambine, e se n'andrà, dicendo che sarà stato per causa mia, perché gliel'avrò aperta io stessa la porta, con le mie mani, per ributtarlo alla sua vita di prima!

– Ma nient'affatto, signora!

– Non neghi cosí precipitosamente. Vedrà che avverrà come le sto dicendo io.

– Eh, ma allora, tanto peggio per lui, scusi! Lei fa già troppo a prendersi in casa quelle figliuole. Se egli vuol seguitare a fare il... (mi perdoni, stavo per dirlo), il responsabile sarà lui, non sarà mica lei!

questa sequenza omettendo una fase soltanto: precisamente la messa alla prova di quella impossibilità, e proprio questo sarà, per la signora Léuca, il non-evento silenziosamente e definitivamente catastrofico.

Ma la signora Léuca, ora, non guarda piú l'avvocato Aricò che parla cosí; guarda il vecchio parroco che tace.

E da quel silenzio la signora Léuca ha la certezza che il vecchio parroco non pensa piú, che con questo voler troppo vedere le ragioni, e con troppa inquietudine, la coscienza di lei s'allontani da Dio.

Vuol dire dunque che Dio la ispirerà; e che per il momento – questo momento, che già per lei è come lontano lontano – la conclusione bisognerà rimetterla alla vita. Alla vita, com'è stata sempre e come sempre sarà.

Addio silenzio di specchio, ordine, quiete, lindura.

È tutta sossopra la casa della signora Léuca, per accogliere piú ospiti che non potrebbe; quattro ospiti nuovi, a cui bisognerà trovar posto, guastando, disponendo altrimenti le stanze, abolendo il salottino, la stanza dello spogliatojo, ammassando e anche portando giú in cantina tanti mobili, che forse saranno rivenduti, per collocare al loro posto i tre lettini e altri mobili che saranno comperati per le stanze da letto, le quali, da due che erano (compresa quella della serva), saranno adesso cinque.

La signora Léuca cederà la sua, che è la piú grande, alle tre bambine, e lei dormirà nella stanzetta accanto, dov'era prima il salottino, rinunziando al grosso armadio a tre specchi, che non vi troverebbe posto. Lui, il marito, bisognerà che s'adatti nello spogliatojo che, dopo quella delle bambine, è la stanza piú larga, benché un po' buja.

Non ha nessun rammarico la signora Léuca né per la rinunzia a tutte le sue comodità, né per il sacrifizio di tanti oggetti cari. È anzi lieta in mezzo al disordine delle stanze, le quali, da che davano, ordinate, l'impressione di tanta solitudine, ora, cosí disordinate, e solo perché ancora cosí disordinate, pajon già piene di vita.

Il nuovo aspetto ch'esse a mano a mano cominciano ad assumere, sistemate alla meglio, non le par certo bello. Le dà tuttavia uno strano piacere, perché nella sistemazione nuova, secondo il bisogno e le necessità dello spazio, sia degli oggetti vecchi, sia dei nuovi che a poco a poco arrivano, vede attuarsi, prendere consistenza l'immagine della nuova vita della casa. Quegli oggetti, cosí ora disposti, cominciano a rappresentargliela, quasi traendogliela a poco a poco da quell'incertezza in cui le si agita ancora dentro, per fargliela vedere, ecco, cosí: tutto a posto, come sarà – qua questo e lí quell'altro – anche se, stando cosí come possono, non stanno come lei forse vorrebbe.

Pazienza!

Ora, intanto, può immaginarsi come farà, come si moverà per le stanze, che le sembrano nuove, per le cure nuove che le nasceranno.

E nuovo, tutto quanto nuovo veramente ha voluto almeno l'arredo per la camera delle bambine, scegliendo lei ogni cosa, in giro per mezze giornate da una bottega all'altra: i tre lettucci bianchi, di ferro smaltato (di legno, li avrebbe voluti; ma, fosse stato uno! tre, costavano troppo; e bisognerà pensare a far un po' d'economia su tutto, d'ora in poi!); bianchi però, li ha voluti anche bianchi, laccati bianchi, i due cassettoni e l'armadietto a specchio, le seggiole e i due tavolinetti da scrivere col palchettino da un lato, per le due piú grandicelle che vanno a scuola (forse, non è stato prudente, bianchi anche questi: ci sarà il pericolo che presto li macchieranno d'inchiostro; ma ella si propone d'insegnar loro a far tutto a modino e di sorvegliarle sempre, tutt'e due, quando faranno i compiti di scuola, non perché non macchino i tavolini, ma per i compiti, che li facciano bene); e poi rosei, i tappetini a piè del letto; rosea anche la tenda alla finestra, e rosee le sopracoperte dei lettucci. Cosí, bianca e rosea, tutta la camera.

Quell'antipatico grillo vecchio dell'Aricò, dice: troppe spese; e che si sarebbero potute risparmiare, facendo trasportare dalla casa del marito almeno quei mobili – letti, sedie, tavolini – che potevano servire ancora per il padre e le figliuole. Ma niente affatto! Nulla, qua, nemmeno un chiodo, di quella casa!

Eh, ma se questa fosse una ripugnanza che prova soltanto lei? Se invece lui e le piccine avessero caro di vedersi attorno qualche oggetto della casa antica?

Non gliela suggerisce l'Aricò, questa riflessione; la fa lei, che ne fa sempre tante. E allora, senz'altro, si reca a visitar quella casa in principio di via Flaminia, accompagnata dall'Aricò.

– Ma come? ora che le spese son fatte?

– Se ci sarà qualche cosa che vogliono conservare...

Le vicine di casa, conoscenti e amiche della morta, si fan tutte sull'uscio o corrono ad affacciarsi alle finestre, quan-

1137. *palchettino*: scaffaletto, scansia.

d'ella scende dalla carrozza davanti al vecchio portone sgangherato, alta e dritta, elegantemente vestita, col velo sulla faccia; e quali e quanti commenti, appena, entrando, in principio dell'androne svolta per la scaletta a destra che conduce a un terrazzino, o piuttosto, a una specie di ballatojo, dove sono le due finestre a usciale delle camere poste sul davanti.

– Oh, coi capelli bianchi, hai visto?

– Sí, ma giovane! Che avrà? Avrà, sí e no, quarant'anni!

– Eh, signora fina...

– Per quel bestione là!

– Eppure vedete che se lo viene a riprendere!

– Be', segno che gli serve ancora.

– Per me, che t'ho da dire, una donna con gli occhiali...

Sarà perché viene da fuori; sarà perché la giornata è cupa, la signora Léuca non riesce a discerner nulla appena entrata da quel ballatojo nella prima stanza. Si sente stringere il cuore, pensando ch'egli s'è ridotto a vivere in una casa come quella; e l'angoscia e insieme il ribrezzo le crescono, appena gli occhi cominciano a distinguere la miseria, il disordine, la sporcizia... Si avverte ancora che la morte è passata di là da poco tempo, in un certo lezzo che è rimasto, di fiori vizzi e di medicinali.

Ma dov'è lui?

Sandrina, che è venuta ad aprire in sottanina, con le magre braccine nude, spettinata, risponde, ancora tutta abbagliata dalla vista inattesa della bella «zia» della casa ricca e lucente, che il babbo è di là, buttato sul letto, e che c'è la sarta.

– Ah, brava, – fa la signora Léuca, sollevando il velo sulla fronte e chinandosi per baciar la piccina. – La sarta, hai detto? Andiamo, andiamo, Sandrina. Sei contenta, cara, che sia venuta la zia? Sí, è vero? Povera cara piccina mia! Sí, sí, c'è qua la zia, ora... Sarà meglio che ci parli io con questa sarta. Vi prende le misure?

– No, ha fatto tutto...

– Come? di già?

E la signora Léuca con Sandrina per mano s'avvia verso l'altra stanza in fondo; ma ecco lui, balzato dal letto, tutto rabbuffato, con la camicia aperta sul petto irsuto e una vecchia giacca nera, certo infilata, or ora, in fretta e furia.

1169. *finestre a usciale*: porte-finestre.
1187. *sottanina*: sottoveste.
1202. *rabbuffato*: scarmigliato e in disordine.

– Tu, qua? Anche lei, avvocato? Sí, c'è la sarta. Per... per gli abitini da lutto... Vieni, vieni...

Ha il cuore grosso; grossa la voce; e mostra una gran fretta, forse per nascondere il turbamento e la commozione; forse per non dar tempo alla moglie d'osservare intorno la miseria della casa; il disordine di quella sua vergognosa intimità.

Ma prima di quei poveri abitini da lutto (che saranno certo uno scempio, allestiti cosí, tutt'e tre, in pochi giorni) ella vuol vedere, conoscere le altre due bambine.

Oh, ma guarda, guarda quella piccola là, che amore! in camicina, con le gambottole nude, che alza il braccino e s'afferra alla nuca tutte quelle belle boccole nere nere, arruffate! Dio, che occhi! È scontrosa?

– Rosetta? Si chiama Rosetta? Che amore!

Sandrina corregge:

– No, Rosina.

Rosina? Sarebbe meglio Rosetta, cosí tombolina! Ma né Rosina, né Rosetta, veramente, perché cosí bruna bruna, e con quegli occhioni cupi e che pure, Dio mio, pungono davvero quegli occhioni; e quella boccuccia là, un bottoncino di fuoco; e quel nasino che non pare nemmeno...

– Cinque anni? Ah, deve ancora compirli... E allora no, via, il vestitino nero anche a lei... Bianco, con un bel fascione di seta nera in mezzo...

Ma ci penserà lei, a casa.

– E questa è Lauretta?

La domanda, per quanto vorrebbe essere affettuosa, le vien fuori fredda dalle labbra; perché quella Lauretta è come se lei già la avesse veduta in Sandrina; non tal e quale, certo; ma con quella stess'aria afflitta, gli stessi occhi fermi e serii, il visino pallido piuttosto lungo, e i capelli lisci.

Non è possibile non notar subito che quelle due sorelline piú grandi non hanno nulla, proprio nulla, di comune con la piú piccola, venuta parecchi anni dopo. Perché Lauretta ha

1206. *grosso*: gonfio di commozione.

1216. *boccole*: riccioli.

1221. *tombolina*: grassottella.

1225. *non pare nemmeno*: cosí piccolo che quasi non si vede.

1226-28. *E allora no ... seta nera in mezzo*: anche nei *Sei personaggi in cerca d'autore*, mentre il Giovinetto, quattordicenne, sarà vestito di nero, la Bambina, che ha «circa quattro anni» e che la Figliastra chiama, come qui vorrebbe la signora Léuca, Rosetta (cfr. MN, p. 133), è «vestita di bianco con una fascia di seta nera alla vita» (*ibid.*, p. 77).

già otto anni e tre mesi; vuol dire un anno e qualche mese meno di Sandrina, la maggiore.

La signora Léuca respinge un sospetto che le sorge spontaneo, sapendo purtroppo che donna era la madre e che liti s'accendevano tra i due per la gelosia. Lo respinge, sia perché quella donna ora è morta, sia perché sa che lui predilige, sopra le altre due, quella piccola.

Anzi, per dissimular subito d'averlo avuto, si mette a discutere con la sarta di quei vestitini cosí mal tagliati e mal cuciti; poi col marito, dello scopo della sua visita. Ma non c'è da portar via nulla da quella casa: egli è subito d'accordo con lei: tutta roba da svendere o da spartire, lí, tra il vicinato. Solo, i suoi abiti e la sua biancheria, e quella in migliore stato delle bambine.

Nell'appressarsi a un canterano per accertarsi se non convenga lasciare anche questa biancheria delle bambine, certamente non fine né graziosa com'ella pensa che dev'essere d'ora in poi, la signora Léuca sorprende nel marito un atto subito represso, come se volesse trattenerla. Non tarda a comprenderne il perché. Sul piano di quel canterano c'è il ritratto della morta in una volgare cornice di rame. Finge allora di non vederlo; e dice a lui che ci sarà tempo di far la scelta di qualche capo da conservare, e che per il resto, se mai, penserà lei a farne elemosina.

Domanda a Sandrina se, intanto, quella sera stessa non vuol venire a casa con lei.

Sandrina risponde subito di sí, battendo le mani. Ma anche Lauretta dice che vuol venire. E perché non anche la piccina allora? Tutt'e tre con lei, fin da questa sera: la camera, là, è pronta.

Eh, ma la piccina, no. La piccina non si stacca dal padre. Senza il padre, non viene. E lui è meglio che rimanga qua, ancora per qualche giorno, per liquidare quel suo triste passato.

Cosí la signora Léuca, quella sera, rientra in casa con le due ragazze vestite di nero.

– Ecco la vostra camera, vi piace?

Non riescono neppure a risponder di sí, Sandrina e Lauretta, tanto ne restano ammirate.

– Qua dormirai tu, – dice a Sandrina. – E Lauretta là. E Rosina in mezzo, tra voi due, in questo lettino piú piccolo.

Poi mostra loro i tavolinetti, dove studieranno, e ne assegna uno a ciascuna.

– Col cassetto, sí. Ce l'ha anche l'altro: sono uguali. E c'è anche un cassettino qua, piccolo piccolo, nel palchetto.

E dice che d'ora in poi andranno a un'altra scuola lí vicino, in via Novara; e che le vorrà sempre diligenti e giudiziose e pulite.

Quanto agli abitucci, bisogna che per ora tengano quelli; ne avranno poi di nuovi e di piú belli, per uscire; altri, per casa, e i grembiulini: tutto in ordine.

Intanto, le ripulisce ben bene, le ripettina; mostra loro tutta la casa; dove dormirà il babbo; dove dormirà lei. E infine le fa sedere a tavola con sé per la cena.

A poco a poco bisognerà insegnar tante cose, tante, a quelle due povere piccine! Per quella prima sera, meglio lasciarle fare a modo loro. Sono come incantate. Non sanno prendere il bicchiere, non san tenere in mano le posatine comperate apposta per esse. Impareranno a poco a poco. E imparerà anche lei a far che l'indulgenza, suggerita dalla pietà, non divenga troppa e nociva.

Finita la cena, le tiene ancora un po' con sé. Vorrebbe saper tante cose; ma non concede alla sua curiosità neppur di rivolgere una domanda. Cerca soltanto di far parlare Lauretta, che sta a guardar sempre in bocca Sandrina, la quale, per esser stata già una volta con lei, vuol mostrare alla sorellina che ha già preso una certa confidenza. Ma Lauretta, a ogni incitamento, si volta a Sandrina, come convinta che non tocchi a lei di rispondere per quella sera.

Sarà per domani.

Quando le mette a letto, viene a sapere che non sono solite neanche di farsi la croce prima d'addormentarsi. Dice loro, alla meglio, perché bisogna farsela, la croce, e le persuade a ripetere con lei una breve preghiera. Cosí ottiene anche, ma dopo una lunga insistenza, di sentir la voce di Lauretta che non ha voluto parlare.

Spegne la luce, e le lascia sole in camera. Poco dopo, però, origliando all'uscio, per accertarsi se han preso sonno, le sente litigare a bassa voce, ma violentemente, e capisce che Lauretta è discesa dal suo lettino ed è andata a quello di Sandrina, che la respinge. Dio mio, s'azzuffano come due gattine! È certo che si sono afferrate per i capelli e che si danno calci. Che fare? Aprire? Sorprenderle? Forse è meglio no. Perché, se fanno cosí piano per non essere intese da lei, vuol

1283. *palchetto*: cfr. r. 1137 nota.

dire che un certo ritegno lo sentono. Ma sarebbe bene conoscere il perché di quella lite. Forse Lauretta ha paura di dormir sola? o forse non è rimasta contenta di qualche risposta che Sandrina ha dovuto dare per conto di lei?

Ecco, si sono quietate. Lauretta torna in punta di piedi al suo lettino. Ma Sandrina ora piange sotto le coperte.

La signora Léuca rimane a pensare a lungo quella sera, e si domanda che cosa quelle bambine abbiano già per lei piú delle altre che finora ha soccorso e che non potrà piú soccorrere d'ora in poi.

Quasi tutte le altre avevan certo assai piú di queste bisogno del suo soccorso; e lei, non solo non avrebbe mai fatto tante spese, e con tanta premura, per ospitarle; ma non s'era neppur mai sognata di poterne accogliere in casa qualcuna, modestamente, anche per averne lei stessa il vantaggio di qualche servizio.

Ha accolto queste, perché figlie di lui, del marito? (E chi sa! Una, forse, neanche...) No... non per lui. Le ha accolte per sé, per riempire la sua vita, anche coi fastidii e i dispiaceri ch'esse le daranno. E non esse sole, certamente...

Ecco a che l'ha condotta il consiglio della carità difficile! A farsela a sé, lei stessa, la carità, a danno di tante altre piccole derelitte, a cui ora non potrà piú pensare.

Ma no, questo no, non dev'essere!

Se non è piú possibile ormai considerar le altre bambine da lei finora protette come le due che ora dormono di là, già divenute sue, troppo rimorso sarebbe per lei il non far piú nulla per quelle; almeno per qualcuna... Quella malatuccia di via Reggio, Dio mio! E quell'orfanella, Elodina, di via Alessandria, impossibile non soccorrerle piú, abbandonarle, là, alla loro miseria, cosí nera, mentre per queste qua tanto bianco e tanto roseo di lettucci e di mobiletti laccati e di tappetini e sopracoperte, e il piacere ch'ella già prova a immaginare gli acquisti che farà per loro, di biancheria fina, di scarpette eleganti, e la cura che si darà perché siano vestite bene e con grazia.

No no. Sarebbe troppo! sarebbe troppo! E perché poi? Chi son esse infine?

Si potrà lei veramente compiacere che tutti vantino domani la sua generosità per aver accolto in casa, vincendo ogni risentimento e il disgusto per la laida offesa al suo amor proprio di moglie che non poté esser madre, quelle tre figlie che il marito ebbe da un'altra donna? da una donna come quella? No. Perché lei non l'ha fatto per questa generosità, e si sdegnerebbe, se se ne sentisse lodare; anzi il solo pensiero che una tal lode le possa esser rivolta, già le accresce il rimorso per quello che ha fatto.

In tal caso, beneficiando di questa sua presunta generosità, le tre bambine ospitate verrebbero a godersi sfacciatamente il premio della vergogna della loro madre, della colpa del loro padre, «generosamente» da lei perdonate. Mentre non ha perdonato niente, lei, la signora Léuca, non avendo proprio niente da perdonare, per il solo fatto che non ha sofferto della colpa del marito piú di quanto non abbia sofferto per tant'altro male, anche non fatto a lei direttamente: il male che tutti fanno, inevitabilmente, volendo vivere; il male che lei stessa sta facendo ora a tante povere bambine per aver voluto accogliere in sé, piú viva della loro, la vita di queste tre a lei ugualmente estranee e certo non piú disgraziate.

E bisognerà scontarlo, ora, scontarlo questo male.

Nel silenzio, a un tratto (dev'esser molto tardi) le si fa vivo il *tic* e *tac* lento e staccato della pendola. Il vuoto del suo silenzio di prima. E ancora, e forse piú angosciosamente che mai, ella vede vaneggiarvi sconsolato ogni suo pensiero, sconsolata ogni opera, sconsolata ogni immagine di vita.

Ecco, le s'inquadra lontano, nell'ombra, col luccicore della volgare cornice di rame, il ritratto di quella morta, là, sul canterano... E tutte quelle vicine accorse a vederla scendere dalla vettura...

Che farà lui, solo, a quest'ora, in quell'orribile casa, con la piccolina?

Chi sa perché, se lo immagina fermo davanti a quel canterano, con la piccolina in braccio, intento a guardare il ritratto di quella morta, ch'ella non ha potuto vedere.

È d'aver salito, su, su, fino alla cima, una cosí alta montagna, la colpa. E non per orgoglio di salire... Che orgoglio? Può anche essere stata una condanna; o il destino.

E, si sa, questo gelo ora, e questo silenzio della cima. E veder tutto piccolo e lontano; e cosí, per forza, velato, soffuso di questa esiliante tristezza di una nebbia, che da vicino, là in

1397-404. *È d'aver salito ... la formano*: il capitoletto, che pare voler aprire un orizzonte riflessivo ancora una volta fondato sull'ottica soggettiva della signora Léuca, è poco piú di un appunto destinato a sviluppi mai realizzati. Cfr. sopra ai rr. 587-89 nota.

basso, forse non c'è, e che da lontano e dall'alto si vede, perché la stessa altezza, la stessa lontananza la formano.

Tre giorni dopo, viene il marito con quella piccolina aggrappata al collo, come una gattina selvaggia e impaurita, che non voglia farsi strappare.

Arrabbiato per questa selvatichezza della bimba, che gli ha impedito di portar su, una per mano, le due vecchie pesanti valige, in cui ha raccolto tutto quel po' che ha creduto potesse entrare senza troppa vergogna nella casa della moglie da quella sua casa ora distrutta, accoglie senza nessuna festa le espansioni d'affetto e di gioja di Sandrina e di Lauretta e non ha occhi per vedere com'esse in tre giorni son quasi rinate.

Le due piccine, che s'aspettavano le meraviglie del padre per il loro contegno e la loro lindura, cosí ben pettinate, con quei grembiulini nuovi, neri, coi risvolti di merletto bianco ai polsi e al collo e la cinturina in mezzo, e le calzette fine e le scarpette nuove, restan deluse e come mortificate.

Per miracolo non bestemmia, il padre, soffocato dalle braccine di quella brutta Rosina, che gli si stringono sempre piú al collo. Alla fine, visto che non riesce, per quanto faccia o dica, a farle allentar la stretta, ecco che, inferocito, con uno strappo violento se la stacca dal collo e (ben le sta!) quasi la butta su una seggiola, gridandole:

– Qua, e zitta, o te le do!

Ma la bimba, frenetica, si rovescia a terra, urlando, tempestando con le gambette, nascondendosi la faccia con le braccine, le mani afferrate ai capelli; mentr'egli va verso la finestra, esasperato, sulle furie:

– Non ne posso piú! non ne posso piú!

Si volta verso la moglie, e aggiunge:

– Da dieci giorni cosí, aggrappata a me, fino a strozzarmi!

E vedendo la bimba correr verso di lui, carponi sul pavimento, come una bestiolina urlante:

– Ecco! la vedi? la vedi?

E alza la gamba, a cui la bimba è venuta ad avvinghiarsi.

Sandrina e Lauretta si mettono a ridere.

– Ah, non si ride! – le ammonisce subito, seria,la signora Léuca. – Vergogna; mentre la sorellina piange... Andate, andate piuttosto a prenderle i giocattolini che le abbiamo comprato jeri...

1428. *frenetica*: in preda a una agitazione incontenibile, quasi una crisi.

Il padre intanto s'è chinato a riprendersela in braccio:

– Senti? senti? i giocattolini...

Ripresa in braccio, la bimba, ancor tutta convulsa, cessa di piangere; ma come Sandrina e Lauretta ritornano dalla camera coi giocattoli, udendo il suono che Lauretta cava dai due cembalini di latta d'un pagliaccetto rosso che apre e chiude le braccia, riaffonda la faccina sotto il mento del padre, per non vedere, per non udire, e riprende a smaniare, come per rimettersi a piangere.

La signora Léuca ha allora l'impressione che quella bimba così avvinghiata al padre rappresenti come una condanna che gli abbia lasciato quella donna, di non potersi piú staccare, di non poter piú levarsi a respirare fuori da tutto ciò che essa, in vita, a sua volta rappresentò per lui: miseria, abbrutimento, oppressione.

E prevede che non potrà nulla lei, su quella creaturina; forse mai; perché troppo neri e come unti ancora e impregnati ferinamente del vizio da cui è nata, ha i capelli, tutti quei capellucci ricciuti; e troppo cupi e pungenti gli occhi; e troppo selvaggio il sangue con cui è impastata.

Non si prova nemmeno ad accostarsi per cercar di staccarla dal padre e persuaderla a mettersi a giocare con le sorelline, certa com'è che, non solo non riuscirebbe a nulla, ma anzi farebbe peggio.

Conduce il padre a veder la camera che gli ha assegnata, con l'aria di scusarsi che, data la casa, meglio di così non ha potuto alloggiarlo; ma s'accorge subito che non è giusto che si dia quell'aria; e le fa uno strano effetto ch'egli le risponda, infatti, accigliato:

– Ma no, ma no, che dici?

Accigliato, quasi senza volerlo; perché ha veduto il letto, che è per uno; mentre lui finora ha dormito in un letto a due. E aggiunge, indicando la piccina che ha sempre al collo:

– Per questa píttima qua.

– Ma c'è il lettuccio per lei di là, – s'affretta a rispondergli la signora Léuca. – In mezzo, tra i due delle sorelline. Vieni; ti farò vedere.

Egli resta ammirato davanti alla bella camera bianca e rosea, con quei tre lettini; ammirato e commosso; ma anche dolente; perché si vergogna a dirlo – ma da quand'è morta *quella*, anche di notte la piccina se n'è stata con lui, nel letto

1477. *píttima*: impiastro (al figurato, si dice di persona appiccicosa e fastidiosa).

grande, al posto della madre; e forse non sarà possibile indurla a dormir sola, adesso, in quel lettino.

– Ebbene, vedremo stasera, – gli risponde la signora Léuca. – Se riusciamo a metterla a letto qua, le starai tu accanto, finché non si sarà addormentata. Altrimenti, pazienza! trasporteremo di là il lettuccio, e dormirà in camera tua.

S'accorge, cosí dicendo, che Sandrina e Lauretta ne sarebbero molto contente, non tanto perché resterebbero loro due sole, allora, padrone della bella camera, quanto perché da che stanno qui e han preso quell'aria di ragazzine ben messe e ben educate, vorrebbero dimostrare che ormai capiscono come bisogna stare in una casa signorile, cosí diversa da quell'altra in cui sono nate e cresciute, e temono che non sarà loro possibile con quella sorellina, la quale invece dimostra di voler con tanta tenacia rimanere attaccata alla vita di prima. Quasi quasi non han piacere neanche di vedere il padre ora, lí nella bella casa, dov'esse per tre gioni sono state cosí bene, sole, a respirare nella nuova vita, in compagnia della «zia».

Veramente si ha l'impressione che anche lui, il padre, con quell'aria rabbuffata e cupa, non potrà adattarsi a viver qua, e che resterà sempre come estraneo, trattenuto da quelle braccine che non vogliono staccarglisi dal collo. Ecco là, infatti; quasi non osa guardare; non sa che cosa dire; confuso, imbarazzato, ripete con voce grossa:

– Troppo... troppo...

Poi domanda licenza d'andare in camera sua a disfar le valige per mettere a posto la roba, come se all'improvviso gli fosse sorto il timore che altri si fosse messo a disfarle in vece sua.

– Zia, – domanda allora Lauretta, – perché noi sí, di nero, per la mamma, e papà no?

La signora Léuca, che non ha badato al colore dell'abito del marito, resta a guardar la ragazza, e lí per lí non sa che cosa risponderle; non già perché le sia difficile trovare una ragione qualsiasi, ma perché pensa che egli forse non s'è vestito di nero per un riguardo a lei, per non portarle sotto gli occhi il lutto di quell'altra donna.

Se n'addolora e se n'impensierisce. Egli la deve aver pianta, quella donna. Ha bene impresse in mente la signora Léu-

1505. *rabbuffata*: sconvolta, inquieta.
1509. *grossa*: cfr. r. 1206 nota.

ca le orribili cose che le confessò quel giorno, e comprende che se egli poté odiare colei mentr'era viva, per la schiavitú dei sensi in cui lo teneva, ora certo tra sé si struggerà d'essersene liberato, e chi sa a qual prezzo vorrebbe riaverla e come e quanto la avrà dunque rimpianta finora e la rimpiangerà a lungo ancora.

Tranne che...

La signora Léuca tronca la supposizione, che da tanti giorni ormai la turba e la tiene agitata.

È sicura, sicurissima che avverrà purtroppo quanto ha previsto, discorrendo col vecchio parroco e con l'avvocato Aricò e ponendo i patti per il ritorno del marito in casa. Non avverrà oggi, non avverrà domani, ma appena egli avrà vinto quel primo imbarazzo e ripreso un po' di confidenza, avverrà di certo.

Il turbamento e l'agitazione si fanno tanto piú vivi, quanto piú ella nota in lui modi, atteggiamenti, espressioni, che dovrebbero anzi quietarla e rassicurarla: quell'avvilimento, quella remissione, e la pazienza e l'affetto per le figliuole, di cui, almeno fino a tal punto, non l'avrebbe mai creduto capace; tante cose, insomma, che le consigliano un particolar riguardo per la sua condizione d'ospite ricoverato, e che le destano una pietà molto piú intensa di quella a cui già, quasi per dovere, si sentiva disposta.

A cena, che impressione! vedergli alzare a un certo punto, discorrendo dell'avvocato, uno dei sopraccigli, ma contraendolo dalla parte del naso in un'increspatura di volontà intelligente, come soleva fare un tempo, discutendo con lei, nei primi anni del matrimonio: riconoscere nel viso mutato, alterato sguajatamente dai vizii, quell'antico segno d'intelligenza, che le piaceva.

E che impressione, anche, nell'osservare in lui ancora i tratti dell'antico signore, a tavola!

Imbarazzo, soltanto se lei lo guardava. (Abbassava subito gli occhi, allora, o li volgeva, torbidi, altrove). Ma nessun imbarazzo nel modo di comportarsi, di servirsi; benché per le due figliuole piú grandi dovesse esser nuovo, quel modo,

1531-42. *Tranne che ... quietarla e rassicurarla*: cfr. rr. 1040-90 e nota. La speranza illecita e inconscia deve restare implicita, ma segni troppo chiari concorrono ormai a soffocare e smentire l'apparente timore, e in primo luogo quel turbamento e quell'agitazione denotati e ribaditi a breve distanza e dati, soprattutto, come tanto piú vivi quanto piú immotivati.

perché guardavano il padre come se non lo riconoscessero piú. Ma lo riconosceva lei, quel modo ch'era, con sua meraviglia, quello d'un tempo, ma ancora come nativo in lui e perfettamente spontaneo.

Il vino...

Dio mio, che pena! Vedersi costretta, ogni volta, a stornar subito gli occhi che le si fissavano sulla bottiglia, senza che lei lo volesse. Eppure, restava lí quasi intatta quella bottiglia... Le rendevano vano, quegli occhi maledetti, lo sforzo di dissimulargli che ella sapeva dall'avvocato Aricò del suo vizio d'ubriacarsi quasi ogni sera.

Certo, egli doveva soffrire a bere cosí poco, a non ber quasi niente; ma non lo dava affatto a vedere.

È vero che quella era la prima volta che sedeva a tavola con lei dopo tanti anni. Chi sa, se in seguito – domani a colazione; domani sera a cena – sarebbe riuscito a frenarsi ancora cosí...

E poi, dopo cena, quella sua bocca divenuta brutta, quasi nera sotto i baffi neri un po' brizzolati nel mezzo, che sorriso bello, di paterna tenerezza, aveva saputo trovare nel mostrarle la bimba che gli s'era addormentata sulle ginocchia! E le aveva domandato sottovoce se non sarebbe stato bene provarsi a svestirla pian piano, per andarla a deporre sul suo lettuccio, là in camera, dove già erano andate a dormire le sorelline maggiori.

Sí, certo. Ed ecco che lei s'era curvata fin quasi a toccarlo con la spalla sul petto, fin quasi a porgli il capo sotto la bocca, tanto che sui capelli ne aveva avvertito il respiro; e poi, per forza, piú volte aveva dovuto toccarlo davvero, dovendo svestirgliela sulle ginocchia, la bimba; ma l'atto le aveva fatto meno impressione del pensiero di poterlo fare. E che stizza dentro di sé, intanto, per quelle sue mani che potevano dargli a vedere e a credere ch'ella non si sentisse al tutto calma e sicura!

Infine, adagiata sul letto con tutte le precauzioni la bambina, e usciti tutti e due in punta di piedi dalla camera, era venuto il momento piú pericoloso: quello di vedersi loro due soli, di nuovo insieme, per un momento, prima di recarsi a dormire, nel silenzio e nell'intimità della casa.

Ebbene, non era accaduto nulla.

Appena richiuso l'uscio della camera delle bambine, egli aveva tratto un respiro di sollievo, e a bassa voce, sorridendo, le aveva detto che ormai poteva esser sicuro di stare in pace fino a domattina, giacché per fortuna la bimba non era solita di svegliarsi durante la notte; poi, umile ma tranquillamente, le aveva augurato la buona notte e s'era ritirato in camera sua.

Da un'ora, a letto, ritorna con la mente a tutte queste sue impressioni, la signora Léuca; e prova un acerbo dispetto contro se stessa, per quel turbamento che ha avuto, e che le pare tanto piú indegno, quanto piú lo confronta con l'umiltà, con l'avvilimento e la mortificazione di lui; di lui che non ha nemmeno osato guardarla, e che certamente, certamente non si sogna neppure, per ora, di poter tentare di riaccostarsi a lei piú di quanto ella gli possa permettere.

Che s'è aspettato, Dio mio? E ha chiuso a chiave l'uscio, appena entrata! Quasi quasi scenderebbe dal letto per andare a levar quella serratura, tanto le fa stizza che abbia pensato di dover premunirsi cosí fin dalla prima sera.

L'ha notato il signor parroco, dopo l'ultimo convegno delle dame del patronato nella casa parrocchiale, parlandone col signor Cesarino, che dice di averlo notato anche lui; l'hanno notato ugualmente le amiche, signora Mielli e signora Marzorati e, pare quasi impossibile, anche la brava signorina Trecke. Una cosa che... sí, ecco, fa proprio dispiacere.

Lo zelo della signora Léuca s'è piú d'un po' raffreddato. Non viene, da circa due mesi, alle riunioni del patronato; non solo, ma ha saltato anche la santa messa qualche domenica; piú d'una! E un certo raffreddamento anche è evidente verso le amiche, come se sospettasse anche in loro una certa responsabilità per le non liete condizioni in cui s'è lasciata mettere con quelle tre bambine in casa, e quell'uomo là, il quale, per quanto dicano che sia molto rispettoso verso di lei, pur tuttavia deve pesarle come un macigno sul petto.

Non c'è dubbio che le daranno molto da fare quelle tre bambine; ma se è vero (e dev'esser vero) ch'esse non sapevano neanche farsi la croce la prima sera ch'ella le accolse in casa; tanto piú, adesso, non dovrebbe trascurare di condurle a messa regolarmente tutte le domeniche, e ora anche alla novena in preparazione della festa dell'Immacolata Concezione di Maria Santissima, che cade il giorno otto.

1640-42. *alla novena ... Maria Santissima*: cfr. sopra il r. 466 e nota. L'assenza della signora Léuca a quelle funzioni suona quasi come un esplicito rinnegamento di quella identificazione. – *il giorno otto*: di dicembre.

La signora Mielli nota poi, che l'amica, prima cosí curata sempre nelle vesti, nell'acconciatura, ora è proprio trascurata, pettinata male, se non addirittura spettinata, come se non avesse piú né tempo né voglia di guardarsi allo specchio. Francamente, ella ha quattro bambini, non tre, e tutte le cure e tutte le attenzioni per essi, per il marito, per la casa; ma il tempo di pettinarsi a modo e di vestirsi bene e con comodo, lo vuole; e, volendo, si trova, via, si trova! È chiaro che ancora la signora Léuca deve farci l'abitudine, a combattere coi figliuoli. Eh, vita beata, quella che viveva prima! Ma il merito può esser soltanto quando si vincono le difficoltà; non quando tutto è semplice e facile, non è vero?

Peccato, sí, ha perduto la serva affezionata che stava con lei da tanti anni, povera signora Léuca. Ma naturale! Avrebbe dovuto prenderne un'altra per ajuto, considerando in tempo che una sola non poteva piú bastare, con tre bambine ora e con un uomo per casa.

– Ma l'aveva presa! l'aveva presa! – dice la signorina Trecke. – Sembra però che abbia dovuto licenziarla su due piedi, perché il marito... non so...

– Come come? Il marito? – domanda la signora Marzorati, facendo un viso lungo lungo.

La signorina Trecke apre la bocca al suo solito sorriso. Non capisce bene di che cosa si possa essere accorta, la signora Léuca, ma il fatto è che sua nipote si mise tanto a ridere, ma tanto, ma tanto, allorché lei andò a dirle di quel licenziamento.

– Come una matta, rise, chi sa perché!

– Ma già! – esclama con gli occhi lontani lontani la signora Mielli. – È certo che quell'uomo, adesso...

– Ma Dio mio! – osserva indignata la signora Marzorati. – Se la signora Léuca (e ha ragione, poverina: moglie io, al suo posto, ma piuttosto mi butterei da una finestra!)... dico, lei m'intende, signora Mielli. Fuori di casa, però!

A questo punto, beata come se fosse stata in cielo con gli angioletti nel tempo che le due signore si sono scambiate quelle poche parole tra molti ammiccamenti, la signorina Trecke scappa a dir, sorridendo, che – sí – va fuori di casa infatti ogni sera il signor Léuca.

– Tant'è vero, – soggiunge – che viene da me.

La signora Marzorati si volta a guardarla, sorpresa e accigliata:

1670. *Come una matta, rise, chi sa perché*: cfr. *Piuma*, rr. 190-94 nota.

– Da lei? E come? a far che?

E la signorina Trecke risponde:

– A trovare mia nipote.

Non ci può esser niente di male per lei in queste visite del signor Léuca a sua nipote, visto che il signor Léuca s'è riconciliato con la signora Léuca e che il signor parroco ha tanto favorito questa riconciliazione.

– Ma che riconciliazione, che riconciliazione! – le dà sulla voce la signora Marzorati. – Dica un po', sa che discorsi fanno, almeno, tra loro?

La signorina Trecke abbassa con furbizia assassina le vecchie palpebre cartilaginose da scimmia, sui chiari occhi innocenti, e rapidamente, sempre sorridendo in quel suo modo, accenna piú volte di sí col capo:

– Parlano dell'Equatore, – dice. – Della Repubblica dell'Equatore.

Perfino la signora Mielli, cosí sempre lontana da tutto, sgrana tant'occhi.

– Della Repubblica dell'Equatore?

– Sí, – spiega la signorina Trecke. – Perché è partita una spedizione di grossi industriali per la Repubblica dell'Equatore. C'è tutto da fare, nella Repubblica dell'Equatore. Ponti, strade, ferrovie, illuminazione, scuole... E mia nipote conosce uno che fa parte della spedizione. Dice che ce ne sarà una nuova, tra poco, piú numerosa, d'operai, di contadini, d'ingegneri, e anche d'avvocati, di maestri. E dice che ci vuole andare anche lei, mia nipote, nella Repubblica dell'Equatore. Ecco, parlano di questo.

Ha una faccia cosí stupida nel dar quella notizia, la signorina Trecke, che la signora Marzorati e la signora Mielli, per non sgraffiargliela dalla stizza che ne provano, preferiscono tenersi in corpo la curiosità e mettersi a parlar d'altro tra loro.

Finito tutto.

Non si duole di quanto è avvenuto, la signora Léuca; né di chi le ha procurato e inflitto un tale supplizio. Di sé si duole e di quanto è avvenuto in lei, contro ogni sua aspettativa; quando invece s'attendeva che il male da un momento all'altro le dovesse venir da fuori, da parte degli altri.

Appunto perché questo male, previsto, temuto e da un

1699. *Equatore*: Ecuador.

1724-39. *Appunto perché ... non essendo avvenuto*: il passo contiene nel contempo uno svelamento e la negazione del medesimo. Penosamente al ri-

momento all'altro atteso, le è mancato, ella ha patito il supplizio.

È sicura di potere ancora affermare a se stessa, non ostante lo sdegno di cui è piena per la sua carne miserabile, che se una di quelle sere il marito, nel silenzio della casa, la avesse ghermita, non avrebbe ceduto, lo avrebbe respinto, opponendosi anche alla lusinga della sua coscienza, la quale tentava d'indurla a considerare che, respingendolo, avrebbe dato lei a quell'uomo il pretesto di ricadere nell'orribile vita di prima. Ancora, fermamente sostiene che no, non si sarebbe lasciata vincere, neppure dalla previsione certa di questo rimorso.

Sí; ma è ugualmente sicura la signora Léuca che, se questo fosse avvenuto, il supplizio per lei sarebbe stato molto meno crudele di quello che ha sofferto, non essendo avvenuto.

Perché a poco a poco l'orrore del corpo di lui, in tutte quelle immagini indelebili che le si erano destate durante la confessione delle sue turpitudini, era divenuto orrore del suo stesso corpo; il quale, ogni sera, davanti allo specchio, appena ella si richiudeva in camera (e senza piú girar la chiave nella serratura!) le domandava, se davvero esso fosse ormai cosí poco desiderabile, da non esser piú nemmeno guardato di sfuggita da un uomo come quello, che s'era contentato fino a poco fa d'una donnaccia volgare.

Ella era ancor bella, e lo sapeva dagli occhi di tanti uomini, che spesso tuttora per la via la richiamavano a ricordarsene, quando meno ci pensava. Quei capelli divenuti prestissimo di neve, ancor prima di compire i trent'anni, davano maggior risalto alla freschezza della carne e una grazia ambigua, come d'una menzogna innocua, al suo sorriso, quand'ella, additandoli, diceva:

– Ormai son vecchia...

E il suo collo si spiccava ancora agile e senza una ruga dal busto formoso, e... – Dio, che miseria, quell'intimo esame di

paro, ormai, da qualunque controprova, la sicurezza della signora Léuca potrebbe sembrare immutata e persino fortificata. A smentirla però, ineluttabilmente, è l'ammissione della crudeltà del supplizio patito non per qualcosa che è avvenuto, ma per ciò che non è avvenuto.

1744-45. *e senza piú girar la chiave nella serratura*: in struttura con quello dei rr. 1617-20, il segnale non potrebbe dire piú chiaramente di cosí che quella della signora Léuca non era piú paura, ma attesa. Ma, nello spazio disforico delimitato dal «finito tutto» del r. 1718 e da quello del r. 1902, si affolla una ressa di segnali infaustamente convergenti.

tutto il suo corpo per affermare che sí, sí, era ancor bella, era ancor desiderabile; e che poteva perciò sicuramente prevedere, parlando col parroco e l'Aricò, che il marito l'avrebbe messa presto alle strette e si sarebbe fatto cacciar di casa.

E allora, per quest'orrore del proprio corpo, di giorno in giorno crescente, quanto piú le cresceva la certezza della piú tranquilla noncuranza di esso da parte del marito (sempre, per altro, umile e come mortificato davanti a lei), via ogni tentazione di guardarsi allo specchio! Non s'era piú guardata neanche di mattina, per pettinarsi; ma senza voler tuttavia riconoscere che lo faceva per questo, rappresentando la commedia davanti a se stessa, dicendosi che doveva rifarsi, cosí, in fretta in furia, i capelli, perché non aveva piú tempo, con quelle due piú grandicelle da badare ogni mattina, perché arrivassero in orario alla scuola.

E quando poi aveva scoperto, nella stanza di lui, dentro il cassetto del comodino, aperto per caso, il ritratto di quella donnaccia senza piú la cornice di rame! Con che occhi di assetata s'era buttata a guardarlo! E che disillusione! Procace, sí, ma brutta, con certi occhi da pazza, e volgarissima, quella donna... E lei che se l'era immaginata bella! Ma era naturale, via, che a lui ormai dovessero piacere le donne di quel genere.

Se non che, ecco qua tutta festosa la signorina Nella, la nipote della signorina Trecke, che non si può dir volgare, d'aspetto; eppure è chiaro che piace al marito. Ella adesso insegna nella scuola elementare di via Novara, dove vanno Sandrina e Lauretta. Sandrina è stata sua scolaretta, due anni fa, nell'altra scuola fuori Porta del Popolo, a cui, di prima nomina, ella era stata assegnata. Che combinazione! Ecco che ora ritrova qua la sua scolaretta di laggiú, il primo giorno di scuola, e vuol riportarla a casa, alla fine delle lezioni, insieme col padre, tenendola per mano, il padre di qua e lei di là.

La signora Léuca – ora che tutto è finito – non vuole piú dolersi neanche di questa perfida, che sempre, per istintiva avversione, le è stata nemica.

Il marito, per quello ch'era sempre stato e che si sapeva bene che fosse, non aveva certo bisogno d'esser sedotto. Eppure, ecco che quella s'era fatto un vero godimento di venirglielo a sedurre lí, sotto gli occhi, in casa, quasi ogni giorno, con la scusa di Sandrina, sua scolaretta antica, e di Lauretta, sua scolaretta nuova. Veniva a sedurglielo sotto gli occhi, sicurissima che una signora come lei non dovesse accorgersene e che se mai se ne fosse accorta, via, un po' piú di sdegno, al massimo, per quel pover uomo là, accolto con le figliuole per compassione.

E lei, dapprima, aveva quasi accettato la sfida, che era chiara negli sguardi e nei sorrisi di colei; e aveva finto di non accorgersi di nulla, per non dover riconoscere che fosse provocata dall'oscura, segreta, insorgente gelosia l'indignazione, per tanta sfrontatezza; e quando finalmente non aveva piú potuto contenere quest'indignazione e aveva lasciato intendere a quella impudente, che non stesse piú a venirle per casa, s'era vietato d'assumer coscienza del delitto che lasciava compiere non prevenendo quella stupida signorina Trecke e anche il signor parroco; ancora per non dover riconoscere che fosse spinta dalla gelosia.

Ed ecco adesso lo scandalo!

Il signor parroco, le dame del patronato se la prendono con la signorina Trecke, con quella povera stupida signorina Trecke, che ha permesso ai due di vedersi ogni sera in casa sua, dando loro agio cosí di concertar la fuga per la Repubblica dell'Equatore.

La signorina Trecke piange, piange inconsolabilmente, non tanto sulla disgrazia che le è toccata, quanto sulla sua irrimediabile ignoranza del male, che le fa avere da parte del signor parroco e delle amiche del patronato tanti e tanti rimproveri, tutti meritatissimi, ma che purtroppo non varranno a infondere un po' di salutare malizia in quei suoi poveri infantili occhi innocenti, che saranno d'ora in poi (per l'abbandono di quell'ingrata nipote) sempre cosí rossi di pianto.

E infine, per giunta, si vede accusata anche lei, la signora Léuca, d'aver fatto le cose a mezzo, sempre – s'intende – per il suo difetto di non saper vincere quella tale schifiltà naturale, che tante volte le ha impedito l'intero esercizio della carità, proprio di quella certa carità difficile, che pure questa volta lei stessa era andata a cercare.

Santo Dio, visto che s'era piegata a riprendersi in casa il marito, poteva bene forzarsi a vincerne il disgusto e acconciarsi a ridivenire in tutto e per tutto sua moglie. Sono croci, si sa! E il merito consiste appunto nel rassegnarsi a portarle.

Ma lascia dire, la signora Léuca, e lascia pur credere che sia mancato per lei. Non le importa delle parole, come non le importa dei fatti. È nell'animo la piaga. Che siano su questa piaga come gocce di limone, quelle parole, non è male, perché adesso, quanto piú le brucia, questa piaga, meglio è.

Ed ha accolto con un sorriso di compiacenza le congratulazioni che a quattr'occhi ha creduto di venirle a porgere l'avvocatino Aricò; ma sí! d'essersi liberata, dopo tutto, checché ne dica il signor parroco, di quell'animalone lí, che le ingombrava la casa.

Non aveva detto lei, che il male sarebbe stato soltanto per il ritorno di lui, perché per il resto, che fossero venute le bambine, tanto piacere?

Ebbene, ecco qua: lui se n'era andato (e per giunta, non cacciato da lei), e le erano rimaste le bambine.

– Meglio di cosí!

Eh già, meglio di cosí...

Può mai confidare la signora Léuca a quell'avvocatino Aricò, che tutt'a un tratto, appena saputo della fuga di lui, sparito come per incanto il piacere, ella si è sentito gravare enormemente sulle braccia il peso di quelle tre bambine non sue, e diventate subito totalmente estranee a lei, alla casa?

Non lo vuol confidare neanche a se stessa, la signora Léuca, e si mostra piú premurosa e piú affettuosa che mai verso quelle tre orfane abbandonate, perché non abbiano minimamente ad accorgersi del suo animo mutato, specie le due maggiori. E non già perché ella tema che Sandrina e Lauretta siano in grado d'accorgersene piú della piccola; ma perché per la piccola no, per quel batuffolino di carne selvaggia, la signora Léuca sente, sí, che è anche mutato il suo animo, o piuttosto, che comincia a mutare, ma mutare all'opposto; e ne vede la ragione, per quanto non vorrebbe farsene coscienza.

– Mi vuoi bene?

– *Cí!*

Le dice quel «*cí*» Rosina, lí in ginocchio su le sue gambe, protendendo le grinfiette artigliate verso il suo collo per afferrarglielo, e arricciando quel suo puntino di naso e sporgendo anche tutto aggrinzito quel bottoncino di bocca.

– Ma no, Dio mio! Cosí sei brutta!

– Brutta tu!

A prezzo di quanti sgraffi e di quanti calci, e anche di sputi in faccia, è riuscita, non già ad entrarle bene in grazia ancora, ma a ottenere almeno che si lasci prendere in braccio e curare da lei!

Le altre due stanno a guardare, un po' invidiose. Credono di non meritarsi che lei, davanti a loro, dia quello spettacolo di voler cosí bene a quella Rosina, che è proprio cattiva, mentre loro sono state sempre buone buone.

Solo Sandrina, ma evidentemente anche per conto della sorella minore, ha domandato una volta:

– E papà?

Devono aver compreso, cosí a mezz'aria, qualche cosa, o dalle parole del parroco quand'è venuto, tutto sossopra, ad annunziar la fuga, o dal gran pianto che è venuta a fare il giorno dopo la signorina Trecke, protestando che voleva esser perdonata per la colpa della nipote; o alla scuola.

Ma si sono acquietate alla risposta che lei ha dato:

– Papà è partito. Ritornerà...

Ritornerà? È sicura di no, la signora Léuca. Ma del resto, anche se un giorno o l'altro egli dovesse ritornare, che importerebbe piú a lei, ormai?

Finito tutto.

Resta con quel suo spirito, sempre cosí dolorosamente attento a sé e a tutto, la signora Léuca, sotto la candida maschera della sua serenità, lacerata dentro da una prova che nessuno ha sospettato; con queste tre bambine non sue, da curare, da crescere; e con questa pena, con questa pena che non passa, non già per lei soltanto, che forse soffre meno di tant'altri, ma per tutte le cose e tutte le creature della terra, com'ella le vede nell'infinita angoscia del suo sentimento che è d'amore e di pietà; questa pena, questa pena che non passa, anche se qualche gioja di tanto in tanto la consoli, anche se un po' di pace dia qualche sollievo e qualche ristoro: pena di vivere cosí...

Ritorno

Dopo tant'anni, di ritorno al suo triste paese in cima al colle, Paolo Marra capí che la rovina del padre doveva esser cominciata proprio nel momento che s'era messo a costruire la casa per sé, dopo averne costruite tante per gli altri.

E lo capí rivedendo appunto la casa, non piú sua, dove aveva abitato da ragazzo per poco tempo, in una di quelle vecchie strade alte, tutte a sdrucciolo, che parevan torrenti che non scorressero piú: letti di ciottoli.

L'immagine della rovina era in quell'arco di porta senza la porta, che superava di tutta la cèntina da una parte e dall'altra i muri di cinta della vasta corte davanti, non finiti: muri ora vecchi, di pietra rossa.

Passato l'arco, la corte in salita, acciottolata come la strada, aveva in mezzo una gran cisterna. La ruggine s'era quasi mangiata fin d'allora la vernice rossigna del gambo di ferro che reggeva in cima la carrucola. E com'era triste quello sbiadito color di vernice su quel gambo di ferro che ne pareva malato! Malato fors'anche della malinconia dei cigolii della carrucola quando il vento, di notte, moveva la fune della secchia; e sulla corte deserta era la chiarità del cielo stellato ma velato, che in quella chiarità vana, di polvere, sembrava fissato là sopra, cosí, per sempre.

Ecco: il padre aveva voluto mettere, tra la casa e la strada, quella corte. Poi, forse presentendo l'inutilità di quel riparo, aveva lasciato cosí sguarnito l'arco e a mezzo i muri di cinta.

Dapprima nessuno, passando, s'era attentato a entrare,

Ritorno. Fu pubblicata per la prima volta sul «Corriere della Sera» il 3 ottobre 1923. L'anno successivo, fu compresa nel settimo volume delle «novelle per un anno», *Tutt'e tre* (Firenze, Bemporad 1924).

1-2. *paese in cima al colle*: è una delle perifrasi che designano Girgenti.
10. *cèntina*: volta dell'arco.

perché ancora per terra rimanevano tante pietre intagliate, e pareva con esse che la fabbrica, per poco interrotta, sarebbe stata presto ripresa. Ma appena l'erba aveva cominciato a crescere tra i ciottoli e lungo i muri, quelle pietre inutili eran parse subito come crollate e vecchie. Parte erano state portate via, dopo la morte del padre, quando la casa era stata svenduta a tre diversi compratori e quella corte era rimasta senza nessuno che vi accampasse sopra diritti; e parte erano divenute col tempo i sedili delle comari del vicinato, le quali ormai consideravano quella corte come loro, come loro l'acqua della cisterna, e vi lavavano e vi stendevano ad asciugare i panni e poi, col sole che abbagliava allegro da quel bianco di lenzuoli e di camice svolazzanti sui cordini tesi, si scioglievano sulle spalle i capelli lustri d'olio per «cercarsi» in capo, l'una all'altra, come fanno le scimmie tra loro.

La strada, insomma, s'era ripresa la corte rimasta senza la porta che impedisse l'ingresso.

E Paolo Marra, che vedeva adesso per la prima volta quella invasione, e distrutta la soglia sotto l'arco, e scortecciati agli spigoli i pilastri, guasto l'acciottolato dalle ruote delle carrozze e dei carri che avevan trovato posto negli ariosi puliti magazzini a destra della casa, chi sa da quanto tempo ridotti sudice rimesse d'affitto; appestato dal lezzo del letame e delle lettiere marcite, col nero tra i piedi delle risciacquature che colava deviando tra i ciottoli giú fino alla strada, provò pena e disgusto, invece di quel senso d'arcano sgomento con cui quella corte viveva nel suo lontano ricordo infantile quand'era deserta, col cielo sopra, stellato, il vasto biancore illividito di tutti quei ciottoli in pendio e la cisterna in mezzo, misteriosamente sonora.

Donne e marmocchi stavano intanto a mirarlo da un pezzo, maravigliati del suo vecchio abito lungo, che a lui forse pareva confacente alla sua qualità di professore, ma che invece gli dava l'aspetto d'un pastore evangelico d'un altro clima e di un'altra razza, con la zazzera scoposa sulle spallucce aggobbite e gli occhiali a stanghetta; e come lo videro andar

28. *fabbrica*: edificio, costruzione.

40. *«cercarsi» in capo*: spidocchiarsi.

49. *appestato*: nauseato (il soggetto è Paolo Marra).

50. *lettiere*: i giacigli di paglia di cereali e foglie sui quali si sdraiano gli animali nelle stalle.

58. *abito lungo*: presumibilmente una vecchia finanziera (cfr. *La rosa*, r. 495 nota).

60. *pastore evangelico*: sacerdote della Chiesa protestante.

61. *zazzera scoposa*: capelli lunghi e rigidi.

via con tutto quel disgusto nel viso pallido, scoppiarono a ridere.

L'ira, lí per lí, lo spinse a rientrare in quella corte di cui era ancora il padrone, per strappare quelle donne, una dopo l'altra, dalle pietre su cui stavan sedute e cacciarle via a spintoni. Ma, abituato ormai a riflettere, considerò che se esse sotto quel suo aspetto straniero, e forse un po' buffo, d'uomo precocemente invecchiato e imbruttito da una vita di studi difficile e disgraziata, non riconoscevano piú il ragazzo ch'egli era stato e che qualcuna di loro poteva forse ricordare ancora, non doveva far caso del diritto che gli negavano di provare quel disinganno e quel disgusto, per tutta la pena dei suoi antichi ricordi.

Uno, tra questi ricordi, del resto, bastava a fargli cader l'animo di rivoltarsi contro quelle donne; il ricordo, ancora cocente, di sua madre che usciva per sempre da quella casa, con lui per mano e reggendosi con l'altra, sulla faccia voltata, una cocca del fazzoletto nero che teneva in capo, per nascondere il pianto e i segni delle atroci percosse del marito.

Era stato lui, ragazzo, la causa di quelle percosse, della rottura insanabile che n'era seguita tra moglie e marito e della conseguente morte della madre, per crepacuore, appena un anno dopo: lui, sciocco, per aver voluto farsi, a quattordici anni, paladino di lei contro il padre che la tradiva; senza comprendere, come comprendeva ora da grande, che alla madre, orribilmente svisata fin da bambina da una caduta dalla finestra nella strada, era fatto l'obbligo di sopportare quel tradimento, se voleva seguitare a convivere col marito.

Per lui, figlio, la mamma era quella. Non poteva concepirne un'altra diversa. Si sentiva avvolto e protetto dall'infinita tenerezza che spirava da quegli occhi, che sarebbero stati pur belli, cosí neri, se le palpebre, sotto, non se ne fossero staccate, mostrando il roseo smorto delle congiuntive e scivolando con le occhiaje e le guance nel cavo dell'orrenda ammaccatura, da cui emergeva appena la punta del naso. E

88. *svisata*: sfigurata, deturpata in viso.

91. *Per lui ... quella*: come s'è visto (cfr. soprattutto *La veste lunga*) nell'infanzia del mondo narrato, il rapporto madre-figli configura la piena intimità, ed è il rapporto piú carnale e, nel contempo, il piú indifferente alla corporalità.

95. *congiuntive*: il tessuto trasparente che ricopre l'interno delle palpebre.

96-97. *orrenda ammaccatura*: schiacciamento dovuto evidentemente alla frattura dello zigomo.

tutta la carnale e santa amorosità della mamma sentiva nella voce di lei, senza badare che quella voce, piú che dalla povera enorme bocca, le sfiatasse quasi vana dai fori del naso.

Sapeva che il padre, venuto su dalla strada, era diventato signore per lei; e s'irritava vedendo che ella, nonché pretenderne almeno un po' di gratitudine, per poco non metteva la faccia – quella sua povera faccia! – dove lui i piedi; e che lo serviva come una schiava, dimostrandogli lei, anzi, in ogni atto, a ogni momento, quella gratitudine tutta tremiti delle bestie avvilite; sempre in apprensione di non esser pronta abbastanza a prevenire ogni suo desiderio o bisogno, ad accogliere qualche sua distratta benevolenza come una grazia immeritata.

Non aveva ancora sei anni, e già si rivoltava, indignato, e scappava via sulle furie nel vedersi mostrato da lei a chi la rimproverava di quella sua troppa remissione; si turava gli orecchi per non udire dall'altra stanza le parole con cui di solito ella accompagnava quel gesto rimasto a mezzo per la sua fuga: che aveva un figlio e che questo, data la sua disgrazia, fosse già un premio veramente insperato che Dio le aveva voluto concedere.

A quell'età non poteva ancora comprendere ch'ella poneva avanti questa scusa del figlio per dissimulare, fors'anche a se stessa, l'inconfessabile miseria della sua povera carne che mendicava con tanta umiliazione a quell'uomo l'amore, pur sapendolo preso e posseduto da un'altra donna, pur avvertendo certamente la repulsione con cui ogni volta la tremenda elemosina le doveva esser fatta. E s'era creduto in obbligo di risarcirla di quell'avvilimento davanti a tutti, patito per lui.

Era a conoscenza che il padre s'era messo con una vedova, popolana, sua cugina, una certa Nuzza La Dia ch'era stata sua fidanzata e ch'egli aveva lasciata per sposare una d'un paraggio superiore al suo e con ricca dote: pazienza, se brutta; figlia dell'ingegnere che lo aveva ajutato a tirarsi su e che, accollatario di tanti lavori, lo avrebbe preso come socio in tutti gli appalti.

Sapeva che le domeniche mattina i due si davano convegno nel parlatorietto riservato alla madre badessa del monastero di San Vincenzo, ch'era una loro zia. Fingevano d'an-

102. *per*: tramite.
131. *paraggio*: condizione sociale.
133. *accollatario*: impresario, destinatario di appalti.

darle a far visita; e la vecchia badessa, che forse scusava con la parentela tra i due la tenera intimità di quei convegni, godeva nel vederseli davanti, l'uno di fronte all'altra, ai due lati del tavolino sotto la doppia grata: lui, diventato un signore, con l'abito turchino delle domeniche che pareva gli dovesse scoppiare sulle spalle rudi, il solino duro che gli segava le garge paonazze, e la cravatta rossa; lei d'una piacenza tutta carnale ma placida perché soddisfatta, vestita di raso nero e luccicante d'ori nella penombra di quel parlatorietto che aveva il rigido delle chiese.

S'imbeccavano, un boccone tu, un boccone io, le innocenti confezioni della badia, e dai bicchierini il pallido rosolio con l'essenza di cannella, un sorso tu, un sorso io. E ridevano. E anche la vecchia zia badessa, là come una balla dietro la doppia grata, si buttava via dalle risa.

Era andato a sorprenderli, una di quelle domeniche.

Il padre aveva fatto a tempo a nascondersi dietro una tenda verde che riparava a destra un usciolo; ma la tenda era corta, e sotto i peneri ancora mossi si vedevano bene le due grosse scarpe di coppale lisce e lustre; ella era rimasta a sedere davanti al tavolino, col bicchierino ancora tra le dita, in atto di bere.

Le era andato di fronte e s'era tirato un po' indietro col busto per scagliarle con piú forza in faccia lo sputo. Il padre non s'era mosso dalla tenda. E a lui, poi, a casa, non aveva torto un capello né detto nulla. S'era vendicato sopra la madre; l'aveva percossa a sangue e cacciata via; poi s'era tolta in casa pubblicamente la ganza, senza voler piú sapere né della moglie né del figlio.

142. *l'abito turchino delle domeniche*: cfr. *Scialle nero*, r. 481 nota, e *La verità*, rr. 5-6.

143. *solino duro*: colletto inamidato.

143-44. *le garge*: il collo (la *gàrgia* è propriamente la branchia dei pesci).

144. *piacenza*: bellezza. Per una connotazione pressoché opposta, cfr. *Visita*, rr. 86-88 e nota.

145. *raso*: tessuto di cotone o di seta, liscio e particolarmente lucente.

146-47. *nella penombra ... chiese*: cfr. *Effetti d'un sogno interrotto*, rr. 3-4: «La perpetua penombra che la opprime ha il rigido delle chiese». Nella penombra di entrambi gli ambienti, pur diversi, hanno luogo eventi traumatici che riguardano la sessualità.

149-50. *rosolio*: liquore dolce e aromatico, di moderata gradazione alcolica.

151. *come una balla*: grassa e sformata.

156. *peneri*: lembi dell'ordito lasciati terminare a frangia.

157. *coppale*: pelle laccata.

165. *la ganza*: l'amante adulterina.

Morta dopo un anno la madre, egli era stato messo in collegio fuori del paese; e non aveva riveduto il padre mai piú.

Ora, in quel suo ritorno dopo tanto tempo al paese natale, non era stato riconosciuto da nessuno.

Solo un tale gli s'era accostato, che a lui però non era riuscito d'immaginare chi potesse essere; un certo omino ammantellato, che pareva quasi per ridere, tanto era piccolo e il mantello grande.

Misteriosamente costui, chiamandoselo prima con la mano in disparte, s'era messo a parlargli a bassissima voce della casa e del diritto da far valere sulla corte di essa, o per sé, o, se per sé non voleva, a favore d'una disgraziata che sarebbe stata carità fiorita ricompensare dell'amore e della devozione che aveva avuto per il padre e dei servizi che gli aveva reso fino all'ultimo, quando, perso di tutto il corpo e muto, s'era ridotto alla fame: una certa Nuzza La Dia sí, che fin d'allora s'era data a mendicare per lui, e che ora, senza tetto, si trascinava ogni notte a dormire là, in un sottoscala della casa.

Paolo Marra s'era voltato a guardare quell'omino come fosse il diavolo.

Ed ecco che quell'omino, in risposta al suo sguardo, subito gli aveva strizzato un occhio, ammiccando con l'altro, improvvisamente acceso d'una furbizia davvero diabolica. Proprio come se fosse stato lui a far precipitare da bambina la madre dalla finestra, per svisarla; lui a far cosí bella, per la tentazione del padre, quella Nuzza La Dia; lui a indurlo, ragazzo, a tirare in faccia a quella donna bella lo sputo per la rovina di tutti.

E dopo aver cosí ammiccato, quel diavolo lí, ravvolgendosi con gran vento nel suo spropositato mantello, era andato via.

Sapeva bene Paolo Marra che questa era tutta sua immaginazione, la quale nasceva dal fatto che da un pezzo si sentiva pungere segretamente dal rimorso d'aver lasciato morire il padre nella miseria, senza volersene piú curare.

Anche in quel momento se ne sentí pungere; ma subito

179. *fiorita*: squisita e nobile.

181. *perso di tutto il corpo*: completamente paralizzato.

198-99. *Sapeva bene ... immaginazione*: dunque il demone dall'immenso mantello c'è e non c'è; c'è invece certamente il mantello del rimorso che avvolge e copre un altro demone intimo, la vergogna del sesso e gli insuperati sensi di colpa che avvelenano il desiderio.

respinse quel rimorso con un urto d'odio che pur sapeva non vero. L'urto, difatti, proveniva da un altro sentimento ch'egli non aveva mai voluto precisare dentro di sé per non offendere tra le sue memorie quella che gli doleva di piú: la memoria della madre. E questa memoria era mista adesso a un senso atroce di vergogna e ad un avvilimento tanto piú grande, in quanto ogni volta, accanto alla faccia della madre, deturpata, gli appariva d'improvviso, bella, la faccia di quell'altra, col ricordo indelebile di com'ella lo aveva guardato, mentre ancora lo sputo le pendeva dalla guancia: un sorriso incerto, di quasi allegra sorpresa, che le luceva sui denti tra le labbra rosse; e tanta pena, invece, tanta pena negli occhi.

204-14. *L'urto, difatti ... negli occhi*: Paolo Marra ha capito che quel giorno, partito fanciullo per vendicare la madre, aveva in realtà incontrato una bella donna e, nell'atto di oltraggiarla, aveva scoperto il sesso e tradito la madre. Di tutt'altro contenuto si caricano, dopo questa rivelazione, il suo essere un uomo «precocemente invecchiato e imbruttito da una vita di studi difficile e disgraziata» (rr. 70-71), e il suo aspetto severo di «pastore evangelico», connotati piú che eloquenti d'una vita di inibizione e di astinenza. Difficile congetturare un buon esito per questa tardiva e tuttavia traumatica autoanalisi: resta però il fatto che la visita di Paolo Marra ai ruderi doloranti del mondo infantile gli riserva quest'ultima perturbante rivelazione, una sorta di ritorno del represso sessuale, fissato all'irrisolto conflitto adombrato dal confronto tra la faccia della madre e la faccia indelebilmente bella di «quell'altra», della non-madre, della donna che gli aveva sorriso. Ed è evidente che, in questo confronto, la deturpazione svisante che affligge l'immagine della madre non è piú dovuta al noto fatto esterno (cfr. rr. 88-89), ma all'oltraggio recatole dal tradimento del figlio che, partito per svergognare quella donna, ne era stato inconsciamente sedotto. Il suo sputo di adolescente non aveva deturpato Nuzza La Dia (*la dia*, la divina, la sublime), ma la madre. Quanto l'accostamento e la sovrapposizione dell'immagine materna e di quella d'un'altra donna costituiscano, nell'adolescenza, un'incidenza inibitoria, era già apparso tremendamente e ben piú esplicitamente chiaro in una novella di diciotto anni antecedente a questa, *In silenzio*, nella quale si leggeva: «Ed ecco, un improvviso convulso di lagrime lo assaliva al ricordo d'una sera che [...] aveva inciampato in una donnaccia di strada, la quale, subito, fingendo di pararlo, se l'era premuto al seno con tutte e due le braccia, costringendolo cosí a cogliere con le nari sulla carne viva, oscenamente, il profumo, quel profumo stesso della sua mamma; per cui s'era strappato da lei, mugolando, ed era fuggito via. [...] No, non avrebbe potuto mai *farlo*, lui, perché sempre, sempre avrebbe avuto nelle nari, a dargliene l'orrore, quel profumo della madre» (cfr. NUA[2], pp. 21-22).

Soffio

I.

Certe notizie sopravvengono cosí inattese che si resta lí per lí sbalorditi, e dallo sbalordimento pare non si trovi piú modo a uscire se non ricorrendo a una delle frasi piú fruste o delle considerazioni piú ovvie.

Per esempio, quando il giovane Calvetti, segretario del mio amico Bernabò, m'annunziò la morte improvvisa del padre del Massari, da cui poco prima Bernabò e io eravamo stati a colazione, mi venne d'esclamare: – Ah la vita cos'è! Basta un soffio a portarsela via, – e congiunsi il pollice e l'indice d'una mano per soffiarci su, come a far volare una piuma che tenessi tra quelle due dita.

Vidi, a quel soffio, il giovane Calvetti farsi brusco in volto, poi piegare il busto e portarsi una mano al petto, come quando s'avverte dentro, e non si sa dove, un malessere indefinito; ma non ne feci caso, parendomi assurdo ammettere che quel malessere potesse dipendere dalla stupida frase che

Soffio. Fu pubblicata per la prima volta su «Pegaso» nel luglio 1931. Venne poi inclusa nel quattordicesimo volume delle «novelle per un anno», *Berecche e la guerra* (Mondadori, Milano 1934).

8-11. *Ah la vita ... due dita*: il protagonista sembra entrare in possesso d'un grottesco e involontario potere magico. Il suo pensiero dinanzi alla notizia d'una morte repentina, il piú banale che si possa immaginare, diventa d'un tratto onnipotente, e onnipotenti diventano nel contempo quelli che egli stesso giudica una «stupida frase» e un «ridicolo gesto». È in un certo senso il contrario di quanto accade al protagonista del racconto di E. A. Poe, *Perdita di fiato*, umoristica vittima della letteralizzazione e reificazione d'una metafora frusta come «restare senza fiato», il quale se ne lamenta cosí: «Affermo con perfetta serietà che il mio fiato se n'era completamente andato. Ne fosse dipesa la mia vita, non avrei potuto per mezzo suo muovere una piuma e nemmeno appannare la delicatezza d'uno specchio». Per mezzo d'un semplice fiato, il personaggio pirandelliano soffia invece via come piume le vite di coloro in cui si imbatte e soffierà via, proprio riflettendosi in uno specchio, anche la propria immagine.

12. *brusco*: scuro, turbato.

avevo detta e dal ridicolo gesto con cui, non contento d'averla detta, avevo anche voluto accompagnarla; pensai a qualche fitta o puntura ch'egli avesse avvertito, forse al fegato o al rene o agl'intestini, momentanea a ogni modo e senz'alcuna gravità. Senonché, prima di sera, mi piombò in casa costernatissimo Bernabò:

– Sai che m'è morto Calvetti?

– Morto?

– All'improvviso, nel pomeriggio.

– Ma se nel pomeriggio era qua da me! Aspetta, che ora poteva essere? Saranno state le tre.

– E alle tre e mezzo è morto!

– Mezz'ora dopo?

– Mezz'ora dopo.

Lo guardai male, come se con quella conferma intendesse stabilire una relazione (ma quale?) tra la visita a me e la morte repentina del povero giovine. Ebbi come un impeto dentro, che mi forzò a respingere subito quella relazione, fos-s'anche fortuita, come un sospetto di rimorso che me ne potessi fare; e a trovare a quella morte una ragione estranea alla visita; e dissi al Bernabò dell'avvertimento improvviso del malessere che il giovine aveva avuto mentre era ancora con me.

– Ah sí? Un malessere?

– La vita cos'è! Basta un soffio a portarsela via.

Ecco, ripetevo meccanicamente la frase perché, sotto sotto, il pollice e l'indice della mia mano destra s'eran toccati da sé, e da sé ora la mano, senza parere, mi si levava fino all'altezza delle labbra. Giuro che non fu tanto con la coscienza di darmi una riprova quanto piuttosto di fare a me stesso uno scherzo che solo cosí di nascosto, per non parer ridicolo, potevo fare: trovandomi quelle due dita davanti alla bocca, ci soffiai su, appena appena.

Bernabò era alterato in volto per la morte di quel suo giovane segretario a cui era molto affezionato; e tante volte, dopo aver corso o soltanto affrettato un po' il passo, corpulento, sanguigno e quasi senza collo, m'era venuto avanti ansimando e s'era anche portata la mano al petto per calmare il cuore e riprender fiato; ora, vedendogli fare quello stesso gesto e udendogli dire che si sentiva soffocare e occupar la mente e la vista come da una strana tenebra, che cosa, in nome di Dio, dovevo credere?

Sull'istante, pur tutto smarrito e stravolto com'ero, mi

gettai a soccorrere il povero amico piombato riverso e boccheggiante su una poltrona. Ma mi vidi respinto furiosamente; e allora finii per non comprendere proprio piú nulla; mi sentii come gelare in un'attonita apatia, e stetti a vederlo sussultare su quella poltrona di velluto rosso, che mi parve tutta di sangue, sussultare non piú come un uomo ma come una bestia ferita, e smaniare il respiro, e diventare sempre piú pavonazzo, quasi nero. Faceva leva con un piede sul tappeto, forse per rizzarsi da sé, ma si sfiniva in quello sforzo; come nell'incubo d'un sogno, vedevo il tappeto scivolargli sotto, arricciandosi. Sull'altra gamba, storta sul bracciuolo della poltrona, il calzone tirato gli aveva scoperto la giarrettiera di seta, d'un color verdolino a righine rosa. Domando un po' di considerazione per la mia carità: tutta la mia inquietudine era come schiantata e sparsa qua e là, tanto che poteva come niente dimenticarsi, a un volger d'occhi, o nel fastidio che avevo sempre avuto dei miei brutti quadri appesi alle pareti, o anche nella curiosità che mi tratteneva lo sguardo, ecco, sul colore e le righine di quella giarrettiera. Tutt'a un tratto però mi ripresi, inorridito d'essermi potuto in tal momento alienare fino a tanto, e urlai al mio cameriere che volasse a fermare davanti alla porta una vettura, e poi su ad ajutarmi a trasportare l'agonizzante a un ospedale o a casa.

Preferii a casa, perché piú vicino. Non abitava solo; aveva con sé una sorella, maggiore di lui, non so se vedova o vecchia zitella, insoffribile per la puntigliosa meticolosità con cui lo governava. Allibita, la poverina, con le mani nei capelli: – Oh Dio, che è stato? com'è stato? –, e non voleva levarcisi dai piedi, che rabbia! per sapere da me che era stato, com'era stato, proprio da me e proprio in quel momento che non ne potevo piú, con tutte le scale che avevo fatte, salendo all'indietro, col peso enorme sulle braccia di quel corpo abbandonato. – Il letto! il letto! – Pareva non lo sapesse piú nemmeno lei, dove fosse il letto, a cui mi sembrò non s'arrivasse mai. Depostolo rantolante (ma rantolavo anch'io) mi buttai con le spalle, rifinito, a ridosso a una parete, e se non erano pronti a raccogliermi su una seggiola, cadevo giú tutto

68-78. *come nell'incubo ... quella giarrettiera*: è uno dei luoghi in cui Pirandello evoca con maggiore aderenza il comparante onirico; il fissarsi della vista su particolari insignificanti non è altro infatti che un inconsapevole spostamento difensivo dell'attenzione, teso a proteggere la coscienza dalla necessità di stabilire una relazione intollerabile fra l'effetto (l'agonia) e la sua causa.

80. *alienare*: perdere il senso della realtà prossima.

in un fascio sul pavimento. Col capo ciondolante, potei dire tuttavia al cameriere: – Un medico! un medico! –; ma mi ricaddero le braccia al pensiero che ora restavo solo con la sorella, che certo m'avrebbe aggredito con altre domande. Mi salvò il silenzio che d'improvviso si fece sul letto, cessato il rantolo. Parve, per un attimo, silenzio di tutto il mondo; e fu difatti, per sempre, di tutto il mondo, per il povero Bernabò rimasto lí sordo e inerte su quel letto. Subito si levarono le disperazioni della sorella. Ero annichilito. Come immaginare, non dico credere, che una tale enormità fosse possibile? Le mie idee non potevano piú pigliar sesto. E in quello sconvolgimento mi pareva tanto curioso che quella poverina, suo fratello Giulio, come lo aveva sempre chiamato, ora ch'era lí morto, corpulenza immobile che non consentiva diminutivi, lo chiamasse proprio Giulietto! Giulietto! A un certo punto, scattai in piedi, esterrefatto. Il cadavere, come si fosse avuto a male di quel *Giulietto! Giulietto!* aveva risposto con un orribile brontolio dello stomaco. Toccò a me questa volta parar la sorella, che sarebbe cascata indietro a terra, svenuta dal terrore; mi svenne invece tra le braccia; e allora, tra lei svenuta e quel morto sul letto, senza piú saper che fare né che pensare, mi sentii preso in un vortice di pazzia e cominciai a scrollare quella poverina, perché la finisse con quello svenimento ch'era proprio di piú. Senonché, rinvenuta, non volle piú credere che il fratello fosse morto. – Ha sentito? Non dev'esser morto! Non può essere morto! – Bisognò venisse il medico ad accertarlo e ad assicurarla che quel brontolio non era stato nulla, un po' di vento o non so che altro, che quasi tutti i morti sogliono fare. Allora lei, ch'era linda e ci teneva, fece un viso angustiato e si parò gli occhi con la mano, come se il medico le avesse detto che anche lei da morta lo avrebbe fatto.

Era quel medico uno di quei giovani calvi che portano quasi con dispettosa fierezza la loro precoce calvizie tra la violenza d'una selva di riccioli neri che, non si sa perché scomparsi dal sommo del capo, gremiscono poi tutt'intorno la testa. Con gli occhi di smalto armati da forti lenti da mio-

107. *pigliar sesto*: riordinarsi.

125. *i morti sogliono fare*: una serie di particolari fortemente realistici (la «corpulenza immobile» del cadavere, l'«orribile brontolio dello stomaco» della cosiddetta *digestio post mortem*, lo svenimento della sorella, la constatazione medica del decesso) fa ressa di contro all'inconcepibile «enormità» che immane a quella morte.

pe, alto, piuttosto grasso ma vigoroso, due cespuglietti di peli mozzati sotto il naso piccolo, le labbra tumide, accese e cosí ben segnate da parer dipinte, guardava con tal derisoria commiserazione l'ignoranza di quella povera sorella e parlava della morte con cosí disinvolta familiarità, quasi che avendo da fare di continuo con essa nessuno dei suoi casi gli potesse esser dubbio od oscuro, che alla fine un ghigno di scherno mi proruppe dalla gola irresistibilmente. Già mentre parlava, m'ero scorto per caso allo specchio dell'armadio e m'ero sorpreso con uno sguardo storto e freddo che subito m'era rientrato negli occhi strisciando come una serpe. E il pollice e l'indice della mia destra si premevano, si premevano cosí fortemente l'un contro l'altro, ch'eran come insorditi dallo spasimo della reciproca pressione. Appena egli a quel mio ghigno si voltò, gli mossi incontro, a petto, e, con la bocca atteggiata ancora di scherno nel pallore che m'aveva inteschiato il volto, gli sibilai: – Guardi, – e gli mostrai le dita, – cosí! Lei che la sa cosí lunga sulla vita e la morte: ci soffii su, e veda se le riesce di farmi morire! –. Si tirò indietro per squadrarmi, se non aveva da far con un pazzo. Ma io gli andai a petto di nuovo: – Basta un soffio, creda! basta un soffio! – Lasciai lui e afferrai per un polso la sorella. – Lo faccia lei! Ecco, cosí! – e le portai la mano alla bocca, – congiunga due dita e ci soffii su! – La poverina, con gli occhi sbarrati, atterrita, tremava tutta; mentre il medico, senza piú pensare che lí sul letto c'era un morto, sghignazzava, divertito. – Non lo faccio piú io, su voi, perché già lí ce n'è uno, e due con Calvetti, per oggi! Ma bisogna che me ne scappi, me ne scappi subito, me ne scappi!

E me ne scappai, davvero come un pazzo.

Appena sulla via, la pazzia si scatenò. S'era già fatto sera, e la via era affollatissima. Sobbalzavano dall'ombra tutte le case ai lumi che s'accendevano, e tutta la gente correva per ri-

140-41. *un ghigno di scherno*: prende avvio da qui, e dalla cordiale antipatia che il narratore-protagonista prova subito per il medico, la sfida tra la Morte (il cui «ghigno» è un *topos* letterario e iconografico) e l'uomo che manifesta troppa disinvoltura nei suoi confronti.

146. *insorditi*: diventati insensibili.

149-50. *aveva inteschiato*: aveva reso simile a un teschio. È questa, qui e anche altrove, l'accezione tutta pirandelliana d'un verbo che comunemente significa «intestardirsi», «ostinarsi». Nella fattispecie, il pallore che inteschia colui che con un soffio dà la morte, lo rende anche simile al teschio come simbolo della morte.

151-52. *Lei che la sa ... farmi morire*: l'atto di sfida suona di per sé delirante; indirizzato a un medico, appare ancor piú paradossale e pazzesco.

pararsi la faccia dai guizzi di luce di tanti colori che l'assaltavano d'ogni parte, fanali, riverberi di vetrine, insegne luminose, in un subbuglio assillato da oscuri sospetti. Benché no: ecco là, al contrario, una faccia di donna che s'allargava di contentezza al riflesso d'una luce rossa; e là quella d'un bimbo che rideva, tenuto alto sulle braccia da un vecchio, davanti allo specchio d'uno sporto di bottega che ruscellava d'un getto continuo di gocce smeraldine. Fendevo la calca e con le due dita davanti alla bocca soffiavo, soffiavo su tutte quelle facce sfuggenti, senza scelta e senza voltarmi indietro ad accertarmi se davvero quei miei soffi producevano l'effetto già due volte sperimentato. Se lo producevano, chi avrebbe potuto attribuirlo a me? Non ero padrone di tenere quelle due dita davanti alla bocca e di soffiarci su per un mio innocente piacere? Chi poteva credere sul serio che un potere cosí inaudito e terribile mi fosse venuto in quelle due dita e nel soffio che emettevo appena su esse? Era ridicolo ammetterlo e poteva passare soltanto come uno scherzo puerile. Io scherzavo, ecco. E mi s'era già insugherita in bocca la lingua a furia di soffiare, e non avevo quasi piú fiato tra le labbra appuntite, arrivato in fondo alla via. Se ciò che avevo sperimentato due volte era vero, eh perdio, dovevo avere ucciso, cosí scherzando scherzando, piú d'un migliajo di persone. Non era possibile che il giorno dopo non si venisse a sapere, con terrore di tutta la città, di quella mortalità improvvisa e misteriosa.

Si venne difatti a sapere. Tutti i giornali, la mattina dopo, ne furono pieni. La città si svegliò sotto l'incubo tremendo d'una epidemia senza scampo scoppiata fulmineamente. Novecento sedici morti in una sola notte. Nel cimitero non si sapeva come riparare a seppellirli; non si sapeva come riparare a portarli via tutti dalle case. Sintomi comuni accerta-

180-81. *un mio innocente piacere*: legittimato dinanzi alla coscienza dal facile rifiuto d'un rapporto causa-effetto impensabile, il desiderio altrimenti innominabile può essere nominato come «innocente piacere» (ossia come piacere non colpevole e che non nuoce) o come (r. 184) «scherzo puerile». Purtroppo, come (in Pirandello) sempre e piú che mai, il piacere non può essere innocente ed è malefico.

185. *insugherita*: seccata, inaridita.

196. *Novecento sedici morti in una sola notte*: la denotazione dell'ammontare numerico, preciso all'unità, costituisce un elemento tipico del grado zero realistico che di solito accompagna, con la sua inconfutabilità, le narrazioni fantastiche. Nelle quali l'incredibile, l'incomprensibile e l'indecidibile sempre si appoggiano, e direi si ancorano, proprio a simili picchetti indubitabili.

197. *riparare*: provvedere.

ti dai medici in tutti i colpiti, dapprima l'avvertimento d'un malessere indefinito, poi la soffocazione. Dall'autopsia dei cadaveri, nessun indizio del male che aveva cagionato la morte quasi istantanea.

Restai, leggendo quei giornali, in preda a uno sgomento ch'era come lo sconcerto d'una orribile ubriachezza, confusione d'aspetti indistinti che s'avventavano, si sbattevano aggirati nel volume d'una nuvola che m'avvolgeva vorticosa; e un'ansia inesplicabile, un fremito pungente che urtava, urgeva contro qualcosa dentro che mi restava nero e immobile e a cui la mia coscienza, attratta ma tutta irta e in procinto di sbandarsi da ogni parte, si rifiutava d'accostarsi, toccava e subito se ne distaccava. Non so propriamente che cosa volessi esprimere, strizzandomi con una mano convulsa la fronte e ripetendo: – È un'impressione! è un'impressione! – Fatto si è che la parola, pur cosí vuota, m'ajutò a squarciare d'un lampo quella nuvola, e mi sentii per un momento sollevato, liberato. «Dev'esser tutta pazzia, – pensai, – che m'è entrata nel capo per essermi trovato jeri a far quel gesto ridicolo e puerile prima che la calamità si dichiarasse di quest'epidemia piombata cosí di colpo sulla città. Sogliono spesso nascere da siffatte coincidenze le piú sciocche superstizioni e le fissazioni piú incredibili. Del resto, per liberarmene non ho che da aspettar qualche giorno senza piú ripetere lo scherzo di questo gesto. Se è epidemia, come certo dev'essere, questa spaventosa mortalità deve seguitare e non cessar cosí di colpo com'è cominciata».

Bene; aspettai tre giorni, cinque giorni, una settimana, due settimane: nessun nuovo caso fu segnalato dai giornali: l'epidemia era di colpo cessata.

207-11. *un'ansia ... se ne distaccava*: ciò da cui la coscienza si ritrae è non solo la razionale ricomposizione della cesura tra soggettivo e oggettivo, tra io e realtà; ma soprattutto il riconoscimento dell'appagamento di desiderio connesso al delirio d'onnipotenza, che immediatamente scatenerebbe il senso di colpa. Il protagonista accetta infatti senz'altro l'epidemia come spiegazione, e preferisce considerare la propria vertigine come «pazzia» e «fissazione» scaturite dalla fortuita coincidenza temporale fra il suo gesto ridicolo e l'insorgere impreveduto dell'epidemia.

223-28. *Se è epidemia ... di colpo cessata*: predisposti chiaramente i termini d'una controprova sperimentale, il soggetto è il primo a smentirne le risultanze obbedendo alla censura che le ricaccia. La conclusione che sarebbe tenuto a trarre è che nessuno è morto nell'arco di quindici giorni perché egli s'è astenuto dal ripetere il suo gesto letale, e che dunque l'antecedente moría era stata responsabilità sua; la conclusione che invece trae (e prende per buona) è una paradossale contraddizione in termini, poiché per definizione un'epidemia non cessa subitaneamente.

Eh, ma pazzo no, domando scusa; nell'ossessione di un simile dubbio, ch'io potessi esser pazzo, non potevo restare; pazzo, d'una pazzia che, a dichiararla, avrebbe fatto scoppiar chiunque dalle risa, no, via. Da una tale ossessione bisognava pur che mi levassi al piú presto. E come? Rimettendomi a soffiar sulle dita? Si trattava di vite umane. Bisognava che fossi anche convinto che il mio atto era per se stesso innocente, da bambino, e che se gli altri ne morivano, non era colpa mia. Avrei sempre potuto credere a una ripresa dell'epidemia, dopo quella pausa di quindici giorni, poiché fino all'ultimo dovevo ritenere incredibile che la morte potesse dipendere da me. Ma intanto la tentazione diabolica d'acquistare una simile certezza, ben piú terribile del dubbio che potessi esser pazzo, la certezza di sapermi dotato d'un cosí inaudito potere: come resistere a una tale tentazione?

II.

Dovevo concedermi di fare ancora una prova, ma timida e cautelosa; una prova quanto piú fosse possibile «giusta». La morte si sa, non è giusta. Quella che dipendeva da me (se dipendeva da me) doveva esser giusta.

Conoscevo una cara bambina che, mentre giocava con le sue bambole, uscendo da un sogno per entrare in un altro, tutti diversi l'uno dall'altro, questo che la portava a un villaggio sul monte e quello che la portava a una spiaggia di mare, e poi dal mare a un paese lontano lontano, dov'era altra gente che parlava una lingua tutt'altra dalla sua, alla fine da tutti quei sogni s'era svegliata ancora bambina a vent'anni, ma proprio bambina bambina, con uno accanto che, appena uscito dall'ultimo di quei sogni, s'era subito trasformato nella realtà in un omaccio straniero, in uno stangone alto due metri, stupido, infingardo e vizioso; e tra le braccia, invece della bambola, s'era trovato un povero esserino, che non si poteva dire un mostriciattolo perché aveva pure un visino d'angelo malato, quando la continua convulsione, a cui tutto

248. *una cara bambina*: è chiaro che questo personaggio femminile di contorno appartiene a una schiatta di sognatori candidi e infelici ben rappresentata nel corpus; ma rappresenta nel contempo anche la prosopopea della tangente di fuga sublimante e delirante che ex silentio caratterizza il protagonista (cfr. del resto i rr. 304-5). A quella sua cara bambina egli non sa dare né felicità né amore; sa solo liberarla dai vincoli della vita per restituirla ai sogni.

il corpicciuolo era in preda, non gli deformava anche quello, orribilmente. «Morbo di...», non so, il nome d'un medico straniero, inglese o americano, Pot mi pare, seppur si scrive cosí (cara gloria, dare a un morbo il proprio nome!), «morbo di Pot» in una delle sue forme piú gravi e senza rimedio. Quel bimbo non avrebbe mai parlato, mai camminato, né mai si sarebbe servito di quelle sue manine scarnite e scontorte dalla violenza degli spasimi atroci. Avrebbe potuto tirare cosí ancora per anni. Ne aveva tre? Forse fino ai dieci. Eppure, non pareva vero, tra le braccia di qualcuno che avesse imparato a reggerlo bene come quello stangone del padre, appena poteva, in qualche momento di tregua, il povero bimbo sorrideva d'un sorriso cosí beato in quel suo visino d'angelo, che subito, cessato l'orrore per quei contorcimenti, la piú tenera compassione faceva sgorgare le lagrime dagli occhi di quanti stavano a guardarlo. Pareva impossibile che solo i medici non capissero che cosa chiedeva il bimbo con quel sorriso. Ma forse lo capivano, perché avevano già dichiarato che certamente era uno dei casi davanti a cui non ci sarebbe stato da esitare, se la legge lo avesse permesso e ci fosse stato il consenso dei parenti. La legge è legge, perché crudele può essere, come spesso è, ma pietosa no, se non a costo di finire d'esser legge.

Io dunque mi presentai a quella madre.

La stanza dov'ella m'accolse era invasa dall'ombra e si vedevano come lontane le due finestre velate sul livido barlume dell'ultimo crepuscolo. Seduta sulla poltrona a piè del lettino, la madre reggeva tra le braccia il bimbo convulso. Io mi chinai su lui, senza dir nulla, con le dita davanti alla bocca. Il bimbo, al mio soffio, sorrise e spirò. Come la madre, abituata alla continua tensione spasmodica e guizzante di quel corpicciuolo, se lo sentí quasi sciolto d'improvviso tra le braccia e molle, rattenne un grido, alzò il capo a guardarmi, guardò il bimbo:

– Oh Dio, che gli hai fatto?

– Niente, hai visto, appena un soffio...

– Ma è morto!

– Ora è beato.

Glielo levai dalle braccia e lo deposi cosí tutto sciolto e

265-66. *«morbo di Pot»*: forma di tubercolosi vertebrale che produce forti disturbi neurologici e motorî. Fu l'inglese Percival Pott a individuarla e studiarla per primo intorno alla metà del Settecento.

molle sul lettino, col suo sorriso d'angelo ancora sulla boccuccia pallida.

– Tuo marito dov'è? Di là? Ti libero anche di lui. Non ha piú ragione d'opprimerti. Ma poi tu resta sempre a sognare, bambina. Vedi che si guadagna a uscire dai sogni?

Non ci fu bisogno che andassi in cerca del marito. Si presentò, come un gigante sbalordito, sulla soglia. Ma nell'esaltazione che mi dava la terribile certezza ormai acquisita, io mi sentivo già smisuratamente cresciuto, molto piú alto di lui. «La vita che cos'è! Guarda, basta un soffio, cosí, a portarsela via!» E, soffiatogli sul viso, uscii da quella casa, ingigantito nella sera.

Ero io, ero io; la morte ero io; la avevo lí, nelle due dita e nel fiato; potevo far morire tutti. Per esser giusto verso quelli che avevo fatto morire prima, non dovevo ora far morire tutti? Non ci voleva nulla, purché mi fosse bastato il fiato. Non l'avrei fatto per odio di nessuno; non conoscevo nessuno. Come la morte. Un soffio, e via. Quanta umanità, prima di questa che ora mi passava ombra davanti, era stata soffiata via? Ma potevo mai tutta l'umanità? disabitare tutte le case? tutte le strade di tutte le città? e le campagne e i monti e i mari? disabitare tutta la terra? Non era possibile. E allora no, non dovevo piú nessuno, piú nessuno. Dovevo forse mozzarmi quelle due dita. Ma chi sa se non sarebbe bastato il solo fiato. Dovevo provare? No, no: basta! Mi sentivo raccapricciare, al solo pensiero, da capo a piedi. Forse bastava il soffio soltanto. Come impedirmelo? Come vincere la tentazione? Una mano sulla bocca? Potevo condannarmi a star sempre con una mano sulla bocca?

Cosí farneticando, m'avvenne di passare davanti al portone dell'ospedale, spalancato. Nell'androne, erano alcuni infermieri, lí di guardia per il pronto soccorso, che conversavano con due questurini e col vecchio portinajo; e sulla soglia, intento a guardar nella strada, stava col lungo camice di servizio e le mani sui fianchi quel giovane medico accorso al letto di morte del povero Bernabò. Come mi vide passare, forse per i gesti che facevo in quel mio farneticare, mi riconobbe e si mise a ridere. Non l'avesse mai fatto! Mi fermai; gli gridai: – Non mi cimenti in questo momento col suo sciocco sorriso! Sono io, sono io; l'ho qua, – e gli mostrai di

313. *la morte ero io*: la presa d'atto delirante sposta l'ossessione e partorisce un altro dilemma mostruoso: uccidere tutti o nessuno.

nuovo le dita congiunte, – forse nel soffio soltanto! Ne vuol fare la prova davanti a questi signori? – Sorpresi e incuriositi, gl'infermieri, i due questurini e il vecchio portinajo s'erano appressati. Col sorriso rassegato sulle labbra che parevano dipinte e senza levarsi le mani dai fianchi, quello sciagurato non si contentò di pensarlo, questa volta, osò dirmi, scrollando le spalle: – Ma lei è pazzo! – Sono pazzo? – incalzai. – L'epidemia è cessata da quindici giorni. Vuol vedere che la riattizzo e la faccio divampare in un momento, spaventosamente? – Soffiandosi sulle dita? – Le risa fragorose che seguirono a questa domanda del dottore mi fecero vacillare. Avvertii che non avrei dovuto lasciarmi prendere dalla irritazione per l'avvilimento del ridicolo che quel mio gesto, appena fatto palese, inevitabilmente m'attirava. Nessuno, fuor che io, poteva credere sul serio ai suoi terribili effetti. Ma l'irritazione tuttavia mi vinse, come il bruciore d'un bottone di fuoco sulla carne viva, sentendo quel ridicolo quasi un marchio di scherno che la morte avesse voluto imprimermi concedendomi quell'incredibile potere. S'aggiunse a questo, come una sferzata, la domanda del giovane medico: – Chi le ha detto che l'epidemia è cessata? – Restai. Non era cessata? Mi sentii avvampare di vergogna le guance. – I giornali – dissi – non han piú segnalato alcun caso. – I giornali, – ribatté quello, – ma non noi, qua all'ospedale. – Ancora casi? – Tre o quattro al giorno. – E lei è sicuro che siano dello stesso male? – Ma sí, caro signore, sicurissimo. Cosí si riuscisse a veder chiaro nel male! Risparmi, risparmi il suo fiato –. Gli altri tornarono a ridere. – Sta bene, – dissi allora. – Se è cosí, io sono un pazzo e lei non avrà paura a offrirmene una prova. S'assume la responsabilità anche per questi altri cinque signori? – Il giovane medico, di fronte alla mia sfida, restò un momento perplesso; ma poi il sorriso gli ritornò sulle labbra: si volse a quei cinque: – Avete inteso? il signore presume che gli basta soffiarsi appena sulle dita per farci morire tutti quanti. Ci state? Io ci sto –. Quelli esclamarono a coro, sghignazzando: – Ma sí, soffii, soffii, ci stiamo anche noi, eccoci qua! – E mi si misero tutt'e sei in fila davanti, coi volti protesi. Pareva una scena di teatro, in quell'androne d'ospe-

344. *rassegato*: rappreso, diventato smorfia.

366. *Ma sí, caro signore, sicurissimo*: la testimonianza della scienza ricuce e restaura l'indecidibilità della vicenda: ottica soggettiva e verità oggettiva sono destinate a non potersi piú ricomporre.

dale, sotto la lanterna rossa del pronto soccorso. Erano certi d'aver da fare con un pazzo. Ormai non potevo piú tirarmi indietro. – È l'epidemia, caso mai, non sono io, eh? – E per esser piú sicuro, congiunsi come al solito le due dita davanti alla bocca. Al soffio, tutt'e sei, uno dopo l'altro, s'alterarono in viso; tutt'e sei si piegarono sul busto; tutt'e sei si portarono una mano al petto, guardandosi l'un l'altro negli occhi infoscati. Poi uno dei questurini mi saltò addosso, attanagliandomi il polso; ma subito si sentí soffocare, mancar le gambe, mi cadde ai piedi come a implorarmi ajuto. Gli altri, chi vagellava, chi annaspava con le braccia, chi era restato con gli occhi sbarrati e la bocca aperta. Istintivamente, col braccio libero feci per parare il giovane medico che s'abbatteva su me; ma anche lui, come già Bernabò, mi respinse furiosamente, e traboccò a terra con un gran tonfo. Una frotta di gente, che a mano a mano diventava folla, s'era intanto raccolta davanti al portone. I curiosi, di fuori, spingevano, mentre gli sgomenti rinculavano dalla soglia e pigiavano in mezzo gli ansiosi che volevano vedere che cosa stesse accadendo in quell'androne. Lo domandavano a me, come a uno che lo dovesse sapere, forse perché il mio volto non esprimeva né la curiosità, né l'ansia, né lo sgomento che erano in loro. Che aspetto avessi, non potrei dirlo; mi sentivo in quel momento come uno sperduto, d'improvviso assaltato da una muta di cani. Non vedevo altro scampo che nel mio gesto puerile. Dovevo aver negli occhi un'espressione di paura e insieme di pietà per quei sei caduti e per tutti coloro che mi stavano intorno; fors'anche sorridevo dicendo a questo e a quello nel farmi largo: – Basta un soffio... cosí... cosí... –; mentre da terra il giovane medico, testardo sino alla fine, gridava contorcendosi: – L'epidemia! L'epidemia! – Fu una fuga generale; e io mi vidi ancora per poco in mezzo a tutta quella gente che correva spaventata e all'impazzata, andare, io solo, a passo, ma come un ubriaco che parlasse tra sé, dolce e appenato; finché mi trovai, non so come, innanzi a uno specchio di bottega, sempre con quelle due dita davanti alla bocca e nell'atto di soffiare – ... cosí... cosí... –, forse per dare una prova dell'innocenza di quell'atto, mostrando che, ecco, lo facevo anche su di me, nel solo modo che mi fosse possibile. M'intravidi per un attimo appena in quello specchio, con occhi che io stesso non sapevo piú come guardarmeli, cosí cavati dentro com'erano nella faccia da morto; poi, come se il vuoto m'avesse inghiottito, o colto una vertigine, non mi vidi piú; toccai lo specchio, era lí, davanti a me, lo vedevo e io non c'ero; mi toccai, la testa, il busto, le braccia; mi sentivo sotto le mani il corpo, ma non me lo vedevo piú e neanche le mani con cui me lo toccavo; eppure non ero cieco; vedevo tutto, la strada, la gente, le case, lo specchio; ecco, lo ritoccavo, m'appressavo a cercarmi in esso; non c'ero, non c'era nemmeno la mano che pur sentiva sotto le dita il freddo della lastra; un impeto mi prese, frenetico, di cacciarmi in quello specchio in cerca della mia immagine soffiata via, sparita; e mentre stavo cosí contro la lastra, uno, uscendo dalla bottega, m'investí e subito lo vidi balzare indietro inorridito e con la bocca aperta a un grido da pazzo che non gli usciva dalla gola: s'era imbattuto in qualcuno che doveva esser lí, e non c'era, non c'era nessuno; insorse in me allora prepotente il bisogno d'affermare che c'ero; parlai come nell'aria; gli soffiai sul volto: – L'epidemia! – e con una manata in petto lo abbattei. Intanto la via, messa in subbuglio da coloro che prima erano fuggiti e che ora, con visi da spiritati, tornavano indietro, certo concitando tutti in cerca di me, s'empiva di gente che da ogni parte rampollava, strabocchevole, come un fumo denso di facce cangianti che mi soffocava, vaporando quasi nel delirio d'un sogno spaventoso; ma pur pigiato tra quella calca, potevo andare, aprirmi un solco col soffio sulle mie dita invisibili. – L'epidemia! l'epidemia! – Non ero piú io; ora finalmente lo capivo; ero l'epidemia, e tutte larve, ecco, tutte larve le vite umane che un soffio portava via. Quanto durò quell'incubo? Tutta la notte e parte del giorno appresso stentai a uscire da quella calca, e liberato alla fine anche dallo stretto delle case della città orrenda, mi sentii nell'aria della campagna aria anch'io. Tutto era dorato dal sole; non avevo corpo, non avevo ombra; il verde era cosí

430. *immagine soffiata via*: cfr. r. 452 nota.

440. *concitando*: incitando, esortando.

449-57. *liberato alla fine ... farfalle bianche in amore*: questo movimento finale è topico, in Pirandello: l'incubo si scioglie e cessa nel momento in cui il protagonista può evadere dalla città e tuffarsi panicamente nella natura primaverile. Il riferimento piú prossimo e ovvio è, a quest'altezza, il finale di *Uno, nessuno e centomila* (cfr. R^2, pp. 901-2), ma, come si ricorderà, il motivo viene da molto lontano: cfr. *Quand'ero matto*, rr. 225-42.

452. *non avevo corpo, non avevo ombra*: qui, come del resto al r. 430, Pirandello riutilizza e manipola motivi canonici della narrativa fantastica. La sparizione dell'immagine riflessa dallo specchio rinvia a *Le avventure d'una notte di San Silvestro* (1814-15) di E. T. A. Hoffmann, la scomparsa del corpo a *L'uomo invisibile* (1897) di H. G. Wells, la perdita dell'ombra alla *Storia meravigliosa di Peter Schlemihl* (1813) di A. von Chamisso (il solo tra questi autori a essere citato da Pirandello, ne *L'umorismo*). Non è però da trascurare il piú

fresco e nuovo che pareva spuntato or ora dal mio estremo bisogno d'un refrigerio, ed era cosí mio, che mi sentivo toccare in ogni filo d'erba mosso dall'urto d'un insetto che veniva a posarsi; mi provavo a volare col volo quasi di carta, distaccato, di due farfalle bianche in amore; e come se veramente ora fosse uno scherzo, ecco, un soffio e via, e le ali distaccate di quelle farfalle cadevano lievi nell'aria come pezzi di carta; piú là, su un sedile guardato da oleandri, sedeva una giovinetta vestita d'un abito di velo celeste, con un gran cappello di paglia guarnito di roselline; batteva le ciglia; pensava, sorridendo d'un sorriso che me la rendeva lontana come un'immagine della mia giovinezza; forse non era altro veramente che un'immagine rimasta lí della vita, sola ormai sulla terra. Un soffio e via! Intenerito fino all'angoscia da tanta dolcezza, rimanevo lí invisibile, con le mani afferrate e trattenendo il respiro, a mirarla da lontano; e il mio sguardo era l'aria stessa che la carezzava senza che lei se ne sentisse toccare.

prossimo sperimentalismo di Capuana, del quale è opportuno richiamare almeno *L'invisibile*, una novella pubblicata nel 1901 e ristampata nella raccolta del 1911 *La voluttà di creare*.

460-66. *una giovinetta ... sola ormai sulla terra*: quest'ultimo predicato indurrebbe quasi a riconoscere in quest'immagine senza peso la «cara bambina» di cui sopra. Ma è evidente che ci si trova ormai in un paesaggio e in una dimensione dentro i quali ogni identificazione è precaria e ogni identità superflua. Che si tratti di lei o no, quella è la terra dei sogni, e l'appagamento non può piú essere quello incubico di dare la morte, ma quello di vagheggiare l'epifania della vita trattenendo il respiro.

467. *con le mani afferrate*: trattenendo a forza le mani.

Una giornata

Strappato dal sonno, forse per sbaglio, e buttato fuori dal treno in una stazione di passaggio. Di notte; senza nulla con me.

Non riesco a riavermi dallo sbalordimento. Ma ciò che piú mi impressiona è che non mi trovo addosso alcun segno della violenza patita; non solo, ma che non ne ho neppure un'immagine, neppur l'ombra confusa d'un ricordo.

Mi trovo a terra, solo, nella tenebra d'una stazione deser-

Una giornata. Fu pubblicata per la prima volta sul «Corriere della Sera» del 24 settembre 1935. Venne poi inclusa dall'editore in chiusura del quindicesimo volume, postumo, delle «novelle per un anno», *Una giornata* (Mondadori, Milano 1937).

1-2. *buttato fuori dal treno in una stazione di passaggio*: nell'incipit di questa che, senza esserlo alla lettera, fu stampata fin da principio come ultima delle novelle pirandelliane, ricompaiono il treno e la stazione, luoghi (l'uno e l'altro) abbastanza privilegiati della novellistica, anche se qui investiti d'un ruolo piú che mai apertamente simbolico e allegorico. Difficile non essere invitati da questa novella quasi ultima a risalire ad una che è stata quasi la prima, *Se...*, stampata nel lontanissimo agosto del 1894, e che si apriva col fischio di un treno udito da un caffè antistante una stazione ferroviaria. Là, un personaggio lamentava la strada che il suo destino aveva imboccato eliminando ad una ad una tutte le alternative (i *se*), qua il protagonista dubita che quel treno lo abbia scaricato in quella stazione «forse per sbaglio».

7. *neppur l'ombra confusa d'un ricordo*: le vaghe impressioni d'uno strappo, d'una espulsione, d'una violenza confluiscono a comporre la scena simbolica della nascita (o d'una rinascita in altra dimensione temporale). Mentre la mancanza di memoria, data come una primigenia condizione amnestica, precostituisce, abolendo ogni legame dell'io con la realtà che non sia diretto, immediato e puntuale, la condizione e la sensazione di spaesamento, estraneità, totale incertezza. Il veicolo linguistico di questo vuoto di anteriorità è il discorso diretto in prima persona e al tempo presente: tutte le altre persone postulano infatti relazioni che qui mancano e, in assenza di memoria, un presente stemporalizzato è l'unico strumento della verbalità che resti a disposizione. Ogni cosa e ogni atto sono in quanto presenti. Ogni atto di conoscenza e intendimento è un atto primario, poiché, senza memoria, nessun riconoscimento è possibile.

ta; e non so a chi rivolgermi per sapere che m'è accaduto, dove sono.

Ho solo intravisto un lanternino cieco, accorso per richiudere lo sportello del treno da cui sono stato espulso. Il treno è subito ripartito. E subito scomparso nell'interno della stazione quel lanternino, col riverbero vagellante del suo lume vano. Nello stordimento, non m'è nemmen passato per il capo di corrergli dietro per domandare spiegazioni e far reclamo.

Ma reclamo di che?

Con infinito sgomento m'accorgo di non aver piú idea d'essermi messo in viaggio su un treno. Non ricordo piú affatto di dove sia partito, dove diretto; e se veramente, partendo, avessi con me qualche cosa. Mi pare nulla.

Nel vuoto di questa orribile incertezza, subitamente mi prende il terrore di quello spettrale lanternino cieco che s'è subito ritirato, senza fare alcun caso della mia espulsione dal treno. È dunque forse la cosa piú normale che a questa stazione si scenda cosí?

Nel bujo, non riesco a discernerne il nome. La città mi è però certamente ignota. Sotto i primi squallidi barlumi dell'alba, sembra deserta. Nella vasta piazza livida davanti alla stazione c'è un fanale ancora acceso. Mi ci appresso; mi fermo e, non osando alzar gli occhi, atterrito come sono dall'eco che hanno fatto i miei passi nel silenzio, mi guardo le mani, me le osservo per un verso e per l'altro, le chiudo, le riapro, mi tasto con esse, mi cerco addosso, anche per sentire come son fatto, perché non posso piú esser certo nemmeno di questo: ch'io realmente esista e che tutto questo sia vero.

Poco dopo, inoltrandomi fin nel centro della città, vedo cose che a ogni passo mi farebbero restare dallo stupore, se uno stupore piú forte non mi vincesse nel vedere che tutti gli altri, pur simili a me, ci si muovono in mezzo senza punto badarci, come se per loro siano le cose piú naturali e piú solite. Mi sento come trascinare, ma anche qui senz'avvertire che mi si faccia violenza. Solo che io, dentro di me, ignaro di tutto, sono quasi da ogni parte ritenuto. Ma considero che, se non so neppur come, né di dove, né perché ci sia venuto, debbo aver torto io certamente e ragione tutti gli altri che, non solo pare lo sappiano, ma sappiano anche tutto quello che fanno sicuri di non sbagliare, senza la minima incertez-

14. *vagellante*: baluginante, vacillante.

za, cosí naturalmente persuasi a fare come fanno, che m'attirerei certo la maraviglia, la riprensione, fors'anche l'indignazione se, o per il loro aspetto o per qualche loro atto o espressione, mi mettessi a ridere o mi mostrassi stupito. Nel desiderio acutissimo di scoprire qualche cosa senza farmene accorgere, debbo di continuo cancellarmi dagli occhi quella certa permalosità che di sfuggita tante volte nei loro occhi hanno i cani. Il torto è mio, il torto è mio, se non capisco nulla, se non riesco ancora a raccapezzarmi. Bisogna che mi forzi a far le viste d'esserne anch'io persuaso e che m'ingegni di far come gli altri, per quanto mi manchi ogni criterio e ogni pratica nozione, anche di quelle cose che pajono piú comuni e piú facili.

Non so da che parte rifarmi, che via prendere, che cosa mettermi a fare.

Possibile però ch'io sia già tanto cresciuto, rimanendo sempre come un bambino e senz'aver fatto mai nulla? Avrò forse lavorato in sogno, non so come. Ma lavorato ho certo; lavorato sempre, e molto, molto. Pare che tutti lo sappiano, del resto, perché tanti si voltano a guardarmi e piú d'uno anche mi saluta, senza ch'io lo conosca. Resto dapprima perplesso, se veramente il saluto sia rivolto a me; mi guardo accanto; mi guardo dietro. Mi avranno salutato per sbaglio? Ma no, salutano proprio me. Combatto, imbarazzato, con una certa vanità che vorrebbe e pur non riesce a illudersi, e vado innanzi come sospeso, senza potermi liberare da uno strano impaccio per una cosa – lo riconosco – veramente meschina: non sono sicuro dell'abito che ho addosso; mi sembra strano che sia mio; e ora mi nasce il dubbio che salutino quest'abito e non me. E io intanto con me, oltre a questo, non ho piú altro!

Torno a cercarmi addosso. Una sorpresa. Nascosta nella tasca in petto della giacca tasto come una bustina di cuojo. La cavo fuori, quasi certo che non appartenga a me ma a quest'abito non mio. È davvero una vecchia bustina di cuojo, gialla scolorita slavata, quasi caduta nell'acqua di un ruscello o d'un pozzo e ripescata. La apro, o, piuttosto, ne stacco la parte appiccicata, e vi guardo dentro. Tra poche carte ripiegate, illeggibili per le macchie che l'acqua v'ha fatte diluendo l'inchiostro, trovo una piccola immagine sacra, ingiallita, di quelle che nelle chiese si regalano ai bambini e,

59. *far le viste*: mostrare, fingere.

attaccata ad essa quasi dello stesso formato e anch'essa sbiadita, una fotografia. La spiccico, la osservo. Oh. È la fotografia di una bellissima giovine, in costume da bagno, quasi nuda, con tanto vento nei capelli e le braccia levate vivacemente nell'atto di salutare. Ammirandola, pur con una certa pena, non so, quasi lontana, sento che mi viene da essa l'impressione, se non proprio la certezza, che il saluto di queste braccia, cosí vivacemente levate nel vento, sia rivolto a me. Ma per quanto mi sforzi, non arrivo a riconoscerla. È mai possibile che una donna cosí bella mi sia potuta sparire dalla memoria, portata via da tutto quel vento che le scompiglia la testa? Certo, in questa bustina di cuojo caduta un tempo nell'acqua, quest'immagine, accanto all'immagine sacra, ha il posto che si dà a una fidanzata.

Torno a cercare nella bustina e, piú sconcertato che con piacere, nel dubbio che non m'appartenga, trovo in un ripostiglio segreto un grosso biglietto di banca, chi sa da quanto tempo lí riposto e dimenticato, ripiegato in quattro, tutto logoro e qua e là bucherellato sul dorso delle ripiegature già lise.

Sprovvisto come sono di tutto, potrò darmi ajuto con esso? Non so con qual forza di convinzione, l'immagine ritratta in quella piccola fotografia m'assicura che il biglietto è mio. Ma c'è da fidarsi d'una testolina cosí scompigliata dal vento? Mezzogiorno è già passato; casco dal languore: bisogna che prenda qualcosa, ed entro in una trattoria.

Con maraviglia, anche qui mi vedo accolto come un ospite di riguardo, molto gradito. Mi si indica una tavola apparecchiata e si scosta una seggiola per invitarmi a prender posto. Ma io son trattenuto da uno scrupolo. Fo cenno al padrone e, tirandolo con me in disparte, gli mostro il grosso biglietto logorato. Stupito, lui lo mira; pietosamente per lo stato in cui è ridotto, lo esamina; poi mi dice che senza dubbio è di gran valore ma ormai da molto tempo fuori di corso. Però non tema: presentato alla banca da uno come me, sarà certo accettato e cambiato in altra piú spicciola moneta corrente.

124. *ormai da molto tempo fuori di corso*: solo gli altri (prima i passanti che salutavano, ora il padrone cerimonioso della trattoria) sono soggetti attivi di agnizioni, e dunque detentori dello spessore temporale. Affiora cosí insensibilmente il motivo che pervaderà e dominerà l'ultima parte del racconto sovrapponendosi alla atemporalità della prima, quello della inafferrabile fuga del tempo. Il non-tempo dell'io è una serie insensata di attimi presenti, mentre il tempo degli altri e della realtà è un trascorrere vertiginosamente veloce e incomprensibile.

Cosí dicendo il padrone della trattoria esce con me fuori dell'uscio di strada e m'indica l'edificio della banca lí presso.

Ci vado, e tutti anche in quella banca mi si mostrano lieti di farmi questo favore. Quel mio biglietto – mi dicono – è uno dei pochissimi non rientrati ancora alla banca, la quale da qualche tempo a questa parte non dà piú corso se non a biglietti di piccolissimo taglio. Me ne danno tanti e poi tanti, che ne resto imbarazzato e quasi oppresso. Ho con me solo quella naufraga bustina di cuojo. Ma mi esortano a non confondermi. C'è rimedio a tutto. Posso lasciare quel mio danaro in deposito alla banca, in conto corrente. Fingo d'aver compreso; mi metto in tasca qualcuno di quei biglietti e un libretto che mi danno in sostituzione di tutti gli altri che lascio, e ritorno alla trattoria. Non vi trovo cibi per il mio gusto; temo di non poterli digerire. Ma già si dev'essere sparsa la voce ch'io, se non proprio ricco, non sono certo piú povero; e infatti, uscendo dalla trattoria, trovo un'automobile che m'aspetta e un autista che si leva con una mano il berretto e apre con l'altra lo sportello per farmi entrare. Io non so dove mi porti. Ma com'ho un'automobile, si vede che, senza saperlo, avrò anche una casa. Ma sí, una bellissima casa, antica, dove certo tanti prima di me hanno abitato e tanti dopo di me abiteranno. Sono proprio miei tutti questi mobili? Mi ci sento estraneo, come un intruso. Come questa mattina all'alba la città, ora anche questa casa mi sembra deserta; ho di nuovo paura dell'eco che i miei passi faranno, movendomi in tanto silenzio. D'inverno, fa sera prestissimo; ho freddo e mi sento stanco. Mi faccio coraggio; mi muovo; apro a caso uno degli usci; resto stupito di trovar la camera illuminata, la camera da letto e, sul letto, lei, quella giovine del ritratto, viva, ancora con le due braccia nude vivacemente levate, ma questa volta per invitarmi ad accorrere a lei e per accogliermi tra esse, festante.

È un sogno?

Certo, come in un sogno, lei su quel letto, dopo la notte, la mattina all'alba, non c'è piú. Nessuna traccia di lei. E il letto, che fu cosí caldo nella notte, è ora, a toccarlo, gelato, come una tomba. E c'è in tutta la casa quell'odore che cova nei luoghi che hanno preso la polvere, dove la vita è appassita da tempo, e quel senso d'uggiosa stanchezza che per sostenersi ha bisogno di ben regolate e utili abitudini. Io ne ho avuto sempre orrore. Voglio fuggire. Non è possibile che questa sia la mia casa. Questo è un incubo. Certo ho sognato uno dei sogni piú assurdi. Quasi per averne la prova, vado a guardarmi a uno specchio appeso alla parete dirimpetto, e subito ho l'impressione d'annegare, atterrito, in uno smarrimento senza fine. Da quale remota lontananza i miei occhi, quelli che mi par d'avere avuti da bambino, guardano ora, sbarrati dal terrore, senza potersene persuadere, questo viso di vecchio? Io, già vecchio? Cosí subito? E com'è possibile?

Sento picchiare all'uscio. Ho un sussulto. M'annunziano che sono arrivati i miei figli.

I miei figli?

Mi pare spaventoso che da me siano potuti nascere figli. Ma quando? Li avrò avuti jeri. Jeri ero ancora giovane. È giusto che ora, da vecchio, li conosca.

Entrano, reggendo per mano bambini, nati da loro. Subito accorrono a sorreggermi; amorosamente mi rimproverano d'essermi levato di letto; premurosamente mi mettono a sedere, perché l'affanno mi cessi. Io, l'affanno? Ma sí, loro lo sanno bene che non posso piú stare in piedi e che sto molto molto male.

Seduto, li guardo, li ascolto; e mi sembra che mi stiano facendo in sogno uno scherzo.

Già finita la mia vita?

E mentre sto a osservarli, cosí tutti curvi attorno a me, maliziosamente, quasi non dovessi accorgermene, vedo spuntare nelle loro teste, proprio sotto i miei occhi, e crescere, crescere non pochi, non pochi capelli bianchi.

– Vedete, se non è uno scherzo? Già anche voi, i capelli bianchi.

E guardate, guardate quelli che or ora sono entrati da quell'uscio bambini: ecco, è bastato che si siano appressati alla mia poltrona: si son fatti grandi; e una, quella, è già una giovinetta che si vuol far largo per essere ammirata. Se il padre non la trattiene, mi si butta a sedere sulle ginocchia e mi cinge il collo con un braccio, posandomi sul petto la testina.

170-76. *per averne la prova ... com'è possibile?*: nella *doppiezza* dello specchio e nell'andirivieni infinito fra il di qua dello sguardo e il di là dell'immagine riflessa, si compongono (pur senza ricomporsi) le due incompatibili dimensioni temporali: due occhi di bambino guardano dal cristallo il vecchio che si specchia e, nel contempo, un viso di vecchio si mostra al bambino atterrito dinanzi allo specchio.

181-82. *Li avrò avuti ... li conosca*: il tempo, disancorato dalla memoria e dalla tenace volontà di persistenza dell'io che lo ordinano in passato, presente e futuro, accelera geometricamente come un motore che va fuori giri in folle: un attimo e l'eternità si confondono nella medesima smemorata insensatezza.

Mi vien l'impeto di balzare in piedi. Ma debbo riconoscere che veramente non posso piú farlo. E con gli stessi occhi che avevano poc'anzi quei bambini, ora già cosí cresciuti, rimango a guardare finché posso, con tanta tanta compassione, ormai dietro a questi nuovi, i miei vecchi figliuoli.

Visita

Cento volte gli avrò detto di non introdurmi gente in casa senza preavviso. Una signora, bella scusa:

– T'ha detto Wheil?

– Vàil, sissignore, cosí.

– La signora Wheil è morta jeri a Firenze.

– Dice che ha da ricordarle una cosa.

(Ora non so piú se io abbia sognato o se sia davvero avvenuto questo scambio di parole tra me e il mio cameriere. Gente in casa senza preavviso me n'ha introdotta tanta; ma che ora m'abbia fatto entrare anche una morta non mi par credibile. Tanto piú che in sogno io poi l'ho vista, la signora Wheil, ancora cosí giovane e bella. Dopo aver letto nel giornale, appena svegliato, la notizia della sua morte a Firenze, ricordo infatti d'aver ripreso a dormire, e l'ho vista in sogno tutta confusa e sorridente per la disperazione di non saper piú come fare a ripararsi, avvolta com'era in una nuvola bianca di primavera che s'andava a mano a mano diradando fino a lasciar trasparire la rosea nudità di tutto il corpo di lei, e proprio là dove piú il pudore voleva ch'esso rimanesse nascosto; tirava con la mano; ma come si fa a tirare un vano lembo di nuvola?)

Visita. Fu pubblicata per la prima volta sul «Corriere della Sera» il 16 giugno 1936. Venne poi inclusa dall'editore nel quindicesimo volume, postumo, delle «novelle per un anno», *Una giornata* (Mondadori, Milano 1937).

9. *Gente in casa ... tanta*: per quanto in quei racconti non si faccia menzione di camerieri, il cenno pare rinviare alle affollate e chiassose, e non sempre ben accette, visite dei personaggi di cui si legge ne *La tragedia d'un personaggio* e nei *Colloqui coi personaggi*.

11. *in sogno io poi l'ho vista*: e il sogno, pur chiuso nella parentesi dell'incipit umoristico e leggero della novella, è piú che mai un appagamento di desiderio.

Il mio studio è tra i giardini. Cinque grandi finestre, tre da una parte e due dall'altra; quelle, piú larghe, ad arco; queste, a usciale, sul lago di sole d'un magnifico terrazzo a mezzogiorno; e a tutt'e cinque, un palpito continuo di tende azzurre di seta. Ma l'aria dentro è verde per il riflesso degli alberi che vi sorgono davanti.

Con la spalliera volta contro la finestra che sta nel mezzo è un gran divano di stoffa anch'essa verde ma chiara, marina; e tra tanto verde e tanto azzurro e tanta aria e tanta luce, abbandonarvisi, stavo per dire immergervisi, è veramente una delizia.

Ho ancora in mano, entrando, il giornale che reca la notizia della morte della signora Wheil, jeri, a Firenze. Non posso avere il minimo dubbio d'averla letta: è qua stampata; ma è anche qua seduta sul divano ad aspettarmi la bella signora Anna Wheil, proprio lei. Può darsi che non sia vera, questo sí. Non me ne stupirei affatto, avvezzo come sono da tempo a simili apparizioni. O se no, c'è poco da scegliere, sta tra due, non sarà vera la notizia della sua morte stampata in questo giornale.

È qua vestita come tre anni fa d'un bianco abito estivo d'organdis, semplice e quasi infantile, sebbene ampiamente aperto sul petto. (Ecco la nuvola del sogno, ho capito). In capo, un gran cappello di paglia annodato da larghi nastri di seta nera. E tiene gli occhi un po' socchiusi a difesa dalla luce abbagliante dei due finestroni dirimpetto; ma poi, è strano, espone invece a questa luce, reclinando il capo indietro con intenzione, la meravigliosa dolcezza della gola, come le sorge dal caldo trasognato candore del petto e su dall'attaccatura del collo fino al purissimo arco del mento.

Quest'atteggiamento senza dubbio voluto m'apre tutt'a un tratto la mente: ciò che la bella signora Anna Wheil ha da ricordarmi è tutto lí, nella dolcezza di quella gola, nel candore di quel petto; e tutto in un attimo solo, ma quando un attimo si fa eterno e abolisce ogni cosa, anche la morte, come la vita, in una sospensione d'ebbrezza divina, in cui dal mistero

24. *a usciale*: porte-finestre.

43. *organdis*: tessuto d'origine indiana, di cotone molto leggero, trasparente e un po' rigido, e perciò vaporoso.

45-46. *un gran cappello ... seta nera*: si rammenti l'analogo cappellone della Amina di *Piuma* (rr. 93-95), anche là in struttura iconografica e coloristica con il «traforo verde» d'un pergolato e il «cristallo azzurro» d'una fontana.

balzano d'improvviso illuminate e precise le cose essenziali, una volta e per sempre.

La conosco appena (morta, dovrei dire: «la conoscevo appena»; ma lei è qua ora come nell'assoluto d'un eterno presente, e posso dir dunque: la conosco appena), l'ho veduta una volta sola in una riunione festiva nel giardino d'una villa di comuni amici, a cui lei è venuta con quest'abito bianco d'organdis.

In quel giardino, quella mattina, le donne piú giovani e piú belle avevano quell'ardore sfavillante che nasce in ogni donna dalla gioia di sentirsi desiderata. S'eran lasciate prendere nel ballo e, sorridendo, ad accendere di piú quel desiderio, avevan guardato sulle labbra cosí d'accosto l'uomo da sfidarlo irresistibilmente al bacio. Ma di primavera, momenti di rapimento, col tepore del primo sole che inebria, quando nell'aria molle è pure un vago fermento di sottili profumi e lo splendore del verde nuovo, che dilaga nei prati, brilla con vivacità cosí eccitante in tutti gli alberi intorno; strani fili di suono luminosi avviluppano; improvvisi scoppi di luce stordiscono; lampi di fughe; felici invasioni di vertigine; e la dolcezza della vita non par piú vera, tanto è fatta di tutto e di niente; né vero piú, né da tenerne piú conto, ricordando poi nell'ombra, quando quel sole è spento, tutto ciò che s'è fatto e s'è detto. Sí, m'ha baciata. Sí, gliel'ho promesso. Ma un bacio appena sui capelli, ballando. Una promessa cosí per ridere. Dirò che non l'ho avvertito. Gli domanderò se non è matto a pretendere ch'io ora mantenga sul serio.

Si poteva esser certi che nulla di tutto questo era accaduto alla bella signora Anna Wheil, la cui piacenza sembrava a tutti cosí aliena e placida che nessuna bramosia carnale avrebbe osato sorgere davanti a lei. Io però avrei giurato che per quel rispetto che tutti le portavano lei avesse negli occhi un brillio di riso ambiguo e pungente, non perché sentisse in

61-62. *nell'assoluto d'un eterno presente*: questa assolutezza ed eternità del presente rappresentano in certo modo i complementari della relatività e attimalità del presente di *Una giornata*. Qui si racconta infatti un attimo incancellabile, là una durata inafferrabile.

71. *Ma di primavera*: il grande e classico topos letterario della rifioritura primaverile è abbondantemente testimoniato nel corpus novellistico. Si vedano, a partire da *L'onda* (1894), novella giovanile e non piú ripresa, almeno *Il dovere del medico* (1902), *La vita nuda* (1907), *Filo d'aria* (1914), *La camera in attesa* (1916), *La maschera dimenticata* (1918) e *Rimedio: la geografia* (1920).

86. *piacenza*: bellezza; ma l'uso della parola arcaica e letteraria enfatizza qui il significato della leggiadria e della grazia, del «bello a vedersi».

segreto di non meritarselo, ma anzi al contrario perché nessuno mostrava di desiderarla come donna a causa di quel rispetto che pur le si doveva portare. Era forse invidia o gelosia, o forse sdegno o malinconica ironia; poteva anche essere tutte queste cose insieme.

Me ne potei accorgere in un momento, dopo averla seguita a lungo con gli occhi nei balli e nei giuochi a cui anche lei aveva preso parte; in ultimo anche nelle corse pazze che, forse per offrirsi uno sfogo, aveva fatte sui prati coi bambini. La padrona di casa, con cui mi trovavo, mi volle presentare a lei mentr'era ancor china a rassettare le testoline scapigliate e le vesti in disordine a quei bambini. Nel rizzarsi d'improvviso per rispondere alla presentazione, la signora Anna Wheil non pensò di rassettarsi anche lei sul petto l'ampia scollatura di quel suo abito d'organdis; sicché io non potei fare a meno d'intravedere del suo seno forse piú di quanto onestamente avrei dovuto. Fu solo un attimo. Subito portò la mano a ripararselo. Ma dal modo con cui, in quell'atto che volle parer furtivo, mi guardò, compresi che della mia involontaria e quasi inevitabile indiscrezione non s'era per nulla dispiaciuta. Quel brio di luce che aveva negli occhi sfavillò anzi diversamente da prima, sfavillò d'un estro quasi folle di riconoscenza, perché nei miei occhi rideva senz'alcun rispetto una gratitudine cosí pura di quel che avevo intravisto che ogni senso di concupiscenza restava escluso e solo si appalesava lampante il pregio supremo che io attribuivo alla gioja che l'amore d'una donna come lei, bella tutta come lei, coi tesori d'una divina nudità con cosí pudica fretta ricoperta, poteva dare a un uomo che avesse saputo meritarselo.

Questo le dissero chiaramente i miei occhi, splendenti an-

91-93. *nessuno mostrava ... si doveva portare*: in altro clima, piú frivolo e piú mondano, piú brioso e meno doloroso, la signora Anna Wheil replica alcuni tratti che erano stati della signora Léuca di *Pena di vivere cosí*.

111-25. *Quel brio ... veramente donna*: è uno dei passi di piú intenso erotismo nella novellistica di Pirandello, ma l'intensità e anche la spregiudicatezza di questa intesa amorosa attraverso gli sguardi possono sussistere solo a patto che ogni concupiscenza sia esclusa; purché, cioè, il desiderio sessuale resti separato dal piacere che i due sessi si donano reciprocamente. Paradossalmente, l'uomo spoglia con gli occhi la donna, e la donna gode d'essere spogliata, tanto che i suoi occhi sfavillano «d'un estro quasi folle di riconoscenza»; ma la sessualità non deve destarsi. La mostruosità della castrazione viene esorcizzata solo tramite una proiezione assolutizzante, angelica ed edenica, del rapporto amoroso, quella che fa dei due personaggi «il solo Uomo» e «la sola Donna» nel giardino del paradiso (che sarà denotato poco oltre, al r. 160).

cora di quel baleno d'ammirazione; e questo fece subito che io diventassi per lei il solo Uomo, veramente uomo, tra tutti quelli che erano in quel giardino; nello stesso tempo che lei m'appariva tra tutte le altre la sola Donna, veramente donna. E non ci potemmo piú separare per tutto il tempo che durò quella riunione. Ma oltre questa tacita intesa, durata un attimo, per sempre, non ci fu altro tra noi. Nessuno scambio di parole, fuori delle comuni e usuali, sulla bellezza di quel giardino, sulla giocondità di quella festa e la graziosa ospitalità dei nostri comuni amici. Ma, pur parlando cosí di cose aliene o casuali, le rimase negli occhi, felice, quel brillio di riso che pareva rampollasse come un'acqua viva dal profondo segreto di quella nostra intesa e se ne beasse senza badare ai sassi e alle erbe tra cui ora scorreva. E un sasso fu anche il marito in cui c'imbattemmo poco dopo allo svoltare d'un viale. Me lo presentò. Alzai un istante gli occhi a guardarla negli occhi. Un battito appena di ciglia velò quel brio di luce, e solo con esso la bella signora mi confidò che lui, quel brav'uomo del marito, non s'era mai neppur sognato di comprendere ciò che avevo compreso io in un attimo solo; e che questo non era da ridere, no; era anzi la sua mortale afflizione, perché una donna come lei certo non sarebbe stata mai d'altro uomo. Ma non importava. Bastava che uno almeno lo avesse compreso.

No, no, io non dovevo piú, neppur senza volerlo, seguitando ora ad andare e a parlare noi due soli, non dovevo piú posarle gli occhi sul seno e obbligar la sua mano ad accertarsi di furto ch'io non potessi piú essere indiscreto; sarebbe stato ormai peccaminoso, per me insistere, e per lei tornare a compiacersene. C'eravamo già intesi. Doveva bastare. Non si trattava piú di noi due, non era piú da cercare né di sapere e neppur d'intravedere com'era lei, ch'era tutta bella, sí, come lei sola si conosceva; ci sarebbe stato allora da considerare tant'altre cose che riguardavano me: questa sopratutto: che avrei dovuto avere per lei, a dir poco, vent'anni di meno: una gran malinconia d'inutili rimpianti; no, no; una cosa bella, da riempirci della piú pura gioja tra tanto splendore di sole e tanto riso di primavera, s'era rivelata a noi: questa cosa essenziale che è sulla terra, con tutto il nudo candore delle sue carni, in mezzo al verde d'un paradiso terrestre, il corpo della donna, concesso da Dio all'uomo come premio supremo di tutte le sue pene, di tutte le sue ansie, di tutte le sue fatiche.

– Se dovessimo pensare a te e a me...

Mi voltai. Come! Mi dava del tu? Ma la bella signora Anna Wheil era sparita.

Me la ritrovo ora qua accanto, in quest'aria verde, in questa luce del mio studio, vestita come tre anni fa del suo abito bianco d'organdis.

– Il mio seno, se sapessi! Ne sono morta. Me lo hanno reciso. Un male atroce ne fece scempio due volte. La prima, un anno appena dopo che tu, di qua, ricordi? me lo intravedesti. Ora posso allargare con tutt'e due le mani la scollatura e mostrartelo tutto, com'era, guardalo! guardalo! ora che non sono piú.

Guardo; ma sul divano è solo il bianco del giornale aperto.

La tartaruga

Parrà strano, ma anche in America c'è chi crede che le tartarughe portino fortuna. Da che sia nata una tale credenza, non si sa. È certo però che loro, le tartarughe, non mostrano d'averne il minimo sospetto.

Mister Myshkow ha un amico che ne è convintissimo. Giuoca in borsa e ogni mattina, prima d'andare a giocare, mette la sua tartaruga davanti a uno scalino: se la tartaruga accenna di voler salire, è sicuro che i titoli che lui vuol giocare, saliranno; se ritira la testa e le zampe, resteranno fermi; se si volta e fa per andarsene, lui giuoca senz'altro ai ribasso. E non ha mai sbagliato.

Detto questo, entra in un negozio dove si vendono tartarughe; ne compra una e la mette in mano a Mister Myshkow:

– Approfittatene.

Mister Myshkow è molto sensibile: portandosi in casa la tartaruga (ih! ah!) freme in tutta l'elastica personcina pienotta e sanguigna per brividi, che son forse di piacere, ma anche di ribrezzo un po'. Non si cura se gli altri per via si voltino a guardarlo con quella tartaruga in mano; lui freme al pensiero che quella che pare una pietra inerte e fredda, non è una pietra no, è abitata dentro da una misteriosa bestiola che da un momento all'altro può cacciar fuori, sulla sua mano, quattro zampini sbiechi rasposi e una testina di vecchia monaca rugosa. Speriamo che non lo faccia. Forse Mister Myshkow la getterebbe a terra, raccapricciando da capo a piedi.

In casa, non si può dire che i suoi due figli, Helen e John, facciano una gran festa alla tartaruga, appena lui la posa come un ciottolo sul tappeto del salotto.

La tartaruga. Fu stampata per la prima volta su «La lettura» dell'agosto 1936. Venne poi inclusa dall'editore nel quindicesimo volume, postumo, delle «novelle per un anno», *Una giornata* (Mondadori, Milano 1937).

Non è credibile quanto vecchi appajano gli occhi dei due figli di Mister Myshkow a confronto con quelli bambinissimi del padre.

I due ragazzi, su quella tartaruga posata come un ciottolo sul tappeto, fanno cadere il peso insopportabile dei loro quattro occhi di piombo. Poi guardano il padre con una cosí ferma convinzione che non potrà dar loro una spiegazione plausibile della cosa inaudita che ha osato fare, posare una tartaruga sul tappeto del salotto, che il povero Mister Myshkow si sente subito appassire; apre le mani; apre le labbra a un sorriso vano e dice che, dopo tutto, quella non è altro che un'innocua tartaruga con cui, volendo, si può anche giocare.

Da quel brav'uomo ch'è sempre stato, un po' ragazzone, vuol darne la prova: si butta carponi sul tappeto e cautamente, con garbo, si prova a spinger di dietro la tartaruga per persuaderla cosí a cacciar fuori gli zampini e la testa e farla muovere. Ma sí, Dio mio, non foss'altro, per rendersi conto della bella gaja casa tutta vetri e specchi, dove lui l'ha portata. Non s'aspetta che suo figlio John trovi d'improvviso e senza tante cerimonie un piú spiccio espediente per fare uscir la tartaruga da quello stato di pietra in cui s'ostina a restare. Con la punta del piede John la rovescia sulla scaglia, e subito allora si vede la bestiola armeggiar con gli zampini e spinger col capo penosamente per tentar di rimettersi nella sua posizione naturale.

Helen, a quella vista, senza punto alterare i suoi occhi da vecchia, sghignazza come una carrucola di pozzo arrugginita per la caduta precipitosa d'un secchio impazzito.

Non c'è, come si vede, da parte dei ragazzi alcun rispetto della fortuna che le tartarughe sogliono portare. C'è al contrario la piú lampante dimostrazione che tutti e due la sopporteranno solo a patto ch'essa si presti a esser considerata da loro come uno stupidissimo giocattolo da trattare cosí, con la punta del piede. Il che a Mister Myshkow dispiace moltissimo. Guarda la tartaruga, rimessa subito a posto da

30-32. *Non è credibile ... del padre*: ennesima attualizzazione del motivo dello sguardo altrui come specchio (cfr. *Da sé*, rr. 112-24), deputata a far affiorare e a mettere a confronto un altro sconcertante e perturbante ossimoro vivente: il ragazzo-vecchio faccia a faccia con l'adulto-bambino.

51. *scaglia*: la corazza dorsale, il carapace.

55-57. *senza punto alterare ... secchio impazzito*: al padre-fanciullo, che ne raccapriccia, la figlia si rivela con un ributtante e stridente aspetto di decrepita ragazza-strega. E il connotato implicito dei figli-mostro è la crudeltà.

lui è ritornata al suo stato di pietra; guarda gli occhi dei suoi ragazzi, e avverte di colpo una misteriosa relazione che lo turba profondamente tra la vecchiaja di quegli occhi e la secolare inerzia di pietra di quella bestia sul tappeto. È preso di sgomento per la sua inguaribile giovanilità, in un mondo che accusa con relazioni cosí lontane e inopinate la propria decrepitezza: lo sgomenta che lui, senza saperlo, sia forse rimasto ad aspettare qualcosa che non arriverà mai piú, dato che ormai sulla terra i bambini nascono centenari come le tartarughe.

Torna ad aprir le labbra al suo vano sorriso, piú smorto che mai, e non ha il coraggio di confessare per qual ragione il suo amico gli ha regalato quella tartaruga.

Ha una rara ignoranza di vita Mister Myshkow. La vita per lui non è mai nulla di preciso, né ha alcun peso di cose sapute. Gli può accadere benissimo qualche mattina, vedendosi nudo con una gamba alzata per entrar nella vasca del bagno, di restare stranamente impressionato del suo stesso corpo, come se, in quarantadue anni che lo ha, non l'abbia mai veduto e se lo scopra adesso per la prima volta. Un corpo, Dio mio, non presentabile, cosí nudo, senza una grande vergogna, neppure ai suoi proprii occhi. Preferisce ignorarselo. Ma fa un gran caso tuttavia del fatto che non ha mai pensato che con questo corpo, cosí com'è in tante parti che nessuno di solito vede, nascoste sotto gli abiti e la calzatura, per quarantadue anni lui s'è aggirato nella vita. Non gli par credibile che tutta la sua vita lui l'abbia vissuta in quel suo corpo. No, no. Chi sa dove, chi sa dove, senz'accorgersene. Forse ha sempre sorvolato, di cosa in cosa, tra le tante che gli sono occorse fin dall'infanzia, quando certamente il suo corpo non era questo, e chi sa com'era. È davvero una pena e uno sgomento non riuscire a spiegarsi perché il proprio corpo debba essere necessariamente quello che è, e non un altro diverso. Meglio non pensarci. E nel bagno, torna a sorridere del suo vano sorriso, ignorando di trovarsi già da un pezzo nella vasca. Ah, quelle luminose tendine di mussola insaldate ai vetri della grande finestra, e di sulle bacchette d'ottone quel lieve grazioso dondolio nell'aria primaverile delle cime

78-80. *Ha una rara ... cose sapute*: la sospesa incertezza e la leggerezza sono i tratti che caratterizzano l'innocenza e la sensibilità infantili di Myshkow. E spiegano piú che a sufficienza il rapporto di stupefatta estraneità che intrattiene col proprio corpo e con la realtà.

degli alti alberi del parco. Ora lui si sta asciugando quel suo corpo veramente brutto; ma deve, pur non di meno, convenire che la vita è bella, e tutta da godere anche in quel suo corpaccio che intanto, chi sa come, è potuto entrare nella piú segreta intimità con una donna talmente impenetrabile qual è Mistress Myshkow, sua moglie.

Da nove anni ch'è ammogliato, lui è come avvolto e sospeso nel mistero di quella sua unione inverosimile con Mistress Myshkow.

Non ha mai osato farsi avanti, senza restare incerto, dopo ogni passo, se potesse darne un altro; e cosí alla fine ha provato sempre come un formicolio d'apprensione in tutto il corpo e di sbigottimento nell'anima nel trovarsi arrivato già parecchio lontano per tutti quei passi sospesi che gli han lasciato fare. Doveva sí o no inferire che dunque poteva farli?

Cosí, un bel giorno, quasi senz'esserne certo, s'era trovato marito di Mistress Myshkow.

Lei è ancora, dopo nove anni, cosí distaccata e isolata da tutto dalla propria bellezza di statuetta di porcellana e cosí chiusa e smaltata in un modo d'essere cosí impenetrabilmente suo, che proprio pare impossibile che abbia trovato il modo d'unirsi in matrimonio con un uomo cosí di carne e sanguigno come lui. Si capisce invece benissimo come dalla loro unione siano potuti nascere quei due figli imbozzacchiti. Forse, se Mister Myshkow avesse potuto portarli in grem-

103-8. *Ora lui ... sua moglie*: non solo in quest'ultimo tratto, ma nel corso dell'intero capoverso, il narratore ha rispettato ed espresso la prospettiva del protagonista. Proprio alla luce di ciò, risulta particolarmente significativo il cambio di soggetto tra le principali («lui si sta asciugando», «deve [...] convenire») e la relativa che segue: non soltanto «lui» non è il suo «corpaccio», ma nulla sa di come quella autonoma alterità che è il suo corpo sia entrata in intimità con la donna. La sua anima, che si commuove alla leggerezza delle tendine di mussola e al dondolio degli alberi, non ha avuto parte nelle misteriose avventure corporali che gli hanno condotto in moglie Mistress Myshkow.

126-27. *imbozzacchiti*: avvizziti, degenerati. Il *bozzacchio* è la «susina colpita al principio del suo sviluppo da un fungo parassita [...], per cui cresce internamente vuota e presto si secca e cade» (Battaglia).

127-33. *Forse, se ... che nascessero*: la voce narrante trasforma l'infantile ignoranza di Myshkow, della quale adotta l'ottica ignara, in umorismo tagliente. Dei due coniugi, l'unico ad avere, con sua stessa sorpresa, la tenera carnalità che occorre per diventare madre, è il marito. La moglie è una statuetta di porcellana smaltata, e dunque il concepimento e la gestazione diventano congetture improbabili e orrende. Anche il parto e la nascita appaiono, poco oltre, eventi invisibili ed enigmatici che hanno luogo in una «clinica» la quale, stante la natura della puerpera, potrebbe essere un'officina di ceramisti e, stante il comparante canino che deturpa i neonati, potrebbe essere un

bo lui, invece della moglie, non sarebbero nati cosí; ma dovette portarli in grembo lei, per nove mesi ciascuno, e allora, concepiti probabilmente interi fin dal principio e costretti a rimaner chiusi per tanto tempo in un ventre di majolica, come confetti in una scatola, ecco, s'erano cosí tremendamente invecchiati prima ancora che nascessero.

Per tutti i nove anni di matrimonio lui naturalmente è vissuto in apprensione continua che Mistress Myshkow trovasse in qualche sua parola impensata o gesto inopinato il pretesto di domandare il divorzio. Il primo giorno di matrimonio era stato per lui il piú terribile perché, come si può facilmente immaginare, c'era arrivato non ben sicuro che Mistress Myshkow sapesse che cosa lui dovesse fare per potersi dire effettivamente suo marito. Per fortuna, lo sapeva. Ma poi non gli aveva lasciato intendere in alcun modo che si ricordasse della confidenza che lui s'era presa. Proprio come se nulla ci avesse mai messo di suo, perché lui se la potesse prendere, e lei poi ricordare. Eppure una prima figliuola, Helen, era nata; e poi era nato un secondo figliuolo, John. Mai niente. Senza dar segno di nulla, se n'era andata tutt'e due le volte alla clinica e, dopo un mese e mezzo, era rientrata in casa, la prima volta con una bambina e la seconda con un bambino, l'uno piú vecchio dell'altra. Cosa da far cadere le braccia. Divieto assoluto, tutt'e due le volte, d'andarle a far visita alla clinica. Cosicché lui, non essendosi potuto accorgere né la prima né la seconda volta che lei fosse incinta e non sapendo poi nulla né delle doglie del parto né della nascita, s'era trovati in casa quei due figli come due cagnolini comperati in viaggio, senza nessuna vera certezza che fossero nati da lei e che fossero suoi.

Ma non ne ha il minimo dubbio Mister Myshkow, tanto che crede d'avere ormai in quei due figli una prova antichissima e per ben due volte collaudata che Mistress Myshkow trova nella convivenza con lui un compenso adeguato ai dolori che il mettere al mondo due figliuoli deve costare.

Non riesce però a rinvenire dallo stupore allorché sua moglie, rientrando in casa quel giorno da una visita alla madre scesa in albergo e prossima a ripartire per l'Inghilterra, e

laboratorio di manipolazioni genetiche mostruose. Mister Myshkow ha un corpo brutto e un'anima bella e ignara che non vanno d'accordo (replicando il grande conflitto di sempre), ma è circondato da orribili mutanti, da statue che partoriscono cani e da gelidi e crudeli ragazzi-automa, decrepiti come tartarughe centenarie.

trovandolo ancora in ginocchio sul tappeto del salotto davanti a quella tartaruga, tra la derisione sguajatamente fredda di quei due figli, non gli dice nulla, o meglio gli dice tutto voltando senz'altro le spalle e ritornando immediatamente da sua madre all'albergo, da cui dopo circa un'ora gli manda un biglietto, nel quale perentoriamente è scritto che, o via da casa quella tartaruga, o via lei: se ne partirà, fra tre giorni con la madre per l'Inghilterra.

Appena può rimettersi a pensare, Mister Myshkow comprende subito che quella tartaruga non può esser altro che un pretesto. Cosí poco serio, via. Cosí facile a levar di mezzo! Eppure, proprio per questo, forse piú inovviabile che se la moglie gli abbia posto per condizione di cangiar di corpo, o almeno di levarsi dalla faccia il naso per sostituirlo con un altro di suo maggior gradimento.

Ma non vuole che manchi per lui. Risponde alla moglie che ritorni pure a casa: lui andrà a metter fuori in qualche posto la tartaruga. Non ci tiene affatto ad averla in casa. L'ha presa perché gli hanno detto che porta fortuna; ma, agiato com'è, e con una moglie come lei, e con due figli come i loro, che bisogno ne ha lui? che altra fortuna avrebbe da desiderare?

Va fuori, di nuovo con la tartaruga in mano, per lasciarla in qualche posto che alla povera bestiola scontrosa possa convenire piú che la sua casa. S'è fatto sera e lui se ne avvede soltanto ora e se ne meraviglia. Pur abituato com'è alla vista fantasmagorica di quella sua enorme città, ha sempre occhi nuovi per lasciarsene stupire e anche immalinconire un po', se pensa che a tutte quelle prodigiose costruzioni è negato d'imporsi come durevoli monumenti e stan lí come colossali e provvisorie apparenze di un'immensa fiera, con quegl'immobili sprazzi di variopinte luminarie che danno a lungo andare una tristezza infinita, e tant'altre cose ugualmente precarie e mutevoli.

Camminando, si dimentica d'avere in mano la tartaruga; ma poi se ne sovviene e riflette che avrebbe fatto meglio a lasciarla nel parco vicino alla sua casa; invece s'è diretto verso

181. *che manchi per lui*: che la mancanza sia imputabile a lui.

191-99. *Pur abituato ... mutevoli*: anche la favolosa New York fa le spese dell'ostilità pirandelliana per il triste artificio metropolitano. Tanto piú che a guardarla sono gli occhi sempre nuovi e sempre pronti alla meraviglia e alla commozione d'un uomo-bambino.

il negozio dov'essa è stata comperata, gli pare in fondo alla 49ª Strada.

Seguita ad andare, pur essendo certo che a quell'ora troverà chiuso il negozio. Ma si direbbe che tanto la sua tristezza quanto la sua stanchezza hanno proprio bisogno d'andare a sbatter la faccia contro una porta chiusa.

Arrivato, sta un po' a guardare la porta del negozio chiusa effettivamente, e poi si guarda in mano la tartaruga. Che farne? Lasciarla lí davanti? Sente passare un tassí e lo prende. Ne scenderà a un certo punto, lasciandovi dentro la tartaruga.

Peccato che la bestiola, cosí ancora rintanata nel suo guscio, non dia a veder d'aver molta fantasia. Sarebbe piacevole immaginare una tartaruga in viaggio di notte per le strade di New York.

No no. Mister Myshkow se ne pente, come d'una crudeltà. Scende dal tassí. È ormai vicina la Park Avenue, con l'interminabile fila delle ajuole nel mezzo, dalle ringhierine a canestro. Pensa di lasciare la tartaruga in una di quelle ajuole; ma appena ve la posa, ecco che gli salta addosso un poliziotto che è lí di guardia al traffico nel crocicchio della 50ª Strada, sotto una delle gigantesche torri del Waldorf Astoria. Quel poliziotto vuol sapere che cosa ha posato in quell'ajuola. Una bomba? Non proprio una bomba, no. E Mister Myshkow gli sorride per dargli a vedere che non ne sarebbe capace. Semplicemente una tartaruga. Quello allora gl'impone di ritirarla subito. Proibito introdurre bestie nelle ajuole. Ma quella? Quella è piuttosto una pietra che una bestia, vuol fargli osservare Mister Myshkow; non crede che possa disturbare; e poi lui, per gravi motivi di famiglia, ha bisogno assolutamente di disfarsene. Il poliziotto crede che voglia prenderlo in giro e si fa brutto. Subito allora Mister Myshkow ritira dall'ajuola la tartaruga che non s'è mossa.

– M'hanno detto che porta fortuna, – soggiunse sorridente. – Non vorreste prenderla voi? Ve la offro.

Quello si scrolla furiosamente e con impero gli accenna di levarglisi dai piedi.

Ed ecco ora di nuovo Mister Myshkow con quella tartaruga in mano, in grande imbarazzo. Oh Dio, potrebbe lasciarla dovunque, anche in mezzo alla strada, appena fuor della vista di quel poliziotto che l'ha guardato cosí male, evidente-

238. *impero*: gesto imperioso, perentorio.

mente perché non ha creduto ai gravi motivi di famiglia. Tutt'a un tratto, si ferma al baleno di un'idea. Sí, è senza dubbio un pretesto, per la moglie, quella tartaruga, e levato di mezzo questo, lei ne troverà subito un altro; ma difficilmente potrà trovarne uno piú ridicolo di questo e che piú di questo possa darle torto davanti al giudice e a tutti quanti. Sarebbe sciocco, dunque, non valersene. Lí per lí decide di rientrare in casa con la tartaruga.

Trova la moglie nel salotto. Senza dirle nulla, si china e le posa davanti sul tappeto la tartaruga, là, come un ciottolo.

La moglie balza in piedi, corre in camera, gli si ripresenta col cappellino in capo.

– Dirò al giudice che alla compagnia di vostra moglie preferite quella della vostra tartaruga.

E se ne va.

Come se la bestiola dal tappeto l'abbia intesa, sfodera di scatto i quattro zampini, la coda e la testa e dondolando, quasi ballando, si muove per il salotto.

Mister Myshkow non può fare a meno di rallegrarsene, ma timidamente; batte le mani piano piano, e gli pare, guardandola, di dover riconoscere, ma senza esserne proprio convinto:

– La fortuna! La fortuna!

259-61. *Come se ... per il salotto*: della cagnetta de *La carriola* (1917), cui il padrone faceva compiere in gran segreto alcuni passi reggendole le zampe di dietro, per confermare ai propri stessi occhi, con questo gesto infantilmente trasgressivo, il proprio definitivo distacco dalle forme sociali nella prigione delle quali aveva a lungo vissuto, si leggeva: «Comprende la bestia, la terribilità dell'atto che compio». Si direbbe che anche la tartaruga ha compreso e, nata tartaruga quando i bambini nascevano bambini, condivide.

Effetti d'un sogno interrotto

Abito una vecchia casa che pare la bottega d'un rigattiere. Una casa che ha preso, chi sa da quanti anni, la polvere.

La perpetua penombra che la opprime ha il rigido delle chiese e vi stagna il tanfo di vecchio e d'appassito dei decrepiti mobili d'ogni foggia che la ingombrano e delle tante stoffe che la parano, preziose sbrindellate e scolorite, stese e appese da per tutto, in forma di coperte, di tende e cortinaggi. Io aggiungo di mio a quel tanfo, quanto piú posso, la peste delle mie pipe intartarite, fumando tutto il giorno. Soltanto quando rivengo da fuori, mi rendo conto che a casa mia non si respira. Ma per uno che viva come vivo io... Basta; lasciamo andare.

Effetti d'un sogno interrotto. Fu pubblicata per la prima volta sul «Corriere della Sera» il 9 dicembre 1936, il giorno prima della morte di Pirandello. Venne poi inclusa dall'editore nel quindicesimo volume, postumo, delle «novelle per un anno», *Una giornata* (Mondadori, Milano 1937).

1-8. *Abito una vecchia casa ... tende e cortinaggi*: si legga questa descrizione che Gautier fa d'una bottega di *bric-à-brac* in cui gli capita di entrare: «C'est quelque chose qui tient à la fois de la boutique du ferrailleur, du magasin du tapissier, du laboratoire de l'alchimiste et de l'atelier du peintre; dans ces antres mystérieux où les volets filtrent un prudent demi-jour, ce qu'il y a de plus notoirement ancien, c'est la poussière» [È qualcosa che somiglia contemporaneamente alla bottega del ferravecchio, al deposito del tappezziere, al laboratorio dell'alchimista e allo studio del pittore; in questi antri misteriosi nei quali le imposte filtrano una prudente penombra, la cosa piú palesemente vecchia è la polvere] (cfr. Th. Gautier, *Le pied de momie* [1840], in *Récits fantastiques*, a cura di M. Eigeldinger, Flammarion, Paris 1981, p. 179). Se lo spazio lo permettesse, anche i successivi quattro capoversi enumerativi andrebbero riportati, e si vedrebbe con chiarezza che anche la casa del protagonista è, come quella bottega, «un véritable Capharnaüm», nel quale non mancano i ritratti piú o meno antichi.

11. *per uno che viva come vivo io*: in realtà, questo *non detto* resterà tutto quanto sappiamo di come il narratore, che si sforzerà invano di non essere protagonista, viva. Sappiamo benissimo *dove* vive, che metà della stanza gli serve da studio, che tiene in uno scaffale «cadaveri di libri» decrepiti, che

La camera da letto ha una specie d'alcova su un ripiano a due scalini; il soffitto in capo; l'architrave sorretto da due tozze colonne in mezzo. Cortinaggi anche qui, per nascondere il letto, scorrevoli su bacchette d'ottone, dietro le colonne. L'altra metà della camera serve da studio. Sotto le colonne è un divanaccio, per dir la verità molto comodo, con tanti cuscini rammucchiati, e, davanti, una tavola massiccia che fa da scrivania; a sinistra, un grande camino che non accendo mai, nella parete di contro, tra due finestrette, un antico scaffale con cadaveri di libri rilegati in cartapecora ingiallita. Sulla mensola di marmo annerito del camino è appeso un quadro secentesco, mezzo affumicato, che rappresenta la *Maddalena in penitenza*, non so se copia o originale ma, anche se copia, non priva d'un certo pregio. La figura, grande al vero, è sdrajata bocconi in una grotta; un braccio appoggiato sul gomito sorregge la testa; gli occhi abbassati sono intenti a leggere un libro al lume d'una lucerna posata a terra accanto a un teschio. Certo, il volto, il magnifico volume dei fulvi capelli sciolti, una spalla e il seno scoperti, al caldo lume di quella lucerna, sono bellissimi.

La casa è mia e non è mia. Appartiene con tutto l'arredo a un mio amico che tre anni fa, partendo per l'America, me la lasciò in garanzia d'un grosso debito che ha con me. Quest'amico, s'intende, non s'è fatto piú vivo, né, per quante do-

convive esclusivamente (ma si rifiuterebbe di ammetterlo) con una Maddalena dipinta intenta anch'essa alla lettura, e alla penitenza.

14. *in capo*: basso.

25. *Maddalena in penitenza*: questa pirandelliana non è la prima Maddalena coinvolta in un racconto dai vivaci risvolti erotici. Segnalo l'interessante precedente d'un altro racconto di Théophile Gautier, *Il Vello d'oro*, databile all'incirca agli anni 1836-37. E lo segnalo non solo perché il protagonista vi si innamora della *Maddalena* di Rubens che vede nella chiesa di Notre-Dame ad Anversa, ma perché il personaggio di Tiburce, ben piú esplicitamente tratteggiato del narratore-sognatore pirandelliano (chiuso nella reticente preterizione del r. 11), ha qualche connotato umoristico che lo avvicina a quest'ultimo. Di Tiburce si legge ad esempio: «Il était [...] parfaitement détaché de toute chose humaine, et tellement raisonnable qu'il paraissait fou» [Era completamente distaccato da ogni cosa di questo mondo, e a tal punto ragionevole che sembrava pazzo]; e ancora: «la réalité lui répugnait, et, à force de vivre dans les livres et les peintures, il en était arrivé à ne plus trouver la nature vraie» [la realtà gli ripugnava e, a forza di vivere nei libri e nelle pitture, era giunto al punto di non trovare piú vera la natura] (si veda Th. Gautier, *La Toison d'or*, in *Fortunio et autres nouvelles*, a cura di A. Boschot, Garnier, Paris 1930, pp. 175-231).

30-32. *Certo, il volto ... sono bellissimi*: e suo malgrado, si direbbe, il narratore non sa non notarli in tempo non sospetto, ossia ben prima che l'antiquario e il vedovo geloso gli piombino in casa.

mande e ricerche io abbia fatte, son riuscito ad averne notizie. Certo però non posso ancora disporre, per riavere il mio, né della casa né di quanto vi sta dentro.

Ora, un antiquario di mia conoscenza fa all'amore con quella *Maddalena in penitenza* e l'altro giorno mi condusse in casa un signore forestiere per fargliela vedere.

Il signore, sulla quarantina, alto, magro, calvo, era parato di strettissimo lutto, come usa ancora in provincia. Di lutto, pure la camicia. Ma aveva anche impressa sul volto scavato la sventura da cui è stato di recente colpito. Alla vista del quadro si contraffece tutto e subito si coprí gli occhi con le mani, mentre l'antiquario gli domandava con strana soddisfazione:

– Non è vero? Non è vero?

Quello, piú volte, col viso ancora tra le mani, gli fece segno di sí. Sul cranio calvo le vene gonfie pareva gli volessero scoppiare. Si cavò di tasca un fazzoletto listato di nero e se lo portò agli occhi per frenare le lagrime irrompenti. Lo vidi a lungo sussultar nello stomaco, con un fiottio fitto fitto nel naso.

Tutto – meridionalmente – molto esagerato.

Ma fors'anche sincero.

L'antiquario mi volle spiegare che conosceva fin da bambino la moglie di quel signore, ch'era del suo stesso paese: – Le posso assicurare ch'era precisa l'immagine di questa *Maddalena*. Me ne son ricordato jeri, quando il mio amico venne a dirmi che gli era morta, cosí giovane, appena un mese fa. Lei sa che son venuto da poco a vedere questo quadro.

– Già, ma io...

– Sí, mi disse allora che non poteva venderlo.

– E neanche adesso.

Mi sentii afferrare per il braccio da quel signore, che quasi mi si buttò a piangere sul petto, scongiurandomi che glielo cedessi, a qualunque prezzo: era lei, sua moglie, lei tal'e quale, lei cosí – tutta – come lui soltanto, lui, lui marito, poteva averla veduta nell'intimità (e, cosí dicendo, alludeva chiaramente alla nudità del seno), non poteva piú perciò lasciarmela lí sotto gli occhi, dovevo capirlo, ora che sapevo questo.

Lo guardavo, stordito e costernato, come si guarda un

59-62. *L'antiquario mi volle ... l'immagine di questa Maddalena*: anche nel racconto di Gautier, la Maddalena di Rubens ha un sosia vivente nella bella Gretchen.

pazzo, non parendomi possibile che dicesse una tal cosa sul serio, che potesse cioè sul serio immaginarsi che quello che per me non era altro che un quadro su cui non avevo mai fatto alcun pensiero potesse ora diventare anche per me il ritratto di sua moglie cosí col petto tutto scoperto, come lui solo poteva averla veduta nell'intimità e dunque in uno stato da non poter piú lasciarla sotto gli occhi a un estraneo.

La stranezza di una tale pretesa mi promosse uno scatto di riso involontario.

– Ma no, veda, caro signore: io, sua moglie, non l'ho conosciuta; non posso dunque attaccare a questo quadro il pensiero che lei sospetta. Io vedo là un quadro con un'immagine che... sí, mostra...

Non l'avessi mai detto! Mi si parò davanti, quasi per saltarmi addosso, gridando:

– Le proibisco di guardarla ora, cosí, in mia presenza!

Per fortuna s'intromise l'antiquario, pregandomi di scusare, di compatire quel povero forsennato, ch'era stato sempre fin quasi alla follia geloso della moglie, amata fino all'ultimo d'un amore quasi morboso. Poi si rivolse a lui e lo scongiurò di calmarsi; ch'era stupido parlarmi cosí, farmi un obbligo di cedergli il quadro in considerazione di cose tanto intime. Osava anche proibirmi di guardarlo? Era impazzito? E se lo trascinò via, di nuovo chiedendomi scusa della scenata a cui non s'aspettava di dovermi fare assistere.

Io ne rimasi talmente impressionato che la notte me lo sognai.

Il sogno, a dir piú precisamente, dovette avvenire nelle prime ore del mattino e proprio nel momento che un improvviso fracasso davanti all'uscio della camera, d'una zuffa di gatti che m'entrano in casa non so di dove, forse attratti dai tanti topi che l'hanno invasa, mi svegliò di soprassalto.

Effetto del sogno cosí di colpo interrotto fu che i fantasmi

102-3 *Io ne rimasi ... me lo sognai*: la motivazione del protagonista non contiene nulla di strano, è anzi la piú ovvia. Ciò che egli, come altri sognatori pirandelliani, tende fin d'ora a trascurare è che, nei sogni, gli estranei c'entrano ben poco, che è lui ad aver provato una grandissima impressione e che è stato lui a sognare. Tende, in sostanza, a ritenersi il soggetto passivo, anziché attivo, del sogno.

109-12. *Effetto del sogno ... rimasero fuori*: Pirandello curiosamente narrativizza proprio la sottilissima soglia fra l'*essere svegliati* e l'*essere svegli*. Ora, a parte quella che il narratore subito dopo ci racconta (ossia l'amplesso di due sconosciuti sul suo divano), nel suo *sogno* avvengono cose importanti che egli tace: avviene che la declinazione iconografica penitenziale della bella *Madda-*

di esso, voglio dire quel signore a lutto e l'immagine della *Maddalena* diventata sua moglie, forse non ebbero il tempo di rientrare in me e rimasero fuori, nell'altra parte della camera oltre le colonne, dov'io nel sogno li vedevo; dimodoché, quando al fracasso springai dal letto e con una strappata scostai il cortinaggio, potei intravedere confusamente un viluppo di carni e panni rossi e turchini avventarsi alla mensola del camino per ricomporsi nel quadro in un baleno; e sul divano, tra tutti quei cuscini scomposti, lui, quel signore, nell'atto che, da disteso, si levava per mettersi seduto, non piú vestito di nero ma in pigiama di seta celeste a righine bianche e blu, che alla luce man mano crescente delle due finestrette s'andava dissolvendo nella forma e nei colori di quei cuscini e svaniva.

Non voglio spiegare ciò che non si spiega. Nessuno è mai riuscito a penetrare il mistero dei sogni. Il fatto è che, alzando gli occhi, turbatissimo, a riguardare il quadro sulla mensola del camino, io vidi, chiarissimamente vidi per un at-

lena non basta piú a impedire che nella penitente si ravvisi la grande peccatrice carnale, e avviene che il giusto ritegno non basti piú a trattenere dal ripensare a una sposa morta come a un'amante viva (tanto piú che la turgida gelosia postuma del vedovo aveva fatto piú che abbastanza per far pensare soprattutto a questo). Avviene cioè che il sesso irrompa di prepotenza nel sogno voyeuristico del protagonista. Il quale desidera credere (e far credere) che sia la brusca interruzione del sogno a non dare ai «fantasmi» di esso il tempo per «rientrare in *lui*», quando sarà piuttosto lui stesso a opporre una fiera resistenza al loro rientro che lo costringerebbe a riconoscerli come *propri* fantasmi, come immagini oniriche prodotte dal *suo* desiderio e non dalla vogliosa incontinenza dell'impenitente Maddalena e del suo vedovo.

114. *springai*: saltai su.

115-17. *potei intravedere ... nel quadro in un baleno*: il movimento ricorda da vicino un altro delizioso racconto di Gautier, l'«histoire rococo» *Omphale ou la tapisserie amoureuse* (1834), dove, alla brusca entrata d'un zio severo nella camera del nipote, la marchesa Antoinette de T***, ritratta in un arazzo nei panni di Onfale (amante di Ercole), ha appena il tempo di sciogliersi dall'abbraccio del ragazzo e di rientrare fra le figure del tessuto.

124-25. *Non voglio spiegare ... il mistero dei sogni*: difficile considerare anodina una tale dichiarazione del protagonista-narratore datata al dicembre 1936, quando la *Traumdeutung* di Freud era giunta all'ottava edizione. È piuttosto una esplicita presa di distanza. Ma vero è anche che, ancora una volta, il sogno del personaggio pirandelliano, pur motivato dagli emozionanti eventi del giorno prima, non ha niente di onirico.

127-32. *chiarissimamente vidi ... quelli dipinti dell'immagine*: quella Maddalena dipinta, fin lí lettrice cosí compunta, e la cui *piacenza* era stata (come quella della signora Anna Wheil di *Visita*) sempre cosí *aliena* e *placida*, si anima d'un tratto agli occhi del protagonista; e ad animarla di diabolica malizia non sarebbe il suo non irreprensibile passato biblico, ma il fatto d'essere per un attimo *hantée*, abitata dal fantasma d'una sposa morta: sarebbero gli «oc-

timo gli occhi della *Maddalena* farsi vivi, sollevar le palpebre dalla lettura e gettarmi uno sguardo vivo, ridente di tenera diabolica malizia. Forse gli occhi sognati della moglie morta di quel signore, che per un attimo s'animarono in quelli dipinti dell'immagine.

Non potei piú restare in casa. Non so come feci a vestirmi. Di tanto in tanto, con un raccapriccio che potete bene immaginarvi, mi voltavo a guardar di sfuggita quegli occhi. Li ritrovavo sempre abbassati e intenti alla lettura, come sono nel quadro; ma non ero piú sicuro, ormai, che quando non li guardavo piú non si ravvivassero alle mie spalle per guardarmi, ancora con quel brio di tenera diabolica malizia.

Mi precipitai nella bottega dell'antiquario, che è nei pressi della mia casa. Gli dissi che, se non potevo vendere il quadro a quel suo amico, potevo però cedergli in affitto la casa con tutto l'arredo, compreso il quadro, s'intende, a un prezzo convenientissimo.

– Anche da oggi stesso, se il suo amico vuole.

C'era, in quella mia proposta a bruciapelo, tale ansia e tanto affanno, che l'antiquario ne volle sapere il motivo. Il motivo, mi vergognai a dirglielo. Volli che m'accompagnasse lí per lí all'albergo dove quel suo amico alloggiava.

Potete figurarvi come restai, quando in una stanza di quell'albergo me lo vidi venire avanti, appena alzato dal letto, con quello stesso pigiama celeste a righine bianche e blu con cui l'avevo visto in sogno e sorpreso, ombra, nella mia camera, nell'atto di levarsi per mettersi seduto sul divano tra i cuscini scomposti.

– Lei torna da casa mia – gli gridai, allibito – lei è stato questa notte a casa mia!

Lo vidi crollare su una sedia, atterrito, balbettando: oh Dio, sí, a casa mia, in sogno, c'era stato davvero, e sua moglie...

chi sognati» di quest'ultima, non quelli di Maddalena, ad ammiccare al narratore, motivando di colpo, e sia pure *post mortem*, la folle gelosia del marito meridionale.

147-48. *Il motivo, mi vergognai a dirglielo*: il narratore ci lascia intendere di vergognarsi a confessare d'essere stato sconvolto dal tardivo effetto allucinatorio d'un sogno interrotto. È altro in realtà ciò di cui si vergogna senza saperlo.

150-55. *Potete figurarvi ... cuscini scomposti*: è a questo punto che interviene la brusca virata d'un racconto fin qui sorprendente e strano verso il racconto fantastico, ossia verso una vicenda la cui verità è nel contempo inconfutabile e inspiegabile.

– Appunto, appunto, sua moglie è scesa dal quadro. Io l'ho sorpresa che vi rientrava. E lei, alla luce, m'è svanito là sul divano. M'ammetterà ch'io non potevo sapere, quando l'ho sorpreso sul divano, che lei avesse un pigiama come questo che ha indosso. Dunque era proprio lei, in sogno, a casa mia; e sua moglie è proprio scesa dal quadro, come lei l'ha sognata. Si spieghi il fatto come vuole. L'incontro, forse, del mio sogno col suo. Io non so. Ma non posso piú stare in quella casa, con lei che ci viene in sogno e sua moglie che m'apre e chiude gli occhi dal quadro. Il motivo che ho io d'averne paura, non può averlo lei, perché si tratta di se stesso e di sua moglie. Vada dunque a ripigliarsi la sua immagine rimasta a casa mia! Che fa adesso? Non vuole piú? Sviene?

– Ma allucinazioni, signori miei, allucinazioni! – non rifiniva intanto d'esclamare l'antiquario.

Quanto son cari questi uomini sodi che, davanti a un fatto che non si spiega, trovano subito una parola che non dice nulla e in cui cosí facilmente s'acquetano.

– Allucinazioni.

163-67. *M'ammetterà ch'io ... come lei l'ha sognata*: nel racconto fantastico di forma classica, quel pigiama è la prova provata della sconvolgente irrefutabilità dell'avventura fantastica, impossibile ma vera. Qui, si direbbe che l'umoristica clemenza autorale metta a disposizione del suo narratore e protagonista sconvolto quest'ultimo alibi cui appigliarsi, e per mezzo del quale poter in qualche modo sostenere: io non c'entro, era lei a sognare di fare all'amore con sua moglie sul divano di casa mia, io ho solo sognato di sorprendervi. Per la via alquanto impervia dei sogni paralleli, resterebbe la sua paura del desiderio, ma l'erotismo del sogno non gli apparterrebbe affatto. L'incredibile è la sua ultima ancora di salvezza.

Stampato nel novembre 1997 per conto della Casa editrice Einaudi presso G. Canale & C., s.p.a., Borgaro (Torino)

C.L. 12967

Einaudi Tascabili

1 Omero, *Odissea*. Versione di Rosa Calzecchi Onesti. Testo a fronte (9ª ed.).

2 Levi (Primo), *Se questo è un uomo. La tregua* (19ª ed.).

3 Least Heat-Moon, *Strade blu. Un viaggio dentro l'America* (8ª ed.).

4 Morante, *Aracoeli. Romanzo* (7ª ed.).

5 Virgilio, *Eneide*. Introduzione e traduzione di Rosa Calzecchi Onesti. Testo a fronte (6ª ed.).

6 *Storia d'Italia. I caratteri originali*. A cura di Ruggiero Romano e Corrado Vivanti (2 volumi).

7 Levi (Carlo), *L'Orologio* (2ª ed.).

8 Bloch (Marc), *I re taumaturghi. Studi sul carattere sovrannaturale attribuito alla potenza dei re particolarmente in Francia e in Inghilterra*.

9 Packard, *I persuasori occulti* (5ª ed.).

10 Amado, *Teresa Batista stanca di guerra* (10ª ed.).

11 Buñuel, *Sette film* (L'età dell'oro. Nazarin. Viridiana. L'angelo sterminatore. Simone del deserto. La via lattea. Il fascino discreto della borghesia) (2ª ed.).

12 *I Vangeli apocrifi*. A cura di Marcello Craveri (6ª ed.).

13 Sciascia, *Il giorno della civetta* (5ª ed.).

14 Sciascia, *Il contesto. Una parodia* (2ª ed.).

15 Sciascia, *Todo modo* (2ª ed.).

16 Fitzgerald, *Tenera è la notte* (8ª ed.).

17 Schulberg, *I disincantati*.

18 Sartre, *La nausea* (7ª ed.).

19 Bataille, *L'azzurro del cielo*.

20 Musil, *I turbamenti del giovane Törless* (4ª ed.).

21 Mann, *La morte a Venezia* (5ª ed.).

22 Shirer, *Storia del Terzo Reich* (2 volumi) (2ª ed.).

23 Frank, *Diario* (12ª ed.).

24 Rigoni Stern, *Il sergente nella neve. Ritorno sul Don* (7ª ed.).

25 Fenoglio, *Una questione privata. I ventitre giorni della città di Alba* (7ª ed.).

26 Deakin, *La brutale amicizia. Mussolini, Hitler e la caduta del fascismo italiano* (2 volumi).

27 Nerval, *Le figlie del fuoco*.

28 Rimbaud, *Opere*. Testo a fronte (3ª ed.).

29 Walser, *L'assistente* (2ª ed.).

30 Vassalli, *La notte della cometa. Il romanzo di Dino Campana* (6ª ed.).

31 Svevo, *La coscienza di Zeno e «continuazioni»*.

32 Pavese, *Il carcere*.

33 Pavese, *Il compagno* (6ª ed.).

34 Pavese, *La casa in collina* (9ª ed.).

35 Omero, *Iliade*. Versione di Rosa Calzecchi Onesti. Testo a fronte (5ª ed.).

36 Tolstoj, *Guerra e pace* (2 volumi) (4ª ed.).

37 Codino, *Introduzione a Omero*.

38 De Roberto, *I Viceré* (4ª ed.).

39 Jovine, *Signora Ava*.

40 Levi (Carlo), *Cristo si è fermato a Eboli* (8ª ed.).

41 Rea, *Gesú, fate luce*.

42 Tornabuoni, *'90 al cinema*.

43 Gino & Michele - Molinari, *Anche le formiche nel loro piccolo s'incazzano* (18ª ed.).

44 Balzac, *Splendori e miserie delle cortigiane*.

45 Proust, *Contro Sainte-Beuve*.

Proust, *Alla ricerca del tempo perduto*:

46 *La strada di Swann* (2 volumi).

47 *All'ombra delle fanciulle in fiore* (3 volumi).

48 *I Guermantes* (3 volumi).

49 *Sodoma e Gomorra* (2 volumi).

50 *La prigioniera* (2 volumi).

51 *Albertine scomparsa.*

52 *Il tempo ritrovato* (2 volumi).

53 *I Vangeli* nella traduzione di Niccolò Tommaseo. A cura di Cesare Angelini.

54 *Atti degli Apostoli*. A cura di Cesare Angelini.

55 Holl, *Gesú in cattiva compagnia.*

56 Volponi, *Memoriale* (2ª ed.).

57 Levi (Primo), *La chiave a stella* (5ª ed.).

58 Volponi, *Le mosche del capitale* (2ª ed.).

59 Levi (Primo), *I sommersi e i salvati* (7ª ed.).

60 *I padri fondatori. Da Jahvè a Voltaire.*

61 Poe, *Auguste Dupin investigatore e altre storie.*

62 Soriano, *Triste, solitario y final* (5ª ed.).

63 Dürrenmatt, *Un requiem per il romanzo giallo. La promessa. La panne* (3ª ed.).

64 Biasion, *Sagapò* (3ª ed.).

65 Fenoglio, *Primavera di bellezza* (2ª ed.).

66 Rimanelli, *Tiro al piccione.*

67 Soavi, *Un banco di nebbia.*

68 Conte, *Gli Slavi* (4ª ed.).

69 Schulz, *Le botteghe color cannella.*

70 Serge, *L'Anno primo della rivoluzione russa.*

71 Ripellino, *Praga magica* (7ª ed.).

72 Vasari, *Le vite de' piú eccellenti architetti, pittori, et scultori italiani, da Cimabue insino a' tempi nostri.* A cura di Luciano Bellosi e Aldo Rossi (2 volumi) (3ª ed.).

73 Amado, *Gabriella garofano e cannella* (8ª ed.).

74 Lane, *Storia di Venezia* (4ª ed.).

75 *Tirature '91*. A cura di Vittorio Spinazzola.

76 Tornabuoni, *'91 al cinema.*

77 Ramondino-Müller, *Dadapolis.*

78 De Filippo, *Tre commedie* (2ª ed.).

79 Milano, *Storia degli ebrei in Italia* (4ª ed.).

80 Todorov, *La conquista dell'America* (6ª ed.).

81 Melville, *Billy Budd e altri racconti.* (2ª ed.).

82 Yourcenar, *Care memorie* (6ª ed.).

83 Murasaki, *Storia di Genji. Il principe splendente* (2 volumi) (2ª ed.).

84 Jullian, *Oscar Wilde.*

85 Brontë, *Cime tempestose* (5ª ed.).

86 Andersen, *Fiabe* (4ª ed.).

87 Harris, *Buono da mangiare* (5ª ed.).

88 Mann, *I Buddenbrook* (5ª ed.).

89 Yourcenar, *Archivi del Nord* (6ª ed.).

90 Prescott, *La Conquista del Messico* (2ª ed.).

91 *Beowulf* (4ª ed.).

92 Stajano, *Il sovversivo. L'Italia nichilista.*

93 Vassalli, *La chimera* (10ª ed.).

94 *Le meraviglie del possibile. Antologia della fantascienza* (4ª ed.).

95 Vargas Llosa, *La guerra della fine del mondo* (2ª ed.).

96 Levi (Primo), *Se non ora, quando?* (4ª ed.).

97 Vaillant, *La civiltà azteca* (3ª ed.).

98 Amado, *Jubiabá* (3ª ed.).

99 Boccaccio, *Decameron* (2 volumi) (4ª ed.).

100 Ghirelli, *Storia di Napoli* (2ª ed.).

101 Volponi, *La strada per Roma* (3ª ed.).

102 McEwan, *Bambini nel tempo* (5ª ed.).

103 Cooper, *L'ultimo dei Mohicani* (2ª ed.).

104 Petrarca, *Canzoniere* (4ª ed.).

105 Yourcenar, *Quoi? L'Éternité* (3ª ed.).

106 Brecht, *Poesie* (3ª ed.).

107 Ben Jelloun, *Creatura di sabbia* (4ª ed.).

108 Pevsner, Fleming, Honour, *Dizionario di architettura* (5ª ed.).

109 James, *Racconti di fantasmi* (4ª ed.).

110 Grimm, *Fiabe* (5ª ed.).

111 *L'arte della cucina in Italia*. A cura di Emilio Faccioli.

112 Keller, *Enrico il Verde.*

113 Maltese, *Storia dell'arte in Italia 1785-1943.*

114 Ben Jelloun, *Notte fatale* (4ª ed.).

115 Fruttero-Lucentini, *Il quarto libro della fantascienza* (2ª ed.).

116 Ariosto, *Orlando furioso* (2 volumi) (3ª ed.).

117 Boff, *La teologia, la Chiesa, i poveri.*
118 Pirandello, *Sei personaggi in cerca d'autore* (2ª ed.).
119 James, *Ritratto di signora* (5ª ed.).
120 Abulafia, *Federico II* (6ª ed.).
121 Dostoevskij, *Delitto e castigo* (8ª ed.).
122 Masters, *Antologia di Spoon River* (6ª ed.).
123 Verga, *Mastro-don Gesualdo* (2ª ed.).
124 Ostrogorsky, *Storia dell'impero bizantino* (5ª ed.).
125 Beauvoir (de), *I Mandarini* (4ª ed.).
126 Yourcenar, *Come l'acqua che scorre* (6ª ed.).
127 Tasso, *Gerusalemme liberata* (5ª ed.).
128 Dostoevskij, *I fratelli Karamazov* (6ª ed.).
129 Honour, *Neoclassicismo* (3ª ed.).
130 De Felice, *Storia degli ebrei italiani* (4ª ed.).
131 Goldoni, *Memorie* (2ª ed.).
132 Stendhal, *Il rosso e il nero* (4ª ed.).
133 Runciman, *Storia delle crociate* (2 volumi) (4ª ed.).
134 Balzac (de), *La Fille aux yeux d'or* (Serie bilingue).
135 Mann, *Tonio Kröger* (Serie bilingue) (3ª ed.).
136 Joyce, *The Dead* (Serie bilingue) (2ª ed.).
137 *Poesia italiana del Novecento.* A cura di Edoardo Sanguineti (2 volumi) (2ª ed.).
138 Ellison, *Uomo invisibile.*
139 Rabelais, *Gargantua e Pantagruele* (4ª ed.).
140 Savigneau, *Marguerite Yourcenar* (2ª ed.).
141 Scholem, *Le grandi correnti della mistica ebraica* (3ª ed.).
142 Wittkower, *Arte e architettura in Italia, 1600-1750* (5ª ed.).
143 Revelli, *La guerra dei poveri* (3ª ed.).
144 Tolstoj, *Anna Karenina* (5ª ed.).
145 *Storie di fantasmi.* A cura di Fruttero e Lucentini (3ª ed.).
146 Foucault, *Sorvegliare e punire* (5ª ed.).
147 Truffaut, *Autoritratto* (2ª ed.).
148 Maupassant (de), *Racconti dell'incubo* (3ª ed.).
149 Dickens, *David Copperfield* (3ª ed.).
150 Pirandello, *Il fu Mattia Pascal* (5ª ed.).
151 Isherwood, *Mr Norris se ne va* (2ª ed.).
152 Zevi, *Saper vedere l'architettura* (3ª ed.).
153 Yourcenar, *Pellegrina e straniera* (2ª ed.).
154 Soriano, *Mai piú pene né oblio. Quartieri d'inverno* (3ª ed.).
155 Yates, *L'arte della memoria* (3ª ed.).
156 Pasolini, *Petrolio* (5ª ed.).
157 Conrad, *The Shadow-Line* (Serie bilingue) (4ª ed.).
158 Stendhal, *L'Abbesse de Castro* (Serie bilingue) (2ª ed.).
159 Monelli, *Roma 1943* (2ª ed.).
160 Mila, *Breve storia della musica* (4ª ed.).
161 Whitman, *Foglie d'erba* (5ª ed.).
162 Rigoni Stern, *Storia di Tönle. L'anno della vittoria* (4ª ed.).
163 Partner, *I Templari* (6ª ed.).
164 Kawabata, *Bellezza e tristezza* (2ª ed.).
165 Carpi, *Diario di Gusen* (2ª ed.).
166 Perodi, *Fiabe fantastiche* (2ª ed.).
167 *La scultura raccontata da Rudolf Wittkower* (2ª ed.).
168 N. Ginzburg, *Cinque romanzi brevi* (4ª ed.).
169 Leopardi, *Canti* (4ª ed.).
170 Fellini, *Fare un film*;
171 Pirandello, *Novelle* (3ª ed.).
172 Publio Ovidio Nasone, *Metamorfosi* (4ª ed.).
173 *Il sogno della Camera Rossa. Romanzo cinese del secolo* XVIII (2ª ed.).
174 Dostoevskij, *I demoni* (5ª ed.).
175 Yourcenar, *Il Tempo, grande scultore* (3ª ed.).
176 Vassalli, *Marco e Mattio* (5ª ed.).
177 Barthes, *Miti d'oggi* (3ª ed.).
178 Hoffmann, *Racconti notturni* (2ª ed.).
179 Fenoglio, *Il partigiano Johnny* (5ª ed.).

180 Ishiguro, *Quel che resta del giorno* (10ª ed.).
181 Cervantes, *Don Chisciotte della Mancia* (4ª ed.).
182 O'Connor, *Il cielo è dei violenti*.
183 Gambetta, *La mafia siciliana*.
184 Brecht, *Leben des Galilei* (Serie bilingue) (4ª ed.).
185 Melville, *Bartleby, the Scrivener* (Serie bilingue) (2ª ed.).
186 Vercors, *Le silence de la mer* (Serie bilingue) (2ª ed.).
187 *«Una frase, un rigo appena». Racconti brevi e brevissimi*.
188 Queneau, *Zazie nel metró* (6ª ed.).
189 Tournier, *Venerdí o il limbo del Pacifico* (2ª ed.).
190 Viganò, *L'Agnese va a morire* (3ª ed.).
191 Dostoevskij, *L'idiota* (6ª ed.).
192 Shakespeare, *I capolavori*. Vol. I° (2ª ed.)
193 Shakespeare, *I capolavori*. Vol. II° (2ª ed.)
194 Allen, *Come si diventa nazisti* (3ª ed.).
195 Gramsci, *Vita attraverso le lettere* (2ª ed.).
196 Gogol', *Le anime morte* (2ª ed.).
197 Wright, *Ragazzo negro* (4ª ed.).
198 Maupassant, *Racconti del crimine* (2ª ed.).
199 *Lettere di condannati a morte della Resistenza italiana* (3ª ed.).
200 Mila, *Brahms e Wagner*.
201 Renard, *Pel di Carota* (2ª ed.).
202 Beccaria, *Dei delitti e delle pene*.
203 Levi P., *Il sistema periodico* (3ª ed.).
204 Ginzburg (Natalia), *La famiglia Manzoni* (3ª ed.).
205 Paumgartner, *Mozart*.
206 Adorno, *Minima moralia* (3ª ed.).
207 Zola, *Germinale* (2ª ed.).
208 Kieślowski-Piesiewicz, *Decalogo* (2ª ed.).
209 Beauvoir (de), *Memorie d'una ragazza perbene* (4ª ed.).
210 Leopardi, *Memorie e pensieri d'amore*.
211 McEwan, *Il giardino di cemento* (6ª ed.).
212 Pavese, *Racconti* (3ª ed.).
213 Sanvitale, *Madre e figlia* (3ª ed.).
214 Jovine, *Le terre del Sacramento* (2ª ed.).
215 Ben Jelloun, *Giorno di silenzio a Tangeri* (4ª ed.).
216 Volponi, *Il pianeta irritabile*.
217 Hayes, *La ragazza della Via Flaminia*.
218 Malamud, *Il commesso*.
219 Defoe, *Fortune e sfortune della famosa Moll Flanders*.
220 Böll, *Foto di gruppo con signora* (3ª ed.).
221 Biamonti, *Vento largo*.
222 Lovercraft, *L'orrendo richiamo*.
223 Malerba, *Storiette e Storiette tascabili*.
224 Mainardi, *Lo zoo aperto*.
225 Verne, *Il giro del mondo in ottanta giorni* (2ª ed.).
226 Mastronardi, *Il maestro di Vigevano* (2ª ed.).
227 Vargas Llosa, *La zia Julia e lo scribacchino* (3ª ed.).
228 Rousseau, *Il contratto sociale* (3ª ed.).
229 Mark Twain, *Le avventure di Tom Sawyer*.
230 Jung, *Il problema dell'inconscio nella psicologia moderna*.
231 Mancinelli, *Il fantasma di Mozart e altri racconti* (2ª ed.).
232 West, *Il giorno della locusta* (2ª ed.).
233 Mark Twain, *Le avventure di Huckleberry Finn* (2ª ed.).
234 Lodoli, *I principianti* (2ª ed.).
235 Voltaire, *Il secolo di Luigi XIV*.
236 Thompson, *La civiltà Maja* (2ª ed.)
237 Tolstoj, *I quattro libri di lettura* (2ª ed.)
238 Morante, *Menzogna e sortilegio* (2ª ed.)
239 Wittkower, *Principi architettonici nell'età dell'Umanesimo* (3ª ed.).
240 Somerset Maugham, *Storie di spionaggio e di finzioni*.
241 *Fiabe africane* (2ª ed.).
242 Pasolini, *Vita attraverso le lettere*.
243 Romano, *La penombra che abbiamo attraversato*.
244 Della Casa, *Galateo* (2ª ed.).
245 Byatt, *Possessione. Una storia romantica* (4ª ed.).
246 Strassburg, *Tristano*.

247 Ben Jelloun, *A occhi bassi* (4ª ed.).
248 Morante, *Lo scialle andaluso* (2ª ed.).
249 Pirandello, *Uno, nessuno e centomila* (2ª ed.).
250 Soriano, *Un'ombra ben presto sarai* (4ª ed.).
251 McEwan, *Cani neri* (5ª ed.).
252 Cerami, *Un borghese piccolo piccolo* (2ª ed.).
253 Morante, *Il mondo salvato dai ragazzini e altri poemi* (2ª ed.).
254 Fallada, *Ognuno muore solo* (2ª ed.).
255 Beauvoir (de), *L'età forte* (2ª ed.).
256 Alighieri, *Rime*.
257 Macchia, *Il mito di Parigi. Saggi e motivi francesi* (2ª ed.).
258 De Filippo, *Cantata dei giorni dispari I*.
259 Ben Jelloun, *L'amicizia* (4ª ed.).
260 *Lettere dei condannati a morte della Resistenza europea*.
261 Stajano, *Un eroe borghese* (3ª ed.).
262 Spinella, *Memoria della Resistenza* (2ª ed.).
263 Foscolo, *Ultime lettere di Jacopo Ortis* (2ª ed.).
264 Schliemann, *La scoperta di Troia* (3ª ed.).
265 Dostoevskij, *Umiliati e offesi* (3ª ed.).
266 Ishiguro, *Un pallido orizzonte di colline* (2ª ed.).
267 Morante, *La Storia* (5ª ed.).
268 Romano (Lalla), *Maria* (2ª ed.).
269 Levi Pisetzky, *Il costume e la moda nella società italiana*.
270 Salmon, *Il Sannio e i Sanniti* (2ª ed.).
271 Benjamin, *Angelus Novus. Saggi e frammenti* (3ª ed.).
272 Bolis, *Il mio granello di sabbia* (2ª ed.).
273 Matthiae, *Ebla. Un impero ritrovato* (2ª ed.).
274 Sanvitale, *Il figlio dell'Impero*.
275 Maupassant, *Racconti d'amore* (3ª ed.).
276 Céline, *Casse-pipe* (Serie bilingue) (2ª ed.).
277 *Racconti del sabato sera*.
278 Boiardo, *Orlando innamorato* (2 voll.)
279 Woolf, *A Room of One's Own* (Serie bilingue) (2ª ed.).
280 Hoffmann, *Il vaso d'oro*.
281 Bobbio, *Il futuro della democrazia* (2ª ed.).
282 Mancinelli, *I dodici abati di Challant. Il miracolo di santa Odilia. Gli occhi dell'imperatore* (3ª ed.).
283 Soriano, *La resa del leone* (2ª ed.).
284 De Filippo, *Cantata dei giorni dispari II*.
285 Gobetti, *La Rivoluzione Liberale* (3ª ed.).
286 Wittkower, *Palladio e il palladianesimo*.
287 Sartre, *Il muro* (3ª ed.).
288 D'Annunzio, *Versi d'amore*.
289 D'Annunzio, *Alcione*.
290 Caldwell, *La via del tabacco*.
291 Tadini, *La tempesta*.
292 Morante, *L'isola di Arturo* (4ª ed.).
293 Pirandello, *L'esclusa*.
294 Voltaire, *Dizionario filosofico* (2ª ed.).
295 Fenoglio, *Diciotto racconti*.
296 Hardy, *Tess dei d'Ubervìlle* (2ª ed.).
297 N. Ginzburg, *Famiglia*.
298 Stendhal, *La Certosa di Parma* (2ª ed.).
299 Yehoshua, *L'amante* (5ª ed.).
300 Beauvoir, *La forza delle cose*.
301 Ceram, *Civiltà sepolte* (4ª ed.).
302 Loy, *Le strade di polvere* (3ª ed.).
303 Piumini, *Lo stralisco*.
304 Rigoni, *Amore di confine* (2ª ed.).
305 Rodinson, *Maometto*.
306 Biamonti, *L'angelo di Avrigue*.
307 Antonioni, *Quel bowling sul Tevere* (2ª ed.).
308 Lodi, *Il paese sbagliato. Diario di un'esperienza didattica*.
309 Machiavelli, *Il Principe* (2ª ed.).
310 Seneca, *Dialoghi morali* (2ª ed.).
311 Dickens, *Casa Desolata* (4ª ed.).
312 Saba, *Ernesto* (2ª ed.).
313 Lawrence, *Donne innamorate*.
314 Pirro, *Celluloide*.
315 Ramondino, *Althénopis*.
316 Rodari, *I cinque libri* (3ª ed.).
317 *I Nibelunghi* (2ª ed.).
318 Bobbio, *Stato, governo, società*.
319 La Fontaine, *Favole*.
320 Artusi, *La scienza in cucina e l'arte di mangiar bene*.

321 Romano (Lalla), *Una giovinezza inventata* (2ª ed.).

322 De Filippo, *Cantata dei giorni dispari III*.

323 Hilberg, *La distruzione degli Ebrei d'Europa* (2 vol.)

324 Kafka, *Il processo* (Serie Scrittori tradotti da scrittori).

325 Queneau, *I fiori blu* (Serie Scrittori tradotti da scrittori) (4ª ed.).

326 Gogol', *Racconti di Pietroburgo* (Serie Scrittori tradotti da scrittori).

327 James, *Giro di vite* (Serie Scrittori tradotti da scrittori).

328 Borges, *Finzioni* (1935-1944) (Serie Scrittori tradotti da scrittori) (4ª ed.).

329 Radiguet, *Il diavolo in corpo* (Serie Scrittori tradotti da scrittori).

330 De Felice, *Mussolini il rivoluzionario 1883-1920*.

331 De Felice, *Mussolini il fascista*
I. *La conquista del potere 1921-1925*.

332 De Felice, *Mussolini il fascista*
II. *L'organizzazione dello stato fascista 1925-1929*.

333 Hawthorne, *La lettera scarlatta* (5ª ed.)

334 Orengo, *Dogana d'amore*.

335 Vassalli, *Il Cigno*.

336 Böll, *Vai troppo spesso a Heidelberg*.

337 Maiello, *Storia del calendario*.

338 Cesare, *La guerra gallica*.

339 McEwan, *Lettera a Berlino*.

340 Schneider, *Le voci del mondo* (3ª ed.).

341 De Felice, *Mussolini il duce*
I. *Gli anni del consenso 1929-1936*.

342 De Felice, *Mussolini il fascista*
II. *Lo Stato totalitario 1936-1940*.

343 Cervantes, *La gitanilla* (Serie bilingue).

344 Dostoevskij, *Notti bianche* (Serie bilingue).

345 N. Ginzburg, *Tutti i nostri ieri* (2ª ed.).

346 Breton, *Antologia dello humor nero*.

347 Maupassant, *Una vita* (Serie Scrittori tradotti da scrittori).

348 Pessoa, *Il marinaio* (Serie Scrittori tradotti da scrittori) (2ª ed.).

349 Stevenson, *Lo strano caso del Dr. Jekyll e del Sig. Hyde* (Serie Scrittori tradotti da scrittori).

350 London, *Il richiamo della foresta* (Serie Scrittori tradotti da scrittori).

351 Burgess, *Arancia meccanica* (4ª ed.).

352 Byatt, *Angeli e insetti*.

353 Wittkower, *Nati sotto Saturno* (2ª ed.).

354 Least Heat-Moon, *Prateria. Una mappa in profondità* (2ª ed.).

355 Soriano, *Artisti, pazzi e criminali* (2ª ed.).

356 Saramago, *L'anno della morte di Ricardo Reis* (2ª ed.).

357 Le Goff, *La nascita del Purgatorio*.

358 Del Giudice, *Lo stadio di Wimbledon* (2ª ed.).

359 Flaubert, *Bouvard e Pécuchet*.

360 Pinter, *Teatro* (Volume primo).

361 *Lettere al primo amore*.

362 Yehoshua, *Il signor Mani* (3ª ed.).

363 Goethe, *Le affinità elettive* (3ª ed.).

364 Maraini, *L'età del malessere* (4ª ed.).

365 Maugham, *Racconti dei Mari del Sud* (2ª ed.).

366 McCarthy, *Cavalli selvaggi* (3ª ed.).

367 Antonelli, Delogu, De Luca, *Fuori tutti* (Stile libero).

368 Kerouac, Dylan, Ginsberg, Burroughs, Ferlinghetti e altri, *Battuti & Beati. I Beat raccontati dai Beat* (Stile libero) (2ª ed.).

369 Norman X e Monique Z, *Norman e Monique. La storia segreta di un amore nato nel ciberspazio* (Stile libero).

370 Cerami, *Consigli a un giovane scrittore* (Stile libero) (6ª ed.).

371 Puig, *Il bacio della donna ragno*.

372 Purdy, *Rose e cenere*.

373 Benjamin, *Sull'hascisch* (2ª ed.).

374 Levi (Primo), *I racconti* (3ª ed.).

375 De Carlo, *Yucatan* (3ª ed.).

376 Gandhi, *Teoria e pratica della nonviolenza*.

377 Ellis, *Meno di zero* (3ª ed.).

378 Ben Jelloun, *Lo scrivano* (2ª ed.).

379 Hugo, *Notre-Dame de Paris* (4ª ed.).
380 Bardo Thödol, *Libro dei morti tibetano* (2ª ed.).
381 Mancinelli, *I tre cavalieri del Graal*. (2ª ed.).
382 Roberto Benigni, *E l'alluce fu* (Stile libero). (6ª ed.).
383 Gibson, Ferret, Cadigan, Di Filippo, Sterling, Swanwick, Rucker e altri, *Cuori elettrici. Antologia essenziale del cyberpunk* (Stile libero).
384 Cortázar, *Bestiario*.
385 Frame, *Un angelo alla mia tavola* (3ª ed.).
386 L. Romano, *Le parole tra noi leggere* (2ª ed.).
387 Fenoglio, *La paga del sabato*.
388 Maupassant, *Racconti di vita parigina*.
389 aa.vv., *Fantasmi di Terra, Aria, Fuoco e Acqua*. A cura di Malcolm Skey.
390 Queneau, *Pierrot amico mio*.
391 Magris, *Il mito absburgico* (2ª ed.).
392 Briggs, *Fiabe popolari inglesi*.
393 Bulgakov, *Il Maestro e Margherita* (2ª ed.).
394 A. Gobetti, *Diario partigiano*.
395 De Felice, *Mussolini l'alleato 1940-43*.
I. *Dalla guerra «breve» alla guerra lunga*.
396 De Felice, *Mussolini l'alleato 1940-43*.
II. *Crisi e agonia del regime*.
397 James, *Racconti italiani*.
398 Lane, *I mercanti di Venezia*.
399 McEwan, *Primo amore, ultimi riti. Fra le lenzuola e altri racconti*.
400 aa.vv., *Gioventú cannibale* (Stile libero) (3ª ed.).
401 Verga, *I Malavoglia*.
402 O'Connor, *I veri credenti* (Stile libero) (3ª ed.).
403 Mutis, La *Neve dell'Ammiraglio* (2ª ed.).
404 De Carlo, *Treno di panna* (2ª ed.).
405 Mutis, *Ilona arriva con la pioggia*.
406 Rigoni Stern, *Arboreto salvatico* (2ª ed.).
407 Poe, *I racconti*. Vol. I (Serie Scrittori tradotti da scrittori).
408 Poe, *I racconti*. Vol. II (Serie Scrittori tradotti da scrittori).
409 Poe, *I racconti*. Vol. III (Serie Scrittori tradotti da scrittori).
410 Pinter, *Teatro*. Vol. II.
411 Grahame, *Il vento nei salici*.
412 Ghosh, *Le linee d'ombra*.
413 Vojnovič, *Vita e straordinarie avventure del soldato Ivan Čonkin*.
414 Cerami, *La lepre*.
415 Cantarella, *I monaci di Cluny*.
416 Auster, *Moon Palace*.
417 Antelme, *La specie umana*.
418 Yehoshua, *Cinque stagioni*.
419 Mutis, *Un bel morir*.
420 Fenoglio, *La malora*.
421 Gawronski, *Guida al volontariato* (Stile libero).
422 Banks, *La legge di Bone*.
423 Kafka, *Punizioni* (Serie bilingue).
424 Melville, *Benito Cereno* (Serie bilingue).
425 P. Levi, *La tregua* (2ª ed.).
426 Revelli, *Il mondo dei vinti*.
427 aa.vv., *Saggezza stellare* (Stile libero).
428 McEwan, *Cortesie per gli ospiti*.
429 Grasso, *Il bastardo di Mautàna*.
430 Soriano, *Pensare con i piedi*.
431 Ben Jelloun, *Le pareti della solitudine*.
432 Albertino, *Benissimo!* (Stile libero).
433 *Il libro delle preghiere* (2ª ed.).
434 L. Romano, *Tetto murato*.
435 Saramago, *La zattera di pietra*.
436 N. Ginzburg, *La città e la casa*.
437 De Carlo, *Uccelli da gabbia e da voliera* (2ª ed.).
438 Cooper, *Frisk* (Stile libero) (3ª ed.).
439 Barnes, *Una storia del mondo in 10 capitoli e ½*.
440 Mo Yan, *Sorgo rosso*.
441 Catullo, *Le poesie*.
442 Rigoni Stern, *Le stagioni di Giacomo*.
443 Mancinelli, *I casi del capitano Flores. Il mistero della sedia a rotelle* (2ª ed.).

444 Ammaniti, *Branchie* (Stile libero) (2ª ed.).

445 Lodoli, *Diario di un millennio che fugge*.

446 McCarthy, *Oltre il confine*.

447 Gardiner, *La civiltà egizia* (2ª ed.).

448 Voltaire, *Zadig* (Serie bilingue).

449 Poe, *The Fall of the House of Usher and other Tales* (Serie bilingue).

450 Arena, De Caro, Troisi, *La smorfia* (Stile libero).

451 Rosselli, *Socialismo liberale*.

452 Byatt, *Tre storie fantastiche*.

453 Dostoevskij, *L'adolescente*.

454 Carver, *Il mestiere di scrivere* (Stile libero).

455 Ellis, *Le regole dell'attrazione*.

456 Loy, *La bicicletta*.

457 Lucarelli, *Almost Blue* (Stile libero) (2ª ed.).

458 Pavese, *Il diavolo sulle colline*.

459 Hume, *Dialoghi sulla religione naturale*.

460 *Le mille e una notte*. Edizione a cura di Francesco Gabrieli (4 volumi in cofanetto).

461 Arguedas, *I fiumi profondi*.

462 Queneau, *La domenica della vita*.

463 Leonzio, *Il volo magico*.

464 Pazienza, *Paz* (3ª ed.) (Stile libero).

465 Musil, *L'uomo senza qualità* (2 volumi).

466 Dick, *Cronache del dopobomba* (Vertigo).

467 Royle, *Smembramenti* (Vertigo).

468 Skipp-Spector, *In fondo al tunnel* (Vertigo).

469 McDonald, *Forbici vince carta vince pietra* (Vertigo).

470 Maupassant, *Racconti di vita militare*.

471 P. Levi, *La ricerca delle radici*.

472 Davidson, *La civiltà africana*.

473 Duras, *Il pomeriggio del signor Andesmas. Alle dieci e mezzo di sera, d'estate*.

474 Vargas Llosa, *La Casa Verde*.

475 Grass, *La Ratta*.

476 Yu Hua, *Torture* (Stile libero).

477 Vinci, *Dei bambini non si sa niente* (Stile libero).

478 Bobbio, *L'età dei diritti*.

479 Cortázar, *Storie di cronopios e di famas*.

480 Revelli, *Il disperso di Marburg*.

481 Faulkner, *L'urlo e il furore*.

482 McCoy, *Un bacio e addio* (Vertigo).

483 Cerami, *Fattacci* (Stile libero).

T1 09854456

NOVELLE
3^EDIZ. -<E T >

PIRANDELLO

EINAUDI
TORINO

T 00002235